JAMES LIPTON

INSIDE INSIDE

ジェイムズ・リプトン

酒井洋子 訳

アクターズ・スタジオ・インタビュー

名司会者が迫る映画人の素顔

早川書房

ヘーグ通り280番地のわが家の前で。着ている物から察するにハレの日だったらしい。

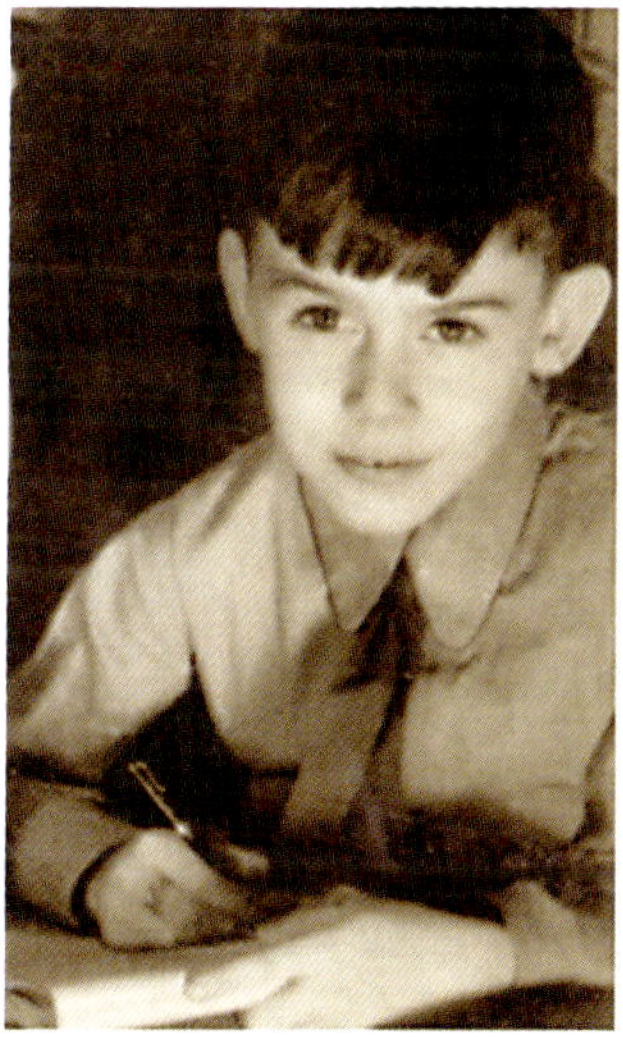

若き夢想家の私。手にはペン、額に前髪、遠くに想いを馳せる姿は下の写真の夢想家に似ている。

ローレンス・リプトン。反逆児でビート詩人にして型破りな父親。

母。〝彼女なりの〞夢想にふけるこの表情は、私がよく目にした懐かしいものだ。

ニューヨークに出てきた頃の53キロで筋肉質の私。アパートの屋上から遠くを眺めた。

弁護士になる夢を捨てまったく違う道を選んだ頃。

わが人生を変えた教師、ステラ・アドラーとハロルド・クラーマン。

バレエ学生。興味が執着に変わった。

『ザ・ガイディング・ライト』で、神の手を持ち波乱のロマンスに明け暮れるドクター・グラントを演じた。共演者はスージー・ダグラス。

ブロードウェイ公演『秋の園』でジョーン・ロリングと。作リリアン・ヘルマン、演出ハロルド・クラーマン。

ＣＢＳの『ユー・アー・ゼア』で、自分をモデルにダビデ像を彫る若き日のミケランジェロに扮した。演出シドニー・ルメット。

映画『ビッグ・ブレーク』で主演。相手役はギャビー・ロジャーズ。

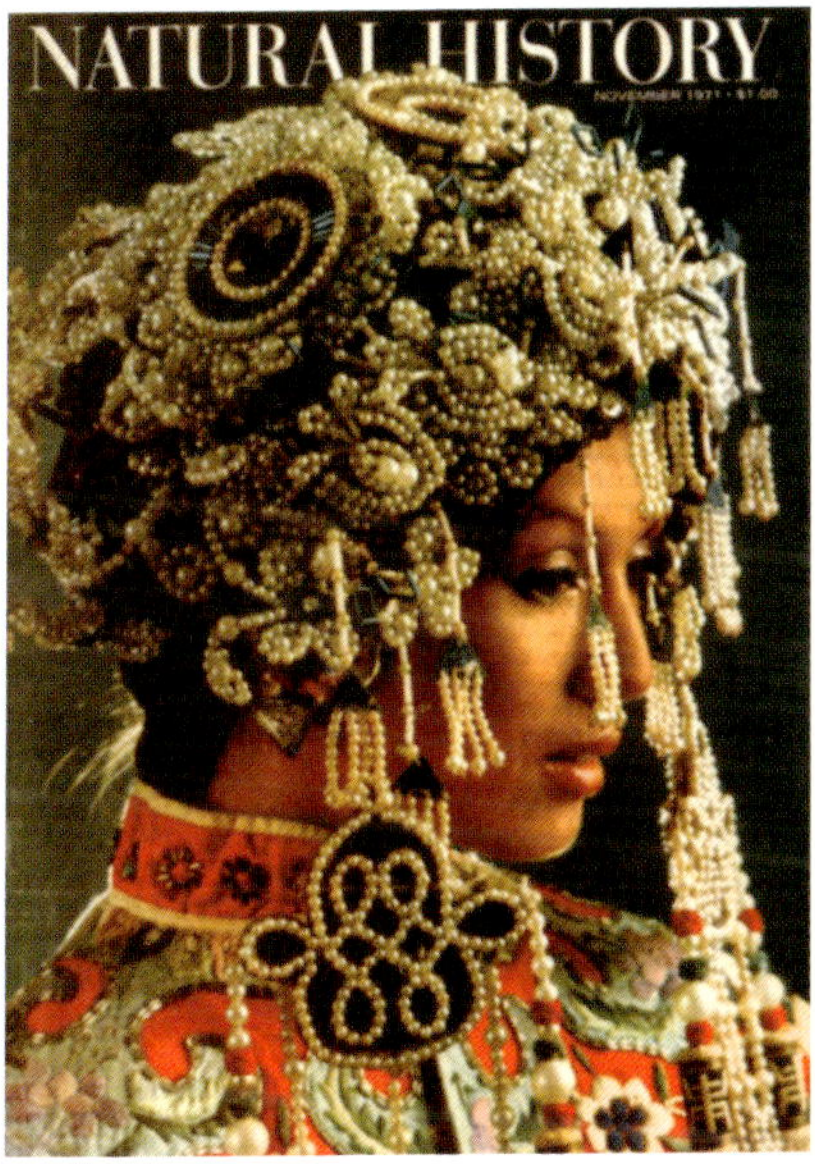

中国の女帝の冠と衣装をつけたケダカイ。

〝ミス・スカーレット〞の夫であると何人の男が名乗れるだろうか？　だが自分の妻が書斎で燭台を凶器に殺人をしたと思うと心中穏やかでない。

ジョージ・プリンプトンは《パリス・レビュー》誌の表紙向けに、ポール・デイヴィスにケダカイを描かせた。このポスターも、中の椅子も、坐っている女性もまだ私のリビングにあるのが自慢だ。

カーター大統領とジェラルド・ラフショーンに、私が構成・制作した就任祝賀会のビデオテープを贈呈。

カーター大統領、ダイアナ・ロスと共に。ダイアナはサングラスを頭にかけたまま撮影したことに気づきオーヴァル・オフィスに戻りたがったが、ホワイトハウスでの撮り直しなど無理な話だ。

カーター大統領夫人と共に、母とケダカイと。アメリカの教育者たちを顕彰する会をホワイトハウスでプロデュースした夕べに。

北京にて。ボブ・ホープはステッキの代わりにトレードマークのゴルフクラブを持って歩いた。右は問題人物のオウ・ヤン。

万里の長城でボブ・ホープと。2000年間崇められてきた長城の道で、今しもボブは私が作詞したミュージカルナンバーを歌うところ。〝さあ、チャイナへの道へ旅立とう。愉快な冒険を夢みて〟。

ロンドンでのロイヤルガラの終わりで歩道に並んだボブと私。左からフィリップ殿下、チェヴィー・チェイス、〝マーヴェラス〟・マーヴィン・ハグラー、ボブ・ホープ、そして私。

レーガン大統領夫人からの礼状。ボブ・ホープ85歳の誕生日に『サンクス・フォー・ザ・メモリー』に私が付けた歌詞を夫人が歌った。

アラスカのアイディタロッドにて、早朝エアロンカ機を点検する。

アラスカのレイニー・パスで、翼端の先に断崖が迫る。エンジン停止の寸前。

大切な友２人。
母とジョージ・プリンプトン。

左からカート・ヴォネガット、ケダカイ、私の名付け子セヴリン。

夏の習慣。マサチューセッツ州プロヴィンスタウンに飛行し、出迎えたノーマン・メイラーと対面する。彼が私をアクターズ・スタジオに導いてくれた。

ハドソン川の空中回廊をセスナ172で有視界飛行する笑顔の私。どんな飛行機でも、どんな場所でも操縦すると笑みがこぼれる。

あの９・11の数カ月まえにハドソン川上空を飛んだとき、
ケダカイがこの貴重な写真を撮ってくれた。

ハンプトン・クラシック障害レースで、雄々しいチコの背にまたがってご機嫌な私。障害レースに出られる日はご機嫌な日だ。勝っても負けても。

黒白で描かれた私のブルーカード！
名人アル・ハーシュフェルドが描いてくれた。

ウィル・フェレルが登場したとき、
私は興奮して有頂天になった。

ジョニー・デップ。禁煙の学内でタバコを巻いて吸い、学生たちから歓声が上がった。

ビリー・クリスタルはわが校を〝心地よい部屋〟と呼び、コメディの真髄を披露してくれた。

マイク・マイヤーズは博識とユーモアの両方を披露し、自分の性格を状況次第の外向性と言った。

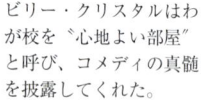

アンジェリーナ・ジョリーとそのタトゥーを至近距離で拝めるのは『アクターズ・スタジオ・インタビュー』を司会する者の特権だ。

『ザ・シンプソンズ』についに登場。黄色の肌、３本指、極端な出っ歯、おかしなセリフとそれを聞かされる仲間たちと。

『ザ・シンプソンズ』の声優たち。左からバート、ホーマー、マージ、ミスター・バーンズ、アプー、リサ……他スプリングフィールドの面々。

ジェイミー・フォックス。
演じ、歌い、魅了した。

ロビン・ウィリアムズは
学生のみならず世界数百
万の視聴者も幻惑した。

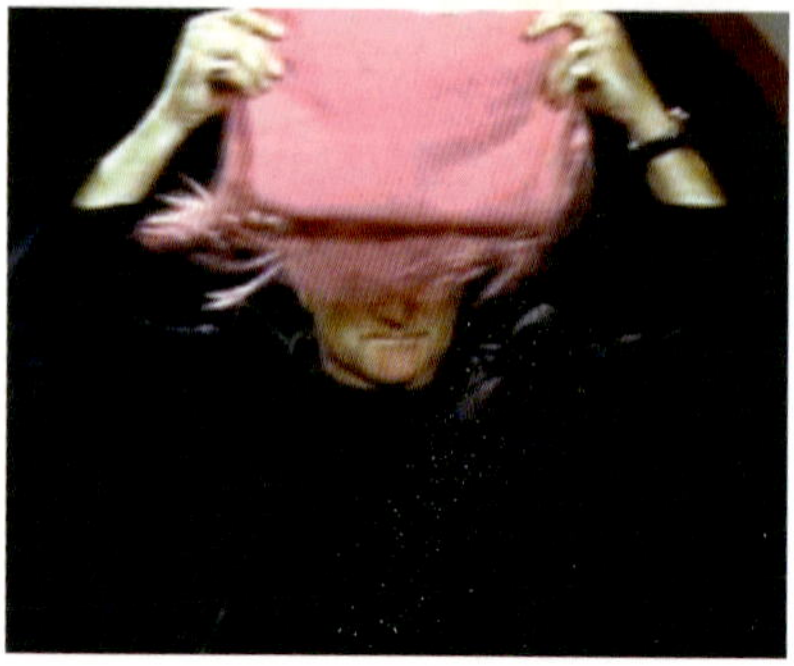

『アクターズ・スタジオ・インタビュー』史上最も有名な瞬間——ロビンはピンクのパシュミナのショールで車が洗車場から出てくる瞬間を演じてみせた。

シャーリーズ・セロンは子供時代からバレエを習ったが、背が伸びすぎて相手役に困り、やめた。私も相手を務めたが陰に隠れてしまった。

アクターズ・スタジオ・ドラマ・スクールの学生はこんなユニークな愉しみにも与れる。ジョン・トラボルタのダンスのお相手だ。

ラッセル・クロウ。思慮深く雄弁に芸談を語って〝バッドボーイ〟の評判を落としてしまった。

深夜2時過ぎになっても語るデイヴ・シャペル。疲れを知らぬタフガイぶりもダントツだった。

200回記念に出演したダスティン・ホフマン。前の500枚のカードが彼の輝かしい実績をとどめている。

クリス・ロック。真剣で、強烈でエンジン全開。

トム・クルーズが出演した回で、学生たちは名声と節度が楽に共存できる例を目の当たりにした。

アクターズ・スタジオ・インタビュー

――名司会者が迫る映画人の素顔

INSIDE INSIDE
by
James Lipton

Translated by
Yoko Sakai
First published 2010 in Japan by
Hayakawa Publishing, Inc.
This book is published in Japan by
arrangement with
International Creative Management, Inc.
through The English Agency (Japan) Ltd.

ケダカイと……本書のヒーロー諸氏に対して。

第一章

「そして彼は喜んで学び、喜んで教えるのでした」
――チョーサー『カンタベリー物語』
総序の歌より語り手による学僧の叙述

本書を書き始めるにあたって、私は第一人称の「私」という代名詞で始めることはすまいという誓いを私自身に立てたのであるが、……ここまでだけでももう三回使ってしまっている――私自身という言葉も『オクスフォード・アメリカン・ディクショナリー』によると〝私もしくは私に相当する〟とある。こんな風では、誓いはおぼつかない。

この誓いを立てたのは、私の意図を実現することが出来るなら、本書が私自身についてである以上に多くの輝かしい人々についてであるからで、彼らこそ私の人生の最も刺激的な冒険を後押ししてくれた、本書の主題となるべき人々なのである。そして、これはチャールズ・ディケンズの『デイヴィッド・コパーフィールド』の主人公デイヴィッドが投げかけた質問に答えるものである――〝私が自分自身の人生のヒーローとなるか、あるいはその位置を誰かに取って代わられるか、この先を読めば明らかになるはずだ〟。

ありていに言って、本書は原題の ***Inside Inside*** が示唆しているとおり、かなり多数の〝ほかの人々〟

についての本である。ドラマの結末を初めに明かしてしまうことの埋め合わせとして、私は、謹んで、これから皆さんとともに乗り出す旅は私が人生で出会ったじつに興味深い人々で溢れていることをお教えしたい。この思いを後押ししてくれる頼もしい事実がある。『アクターズ・スタジオ・インタビュー』という二百名以上の〝ほかの人々〟についてのテレビ・シリーズは、アメリカのブラボー・ネットワークを受信する八千四百万世帯で視聴され、百二十五カ国で放映され、エミー賞候補に十三回も上ったのである。この事実からしても、こうしたわが人生のヒーローたち、ひいては本書のヒーローたち、そしてその番組への道で私が出会った何人かのヒーローたちの魅惑を評価しているのは私だけではないと思うのである。

正直、私は物事の始まりがとても好きである。だから当然のこととして、物事の終わりが嫌いだ。それで私が楽観主義者ということになるのか、悲観主義者になるのかわからないが、そんな傾向はずっと治らないのでそのまま受け入れることにしている。

四月はT・S・エリオットにとっては冷酷な月かもしれないが、私にとっては春の予感をはらんだ始まりの詰まった親切な月だ。祭日だって、私がメモリアル・デー（戦没者追悼記念日、五月の最終月曜日）を好きなのは正式に愉しい夏が始まる日だから。レーバー・デー（九月最初の月曜）が嫌いなのはその夏が終わる日だから。感謝祭が嬉しいのは、クリスマスシーズンの始まりを告げているからだし、大晦日が嫌いなのはその年の終わりであるからだ。

始まりへの好みは当然わたしのこだわりを左右した。こうして本を著すにあたっては自分より優れた人々と比べられるような真似をしないに越したことはないが、抑えきれない憧れを抱いているものがいくつかある。〝私のことはイシュメールと呼んでもらおう（ハーマン・メルヴィル『白鯨』）〟という単刀直入さ。〝それはおよそ善き時代でもあれば、およそ悪しき時代でもあった（チャールズ・ディケンズ『二都物語』）〟と瞬時に人をドラマに引っ張り込む話のマクラ。〝幸福な家庭は皆同じように見えるが、不幸な家庭はそれぞれ別の顔がある

（トルストイ『アンナ・カレーニナ』）〟という著者の確信、あるいはジョン・ダンの〝流れ星を拾いにゆけ。マンドレークの根よ、子を孕め〟。イエーツの静かな激情〝広がる環をえがき、めぐりめぐる／鷹には鷹匠の声は届かぬ／万物は離散し、中心は保つに由なし〟。あるいは、チャイコフスキーの弦楽セレナーデ、ハ長調の荘厳なオープニング。そのコードはハ長調ではなく下中音のイ短調のコードで始まるから、まるでボートが私たちを置き去りにして埠頭を離れていくようで、私たちは飛び込んで後を追うしかない。アーヴィング・バーリンの詞も曲も不吉なマイナーキーである〝先に待ち受ける苦難〟はやがて〝さあ音楽と向き合って踊ろう《レッツ・フェイス・ザ・ミュージック・アンド・ダンス》！〟の喜びあふれたメジャーキーへと転調する。これらはみな私の憧れだ。

話を優美かつ要領よく語り始める芸は、発端の当初からとりわけ映画において定着した。映画の作り手たち、グリフィス、ドライヤー、ルノワール、エイゼンシュテイン、トリュフォー、ベルイマン、スコセッシ、スピルバーグらはそれぞれの先駆者たちとは違う芸術と人生の二つの要素——時間と空間——を掌握する術を持っていた。

いつか文化人類学者が遠い将来から振り返ったとき、映画のモンタージュ——映画編集の芸——を二十世紀の顕著な芸術革新とみなすことだろう。イメージとアイデアの並列、観客の空間と時間の思い込みを粉砕し並び変える芸、自由気ままで技巧をこらした時間の圧縮または拡張、私たちの知覚を専横的なほど自信たっぷりに操作するさまなど、は映画のみならず、あらゆるメディアと芸術形態——演劇、テレビ、音楽、フィクション、ノンフィクション、美術工芸、デザインなどに影響を与え、私たちのものの見方、聞き方を変えてきた。

マーティン・スコセッシが『アクターズ・スタジオ・インタビュー』で機関銃のごとく彼独特の映画学を披露してくれたとき、彼は映画監督レフ・クレショフが新生ソヴィエト連邦の文化官僚らに向けて実施した有名な実験について話してくれた。実験の表向きの目的は政治家たちに新しい芸術である映画の情報上、宣伝上の可能性を見せることにあったが、たぶん、映画作家として自分の映画に出資してほしいという意図があったと見て間違いない。そのせいか、彼の映画は結果的に『プライト技師の計画』『赤色戦線にて』『ボリシェヴィキの国におけるウェスト氏の異常な冒険』などというタイトルがついている。

この実験で、彼は自分が撮影し編集した短い映画を見せたのだが、それぞれが無関係なイメージを並列しても新しい意外な感情や意味が生まれることを披露してみせた。まず有名なロシア人俳優イワン・モジューヒンにカメラを直視させ、スコセッシの言葉を借りるなら〝何にも考えず、ただ見ていろ〟という指示だけ与えた。

クレショフ監督はそれとは別に俳優なしで、四カット撮った。深皿入りのスープ、少女、テディベア、そして棺のなかの子供。それから編集室でそれぞれのイメージの後に俳優のクローズアップを入れていった。これらを見た人たちに何を見たかと尋ねたら、一同は（俳優を〝賞賛した上で〟と言ってスコセッシは大笑いしたのだが）俳優がさまざまな感情を表現したと言った——飢餓感、優しさ、おかしみ、悲しみ——俳優は観客が見たものはなに一つ目にしていないばかりか、もっと重要なことに、イメージごとの後に俳優に切り返したとき、俳優のカットは何一つ変わっていなかった。〝変化〟は見る側にあったのである。

クレショフ、そしてスコセッシは映画のモンタージュの基礎レッスンを教えてくれていたのだ。二つのイメージの並列は、スコセッシによれば、存在していないもう一つのイメージ、〝見る者の心に入ってくるもう一つの思想〟、つまり映画作家によって文字通り作り出された新しい現実を作りだすのである。つまり、あなたの思想は編集者によって編集されたのであり、それは、クレショフが知っていたように、スコセッシ級の腕を持つ監督なら何度となくやってみせてきたわけで、あなたの買った映画のチケットはあなたと映画との契約——映画館が明るくなり、案内人がつぎの回のために床掃除をしようと通路に出てくるまで、自分を監督の手に委ねるという契約のしるしなのである。

スティーヴン・スピルバーグ監督が『ＪＡＷＳ／ジョーズ』でやってみせたことを思い起こしてみてほしい。（実際にはストック・フィルムだったかもしれないが）サメが（無心に）獲物を求めて生息場所の水中を泳いでいくと、きらめく海面で泳ぎ手は楽しくバシャバシャと水を掻いている。サメのライトモチーフが流れる。ジョン・ウィリアムズ作曲の、今にも何かが起きそうな、鼓動のような〝運命〟的なテーマ音楽だが、これが編集で付け加えられる。

スピルバーグが『アクターズ・スタジオ・インタビュー』に出演してくれたとき、彼はこう回想した。「試写は怖いんでね、ぼくはいつもドアの所に立って見てるんだよ。イカダの上の少年が食われそうになったあたりで、客の男が一人立ち上がって劇場を出て行こうとした。そして、走り出した。ぼくは思った。〝ワッ、歩いて出るよりもっと悪い。走って出て行く！〟。そしてぼくの隣に来て膝をつくと、ロビーのカーペット一面に吐いた、そしてトイレに行って、五分後に戻ってきた。それからまた自分の席に戻って行った。ぼくは呟いたよ、『これはヒットだ！』って」

一八一七年、《バイオグラフィア・リテラリア》誌でサミュエル・テイラー・コールリッジがあの有名な語句〝ウィリング・サスペンション・オブ・ディスビリーフ（虚構と知りつつ喜んで信じる心理の意）〟を生み出して、これを〝詩的真実を構成する〟ものだと言ったが、これが浪漫主義の礎石となり、今日にいたるまでの西欧芸術を支配し、映画芸術においても最も自然な表現の一つを見出したのである。

映写機のレンズの前を通過するフィルムのコマの数に触れて、ジャン＝リュック・ゴダールは映画を〝一秒に二十四の真実を持つもの〟と言い表わした。むろん、それは映画作家の真実である。作家は編集者と共同で映画の、そしてあなたの思想を組み立てるからである。

だが、私たちが気づいていようといまいと、いや、気づいていないのだが、私たちはこの映画の陰謀というものの中では積極的な協力者である。というのも、私たちの視覚の残像感覚なしには（いまではもっと不思議なファイ（異なる場所にある二つの静止対象を短い時間間隔で継続的に呈示するとあたかもその対象間に実際の運動が生じているように見える現象のこと）という言葉が取って代わっているが）コマとコマをつなげていけないし、映画は静止画の生命感のない連続でしかなくなってしまう。

私の始まりに対する情熱と、編集者と観客との間の視覚的共同関係に魅了されている事実が一緒になって、私の確信が出来上がる。映画作家の観客に及ぼす力は、ほかならぬ映画の冒頭のシーン、タイトルが出る前かその直後にいちばん顕著になるのだと。オーソン・ウェルズの『市民ケーン』にその印象的な例がある。長回しで彼の探るような主観的なカメラは（彼特有の革新的手法の一つだ）ケーンの壮麗な領地であるザナドゥーをなめ、次第に近寄っていくとこの領主の館の明かりのともった窓に近づく。そして彼のベッドルームに入り、最後にマンキーウィッツとウェルズ共同脚本の言葉によると〝雪のシーンに行き着く。信じられないシーンだ。大きい、ウソのように大きな雪片、絵のような農家とそのそばには雪だるま……カメラが後ろに引くと、今見たシーンがすべてみやげ物屋に売られているあのガラス玉のなかに収まっているのがわかる……そして手。ケーンのガラス玉を持っていた手から力が抜ける。ガラス玉は落ちる……大理石の床の上に……そして割れる〟。

これにかぶって死に際のケーンの呟き声が聞こえる、「ローズバッド（バラのつぼみ）……」こうやって無駄なく、観客の心を惹きつけつつ映画は始まるのだ。およそ世間の投票やリストのすべてに映画史上最高の映画と挙げられた作品の始まりである。

W・C・フィールズは自身の映画の多くを子供虐待のシーンから始めている――子供たちに加えられる虐待ではない、ワルガキどもが不幸な主人公に加える虐待である。こうすると映画のなかでやがて主人公が形勢逆転してワルガキどもに対したとき、客は彼を責めずに応援するのである。

ボンド映画もすべてとんでもなく破天荒なシークエンスから始まる（そうすることで後の展開がすんなりフィットするからである。比べて、ヒッチコックの〝それらしく信じられることにすべし〟というどっちつかずの実践的な理論もある）。そこへボンドが格好よくタイトルと音楽の中に歩いてくる、そしてやにわに身を翻して銃をかまえ前面のタイトルを通して観客を撃ち、このタイトルにかぶせて滑らかに滴り落ちる血のカーテン、つまりは観客の血のカーテンを降ろしてタイトルを完結させる。デ・ニーロの台詞じゃないが、そこには「俺たち以外にゃ誰もいない」のである。

そのデ・ニーロの映画もまた鮮やかな冒頭シーンを見せつける――スコセッシ監督の好きな色のネオンで血に染まったような蒸気がゆらゆらと怪しく立ち上る地獄めいたマンハッタン。その街を流していくタクシーの運転手トラヴィスの視点がすなわち映画の視点だという重要な情報を見る側に教えてくれる。

『８½』で、フェリーニは有名なあのシーンを作った――マルチェロ・マストロヤンニ扮する、悩み多き行き詰った映画監督の姿を浜辺に漂わせた。彼の現実との繋がりは唯一……彼の宣伝マンであった！これで映画のテーマは設定された。わずか数秒間に。編集室のなかで。

こうした名人芸の始まりから本書の始まりに戻るなら、これらの例に比べて私の努力の足らないことをお詫びしつつ、再びデイヴィッド・コパーフィールドが物語を始めるにあたっての最後の一言を付け加えよう――「私の人生を私の人生の始まりから始めよう……」

本書の〝人生〟とは本書を思いつかせた〝ほかの人々〟から成り立っているので、まず『アクターズ・スタジオ・インタビュー』の生命の始まりから始めようと思う。けっしてそれが例外的に重要だからというわけではなく、むろん、私が重要だからではなく、それが〝ほかの人々〟と私たち――あなたと私――みんなを一緒にスクリーンに、そしていま本書のページに運んできてくれたからである。

そして最後にもう一つの告白を許していただきたい。私は普遍的因果論を信じている者である。これはけっしてかっこつけでも（ウィル・フェレルには失礼ながら）見当外れなことではない。森羅万象の因果というものは決定論の中心にある原理であり、起きることすべて――物理的にも心理的にも――を束ね、決定できる原因を持つ哲学的な立場なのだ。これはけっして複雑なことではない。私たちはたいてい考えもせず、その仮定のうえに生活を営んでいる。ボールを、帽子を、子供を空中に投げれば、それが落ちてくると思う。だから、それなりの行動をする。その態度は私たちの中に深く植え込まれているので、その原因と結果のつながりを認知できないのは精神障害の兆候だとみなされる。

クラレンス・ダロウはその語り草になっている弁護士の職歴を〝強硬な〟決定論のうえに築いた。だれも〝有罪〟とは認められないという信念は、人を犯罪に導く原因結果の因果は（ミケランジェロがシスティーナ大聖堂の天井に一筆、一筆入れ、私がこのくだりに言葉を書いているのと同じに）その個人がそうならざるを得ないように動かしているというものだった。古来から決定論の哲学上の敵である自由意志なるものは、われわれの選択はわれわれが自由に下したもの、作ったものと反論するが、ダロウはじめ強硬決定論者たちは言う。「自由意志などというものがあるものか。人間のある瞬間における認知過程は物理世界と同じく、原因結果の連綿とつづく連鎖なのであってわれわれには制御不能なものである。われわれの決定は、われわれの行動と同じくあらかじめ決められ指定されているのだ」

それに対する〝穏便な〟決定論に私は与《くみ》するので、選択は自由でありかつ原因の結果起きるもので、なんら矛盾はないと信じている。それはそこまでにしておいて、答えをイライラと待っている向きに対して答えよう。それらが『アクターズ・スタジオ・インタビュー』とどう関係があるのか？　答え：何から何までである。というのも、私は今までいちばん頻繁に聞かれた質問に対して答えることから書き出そうと思ったからだ。その質問が「どのようにこの番組が始まったのか？」単純な答えはこうだ。一九九四年十月十日に最初のゲストがステージに登場してくれた――だが、それでは答えになっていないだろう。それではいかに起きたのかの説明がすっぽり抜けている――そこで普遍的因果論に戻ってくる。

二〇〇四年五月四日、十年の任期の後アクターズ・スタジオ・ドラマ・スクールの学部長を辞した際、ニュー・スクール大学の理事会は晩餐会を催してくれ、その席で私に創設者勲章が与えられた。同大学の歴史上十三人にのみ与えられてきた栄誉であった。そんな栄誉には当然反応せねばならず、私は考えをまとめようとしてさまざまな人々、出来事をつぎつぎと思い返していた。原因と結果の連鎖はまざまざと知覚できるもので、どこであれ、その繋がりが切れていたら、それらの言葉を当時も今もこうして書くことにはならなかったであろう。

すべての原因の鎖は無限である。ある〝始まり〟を仮定することは、原因のない結果という矛盾を生むことになる。宗教哲学者は何世紀にもわたってこの原因のない原動力論争と取り組んできた。だから、私もここは単純に恣意的な一つの環を出発点としておく。ただし、それはそこまでに導いた無数の環がそれ以前にあるのだという前提をつけておこう。

さて、本題に入るとする。もしジョージ・プリンプトンとサラ・ダドリーが結婚しなかったら、私がこうして本を書いていることはなかった。何故なら、アクターズ・スタジオ・ドラマ・スクールは生まれず、『アクターズ・スタジオ・インタビュー』も生まれなかったからである。

説明しよう。一九九二年一月の第一週に、妻のケダカイを別にして私のいちばんの親友であるサラとジョージが十二月三十一日という結婚記念日を（忘れっぽいジョージに忘れさせまいとしてサラが選んだ日取りだろう）マンハッタンのコロニー・クラブで祝った。そのパーティ会場で、ノーマン・メイラー夫妻、ノリス・チャーチが私を壁に押しつけてアクターズ・スタジオに来て自分たちの仕事ぶりを見てくれと迫った。

彼らはスタジオの古いメンバーで、私がスタジオでリー・ストラスバーグではなくスタニスラフスキー・システムのほかの解釈者であるステラ・アドラー、ハロルド・クラーマン、ロバート・ルイスらの薫陶を受けたことを知っていた。これら四名の革新的指導者はグループ・シアターの出身である。グループ・シアターは一九三〇年代にコンスタンティン・スタニスラフスキーとモスクワ芸術座の原則を取り入れた俳優、劇作家、演出家の斬新な演劇グループで、アメリカの演劇と映画を革命的に変え、その変化は現在、演技と演出、劇作の基準と水準となっている。それに比べてこれよりずっと形式的、修辞的、演説的なイギリス演劇から受けつぎ、儀式のように模倣されてきた従来の〝流行り〟の演技はグループ・シアターの台頭によって流行おくれのものとなってしまった。

しかし、スタニスラフスキーの仕事と信条に対する解釈の違いからグループ・シアターのメンバーは分裂し、一九四〇年代のグループ解散後は活発でときにはかしましいほどの論争が片やアドラー、クラーマン、ルイス、サンフォード・マイズナーら指導者と、もう一方のストラスバーグの間で続いた。

アドラー、クラーマン、ルイスの若き教え子として、私はどちらの派閥にも属さず、ストラスバーグが死ぬ一九八二年まで統率してあまりに有名だったスタジオには参加したことがない。むろん、ニューヨークに出てきて勉強と仕事を始めてからはスタジオのメンバーたちのほとんどと仕事上も社交上も交流を持っていた。

一九九二年のコロニー・クラブでの夕べ、ノーマンとノリスは私に強く迫った。当時スタジオの所長／教師はフランク・コルサロで、刺激的な仕事をしているのでぜひ見学しろという。スタジオで見学するのはメンバーの特権として大事に守られているものだが、ノーマンとノリスの言によると、私がつぎのセッションに名前が挙がっているという。私は本当に乗り気になったというより、二人をなだめるつもりで、つぎの金曜のセッションに出席することを承知した。

だが、金曜になったとき仕事の都合で行かれず、そのまま数週間、メイラーの催促電話と私の約束の繰り返しが続いたが、すべて正当な理由があって果たせなかった。

メイラー夫妻はこの原因の鎖のなかで第二の環である。二人がジョージとサラのパーティに出席せず、メイラーが原稿締め切りを抱えてプロヴィンスタウンから出かけないことを選んでいたら、連鎖の一環は始まりもするまえから切れていたわけである。だが、そうはならず、彼らも本書のヒーローになった。というのも、最後には、悪いと思ったからだと思うが、私はスタジオのセッションに顔を出し、築一八五八年で一九五五年からスタジオの拠点となった元プレスビテリアン教会のきしむ階段を登っていた。

つぎのリンクは、むろん、スタジオ自体である。その日、劇作家・演出家ユニットに着いたとき、セッションはフランク・コルサロとアーサー・ペンの両氏によって執り行なわれていた。世間で誤解されているが、アクターズ・スタジオはついぞ学校であったことはない。スタジオには〝メンバー〟がいるが、〝学生〟はいない。授業料も取ったことはないし、資格を授与したこともない。小うるさいほどに〝セッション〟、それをまとめるモデレーター（司会者）〟と言い習わしても〝クラス〟とか〝教師〟とはいわない。その理由は本書で明らかにしよう。

セッションに入っていくと、長年の知己アーサー・ペンが私の顔を見て驚き、ニコッと笑って言った。

「いやあ、やっときたか！」

その日のセッションで、私はワークし（これももう一つのスタジオ用語だ）セッションが終わるとアーサーは私の腕をつかんでスタジオの事務室に連れて行って言った。「ジムは劇作家／演出家ユニットのメンバーだ」

ノーマンとノリスは正しかった。私はあっという間に機嫌よく取り込まれてしまって劇作家／演出家ユニットに足しげく通うようになり、ジムに戻って、ロバート・ルイスのワークショップ以来使ってなかった筋肉を使うのがどんなに心地よいかに驚いた。

それから数カ月以内に、コルサロに頼まれてユニットを何回か取り仕切ったが、ついには、ユニットとセッションで見聞きしたことに創意を得て、ある実験をすることにした。それは創意からも重要性からもクレショフのそれとは程遠いものだったが、私にとっては非常に重要な（当時思っていた以上に）ものだった。

私は自分を――そしてスタジオも――テストして私たちが世間の通説どおりに実力があるかどうか見極めることにした。実験の前提は単純で、スタジオと自分自身の懸念に基づいていた。メソッドもしくはスタジオに関する通説の一つが、スタニスラフスキーの改革はイプセンやチェーホフといった当時の新興演劇や劇作家には有効であったが、シェークスピア、モリエール、アイスキュロスら古典作品、ひいてはゴルドーニ、シェリダン、ワイルド、メーテルリンクといった〝スタイル〟を具えた作家の作品には無効、もっと正確にいうと敵対関係にあるというものだ。

こんにちに至るまで、この通説は根強く残っている。実際、番組『アクターズ・スタジオ・インタビュー』を主宰する私のなかにも残っている。アメリカ人俳優がシェークスピア劇の言葉に向かい合うときの苦労話を話題にしたとき、ジョン・ハートは嗤《わら》った。「言わせてもらうよ。そいつはアメリカ人俳優のノイローゼなんだよ。だって、そんなことはないからさ。ぼくはアメリカ人俳優がぼくのようなヘンなアクセントでしゃべろうとせず、見事に古典劇をやったのを見たことがあるよ。自分のアクセントでしゃべりなさいよ！　アクセントをこなせたからって詩を話せることの助けにはならない。それにこだわるなら、マーロン・ブランドのマーク・アントニーの名演技はどうなるの？　彼のせいで大勢のイギリス人俳優がバカに見えたじゃないか」

しかし、それは本当にその通りなのか？　ハートのいうとおりなのか、メソッドの批評家たちが間違っていたのか？　それこそが私がテストにかけようと（ジョン・ハートが『アクターズ・スタジオ・インタビュー』に出る数年前だった）もくろんだことだった。スタジオ出身の俳優たちは、私を演出家として、様式性の高い作品の危険水域を無事に渡っていけるのだろうか。

そのテストのために、私は書斎の引き出しを開けた。中には数年間の道楽仕事がやや古びておさまっていた。道楽はオールド・ヴィックで『耳に蚤』を見たことから始まってニューヨークに戻ってくるなりこの世紀末の名人、ジョルジュ・フェドーのブールバール・ファルスの全集を買い求めたのだった。名人は自分の成功の秘訣を問われると言った。「簡単だよ、どのキャラクターとどのキャラクターがけっして会ってはいけないかを決めたら、出来るだけ早く鉢合わせさせるのさ」

この全集を私のフランス語の許す速度で読んでいると、ある巻にフランスの劇作家マルセル・アシャールの、紹介文が載っていた。それによると、フェドーはベル・エポックのファルスの名人として国際的に有名になりマキシムに彼専用のテーブルが出来たほどであるのに（その時代の絵画にそのテーブルに坐る彼の絵が何枚もある）彼の本当の喜劇の傑作は晩年、離婚しパリのホテルで美食家として暮らした時代の一幕物であった。

隠れドア、回るベッド、偶然や災難といった彼の有名度の元となっていたものをアシャールいわく〝否定して〟機知の切っ先を研ぎ澄まし、鋭い視線を唯一のテーマである結婚という制度に向けた。そうしながら、フェドーは世間のためにではなく、自分自身のためにさまざまな時代と場所のさまざまな男女について一幕物を書いた。〝キャラクターは名前こそ変わるが、代わるのは名前だけだ〟とアシャールは書いている。作品を並べてみてみると、フェドーの意図ははっきり見えてくる。一組の男女の、一度の結婚、一つの関係を無邪気で素敵な馴れ初めから辛い（同程度に面白おかしい）結末に持ち込むのだ。アシャールはさらに、フェドーがこれらの一幕物を一巻の本にして『結婚と離婚』のタイトルで出版したいと思っていたと書いているが、愉しい享楽人生の報いでかかった梅毒によって狂気と死に見舞われその野心は叶わなかった。

僭越ながら彼の意図を叶えようと、私は一幕物の何本かを、私の知る限り初めての英訳作業にかかった。そして、私の好きな三本を、一本をシリーズの初めから、二本目を真ん中から、三本目を終わりから選ぶと、フェドーの目的を一晩の公演でやり遂げられるのではないかと思った。それを一晩の演目として『ハッピー・ニューイヤー』とタイトルをつけた。

スタジオでのテストのため、最初の一幕『セアンス・ド・ニュイ』（夜の逢引）の翻訳を選んだ。無邪気で真面目な恋愛が、もつれた誤解や相手を間違えた伝言などの見事なフェドー式構築から生まれるのだが、敵役の方は大晦日に緊急会議が入ったと妻に言いつくろってパリのレストフンの密会部屋での逢引を懸命にお膳立てしようとする……。

この芝居をスタジオのメンバーで配役し、数週間稽古した。私とみんなの受けてきたスタニスラフスキー・システムの範疇のなかで忠実に（そうでなければ、この演習は無意味になってしまうから）アクション、感覚記憶、想定情況などシステムの中心教義を駆使してキャラクターたちを有機的にふくらませ（そう、陽気なファルスに）作家が意図したとおりに、瞬間から瞬間へ、ある場面からつぎの場面へと作っていった。そしてついにその成果をスタジオのメンバーたちにセッションのなかで披露した。世紀末のフランスのブールバール喜劇をアクターズ・スタジオでやったのだ！　何と大それたことをやったものだろう！

幸い、俳優たちはそのチャレンジに見事応えてくれて、元来は神さまの御座所で、その後ストラスバーグに捧げられた（お二方の区別のつかない人もいるが）スタジオの神聖なる場所が爆笑でおおいに湧いた（メルシ、ジョルジュ！　スパシーボ、コンスタンティン！）しかも、メンバーたちは〝ワーク〟（スタジオメンバーは〝メソッド〟のことをこう呼んでいる）になんら冒瀆はなかったと思ってくれた。

私はわが家を見つけたのだ。

翌年にかけて、私は頻繁にセッションに出、時どき〝ワーク〟（スタジオが狭いので順番待ちだった）し、スタジオの活動とそこでの暮らしに深く関わったので、役員会のメンバーになるよう頼まれた。

スタジオは一九四七年の当初から、財政的に逼迫していた。芸術的には望ましいが経済的には現実離れした理想主義に押されて、スタジオは入場料とか会費のようなものを苦行僧なみの貧しさをよしとして取らなかったので、一九九三年には多くの文化的機関が貧困や消滅に直面したように、スタジオの純粋性が自身を同様な道に追い込んでしまった。

四月第一週のある晩に開かれた役員会議はとりわけ陰鬱だった。相変わらずかかる経費、借金を前に、これといって頼れる収入はなく、そのうえ、即刻必要な修理の場合をのぞいて教会の協力をあてにしてはいけない旨のお達しも受け取っていた。一同は重い心で、世界に最も影響を与えてきた俳優、演出家、劇作家たちを送り出した四十七年間の旅の終焉に向かいつつあった。メンバーでもとみに有名な面々に訴えることも考えられたが却下された。約五十年近く、メンバーたちは寄付をねだられ続けてきたから、それも限界だった。数年間独力でスタジオを支えてきたポール・ニューマン、ジョアン・ウッドワード夫妻も援助を一時停止にしたいと申し出ていた。明らかに、スタジオは生命線――重要で卓越した線であるが有限だ――の終わりに来ていた。

役員会のメンバー何人かは同所の初めから、四十七年前から在籍しており、多くの者がスタジオを何十年も自分たちの芸術の実家だといっていた。それでも、会合はテーブル越しに互いの顔をみつめるだけの無言裡に終わった。そして、なす術なく肩をすくめて、無制限の散会となった。

私はわずか在二年のメンバーだったが、会議室に立ち込めた恥も外聞もない悲嘆の空気にはほかのメンバーと同じように浸っていた。

シグムント・フロイトは彼の無意識学説の一部を、ある数学者の研究論文をもとにしたとされている。その数学者は〝時どきだが、難しい問題を眠りのなかでじっくり考えると、目覚めたときに答が出ている〟と書いた。創造するアーティストたち、つまり作家や作曲家は一見魔法のような半覚醒状態の底力に気がついているはずだ。起きているときと眠っているときの夢のようで実りのある状態。睡眠と覚醒の間の状態である。

その夜、会議の後、私は途切れ途切れにしか眠れず、目覚めたときにはすべてがはっきりと頭に浮かんでいた。おおまかな輪郭だけではなく、細部にいたる詳細までが青写真に引き写せるほど克明だった。半覚醒状態で閃いたその概念と教科目はほとんど何も変わることなく、それを元に十七カ月後、アクターズ・スタジオ・ドラマ・スクールが開校になったのだ。

そのことが、この必然の連鎖のつぎの欠かせない環であり、本書と私の人牛のヒーローである妻、ケダガイ・ターナー・リプトンの元に私を運んでくれる。その環はここで話題にしたが、本当は鎖の初めに来るべきなのである。というのも、私がある晩、バレエの会でケダカイと会い、彼女と一生暮らしたいと決心しなかったら、ノーマン／ノリスとの出会いはほかの方向には行っても本書を書くことにはならなかった。アクターズ・スタジオ・ドラマ・スクールも生まれず、『アクターズ・スタジオ・インタビュー』も生まれなかったからである。

私が確信をもってそういう訳は、ケダカイとの結婚後、彼女がモデル業を辞めたいと言ったことから始まる。見れば一目瞭然、いかにも売れっ子モデルだった彼女がモデルを辞めるのは、長い間暖めていたデザインの勉強をしたかったからである。彼女は転身してパーソンズ・デザイン学校で二つの学位をとった。一つは環境デザイン。そしてもう一つはインテリア・デザイン。

パーソンズでの在学中、ケダカイは成績優秀で、卒業とともに、役員会に参画するよう求められた。その関係で、パーソンズが傘下にある〈ニュー・スクール・フォー・ソーシャル・リサーチ〉の学長ジョナサン・ファントンの食事会に伴侶である私も招かれた。

度々の食事会はファントン学長夫妻の優雅で学識にあふれたもてなしで活発な意見交換がなされて忘れがたいものだった。話題はたいてい大学の講義や食事会の前までに起きた出来事についてであった。

案が浮かんで目覚めた朝、私はケダカイにジョナサン・ファントンがその案に興味を示すだろうかと訊いてみた。ケダカイはいつも私のアイデアを辛抱づよく聞いてくれるが、この案には乗り気で、何事もやってみなけりゃ始まらない、と力づけてくれた。

ファントン博士に自分の案を申し出てみようと思ったわけは、彼の家での鮮やかな印象とは別に、〈ニュー・スクール・フォー・ソーシャル・リサーチ〉という学校のユニークな歴史にある。この学校は一九一八年、ジョン・デューイ、ジェイムズ・ロビンソン、チャールズ・ビアードら高名なコロンビア大学の学者諸氏が学問の自由の欠落とアメリカの貧しい教育に対する抗議行動の一環として創立された。

　そこにソースタイン・ヴェブレン、アルヴィン・S・ジョンソンが既成の学問の場に独立した進歩的な代替の場を作る使命を帯びて参加し、革命的な教育機関を造ったのだった——学校の初代校長アルヴィン・ジョンソンの指導力のもと、学校はヒトラーの手にかかり死んでいたかもしれない二百名のアーティストと学者たちに救いの手をさしのべ、アメリカで再生させたのである。新しく加わった多くの人はユニヴァーシティ・イン・エグザイル（亡命者の意）と呼ばれたニュー・スクールで自分たちの家と自由を手にいれたのだった。

　そのなかには有名なドイツの演出家エルヴィン・ピスカートルがおり、彼はベルトルト・ブレヒトとともに叙事演劇の急進的政治概念を発展させた人だ。一九三九年、間一髪でアメリカに渡ってきて、〈ニュー・スクール・フォー・ソーシャル・リサーチ〉でドラマ・ワークショップを創設した。一九四〇年代には、グループ・シアターの解散とともに、ステラ・アドラーとリー・ストラスバーグがピスカートルの誘いを受けて、このワークショップで初めて教職に就いた。そのワークショップの学生たち——そのうちの何名かはその五十年後『アクターズ・スタジオ・インタビュー』を収録することになるステージで演技をしたわけだが、そのなかにはマーロン・ブランド、ジェイムズ・ディーン、シェリー・ウィンタース、ベン・ギャザラ、ウォルター・マッソー、ハリー・ベラフォンテ、ロッド・スタイガー、テネシー・ウィリアムズらがいる。

　だから、私はジョナサン・ファントンに電話をかけたのだ。

　この本にとって運のよいことに、そしてこの中でひと役演じてくれる大勢の人々——スタジオのメンバー、ニュー・スクールの事務局各氏、アクターズ・スタジオ・ドラマ・スクールの学生たち、教授陣、事務局員たち、『アクターズ・スタジオ・インタビュー』のゲスト諸氏、スタッフ一同、アメリカと世界各地で十三年間見てくれたテレビの視聴者——みんなにとって運のよいことに、彼は私の電話に出てくれた。

私は切り出した。「もし、だれかがニュー・スクールにピスカートルがドラマ・ワークショップを作ったときのような輝きを取り戻せるとしたらどう思いますか？」

コネチカットのヤンキーらしく万事に簡潔なファントンの返事は「ああ、やってくれ」だった。

「もし、私がスタジオの仲間たちを口説いて、初めて学位の出るプログラムを作ったらどうだろうか？」

「ペンをくれ、どこに署名すればいい？」とファントンは言った。

興味を示してくれたことに元気が出て、私はスタジオの役員会に戻ったが、仲人としてこの提案の相手方が自分たちの大切な匿秘財産への侵害と感じるのではないかと心配だった。

スタジオはその発端の意図からして一種の修道院めいた性格を帯びていた。一九四七年、グループ・シアターの同窓生たちによって創設されたとき、演出家のエリア・カザン、ロバート・ルイス、プロデューサーのチェリル・クロフォードら多くの名だたる俳優、演出家、作家らがニューヨークに住み、活動した。

一九五〇年から五一年のシーズンには、演劇界は八十五もの新作でブロードウェイを湧かせた。オフ・ブロードウェイもマンハッタンのなかで未使用だったり不人気だったりしたスペースに、所構わずといった勢いで浸透し、賑やかに演劇の花を咲かせた。しかも、ニューヨークはテレビの黄金期を誕生させ、おかげで若きテレビ・ドラマの脚本家パディ・チャイエフスキー、ゴア・ヴィダール、ロッド・サーリング、レジナルド・ローズや、新進の演出家シドニー・ルメット、ジョン・フランケンハイマー、アーサー・ペン、シドニー・ポラックらに興味深い実験演劇と試演の場が与えられた。

続く十年、一九五〇年から一九六〇年までの間、ニューヨークは万人が等しく認める〝本場〟であった。どの演技スタジオも学校も俳優であふれ、劇場やタレント探しに鵜の目鷹の目のテレビ局から声がかかるのを待っていた。テレビ局はドラマの名作選や連続物をナマで流す夜のゴールデンタイムに俳優を必要としただけでなく、連ドラが、それも十本もあったが、放映される昼の時間にもあった。みなニューヨークである。

この素晴らしい土壌と環境のなかにあったアクターズ・スタジオは、豊かな土にもっともエキゾティックな花々を咲かせた。

一九六〇年代、急成長するテレビ業界がより安く入手できる不動産を求めて南カリフォルニアに向かった際、俳優、演出家、作家らもごっそり移住したが、一九四七年には彼らの中でもトップクラスの人材は最高の教師がいるニューヨークに残っていた。カザン、ルイス、クロフォードらが彼らに提供したのは世間の目とスポットライトからの避難所、砦だった。そこでみんな腕を磨き、創造上、演技上の筋肉を屈伸させ、間違いを犯し、恥をかき、身体で学んだのである。そこは自己満足せずに栄養を吸収し、断じることなく批判し、仲間どうし、自分たちの番になれば自分も同じリスクを負う要求水準の高い一区画であった。

一九四九年には、リー・ストラスバーグが加わり、スタジオは黄金期を迎え、世界に向けてまばゆいばかりのアーティストの面々を送りだしていった。まずは創立時のメンバーであるエリア・カザン、ロバート・ルイス、モンゴメリー・クリフト、マーロン・ブランド、モーリーン・ステープルトン、ジェローム・ロビンズ、カール・マルデン、ハーバート・バーゴフ、イーライ・ウォラック、ミルドレッド・ダノック、ポール・ニューマン、ジョアン・ウッドワード、シェリー・ウインターズ。それからマーティン・ランドー、ジェイムズ・ディーン、スティーヴ・マックイーン、ジャック・ニコルソン、マリリン・モンロー、ダスティン・ホフマン、エレン・バースティン、ロバート・デュバル、サリー・フィールド、デニス・ホッパー、ジュリー・ハリス、ウォルター・マッソー、アン・バンクロフト、クリストファー・ウォーケン、リー・グラント、ジーン・ワイルダー、ジェーン・フォンダ、ハーヴェイ・カイテル、シドニー・ポワチエ、ロバート・デ・ニーロ、エステル・パーソンズ、アル・パチーノ、フェイ・ダナウェイ、シドニー・ルメット、アンソニー・クイン、エヴァ・マリー・セイント、アーサー・ペン、アレック・ボールドウィン、アン・ジャクソン、チャールズ・ダーニング、クロリス・リーチマン、シドニー・ポラック、チャールズ・グローディン、ロスコー・リー・ブラウン、オリンピア・デュカキス、ベン・ギャザラ、ジョン・ヴォイト、ジェラルディン・ペイジ、マーク・ライデル、ホリー・ハンター、ジーン・ハックマン。

アクターズ・スタジオはコメディア・デラルテやモスクワ芸術座、イギリスのナショナル・シアターのようにほかに肩を並べるもののない永久的レパートリー劇団ではないし、一九三九年全盛時の、〝星の数より多くのスターがいる〟とうそぶいたMGMのような固定集団でもない。だが間違いなく言えるのは、そのいずれもスタジオの誇った幅と深さには敵わなかったということである。

スタジオメンバーの名簿は半世紀にわたって徐々に出来上がっていったものだ。というのも、本来の意図からして、スタジオは世界でも最も排他的な機関であったからだ。それは俗物根性からではなく、メンバーであることに意味があるといえるだけの水準を打ち立てたいという誠実な願いから発したものなのだ。創立者たちはみな忙しい現役の職業人たちだった。彼らはスタジオに自分たちの〝ほかの生活〟とは違っていて欲しかったし、そこでの一秒一秒が有意義なものであってほしかった。だから、その目的のために、彼らはメンバー資格へのハードルを設置し、そのハードルは伝説的かつ真摯なものとなった。

ジャック・ニコルソンはメンバー資格を得るために五回オーディションを受けた。ダスティン・ホフマンは六回。ハーヴェイ・カイテルはなんと十一回だった。落ちるたびに受験の順番待ちの最後列につかなければならないから、つぎの受験まで一年待たなければならないこともある。ハーヴェイの挑戦はなんと十年かかった。彼が『アクターズ・スタジオ・インタビュー』に出演したときこの話をすると、スタジオのメンバーになることが憧れの学生たちから喘ぎとも痛みの叫びともつかない声がもれた。マーティン・ランドーはスタジオ受験した年、二人が受かったと学生たちに話した。彼とスティーヴ・マックイーンだ。「何回受けましたか？」と私は訊いた。

「二千回」と彼は答えたので、学生たちは叩かれた動物のような大声をあげた。

さて、一九九三年四月十四日、私はスタジオの門戸を開放しようという提案を小脇に実行委員会に出かけて行った。開放といっても世界を中に招じ入れるのではなく、スタジオのプロセスを、四十七年の歴史上初めて公共の学問的環境のなかに出してみるのである。

スタジオは常に緩くまとまったグループで、メンバーは好きなときに出入りした。一日顔を出しただけかと思うと、数週間いたといった具合に、メンバーの仕事の予定や個々の必要度によってまちまちだった。初めの四十七年間のうち、ほんの数回だけ、メンバーどうし一緒になってある企画に取り掛かったことがある。テネシー・ウィリアムズ、エドワード・オルビー、テレンス・マクナリー、ジェイムズ・ボールドウィンらはスタジオで自作を発展させていった。一九五〇年代には、マイケル・ガゾーの『帽子いっぱいの雨』がスタジオ発の即興的実験演劇としてブロードウェイ向けに慎重に公演準備もしたが、それすらも〝かけてはみるが、プロダクションではない〟といった賛否の入り混じった感情であったし、結果も賛否両論だった。そんな例もあったが、スタジオにはメンバーが一個人として出入りし、自分たちの必要に応じて体育館のように利用した。だが、いま、比較的新参者の私が提案しようとしていた。スタジオの長年の栄誉ある方式をひっくりかえし、そのメンバーを、集団として、必要に応じるべく使おうと。

いま読めば、単純なことだと思われるかもしれないが、その当時はそうではなかった。スタジオが頑固だとか偏狭だからではなく、半世紀もの間、一九四七年の憲章に記されているとおり、厳しいプライバシーが目的に叶ったものだという証拠があったからで、メンバーの何名かにとっては、私はスタジオの壁を、憲章を、傷つけることを勧めているように思えたのだ。

私は自分の青写真を、切り札をテーブルの上に並べ、自分が思い描くプランを説明してみせた――四十七丁目のスタジオは今までどおり神聖な場所として秘めやか、かつ排他的、独特で、強固であり続ければよい。だが、唯一違うのは、メンバーに突きつけられている現実の中で生き残り、存続し続けることだ。

テーブルの周りの面々がぐるりと向き直り、互いの顔をまじまじと見つめあった。ヴィクトル・ユーゴーの格言ではないが、機が熟すことにまさる案はないということがここでも証明された。委員会は私の提案を理事総会にかけてくれると約束した。

数日後、役員会は大多数で四十七年間の伝統を破り、スタジオの城門を外部に向けてそろそろと開けることに決めた。

四月二十三日、役員会から単独のスカウトとして派遣される形で、西十二丁目の〈ニュー・スクール・フォー・ソーシャル・リサーチ〉に出かけて行った。ファントン氏は八階の学長室に、大学役員や先輩教授陣ら十数名を招集してくれていた。長い楕円形のテーブルの端に坐って、私は話し始めた。「三週間まえ、私は自分の思いつきからファントン学長にニュー・スクールがアクターズ・スタジオと連携する気はないかと尋ねました」私はメソッドの背景、通説と現実との違い、スタジオの歴史、そのメンバー、毎日オーディションの申し込みが二十件ある現実、それゆえ、この計画が実現したらかなりの志望者が見込めることなどを話した。

スタジオにとって、ニュー・スクールにとって提携の利点となるだろうことをさらいながら、スタジオにとっては世界でも有数の演技教師たちを今一度一つ屋根の下に集結させるということがあった。五十年近くの間にスタジオを通って他の機関に散っていった人たち。スタジオは学校ではなかったからだが、スタジオが教えたことを知るその教師陣、教えを学問的環境のなかにおこうというのだ。異種の主義に対して好意を示してくれた〝ユニヴァーシティ・イン・エグザイル〟、パーソンズ・デザイン学校、マンズ音楽大学に対して。

ニュー・スクールに対しては、大学の教科内容面にも、過去五十年近くの歳月に蓄えられた評判と実績のある教育機関が加わる利点を挙げた。

さらに、この繋がりには相乗効果も期待できることも言った。スタジオでオブザーバーの資格を持っていると、ニュー・スクールに入学したい、残留したいという意欲を起こさせるし、可能性として、あくまで可能性だが、この学校で三年間集中的かつ活発にトレーニングして卒業したあと、スタジオのメンバーに応募するとなれば、スタジオの名簿に若い男女が増え充実していくという見込みもあるわけだ。

結びに、私はスタジオの役員会に提案したのと同じ提案をした。スタジオとニュー・スクールがパートナーシップを結ぶことにより、初めてアクターズ・スタジオの学位が俳優、作家、演出家に与えられるものとする。主軸となるコースはアクターズ・スタジオの終身メンバーによって教えられるものとする。所は、この〈ニュー・スクール・フォー・ソーシャル・リサーチ〉だ。

その後、一時間の質疑応答があり、ファントン学長は大学共同組合事務長リチャード・ロジャーズ、副事務長ロバート・ゲイツ、副学長ジョセフ・ポリノ、元ニュー・スクール大学の学部長で相談役としてファントンが会議に招いていたアルバート・ランダ学部長ら諸氏にこの案を彼からも提案した。ファントン氏はランダ氏を「ニュー・スクールの良心」と言って紹介してくれたが、まもなく、私の〝良心〟ともなった。

ファントン氏は「納得できるなら成るべくして成る」はずだと言い、一同にはそのまま残っているよう指示して会議室を出て行った。数分後、一同は各該当部署からの委員会が実質的協議をするための会合を持つべく予約をとりつけるということに決まった。

私が十二丁目の歩道に出て五番街に向かおうとしたとき、声が聞こえた。「リプトンさん、リプトンさん！」振り返ると、会議室のテーブルで終始ニコニコ笑っていた若い美人だ。「今度のことは」と、同大学のユジーン・ラング大学次期学部長ベア・バヌー博士が言った。「すごいです！」

ここでもまた、私はわが家に帰ってきたような安堵感をおぼえた。

ニュー・スクールでの会議の結果をアクターズ・スタジオの役員会に報告すると、ニュー・スクールの代表者たちと面接する委員会を結成してこれに応えてくれた。委員会構成員はエレン・バースティン、ノーマン・メイラー、ポール・ニューマン、俳優部門としてリー・グラント、カーリン・グリン、演出部門としてアーサー・ペン、シューバート・オーガニゼーション副社長でスタジオの財務担当ロバート・ワンケルそして私。この軽率な案を思いついたからということで、私が議長と決まった。

それから六カ月にわたり、あの四月の朝、目覚めとともに脳裏に描いたと同じようにカリキュラムは驚くほど次々と形になっていった。三年間のＭＦＡ（芸術学修士号）プログラムで——ドラマのプログラムでもユニークだった——俳優、劇作家、演出家を肩並べさせ、アクターズ・スタジオで進化していったスタニスラフスキー・システムの原則にそって教育するというものだ。

二つの委員会の間で行なわれた最初の会合から、大学側がスタジオにカリキュラムを作ってもらいたいと思っているのが明らかだった。そして、それこそが核心そのものだった。私たちはそれに応じ、エレン・バースティンの提案をうけてスタニスラフスキーの歴史的書物三冊を挙げた。『俳優修業』は第一学年の主要基礎教材。まずはスタニスラフスキーが〝自己〟に対する仕事と呼んだこと——在来の表現法や決まりごと、緊張や縛りなど未経験の俳優や訓練不足のプロが作品に持ち込むものを取り払い、俳優に自分自身の感情的真実に自由に近づくことを可能にする技術で置き換えるようにすることだ。

第二学年はスタニスラフスキーの二番目の書、『役の形成』を主教材とする。俳優は第一学年の勉強を使って演習、テクニックの幅を広げ、自分自身という身近な領域から新たなリアリティである役、俳優その人ではない〝役柄〟に挑む。俳優は役柄に有機的に、つまり外側からも内側からもその役柄に

〝棲みつく〟作業をし、どんな瞬間にもその役柄が望んでいることは何かを見つけ、やってみせて、キャラクターと俳優が一体化しなければならない。

第三学年は死後に出版された『役の創造』を使用し、初めの二年で身につけたテクニックを駆使して各シーンの、ひいては芝居全体の文脈のなかで自分の役割を確立する。

大学側に提案したカリキュラムは三つの柱によって支えられていた。第一が俳優、作家、演出家を並列に訓練する決定。言葉だけ見れば、たいしたことではないと思うだろうが、スタジオの委員会の面々はみんな演劇訓練は個人教授だったり、学校だったりとさまざまな迷路をくぐって今に至っている者ばかりで、自分たちの経験と比べ合わせても一九九三年の演劇分野を見渡したとき、誰一人として三つの専門分野を十分かつ理路整然と融合できる環境を見出せなかった。

多くの学校が俳優に教えた。いくつかは劇作家も教えた。少しだが演出家も教えた。けれどめったに一つの学校がこの三つを同時に受け入れることはなく、そのカリキュラムは小うるさいほどに分離され、劇作家がたまにでも――毎日のようになどとはありえない――演劇の方程式のほかの要素である俳優や演出家と交流せぬまま修士号を取得するというのは珍しいことではない。作家の修行人生は、おおいに、時として専ら紙の上だけで送られるのである。まるで劇作品が小説や新聞同様、読まれるものだと言わんばかりに。

この矛盾をハロルド・クラーマンが鋭く衝いた。彼は先に述べたようにグループ・シアターの創始者であり、本書の重要な登場人物であるが、当時私の人生にとっても重要な人だった。彼がリリアン・ヘルマン作の新作戯曲『秋の園』をオールスターキャストで演出した際、私を若者の役に就けたからである。当時、私は彼の前妻ステラ・アドラーの教え子だったが、フレドリック・マーチやその夫人のフローレンス・エルドリッジを筆頭とするスターカンパニーのなかで人目につくだけの新参者だった。『秋の園』は目くるめく一大体験だった。なんといっても初めてのブロードウェイ出演。しかも豪華な顔ぶれ。リリアン・ヘルマンの新作。演出はハロルド・クラーマン。稽古中ずっと、私は出番のない時間をすべて空席の客席に身をひそめ、前の席の背で両膝を支えて、演劇神殿の神であるハロルド・クラーマンが、舞台上で華々しいキャストを相手に私の目にはマスタークラスとしか思えない素晴らしい仕事をするのを見守っていた。

だが、ニューヨーク初日の一週間まえ、このクラスは唐突に中止になってしまった。ハロルドと俳優たちがじっくりと戯曲を探りつつ作っていく緩慢なペースに耐えられなくなったリリアン・ヘルマンがその日から自分が稽古を指揮すると言い放ったのである。リリアンの〝稽古〟は初めから終わりまで全部新たにステージングし直すことだった。何週間の間にたびたび起きた霊感溢れる演技、そこになるまでの見事な論理性、それらがすべてリリアンによって投げ捨てられた。彼女は客席の半ばあたりの私の席近くからノンストップで命令をがなりたてた。「そういうの全部やめてよ。いいからセリフ言って！」

結果は、芝居は一種のコンサートになり、才能ある俳優たちが指示に従ったせいで置き道具の家具の後ろをぐっと握って（〝セリフ言ってるときは動かないで〟というのがもう一つの彼女の指示だった）彼女のセリフを詠唱（としかいいようがない）して「聞こえないわよ！」とQ列から繰り返し怒鳴られるのに応えていた。しかも、わるいことに、彼女は自分がそのセリフを書いたときに頭のなかで聞こえたように聞こえなければいやだというので、そのイメージを奴隷に従わせるように強要した——「そのセリフいうときは窓の方を向いて。ちがう、あっちの窓よ。ゆっくりね」

少しずつ、シーンまたシーンと、俳優が一人また一人と、芝居から命が失われていき、俳優はどんどん操り人形になっていき、リリアンは満足していった。彼女の書いた言葉だけが大事だったから、こうしてセリフの意味は透明なまでに明瞭になり、やがて冷たく生気のない氷みたいになってしまった。

彼女が自分の芝居を屠るのを見ていた私は、ハロルドに彼女が演劇を虐殺するのをなぜ我慢しているのかと訊いた。「彼女の芝居だからね」とハロルドは遠くを見やって言った。

「でも──」

「そういうもんなんだよ」と相変わらず遠くを見たまま、私からも遠いところを見たまま彼は言った。

「彼女が作家なんだ」

芝居は幕を開け、蠟細工のような舞台に、劇評家も観客もリリアン・ヘルマンが駄作を書いたと確信した。たしかに駄作だったのかもしれない。だが、芝居が打ち切られたとき、そこから私が学んだことは、みんな彼女が何を書いたのか分からなかったということだ。だって、だれも、私も、ほかの俳優たちも、一般観客も、なかでもとりわけリリアンが芝居を見も聞きもしてなかったからである。

その教訓は一年後に確信となった。『秋の園』の演出経験に大胆になったリリアンは、仲介者を排して、自作の舞台を演出することに決めたのだ。

そのときの芝居は彼女の一九三四年のヒット作『子供の時間』だった。この稽古にはいなかったからわからないが、彼女は体験したテクニックを駆使したのだろう、というのは芝居の評判が極めてわるく、一体初演のときの劇評家は何を褒めていたのだろうと言う向きまであった。これはヘルマンにとって公平ではない。彼女は重要な劇作家だし、『子供の時間』は重要な作品なのだから。それでもこの時また、あれほど優れた本を書く人がどうしてこれほど音痴なのかと不思議に思った。

私の記憶ではたしかある新聞社がクラーマンにヘルマンの『子供の時間』の日曜版劇評を依頼したことがある。連日の劇評がわるかったので、それを和らげてやろうとしたのだろう。

クラーマンの評論は、記憶が正しければ、「拝啓リリアン様」で始まる手紙形式だった。

クラーマンという人は学識豊かな歴史学者であり、スターク・ヤングやバーナード・ショウにも肩を並べるほどだったから、評論を書く場合は、ヨーロッパとアメリカの劇作家の経験を比較するところから始めた。何百年もの間、ヨーロッパの劇作家たちは文字通り劇場のなかで大人になっていった。合衆国以外でさかんに行なわれたレパートリー・システムは俳優、劇作家、演出家の永久的劇団のなかに徒弟制度をしいていた。その結果、クラーマンがいうには、ヨーロッパの劇作家は稽古過程になじんでいて、稽古で楽にしていられた。俳優たちが毎日のように苦心して試行錯誤を繰り返すのも日常的に見ていたから苦にはならなかったのだ（それがヘルマンには我慢ならなかった）。

対照的に、クラーマンいわく、何世代もアメリカ人はそんな経験を一つもしたことがなかった。代わりに、劇作家は稽古初日にキャスト全員と初めて顔を合わせ、続く四週間の大騒ぎの稽古のすえ、往々にして二、三週間の地方試演ツアーがある。そして芝居は幕を開けるのだが、期間が長かろうと短かろうと、打ち切られる日は来て、俳優から舞台スタッフ、衣装係にいたるまでその一座と別れて二度と会うこともない。

そして劇作家はまた勇気が湧いて後援者が見つけられれば、また同じ行程がまったく未知の人々の集団を相手に一から始まるのである。

だから、とクラーマンいわく、アメリカの劇作家は演劇の基礎的知識を学ぶことが出来ない。彼らが書いたのは〝芝居〟ではなく〝芝居になるはずのテキスト〟なのであると。あらゆることは、作家が〝幕おりる〟と書いた後に起きてくるのだ——キャスティング、稽古、衣装にメーク、演出家の想像力と、俳優たちの人生経験とトレーニング。俳優たちは作家が書いたキャラクターたちを紙のページから立ち上がらせて自分たちの心身と理解力、態度、力と弱点を通して立体的で納得できる人生へ送りださなければならない。そうした諸々と作家のテクストこそが〝芝居〟なのである。

アクターズ・スタジオ・ドラマ・スクールを創設するに当たって、私たちは学生の劇作家にそれをしっかり理解させようと決めた。演出家も同様だ。たいていの学校で学生演出家は新作にとりかかっている現実の劇作家と協働せずに卒業してしまうことを疑問に思っていたから、二番目の柱は、作家と演出家は集中的にその技芸を学ぶこととし、初年度では三部門すべて同じ教室で肩をならべて俳優の技芸を学んでもらうことに決めた。大学要覧に挙げたとおり、〝演劇・映画の現場での一日の終わりに、作家、演出家、プロデューサー、装置家、照明家、舞台スタッフが後ろに引き揚げたとき、舞台あるいはカメラレンズの前に残されて関係スタッフ陣の技芸と希望のすべてをかなえるのは俳優だけなのである〟。

作曲家がさまざまな楽器の特性も知らずにシンフォニーは書けないように、劇作家や映画監督も俳優の創作行程を知らないで作品は作れない。結果は不思議の国のアリスの災難になるか『秋の園』のリリアン・ヘルマンになってしまう。

いまこう書けば論理的だが、すくなくとも私には、新入生の学生たちには〝信じて飛び込む〟しかない行為と取れたことだろう。私は入学期のオリエンテーションで毎年こう挨拶をする。「この概念にわが校の演出家、作家諸君の間に少しでも疑問があるなら、どうかつぎの人たちを思い起こしてほしい。エリア・カザン、シドニー・ルメット、マイク・ニコルズ、ロブ・ライナー、ウィリアム・シェークスピア、オーソン・ウェルズ、ロン・ハワード、マーク・ライデル、シドニー・ポラック、クリント・イーストウッド、モリエール、彼らはみんな同じ評判のわるい道から入っていったのです。一六七三年、モリエールが死んだとき、彼は教会の聖なる墓地には埋葬が許されなかった。正式に俳優という職業を辞めると世間に言わなかったからです。それに対して世間の抗議が強かったので、教会は彼の埋葬を許すところまで譲ったが、日が沈んでからにするよう命じた。教会はこの命令も押し切られてしまいます。モリエールの棺に従って行進したパリジャンはその赤々と燃えるトーチで夜を昼の明るさに変えてしまったからです。つまり、分かりますね？　最後には俳優の芸は名誉で報われるのです」

第三の柱は第三学年の構成だった。正式な学問的環境で学んだ委員会のメンバーたちは演技プログラムの通常の蓄積に慣れ親しんでいた。つまり、一緒に学んだ者どうしが三本か四本の芝居の主役を競い合うというやりかただ。そういうやりかたは三、四年懸命に芸を身につけようとした学生が最後にハムレットを演じられるという場合には有効だ。だが、同じように懸命に勉強もした学生が〝墓掘りその

2〟しかやれないとなったらどうだろう。
スタジオを経由した私たちの多くがリー・ストラスバーグ、ステラ・アドラー、ボビー・ルイス、ハロルド・クラーマン、サンディ・マイズナーらが発展させた教育システムをくぐってきていた。彼らの薫陶を受けた生徒たちのだれも〝まる一本〟の長さの芝居をやれと励まされるどころか許されもしなかった。これらの教師たちはそろって〝伸びようとする若い才能はシーン演習に集中することで多くを学ぶ〟という意見で一致していた。シーンごとならばさまざまな体験に、自分たちの手に負えるレベルで挑戦出来るのである。それに、基礎がきちんと築かれ身についてもいないうちから、結果優先のプロダクションに学生をつっこむことは、むしろ本人のためにならないだろうと思われた。その理念とそうした学校が過去五十年一流の俳優を輩出してきていることから、私たちもその後に続こうということになった。

そこで、第三学年の日程の（各学生の進歩のレベルに合わせ）なかで十分に稽古をつみ形にできるであろう短い作品に焦点を合わせ、俳優、演出家、作家のレパートリーのなかで彼らの修士論文の単位として提供してもらうのだ。

毎週、三十分から四十五分の小品を三本プロデュースさせることで、卒業を控えた学生たちに自分たちの学習成果を五から十回テストする機会を与えることになる——かつ自分たちを一般客やプロ業界にも見てもらう機会になる。これは大変だが晴れがましく貴重な機会であり、一年に全幕物を三、四本やっていては出来ないことだし、私たちの知る限りほかの学校ではやっていない初めての試みだった。

このレパートリーシーズンは、わが校の三学年度の柱となり、わが校の心の拠り所となった。一九九四年にこの提案をしたとき、こうした急進的な概念が学生にも、大学の世界にも受け入れられるのか、見当がつかなかった。だが、十年やってきて、アクターズ・スタジオ・ドラマ・スクールはわが国でも最大の大学卒対象のドラマ・スクールとなり、大学内でも一番転校生が少なく（六パーセント以下）、今までの卒業生の八十名以上がスタジオの悪名高き厳しい水準をクリアし、メンバーとして認められている。

一九九四年のはじめ、アクターズ・スタジオとニュー・スクールの間で契約が締結され、三月二十一日、ロバート・ゲイツと私とで準備した長く複雑なプログラム申請書がオルバニーのニューヨーク州教育課に行った。

この時点では、九月の第一週に開講できるかに見えたが、現実にはまずスタジオと大学がまとまらなければならず、ＭＦＡプログラムに教員を充当せねばならず、場所を確保せねばならず、人集めにかからねばならなかった。通常なら一年はかかる作業が六カ月以内に圧縮してなされなければならない。となると、誰がこれを先導するのか？

当初から、私が両者の間の要の役回りを担い、両者の間で交わされる書簡のすべて――関係者みんなの見解、懸念、希望、期待のこもった数百ページ――に目を通してきた。この分厚い書類を公にするような際には、当然、指導者の問題も持ち出して私以外の相当数の人材の名前を挙げてきた。

しかし、そのどれも絶対に、意図的に私の名前ではない。その年の冬の間中、時間のある時を見つけては、私は自分にとって初めてのブロードウェイ・ミュージカル作品となる映画『マイ・マン・ゴッドフリー』の翻案を進めていた。三月までには本と歌詞の三分の一を書き終えて、さあ、これからフルタイムで没頭できると楽しみにしていた。

だが、その瞬間はついに来なかった。新学校認可の申請がオルバニーに行き、九月が目前に迫ってくると、スタジオの同僚たちやニュー・スクールの関係者たちが私の顔を見ては、無言ながらはっきりと答えを迫ってきた。私の反応は「おっと、冗談じゃない！」そして彼らの返答は「いいだろ？　ほかに誰がいる？」だった。

私が即座に選ばれていい候補者を何名か挙げたが、どれも頑としてはねかえされた。「これはきみのものだよ。きみの中にあるものだ。いいからスタートさせなよ」

一九九四年五月二十日、数週間真剣に自問自答した結果、私は『マイ・マン・ゴッドフリー』を捨て、MFAプログラムの委員長の指名を受けることにした。スタジオの教科委員会と一緒に、世界各地で教えているスタジオのメンバーに連絡をとり、うちの学校に来て演技と演出志望の学生たちに教えてほしいとたのんだ。コロンビア大学の劇作MFAの委員長で劇作家である人にうちの劇作部門の指導者になってほしいと頼んだ。〈センター・フォー・ザ・プロフェッショナル・ケア・オブ・ザ・ヴォイス〉で、有名な耳鼻科医ウィルバー・グールド博士とその後継者グエン・コロヴィン博士のトレーニングを受けたヴォイスの教師や歌手たちも集めた。〈アルヴィン・エイリー・アメリカン・ダンス・センター〉と提携して、学生たちが生涯仕事していく上で必要な柔軟で強い健康体を作るクラスも必修科目とした。演劇史の部門にも有名な学者を三人迎えた。この学問が教科に加わったのは、ポール・ニューマンが演技クラスでより、エール・ドラマ・スクールの演劇史でのほうが技芸の多くを学んだと主張したからである。

教科を決め、パートナーシップの条件を決める合同会議の何カ月かの間に、ニュー・スクールの代表者たちは私たちが直面するだろう現実に目を向けさせようとした。言い分は、私たちが描いているよりずっと小さなクラスになる覚悟をしなさいということだった。そうなっても「大丈夫、その覚悟は出来てますよ」とドクター・ゲイツは鼻の上の読書めがねを骨っぽい指で下がると上げ、下がると上げして言った。

ドクター・ゲイツはウソのように痩せた人だった。それはたぶん、厳冬のさなかでも毎日自宅から学校までの八十ブロックを歩いて通うせいだったかもしれない。大変な学歴と博識の持ち主で、博士号は二つ持ち、会話が時どき途中でドイツ語とスペイン語に変わってしまって長々と続いた。聞き手が自分と同じように多言語をしゃべると思っているようだった。聞き手は待つことを覚えて辛抱していると、やがて詫びるでもなしに英語に戻り、前後の脈絡をきちんとつけた話を続けるのだった。

このボブ・ゲイツは本書のヒーローの一人であることは間違いない。というのも、彼の特長の一つが賢明であること、そしてもう一つが自身の知識を気前よく振舞ってくれることだった。彼はこの学校が生まれるまでの何カ月間、私をさりげなく導いてくれ、学校が出来てからは私の頻繁な前触れなしの闖入を許してくれた。私は始終、彼の部屋のドアのところに現われては彼がコンピュータからこっちを向いてくれるのを待ち、質問を浴びせた。ＭＦＡの委員長だった最初の年、私の職業的学究者としての進歩は彼の研究室への訪問回数の減少と反比例していると思った。

さて、ニュー・スクールからのクラスの規模について警告を受けたものの、私たちのだれも先の成り行きについて考えていなかった。学生募集の通常のプロセスを踏むだけの時間がなかったので、応募者にはスタジオがようやく〝メソッド〟で学位を出すことになったという記事が新聞に散発的に出るのに頼った。

ところが応募の申し込みはつぎつぎとあり、やがてチャーリー・ローズが私たち関係者を自分の番組に招いてくれた——ポール・ニューマン、エレン・バースティン、ノーマン・メイラー、フランク・コルサロ、アーサー・ペン、そして私。一同は『チャーリー・ローズ・ショー』でこの学校の計画を話した……そこで水門が開いてしまった。何年か後、チャーリーに単独で番組に招かれたとき、彼がアクターズ・スタジオ・ドラマ・スクールのみならず『アクターズ・スタジオ・インタビュー』の立ち上げにも役割を果たしてくれたことを感謝した。『アクターズ・スタジオ・インタビュー』は学校が出来てなければ生まれなかったし、わが番組は時どき彼の番組と招くゲストを奪いあうこともあるのだ。

私たちは親しいライバル同士であり、私は単独出演の夜、番組で視聴者に明かした——一九九四年の秋に応募してきた人たちはほとんどみんな「この学校のことをどこで知りましたか？」に対する答えとして『チャーリー・ローズ・ショー』と答えた。

一九九四年の夏が、恐ろしいほど早く過ぎていくなかで、劇作家志望の受験生が提出した作品を読み、演出家志望の受験生と面接した。ほとんどの演劇学校は演出家の養成をしない。それだけの施設が備わってない場合もあるだろうし、演出家志望を審査する基準が出来てないということもある。どこかに行って演出している現場を見られるわけでもないし、若い志願者は経歴の紹介資料や劇評を持っているわけでもない。だから、深くつっこんだ面接が通常の妥協案となるわけである。この摩訶不思議な手順が、こともあろうに《ニューヨーカー》の〝街のうわさ〟欄でジョージ・プリンプトンに取り上げられてしまった。見出しは〝アパー・イーストサイドのファルス〟とあり、ジョージは面白がって一人の若い男の思い違いをからかっている――受験者にまじって坐っていた男は、実は隣りの精神科クリニックの診察待ちをしているつもりだったのだ。その男は呆れて言った。「ほかの患者らは本当におかしい、どいつもこいつも自分のことを演出家だと思ってる」〝猫も杓子も演出家になりたがる〟と、ジョージは記事の終わりで私に嘆息させている。

一九九四年の大騒ぎの夏の間に教授陣をまとめ、みんなで俳優志望者のオーディションに当たった。開校発表から授業初日までの短期間に、スタジオは学校ではなく、学校はスタジオではないという諒解のもと、スタジオの判断基準をもとに二百人の志願者をオーディションした。

志願者たちはスタジオの審査員やその水準に叶うものを持っていなかった。いたなら、勉強にくるわけがないのだ。スタニスラフスキーは、才能は生来の、遺伝的なものであって教えられるものではないと言っている。しかし、テクニックは教えられる。そしてテクニックの目的は、彼いわく、その才能を開放するものなのである。だから、私が審査員たちに提案した評価基準は、志願者たちが学生として必要とするものをあなた方教師が持っているか？　この学校が学生たちの個性的な才能を見出しかつ開放させることが出来るか？　であった。

初年度から始まってその後何年も、志願者はアメリカ中から、いや世界中からやってきた。『アクターズ・スタジオ・インタビュー』が私たちの抱負を百二十五カ国に伝えていったからである。私個人としてうちの学生たちを見ていていちばん驚くのが、彼ら、つまり本書の究極のヒーローたちである彼らがニューヨークへ自分の裁量で、自分の金を使って出てくるということだ。日本、オーストラリア、ブラジル、ギリシャ、トルコ、ポーランド、フランス、アイルランド、スウェーデン、ロシア、イギリス、イタリア。彼らはしばしば二人分の航空費を捻出して出てくる。募集要覧に学校側は独り語りより相手のあるシーンの方を望むと書いてあるからだ。それもわずか五分のオーディションである！

そして、オーディションがすむと志望者はいったん帰宅して待機する。学校の規則で全志願者が面接を終えるまで合否を発表できないことになっているからである。だが、これら志願者の健気さにいつでも感動するので、私はある種の補足的手段をとっている。ほかの審査員と急いで話し合って当の志願者に彼らも十分興味を持ったとわかると、志願者にステージに戻ってきてもらい（世界の反対側から来たとなるととりわけ）中央の椅子にかけてもらってくだけたおしゃべりをする。そのおしゃべりはオーディションで分かったことと同じように本人のことが明らかになるが、それで審査員たちの興味が確たるものになると、会話はこんな風に終わる――「あなたがオーディションに通ったかどうかはお伝えできないんです。ほかにも志願者がいるのでね」

固いうなずき。「もちろんです」

「でも、一つ質問しますよ」

固い「うーん」

「椅子に深く坐って。楽にして。両足を床にそろえて。両手をだらりと下ろして。掌を広げて、指をぶらぶらと振って」

「うーん」

「まばたきして」

「はい」

「息を吸って」

「はい」

「結構。さて、答えてください。仮に——仮にですよ。受かったとしたら、あなたは人生の三年間を私たちに捧げてくれる覚悟はありますか？　なぜなら、それは私たちも自分たちの三年間をあなたに捧げる覚悟をするからです」

十人中九人までが涙を流す。男も女も、こらえ切れない涙が頰を伝って落ちる。そして喉をつまらせていう。「はい‼」

「結構です。三週間後に結果を通知します」だが、結果はもう分かっていたのだ。そしてたぶん学生も分かっていたろう。分かっていてほしかったし、いまでもそう思うのだ。なぜなら当時の勇気ある若者たちは長い、お金のかかる旅と爪を嚙むような待ち時間をこらえたのだから。

告白しよう。私は一度としてその学生が受かるという確信なしにその質問をしたことはない。志願者に前もって合否を伝えてはいけないという禁則があるから、これを言ってしまっては将来の受験に差し障ると思われるだろうが、そうはならない。私は学部長を辞めているし、オーディションに当たることもない。だれか他の人が受験生に惚れ込めばいいのだ。

八月になって、オルバニーが返事をくれた。わが校は認可され、合格した志願者たちに正式の合格通知を出せることになり、彼らも私たちもほっとした。

私の見習い期間は終わりに近づき、本番が間近に迫ってきたので、最後に学部長ランダ氏と会見した。アル・ランダ氏は持ち前の貫禄と叡智が仏陀を連想させる人で、丸顔は絶えず浮かべる微笑で皺が出来ているほどだった（本当の気分が最低でも笑顔だろうと思わせる点は私と対照的で、妻の目に、そして私のそっくりさんウィル・フェレルの目に私は、上機嫌の日にさえ、特にツキのない日の葬儀屋のように見えるという)。

ランダも私もこれは人相学上の造りの問題だから、二人には責任はない。彼の方がまだマシだというだけだ。アルは迸《ほとばし》るような話し方をする。語句の間あいだに鋭く息を吸うので結果的にふだんでも厳かなのに、口調がさらに厳かなものになる。

彼の芸術とそれに携わる人々への造詣と愛情こそ、ファントン学長が私の音頭取り役にと紹介してくれた理由であるのは間違いない。

この最後の日、私を巣から飛び立たせようとして、彼は永久の微笑を通して精一杯厳かにけっして忘れるなと二つ助言してくれた。いつでも彼の発言には耳を傾ける私だが、このときは釘づけになった。

「学校は成功するよ」と彼は言った。「大成功だ」

私は居心地わるそうに動いた。おぼつかない気持ちが顔に出てきた。

「ほんとだ！」アルは断固として言い放った。「すごい大成功だ。きみやニュー・スクールが想像している以上だ！　そうなったら……」

「そうなったら……」

「いざそうなったら」アルの微笑が満面の笑みになって口調が厳かになった。「大学は大喜びだ。そこに可能性を見るだろう」そういってぽってりした手を窓に向けて振り、「学生が入りたいと押し寄せる。そして大学はきみに何をさせたがるか分かるか？」

「いや、何だろう？」

「拡張だよ！」と彼が吠えた。「それを大学側は望むだろう。もっとクラスを作れ、もっとコースを増やせ、大学在学中の子たちも教えろ。ほかの部署のコースにもアクターズ・スタジオの冠をつけろ。もっと大成功させよう。そしたらきみは何をする？　何もしない‼　きみは何と言う？　いやだ！　どうしてかわかるか？」

彼がじっと待ったので、私も待った。

「なぜなら」と彼は私の方に身を寄せて、仏陀はついに旧約聖書の預言者に変わってしまった。「このMFAプログラムが成功するとしたら、スタジオが成功したのと同じ理由によるものだ。排他的でなきゃ！　そのためには排除せねばならないんだ。大学から何度も何度も聞かされる言葉は『成長させろ』だ。だって、彼らもきみもわかってるからね、大きく伸ばせることをね。それできみは何という？」

「いやだ」

「そのとおり！　排他的というのはスノビッシュ、俗物根性とはちがう。これこそ不可欠なものなんだ。これでスタジオはスタジオとして残っている。これは安売り出来ないね」

彼は数回深呼吸して、息をつくたびぜいぜいいって、また顔を寄せた。「つぎにこれも忘れてはいけない」そう言って息継ぎのためか効果を上げるためか、あるいは言わんとすることが苦しいのか、ひと間おいた。そしてもう一度深く息をすうと、言った。「ジム……何を言われようと、教科や教授陣についてどう言われようとも、いいかい……それは金がらみのことだけだからな」

彼は戒め二つをいい終えると、わが旧約聖書立法者は横に外れて、私を約束の地へと押し出した。

そしてついに、オリエンテーションの日は来た。一年目の学生たちはためらいがちにティッシュマン講堂に入ってきて神経質そうに周囲を見回しばらばらに席に坐った。みんな気をきかせて他の人とは大きく離れて講堂中に散らばっていた。心配そうなのは当然だ。いましも授業が正式に始まるのである。いざ始まったとき、次の言葉が、彼らが、彼らの後輩たちみんなが学校からの言葉として私から聞いた言葉だった――「なんですか、この並び方は？」

学生たちは周囲をみまわし、私に目をもどして面喰っていた。「こんなに空きが出来ちゃって」と私は言った。学生たちはためらった。私は待った。ついに二、三人が立ち上がって空いている席を埋めた。「まだ空きがありすぎる」と私はため息をつくと、さらに何人かが立ちあがり、ステージに近い席に坐った。次々に。それでも講堂は半分やりかけのジグソーパズルのようだった。

私は首を振って、待った。さらに動きがあったが、人と接触しようとしない。首を振って待った。そして待った。いくぶんおずおずと、学生たちは空席を埋めはじめ、最後に数席が残った。待った。学生たちは互いに入れ替わったりして最後の空席をうめた。ついに途切れない修士課程専攻学生の列が出来て、少なくとも形状は結びついた彼らが客席から私を見つめるまでになった。後ろには空の暗い空間を残したまま。

「お見事！」と私。「これからの三年間、こういう形でやってもらいます。慣れてください」そして、私は正式の挨拶に移った。「もっと重要な人物がもっと重要な機会に述べたスピーチ（リンカーンのゲティスバーグ演説の序文を意味する）にならって言うなら、これから私たちが話すことを世界が気に留めることはないでしょう。しかし、スタジオにとって、これは非常に意義深い瞬間なのです。スタジオは一九九四年九月七日、午前十時に、アクターズ・スタジオ四十七年間の歴史上初めて学問的クラスを受け入れたことを永久に記録するでしょう」

学生たちからパラパラとためらいがちな拍手がおき、それがあっという間に嵐のような大拍手に膨れ上がった。ステージ上、第一期の学生たちを受け入れるために集まったスタジオのメンバーも立ち上がり、彼らにスタンディング・オベーションで応え、私のつぎの言葉を引き出した。「この冒険旅行、あなた方と私たちの旅行はいま正式に始まりました。その旅の始まりを拍手と歓声で始めるとはなんとうってつけでしょうか。さあ、座席ベルトをしっかり締めなさい。これから大変な旅が始まるのです。あなた方にとって、そして私たちにとっても」

鎖は完成した。それぞれの環は繋がった。冒険は始まったのである。

第二章

「動作をセリフに合わせろ、セリフを動作に合わせろ」
——ハムレットの役者への忠告——

よろしい、ではメソッドとは何だろう——どうしてこんなことに関心を持たねばならないのか？正当な質問だ。そして、以下がその正当な答となればよいと思う。

まず第一に、むろん、私に当然の偏見があることは認めよう。私はアクターズ・スタジオの副所長であり、アクターズ・スタジオ・ドラマ・スクールの創立者としてその学部長を十年間務めた者である。だから、本書がコクランやデルサルトへの賛辞で埋まるようなことはありえない。コクランは十九世紀のフランス演劇の大立者で、自著『芸術と俳優』のなかで、本当の感情より作り物の感情のほうが大事だと力説して影響があった。いつだったか、ノーマン・メイラーが〝コクラン俳優〟と皮肉ったのを聞いたことがある。大詰めの三幕で感情表現しながら、頭のなかで公演後の食事の席順や、メニューをワインからデザートに至るまであれこれ考える余裕のある俳優のことである。

一方、フランソワ・デルサルトは十九世紀フランスの演技と歌の教師で、演劇の常套の型や仕草を写真で解説した本を著した。手の甲を額に当てる型はある種の感情を呼びおこすといった風に、写真の一枚一枚がその仕草の表す感情を事細かに示していた。これらの仕草を暗記しなさい。そうすればあなたは俳優になれるのです、とデルサルトは保証していたのだ。

コクランの演技に対する表象的アプローチは、若干バリエーションはあったものの、西欧演劇における唯一の正式テクニックであった。それに反対する意見はなかった。それは権威のある教会と同じで、長い間それに挑戦することなど誰一人考えもしなかった。だから、俳優は大音声を出せるように努め、母音はたっぷり、子音は鋭く、仕立て屋のマネキン人形のように飾れる容姿のよさ（男女を問わず）を心がけたのだ。鏡の前でポーズし、それから観客の前でポーズした。俳優は物真似し、謳いあげ、見せつけた。なかんずく、感心させようとした。ひとたび、ある演劇的効果が上がると、それは公演のたびに正確にささいな身振りまで繰り返されて、結果的に一番人気の俳優は自分自身の物真似をするようになり、客は予想どおりの瞬間がくると大拍手をして迎えた。

コクランの世界では、演技は人生とは何の関係もなかった。演技は何から何まで〝演技〟というもの――自意識過剰、自己中心の、最悪の場合は自己崇拝の演習なのだった。

うぬぼれは俳優の商売道具だった。それを観客も受け入れ、いや、それに拍手をおくった。というのも、どの時代でも、現代も含めて、観客は自分たちが食べて育ってきたものを貪り食うからである。しかも、真実をいうなら、このわざとらしいスタイルの擁護者たちのなかには、それをみごとにやってのけて、現代の名優にひけをとらぬほど観客を泣かせたり笑わせたり出来る者がいたのである。

そういう類の演技は、とどのつまり、自分で作った障壁で頭打ちになってしまう。マニュアルどおりの仕草に見せかけの涙（デルサルトが好例）、作った表情、ウーとかフーと漏らす声は本物の声より安全だった。喉をしめつけず、黄金の声を潰さず、涙でメークが落ちるなんてとんでもないことはないのだから。だが、〝技巧〟と〝模造〟の差は危なっかしいほど細くて、往々にして差がなくなった。

演技の主流派とその稀な反対派との間の分裂は、ジョージ・バーナード・ショウによってくっきりと描かれた。その証拠として私が挙げたいのが、卓越した劇作家の彼が四十歳のとき、第一作目の『カンディダ』を書く前の演劇評論である。彼は《スター》《ワールド》などにコルノ・ディ・バセットのペンネームで音楽評論を書き、演劇にはGBSのペンネームで寄稿し、おおいに恐れられ、尊敬された慧眼の評論家であった。一八九五年六月十五日、ショウは当時の二大女優を比較する機会をとらえた。サラ・ベルナールとエレオノラ・ドゥーゼ、両女優が、何という幸運か、同じ役に扮して同時期にロンドンの舞台に出演したのである。

今週初め、サラ・ベルナールは本格的な女優という従来の職業に戻った。彼女が扮したのはスーダーマン作『ヘイマット』のマグダ役だが、この役に直後の水曜日にドルリー・レーン劇場でドゥーゼが挑んだ。二人のマグダの対比は、同じ職業に二十年の修練を積み同じような条件下の二人のアーティストとして、これ以上対照的な例はないというほど極端だった……（ショウはベルナールの演技の子供っぽいほど自己中心的な特質にふれて）それは観客にもっと高尚に、もっと深く考えさせる演技というより、客を自分にほれこませ、可哀相と思わせ、味方させ、もらい泣きさせ、ジョークに笑わせ、夢中で運命について行かせ、幕がおりるときに拍手喝采させる演技である。それは客が自分たちの弱点を見つけ目の前で繰り広げられるのを見て、おだてられたり、心乱されたり、かっと怒ったりする――全体としては客を騙す演技なのである。そして、これを客に自分の力量のなかでやってみせるのがあいも変らぬサラ・ベルナールなのだ。ドレスが、芝居の題名が、セリフの順序がどう変わっても、その女性はいつだって同じ人だ。主役のキャラクターのなかに彼女は入っていかない。そのキャラクターを自分自身で置き換えるのである。

ドゥーゼの場合にはこうはならない。彼女の役はどれも別々の創造物だ。舞台に彼女が出てくると、客はオペラグラスを取り出して彼女の顔に刻まれた風雪の跡を見たいと思うだろう。それらは彼女の人間性の保証書だからである。そして、彼女も化粧の紅色の下に刻まれた自然な皺を隠そうとするような馬鹿な真似はしない……たしかに、サラのモナリザ風微笑をみると、長いまつげを伏目にして際立たせ、口角を上げて赤い唇から輝くばかりのきれいな白い歯を見せて、それなりに効果を上げているのがわかる……そしてその効果は一分、いや数分は保つかもしれない。だが、ドゥーゼの場合、見えるというより感じられるほんの一瞬の唇の震えが観客の心の琴線に触れるのだ。しかも顔の皺もグレイのシルエットの冷たい色調もその震えに痛切さを加味している。

……ドゥーゼ出現以来、この二人の有名女優の違いはわれわれの多くに明白であった。だが、一体われわれのうちの何人が気づいていたろうか――月曜夜のベルナール女史のマグダ公演の後、わずか四十八時間のうちにかくも対照的に静謐なドゥーゼの才能によってその演技の殲滅が起きるなどという自然の理があることを。しかし、それでも殲滅という言葉しかないのである。

……やがて、見た者には忘れられないだろう衝撃の演技になるが、それを見たらベルナール女史をあれこれ飾る化粧台のような芸は、ドゥーゼには前におかれた衝立並みに邪魔なものだということがわかるだろう。

ショウは解説する――マグダは父親から家を追い出されたあと、オペラ歌手として成功し、男に誘惑されて捨てられ、家に帰る。そこで子供の父親である、従来からの家族の友人が彼女に会いにきたと知る。そして、とショウは続ける。

このシーンをサラ・ベルナールが非常に軽やかに楽しげに演じたことは認めよう……だが、ドゥーゼは違う。召使に手渡された名刺を見たとたん、問題の男と対面することがどんなことか観客にはわかる。彼が入ってきたときの彼女がどうそこを乗り切るかを見るのはきわめて興味ぶかい。しかも、総体的に彼女はうまくやってのけるのである。男はお世辞を言って彼女に花を差し出す。二人は腰をおろす。彼女は明らかに無事に切り抜けたと安堵して彼がどれほど変わったかなと顔を見る。すると、恐るべきことが起きたのである。彼女は赤面し、つぎの瞬間それを意識すると、顔の赤みはゆっくりと広がりますます赤くなるので、気取られないように空しく顔を背けるのだが、ついには諦めて顔を両手で覆ってしまう。

……その絶妙な演技を見たら、なぜドゥーゼが顔に厚化粧をほどこさないか、言われるまでもなかった。そこにはなんの仕掛けもなかった。私には劇的想像力の完璧な成果であると見えた。

この劇評でのショウほど俳優の技芸について深い理解を示した評論家は他にいないであろう。評文のなかで、演技の二つの異なった流派間の対照——そして対立を摑みだした。

ショウがドゥーゼから学んでいた頃、大陸の半分先にある一方のロシアでは、一人の舞台演出家が同様の変身を遂げようとしていた——同じく孤立した反体制のグループに刺激されて。

コンスタンティン・スタニスラフスキーにとって、啓示は有名なイタリア人俳優のトマソ・サルヴィーニによってもたらされた。一八八二年、スタニスラフスキーが十九歳のとき、『オセロ』の巡業できたサルヴィーニの演技を見たのである。ドゥーゼの妥協を許さぬ誠実さと純正な感情が十三年後にショウを開眼させたように、サルヴィーニがシェークスピアのもっとも爆発的な感情の瞬間を誇張や、単なる振りではなく、人間経験の純粋な力学で満たした才能に、若い学徒の目は想像さえしなかった可能性に目覚めたのである。彼はそのときのことを〝燃えたぎる溶岩が……私の心臓に流れこんできた〟と書いている。

サルヴィーニもドゥーゼも、型外れで、キャベツ畑の蘭の花のように時代から浮いていた。彼らの圧倒的な才能は、受容されていた規範を突き破っていた。ベルナールの美しく、こと細やかに仕組まれた技芸と計算された作り物の感情こそが規範だった。この規範に対して、ショウ同様スタニスラフスキーは反旗を翻したのである。二人ともまさに同じ理由のせいで。

一八九七年六月二十二日、スタニスラフスキーと、同じく流行りの朗詠術や表象的演技形式に不満だった劇評家で作家のウラジーミル・ネミロヴィッチ＝ダンチェンコは、スラビアンスキー・バザールの込み合う食堂はずれの一室で会食し、従来の大袈裟で決まりきった型を打破し、新しい演劇を創りたいという情熱を確認しあった。二人の熱っぽい話しあいは翌朝八時の朝食まで続いた。その十八時間からモスクワ芸術座が生まれ、世界の演劇界を震撼させ、ひいては映画を形づくる革命が生まれたのである。

一公演ごとに、一稽古ごとに、事実上一時間ごとに、スタニスラフスキーは自分の劇団とともにいままで自分と劇団を苦しめてきた疑問への経験的（彼の好きな言葉は論理的だが）答えを模索した。ツルゲーネフの『田園の一カ月』の稽古では、スタニスラフスキーは進化する自分の技法を試すに性急なあまり、芸術座の主役級女優オリガ・クニッペルは泣き出して劇場を出て行ってしまった。翌日、スタニスラフスキーは彼女に花を添えて手紙を届けた。手紙の内容はジーン・ベネディティの貴重な伝記で明らかにされている。〝役のどの段階でも、自分と自分だけに関わる欲求を探し出し、ほかの、観客がらみの低俗な欲求は捨てなさい。そうすればこの内省的な作業がすぐに自分を先へと運んでいってくれるだろう。これが起きさえしたら、真のアーティストには無価値な、観客に気に入られたいという欲求に背をむけることが出来るはずだ。その瞬間、きみの演技が論理的でなくても、その分、きみが純正な感情に流されていくことで論理的なものとなるのだ〟。

明らかに、あるシステムが形を成し始めていた。女優クニッペルに勧めた〝欲求〟とは間違いなく〝オブジェクティブ（目的）〟のことである。劇中のキャラクターが〝欲しい〟もの、それが、ある〝アクション（行動）〟に置き換えられるが、それはそのキャラクターだけに関わるものである。スタニスラフスキーにはっきり分かっていたことだが、劇団内のもっと地位のある、もっと柔軟性のない俳優たちは実験の進捗を妨げたので、彼は自分の周りに実験や新しい発想に素直な若い俳優たちを集め、彼の言葉によると、学校ではなくスタジオを作りだした。これが〝第一研究劇場〟として知られるようになったもので、俳優の技芸の実験と研究に専念する場だった（場所としては別になったが思想は離れていなかった。予言的なことに、このスタジオは一九一二年に映画館の上の数部屋を占有していた）。若い劇団の五十名のなかにはリチャード・ボレスラフスキー、エフゲニー・ワフタンゴフ、マイケル・チェーホフら、すぐに演劇界の主流になる人材がいた。彼らは夜間は芸術座の実働メンバーであったが、昼間はスタニスラフスキーの許に集まった。このカンバスの上にスタニスラフスキーは彼の〝システム〟を描いたのだった。

スタニスラフスキーは繰り返し、〝演技の文法〟を作りたいという大望を口にしている。この考えに半世紀後ステラ・アドラーが挑み、実行したのだが、彼女は私も含めた学生たちにこう言った。「ブルックリンの主婦が肉屋に行ったらどうするか？　肉屋にサーロインが欲しいという。肉屋はサーロインを渡す。テンダーロインでもない、フィレミニオンでもない。サーロイン。では彼女がラムチョップを欲しがったら……ラムチョップを手に入れる。ポークチョップじゃない、ヴィールチョップでもない。ラムチョップ。どうして？　なぜなら、主婦も肉屋も共通の言語をしゃべっているからよ！」そこで効果を狙ってひと間おき――ステラは効果狙いの待ちをよくした――そして答えを迫った。「どうしてあなたと私――それに俳優たちは、お互いにこの主婦と肉屋のようにせめて鮮明に、簡潔に、具体的に意思を伝え合えないのだろう？」そして学生たちの一人ひとりが自問する――私はいまでも自問しているが――どうして出来ないのか？

ステラ・アドラーはスタニスラフスキーの〝与えられた情況〟という概念の献身的な信奉者だった。私たちのクラスで、ステラは力説した。「ねえ、ダーリン（もう一つのステライズムだ）、下手な俳優が舞台上で行き詰ったらどうするか？　自分が役をしっかり摑んでいられない。聞こえてくるのは客席の咳払いと呟き声だけ。どうしよう？　思いついた最大のことに救いを求める。役の全部を一まとめの大きな塊りにして噛み、正しい路線に戻れることを願う。だが、そうはならない！　いいですか、ダーリン、もし困ったら、〝集中〟しなさい、ちっぽけなことでも意識を集中できることを見つけて集中しなさい。そのテーブルにある花瓶だけど――それってヒビかな？　あなたの相手のネクタイ――それはシミ？　あなたがわかっていることが真実。そしてリアルなこと。それはあなたのもの、だからこうして自分のものにしたら、あなたは次の小さな〝手に負える〟本当のこと、真実に進める――そしてまた次の本当のこと、真実なことに。役柄というのは他の何ものでもない、自分が〝信じることの出来る〟小さな真実が次々と連なっている、鎖なのです」

しかし、〝真実〟をただ口にすることで不可避な疑問に答えることにはならない。当然起きる疑問。〝誰の〟真実か、そして何の目的のためのものか？　真実のことは、うわべは単純で真っ直ぐなもののようだが、実はわたしたちの語彙のなかでも極めてあぶなっかしい（かつ大事な）言葉である。人が私に「ほかはともあれ、ぼくは真実しか語らないよ」と言ったら、私は即座に、真実しか語らない人ではないだろうと思ってしまう。真実の旗印のもと（誰も〝ウソ〟を華やかに飾った旗印を掲げて闘いを挑んだことはないが）歴史上最悪の犯罪は犯されてきたし、むろん、史上最高に輝かしい瞬間や創造的表現も生み出されてきた。

だから、スタニスラフスキーがしたように、誰かが真実の旗を振り回すと、私たちはその定義を問う権利がある。スタニスラフスキーが私たちに教えてくれた定義は具体的で証明できるものだ。オッカム（英国の指導者）なら〝芸術の真実は人の状況の真実だ〟という寸言の妙をよしとするに違いない。マイク・ニコルズはリー・ストラスバーグに師事したが、この点を『アクターズ・スタジオ・インタビュー』のなかで力説した。「いいかい、質問は一つしかないんだ。答は芝居や映画でさまざまに語られているが、質問は一つ。〝これって本当はどうなのだろう？〟みんなで一緒に作ってきたしきたりとか決まりごととかは気にするな。台本だって気にするな。でも、事件が起きたとき、本当はどうなんだろう？　誰かが誰かを誘惑した、誰かが誰かを殺した、誰かが誰かを好きになった。それって本当にはどうなんだろう？　映画で、ほかとの唯一の違いは、答えがより文字通りではないということだ。だって、〝本当はどうなんだろう？〟には、無意識やわれわれの夢まで含まれるからさ。だから、映画作品におけるその答えの一部は、ある無意識からほかのすべての無意識まで入るってことだよ」

〝システム〟を発展させる初期段階で、スタニスラフスキーは自身の〝アクション理論〟――俳優が劇中欲すること、つまりオブジェクティブ、目的をかなえるためにする行動の理論を打ち立てた。〝欲する〟という単語はスタニスラフスキーの語彙のなかで頻繁に出てくるが、これは彼の〝アクション（行動）〟と〝オブジェクティブ（目的）〟の概念の根底をなすものである。ロサンゼルスのアクターズ・スタジオ・ウェストでマーティン・ランドーとともに所長を務めるマーク・ライデルは『黄昏』や『ローズ』などの映画監督だが、彼はネイバーフッド・プレイハウスでこのアクションの概念のもっとも雄弁な弁護人サンフォード・マイズナーに師事した。『アクターズ・スタジオ・インタビュー』でマーク・ライデルは、彼のことをこう語っている。マイズナーは彼がよくいうところのアクション問題に関して実に明快だった。演技をすることは、何かを〝する〟ことでなくてはならなかった。つまり、俳優が何かをやっているなら、ちゃんとそれは伝わる。何かの真似をしているのも伝わる。そして、彼が本当にそれをしていたら、すべてはちゃんとついてくる。それを証明したければ、誰かをクロゼットに閉じ込めて鍵をかけ、出てこいと言ってごらん。そう、本当に出ようとすれば、あっという間に感情があふれてくるよ。だって、どうやっても自分の目的が果たせないとわかるから。そこでドアを開けてみてごらん。閉じ込められていた者は震え、涙を流しているはずだ」

ライデルの絵解きはマイズナー、ステラ・アドラー、ロバート・ルイスらの主張である〝感情はそれすなわち行動ではない。でも、行動の結果なのだ〟ということを実証してみせた。ここで、感情はエモーショナル・メモリー（感情記憶）訓練によって台本、稽古、実技と無関係に出てくるものではなくて、すべて台本、稽古、実技の文脈のなかから出てくるものなのである。自分のアクションをまずやりとげなさい、とマイズナーは言うだろう。そうしたら感情は出てくる。考えるまでもない。

　この〝オブジェクティブ（目的）〟からスタニスラフスキーは、〝スーパー・オブジェクティブ（超目的）〟、つまり芝居または映画のキャラクターの初めから終わりまでの全体的目的まで理論を進めた。システムのこの解釈のなかで、各オブジェクティブ、あるいはビーツ（強点）は〝ねばならない〟とともにスーパー・オブジェクティブの（またしても原因の鎖だが）途切れ目のない鎖のなかの繋ぎの環でなければならず、これが論理的かつ容赦なく超目的の最終点、芝居におけるキャラクターの最終目的地に導いていくのである。そうでなければ、この構成は、無意味になる――劇作家がしくじったり、俳優がしくじったりすれば、この鎖はまた再構築されなければならない。

　ステラ・アドラーはこの点をものの喩《たと》えを使って説いた。「あなたは荒海で大きな客船に乗っている」ステラはこうした上流層らしい喩えが好きだった。「悪天候にあわてた水夫たちは甲板に飛び出て頑丈なロープを船体の端から端まで結びつけようとする。だが、嵐が襲ってきたとき、足場を失った。そのとき、あなたならどうする？　ロープを捕まえようとする！　それが超目的なんです。順天のときにはそんなものがなくてもしばらくは前に進める。でも、ひとたび困ったら、それがあなたが手を差し伸べるものなの。それがあなたの進むべき所に連れて行ってくれるもの」

　二十世紀の初めの十年間に、スタニスラフスキーの理論は徐々に進化して二つの項目に絞られていった――自身との対峙。そして役柄との対峙。それらが彼の初めの二冊の本の基礎をなしたのだった。やがて、理論は詳細を極めるようになり、一九三四年にスタニスラフスキーと何回か会合を持ったステラ・アドラーの言葉によると、まるでパイプオルガンのチャート並みに詳細だったといわれている。ロバート・ルイスはそのチャートに感銘を受けてそれを手描きで写したものを彼の書、『メソッドあるいは狂気』の折込ページに載せている。四十本の〝オルガン〟のパイプには一つの単語または語句が載っている。〝十一――アクション自体〟〝十二――魔法の「もしも」〟、〝十三――与えられた状況〟、〝十四――強点〟この階段式寺院のような図の土台の所には〝自分自身に向き合うワーク〟とあり、その寺院の頂上には心躍る四文字〝その役柄〟とあった。

モスクワ芸術座の名声が広がっていくにつれ、一座は地方公演をするようになり、その開眼するような観劇体験をした人たちは一座の支持者になっていった。過去四半世紀におよぶ芸術座の演劇行動と理論の世界的浸透から見ると、当時そうした国際的な舞台がどれほど衝撃的だったかは想像しがたい。従来の表象的演劇はどこでもしっかり根を張っていたのだ――芸術座の出現までは。一座がテントを畳んで次の公演地に行ってしまったあと、少なくとも一部の観客にはそれまでの演劇が古臭く、わざとらしく、とても受け入れられるものではなかったろう。

モスクワ芸術座は一九二三年一月二日、ニューヨークに到着した。初日はジョルスン・シアターでの『フョードル皇帝』だったが、公演はスタニスラフスキーが妻リリナに宛てた手紙の中で一座の歴史上最大の成功となったと書かれている。

五月十七日ニューヨークから発った芸術座は、後にその革新精神をリチャード・ボレスラフスキーとマリア・オスペンスカヤに遺していった。二人はアメリカン実験劇場を創設し、そこで若く感受性豊かな才子ら、リー・ストラスバーグ、ハロルド・クラーマン、ステラ・アドラーらが学び、哲学と情熱をもって次の段階へと行進し、彼らはプロデューサーのチェリル・クロフォードとともに一九三一年グループシアターを旗揚げした。

グループシアターはたっぷりと十分細やかに記録されている。ここでは単に二十八名の俳優たちが自分たちの人生を、運命を、神聖な名誉を、その後十年間にわたってアメリカの演劇地図を変えたベンチャーに賭けたと言っておこう。グループシアター出身の俳優、演出家、監督の多くは本書にすでに登場しているし、今後もこの旅の要所要所で顔を見せることになろう。

ここで重大なことは、ステラ・アドラーとスタニスラフスキーのパリでの出会いの後、一九三四年に進展してしまったグループシアターの決裂である。ボレスラフスキーがアメリカン実験劇場を一九二四年に発足させたとき、彼は〝感情記憶〟のさまざまなテクニックに力を入れた。続く十年間に、スタニスラフスキーは彼が名づけた〝フィジカル・アクション（身体的行動）〟に力点を置くようになって、〝感情記憶〟はなおざりにされるようになった。だが、ボレスラフスキーとオスペンスカヤはかつて教えられたとおりにシステムを教えた。

ステラの説明によると、グループシアターの初年度はやりづらかったようだ。一座の主任教師であるリー・ストラスバーグが徹頭徹尾〝感情記憶〟に傾倒していたからで、このテクニックは彼女には自分の創造を後押しするというより、ぶつぶつと切ってしまうように感じられた。救いを求めて、一九三四年の夏を、現在の夫であるハロルド・クラーマンとパリで送ることにした。同地にスタニスラフスキーがすでに来ており七週間滞在予定と知った彼女は、まさに飛びかかるようにして彼に答えを求めたのだ。私たちのクラスで教えてくれたが、彼女は彼女特有の手加減した表現でこう言ったという――「わたしの生命を滅茶苦茶にしてくれたわね！」

スタニスラフスキーの記述にも、不安に駆られて助けを求めてきた彼女のことが書いてある。ステラを知る人ならだれしもうなずくことだが、彼女は人を説得するのがうまい。この時も、スタニスラフスキーは五週間にわたり毎日『ジェントル・ウーマン』からの一シーンを教材にして彼女を指導した。この作品はリー・ストラスバーグが演出していたが、それが原因で彼女はリハビリを求めてパリに渡った。

そこでであった。その五週間の間にステラは発見したのだ――合衆国に帰国して語ってくれたところによると――スタニスラフスキーは、彼女が正気を失いかけたテクニックであった〝感情記憶〟を捨てて〝身体的行動と目的〟の原則を大事にしていることを。それをきちんと追求すれば――ステラの伝えるスタニスラフスキーの説だが――どんな感情でも（ライデルの〝クロゼットに閉じ込められた俳優〟

の喩《たとえ》で明らかなように）必要かつ的確な感情を惹起し、感情記憶を通して感情に訴える必要はない。この論争に決着をつけるのは本書の本意ではない。論争は以前より冷めたが屈託なく今日まで続いている。ここで興味深いのはその相違から流れ出たたくさんの出来事である。

ステラの帰国から、システムは二本の平行な、時には逸脱した線の上を走ってきた。一本は切っ先も鋭く、鮮やかに効果的にストラスバーグによって導かれ、もう一方は同じ技量と熱気をもってアドラー、マイズナー、クラーマン、ルイス、エリア・カザンらによって率いられた（カザンはほかのメンバー以上に両陣営に足場を持った）。今日、アクターズ・スタジオとそのドラマスクールでは、スタニスラフスキー・システムのすべての支流が集まって大きな流れとなり、伸びやかに調和しながら流れている。

最後の質問は、これを読んでいる読者の口許に出かかっていると思う――「どうしてそんなに大袈裟にするんだ？　多くの名優を見てごらん、みんなさっさとやって見せてるじゃないか。正直なとこ、どうして勉強の必要があるのかね？」

まことに筋の通った質問である。世界でもいちばん偉大な俳優の一人、ローレンス・オリヴィエはメソッドも、ほかの〝システム〟もなんら自分には必要ないと言い張ったまま墓に入ってしまった。だが、オリヴィエ卿がわかっていなかったことは、コンスタンティン・スタニスラフスキーも彼の意見に同調しただろうということだ。スタニスラフスキーは天才の役割を否定したことがなかった。だが、天才というものは、そもそも、私たちほかの者たちが苦労して発掘するものを生来直観できる人たちである。『俳優修業』の序文のなかで、スタニスラフスキーのアメリカ人翻訳者エリザベス・ハップグッドは書いている。〝スタニスラフスキーはすすんで指摘していた――サルヴィーニやドゥーゼ（あるいはオリヴィエ）のような天才は理論などなしに正しい感情や表現を駆使できるのだと。だが、そこまでの霊感はないが知的な学生はきちんと教えてもらうべきなのだ〟。

『役の形成』のなかで彼はこの説をさらに敷衍《ふえん》している。〝舞台上にいる間の本当に創造的な状態とそれを構成する全要素は、シープキン、エルモーロワ、ドゥーゼ、サルヴィーニらには生来恵まれていた。それでも、彼らは自分たちのテクニックを絶え間なく磨き続けた……インスピレーションは、ある役を繰り返し演じるたびに生来の手段で湧いてきたが、それでも彼らは一生それに近づく道を探し求めた。だからこそ、それより貧弱な資質しか具えてないわれわれはそれを探し求めるべきなのである〟。

『役の形成』の後の方で、〝法則も、テクニックも、理論も、ましてやシステムなどには自分の芸は関係ない〟と思っている俳優についても言及している。〝そういう俳優たちの大多数が役の創造面での意識的な要素は、ただ邪魔なだけだと信じている。神のお導きのままに俳優をやっているほうが楽だと思っているのだ。たしかに、なぜか分からないが、彼らが自分たちの役柄に直観的な感情の繋がりを持ち、あるシーンで、あるいは上演時間中ずっとかなり巧く演じることがある……だが、そうではない場合もあって、同じ説明不能、気まぐれのような理由で「霊感」が現われないことが多々ある。その場合、なんのテクニックもなく、自分の感情を引き寄せる術もなく、自分自身の本質に何の知識もなく舞台上に残された俳優は神の恵みで演じるのでなく、神の恵みによって下手に演じることになる。しかも、正しい路線に戻ろうにもまったく術がないのである〟。

この章が辿ってきたコースが正しいかどうか、保証はできない。だが、この道は創造的な演技アーティストたちの熱烈な軍団を栄えある高みにと導いた道である。なかには生来の天才もいた。〝それより貧弱な資質を具えた〟人たちもいた。だが、みんな、外科医が、プリマバレリーナが、配管工にひけをとらず、どんなに高くても自分たちの商売道具を獲得しようと頑張るような粘り強い決意に燃えていたのだ。

第三章

わかっているかい
だれにも自分の仮面を脱ぎ捨てなければならない
真夜中の時間が来ることを？
人生をやり過ごせると思っていないか？
真夜中少し前に逃げ出せると思っていないか？

――セーレン・キルケゴール
『真夜中の虹』の題辞、
ローレンス・リプトン

私のアクターズ・スタジオ・ドラマ・スクールと『アクターズ・スタジオ・インタビュー』への道のりは遠回りなものだった。本来この方向に向かってはいなかった。

当初、私は作家になると思われていたようだ。そうでなければ、どうして一歳半の時に、意味は分からなかったにせよ字が読めたろうか。そんなことを言うと、普通は嘲笑されるだけだが、私としては母の話を引き合いに出すしかない。母は教師で、父は詩人であった。だから、父は自分の書いた詩を私に早く読ませたくて揺りかごの私に読み方を教えたのだと思っている。たしかに、相当な努力と忍耐を惜しまなければ、犬や猿に芸を仕込むようにおよそどんなことでも幼児に仕込むことが出来るものである。

母はマーク・トウェイン言うところの〝ほら吹き〟ではなかったから、私が大人になって自分の早熟さを疑うと、二つの証拠を挙げてくれた。一つは、私が人生を始めもする前から終えそうになった〝小児科通い〟である。父は職業詩人だったから生活は苦しかった。だから小児科通いが必要になると、決まった時間を学校にいなければならない母は、自家用車を持っている兄に電話をして彼に私を連れて行ってもらい、帰りにはわが家であるアパート前まで送り、ドアマンの手から待ち受ける母に届けられたのである。

母の話では、伯父は自動車の窓をおろして、その窓ごしに幼児である私をドアマンに手渡した。伯父も証言してくれるが、窓から手渡せるくらいの大きさだから一歳半以上ということはないだろう。

母の記憶によると、私は彼の顔を見上げ、彼のキャップに書かれた〝リー・プラザ〟という字を読んだため私を落としてしまった。だが、子供は弾むものだ。私はほんのちょっと汚れただけで無事母の手に引き渡された。ドアマンの方が回復に時間がかかったかもしれない。

二つ目は、母の姉の家に行くバスの車内でのことだ。当時のバスは、今と同じように広告がたくさん張りだされていた。私は母の膝の上で広告の文字を懸命に目で追い、つなぎ合わせては声に出していた。高い子供の声が車内の字を読むものだから、乗客らは怪訝そうに私を見、母を腹話術師かなんかのように思ったろうと母は言う。母はきまり悪くて、私の目を車外に向けさせたが無駄だった。通りの看板を見た私は甲高い声で叫んだ。「キャメルのためなら一マイル歩くぜ！」

三歳にして私は〝詩を書いて〟いた。声に出す吟遊詩人なみの詩であったらしく、父が忠実に書き取っていたという話だが、幸いなことにどれも残っていない。

五歳で幼稚園に入園したが、母は電話連絡を受け「お宅の息子さんは精神的におかしいようです」と言われてしまった。母が仰天して幼稚園に駆けつけると、教室の私をよく見られる場所にこっそりと案内された。

「ほらね」幼稚園の先生が指し示したのは、クレヨンでお絵描きしたり、ブロックで家を作ったり、砂でお城を作っている子供たちのグループからグループへふらふらと動いていく息子の姿であった。私は両手を腰に、落ち着きなく、つまらなそうに子供たちを眺めている。「息子さんは坐ることもしないんです」と先生。

母はほっと安堵のため息を漏らした。「あの子に本を与えてください。必ず坐ります」早速本が与えられ、母の言ったとおりになった。母は自分の学校に戻っていった。

私が六歳のとき、父がある日いなくなった。ただ消えて、いなくなってしまった。前もっての示唆も予告もなしに。そして、私たち母子生存の責任は母の肩にかかってきた（数十年後、この父親喪失のテーマは本書でも『アクターズ・スタジオ・インタビュー』でも主なテーマの一つになった。最初は驚いたが、しだいに、それが私の人生のみならず、ゲストの人生とその欲求を探る鍵となってくるにつれ、驚きではなくなった）。

父の蒸発でわが家の経済は破綻してしまったので、母と私はデトロイトの市街地にある祖父母の家に転がり込んだ。わが人生の大事な五年間を、私は一九〇〇年から一九四〇年の間に中西部に建てられた無個性な木造住宅で送った。チャップリン、キートン、W・C・フィールズらの映画に出てくるような大きな表玄関のある家だ。うちの玄関は柱がドリア式の木の柱であった。

そのヘーグ通り二八〇番地の家で、私のベッドルームは二階にあった。祖母は一番の早起きだったので、私がぼんやり覚えているのは、エプロンをかけた白髪の女性が香ばしい香りのする大きなキッチンを動き回っている愉しい情景だ。私はその日の香りに惹かれて階段を駆け下りていく。そばに行くと、祖母はオーブンから湯気の立っているアップルパイを取り出して私にキッチンのテーブルに就くようにうながす。祖母はパイから二切れ切り分けて、二つのグラスを冷たい水で満たし、私と並んで坐って、わが子供時代最初で最後のグルメ体験を一緒に愉しんだ。わが家の普段の食卓は中西部の定番のメニューであった――チキン、マッシュポテト、グリンピース、ビスケット。しかし、マドレーヌに魅せられたプルーストのように、私は熱あつでガツンとくるアップルパイと冷たくて無味無臭の水との対比が忘れられない。

ミシガン州の冬はその過酷さで伝説的である。本書の初めで私はクリスマスへの特別な執着を告白した。私の書いた小説『ミラーズ』のなかで、私のそんな感情を若い女性を通して表現した――「クリスマスの何がいちばん好きだかわかる？　クリスマスってとっても奇抜じゃないの、普段はちゃんとした人たちがぐしゃぐしゃのナマの樹を寒々した部屋に引っ張り込んで、〝喜び〟とか〝愉しい〟とか気恥ずかしい言葉を使う。合唱隊は銀行で歌い、トランペットは街角でけたたましい音を立て、守衛もバーテンも飾り物をぶら下げたりして、一年のほかの時期にしたらクビになるか、逮捕されるような行為が堂々とまかり通るんだもの」

私が十歳の年に、祖母はヘーグ通りの家で母に看護されつつじわじわと死にかかっていた。私をこの死に目に立ち合わせまいとして、母は私を自分の妹ミリアン一家の住むロサンゼルスに送り出した。ひと夏をあっちで送っていらっしゃい。無限に選択肢がある今の世の中からは想像しがたいが、あの当時はほかに道はなかった。とにかく、こうして私は大陸を横断する三日間の一人旅に出たのである。

このときの母の姿は忘れられない。片手で私の手をにぎり、もう片方の手に小型のスーツケースを持って、母は一つの車両からもう一つの車両へと何かを探しつつ歩いていたが、突然私と同い年くらいの少年を連れた女性を見つけて立ち止まった。彼らと通路を挟んだ向い側の席に私を坐らせると、できるだけさりげなく女性がこちらに気づくのを待った。女性が気づくと、母は微笑みかけて行き先がロサンゼルスまで一緒かどうかを尋ねた。母の意図がわかった私は、女性が一緒でないとわかってからも、祈るような気持ちで成り行きを見守った。

女性は私を見ていてあげる、自分の息子に旅の連れが出来てうれしいと言ってくれた。見知らぬ親子づれを見ながら、母の安堵感と私の不安感は同時に募った。母にも、私にも他に道はなかったのだが、母の姿ははっきりと覚えている。最後の「間もなく出発しまーす」の呼び声に車両から後ずさりしつつ目はしっかりと私に釘づけになっていた。今にして分かるが、母は胸がいっぱいで今にも泣き出しそうだったのだ。後年になって、母はよく私に言った。「どうしてあんな真似ができたか分からないわ」そして私はいつだってこう答える。「ぼくは分かるよ」

長引いて痛ましいヘーグ通りの臨終シーンをまぬかれ、代わりに十歳の夏を南国の楽園で過ごすことができた。不安な旅ではあったが、スーツケースを開けて発見した母からのプレゼントのおかげで我慢できるどころか、天にも昇る心地になれた。包みを解くと、グロセット&ダンラップ版の、『真夏の夜の夢』が出てきた。百名もの著名なシェークスピアの権威たちによる註や解説——あの有名なテンプルノートのついたものだった。

その後三日間、本は私にとってなくてはならない仲間になって、幸せな眠りに落ちるとき以外に私の手から離れることはなかった。私にとっては灰色のデトロイトの現実と、ロサンゼルスの太陽燦々の非現実の間で、エッセイと脚注の全部、芝居の言葉のすべてをむさぼるように読んだ。本の評者の一人ハートレー・コルリッジの言葉ではないが、〝すべての詩が、これ以上にすばらしい詩はいまだかつて書かれたことはない〟のであった。母の先見の明のおかげで、旅の恐ろしい三日間は魅惑の三日間となった。

ヘーグ通り時代に、母は夜と週末にアルバイトを始めた。『コンプトン百科事典』の訪問販売である。時どき入ってくるコミッションは母の教師としての給料の助けになったが、忘れもしないあるクリスマスの朝のこと、母の本当の動機が明らかになった。暖炉の前には彼女が勝ち取った褒賞である『コンプトン百科事典』一セットが私を待っていた。

数十年後、母の死後、妻と二人で母の長く結果的には幸せな人生の遺品を整理していたら、それまですっかり忘れていた時代遅れの百科事典の一箱が出てきた。どの巻にも私の名前が金色の字で刻み込まれている。それがたぶん、私の著書『雲雀《ひばり》の高揚』にこんな献辞を書いた理由の一つなのかもしれない——〝私に言葉の道を示してくれた母ベティ・リプトンに本書を捧げます〟。

本書は私のヒーローたちについてであると申し上げたはずだ。

十二歳になったとき、家族は祖父の家を売らざるを得なくなり、母と私はさらに街の西部へと移っていった。その小さなアパート界隈には知人もなく、大きなカトリック教会の影に暮らしていたというのになぜか子供も少なかった。引越したのは夏の初めで、二人が新居に落ち着くなり、母は司書という新しい職に就いたが、これは公立の学校での先生よりわずかながら給料がよかった。

この十二歳の夏に、私は今で言う〝かぎっ子〟になった。週に六日間、昼間の時間はまったく一人きりだった。ここでも、母の先見の明が働いた。このときはタイプライターだった。中古でややがたついていたが、十分に使えるタイプライターがある晩、食卓の私の前におかれた。母は無言だった。私は言葉が出なかったし、タイプもしばし単語を打ち出さなかったが、それもちょっとの間だった。

その日からずっと、ミシガン州のたぎるような夏の間じゅう毎日、バーリントンゲーム街一九三五番地のぼろアパートの壁に無我夢中の絶え間ないタイプ音が響き、九月までには三本の小説が生まれていた。短篇よりは長くて立派に小説といえるものだったが、むろん、洗練と技と質を問わなければの話である。それでも、母の文芸仲間の一人がそれらに夢中になり、グロセット&ダンラップ社に送りつけた。『真夏の夜の夢』で有名なテンプルノート付きのあの本の出版社である——シェークスピアと私が同じ出版社とは！　なんという誘惑的な展開だろう！

提出の付託事項として、私は〝未出版著者〟と書かれていた。私は長年グロセット&ダンラップ社の編集長からもらった一通の手紙を大事にしている。「ジェイムズ・リプトン殿、貴方の三本の小説は現在の当社の出版企画本には入れられないのですが、将来貴方の作品はすべて当社を貴方の出版社とみなして提出してくださるようお願いするものです」

これでもうひと夏は情熱的な文芸創作の日々となるところだったが、運命と母方の現実的な親戚たちの介入によって、前の夏のようには行かなかった。親戚たちは、当然のことだろうが、母の経済的負担を私にも背負うように迫ったのである。

そこで、仕事が与えられ、私は十三歳にして職業人としてのキャリアを始めることになる。デトロイトの商業区にある写真版製作工場で、硝酸に漬けたガラスを洗う仕事だった。工場は空洞のような空間で、中心に巨大な蛇腹つきカメラのように見えるものが設置されており、そのカメラの前のレンズに写る画像がフィルムの役目をする縦横三フィートの化学塗料を塗ったガラスに転送されるのであった。

巨大なガラス陰画が印刷されて陽画になると、ガラスは再利用のために塗料を施される。再塗装されるまえに、ガラス材は硝酸液のバット容器に漬け込んで発光した塗料を落とさなければならない。工場の従業員たちを有毒な硝酸ガスから守るために、いくつものバット容器は、流し台があって頭上に裸電球がぶら下がっているだけの屋根つき小屋の中に集められていた。その小屋が私の職場だった。

基礎化学を勉強した人ならだれでも知っていることだが、硝酸はたんぱく質を黄色に変色させる。当時も今も、私の体は大部分がたんぱく質で出来ているので、わが人生の十三年目はミッキーマウス顔負けの真黄色の手をして送ったのである。だから、工場にいない時間は両手を深くポケットに突っ込んだままだった。

八月が来て小屋内の温度は上昇し、私の気分は下降し、私は懸命にこの窮状の緩和策を模索し続けた結果、やっと見つけた。デトロイトの公立校はラテン語を教えるところが多く、私は熱心に勉強していたので、蒸し暑い夏の残りを知っている流行歌をすべてラテン語に翻訳して歌ってすごした。

小屋のなかに硝酸とガラスと共に閉じ込められた私の、曲のレパートリーが増えていくにつれて、同僚たちの怒りが同じように（いまならよく分かるが）増幅していることに気づかなかった。
遂にそれを認識する日が来た。主任が私の小屋のドアをこじ開けるように入ってきて言った。「歌をやめろ。従業員からストライキを起こすと脅されてるんだぞ」その後は夏中、裸電球の下、心はブスブスと煮えたぎりながら、黙したまま硝酸ガスの中で送った。九月と新学期が私を救ってくれた。しかし、私の子供時代はきっぱりと終わってしまい、あの頃から今日にいたるまで、（おおむね格好良く）職に就いていなかったという時期はない。

父は本書のヒーローではないが、悪人というわけでもない。そもそも彼は何なのか、いや、その正体が何なのかが分からないのである。それが多くを語っているかもしれない。六歳の私を捨てて家を出ていった瞬間から、彼は目に見えない、手の届かない、不可知なるものであった。しばらくは、消えた時と同じように奇跡的に現われるのではないかという望みにしがみついていたが、その幻想もいつか消えて、それに代わったのは……何もなかった。

私は悪感情を抱いていない。いや、何の感情もないのだから、もっとわるいかもしれないが、それを判断することも出来ない。長距離離れていた末の離婚の後、母は再婚しなかった。「父親」というものがどういうものか、今日に至るまで私には不可解なのである。

父親蒸発のあおりを食って、父方の祖母はその償いにと私を毎夏シカゴのミシガン湖畔の家に一週間泊めてくれた。これは日焼けが出来るだけでなく父について尋ねることが出来るまたとないチャンスだった。あるとき、父が十四歳のときに祖父が結核により死んだのを機に一家がいっぺんに困窮した話をしてくれた。祖母は、話しながらも見るからに悔しそうに自分がしくじったと言った。三人息子のいちばん上だった長男の父は、高校卒業とともにフルタイムの仕事に就かなければならなかった。だが、この知らせを聞いた高校側は校長を先頭に職員みんなが家まで押しかけて、「息子さんは本校一の優秀な学生です。学業を続けさせてやってください」と説得した。だが、祖母は夫が発明マニアで自動車のモデル開発に賭け破産同然で死んだことを盾にこれを突っぱねた。息子にはすぐに学校を辞めて一家の養い手になってもらわねば。

ところが、最初の給料日、祖母は窓辺で今か今かと父の帰りを待っていたが、通りの角に姿を見せた彼を見て息をのんだ。何やら包みを小脇に抱えている。ドアから入ってきた父を見て、不安が的中した。最初の週の給料は本に化けてしまっていた。

父がどうしても本は必要なんだと拝みたおすので、祖母は彼と取引をした。毎週給料の四分の一は本に使ってもいい。だが、四分の三は家族のために出しなさい。そうやって、祖母の話では、一家は二人目の息子が大きくなって家計を助けられるようになるまで生き延びたのだった。

当時、父はシカゴ大学の入試を〝最優秀の成績で〟通ったというのが、祖母の分からないでもない誇りであり法螺であった。

そうしたシカゴ滞在のうちのある日、父がある朝ふらっと現われて、私を一日外に連れ出した。父がどこから来たのか、翌日どこに行ったたか、いや、それを言うなら、それからの十年間どこに行ったのか見当もつかないが、その日、私はその影のような人に預けられたのである。子供時代にはあちこちに記憶のない時期があるが、その奇妙で居心地のわるかった日のことは何から何まで覚えている。

父は昼食にブラックストーン・ホテルに私を連れていってくれた。テーブルには見たこともないほどたっぷりの牛肉が並んでいた。考えてみれば、世界でも有数の食肉の街にいたのだから当然の話だ。けれど、私は若く、痩せっぽちで不安だったから、ほとんど手をつけなかった。

そこから親子は小さな、ガラ空きの映画館に行き、陰気なソ連映画を見た。字幕がついていたので、読みのテストをされているのかと思った。その次が大きなデパート、カーソン・ピリー・スコットだった。そこで父は女性店員が私の骨ばった体に次々とセーターを当ててみるのを厳しい目で見守っていたが、やがて薄茶色のカーディガンを見て「完璧だ」と言った。

やがて、夕暮れどきになって祖母の家に戻ると、父はスパイラルの学生向け画帳をくれた。表紙には鉛筆書きで〝ジミー――彼の本〟と書いてあった。デトロイトに戻ってからセーターは毎日のように着たので、やがてぼろぼろになり、体も大きくなって着られなくなった。だが、〝ジミー――彼の本〟はいまでも私の書庫にある。ページは茶色に変色し、本書を書くまでほったらかしにされたまま。

父が再浮上してきたのはサンフランシスコでジョージアナ・ランドルフ・クレイグという女性と再婚してからだった。彼らは一緒になってクレイグ・ライスなるペンネームをつけ、その名で評判のミステリ小説を二十数本発表した。そのうちの一本『スイート・ホーム殺人事件』は映画にもなってヒットした。

だが、サンフランシスコとて父にとっては寄り道だった。一九五〇年代ビートジェネレーションの台頭とともに、父はついに完全な天職を見出した。そもそも彼は以前から反逆児であった。二〇年代のシカゴでは、当時のシカゴを代表する作家たち――ベン・ヘクト、カール・サンバーグ、エドガー・リー・マスターズ、シャーウッド・アンダーソン、ハリエット・モンロー、カール・ヴァン・ヘクテン（彼は公にゲイを名乗っていた。二〇年代、三〇年代に！）等と〈ディルピックル・クラブ〉を立ち上げた一人であった。

父は無政府主義から政治的急進主義に無理なく移行し、それからビート文化が五〇年代に出現するとそれにがっちりと収まった。彼にすれば世の中がやっと自分に追いついたと言うだろう。

「クレイグ・ライス」共同体が結婚でも文芸活動でも離婚によって終結すると、父は迷わずロサンゼルスのヴェニス・ビーチに転居した。そこは油井のポンプが単調に上下し、低所得の退職者たちがぶらぶらと歩き、絵描きらが安い賃貸に惹かれて集まる海際の冴えない街だった。父がそこに行くまでは、《ロサンゼルス・タイムズ》によると〝海際のスラム。ポン引き、娼婦、麻薬売人、犯罪者たちに囲まれた芸術家の集落〟と手厳しく書かれている。

そんな環境にいやおうなしに惹きつけられた父は、あっという間にそこの住人になっただけでなくスポークスマンとなり広告塔的詩人となった。入居して一年以内に父の命名した〝ヴェニス・ウェスト〟はビート運動の首都の一つとなり、ほとんど独占的に、芸術的、哲学的に彼の領地となった。サンフランシスコはファーリンゲッティ、ケルアック、ギンズバーグの縄張りだったが、ヴェニスは紛れもなく父の領地だった。彼はここで四番目の妻となるネッティと、何万冊にもおよぶ蔵書とともに暮らした。夥《おびただ》しい数の本は家の面という面にあふれ、車一台の入る車庫は書庫となった。あらゆる本、定期刊行物、録音テープはデューイの十進分類法で綿密に分類されていた。

彼の詩のテープはとりわけ重要である。一九五六年以降、父は詩の朗読公演に力を入れはじめ、雑誌《ザ・ネーション》への寄稿文〝詩と朗読の伝統〟ではこう書いている。〝印刷された詩は、音楽にとっての楽譜のようなものである〟。つまり、人前で演じられてこそ完璧なものになるということだ。

時代精神を渇求する都会においてヴェニスの評判が高まるにつれ、父はロサンゼルスの最初の反文化出版物の立ち上げに加わった。ロサンゼルスにグリニッチ・ヴィレッジの萌芽が生まれたのだから《ヴィレッジ・ヴォイス》が必要だというわけだ。出版物は《ロサンゼルス・フリー・プレス》と名づけられ、どの号にも父が執筆する扇動的なコラム「ラジオ・フリー・アメリカ」が掲載されていた。

この頃なのである――私が先回の対面とはずっと違った状況で父と会ったのは。二人とも生活がガラリと変わってしまっており、私は初めてのブロードウェイ・ミュージカル『ノーホェア・トゥー・ゴー・バット・アップ』の台本と作詞を手がけて準備に追われていた。プロデューサー、作曲家とともに私はこのショーの通し稽古を見るために、ビバリーヒルズのアーニー・コヴァックス、イーディ・アダムズ夫妻の家に行った。コヴァックスが作品の演出に興味を示していたからである。

作曲家のソル・バーコウィッツがコヴァックス邸のグランドピアノを弾き、私が登場人物全員のセリフを読み、歌を全部歌う二時間のショーの準備をしている間も、父を招待したものかどうか迷っていた。

父はもう時の人になっていたから、居所を探すのはたやすかった。これが親子の関係を修復する（どんな意味にせよ）機会になるかどうか迷ったが、最後はどうとでもなれと思って父を招待した。

この通し稽古の日、コヴァックス邸の客間は定員以上のロサンゼルスのセレブでいっぱいだった。後援者のためのオーディションはニューヨークでは当たり前のことだが、ハリウッドでは珍しく、コヴァックス邸はその豪壮なことで語り草になっていたから、通し稽古のチケットは垂涎の的で、ゲストたちはまるで赤絨毯に臨むみたいに盛装した。

そのハリウッドの贅の只中に、数珠をぶらさげ、サンダルを履き、ひげを伸ばしたヒッピーの弟子たちを多数従えて父が登場したのだ。まさにドロップアウトの入場だ。

一行は凍りついたように動かなくなった人々の中を進み、父は中央の長椅子に坐った。父の隣りのおしゃれな女性が、彼の弟子たちが床に座り込むのを見て、胸元の宝石に手をやった。私の胸はつぶれそうになった。

だが、自分の愚かな過ちを反省している時間はなかった。アーニー・コヴァックスがうなずくなり、作曲家は曲の最初の音を叩き、数拍後に私は歌いだしていた。いくぶん気が散っていたのは、どんなに父の方を見ないでいようとしても、彼が部屋を見回すときの不快そうな顔が目に入ってきたからだ。ロベスピエールがヴェルサイユ宮殿に連れて来られたという顔だ。心中〝革命はここから始まる〟と呟いているときに、軽快なミュージカルコメディに没入するのは容易ではない。

客間が沸きに沸き、セリフに笑い、曲に拍手が起こっても、長椅子の上の氷塊は溶ける気配がなかった。やがて、第一幕の半ばあたりでコメディの曲に家中がどっと沸いたとき、父がくだんの宝石をまとった女性に身を寄せて何か囁いたのが目に留まった。女性はうなずき、その後からずっと父はほかの客と一緒に笑い、拍手した。従順な弟子たちも父に習って笑いさざめいた。

この通し稽古は成功だった。アーニーはショーを演出する契約にサインし、シャンパンのコルクは抜かれ、父とその軍団が帰ってから、さきほど父が囁いた女性に父は何を言ったのかと聞いてみた。彼女は言った。「このショーはスウィフト以来の鋭い社会風刺だって」

たしかに、『ノーホェア〜』は、まぎれもなく非扇動的なファルスで、禁酒法時代にあまりにばかげた取締りで国中の笑いものになった密造酒取締り警官二人のコメディだった。この警官たちも、このショーも、私も根本的に反体制である、つまり隠れビート族なのだと判断したことで、彼に認められたのである。

さて、ニューヨークに戻ってから一週間後、プロデューサーから電話が入った。アーニー・コヴァックスが亡くなったという。愛車の豪華なロールスロイスでなく、妻のコンパクトカーを運転中に居眠りをしたのが原因で、樹にぶつかってドアが開き投げ出されて即死したのだ。

彼がロールスロイスに乗っていたら、いや、このショーにそのまま残っていてくれたらどうなっていたのかは分からないが、とにかく『ノーホェア〜』は失敗した。その後、このショーをミュージカルのデビューとして演出したシドニー・ルメットは、失敗は自分の経験のなさによるものだと主張する。だが、そうではない。ミュージカルの三分の二が台本と歌詞で出来ているのだ。それらを私が巧く書けなかったのが失敗の原因だ。

以来、私は『ノーホェア〜』を再演したいという要請をすべて断わってきた。だが、一つのことにだけはずっと感謝している。その初日に対してである。

ショーがかけられたのは寒さの厳しい十一月の夜で、会場は錚々たる歴史を誇るウィンターガーデン・シアターだった。古くはジョルスンが歌い、後に『キャッツ』が七千四百八十五回もロングランすることになる劇場だ。だが、その夜、私のショーが初日の幕を開けたとき、私は劇場の後ろに一人ぽつんと立っていた。タキシードで装いながら陰鬱この上ない顔をしていたのは、『ノーホェア〜』は当然の結果として失敗するだろうと分かっていたからである。

カップルが一階席の後ろにいる私の前を急ぎ足で通り過ぎる。女はイブニングドレス、男はブラックタイの盛装だ（六〇年代には初日には盛装する慣わしだった）。私はそうした客の全員に自分の不出来を謝りたい衝動と戦っていた。気の毒にその不出来に間もなく苦しむことになるだろう。

客席の明かりが私の気分と同じく半分に落ちたとき、私のなかの生存本能が目を覚ました。似たような暗い場面に遭遇したとき、私は自分を二つのまったく別の自身に分裂させて崖っぷちから後ずさる作戦を取ってきた。混乱の中にいる自身と、その外にいる自身である。

この統合失調傾向によって、私は、理論上、冷静かつ客観的な傍観者となって自分に語りかけることが出来るのである。声には出さないが（出していたら本物の分裂症だ）無言で、正気で、辛抱強く語りかけるのだ。何度かこの分身と面白い会話を交わしてきたが、ウィンターガーデンでの初日の夜にもこれが起きた。

「聞いてくれ」

「聞いてるよ」

「いや！　聞け。ちゃんと聞いてくれ」

「聞いてるよ！」

「よし、この恩知らずの馬鹿野郎が」

「恩知らず？」

「ああそうだ。仮に五年前、壜から魔人が飛び出しておまえに約束したとしよう。いつの日かおまえはウィンターガーデンに立っている。オーケストラはウォーミングアップし、キャストは緊張のあまりもどし、盛装した満員の客を前にいましも緞帳は上がろうとしている。それも単に、単に、おまえがある日机のまえに坐って〝第一幕、第一場〟と書いたからだろう。そんなおまえが言うか？『これはヒットにならなきゃな。それを約束してくれ、でなきゃ忘れてくれ』って？　ふざけるな！　おまえが何て言ったか、覚えているだろう。『なんでもいいから、たのむ、そこに行かせてくれ』だったろう！」

その瞬間、霧は晴れて彼方へと去り、なぜかその十一月の暗い夜に、太陽は燦々とウィンターガーデン・シアターに輝いた。私のタキシードは高揚感と周囲の人々に対する感謝の思いではちきれそうになった。

と、そのとき、まさにそのとき、遅れてきたエレガントな男女がロビーから飛び込んできて通路の端に立っている痩せた若者に目を留めた。そして当然の判断をしてチケットを私の手に押し付けた。

私の母はあらゆる芸術への情熱を私に分け与えてくれたが、経済的な制限からその分野にも制限があった。母がとりわけ愛した演劇の場合、解決策が見つかった。当時シカゴには正統な劇場が二つあった。そのうちの一つ、キャス・シアターは出費を抑えるため、客席案内人を主任の一人だけにし、彼に夜間のボランティア案内人を手配させた。給料は出さないかわりに、客が着席した後なら、ボランティアはどこからでも芝居を見られるのだった。

高校時代を通じて、私は演劇のかかっている時期には毎週金曜夜、客を座席に案内した後、中二階の前から三列目に坐って芝居を見た。そこは劇場内でいちばんいい席だと、私が思う席である。

今日に至るまで、どんなイベントでも、場所でも、私は人の手を借りずに妻と自分をまっすぐ指定の席まで案内することが出来る。これはキャス・シアターで味わった感激を思い起こさせる私のスキルである。だから、エレガントな男女にウィンターガーデンでチケットを押し付けられたとき、私は躊躇しなかった。またとない体験を呼び起こしつつ「こちらです」と言いざま、通路の最後尾に積まれたプログラムをさっと取り、二人を席に案内して客席が暗くなるのと同時に年季の入った「ごゆっくりどうぞ！」を口にした。

客席後部に戻りつつ私の足はオーヴァーチュアに合わせて軽やかにステップを踏んでいた。そして〝カチッ〟という音を聞いた。それは環がつながって閉まる音、過去と現在がはっとするほど明確な瞬間につながった音、キャス・シアターからウィンターガーデン・シアターに、案内人から作者にと、切れずに繋がっていた環が閉じる音だった。とにかく、ここに着いたじゃないか。それ以上はケーキの上のトッピングだ、オマケではないか。

こう書いてきて、むろん『ノーホェア〜』が当たっていたら、もっとましな話になっていたろうことは認めざるをえない。だが、当たらなかった。予想したとおりの失敗に終わった。だが、少なくとも私はその場にまで到達し、創造面でも私的な面でも大好きな円形の構成、その一環が繋がったのが大きかった。

まもなくもう一つの環が現われる。

一九七四年一月二十八日、父から手紙が来た。「ネティと私からやや遅れ目の新年の挨拶だ。私たちはめったにカードを送ることをしないのでね。知っているかもしれないが、今私は自伝の執筆にかかっている。ところが正確な日付などわからないことが多いので、教えてはもらえまいか……貴方と貴方のお母さんに関わる部分に来ているのだが、この本にふさわしいと貴方が思う貴方の職業上、私生活上の情報など、少々教えてもらいたいのだ」

手紙にはなんというフロイト的失態か「ラリーとベティより」とあった。現在の妻の名をネティと書くべきところを私の母の名「ベティ」と書いてしまったという事実はわきにおいても、父と息子は互いに何と呼びかけるかが決まっていなかった。私を呼ぶのは簡単だ。単に、ジムでいい。幼いときはジミーだった。だが、彼は？　父と子のいずれも呼び方を決められなかった。何と彼を呼んだらいいかが分からなかったし、彼自身も手紙や電話でどう自分を表わしたらいいのか分からなかった。「パパ？　おまえの父？」どちらも使うことはなく、結局そんな権利を放棄してただ『ラリー』と自分を呼んだ。

初めてケダカイが彼とヴェニスの家で会った際、私たちの坐る場所を作るために彼がネティと本の山を動かさなければならなかったことにショックを受けた。むろん、彼が身につけていた数珠や長髪にも驚いたが、何よりも強烈に驚いたのは――彼の家をあとにした車内で彼女の語るところによれば――私たち親子の互いに対する接し方だった。

「どんな?」

「どんなって言われても。言葉が見つからないわ」二人は車中無言のままヴェニス・ウェストから遠ざかり別の世界であるビバリーヒルズに向かっていた。しばらくしてケダカイが言った。「二人の作家なのよ」

「二人の何?」

「作家。あなたとジョージ・プリンプトンとか、ノーマン・メイラー、あるいはカート・ヴォネガット。いえいえ、そんなに仲良くないからあなたとジャージ・コジンスキーかな。仕事仲間の話」

「それだけ?」

「何を言わせたかったの?」

「まあ……父と息子の会話とかさ」

彼女は振り向いて、私が中国語を話しているのかといった顔をした。「そう思ったの?」

「分からないよ。でもそう思ったかもしれないって。きみには家族がいるから」

彼女はちょっと考えていた。「知り合い、それがあなた方二人の関係。そう、知り合い。でも、間違いなく二人の作家――仕事の話をする作家。自分の仕事、他人の仕事、創作について。とっても興味深いわ、聞いているだけで」と、彼女は励ますように付け加えた。

今度は私が無口になった。ようやく私が言った。「ジーザス!」(私の好きな罵詈雑言だ)

「あなたの気持ちを傷つけるつもりはないのよ」とケダカイが言った。

「気持ちって何?」

「それよ!」とケダカイが声を上げた。「それを言ってるのよ!」

「それって何？」

「あなた方の接し方についてのあなたの質問への答え。〝気持ちって何？〟」

一九七四年の父の手紙を受け取ってから間もなく、私は簡潔で、私が思うに適切な答えをこしらえた。

「自伝の私の部分にきたら、貴方が私に宛てた一月二十八日付の手紙を載せたらいいでしょう。それですべての話が一瞬で伝わりますよ」

私の返信は出すばかりになり、封筒には宛先の住所を書き、切手も貼った。そうしてからの後思案でそれをケダカイに見せた。彼女は首を振った。「だめ、こんなことをしては」

「どうして？」

「残酷だし、意味がない。本当よ。何のためにやるの？」

本書で明らかなように、ケダカイは私よりもずっと親切だし、賢明だ。私は休戦することに同意し、ついに、六月、ケダカイの予想どおり、気のない書きぶりが二人の関係性を暴露している穏やかな手紙を書いた。「拝啓、ネティ様、ラリー様」そうして「いつとは言えないけれど、近々私の新しいミュージカルの宣伝材料を送るからご覧ください。その中に私の経歴も入っているでしょう」そして、結びにこう書いた。「お二人がお元気で自伝が順調に捗っていることを祈ります」作家から作家への手紙であった。

一月後、七月の第二週に、《ニューヨーク・タイムズ》の死亡欄に私の〝知り合い〟の作家がロサンゼルスで死亡したとあるのを発見した。彼に宛てて私の経歴を送る前のこと、彼が自伝を書き上げる前のことだった。私は悲しみを捜したが見つからず、どこに捜したらいいのか分からなかった。彼のというより、きっと、私の性格的欠陥なのだろう。

一方、母はどんな面から見ても充実した、生産的な、誇らしい九十四年の人生を送った。私がニューヨークに移ったとき、母も移ってきて、七十代になるまで五番街のＢ・アルトマン社の名高い〝稀覯書、地図〟部門の副主任となってその職を立派に勤め上げた。その後は、リバーサイドドライブの彼女のアパートで友人や私を交えてミニ文学サロンを開いた。

仲間うちで母は人気者だったから、彼女の八十歳の誕生日に、私たち夫妻のアパートに百名ものファンが招待に応じて現われた。作曲家のサイ・コールマンと私が当時書いていたミュージカルの中の曲をささげると、自分のパーティでも絶対歌わず（私の知る限りほかの誰かのために歌うなんてしたのを見たことがない）レナ・ホーンが「お母さんのために歌いたいわ」と言ってくれた。

サイ・コールマンはピアノに坐っていた。そのサイとちょっと打ち合わせをした彼女は、母に向かって微笑むとやおら歌い出した。〝ストーミィ・ウェザー……〟

それで火がついた。『フィニアンの虹』からバートン・レーンが自作の『晴れた日には永遠が見える』を歌えば、シェルドン・ハーニックが『屋根の上のバイオリン弾き』から自前の詞である『サンライズ、サンセット』を歌った。タミー・グライムスもベティ・カムデンも、アドルフ・グリーンも歌った。いや、歌を披露した。ただ歌うだけでは満足出来ずにレナード・バーンスタイン、ジュール・スタイン、サイ・コールマンらの書いた名曲を観客に聞かせるべく歌っていた。それは何時間も続いた。私の母のために。

アルトマン書店での仕事が――彼女に言わせると――短縮された際、母はニューヨークの公立小学校の読書指導教科にボランティアとして働きだした。やがて、彼女が階段の手すりにつかまって息を切らしているのを見て、学校の幹部職員は退職を勧めた。失望を隠しもせず、それでも公に勇退の儀式をしてもらって、母は九十歳で第二の引退生活に入った。

二〇〇一年の秋、ウェイン・ステート大学からある代表団がニューヨークにやってきた。同大学は一八六八年デトロイトで創設され、今日わが国でも最高の都市型教育機関のひとつである。三万三千人の学生数を擁する中西部版ニューヨーク・シティ・ユニヴァーシティといったところだ。代表団を率いた

れられていると思ったからである。

びっくりするような知らせを伝えることだった。びっくりと言ったのは、自分がとうに出身大学から忘

のが芸術コミュニケーション・カレッジの学部長リンダ・ムーアだった。一行の目的は私と面会して、

七〇年代に、私の従姉妹のリズがウェイン州立大学の入学案内カタログを送ってくれた。そのカタロ

グはほとんどどのページにも私の著書『雲雀の高揚』からの言語学的単語がモチーフとして使われてい

たが、出典が書かれていなかった。私は入試担当者にそれらの単語には本来著者がいることを伝え、簡

単にでもそうした記録を付け加えれば大学の面目は施せると書いたのだが、無視された。

そんな経緯があったから、私が学部長を務める大学近くのレストランでウェインの代表団と向かい合

ったとき、何事かと好奇心でいっぱいだった。ウェインの以前の無関心が関心に変わっていることは一

行の目的が語られるにつれて明らかになった。ウェイン・ステート大学の芸術コミュニケーション・カ

レッジで教えないかという。お払い箱の身から役員室への急激な出世とは、信じられない展開である。

代表団の面々は熱心にかき口説く。定期的にデトロイトに出向いてほしい……そうした声は次第に、ほ

かの声、ほかの時代の思い出にかき消されていった。

私は二十五年もデトロイトには帰っていなかったが、理由はムーア学部長にも代表団にも説明できな

かった。だから、テーブル越しに彼らの顔を見ながら、心中のジレンマに青ざめていた。デトロイトに

定期的に戻ると思っただけで、思い出したくない思い出と向き合うことになる。とはいえ、どうやった

ら鼻持ちならない、高慢な俗物だと思われずに彼らの善意をうまくかわすことが出来るだろうか。

私は昼食に手をつけず、彼らの賞賛の言葉を聴いていたが、これ以上彼らの時間を無駄にしてはわる

いと、その場しのぎで懸念らしきものを口にした。と、学部長が柔らかに質問した。「何か嫌な思い出

でもおありですか？」

私は救いの手に飛びついた。「デトロイトのせいじゃありません。いい街、いい人々……ただ……私

がその……おわかりでしょう……」と、力なく言い終えた。

「もちろんです」

「懐かしく思うものは何かありませんか？」と代表団の一人が尋ねた。

一瞬考えて応じた。「ありますよ。サンダースのホットファッジとヴァーナーのジンジャーエールです」

昼食会は和やかな引き分け状態で終わった。一行は負けても恭しく、私は自己嫌悪と安堵感で胸がいっぱいのまま事務室に戻った。一週間後、大きな箱がデスクに届けられた。箱にはサンダースのホットファッジとヴァーナーのジンジャーエールの缶がぎっしりと詰まっていた。こうした小包みは送られつづけ、押し付けの気配はなかったものの意図は明らかだった。

やがて、数カ月後に、ウェイン・ステート大学の学長であるアーヴィン・レイド博士から電話があった。役員会が全員一致で、私に名誉博士号を贈ることに決めたと言う。代表団から耳打ちされていたのだろう、私はただデトロイトでの卒業式に姿を見せ、博士号を受けたら、二万人の卒業生と来賓に挨拶をし、空港に直行すればいいとまで言ってくれる。この頃には自分のむらっ気にうんざりしていたので、ウェイン大学側の時間を一瞬たりとも無駄にはすまいと、「光栄です」と即答した。

この思い切った一言で私はルビコンを渡ったのだ――少なくともデトロイト河は渡ったのだと思った。だが、シカゴ行きを控えたある夜、ケダカイに揺り起こされた。私が「ダメ、ダメだ！」と金切り声を上げていたからだ。私は上半身を起こし、目をむいて悪夢をまざまざと思い返していた。私が部屋に一人でいると、男が近寄ってきてさりげなく尋ねた。「あの窓開いてるかい？」私が開いているというと、男はさっさと窓に近づき飛び降りた。それで私が悲鳴をあげたのだった。

悪夢から数時間後、その鋭い警告にもかかわらず、私はぱっくりと口を開けている窓から飛び出てデトロイト行きの飛行機にと乗り込んだ。従姉妹のジーンとアンが空港で出迎えてくれ、従姉妹同士の食事会に連れていってくれた。母方の祖父母は十一人も子供を設けたので相当に大きなパーティとなり、いうまでもなくヴァーナーのジンジャーエールとサンダースのホットファッジが食卓を飾った。

その夜遅く、アンが大学側が用意してくれた宿舎のデトロイト・アスレチック・クラブに案内してくれた。デトロイトに暮らしていた時代、ここは選ばれたメンバー以外には閉ざされた場所で、私にとってはキャメロットのようにエキゾティックで遠い存在だった。高校時代は水泳の選抜選手だったから、クラブのプールが市でも最高のプールを備えていると聞いていたが、それを確かめる特権には与っていなかった。それが今、時と運命のいたずらからか、クラブの受付でフロントマネージャーがにこやかに分厚いパンフレットを手渡してくれる。中には施設案内が書かれているのだろう、ジム、ダイニングルーム……そしてプールの。

自室でベッドに入ろうとして、もう一度デスクにおいたパンフレットを見た。明日のウェインでの式次第に関するメッセージが入っているかもしれない。パンフレットを開けてみて目を見開いた。紙束のいちばん上に、私の事務所から転送されてきた手紙が載っている。青、白、赤、つまり自由、平等、博愛を意味するフランス共和国を表徴する色で飾られている。

その下にフランス語で〝文化大臣〟と優雅な筆記体で書かれている。左には〝大臣〟とだけあり、そのあとに、

〝拝啓、私は貴下のフランス国内と世界における文化的貢献を称えて芸術文化勲章を授与することを喜びとするものです〟。

そして文化大臣カトリーヌ・タスカと署名があった。

数秒後にケダカイに電話をかけた。私の気分を上向きにすることにいつでも気を遣い（必ず飛行機に乗せるように気を配り）この数日、私の博士号授受を陽気にからかってきた彼女は、私の陽気な口ぶりにいつになく元気に言った。「ハーイ、博士！」

「博士は忘れていい」と私は低く渋い声で言った。「もう〝サー〟だよ。爵位を与えられたんだ！」

翌朝、リック・ロジャーズが大学構内を案内してくれた。リックは後のニュースクール・ドラマスクール設立の協力者で当時はウェイン・ステート大のクリエイティヴ・スタディのカレッジ学長だった。見学が終わり、昼食まで時間が出来たとき、リックが尋ねた。「どこか行きたい所ありますか？　どこか見たい所？」

答えは瞬時に出てきて、彼のみか私自身も驚いた。

「あるよ！」

「どこですか？」

「ウッドワードの北。道はぼくが教える」

車が北に向かうにつれ、一ブロック通り過ぎるたびに歳月が彼方へ飛び退っていった。目じるしのいくつかはとうになくなっており、かわりにウッドワードの殺風景なだだっぴろい空き地が広がっていた。だが、グランド大通りを通りすぎると、懐かしい風景がぐんぐんと迫ってきた。

「ゆっくり行って」と私。ユークリッド・アヴェニュー……フィラデルフィア……ヘーグ。

「右に折れて」

どのレンガも、どの樹も昔のままだった。そのブロックを半ばまで行ったところで、私がストップをかけた。車から降りて歩道に立った。家は当然だが、覚えていた家より小さかった。私は大きくなったのだ。でも、それ以外は何ひとつ変わっていなかった。板張りのポーチも、ドリア式円柱も、前の芝生の小さな庭も、潅木の植え込みも。私の乗ったラジオフライヤー（子供用四輪のワゴン）がぶつかって跳ね返り、おでこを切って生まれて初めて右眉の上を何針も縫った歩道も。傷跡は後年『アクターズ・スタジオ・インタビュー』のメーク係ミシェール・オーキャラハンが収録のたびにカモフラージュしてくれる。

私は通りを右に左に眺めた。通りは、あの頃より格が上がったかもしれない。第二次世界大戦後のどの産業都市とも同じに、デトロイトはアメーバのように外に、郊外にと広がって行った。新興中流階級は市街中心部を円を描くように広がる下層階級に譲って、自分たちは市街中心部から逃げ出した。その結果、都市人口はドーナツ状になった。マイノリティは中心部に、白人たちはその外側の円周に、郊外はまたその郊外から逃げる金のある富裕層と、逃避と排他の終わることなきサイクルを形成していた。

母とヘーグ通りで暮らしていた頃でさえ、デトロイトの中心部はすでに過渡期にあった。ヘーグもその周囲のすべての通りも、上昇気流にのった黒人たちが食指を動かし始めていたし、上昇気流の白人たちは去りつつあった。わが家の東の地区はすでにだめになっており、貧乏で上昇の望みを持てなくなった人たちで溢れていた。

その日、二〇〇二年春のうららかな日、そこはまさに黒人コミュニティの中心部になっていた。私が無言で立ち尽くしていると、一人の黒人女性が通りの向こうから歩いてきて、ヘーグ通り二八〇番地の隣家の階段を上がりかけたが、不意に立ちどまると、意を決したように礼儀正しく、だが単刀直入に尋ねた。「ここで何をやっているんですか？」

「以前ここに住んでました。私の家だったんです。」女性は無言だった。「本当に久しぶりに訪ねたんですよ」

女性の体から警戒の信号が弱くなった。「変わりましたか？」

「いや、あんまり。驚きました。通りも前と同じです。ちょっとよくなったかな。家のなかに入ってみたいんですが、どなたが住んでますか？」

「司祭ですよ」

「ああ」と、私はポーチに向かって歩き出した。

「イスラム教の司祭よ」私は彼女の顔を見た。「いまは留守だわ、さっき出かけるのを見たから」私はわきの道に戻ってきた。「裏庭を見たいんですが」と言うと、彼女は肩をすくめ、自宅の階段を上って行った。私はリックの顔を見た。「うちの裏庭を見たいかい？」

「ああ」

裏庭は私の記憶のままだった。小さな方形の芝生は花とフェンスで仕切られ、中を通る細いセメントの道は、裏のフェンスと小路に続く。小路では近所の悪ガキどもが生ごみ缶の蓋を投げ飛ばすように開けて、驚いた中のネズミを尖らした箒の先で突き刺して遊んだ。人はどうでも遊びを見つける。

家の真裏に来て、立ち止まり裏のフェンスを指さした。「フェンス越しにホームランを飛ばすってどんなことだったか分かるかい？」私はまじまじと見た。「今じゃ二十五セント玉をフェンス越しに飛ばせるよ」リックがうなずいた。私はキッチンドアの上の窓を指差した。「あそこがぼくの部屋だった。あの外側にポーチがあった。それを〝ベランダ〟と呼んでいた。でももう無くなったんだろうな」家にさらに近寄ってダイニングルームの中をのぞこうとしたが、暗くて見えなかった。

家の前に戻って、ポーチを上がり、両手で目を囲って客間の暖炉を探した。自分の小遣いの創意工夫で愉しいクリスマスの贈り物が並んだ場所だ。だが、部屋は暗くて何も見えず、通りがかり車が、怪しげな人影が無辜の市民の家をうかがっていると怪しんで徐行運転になったので、窓から離れた。

ポーチの階段のいちばん上から、歩道で辛抱強く待ってくれているリックを見下ろした。

「あと二分いいかな？」

「いいですよ」とリックは車に戻って行った。私はその二分をどうしたらいいか分からず、なぜ二分が必要だったのかも分からずポーチに立っていた。見たいものは全部見た。ヘーグ通り二八〇番地は変わっていなかった。

そして、不意になぜここに戻ってきたか分かった。今朝どうしてヘーグ通りに戻ってきたのか。私は何かを捜し求めていたのだ。そうしてこのポーチの階段に坐っているうちに見つかった。この瞬間、ヘーグ通り二八〇番地のポーチの階段の一番上に坐ってみて、男と少年が再び一緒になった、ついに一緒になったのだ、互いの腕を互いの肩に乗せ、じっと静かに通りを見つめる二人は途切れることなく続く連鎖の最後の環だった。そうやってもう一つの円が完結したのだ――昔々ヘーグ通り二八〇番地のポーチにいた私から今のヘーグ通り二八〇番地にいるわれわれに。われわれはここに着いたのだ。

カチッ。

環は閉じられた。

私は立ちあがり、車道まで出てリックの車に乗り込みヘーグ通りを後にした。が、過去を後にしたわけではない。もうそうする必要はなかった。

第四章

「ビギナーズ、プリーズ！」

——アメリカの「スタンバイ！」と同様、イギリスの、開演時間が来たことを知らせる言葉

『アクターズ・スタジオ・インタビュー』のゲストに私がよく尋ねる質問に〝あなたの場合いつ始まりましたか？　何がきっかけでしたか？〟というのがある。たいていは小学校の学芸会という答えが返ってくる——「ぼくは緑の野菜の葉っぱさん。毎日ぼくを食べてね」といった幼稚で単純なものが多い。

だが、中にはもっと複雑で興味深いものがある。

ダスティン・ホフマンはディケンズの『クリスマス・キャロル』のタイニイ・ティム役が初役だった。『アクターズ・スタジオ・インタビュー』の中で、彼はそのときのことをこう語っている。「ぼくはテーブルの上に松葉杖をついて上がり、〝神の祝福を！　みなさん〟というはずだった。ところが、上級生にボブ・シュワルツってやつがいて、彼もこの劇に出てたんだが、『テーブルに上がったら、〝神の祝福を、神の呪いを、みなさん〟って言ってみろ』ってそそのかした」

「そうしたんですか？」

「ああ、したよ。それでまた落第さ」

アンソニー・ホプキンスは、父親に怠け者と叱られ家から追い出されたので、「夕方、ＹＭＣＡに行った。そこで芝居の稽古をしていたから、参加していいかって訊いたんだ。そしたら宗教劇みたいな芝居のなかの役を振ってくれた。聖者の役で、セリフは〝心弱きものに祝福あれ、彼らはこの地を継ぐ者なり〟だった。ぼくは舞台上でとっても気持ちよかったのでね。だから、思った。〝そうだ、これをやって生きていけるかもしれない〟」

バーブラ・ストライサンドにとっては、きっかけはテレビ、それもコマーシャルであった。「従姉妹のローレルと二人で電話帳の人名に片っぱしから電話かけてね。『この質問に答えられたら千ドル送ります』って言うの。そして質問したあと、『ここでコマーシャルです』って言って宣伝するのね。ファブ石鹼、覚えている？　ファブ石鹼使ってますかって訊いたら、一人の女性が『あら、使ってるわ、床中ファブの泡だらけよ。素晴らしいわ』って。想像してみて。床中ファブの泡だらけって言うのよ。よっぽどファブが好きなのよね。私たち、だから彼女に作り物のお金を封筒に入れて送ったわ」

やがて、バーブラの世界が広がって、演劇がテレビに取って代わる。「初めてニューヨークに出かけたのは芝居を観るためだった。十四歳のときで『アンネの日記』を観たの。そのときのことはよく覚えているわ。地下鉄をおり、ブルックリンから初めて見る街に降り立った。ブロードウェイの五十丁目よ、駅は。地下鉄のＩＲＴで来たんだもの——ああ、わたし芝居を観るんだって！　スーザン・ストラスバーグ主演、チケットは一ドル九十八セントだった。二階席の一番後ろの席に坐って観ながら思った。〝あの役ならやれる。わたしはユダヤ人なんだもの。それが決め手だ。ユダヤ人じゃないの、あの役をやろうって〟」

ジェーン・フォンダの場合、彼女の血統を考えれば不思議でもなんでもないが、閃きはリヴィエラで起きた。『アクターズ・スタジオ・インタビュー』でも例がないケースだ。「グレタ・ガルボと泳いだのよ。厳密には素っ裸で。あなたのおっしゃってる夏って、その夏のことかしら？」

「はい。グレタ・ガルボの裸を見た人なんて、私が見逃せるわけがない」

「彼女はいかにもスウェーデン的で、地中海の凍るような寒さのなかを階段を降りてくると、バスローブを脱ぎ捨てた——裸だったの。美しくて運動選手みたいだったけど、完璧ではなかった！　だから思ったの、わあ、《プレイボーイ》に出てくるみたいな人でなくてももてはやされるんだって。それから彼女と海のなかに入って行ったけど、彼女がニノチカみたいな声で言ったの、『あなたは女優になるの？』って。だから、『いいえ、そんな才能はないです』。すると、彼女は言った。『あら、十分に綺麗だわ』って。わたし溺れそうになっちゃった」

ビリー・クリスタルは、自宅の客間で小銭目当ての芸当をした。「親戚中が小銭をくれるんだよ。荒っぽい話だよね。もらった金でおでこがいっぱいになると、芸当は終わりってわけ」

「でも、小銭がおでこにくっつくものなのかな？」

「汗をかいてるから、こうやると……」と、彼は額に小銭をぴしゃりと叩きつける真似をした。「いい芸のときは一ドル五十。一ドル五十集まるときは、うまくやったってこと」

アル・パチーノは『失われた週末』のレイ・ミランドに影響された。「まだ映画の内容はよくわかってなかったと思うが、あのエネルギーと興奮に感動したんだな。彼はアルコール依存症でボトルを隠してしまうが、後で狂ったようにそのボトルを探しまわる。それが五歳のぼくにはとても面白かったんだろうな。だからその真似をしたんだ」

「誰を相手に？」

「観てくれる人なら誰でもさ。母がいつだってぼくを引っ張りだしてね、『失われた週末』をやってみせなさいと言う。それでぼくが無我夢中のボトル探しをやるってわけ。でも、どうしてあんなに大人たちが笑い転げたのか分からなかった。五歳の子がやるのが面白かったんだな。でも、ぼくは真剣だった」

その数年後、アルは映画を見ての帰りには派手な登場をやってみるようになった。「毎晩家に帰ってきては何かをやるんだよ。ドアをぱっと開け放ってみるとかさ……そしたらある時、落ちてさ。避難階段の一階に転落だよ。なんのことはない、頭っから落ちたただの九歳のガキ。だから今でもアタマおかしいのかもな」

しかし、アルの決定的瞬間は地元のブロンクスの陰気な劇場で訪れた。「チェーホフの『かもめ』を観たんだ。旅の役者たちがエル・ザミール劇場とかいう古いボードビル劇場でやってたな。三千人も入る劇場なのに、ぼくを入れて二十人くらいの客しかいない客席に向かって『かもめ』をやってるんだ。ぼくは十四歳か十五歳。でも観て唖然となった。衝撃を受けた。それがぼくを変えてしまったんだ。そのあと、四十六丁目にあった演劇学校まで行った。そこでシェークかコーヒーを注文したら、カウンターでぼくの注文を聞いてくれた男がなんと、『かもめ』のスターだった！　とかくそういうもんだよ、違うか？　だからその男の顔を見てぼくは言った。『あんたを観たよ！』。そうしたら彼は信じてくれなくてさ。だから、あんたの『かもめ』を観たんだよ。あんたは素晴らしかったってぼくは言った。そしたら彼は言った。『おお、ありがとう、ありがとう！』って。まるで偉大なスポーツ選手かなんかに会ったみたいだった」

『アクターズ・スタジオ・インタビュー』に出演した際、マイケル・ケインは私がプロデュースしたボブ・ホープの八十二歳の誕生日を祝う一九八五年のロイヤル・ガラ公演について語ってくれた。そのとき、マイケルはロンドンのリリック・シアターの舞台に登場してロイヤルボックスのフィリップ殿下とボブ・ホープに向かってスピーチをした。「私の地元に若者向けにクラブを作ったメソディストの牧師バターワース師という方がおられたんですが、彼が私のような若いのを通りから集めては何かをさせるように努めていた。ピンポンとかそんなものじゃなく、素人のドラマクラブもやっていて、そこからぼくの今があるんです。ボブはよくフィリップ殿下のご前でショーをやっていた。彼はケント州エルトン出身だったから、ショーの収益は私たちのクラブに入った。私が十四歳のとき、ボブをクラブにお迎えして彼から小切手を受け取る役目を負わされた。その小切手をくれるとき、ボブは言った。『この子がこんなに儲けるって分かっていたら、養子にするんだった』」

マーティン・ショートのことの初めは、十四歳のとき見たカナダの、なんてことはないテレビ番組であった。「始まりは家の屋根裏からだな。ぼくは拍手の記録を持っていた」学生たちが笑うと、ショートはにらみつけて「十四歳になんぞ無理だと思ってるんだろ?」と言い、こう言い直した。「そりゃ本物の拍手じゃないさ。使ったのはアルバム。ライブ盤の『シナトラ・アット・ザ・サンズ』だった。彼が『わが街シカゴ』を歌い終えた後の大拍手の部分を使った」

彼は片手を頭上で丸くかざして言った。「ほら、クビが自在に曲がる卓上ランプあるじゃないか。あれをこういう風にやって自分を照らした! そして窓を開けて歌ったよ。一方、外の世間じゃ自分と同世代の若い人たちがベトナム戦争に反対して歌っていたんだ。こっちが屋根裏でポップス歌っているときに」

「あなたのショーが放映になったのはいつだった?」

「毎週は無理だったんだよ、映画の仕事とぶつかって」

「わかります」

「それを認めるのは悲しいけどね。ものすごく悲しいよ。ショーはアンディ・ウイリアムズと隔週だった。NBCの月曜夜八時半。アンディは不愉快だったようだが、ぼくのほうが大物スターだったからね」

マイク・マイヤーズの場合は四歳のときだった。「それが最初の思い出だな。この仕事を一生やりたいと思ってた。作家のカート・ヴォネガットが、自分の人生の感覚をつかめってことを言ってるじゃないか。針の穴みたいなものが開いていく、ほら、映画のアイリス・インみたいに。自分の最初の記憶は、そう、これこそ自分だ！　みたいな感じだよ。以来、ぼくはずっとこの仕事をやりたかったんだな」

マーティン・スコセッシにとって、当然ながら天啓は映画的だった。「一九五〇年、親父が『マジックボックス』って映画に連れて行ってくれた。イギリスの映画五十周年記念で作られたものだった。イギリスにおける映画の発明者の役にロバート・ドーナットが扮した。その映画のなかで、彼はマリア・シェルに向かって、見えるものの残像について説明した。本の端にちょっとした絵を描いて、次のページにそれをちょっと変えた絵を描き、そうやって出来た紙の束をぱらぱらと弾いていくとその絵は動いているように見えるって。だから、ぼくも電話帳使って同じことをやった。一九五〇年代には素晴らしいテレビ番組があったから、自分なりにそうしたものをパネルに描いてみたよ」

「つまり、テレビ映画の主な部分をパネルに描いてみたんですね」

「そうそう、それ」

ラッセル・クロウの両親はオーストラリアで映画の配給元だった。「子供のころ、映画やテレビのセットに何度も行った。子供の頃だもの——一九六九年とか、七〇年だよ、そういう体験はものすごく愉しかった。小道具係がヘルメットを半日貸してくれる。それかぶって跳ね回った。子供としていろんな撮影セットを冒険するのは本当に愉快だった。ドアを開けても、その先には何もなかったりして、この作り物の人工的な世界がものすごくかっこよく思えたなあ。クールだって。そのうち『スパイフォース』って番組のなかに出してくれたんだ。ほんの少しだが、六歳のぼくがサウス・シドニーとかいう赤とグリーンの縞柄のフットボールジャンパーを着て出ているシーンがあるよ。それが、ちゃんと見逃さないで見てくれよって風にやってるんだよ。そのとき何を考えてやっていたかまで、ちゃんと覚えている。変だと思うだろうが、真剣に考えてやったんだよ。この役の人生は、性格はどんなものだろうかって」そう言って、にやにやしている学生たちをきっと睨むと付け加えた。「ぼくは真剣だったんだぞ！」

ＵＣＬＡではジャーナリズムの学士号を取れないので、キャロル・バーネットは《デイリー・ブルーン》紙に参加し英文学を専攻することにした。「でも、それから演劇科に惹かれたの。そこで劇作のコースを取れたから。でも、それは言い訳で、内心は舞台に立ちたいって思っていた。それから学生が書いた一幕物に出たの。田舎者の一家の話だったから、ただ曾祖母や祖母のことを思い浮かべて田舎者の女を演じた。そしたら、客は腹を抱えて笑ったわ……これだ、わたしにはぴったりの仕事だって思った。そしたら、あっという間に人気者になっていた。中学、高校と、とっても地味でシャイだったわたしに、男の子たちが次々とデートを申し込んでくる。〝わあ、なんだかすごいことになってきた〟って思った。男たちも口々に『いやあ、きみは面白かった。好きになった』って言ってくれる。わたしは花開いてきたんだって、自分も自分が好きになったの」

「あなたは、その発見が麻薬や興奮剤のようだったって言ってますよね。人々が笑うのを聞くのが」

「そのとおり。すばらしいアドレナリンよ。癒しなの。そこには癒しの力があるの、観客にとってもよ、間違いないわ」

クリストファー・リーヴは、あの事故の後、四肢麻痺の身ながら雄々しくも車椅子で初めて公の場に出てきてくれ、学生たちに向かって呼吸器の排気音に乗せて雄弁に語ってくれた。「ぼくにとってのきっかけは、四年生のときの理科のクラスだ。演劇学校から人が来て、歌を歌える少年を捜しているという。ぼくは小さい時はボーイソプラノで、なかなかいい声だったから、このとき、手を上げたんだ。とにかく退屈な理科のクラスから抜け出したい一心で。ぼくはオーディションを受けて、受かった。とたんに、マッカーサー・シアターで素晴らしい一座の一員になっていた。一週間もたたぬうちに、ジョージ・ハーンのような名優がピランデルロの『エンリコ四世』の主役、『二十日鼠と人間』のジョージかと思うとマルヴォーリオを演じるのを目の当たりに出来るんだよ。全部を同じ週に！　そうしてこういう変身、こうした違ったスタイルの完璧なキャラクター創造は、ぼくにとっては魔法としか思えず、自分もその仲間になりたいと思った」

トム・ハンクスも、知らぬ間に自分の創造的情熱に火をつけた人物のことを振り返った。「ダン・フィンモアって誰ですか？」と尋ねると「ダン・フィンモア！　わあ！」と言う。

「なぜ、〝わあ〟ですか？」

「ダンはね、高校時代に何をやらせてもうまいやつだった。『ドラキュラ』のドラキュラ、主役だった。ぼくは何にも興味のない二年生で、何やらせても並みだった。でも、ダンとは知り合いだったから、彼の芝居を観に行った。大勢の親に混じって見てたら、ダンがケープをまとって出てきてさ、見たとたん、〝これだ、これをやりたい！〟って、芝居のセリフが一言も発せられる前から舞台に上がっていたいと思った」

「それがターニングポイントだった？」

「そうだね。絶対的自己中心的な羨望が、ターニングポイントって言えるならね。その先どうなるかなんてまったく考えていなかった。とにかく注目を浴びたかった」

ガブリエル・バーンズが、番組で吐露してくれた話は口調も趣旨も紛れもなくアイリッシュであった。

「ぼくは昔から俳優には畏怖を感じていた。昔からずっとだ。なぜだか、俳優と魔法をつなげて考えている。学生時代、ものすごく有名な老俳優を見かけたことがある。もう目も不自由なのに、真っ黒なウイッグをかぶり、メークをし、シルバーのステッキを持った手に黄色い長い手袋をはめて、襟元には小花がさしてあった。しかも声は昔ながらのヴィクトリア朝の役者声だった。そのとき、〝これが役者だ。これが役者の風貌。これぞ役者の在り方〟と思ったね。〝人とは違う、不思議なもの、魔法のようなもの、普通の人々とは違う存在〟と思ったよ。人生と演技とは二つのまったく違うものだと思ってる。演技は演技、人生は人生で別のものだ。そのいずれももう一方の犠牲の上に成り立つべきではないって。妙な話だが、それに従事する人たちにとって、この職業は間違った職業だと思うよ。いや、ふざけて言ってるわけではない。ある意味で、俳優というのは子供なんだと思う。その多くが傷ついた子供で、どこか深いところで認められたがっている、世界の褒め言葉がほしいんだ。だから、自分が俳優になるという決心をするまでにはずいぶん長い時間がかかった。しかも、自分が俳優なんだって事実を受け入れるまでに長いことかかった」

私の場合、むろん、ここに挙げた人たちとは質でも程度でも比べ物にならないが、創造的衝動は顕在だった——十二歳で書いた下手くそな三本の小説に、キャス・シアター中二階席前から三列目の席にいた自分の中に。だが、そういう衝動はデトロイト時代、父親の歩いた道と正反対の道を歩いてやるという決意でがっちりと抑えられていた。

芸術は、趣味道楽としては立派に成り立つものだが、天職には成りがたい。十五歳の頃までには、父親が仰天するような職業に就いてみせようと思っていた。すなわち、法律の道である。自分の職業的選択と父とを意識的につなげて考えたことはない。年々歳々、父は私の考えの中からも、目の前からも遠くなっていったのだが、今、こうして振り返り、思い出を公の形にしようとしてみて、全体像がくっきりと浮かんできたのである。

硝酸小屋から解放された後、私は職業的に出世して《デトロイト・タイムズ》のだだっ広く、騒々しい編集室の原稿係、つまりコピーボーイになった。同紙は当時のデトロイトにおける三大新聞の一つで、強大なハースト帝国の地方拠点であった。三大通信社、AP、UP、INSからのテレタイプは、編集室の外れの一隅に寄せて置かれていた。ひっきりなしにガチャガチャ鳴りカンカンとボーイを呼びたてるベルの騒音などを抑えるためである。

そのそばの小部屋が、テレタイプ一台だけの特別な場所だった。ハースト電信、つまり、次第に分かってきたのだが、ウィリアム・ランドルフ・ハーストその人、サン・シメオン、つまりカリフォルニアのタージ・マハールに直結していた。通信社からのテレタイプがガチャガチャ、カタカタと鳴って揺れているときも、ハースト専属のテレタイプは堂々と静まりかえって、来たるべき西部の巨人が目を覚ますそのときを待っている。いざそのときが来ると、それはカタカタと揺れ動いて息を吹き返し、きまって〝チーフいわく……〟という威圧的な言葉で始まった。

そのカンカンというベルの音さえ、他とは異なるはっきりとした執拗な音で、チーフが仕事にと動かされたことを伝えていた。原稿係の中でも段々位が上がっていくにつれ、この黙示録的警鐘が鳴るなり、何をおいてもハースト通信に駆けつけて、長短さまざまな帝王の意思表示文を破り取り、編集室が見守るなかを選ばれた担当者に届けるのが、私の、私だけの特権となった。

そんな状況下で、本書の冒頭で約束したわが人生のヒーローの一人が現われたのである。たしかナイト氏という名前だったと記憶しているが、今でもはっきり覚えている彼は背筋がぴんとして、小奇麗な服装（そのフロアのだれとも対照的だった）で編集長のデスクを前に坐っていた。編集長室は編集室とはガラス板で仕切られており、だれの目からも彼が見えたが、もっと重要なことは、彼の目にわれわれが見えていたということだ。

ナイト氏は〝チーフいわく〟を受け取れる唯一の人であり、私がハースト電信の見張り役だったから、私たち二人だけがわが地方局でチーフが〝A＆P食料流通部門に対する批判記事〟（A＆Pは大事な広告主だった）を握りつぶし、ハースト新聞からは抹殺したがっているのを知っている人間だった。

いつもの習慣で、私は編集長室にノックもせずに入り、テレタイプの紙片を彼のデスクの上におき、ウィンブルドンのボール拾いのボーイよろしく、後ろに下がってじっと待った。編集長はそのコミュニケを読み、しばし、椅子にもたれていたが、無言で立ち上がり、廊下を支局長室まで歩いて行った。司教が大司教に手袋を投げつけに行くといった図だった。

十五分後、戻ってきた彼は自分の部屋に入ってこいと身振りで示したあと、こう言った。「早刷りが出たら、俺に持ってこい。他には見せるな。いいな。一部だけ。俺にだぞ」

私はうなずいて、部屋を出たが、そのとき彼は今まで見たこともない、その後も見たことがない行為に出た――ヘクトとマッカーサーが書いてもこういう編集室シーンは書けないだろうと思える行為だ。今や社員一同が押し黙って注視している編集室のなかで、彼はドアの横のコート掛けに行くと、帽子をかぶりコートを着てデスクに戻って坐り、その日の早刷り第一便が上がってくるのを待った。モスクワ芸術座のチェーホフは、俳優たちに心理的論理的ジェスチュアを探求せよと教えた。キャラクターを、大なり小なり、ここぞという瞬間に詳らかにする行動的なパターンである。編集長のその行為ほどくっきりと意図が実演された例をほかに知らない。

編集室の真ん中には大きな丸い穴があって、その中を昇降機が早刷りサンプルを印刷室から編集室へと上げてくる。上に着くなり大きなベルの音でコピーボーイを呼び寄せ、それぞれの部署に届けさせる。署名入りの記事を書いた記者が自分の記事を確かめたいと待ち受けている場合を除き、普通の状況でなら、だれの気も惹かない光景だった。

だが、このときは普通の状況ではなかった。昇降機の横で待ち受けている私から見えたのは、いつもの騒々しい編集室が静まり返り、みんなの目が一斉に一点に向けられている図だった。視線の先はデスクを前に帽子とコートを着込んでじっと動かない人間に向けられている。彼と私以外には危機の本当の理由はわかっていなかったが、フロア中のだれしも状況のツボは分かっていた――自分たちのリーダーを失うか否かの瀬戸際なのだ。

やがて、一時間にも思えた時間の後（実際にはほんの数分だったろうが）、けたたましいベルの音に私は飛び上がった。編集室の五十人も一斉に生き返ったように立ち上がり、編集長から私へと目を移した。

十六歳の私は精一杯の大人っぽさと貫禄を装って、しかも注目を浴びる稀なチャンスを愉しみつつ、昇降機からまだ印刷インクの匂う温かい紙束を取り、歩いた――そう、歩いたのだ。呼吸を止めて見守っている同僚たちを尻目に、彼らの運命を小脇に抱えて、ノックもせずに入っていき、彼のデスクに新聞をおいた。

編集長の肩ごしにのぞいてみると、第一面の見出しが見えた。正確な文言は覚えていないが、たしか「連邦、Ａ＆Ｐを捜査」といったものだった。

このとき、自分も呼吸を止めてしまっていたことに気づいた。私は深呼吸し、編集室の一同も深呼吸するなかを、編集長は無言で顔色一つ変えずに、コート掛けに行き帽子とコートを掛けてデスクに戻った。一斉に湧いた拍手喝采の音にテレタイプの騒音もかき消された。

彼にちらっと一瞥されるまで、私は彼のそばに立っていたことに気づかなかった。拍手もどこ吹く風と、私がどうしてそばにいるのだろうと怪訝な顔をしたので、私ははっとわれに返り、大急ぎで今までどおりの日常に戻ったが、その後の日常はもう〝今までどおり〟ではなくなった。なぜならその朝、人生で最も大事な教訓を二つ学んだからである。第一に、英語の中で最も価値のある言葉は「ノー」であるということ。「イエス」が選択肢にない場合に慎重に行使されればであるが。第二に、「信念」は取引不能であるということである。そして熟考のうえで誠実に掲げた信念を穏やかかつ毅然と表明するなら、その信念は単に賢明な道というだけでなく、唯一無二の道なのである。しかも、その概念が受け入れられたら、それはまたより楽な道となるのである。

本書がこれからも明らかにしていくように、私は編集室で編集長に教えられた教訓を人生で応用するようにしてきた。その後、同僚にもわが学生諸君にも一考を促してきた。無論、すべてに効く万能薬というわけではないし、成功を保証するわけでもないが、あの運命の朝以来、私は信じている――たとえ、その場で勝ったように見えても、信念を捨ててしまうことは失敗を保障するものだと。

要するに、私は〝高潔〟ということについて知るべきすべてをあの朝の《ニューヨーク・タイムズ》社で学び、心の殿堂にもう一人のヒーローを祀ることになったのだ。

その年、もう一人のヒーローに出会う。《ニューヨーク・タイムズ》のローカル版編集者ジム・トレイナーである。彼の名と私に残した深い印象は私の小説『ミラーズ』に書かれている。

《ニューヨーク・タイムズ》が私をコピーボーイとして雇った理由の一つは、私が入社の応募書類に高校の新聞に出した何本かの短篇を添付したことにある。《セントラル・スチューデント》という名の学生新聞は《ニューヨーク・タイムズ》や《ヘラルド・トリビューン》を格好よく真似たもので、その質はコロンビア大学のジャーナリズム学科にも高く評価されており、駆け出しの若いジャーナリストたちはデトロイトの三大新聞に採用されていた。

この学生新聞の副編集長に昇格したとき、《デトロイト・タイムズ》が目をつけてくれ、ジャーナリストならお決まりの最初の仕事、死亡記事を任せてくれた。この名誉に大喜びした私は、ジャーナリズムの恩師であるスペンサー・フィッシュベインに教わったことを思い出し、当時編集室のデスクにしっかり納まって山のような仕事をてきぱきと片付けているトレイナー氏に近寄って行った。

「ああ……トレイナーさん」

まるで永遠かと思われるほどの長い間のなかで、彼はうろついている私にいっさい目もくれなかった。だが、ようやく回転椅子のなかで体重を右から左へと移すと、私を見上げた。気のない顔で明らかに手元の仕事に戻りたがっている。

「死亡記事を割り振られました」と落ち着いて、大人っぽく言った。彼は無言で、無関心で、いらついていた。だから私は攻めに出た。「どんな文体がいいですか？」

瞬間、地球は回転するのを止め、彼は無表情に私を見つめた。私は倒れるかと思った。いや、本当に倒れたかった。編集室中央の穴から飛び込んだらこの苦しい膠着状態にケリがついたろうに。だが、ようやく彼の口が動いた。

「きみにしか書けない文体」そう言うなり、自分の椅子にすっぽりと戻ってしまった。

《ニューヨーク・タイムズ》での仕事は、硝酸の写真工場のそれと同様、単に食べていくための手段だった。義務だから新聞組合の会員証も持っていたが、ジャーナリズムは自分の選んだ道ではなかった。私は弁護士になるのだ。そして《ニューヨーク・タイムズ》での仕事は硝酸のなかでガラスを洗っているよりはマシな生計手段であった。

学校新聞でも書き、《ニューヨーク・タイムズ》でもたまに死亡記事を書いたが、その方向に深入りするのは危険だと思った。手堅い弁護士の道こそ進むべき道だ。芸術一般——演劇、映画、音楽は見る側の遊びでしかない。高校で芝居もかじったが、それでどうということもなかった。下手に演技して、さっさと忘れただけだった。

ところが、カトリック・シアターという存在が、まだ自分がしっかり自覚してなかった自分の欲求にとって納得のゆくはけ口になった。これはデトロイトでは最高のアマチュア劇団の一つだったが、つねに座員に男が不足していたため私も参加することが出来た。

ある晩、舞台が終わったあと、アーニー・リッカという大きな男が楽屋に来て、自分はプロの演出家だと名乗った。デトロイトで演出家の楽屋見舞いは稀なことだ。

「プロとして役者やっていこうと考えたことは？」と彼が尋ねた。

「いや」と即座に答が出た。

「どうして？」

「これは趣味ですよ」

「いいね」

「ちゃんと仕事持ってますから」

「どこで？」

「《ニューヨーク・タイムズ》のコピーボーイです」

に」

「じゃ新聞記者になりたいんだ？」

今度もまた即座に答えた。「いや」そして言った。「金を作らなきゃならないんです、学校に行くのに」

アーニーは穏やかな人当たりのいい男だった。「俳優でも金は作れるよ」

彼は魔法の言葉を口にし、それは私にとって、ドアを開けるにじゅうぶんな口実であった。「どれくらいもらえるんです？」

「役によるね」彼がにこっと笑った。「でもカトリック・シアター以上だよ」

私が考えさせてほしいと言うと、彼は電話番号をくれた。

数日後、金への興味から、やむにやまれず電話をかけ、二人は会った。彼は私にＡＦＲＡ（アメリカ・ラジオ・アーティスト連合）に入会することを勧めた。だが、入会するにはまず現金での入会金が必要だった。私はコピーボーイの収入を打ち明け、こう尋ねた。「こういうことは時間がかかるのは分かります。でも、最終的には俳優をやるほうがコピーボーイよりいい収入になるんでしょうか？」

アーニーは微笑んだ。「それなら今でも保証できるよ」

アーニーとその奥さんジーン（むろん、わがヒーローの一人だ）の庇護のもと、私はすぐに《ニューヨーク・タイムズ》の貧弱な収入を上回るようになった。

テレビの時代はまだはるか彼方にあり、とりわけ中西部の遅れたメディア事情のなかで、デトロイトはめったに地元の舞台公演がなかったので、俳優たちの収入は専らラジオ、それもほとんどがＷＸＹＺ局によるものだった。オーナーのジョージ・Ｗ・トレンドルは全国的に有名な人気番組『ユーコンの挑戦』『グリーン・ホーネット』『ローン・レンジャー』の三本を制作していた。とりわけ一番人気の『ローン・レンジャー』は東海岸から西海岸まで毎週月、水、金と放送され、私が〝懐かしきよき時代〟に居合わせた頃には、すでにアメリカの名物となっていた。

ローン・レンジャーの甥の役を初めに演じたダン・リードが役には大きくなりすぎて外れたことから、その代わりを探していた。番組は二役、三役とこなす俳優たち二十名ほどの小カンパニーが、七、八人分の予算で回していた。カトリック・シアターで一緒だった友人の紹介で、私はオーディションを受けて受かり、結果的に週に三回、グランド河沿いのだだっ広いマンションを改造したＷＸＹＺ局で送ることになった。

放送は生放送だった。当日の夜二度、東海岸と中西部は七時半、西海岸は十時半だった。放送と放送の合間に、私はひと気のなくなったスタジオで勉強ができた。申し分ないお膳立てだった。新聞社より収入があり、かつ時間的にも余裕があっていい仕事だった。

兵役のために『ローン・レンジャー』とデトロイトを去った後、このショーにもう一度だけ極めて異常な状況下で出会うことになる。一九八九年、雑誌《アラスカメン》をテーマに〝今週の映画〟の脚本を書く仕事をアーロン・スペリングとＡＢＣ放送から依頼された。この雑誌を立ち上げたのはスージー・カーターという活発で独創的な女性で、動機は女一人に対して男が八人という〝遠隔地ではさらに極端だ〟性の比率を正そうというものだった。一ページ目から最終ページにいたるまでアラスカの偏った男性人口を率直に訴え、独身男性たちの写真、自己紹介や自伝、手紙の宛先までおおっぴらに載せていた。雑誌はロワー四十八丁目の女性たちに配られていただけでなく、世界的にもまかれていたから、中にはスージーの招きに応じて、選ばれたアラスカマンに会いに来る女性もいた。開拓時代の西部のいわゆる文通の花嫁というわけではなかったが、アメリカ最後の正当なフロンティアとしてのアラスカの評判は、紛れもなく苦労の末に勝ち得た呼称であることの証左であろう。

依頼を受けた脚本の舞台がアラスカとなることは明らかだったので、その地を訪ねることが必須条件となった。締め切りもあることなので、私は厳冬のさなかのアラスカを目指し、アンカレッジに着いた。書こうとしていた物語は、広大なアラスカの風光を背にさまざまなロケーションが必要だったのだが、十二月にその調査をするのに手は一つしかなかった。アンカレッジから北に走る幹線ハイウェイとくねくねと伸びる鉄道とで、温暖なシーズンであればアラスカは旅行者には楽な土地である。だが、十二月、上から下まですっぽり雪に覆われると、選択肢は唯一空を飛行するしかない。結果、空から見るアンカレッジはほとんどの車線に軽飛行機が停まっているというびっくりするような光景となる。

旅程を組む私には自分を突き動かす二つめの強い動機があった。およそ飛行士にとって、〝辺境パイロット〟という言葉は単にまばゆい栄光、度胸と根性を意味するだけでなく、地上でもっとも困難な環境下での操縦者という深い尊敬の念をも呼び起こすものなのだ。その気まぐれで猛々しい天候ゆえにアラスカほど旅行者にとって挑戦的で危険な所はない。だから、映画の脚本を書くと契約し調査をする決心をした時点で、腹は決まった。わが人生の一週間で、パイロットの夢をかなえるのだ。アラスカの辺境を十二月に飛ぼう。

スージー・カーターがボブ・カーティスに紹介してくれた。〝ユーコンの白頭鷲《イーグル》〟の異名をとる辺境パイロットであり、スージーの《アラスカメン》誌の取り持ちで五度目の結婚を果たしたため彼女に恩義を感じている男だった。年齢は不詳だったが、七十代だろうと思った。彼は一九五六年製造の〝エアロンカ15ACセダン〟機を持っていた。

私たちは朝早くアンカレッジのスペナード湖で待ち合わせた。凍結した湖面はありとあらゆる形状、色、状態の飛行機に覆われてほとんど見えなかった。イーグル殿のエアロンカはほかの飛行機と比べて目立ってはいなかった。風雨にさらされた姿ながら、大事にツギハギして維持されてきた辺境の飛行機だった。それで十分だった。

私が操縦するので、カーティスは飛行の指示を与えてくれたが、何気ない口調で、ジャイロ機器はないという。しかも一度宙に浮いたら、機首方位インディケーターをセットしてはいけない、したら止まるだけだという。それではどうやって方向を維持していくのかと尋ねると、全ルートをｖＦＲつまり有視界飛行方式で飛ぶという。有視界方式が水先案内術なので、彼が五十一年の経験と辺境を飛んだ三万マイル実績による地面の経験知を使うのだそうだ。磁石から方向の手がかりをつかむのは、休止よりはるかに多くの仕掛けがあると思えたが、私は黙っていた。同機の所有者ボブ・カーティスが機長なのだ、しかも彼こそが〝ユーコンのイーグル〟であるからだった。

機内に乗り込もうと、翼支柱に手をかけたとき彼が言い足した――除雪ブーツはないからね。「ああ、ところで、通信機もないからな。家に一台あるが忘れてきてしまった」

普通なら飛行機もろとも私をどん底に突き落としたろうこれらの情報が、何故か私をまったく落胆させなかった。むしろ、いざ冒険に旅立とうとさらに燃え上がった。どういうわけか、辺境の山道を飛行するのはこうあるべきだとさえ思えてきた。

翼支柱を再びつかんで、機内に乗り込み、右座席に坐ってシートベルトを締めながら、少なくともシートベルトはあったと思った。と、そこでまたしても「ところで……」が始まった。風に向かって離陸のエンジンがかかり始めたとき、私の隣りのドアがバタバタと激しく鳴り始めた。それでボブが付け加えた。「掛け金が壊れているんだ、だから離陸着陸の際は手でしっかり押さえておけ」機体を回し、苦労して空中に浮き上がらせたあと、こう言った。「高いところでは、風がドアを閉めていてくれるよ」

さて、飛行のほとんどは私が受け持ち、ボブは離陸と着陸だけやってくれた。雪上の滑走に私が慣れていなかったからである。アラスカの山道飛行は楽しみにしていたものだが、だが、いざさしかかるや、ボブは勇ましくも愚かにもこう言った。「あんたに任せるよ」そうして大きな腹の上で両腕を組むと、ペダルから足を離して床に降ろしてしまった。

ハラハラどきどきしながらも信じられないような高揚感を覚えつつ、激しく揺れる飛行機で迷路のような空路を長い長い距離にわたって飛行した。やがて山道に入って半時間たったあたりでエンジンがごほごほと咳き込むような音を立ててぴたっと止まった。

仰天して声も出ずにボブのほうを見たが、彼はぴくりとも動いていない。その不気味な平静さを見て思った。彼は諦観しきった宿命論者か、でなければ機体に関して私の知らない何かを知っているに違いないと。頼む、後者であってくれ。

数秒後、力を失った機体がゆっくりゆっくり厳寒のクレバスに降りていきかかると、わがイーグル殿は前屈みになって黄ばんだプラスティックの燃料ラインを見つめた。ラインは機体の翼から出てエンジンカバーの中の穴を通してエンジンに入っている。空中で、またもや「ところで……」に出くわすことになった。飛行機には燃料計測器がついていなかった。そのかわり、イーグル殿はそのプラスティックのラインから目を離さず、片翼のタンクからもう一方の翼に切り替えながら機体のバランスを保った。ついさっき最後に使い果たした右タンクから左に切り替えたのだから、理屈からいえば目的地までいける十分な燃料があるはずだった。だが、左の燃料ラインは空なのが見えていた。

「右エルロン（補助翼）」とイーグル殿がわざとらしいほどさりげなく言った。私は操縦桿をひねって右飛行角度にし右手のぎざぎざした崖面に向かった。イーグル殿に成算あってのことと思ったが（他にどんな選択肢があったか！）私が傾斜角を維持しているうちにも渓谷が近づいてくる。

「左、操舵」とイーグル殿が不吉な静けさのなかで言った。私は左方向蛇のペダルを踏み込み、右エルロンの力と釣り合いをとった。それが機体の重心軸と山道の中心とを揃えたのだが、機体はスリップして無謀な三十度のまま片翼を上げ、片翼を下げて前方に飛んだ。横滑りすれば、決まって急激に高度が下がる。この際、それだけは避けたかったが、イーグル殿の氷のような冷静さは私にも伝染した。つまるところ、ここは彼の縄張り、これは彼のオハコのはずだ。

二人はじっと待った。私の目は彼の視線を追って空の燃料ラインを見ていた。が、その燃料ラインは二人の頭上でふらふらしていた、左翼が飛行機同様、片手を宙に上げて泳ぐ泳者のように右側の上で滑って、容赦なく眼下の狭い峡谷に落ちていく。

「急勾配にしろ」とイーグルが言った。

私は彼の顔を見た。まったくの無表情のまま反応のない燃料ラインを見つめている。こうなったらもう一かバチかだ。私はバンク角を四十五度の急勾配にした。さらに言われるまでもなく方向舵をぎりぎり一杯左に押してコースを維持した。航空力学の法則に忠実に、機体は前に飛び、ぐんと沈んだ。

私のイーグル殿に対する信頼、そして彼の愛機に対する信頼は報われた。数秒後、燃料ラインを止めていたものが何であれ、重力の法則が勝って、青い航空燃料はエンジンの中にごぼごぼと落ちていき、点火し、喉の詰まりが取れたようにどっと轟音を立て始めた。どんな飛行機もこれ以上大きく見事な轟音は立てたことがなかった。

私はこのスリップを直して真っ直ぐで平行な飛行にもどり、エンジンを全開にし、正規の高度に戻るべく上昇を始めた。ちらっと高度計を見ると千フィート以上も落ちていたことが分かった。正しい高度に戻ってみると依然として雪が降っており、機体は風に縦ゆれして機首を振っていたが、あれほどスムーズな飛行に思えたことはなかった。

イーグル殿はと見ると、腹の上で両腕を組んで半眼になっている。彼はけっして自分の飛行機に対する信頼を失ったことがなかったのだと思った。あのスリップでうまくいくと思ったのだろうかと訊きたかった。ほかの手はあったのだろうか？　だが、彼はまた居眠りに戻ってしまったので、仕方なく同機の唯一の援助装置、さびしいがありがたい超音波全方向式無線指示器をダイヤルしてコースを途中泊する目的地のマクグレースに向けた。

峡谷地帯を抜けたあたりですでに日差しは残り少なくなっていたが、雪は弱まり、烈風は遥か後方にあった。マクグレースの滑走路の照明が遠くに見えてきたとき、通常の空港進入の高度に落としていったが、この高度は右ドアのサイドポケットにくしゃくしゃになって突っ込まれていたチャートに書かれていた。右ドア、つまり掛け金の壊れている方だ。その窓がずっと（イーグル殿の予言どおり）スリップの間じゅう右に機体を倒していても閉まっていた、と思い返し改めてぞっとした。滑走路に近づくと、飛行士なら誰でもそうだが、体に埋め込まれた高度計に起こされて、しゃんと坐りなおして機嫌よく言った。「俺の飛行機さ」

私が操縦桿を緩め、まもなくボブが着陸を滑らかに行なうと、スキーは滑走路の、固まった雪の上をにぎやかな音を立てて滑っていった。機外に下りるなり、突然、まったくの盲目になってしまった。サングラスを取ると、私の最初の高揚感でレンズが曇っただけでなく、半透明の氷の層が張り付いてしまっていた。零下三十四度の寒さを体験したのは初めてだった。

私たちはアラスカン航空の制服を着たパイロット二人に迎えられた。二人は嵐のなか山道上を飛ぶよりマクグレースに寄って一夜を明かす方を選んでいた。私たちがちょっと前にそこを飛んできたと知ると、一人のパイロットは手を制帽に上げて敬礼の動作をした。もう一人は控えめに目をぐるりと回した。年配者のパイロットと大胆なパイロットを組ませるのは航空上の原則である。しかし、年配で大胆なパイロットというのはないから、二番目の男の反応の方がよりふさわしかったかもしれない。

一泊した翌朝、ホテルのレストランに行ったときには、夜明けはまだずっと先だった。

レストランは見かけも出るメニューも、空港の食堂といった感じだった。ボブは朝食を終えるなり外に出て愛機に給油して出発にそなえた。私はテーブルに残って昨日のものすごい冒険を思い返しオレンジジュースを飲みながら今日のマッキンレー山とタルキートナへの飛行プランに思いをめぐらせていた。と、食堂内にＢＧＭを流していたラジオの放送がドラマに切り替わった。今朝の回は、とアナウンサーが説明する——過去の名作ラジオ番組からお届けします。

低予算だが威勢のいいオーヴァーチュア、『ウィリアム・テル序曲』の出だしの音に、びくんと頭を上げた。〝さあ、みなさん、あの懐かしい冒険の日々に帰りましょう、ローン・レンジャーの登場です！〟のイントロに私は釘付けになった。すべてが、あの昔のまま、一九八九年に西部開拓地の暮らしと冒険を生き生きと蘇らせていた。

と、ローン・レンジャー役のダン・リードの声が、そして私の若い頃の声が流れてきた。甲高く冒険心に溢れた少年の声だ。食堂のほかの客には無視されても、私一人はしっかりと耳を傾けていた――本物のフロンティアで本物の冒険をしてレイバンのサングラスまで雪氷で固まったアラスカのマクグレースの宿屋のなかで。

カチッ。

『ローン・レンジャー』に出演して夜は演技、昼は高校、その後大学という明け暮れのなかでも、演技をすることはあくまでアルバイトであり、学費を払い、母の家計を助けるためであった。私はどこまでも弁護士になると自分に言い聞かせていたし、大学はそんな自分を準備させてくれているのだった。それが現実で、それだけが関心事だった。私は生活をきっちり二つに分けていた。夜は俳優、昼は学生。その二つを分けるバリアは絶対にほどけない結び目で守られていた。

だが、剣が、じつに言葉通りに剣が、その結び目を断ち切った。兵役である。あの徴兵制度の時代に、唯一の幸運は自分から申し出て選択することだった。私はいつの日か、〝ユーコンのイーグル〟のようになりたいと思っていたから飛行訓練に応募して、ミシシッピー州ビロクシーのキースラーフィールドに回された。そこで、数日間にわたってさまざまなテストを受けた。読み書き、身体、サイコモーティヴ、それらを通してパイロット・トレーニングに相応しいと思える候補生が選ばれるのである。

私同様テストを受けた数百名のなかから十名弱がテストに通った。その一人が私だった。

そして最終審査。型どおりの身体検査である。体重計に乗って体重測定すれば、体中メダルをぶらさげた士官がにこにこと握手をしてくれて、見習いパイロットの士官候補生になった旨を書いた書類を渡してくれる。

だが、得意満面で体重計に乗り、降りようとした途端、目盛りを左右に滑らせていた係官が「待った!」と声をかけた。彼はもう一度体重を確かめ、首を横に振った。「体重が足りない。最低五十四キロはなきゃ」

私は体重計を見た。五十三キロだった。

係官は肩をすくめて私にケリをつけるとつぎの候補生と向き合った。

「たった一キロで落とすんですか？」私は叫んだ。「ぼくは全部のテストを通ったんですよ！　その書類を見てください。たった一キロで落とすなんて！」

それが上官の注意を惹いた。彼は寄ってきて私の得点をチェックし、まじまじと顔をみていたが、「じゃ、こうしたらいい」と提案してくれた。「明日またつぎのグループが測定に来る。きみは今夜たらふく食べるんだ、人の二倍。そして明日また来い。そしたら結果が出るさ」

「分かりました！」

キースラーフィールドはいくつかの分隊セクションに分かれており、それぞれにいくつかの兵舎があって、それぞれが一飛行隊を構成していた。私は自分の飛行隊に戻って仲間たちに成功者として拍手で迎えられたが、それを止めて事情を説明した。時間制限内になんとかしなければならないと。たちまち、ありとあらゆる助言に取り巻かれたが、真剣な討論の結果、ついに意見がまとまった。バナナを食え。何も食わずにバナナだけをひたすら食え。そして翌朝できるだけ多量の水を飲め。しかも、肝心なことは、今から測定の時間までいっさい便所には行くな！

一日中、支援グループのおかげでバナナをせっせと食べた。しかし、その夜、もう一つ保険をかける手を思いついた。候補生は体重測定には裸になる。だが、自分の財布だけは体重計に乗せてもいいのだった。「そうだ、一ドル銀貨だ！」私は兵舎に向かって叫んだ。「おまえたちのうちで一ドル銀貨持ってるやついないか？」

何枚か出てきた。それらを自分の財布に入れた。銀貨は外からは見えず、しかも重たかった。だが重さが足りない——財布にまだ入れられる。私の飛行隊のメンバーたちが分隊のほかの兵舎にも散って行って銀貨を集めてきてくれた。そして、ついに財布はもうそれ以上は一枚も入れられないというところまで膨らんだ。

翌日、膨らんだ腹と財布と共に体重計に乗ると、係官は目をむいて体重計の目盛りを右へ右へと滑らせた。そしてついに、一夜明けての奇跡にかぶとを脱いだ。例の上官は満面の笑顔で私に合格の書類を渡してくれた。

だが、結局のところ、飛行機に乗ることはなかった。軍隊ではということだ。目の前に戦うべき戦争がなく、戦死者を新兵や見習いで置き換える必要もないため、政府はわれわれに申し出た。きみたちの受けている訓練は軍隊のなかでも非常に金がかかるものだ。だからここで完結させることにしよう。少尉の階級も持ったままでいいが、この教育の減価償却という意味で四年間の再入隊という義務がつく。もう一つの選択肢はただちに名誉ある除隊をして気持ちよく握手し市民の暮らしに戻ることだよ。

市民となっても飛行訓練は修了できるし、四年の義務を果たさずとも、国に多額の出費をさせずにすむのなら愛国的ではないかと理屈をつけて、私は自己決定を選んだ。つまり、暫時デトロイトに戻ることになった。ほかの土地での人生を（限られた狭い体験にせよ）味わってきた後なので、私の目は東方に、ニューヨークに向いた。コロンビア大学か、ニューヨーク大学で法律の勉強を終え、世間並みの、堅実で安定した暮らしを手に入れるのだ。

私は後ろを振り返ることなくニューヨークに向かった。当時はその旅の先に困難で、力を試される、刺激的な十年が待ち受けていようとは思ってもみなかった。それも当時まで避けてきたまさにその方向に向かっていようとは。

いまや、ようやく、私の教育が始まろうとしていた。

第五章

もう見すぎた。幻はいたるところに現われた。
もう聞きすぎた。街の音を、昼も夜も、いつでも。
もう知りすぎた。人生の停滞だ。ああ、音も、幻も！
新しい愛と新しいざわめきの中に出発だ。

——アルチュール・ランボー『出発』より

ニューヨークに来て大学の混み合う登録口に並んだものの、すぐにいつもの必要性に迫られた。アルバイトを見つけて学費、家賃、食費そして母の収入を補わなければならない。母は私と同時にニューヨークに出てきており、B・アルトマン書店に定職を見つけ、マンハッタンの私のアパートからさほど遠くないアパートで暮らしていた。

選択肢をあれこれ考えても、一番現実的な仕事の道はデトロイトでしていた仕事を探すことだった。なんといっても、私はプロの俳優だった。組合にも属していたし（組合はAFTRAと名称を変えていたが）、履歴書にはデトロイトでの実績を載せていた。手始めには十分だ、と思った。

だが、甘かった。二、三日もせぬうちに思い知った——ニューヨークは俳優業をアルバイトではなく定職、天職、使命、執念とみなしている若い俳優で溢れかえっている。私は身震いして痛感した——私が置かれているのは熾烈な競争の場なのだと。

　当時のニューヨークは演劇探求活動の温床であった。ダスティン・ホフマンは『アクターズ・スタジオ・インタビュー』でこう語っている。「五〇年代、六〇年代の初め、ニューヨークは演技教育のメッカだった。巨星たちが教えていたからね。サンディ・マイズナー、ステラ・アドラー、ボビー・ルイス、リー・ストラスバーグ。芸を学ぶのに寺院に参拝するようなものだよ。マイズナーには師事できなくて残念だった。彼にはロバート・デュバルが習ったんだが、とても気に入ったみたいだよ。ぼくはステラ・アドラーにも習えなくて残念だった。彼女はシーンスタディの専門家でさ、イプセンやストリンドベリの分析が優れていた。ぼくたちは街中で出会っては演劇論さ。デュバルは『ストラスバーグなんかインチキだ、感覚記憶だ、なんだかんだ』』つまり、ダスティンはデュバルが自己陶酔型の〝メソッド俳優〟を真似るのを真似してみせた。うちの学生たちは本来がメソッドの神殿であるはずの講堂でメソッドがこきおろされるのを聞いて大喜びした。ダスティンはデュバルが自分の教師をからかうのを大真面目に真似てみせた。「『マイズナー、マイズナー、マイズナー！　即興！　即興！　即興！　そればっかりだった』。そうして、だれの教師がいちばんかで、ほとんど喧嘩になったよ」そういって、ダスティンは締めくくった。「そこには情熱があったんだよ」そう、たしかにあった。情熱はいたる所に、市内のどこにも、昼夜を問わず四六時中。

　一九九四年の『アクターズ・スタジオ・インタビュー』初回の教室で、学生の一人がポール・ニューマンに質問した。「われわれにどんなことを期待していますか?」ポールの答え。「きみたちが自分で選んだ芸を精一杯習熟しておきなさい。この劇場を一歩出たら、だれも状況をコントロール出来ないが、一つだけ教えておこう。ここの出身であるというのは他のどこよりも有利なんだよ。一つに、ここには演劇の文献に対するこだわりがある。自分自身の体と声を使わねばならないという強制がある。それ以上に、週に七日、一日十六時間どっぷり演劇に浸かっていなさいという強制がある。ニューヨークに出てきて売れようとしても、週二回の二時間の講習だけであとはコンビニのカフェでうろうろしていることになる。きみたちの手の届く可能性のなかで、ここ以上に恵まれたところはないだろう。だから、しっかり勉強して備えておきなさい」

ジャンピエロ・イウディィカというイタリア人学生が尋ねた。「キャラクターとか才能の話をしてくれましたが、ほかに何が必要なんでしょうか？」ポールの答え。「粘り強さというのが、きみたちが持てる唯一大事なものだと思うよ。演技であれ、演出であれ、劇作であれ、サラダドレッシングやスパゲッティ作りであれな。ぼくはたくさんの才能豊かな人たちを見てきたよ、直感が鋭くいろんな芸の手を必要に応じてすぐに引き出せるって人たちをね。しかも、彼らはそれで十分だと思ってる。十分じゃないんだよ！　それにさらに磨きをかけて最高の高みに作り上げて行くという烈々たる決意が加わらないかぎり、自分をごまかしてだめにしてしまう。必ず自分に返ってきて自分に害をなす。ものすごい才人たちが、才能を無駄使いし、肉体も才能も悪用して結局消えていってしまうのをどれだけ見てきたか。悲劇的だよ。ちなみに、そういう人たちに対していちばん腹を立てているのは他ならぬぼくなんだよ、だって、そういう才能がぼくにあったら、おいおい、ちょっとじゃ済まないぞってもんだからね」

ポールは謙虚だった。そして賢明だった。そしてダスティンのいうとおり情熱があった。そして、だれもがだれかの弟子だった。私以外は。

私は愚かにも拘束のない実験と自己点検のるつぼに迷いこみ、その縁に立って怖気づきながらも自分に言い聞かせていた。目標の法曹界に入りたいなら、自分を取り巻く闘いに対して武装しなくてはならない。つまり、こうした年季の入った剣士たちと戦うべくオーディションに出て行こう。

ポールとダスティンが語ってくれた状況が、私の直面したものだった。ブロードウェイの西、四十二丁目の北のほとんどどのビルにも、若い役者志望を募る教師が一人はいるように見えた。だれがだれやら迷う状況だったが、中でも数人が目立っていた。彼らは、ダスティンのリストにあった人たちで、数週間あれこれ迷った末に私が選んだ教師がステラ・アドラーだった。

ステラは一つの演技王朝の落とし子であった。二十世紀の初めの十年間にはマンハッタンのロワー・イーストサイドは東ヨーロッパの受けた偏見や虐殺の受け皿になっていた。溢れこぼれ出たこうした〝惨めな残りかす〟はアメリカの芸術、教育、商業を豊かにしたのである。

二番街はこのロワー・イーストサイドのブロードウェイであり、にぎやかに劇場が並び、リンカーン・ステファンズという記者はそこをアップタウンの英語中心の劇場より優れているとさえ言った。この劇場社会の貴族がアドラー一家だった。ステラはよく自分の家族を例に引いて演技のルールを説明した。クラスで俳優の一人が小道具が出ていなかったと言って演技を中断すると、ステラは激怒した。これは彼女がかなり頻繁にやり、ある種の冷静さをもってしたことだった。

「どうして止めたの？」

「小道具がなかったんです」

「だから？」学生は目を見開いて、当惑している。「使いなさいよ、それを！」ステラは大声で言い、席を立って歩いて来ると学生たちと向かい合う。これも見慣れた成り行きである。「私の妹のシーリアが二番街の劇場に出たとき、満員の客を前に（アドラー家の人々はいつでも満員の客に向かって演技していたそうだ）彼女は裏切った亭主を撃ち殺すはずだった。ピストルはキッチンの引き出しに入っているはずだった。妹はその引き出しを開けた。ピストルがない！」

ステラの声はおどろおどろしい囁き声になった。クラス中が催眠術にかかったようになっている。

「どうしたと思う？　そのシーンを演じるのを止めただろうか？」質問に答えは返ってこなかった。

「彼女はそのシチュエーションで普通の人がやるだろうことをやったの。ピストルを探し、キッチン中を荒らし、棚という棚、引き出しという引き出しを開けた。でもどこにもない！　ノーホェア！」

この〝ノーホェア！〟というのはステラの十八番だった。「小道具係がポカしたの」

彼女が殺戮の道具を探し回っている間、浮気亭主が何をしていたのかと尋ねる勇気のある弟子は一人もいなかった。

「彼女はシーンを止めただろうか？」と、ステラは答えを迫った。「観客に謝っただろうか？　舞台を出ていってしまったろうか？」あざけりが彼女の口にする言葉のすべてからこぼれ落ちた。「ノー！その場の状況は彼女が夫を殺すことを求めていた。どんな手を使ってでも。それがその芝居の求めていたことなの。それがそのキャラクターのしたかったことなの。それが……この……芝居の……唯一のリアリティだった」声をストンと低く落として言った。「彼女にあったのはその与えられた状況だけ。この男がいて――このキッチンで――彼は死ななければならない！　彼女はもう一度部屋のなかを見回した。何にもない……そのとき目に入った！　キッチンのテーブルの上に瓶詰めのイチゴジャム！　彼女は迷わなかった。テーブルに駆け寄り、ジャムを瓶の中からすくいだすと、それをその馬鹿野郎に向かって投げつけた。ステラはその命取りのジャムを生徒たちに向かって投げつけて金切り声をあげた――「死ね！」マクベス夫人や王女メディアの役を演じるときと同じような確信と赤裸々な真実をこめて。

しんと静まりかえった静寂のなかで、生徒たちの呼吸だけが聞こえた。というのも、みんな一斉に呼吸を止めてしまっていたからだ。ステラは落ち着きを取り戻して、話を進めた。「ジャムは彼の胸の真ん中に当たった――真っ赤なシミになって――そして彼は後ろに倒れ――死んだ」彼女がぐるりと私たちを見回した。「人はこのことに気がついたと思いますか？　満員の客席でジャムだと気にした人がいると思いますか？　いない！　どうしてか？　それは俳優がそう信じていたから。だから、観客も信じたんです」

そして、その後の私たちもそう信じたのである。

俳優訓練の最初の数カ月間で、彼女が駆使した演習は沈黙裡に行なわれた。言葉というものは、その用意が出来たときに自然についてくるものだ。まずは自分たちが即興で演技し、その後言葉を駆使できると彼女が判断したときにのみやっと、劇作家の言葉をゆだねてもらえるのである。だから、何カ月もの間、私たちは奴隷船の奴隷のように真剣な沈黙のなかで稽古を積んだ。

彼女の好きな演習のなかに「絵」を使って、その絵を勉強し、吸収して、その中に〝入る〟というものがあった。決められた絵のなかの人物をそれぞれ選び、その人の行動を見つけるというものだ。その瞬間、彼は何をやっているんだろう。どうしてそれをやっているんだろう？　それから実際にそれをやってみる。それがもし実体を持って実演されれば（つまり、本当にその内容を信じてやれば）そのキャラクターになりきり、絵を活写することになる。

簡単だ。だが、初心者にはびくびくするような難題だ。クラスの中の一人がマネの絵の中のキャラクターを割り振られた。たしかボートに乗っている男だった。オールによりかかり、とても深刻な、というよりやや恐ろしげな顔をしていた。

その俳優の番が来た。クラスの前の小さな舞台に陣取って、その演習を無言のまま苦虫を嚙み潰したようなしかめ面でやってみせ、時折周囲に威嚇的な視線を投げた。

「ストップ！」妨害は例によって、激昂を保証していた。俳優は想像上のボートのなかで固まってしまった。「いったい、あんたは何をやってるの？」ステラが答えを迫った。

「ボートの中の男をやってるんです……」

「それはどういう意味なの？」

「彼は荒々しい――だからぼくは荒々しいんです」

致命的な失言だ！　ステラはさっと立ち上がり、薄物の衣を翻すと（彼女は劇場を神聖なる場所と心得ていていつでも盛装していた）舞台に向かって歩いていき、〝ボート〟にうずくまっている男の上に立ちはだかった。

「荒々しくしているですって？　そんなことどうやったら出来るの？」

「それは……」彼は両手をどうしようもないという風に動かした。「誰も〝荒々しくしている〟なんて出来ませんよ！」ステラは声を張り上げた。「誰も〝荒々しくしている〟顔をしてみせた。〝荒々しくしているなんて出来ないの」そういってデルサルトが生きていたら拍手するだろう〝荒々しい〟顔をしてみせた。リアルなものの空っぽな真似事、リアルなことのおしるしを。そうして学生の上に屈みこみ、言った。「私たちは何かで〝ある〟ことは出来ない。何かを〝する〟の。それだけ！　何かをするの。何か特定のことを。何か信じていることを、何か持っていることを、何かそのキャラクターがしたがっていることを。そしたら、わたしたち観客は、あなたが荒々しいかどうかを決めるんです。わかった？」

　ステラのスタニスラフスキー・システムの解釈は驚くほどシンプルで、明晰で、強力で、包括的な概念を理解するのに要するだけの時間はかかった。だが、一度有機的に俳優の骨肉のうちで理解されると、並外れた才能人たちを産む結果につながった──ロバート・デ・ニーロ、ハーヴェイ・カイテル、マーロン・ブランド、メラニー・グリフィス、ベニチオ・デル・トロ。『アクターズ・スタジオ・インタビュー』で、デ・ニーロは語った。「ぼくはドラマティック・ワークショップで勉強した後半年ほど辞めて、また十八歳のときに戻ったんだが、そのときの先生がステラ・アドラーだった。彼女はとっても刺激的だったよ。彼女が極めて見事に成し遂げたことは〝演技の学校〟つまりスタニスラフスキーの〝役の創造〟だった。それはどの俳優にとっても非常に重要なことだと思う。それに気づかないでいられるわけがないんだよ」そう言って、間をとり、思い返して微笑んだ。「ちょっと大仰さや大見得切りがブレンドしてたけどね……」

「それもたっぷりとね」と、私が応じた。

「それでもちゃんとついていくと」とデ・ニーロが続けた。「彼女は素晴らしい教師だった。ぼくはずっと彼女に影響を受けたと言い続けてきたよ。たとえば『問題はあなたが本当にノイローゼなのか、ノイローゼを演じているかじゃない。肝心なのはそのキャラクターであり、テキストに忠実であることよ、ってたってね。台本分析、解析は実にいいクラスだった。その本体を見極めるって意味でね――写真から、その後台本から、そしてそれを分析するんだ。しかも、それを虚構化しないで、なんであれそこから受け取るものを受け取って自分なりの選択をするんだ、そこから選んだものを踏まえて台本に』ってね。

「ぼくが彼女に師事していたときもあることを言った」と私が思い出を口にした。『同じことをあなたにも言ったろうか。才能は――」

デ・ニーロがすかさずその続きを言った。「〝才能は選択にあり〟。そう、そうだった」

『アクターズ・スタジオ・インタビュー』でハーヴェイ・カイテルは回想した。「ステラは本当に変わってた。つまり、本当の芸術家だったって意味だけどね。一日中話を聞いていても一晩中見ていても飽きない。彼女こそ、ぼくにとっては〝芸術家〟を体現した存在だった。ものすごい威厳と知識と、智恵と演劇に対する尊敬を持ち合わせていた。それはすごいものだった。そして彼女は魔女だった」

私は訊いた。「俳優が自分の演技に満足だと言ったとき彼女が何と言ったか、聞いてませんか？」

ハーヴェイは笑い出した。「その話はぼくの大好きなやつでさ、彼女は言ったんだよ、『あなたねえ、牛だけよ、満足してるのは』ってね」

「現在まであなたが使っている芸を、彼女から教えてもらったと思いますか？」

「彼女は大変な芸の巧者でね。芸に関しては天才だった。シーン分析は卓越したクラスだったし、彼女のキャラクター創造も素晴らしかった。この二つの分野が文句なく素晴らしかった」

ステラの産んだ傑作がマーロン・ブランドであることはよく知られている。それが数ある理由の一つで、私は一九九四年に『アクターズ・スタジオ・インタビュー』が始まって以来、何度となくマーロンに宛てて出演依頼の手紙を書き、番組の主な顔となってもらいたいとしつこく誘ってきた。ちなみに、私は番組のゲスト候補に年に二回、八月と十二月、つまり新学期の始まる前に招待状を出すのだが、マーロンからはウンともスンとも返事がなかった。私は粘った。

やがて、ついに、曖昧なものながら反応があった。ある朝、大学の留守電に聞き覚えのある声が入っていた。「ジム・リプトン？　マーロン・ブランドだ」そして長い間。「ああ、そっちニューヨークは八時か、じゃ、家に帰っちゃったな」また長い間。「あんた、いつも署名が立派だな、ハハハ。そいじゃ」

「どうしましょう？」と私の秘書が言った。

「別に」

「でも、これ……」彼女は電話に向かって震える手を振りながら言った。「マーロン・ブランドですよ！」

「彼の電話番号は控えてあるかい？」

「ありませんよ、当然」

「じゃあ、かかってくるのを待とう」

だが、長くは待たずにすんだ。二週間後、大学にいくと、秘書が今や遅しといった風に私を待っていた。頬が赤い。「電話でお待ちですが、十五分も待っておいでです」

「かけなおしてくれと、どうして言わなかった？」

「だって、待つとおっしゃるんですもの」

「だれだ？」事務室に入りながら尋ねた。

「マーロン・ブランドです」とかすれた声が背後の控え室から追ってきた。

私は受話器を取り上げた。「ハーイ、マーロン」

「『アクターズ・スタジオ・インタビュー』には出ないよ」

「じゃあ、どうして電話してきたんですか？」

「きみの手紙に〝電話してくれ〟とあったからさ」

「手紙には〝出演するなら電話してくれ〟とあったでしょう。出ないというなら、どうして電話してきたんですか？」

彼は最初の宣言に戻って言った。「ストラスバーグとスタジオは昔から俺の功績を自分の手柄にしてきた。あいつらは関係ない。ステラこそが俺の先生だ」

「ステラはぼくの先生ですよ。だから、ぜひ番組に出てきて彼女の話をしましょうよ」

「どうして俺なんかに出てほしいんだ？　番組にさらに箔をつけるためかい？」

「最初の年はね。いや、二年目くらいまでは箔が欲しかったかもしれない。でも、もう大勢の大スターたちに出てもらっているのでね。気を悪くしないでいただきたいが、あなた抜きでもちゃんとやってるんですよ」

長い間。私はじっと待った。「じゃあ、どうして番組に俺を出したいんだ？」

「ウソと真実と、どっちを聞きたいですか？」

「真実」

「あなたが私の見てきた中でもいちばんの俳優だからです」

さらに長い間。そして「そいつは褒め過ぎだな」

「褒め過ぎじゃない。真実を聞きたいと言ったでしょう。真実は嬉しがらせるものでも、嬉しがらせないものでもない。嬉しがらせるものでないのは、あなたが今番組には出ないと言ったから私には得はないからだし、嬉しがらせるものであるのは、それが単純に事実であるからです」

彼は黙っていた。明らかに待っていた。だから続けた。「ぼくは『欲望という名の電車』や『トラックライン・カフェ』や『キャンディード』の演技をとやかく言わない。ぼくはあなたの『ママの想い出』を見たんですから」

『欲望という名の電車』は残念ながら最後の舞台作品になり、『ママの想い出』は彼のデビュー作だった。その中で、彼はノルウェー系アメリカ人家庭の子供の一人を演じていた。私はニューヨークに出てきたばかりのおのぼりさんで、いちばん安い二階席から貪るように芝居を観ていた。当時、『ママの想い出』はブロードウェイのヒットとして絶賛されていた。

「その舞台上にニルス役で出ていた俳優がいた――」と私はマーロンに言った。「その彼には本当にハラハラした。まるでセリフを覚えてないで出てきたかと思った」

マーロンが喉で笑った。

「休憩になって明かりがついたとたん、プログラムの経歴紹介を見たんですがね。大勢の客が同じことをしていた。そしてぼくは思った――〝これで納得した〟って。あなたが経歴に何と書いたか覚えてますか？　ブランドはインドのカルカッタ生まれだって」

マーロンはそうだったといわんばかりに高笑いした。

「それで第二幕からは楽になった。かわいそうに、その若手はアメリカ訛りと格闘していたんだ。そう思って観ていたが、ほかの何かが進行中だった。それが何かは分からなかったが、第三幕の終わりには自分は今まで見たこともないものを観ていることが分かった。ドアが開きかかっていた。それがどこに続くものか分からなかったが、そこを辿って行こうと思ったのは確かだった。大勢の俳優たちもそう思ったと思う。あなたは演技を変えてしまった。みんなにとって、永久に」

長い長い沈黙。そして無言の中から声がした。「アメリカン・インディアンのこと何か知ってるかい？」

「きみのオスカーを代わりに受け取ったサシーン・リトルヘッドが語ってくれた程度にはね。その話を番組でしましょうよ」

だが、マーロンはその場で、電話で、私とその話をしたそうだった。そしてさまざまな話題がとりとめなく続いた。一箇所ではスペイン語で長い長い解説のような話が続いたので、口を挟める所で言った。

「マーロン、ぼくはスペイン語は分からない」

「いや、うちのメイドに話していたんだ」

そしてついに、四十五分、その間番組出演の話は話題に上らぬまま、私は正直に言った。「会議に出なければならないんだが」

「ああ、分かった」そう言って、彼は消えてしまった。『アクターズ・スタジオ・インタビュー』の視聴者ならご存知と思うが、彼はついに番組に出てはこなかった。残念に思う。ステラが彼に何を教えたかを、私は分かっているから、出てくれたら、二人でステラとステラの芸を、そして彼の芸を讃えるクラスをやれたのに。そして、もう二、三新たなドアを開けることが出来たろうに。そもそも、〝演技する〟という意味の〝アクト〟はラテン語の〝アクタス〟という何かをするという語源からきているし、〝アクタム〟は〝なされたこと〟というのが語源である。両方とも〝アゲレ〟という過去分詞から派生しているが、これは単純に〝すること〟という意味である。俳優は、ステラいわく、〝する人〟なのである。

「シーン分析」では、ステラは各アクションを〝ビート〟に細分化した。一つのビートが芝居の進行上ある程度進むと、明らかに新たなビートだと思われる箇所に来る。それらのビートがつながって、加算されてさらに大きなアクションになる。そしてすべてのキャラクターたちのアクション（あるいは目的）はしっかりと結び合ってそのキャラクターの〝超目的〟になる。それは幕開きから幕が下りるまで、明かりが入ってから、暗転までの間、俳優の演技を支配する〝行ないうる〟アクションである。

キャラクターの感情は、腕のある劇作家が通り道にしかけた障害物をまえにどう行動するかを追求すれば、自然に、強烈に、強いられることなく流れ出るものだと、ステラは言う（前掲のマーク・ライデルの実演を思い出してほしい。クロゼットに閉じ込められた俳優のアクションは〝抜け出す〟ことだった）。

一方、リー・ストラスバーグは生涯、〝感情としての感情〟の追求に縛られたままだった。そして、スタニスラフスキーの初期のレッスンである〝感覚記憶〟をたくみに使ってアメリカでも最高の俳優たちを輩出してきた。ステラもこの〝感覚記憶〟を教えたが、彼女はこれをあくまでも真実なるものの繋がりを作り上げるために使い、わずかでもウソが混じって真実が壊れてしまうのを徹底的に嫌った。

だから、彼女の〝感覚記憶〟演習では、生徒たちは目のまえにはない貴重な美術品を清めて磨いた。生徒たちは触覚を通して〝思い出し〟たのだ。うそっぽくやろうものならその瞬間、彼女のカミナリが落ちる。「はい、おめでとう！　今割ってしまったわね」そうやってその演習を何度も何度もやらせ、ついには見えないはずの美術品がクラス中に見えて、信じられるようになるまでやった。小さな真実が積み重なって大きな真実になるという彼女のこだわりだった。

ステラに師事した一年目には、この受講が俳優の仕事のチャンスを有利にするためだと信じて疑わなかったし、その仕事も法律の資格を取るためだけに存在しているのだと思っていた。

しかし、この魔女の支配の下、彼女の率いるクラスの世界にどんどんはまっていくうちに、不法行使、民事訴訟、動産に独占禁止、さらには予想される華々しい憲法問題や訴訟問題の興奮などが遠くに霞み始めた——父親のような人生を送る危険、どこか芸術の領域のなかで送る人生は避けたかったのに、そうだ、もうそんな生活になっている。

父からの負の遺産と看做していたものとの長い戦いは、休戦でも和議でもない形で終わった。それはただ見当はずれのものと感じられたのである——ある日、派手なファンファーレも前触れもなく、ただ紛うことなき事実に気がついた——だれに頼まれたわけでもなく、演習に演習を重ね、発見に発見を重ねていくうちに、余技は天職になったということを。当時、この新しい方向で何が出来るか見当もつかなかったし、ましてや大望を抱いていたわけでもなかった。分かっていたことは、自分はもうこの二十四時間熱中して送っている人生がまったく別物の、よりふさわしいものへの腰掛けだというフィクションを維持出来なくなったということだ。

よかれあしかれ、これが自分の進むべき道なのだと決めた瞬間から、私の訓練は他の立派な職のためのパートタイムではなく、その道まっしぐらのフルタイムのものになった。その後十年間のほとんど毎日を最もとらえどころがない、猛烈で、魅力的な〝技芸〟という名の採石場に捧げて送った。

ステラの薫陶のおかげで、私はテレビの仕事についた。CBSの番組『ユー・アー・ゼア』ではシドニー・ルメット演出により〝ダビデ〟像を彫るミケランジェロに扮したし、舞台ではオフブロードウェイの『ダーク・レジェンド』（ハムレットを現代の若い男に置き換えて心理分析を施したフレデリック・ワーサム原作の舞台作品）で、ハムレットに扮した。ブロードウェイではリリアン・ヘルマンの『秋の園』出演した。映画ではアメリカで、『ビッグ・ブレーク』、ヨーロッパでは『火の車輪』に出演した。連ドラ出演では主に『ザ・ガイディング・ライト』だったが、これが俳優修行の学費と夜の劇場出演の経費をまかなってくれた。

二年間のステラのコースを終えると、彼女にもう半年残ってクラスの助手となり、彼女が演出しようとしていた『ジョニー・ジョンソン』という芝居を助けるように頼まれた。このクルト・ワイルのミュージカル作品は一九三六年にグループ・シアターによってハロルド・クラーマン演出、のちにはリー・ストラスバーグによって舞台化されたのだが、うまくいかなかった。ステラの目的はこの作品を彼らに〝これが正しい舞台化なのだ〟と証明してみせることにあった。彼女の演出の助手を務めるかわりに、あと半年のクラス受講と、その芝居の好きな役に就くことが認められた。この猶予期間が明けると、ステラも私ももう言い逃れの種が尽きた――基礎訓練期間は終了だった。次を探している私にとって、それは偶然にも、地域の俳優たちみんなを興奮させる知らせとなって届いた。グループ・シアターに端を発したキャリアのなかで初めて、ハロルド・クラーマンが個人レッスンのクラスを始めるというのだ。とたんに、受講券は街でいちばんの売れるチケットとなり、ワークショップへの参加資格はオーディシヨンに通るか、ハロルド個人の招待によるかのいずれかであった。ハロルドの許には申し込みが殺到した。私は彼の『秋の園』に出演していたので、招かれて参加することが出来た。

ワークショップは週に二度、劇場に出演している多くの学生のために夜の十一時半から翌朝一時半間で開かれた。当時はまだテレビがニューヨークを棄ててより広くて経済的、かつ映画産業にも近いロサンゼルスに移るまえだったので、相当数の俳優たちがクラーマンのワークショップに集まった。

エリア・カザンはその自伝のなかで、クラーマンの〝スタニスラフスキー・システム〟応用術についてこう述べている。

「ハロルドから、演出家の最初の仕事は、俳優たちに自分の役をぜひともやりたいと燃えさせることだと学んだ。彼は俳優に語りかける独特な話術を持っていた——私には出来ないし、それが出来る他の演出家も知らない。彼は知性と、戯曲分析と洞察力で学生たちを動かしたが、もう一つ、その威勢のよさ、気迫によっても動かした。ハロルドの仕事は愉しかった。立場の権威をかざして俳優をいじめたりせず、舞台作りの苦闘のなかで重荷になることなく、俳優たちのパートナーとなった。俳優それぞれにまずその役柄の演技のコンセプトを話してきかせる。自分では予想できなかった、あるいは自分だけでは摑めなかったコンセプトを。ハロルドの抱くビジョンは抜群に明快だったから、俳優たちはなんとかそれを体現しようと躍起になった。彼のビジョンはその役柄のジレンマ、失敗や望みなどに対して心からの共感に満ちていた」

四年間にわたって、私はその嵐のような啓発に与った運のよい一人であった。ステラ・アドラーは私が師事したなかで最高の技芸者だった。そしてハロルド・クラーマンは、私が知るかぎり最も人を鼓舞する教師だった。クラスの終わりには決まって、生徒たちは興奮のあまり帰宅するのを嫌がった。午前一時半だというのに、睡眠などは問題外だった。もっとやりたい、もっとやりたいと迫って、分析するシーンも尽きると、生徒たちは話をしてほしいとねだるのだった。ハロルド・クラーマンは非常に話がうまく、快く話をしてくれるからだった。

ハロルドは必ず私たちにシーンを割り振った。私には古典物や様式のある作品に挑戦するように仕向けてくれることが多かったが、やがて、私もしくは仲間が演じるシーンを演出するように言った。そうすることで、私は俳優と演出家両方の勉強を彼に教えてもらえることになった。

二人の演者があるシーンを持ち込んだものの、クラス中がそのシーンの意味わからず、ついに学生の一人が演者たちは英語をしゃべっているのかと質問した。すると、ハロルドはこのシーンの作者はだれか分かるかと尋ねた。劇作家が明晰と論理の巨匠であるジョージ・バーナード・ショウであると知って、クラス中が仰天した。

そのシーンは彼の『アップル・カート』からの幕間狂言だったが、それを課題にしたのは、その難解さの故だと彼は言った。「上演舞台では、たいていこの幕間狂言が省かれている」とハロルドは言った。「でも、そのシーンを見たいから、ジム、きみとニーナで演出して、クラスで発表してみなさい」

ニーナというのはニーナ・フォックスというそのワークショップのスター的存在の女性で、当時私たちは結婚したばかりだった。だからハロルドは私たち二人がマグナス王とその愛人オリンシアの役作りに何か個人的で面白いものを出してくるだろうと思ったのかもしれない。

私たちは二つの課題をクリアーして見せなければならなかった。まず〝スキャンダラス〟とショウが呼んだシーンをそのとおりに作り、かつ彼の常套である二人のキャラクターに託した衝突する思想を表現しなければならない。その結果をワークショップで発表したとき、ハロルドも学生たちも等しく満足してくれ、クラス中が笑い声に包まれた。初めにちんぷんかんぷんだと思われていたものが、クラス中に理解されたのだ。

これを私の才能の証左だとする気はない。だが、ハロルドとステラが私たちに何を駆使して目的を攻略するかという教えの青写真ではあると思っている。

ハロルドはワークショップを四年間主宰した。それが終了したとき、私はまたしても途方にくれた。明らかに、私は生涯学生になっており、それで納得していた。というより、厳密にはそれで満足だった。そこでまた、私はグループ・シアターの元メンバー、ロバート・ルイスに救われた。ロバートは国際的に、敬愛をこめて〝ボブ〟〝ボビー〟と呼ばれていた。

ボビーは小柄で、小太りで、ボウリングのボールのようにテカテカ光った丸い頭をしていた。いつ見ても小悪魔的な笑みを浮かべていた。自分の性向を懸命に隠す時代にあって、ゲイであることをおおっぴらにしていた。露悪的にではなく、だが、きっぱりと表明していた。

そんな性的な傾向が彼の演劇的感性を左右したのであろう。グループ・シアターの仲間たちが『レフティを待ちながら』や『目覚めて歌え』などのプロレタリア演劇に向かっているときに、ボビーの心は〝高原〟にあった。文字通りの意味である。彼のブロードウェイ演出デビューは、ウィリアム・サローヤンの抒情的な『わが心高原に』だった。その後、スタイリッシュな作品を次々に演出してキャリアを確たるものにした――『ブリガドーン』『ハッピー・タイム』、トルーマン・カポーティの『グラスハープ　草の竪琴』『八月十五夜の茶屋』『検察側の証人』。

ボビーの著書『メソッドか狂気か』というタイトルは、彼の技芸へのアプローチを要約している。それは小麦から籾殻を、フィクションからファクツを、世間に膾炙されたスタニスラフスキー・システムの誤謬を率直な応用法から分離させる終わりなき努力である。

システムの大原則面で、ボビーはステラに強く肩入れし、自書で書いている。「メソッドの要諦は舞台上で〝現実の人生〟を再現することではない。それを誰も望まないだろう。スタニスラフスキー自身言ったではないか、〝本物の〟事実と純正の現実など舞台上には存在しないのだ！　と。現実は芸術ではない。この最後のものは、その本質からして芸術的な創意工夫が必要なのだ」と。

学生たちに自分たちのやりたいシーンを選ばせると、手加減を加えたものになると信じていたボビーは、ハロルド同様、学生たちの長所、弱点を考慮したシーンを選んで課題として与えた。私にはハロルドの時と同じように何かと古典や様式の勝った作品を与えられることが多かった。ある晩、ボビーが目の前のリストを調べながら言った。「ジム・リプトンは『ハムレット』の寝室シーン」途端にクラス中がざわめき、私の心臓がきゅっとしめつけられた。

失敗の見込みに対して保険をかけようと、母である王妃ガートルード役をミルドレッド・ダノックに頼んだ。当時すでに『セールスマンの死』でウィリー・ローマンの妻を演じ「彼に尊敬を払ってください！」の名セリフを叫んでブロードウェイ劇壇のトップに登りつめ、舞台でも映画でも数々の名誉に彩られていた女優だ。そんな名女優が、ボビーのクラスにせっせと真面目に通う学生だったという事実が、ニューヨークのこの輝かしい一時期を象徴している。しかも、相手はウィリー・ローマン役もやった名優リー・J・コッブとは天と地ほども差がある若手俳優なのだ。

稽古に稽古を重ねたが、ガートルードが「おお、ハムレット、そなたは私の心を真っ二つにしてしまった」と叫び、ハムレットが「おお、ならばその心の醜い方をお棄てなさい。そしてもう片方の清らかな心で生きてください」と答えるくだりに来たとき、私はガートルードの父に対する裏切り、そして息子である私に対する裏切りに胸がいっぱいになり、わっと泣きだしてしまった。何とか泣きやめようとするのだが、焦れば焦るほど激しく泣いた。涙の奔流を止められず目も見えず、私はひざまずいて成すすべなく五分ほど泣いていた。

ようやく、呼吸が落ち着き視界もはっきりしてきたので見上げると、ミルドレッドは置き去りにされた箇所で停まったまま、部屋の中央に無言、無表情で立ち尽くしている。そして、呼吸おいて、事務的に言った。「はい！　やっと毒が体から抜けたみたいね。シーンをやりましょうか？」

やがてクラスでこの演習結果を発表したとき、涙は消え、代わりにもっと興味深い、キャラクターを解き明かす行動を演じてみせることが出来た。ボビー・ルイスの有名な言葉ではないが、「もし泣くことが演技なら、ぼくのリブカ叔母さんはエレオノーラ・ドゥーゼになっている」

二年間のワークショップの終わり頃、ある晩遅く、ボビーは舞台に坐り学生一同を悲しげに見渡した。

「どうしたんですか?」と学生の一人が尋ねた。

「おまえたちが今後経験するだろうことを考えたらなあ」

「はい、オーディションに挫折に順番待ちに……」

「もっとわるい」とボビー。「難題はだ……演技がものすごくいいとき――さっきのみたいに」と、今しがた見事にシーンを演じた俳優たちを指さし「演技はただの歩行や会話にしか見えないんだ。だからだれもが」と、募ってきた苛立ちに押されて立ち上がった――「この地球上どんな並みで平凡なやつでも歩くし、話す。おまえたちが巧ければ巧いほど、楽々とやっているように見える。だから、一生、そこいらの若造に寄ってこられて、〝あんたの何々って芝居見たよ、あれは俺のことだ! 俺だってあれやれたな、パチン!〟(と、彼は指を鳴らした)なんてことを言われることになる。そうしたらどうする? 絞め殺せ!」

クラス中を見渡し全員の視線を釘付けにして「やれ」と淡々と言い放った。「そいつらの首を絞めてやれ」そしてその夜は舞台から去っていった。

一九三〇年代が、ハロルドの適切な言葉どおり〝熱気に満ちた〟時代であったとしたら、五〇年代、六〇年代のニューヨークは、われわれに言わせるなら〝豊穣な時代〟であった。本書はあと二人、スタニスラフスキー・システムの巨匠に言及しないでは完全とはいえない。幸いなことに、『アクターズ・スタジオ・インタビュー』は、彼らの計り知れない遺産の保存に貢献してきた。

番組の四番目のゲストだったシドニー・ルメットは、アクターズ・スタジオの初期メンバーであり、映画『セルピコ』『狼たちの午後』『ネットワーク』の監督だったが、彼が学生たちにマイズナーとのトレーニングについて語ってくれた。「サンディ・マイズナーはぼくが出会った中で最高の演技教師だった。ぼくは大勢の教師に師事したが、サンディほどの人はいなかった。彼の説明はシンプルだったよ。演技とは行なうこと——だから、気分とか感情とは関係ない。つまり、俳優は結果をやって見せるんじゃないってことさ。能動的な動詞のなかでやるんだから、ちゃんと正しい行動を選びさえすれば、自身のなかにある感情は刺激されて自然に観客に伝わっていくんだ。それは必ずうまくいくとぼくが固く信じているテクニックだ」

シドニー・ポラックは、『大いなる勇者』『追憶』『トッツィー』『愛と哀しみの果て』の監督であり、アクターズ・スタジオ・ウェストの共同芸術監督であるが、マイズナーに師事しかつ一緒に教えた。

「ぼくの人生のある時期にあんな男に出会ったことは、洪水に押し流されるようなすごい体験だった。あんなにどんな芸術形態に関しても簡潔で鋭くて明晰な見解を示せる人物に出会ったことがない。きみたち、こういう体験ないかな、だれかが何か言ったのを聞いて、自分もそう考えていたと思うが、自分では絶対にそれに気づいていなかったってやつ。だから立ち上がって思わず言いたくなるんだよ。〝そうそう、そう、そのとおり〟って。彼のクラスを終了したとき、ぼくは彼の助手として戻ってきて、五、六年教えた。それが結果的に監督することにつながった」

彼にマイズナーの有名な〝反復練習〟について訊いてみた。

「彼は二人の俳優の間になければいけない繋がりの感覚、相手の俳優にどれほど依存しているかについて、実に強固な持論を持っていた。でも、それが有機的に働くようになるまでには長い時間がかかるんだ。それを具体的にやる方法として、彼は相手のすることなすことを逐一真似るという演習をやらせた。自分の集中力は、とにかく相手のことだけに行くって訓練。すべきことは目にしたことを文字通り繰り返してみせる。ものすごく単純なことだが、とってもためになった演習だった。ぼくが〝ワン〟といえば、きみも〝ワン〟、ぼくが〝ツー〟といえばきみも〝ツー〟。片目をつぶれば、きみも片目をつぶる。何でもないことだ。でも、それを互いに坐って一時間やってごらん、結果起きることはかなり滅茶苦茶なことになるよ。私の表情に気づいたシドニーはこうしめくくった。「やだよ、やって見せないよ！」

『探偵物語』でアカデミー賞に輝いたリー・グラントはスタジオの共同芸術監督であり、アクターズ・スタジオ・ドラマ・スクールの創始者の一人だが、うちの学生たちに向かってこう言った。「サンディ・マイズナーの偉大な点は、非常に厳しく、たくましく、正直、明晰で、生徒たちを自分たちの巣から叩き出したって点よ。けっして自分を甘やかせておいてくれない。彼に与えられたレッスンは、私には救命具みたいなものだった。いちばん大事なことは、戯曲を小さく分けてみるということ。これでその戯曲がミステリアスなものではなくなった。だって、演技をするってことはものすごくミステリアスなことでしょう。でも、行くべき場所を与えられ、それに救命具を添えてもらえたら、それを頼りにそのミステリの中を進んでいける。目的があり、行動がある。そして感情はその中から生まれてくる。働きかけなきゃならないのは自分の感情じゃないの、何を〝欲しているか〟に働きかけるの。市場に出かけるとき、欲しいものを探すわねえ、それを何らかの方法で見つけようとするでしょう。演技も同じことよ。何かが欲しい。それがどの程度強く欲しいかが、あなたの演技を演劇的で面白く、刺激的にしてくれるの」

アラン・アルダは全ゲストのなかでも最も端的に芸に対する攻略法を総括した。「何かを手に入れようと思っていないなら舞台に出てくるべきじゃないよ——何かを〝欲しい〟と思ってなきゃ。舞台袖にサインをぶらさげとけば？　〝おまえは何が欲しいんだ？〟って」

彼はまた長年にわたって繰り返し話題に上ってくるテーマに対しても強く明確な意見を持っていた。相手の言葉を〝聴く〟ということに対する一般人の考え方と、俳優たちのそれとの本質的違いについてだった。「だれだって聴くことが大事だって分かってる。でも、ぼくにとっては、〝聴く〟ことはそれで他人により自分が変われるってことを意味しているんだ。聴いているのは、単に自分の次のきっかけを待ってるんじゃない——〝いつ終わるんだ？　そしたらぼくがセリフを言える〟ではない。その待ってる間は、彼らに入ってくることを許す、自分のなかに入らせる、自分に何らかの効果を及ぼすことを許すことなんだ。そうしたらもうきみは〝演技〟しなくてすむんだ！　ちゃんと聴いて、相手に自分を怒らせる。聴いて、相手に恋心を抱かせる。それって素晴らしいことだよ」

イーライ・ウォラック、アン・ジャクソン夫妻はアクターズ・スタジオ出身の理想的メンバーであるが、マイズナーに師事した。イーライいわく、「ぼくは修士号をとり、その後アンと同じようにネイバーフッド・プレイハウスの奨学金を取ったんだよ。オーディションに行って、酔っ払いの演技をやった。そしたらマイズナーが『さあて！　二十年はかかるなあ』って言うんだ。ぼくは思ったね、〝こいつ、俺が誰か知らないのか、俺はちょっと前にテキサスから出てきたが、そこで『リリオム』の主役を演じてきたんだぞ！〟って」それからイーライはため息をついた。「たしかに二十年かかったよ」

アンは言った。「サンディのクラスで学んだことは、演技のセンスは見せびらかすことじゃない、格好をつけて見せることじゃないってこと。〝行動〟するの。何かを〝やるの〟部屋の中にあるものを取りに入ってくる。それを手に取る、部屋を出て行く。あるいは手に入らないで、追い出される。いずれにせよ、何かをしに入ってきて、それが終われば出て行く。ぐずぐずしちゃいけない」

ジョアン・ウッドワードはこう言った。「二年間はサンディ・マイズナーにひっぱたかれ、引き裂かれ、演技をどうやるかを教えられた」

「何を教えられたんですか？」

「恐れ。一生演技をしてきたけれど、分かっていることは、前にも演技したんだってことだけよ、どんな演技にせよ。それって強烈なトラウマなの。私はけっしてサンディがいう意味での成功者じゃないけれど、何年も何年もかかってやっと分かったの、彼からいちばん学んだことは、俳優になるには二十年かかるってこと」

「彼はその言葉で有名ですね」

ジョアンはうなずいた。「彼は言うの、『ヴァイオリンを弾くようなものだ。何も考えずに指を弦に置けるようになるまで二十年はかかるだろう』って。その意味がよくわかるわ、だって『レーチェル・レーチェル』を演じられるまでそのくらいかかったんだもの。ある日、あるシーンをやっていたとき、ふっと気づいた。〝わたしは考えてやっていなかった、プランしてやっていなかった、何もやっていなかった〟って。ひたすらそのシーンに没入《イン・ザ・モーメント》していただけ。そうしたらそうあって欲しいと思っていたとおりになっていた」

ジョアンは夫のポール・ニューマンが監督したこの『レーチェル　レーチェル』でアカデミー賞を受賞した。四度の受賞のうちの一つだが、このときはイヴ・ホワイト、イヴ・ブラック、ジェーンという多重人格に苦しむ女性の三人格を見事に演じきった。

『アクターズ・スタジオ・インタビュー』をご覧になっている方なら、番組終わりのクレジットに制作は〈イン・ザ・モーメント・プロダクション〉と出てくるのにお気づきだろう。このシリーズを開始したとき、私は著作権と収益を永久にスタジオのものになるように計らった。イン・ザ・モーメント・プロダクションはその権威の一手段であり、それによって一九九四年という財政困難な年にスタジオのドアを開放するという決定が、その努力に参画した人たちの死後も健全に存続することを保証するものだった。

〝イン・ザ・モーメント〟というのは芸術用語で、マイズナーがしきりに使ったが、これは芝居もしくは映画のなかのある瞬間、ある与えられた情況に完全に没入する、全面的に生きる、それも楽々と、気を散らさずに生きることを意味している。

私は長い、さすらいの演劇修行の森の中で、マイズナーに師事することはなかった。だが、演技の核心的要素の一つに関する彼の定義は、他の追随を許さないと思う。私が早い時期から学び、今も信じていることがある——俳優、劇作家、脚本家、監督みんなが個人的にも集合的にも、一生〝葛藤〟ビジネスに従事しているのである。喜劇であれ、悲劇であれ、ドラマ作品は衝突の検証であり葛藤の解決である。軽妙なものもあれば、悲痛なものもあろう。一シーンのときもあれば、セリフの短いやりとりだけであることもある。でも、あらゆるドラマ的試みを動かすのはそのエンジンなのである。

こんな話も聞いた。演出家たちを前にしたクラスで、マイズナーは葛藤を定義しなさいと言った。すると、たいていの学生が自信たっぷりに紀元前三五〇年のアリストテレスの『詩学』を引き合いに出し、全員意見が一致した。——〝葛藤〟とは二つの対立する行動であり、それぞれが他方の行動の遂行にとっての障害である。その両者の衝突が葛藤である——。

私の聞いたところでは、マイズナーはクラス中の意見がまとまるまで辛抱強く話を聞いたうえでこう言ったという。「けっこう。一点を除いてはね。きみたちは鍵となる成分を忘れたね」演出家たちはお互いに顔を見合わせた。だが、誰一人答えられなかった。「みんな忘れている」とマイズナーはため息をついた。「ちゃんと喩えを引いて説明するから、忘れないでもらいたい。ここに兄弟がいる。一人はイタリアのフィレンツェで十五世紀の絵画に一生を捧げたい。もう一人はメジャーリーグで二塁手になりたい。しかし、二人はシャム双生児だ」

この喩え話には私同様演出家たちはびっくりしたにちがいない。

「きみたちは〝接着剤〟を忘れている」とマイズナーは言った。「どんなへぼ作家でも二つの衝突する行動を作り出して舞台に乗せられる。文学はそれで溢れている。だが、二人のキャラクターたちに互いと向き合わせるようにするのは何だ？　二人のうちの一人に〝こんなのいらない、自分はもう抜ける〟と部屋から、つまりは芝居から出て行ってしまうのを防ぐのは何だ？　それが〝接着剤〟だよ」マイズナーが言い放った。「作家がそうせよというからそのシーンに留まって戦うんじゃない。芝居がたくみに構成されているせいでそうせざるを得ないからだ。それが〝接着剤〟だ！　きみが作家なら、そう書きなさい。きみが演出家なら、そう演出しなさい。俳優なら、そう演じなさい。ゆめそれを忘れてはならない！」

この識見一つだけとってみても、あと二年追加してマイズナーの学舎で修業を積まなかったのが悔やまれる。

このプロの演劇学の黄金時代を闊歩した巨人たちへの評価は、むろん、三十三年間にわたってコースを教えた偉大な主宰者率いるアクターズ・スタジオそのものに触れないでは完全とはいえない。私自身は彼と直に接触したことがないので、いま一度、その情報の源泉に戻ってお伝えしよう。いうまでもなく、リー・ストラスバーグの名前は『アクターズ・スタジオ・インタビュー』で度々出てきた。

その六番目のゲスト、サリー・フィールドは彼との豊かな思い出話で私たちをおおいに沸かせてくれた。「『いたずら天使』で共演した素晴らしい女優マデリン・シャーウッドがアクターズ・スタジオの主なメンバーだったの。ある日、彼女が『一度、一緒に来てみて』って言うから、『いいわよ』ってついていった。場所はロサンゼルス。リー・ストラスバーグは当時、アクターズ・スタジオ・ウェストに年に六カ月は教えに来ていた」

「当時だれが通っていましたか？」

「ジャック・ニコルソンは常連。エレン・バースティン、シェリー・ウィンタース、ブルース・ダーンもね。間もなくわたしも参加してシーンを演じるようになった。課題はサルトルの『恭しき娼婦』だった。ねえ、想像してみて、昼間『いたずら天使』をやって夜は『恭しき娼婦』なのよ。どういう話なのかさっぱり分かってなかったし」

「男たちが事後にお金をくれるのをどう思ってやってました？」

「あら、そっちの面は理解してたわよ。ただサルトルのセリフが分からなかったの。芝居のテーマもどう攻略したらいいのかも。でも、稽古して稽古して稽古して、そのシーンに備えてね。子供たちを前においてやったわ、十分の時間内のはずで。でもリーはなんと四十五分もやらせた！　そしてわたしに向かって言った。『きみはじつに素晴らしい』。だから、もうちょっとで言いかけたわ、『ええっ！　もう一回それ言ってって！』って。それから彼、今日のわたしになることを許してくれたんだわ」

「でも、スタジオに通うのを止めたんですよね？」

「そうなの。ある日、もう一人の女優と一幕物をやったんだけど、生意気な気分でいたのを覚えているわ。今でこそ、そういう気分でいるときって危ないんだってわかる。彼はわたしに向かって言った……」そう言って話やめ、私の顔を不安げに見つめた。「これってテレビよね。現実にしゃべっているとおりの言葉をしゃべってもいいの？」

「はい」

「本当に？」

「はい」と私が言った途端、炎を噴出させてしまった。

「彼がわたしは何を頭に描いてやっているのかと訊いたから『自分の父を使ってやりました』って言ったら彼が言った。『いつになったら、そのクソみたいなのを止めるんだ？』。だから言った。『ええ、何？』『いつになったら、そのクソみたいなのを止めるんだ⁉』」サリーは当時と同じように舞台上でぶるぶると震えた。「リーはけっしてあんな風には怒鳴らない。絶対、絶対に。でも、彼は立ち上がり、私に向かってわめきだした。『そんなクソ芝居にゃうんざりだ！』。まず、恥をかいたと思った。だって、私は本当に生意気だったから。彼は顔中を真っ赤にしてわめき散らした。だから、わたしは泣きだした。でもすぐに思った。〝わたしは泣きたくない。わたしは怒っているんだ！〟って。だから言った。『どうして分かるの？　どうしてさっきのがクソみたいだなんて分かるの？　あんたにどうしてクソみたいに下らないってわかるの？』。彼は言った。『信じないね、おまえさんがおまえさんのクソみたいな親父さんをテーマにしてやってるなんてさ！』。わたしは言った。『わたしがどんな人間かなんてあんたに何がわかるのよ！　わたしはクソみたいな父をテーマにしたのよ！』負けずに怒鳴り返して、立ち上がると言ってやった。『だいたいあんたは何様よ？ わたしの父がどうだこうだとよく言うわ』。わたしはぼろぼろ泣き、叫び、鼻水は垂れてほっぺたを伝い、でも必死に泣くまいとした。泣きたくはない！ でも鼻水は垂れてくる……『あんたに……言われたくない……わたしが……どんな……人間かを！』」

彼女が単語を言うたびに劇的にむせび泣くのを見て、学生たちの笑い声はわっと嵐のような拍手喝采に変わっていった。思い出に囚われていたサリーは彼らを見て、びっくりし、やおら落ち着きを取り戻した。「それで……身の回りの物を集め、自分も取り繕った、『ねえ、わかるでしょ、わたしはさっき巧かったとおりなのよ。いまだに彼のペットだし、彼に気に入られているし、それにわたし……ねえ？』そうして車に体を投げ込むようにして乗って、家に帰り、緊張性分裂症みたいになっていた。衝撃的な出来事だったから。その後しばらくスタジオには行かなかった」

ステラと同様、サリーも流暢にNGワードを、それもトップクラスの言葉をしゃべった。

デニス・ホッパー、『アクターズ・スタジオ・インタビュー』七番目のゲストはストラスバーグとの経験を「文句なくわが人生のいちばん大事な時間だった」と語る。ストラスバーグの〝感覚記憶〟の応用を学生たちに説明しようとして言った。「感覚記憶というのは、その場にない音を聞き、その場にない物を見、何かを嗅ぎ、経験したことのないことをやることだ。スタニスラフスキーは部屋の隅に五分間立って、白熊について考えるなと言った。でも、君が隅に立った途端、きみは考えるんだよ、〝白熊のことを考えてはいけないんだ〟って。それだとそのゲームは負けさ。

きみが友人に〝あるとき母親からどうひっぱたかれたか〟をしゃべるとするよ。でも、それは何の意味もない。母親にひっぱたかれたときの感情を持っていないからね。だから、唯一その体験について考えないようにする方法とは、彼の言うリラックスした状態に入っていき、それから自分の感覚を体験することなんだ。何を着ていたっけであっても、〝何を〟着ていたかではない——その日着ていたものを

〝感じられる〟かどうか？　その日起きていたとき聞こえた何かが聞こえてくるか？〝何が〟起きていたかではない。それは意識的になってきみを遮断してしまうからだ。でも感覚、嗅覚、視界、聴覚、触覚を探索していくと何かにヒットする。そうすればそのときの感情が戻ってくるんだ。歌と踊りもやったよ。その場で立って歌うんだ。『マイ・ファニー・バレンタイン』とかさ」そう言って、デニスは「マーーーーーイ・ファーーーーーニーーーーー・ヴァーーーーーレンーーーーターーーーイン」と各音を長く伸ばしながら歌った。「こうすると、リラックス出来るだろ。そうするとストラスバーグは『これできみはリアル、ぼくたちもリアルだ。きみはリアル、ぼくたちもリアル』それが歌のエクササイズだった。それからダンスもやった。これも同じことで、縫いぐるみ人形のように、踊るやつ。形なんてない。ただ声に合わせて自分の体が動いているか確かめるためだった」

〝感覚記憶〟はやったのかどうかデニスに聞いてみた。

「それは最高だった！　とりわけ映画でね。芝居だと、ずっと前もって準備しなくちゃならないからね。父親が死んだなんて電報でショック受けるべくその幕のアタマから準備しているってことになるだろ。その感情をずっと持続して持ってなきゃならないなんて無理だろ。でも、映画なら、その瞬間のちょっと前にやれるよね。あるいはカメラが回りだす寸前にね。それだとずっと効果的に出来ると思うんだ」

この五十年間でもっとも有名な映画スターのなかで、ジェイムズ・ディーン、モンゴメリー・クリフト、モーリーン・ステープルトン、ジャック・ニコルソン、エレン・バースティン、ダスティン・ホフマン、アン・バンクロフト、アル・パチーノらがストラスバーグによって世に送り出された。ということは、デニスの発言は重要な点を突いていると思うのである。ストラスバーグの自由自在な感情喚起に力点のある感覚記憶の解釈は、映画に対しては理想的であると。何時間もトレーラーで自分の出番を待ったうえに、出番になれば極めて感情的なシーンを演じなければならない俳優たちに有効であろう。芝居なら一歩一歩、少しずつその瞬間に向かって創りあげて行けるのだから。

六度もアカデミー賞のノミネートを受け、ストラスバーグのテクニックを駆使して一度受賞したエレン・バースティンは、わが校のステージで彼について熱っぽく語った。

「わたしはカリフォルニアを出てニューヨークに戻りリー・ストラスバーグに師事する決意をした。それがわたしの人生を変えてしまった」

「どういう風に？」

「わたしには人生を変える体験だった。うまく言い表わせないけれど、彼はわたしと真剣に向かい合ってくれた。それは今まで、他のどこでもしたことがない経験だったの。他の人にはしてもらったことがないと思ったくらい、わたしの言葉を聴いてくれた。自分自身でさえそんな風には聞いたことがなかったと思う。わたしはきれいなバカ娘で、その容姿だけでなんとかやりとおしてきていた。でも、彼はそんなわたしを見透かして、人間性を見ていてくれた。そんな風にされたことはなかったからねえ、それがわたしの人生も変えてしまったわ。それがわたしの自分観も、演技観も、ほかの人への見方も変えた。彼のおかげで人生を真剣に見つめるようになった。それはものすごい恩恵だった」

「技術的には彼は何を力説しましたか？」

「いつだってリラクゼーション、没頭すること、ある衝動に没頭することを力説したわ。どうやって内なる声を聞くか、衝動が起きてきたときをどう見極めてつかんで外に出すか、どう表現するか。それまでは自分のなかで何かが湧き上がってきても大したことないと抑えていた。物事をこうあるべきだ、このキャラクターはこうあるべきだと決めつけることのほうが先で、浮かんできてもその考えに合わないときは棄てていた。彼はそうした我知らず湧いてくる考え、感情、衝動に耳を澄まし、キャラクターのありきたりの概念化より深いところから来るものを大事にしろと教えたの」

　ストラスバーグとマイク・ニコルズとはおよそ繋がらないと思うだろうが、マイクは熱烈な信奉者である。「クラスで若い女性がシーンを演じた。リーはその後、『今、何をやったの？』と訊いた。彼女は『あら、夜と春とロマンスを演じました』と言った。そしたら彼が言った。『ああ、きみ、フルーツサラダの作り方知っているか？』。彼女は『もちろん』。彼は『じゃ、作ってみせて』。彼女は答えた。『りんごを手にとって、むいて、細かく切る。オレンジをとってむいて、細かく切る。バナナを取って剝いて切る。そして全部混ぜる』。すると彼は言った。『そのとおりだ。それぞれのフルーツを剝いて、切り刻まなければフルーツサラダは出来ない。それこそが私たちの仕事なんだ』。つまり、細かい、明確な仕事の連続が演技なんだよ。ぼくは自分の仕事を床掃除なんだと思ってる。ここを掃除し、つぎに別の部分に移っていき、その次にまた別の所に行くってね」

ハーヴェイ・カイテルはスタジオの共同主宰者であり、ストラスバーグの強烈な信奉者であるが、「彼には一生ものの教育を受けた」という。「感覚レッスンというのをあんまりやったことがなくてね、あれはいつだって馬鹿みたいでやるのが恥ずかしかった、分かるだろ？」

学生たちが笑うと、ハーヴェイはにんまり笑った。「やっぱりそう思うんだよね。ま、とにかく、ぼくはシャワーを浴びるっていうのをやらされた」

私が言葉を足した。「よく知らない人たちのために教えておきますが、別に彼が裸になって水を浴びたということではないですよ。あくまでエクササイズです」

「むろん、服は着ていたよ！　とにかく、人前に出て、やる段になったら、みんなが『やれやれ、やってみろ』と励ましてくれた。で、石鹼を感じ、朝を感じようとしながらやったが、内心は〝ハーヴェイ、ヘンタイ！　恥ずかしいなあ、恥ずかしいなあ〟って思っていた。終わると、ストラスバーグがどう思ったかって訊いた。だから言った。『何一つ信じてなかったよ』。すると、彼は見ていた仲間に意見を求めた。そしたら、全員『いいや、信じられた。水があるのも、石鹼も』って言うんだ。で、ぼくはマジに思ったね。〝おまえたちバカか。どうしてあんなことを信じられるんだ？　バカみたいじゃないか〟。そしたら彼がぼくに向かってさっきのはとてもよかったと言った。それで、訊いたよ、じゃ、これは？　あれは？って。そしたら最後に彼、キレてわめいたね。『いいからやれ！、やりさえすれば、ちゃんと分かるんだ』って。でも、彼が正しかった。ぼくはやり続けた。そしてそのやっていることの中で、彼の言わんとすることが分かった。今では自分の仕事すべてに情報を与えるものとなっている」

ジェーン・フォンダはストラスバーグとの出会いをこう語った。「私は二十、二十一歳だったかな。マリブの浜辺でよく一緒にチェスをしたスーザン・ストラスバーグに勧められて、彼の家に会いに行った。彼は奥さんのポーラと暮らしていて、彼女『お熱いのがお好き』のマリリン・モンローを指導していた。私は彼がおっかなくって受け入れてもらえるか心配だったけど、最後にはどうとでもなれと思ってクラスに入った。後で訊いたら、私の演技は真面目すぎて退屈だったらしい。『じゃ、どうしてクラスに入れてくれたんですか？』って訊いたら、『きみの目だよ。きみの目には何かがあったからだ』って」

ダスティン・ホフマンが『アクターズ・スタジオ・インタビュー』に出たとき、彼もまたストラスバーグとの出会いを回想した。「もちろん、スタジオのことは知ってたよ。あの〝スタジオ〟だよ。モンゴメリー・クリフト、ブランド、カザン、ストラスバーグ！　伝説だよ。夢だよ。ぼくはスタジオには入れなかったけど、ストラスバーグがカーネギーホールでプライベートクラスをやるって聞きつけた。まず手紙を書かなきゃ。で、手紙を書いた。たしかセントラルパーク・ウェストだったか。それから生徒に面接するって日に出かけたよ。でも心底おびえたね。だって、何列も何列も何列も並んだ本棚には演劇書ばかり。ものすごかった。彼は心底演劇人。体中の毛穴から演劇が噴出してくるような演劇人だった。ぼくは二分、いや三分の面接をした。何しゃべったか全然覚えがない。すっかり上がってしまってね。その後、受かったって知ったけれど、二年後だって言われたよ」そこで学生たちはうめいた。そのの顔、顔、顔を見渡してダスティンは言った。「ぼくは二年待った。そしてクラスに入った。一クラス七十五名。舞台はなかった。演者には照明が当たり、彼は一番前の席に坐っていた。生徒は何週間も坐って、やっと番がくると立ち上がって感覚記憶を十分やるんだ」

ダスティンは思い出して喉で笑った。「でも、出ただけの価値はあった。彼が演劇の話やベルリン・アンサンブルの話をするのを聴くのはね。ぼくは学生じゃなかった。大学には行ってない。でも教育は受けた。彼の情熱は圧倒的だったよ」

二十世紀においては、スタニスラフスキー本人をのぞいて、ストラスバーグがスタジオに残した以上徹底的に一教育機関に足跡を残した人物はいない。そしてアクターズ・スタジオ誕生からの六十年間で、ストラスバーグと彼の技巧にいちばん近いとなぞらえられるのがアル・パチーノである。アルはスタジオの共同所長であり、『アクターズ・スタジオ・インタビュー』のステージに出てくれた際には、五百枚ほどある私のブルーカードのうち二十枚がリー・ストラスバーグに関するものだった。

「彼に教えられてあなたが仕事上使っているものを一つ、二つ挙げてみてください」

「教えてもらったよ、ぼくは満足にやれてないけど。時どき忘れてしまうから、リーにそばにいてもらって思い出させて欲しいと思うよ。彼は言った。『やれる限度までとことんやってはいけない』」

「自身のなかでほどほどに留まっていろということですか?」

「自身のなかでほどほどに留まっているということ。そのとおり」

「仕事上で情緒的記憶を駆使しますか?」

「ああ、とっても有効だよ。長年にわたって仕事の仕方を作り上げてきたけれど、〝自分らしくある〟パーソナルであるってことはとっても重要なんだ。つまり自分の中に芝居に関係付けられるものを見つけるってことがね」

私は『ゴッドファーザーPARTⅡ』でリー・ストラスバーグと共演したときのことを訊いてみた。リーが実在のギャング王マイヤー・ランスキーに似たキャラクターのハイマン・ロスに扮していた。

「彼との共演は愉しいよ」

「彼が自分で演技するときも自分のルールに従ってますかね？」

アルがニコッと笑った。「全然！　彼は俳優。ぼくたちの仲間だよ」それを聞いて観客席にいたエレン・バースティンがどっと笑いだした。「そんなのみんなかなぐり捨ててさ。ぼくたちと同じ俳優さ」アルはそう言って思いを巡らし、やおら話に戻った。「彼はものすごく理解があった……彼は俳優たちを本当に愛していた」そういうアルの声がわずかに震えた。

八年半というもの、私はステラ・アドラー、ハロルド・クラーマン、ボビー・ルイスらの大きな翼の下で演技の勉強を積んだわけだが、ステラに師事した最初の年に伝説的な教師エヴァ・ゴウティエ女史についてボイス・トレーニングを始めた。その後、数年間の強化レッスンをアーサー・ルザック氏から受けた。彼の著書『人間の声の使用とトレーニング』は彼の学生たちに献じられているが、主な顔ぶれだけでもマーティン・シーン、ベアトリス・ストレイト、ジョージ・グリザード、フェイ・ダナウェイ、マイケル・ダグラス、ニナ・フォック、フランク・ランジェラ、ピーター・スコラーリ、モリス・カーノフスキー、リンダ・ハントらがいる。リザックは話し声と歌声に関して独創的なシステムを編み出し、私はその両方を週二回にわたり、他のクラスの間を縫って熱心に勉強した。

同時にダンスの勉強も始めた。ダンサーになろうなどという野心は持っていなかった。ただダンスを、そして声を、ステラ、ハロルド、ボビーから受けたトレーニングの重要な付属物とみなしていた。

しかし、あらゆる芸術の栄光はその魅惑的な狡猾さとでもいうべきものにある。ダンスクラスに見出すだろうと思っていたもののかわりに、まず自分でもびっくりするほどの興味がわき、それが魅惑になり、決意となり、やがて消すに消せない情熱となった——単なる目撃者としてでなく虜となったのだ。

最初に師事したのはハニヤ・ホルムというドイツ生まれのダンサー、振付師で、アメリカのモダンダンスの先駆け的存在となった人だ。小柄だが元気でテンションが高く、演劇界には『キス・ミー・ケイト』『マイ・フェア・レディ』『キャメロット』の振り付けをして格別な地位を刻み、彼女の学校はモダンダンスのメッカといわれていた。私はハニヤのクラスに登録してすぐに週に五回、彼女の厳しい掛け声の下、汗をかき、ストレッチをして学んだ。ハニヤが教えないときは、彼女の生徒で弟子のアルウィン・ニコラスが教えた。彼自身も名の通った振付師で、私の向こう見ずな熱意がハニヤと彼の注意を惹き、二人とは生涯の友情を育んだ。ダンスは健全な鍛錬であるからだろう、ハニヤは一九九二年に九十九歳で天寿を全うした。

勉強への渇求はとどまることを知らなかったから、ハニヤとニコラスに植えつけられた種が芽を吹くのは避けようのないことだった。自身のバレエへの不適性に腹が立ち、でもモダンダンスでの進歩は励みになっていたから、エラ・ダガノワのクラスに入った。彼女は十九世紀と二十世紀初頭にエンリコ・チェチェッティによって開発されたテクニック〝チェチェッティ〟の最高の教師だった。エンリコはパブロワ（ダガノワも共演したことがある）やニジンスキー、マリンスキー、ロシアバレエ団も教えた。

二年間ダガノワに師事した後、大胆になった私はカーネギーホールのフォーキン・スクールに入った。当時、この学校は彗星のごとく現われた若いアメリカ人ダンサーの存在によって世界の耳目を集め、バレエ・シアターやニューヨーク・シティ・バレエのダンサーたちが群がっていた。

彼の名はベンジャミン・ハーカヴィー。評判どおり、生まれながらの教師であり、独創的で刺激的で自らの要求と創作姿勢に貪欲だった。彼のクラスは満員だったから、登録を許されたときはホッと安堵した。彼がヨーロッパに行ってしまうまでの数年間、彼の薫陶を受けた。

こうして失われた時間の埋め合わせをすべく容赦なく自分を駆り立てた結果、アメリカでも有数のクラシックバレエダンサーたちと同じクラスでやっていけるほどに上達した。演技クラスに出ることを別の職業向けの補助と看做すことを止めたように、ダンスを他の何かのための手段と思うことは止め、それ自身の素晴らしさゆえに追い求めることにした。それでも、現実から遊離することはなかった。ステージ上で一歩も踊ることは許されないかもしれない。でも、クラスルームはもう単なるジムではなかった。ダンスは見るのも、やるのも好きだし、事実やることが出来た。周囲のプロのダンサーたち同様、クラスの終わりをしめる爆発的な連続垂直ジャンプの後は、汗みずくの高揚感を覚えながら家路についた。

予想外なことに、このダンストレーニングは、十代の頃、私が封印してきた創造的人生の最後のバリアを突破するのに役立った。ステラ、ハロルド、ボビーらがすべてのタブーを破ってくれていたが、一つだけもっとも手ごわいものが残っていた。演技や演出には何の懸念や罪の意識なしに馴染んできていたが、執筆は父の仕事だった。だから十八から二十代半ばまで、大学の課題こそ誠実にこなしてきたが、創造的想像力の産物と取られるような執筆は慎重に避けてきた。

しかし、ボイス・トレーニング、ダンスへの傾倒、クラーマンのワークショップで演出する方向に指導されたことなどが、私を明確な方向に後押しした。毎度のことながら、先見の明も意識的な意図もないままある事実に目覚めた。演技、演出、歌唱、ダンスをすべて足すと演劇形態の七つの基本要素のうち四つになる――つまりアメリカが世界の舞台に送りだしたユニークな贈り物、ブロードウェイ・ミュージカルの七大要素のうちの四つであると。

あとの足りない三つとは台本、歌詞、そして音楽である。十八歳で創作の道に見切りをつけかかった私がそのちょっと前、高校時代の仲間で自由奔放な才能に恵まれていたローレンス・ローゼンタールの音楽に夢中になって歌詞を書いたことがある。彼はイーストマン音楽学校に進学し、その後パリのナディア・ブーランジェに師事、やがて映画やテレビ向けの作曲で何度もアカデミー賞やエミー賞のノミネートを受けるまでになった。そして遂には、私と組んでミュージカル『シェリー！』の作曲者としてブロードウェイに名乗り出ることになる。

ことの起こりは、まず私がだれに求められたわけでもなく衝動に駆られて一六七九年版の『モリエール戯曲全集』を買ったことに始まる。そして衝動的に『いやいやながら医者にされ』を純粋にフランス語の勉強くらいに思って翻訳し始めた。少なくとも、そう思っていた。だが、翻訳を進めていくうちに、歌が随所に出てくるし、というより歌の言葉が出てくるので、ついにお手上げだとばかりにローゼンタールの助けを求めた。当時、ブウランジェーに師事していた彼に、同じくパリに住んでいた私は彼の書いた音楽に詞をつけた。

禁断の人生への最後の砦が音もなく崩れた。私は書いていた——紛れもなく、これといった不都合もなく。この瞬間に至った自分史を後付けてみると、それはちょうど『アクターズ・スタジオ・インタビュー』のゲストたちに尋ねてきた〝どうやって現在に至る自己形成が出来たのですか？〟の質問を自分に向けることになるが、自分の人生の最も大事な十年を左右した感情と行為に対する唯一の論理的な説明は、父との敵対関係であった。その発見は、値打ちがどうあれ、この企画に取りかかったことがもたらした思いがけない結果であった。

ローレンス・ローゼンタールが『いやいやながら医者にされ』に作曲してくれることが決まるや、私は精力的に翻訳した芝居をミュージカルの台本とし、スコアをローレンスと共に完成させ、企画を作家、作詞家、演出家、振付師としてシアター・ギルドに提出した。ギルドはローレンス・ランガーとステラが反目していたテレーザ・ヘルバーンが運営していた。

ギルドはこの企画を四十八時間内に許可してくれた。ギルドのサマーシアターであるウェストポート・カントリー・ハウスで上演したらいい。そして作品にハクをつけようとしたのか、ローゼンタールの音楽はじつに〝ジョン・バプチステ・ラリーの再来〟とまで宣伝してくれた。この音楽家は十七世紀にモリエール本人に音楽をつけた作曲家である。

ショーは大成功となり、ギルドのラングナーとヘルバーンは私をジェローム・ロビンズに紹介して彼のブロードウェイ演出デビューとなる『ベルが鳴っている』の共同演出に推薦した。だが、ロビンズはこれを断わりソロで演出した。しかし、モリエールとシアター・ギルドのおかげで、私は演出家、作家としてデビューできた。

振付師としても名を上げることが出来たのは、《ヘラルド・トリビューン》紙のダンス評論家でダンス界に影響力大のウォルター・テリーがたまたまこのショーをサマーシアターに見に来てくれ、私の振り付けを絶賛する評を書いてくれたからだ。この評がアメリカン・バレエ・シアターのルシア・チェイスの目に留まり、彼女のカンパニーへも招かれて一曲振付けることになった。

まずは音楽の選定にかかって、私が選んだのはダリウス・ミヨーの曲で、かつてジャン・コクトーの台本によってフランスのバレエ作品になった『ル・ブーフ・シュール・トア』であった。このオリジナルの楽譜コピーをニューヨーク公立図書館に見つけた際、その冒頭に〝チャーリー・チャップリンのどの映画にも伴奏として使うべく書かれた〟とあるのを見た瞬間、これが私のバレエだと腹が決まった。

作品の題を『シャルロ』とした。チャップリンの演じる放浪紳士の名前はフランスでもアメリカ以外の各地でもそう呼ばれているからだった。私はキャストにアメリカン・バレエ・シアターのスターたちを配し、チャップリン映画に出てくる大勢の人々にはコールドバレエに扮してもらった。稽古は数週間にわたり、作品をほとんど完成段階にまで仕上げたところで、カンパニーはヨーロッパツアーに出発した。帰国後すぐに稽古再開の予定だったが、そのツアーの途中で私に電話がかかってきた。電話口に集まったキャストたちが口々にわめく話をまとめると、カンパニーの共同監督で出資者のルシア・チェイスが出資をとりやめ、カンパニーも辞めると宣言したらしい。バレエ・シアターは消滅の危機にあった。と同時に『シャルロ』も。

当然ながら、必死になったダンサーたちは私に新たな〝ルシア・チェイス〟を見つけて欲しい、でなければ私にそのルシア代わりになってカンパニーを、そして当のバレエ作品を救ってほしいと迫った。

カンパニーが帰国し、新聞はそのニュースをあれこれ書きたてたが、そのうち、チェイスは説得されてまた元どおり財政面の責任者に戻った。カンパニーは再始動したものの、いったんレイオフした後だから、従来のレパートリーを仕込んで上演するだけでも、全員一丸となって熱狂的な稽古を積まねばならず、ましてや新作の『シャルロ』はダンサーたちの強い要望にも拘わらず、消える運命にあった。チャップリン映画のエンディングと同じように、『シャルロ』は放浪者よろしくステッキを振り振り、いつとは知れぬフェードアウトに向かってスキップして遠ざかっていった。

これはキャリアを変えてしまう失敗ではなかったが、失敗していたかもしれない。キャリアを変えてしまう成功でもなかったが、成功する見込みもわずかにせよあったのだ。結局のところ、それはある章の終わりであり、つぎの章の強烈な始まりであった。

第六章

緑の導火線をつらぬいて花をそよがせる力が
この僕の青き時代を駆り立てる

――ディラン・トマス

十年間が洪水のような学問的探求のうちに過ぎていった。学問の森を分け入っていきながら、私はさまざまな習い事にフルタイムで没頭した。

『火の車輪』という映画の仕事が私をヨーロッパに運んでくれた。映画のロケ地はギリシャで、私は主役で出演するはずだったが、パリに着くなり監督から電話があり、そのままそこで待機していてくれという。ギリシャでの撮影許可申請その他の準備が、お役所相手に難航しているらしい。この難局に面して、私は喜びを隠せなかった。時は三月、街に観光客がひしめいてはいなかった。私はホテル・ダミニーのコンシェルジェに近くのレストランを紹介してもらった。お勧めは〈シェ・ピエール〉だった。三月初頭の夜、表に出ると、パリの通りは暗く、冷たく、湿っぽく、言葉にならないほど美しかった。

お目当てのレストランは閑散としていた。意外な新生活の最初の晩、私は壁際の長椅子席に陣取って、メニューを手にしつつ、ウェイターが私の震える手に気づかないでくれと祈った。食事を大学レベルのフランス語で注文（ラテン語なら、もっと楽でもっと通じたと思うが）すると、不意に不思議な人物と遭遇した——初めてのソムリエである。

田舎者と嗤われまいとして、手渡されたワインリストを懸命に読み込もうとしたのだが、何一つ読めなかったので、メニューを置いた。そして精一杯さりげなく世慣れた態度を装って言った。「今夜は、そうねえ、おたくの常用酒《ヴァン・ルージュ・オルデネール》にするよ」

ソムリエは一瞬、間を取ってからうなずいて消えた。彼がカラフ入りの赤ワインを手に現われたときにはほっとした。

食事も半ばになり、指先までフランス気分を満喫しかかった頃、主人のピエールが現われ、私を見、見透かして、笑顔で私のテーブルに近づいて食事に満足かと訊く。私は滑らかに満足だと答えた。だが、ちらっと私のカラフを見、どのワインを注文したかと聞かれたところで最初のミスをした。「ヴァン・オルデネールを注文した」

彼はすっと背筋を伸ばすと言った。「当方では並みのワイン《ヴァン・オルデネール》なんかお出ししていません」

「いや、その……それを注文したんだが」と私はどもってパリに着いて初めての夜だということをさらけ出してしまった。そんな私を憐れに思ったのだろう、パチンと指をならしてあたりでウロウロしていたソムリエを呼びつけてグラスを持ってこさせた。カラフから注いで一口飲んだ彼の顔がだらんと伸びた。「ああ、お客さん、申し訳ない！」

「どうして？」

「このワインは」といって、グラスをじっと見つめながらゆっくり回し、「特別な場合に飲むものです」

無教養なアメリカ人丸出しといった気分になって聞いた。「というと？」

目を細めたままワインを見つめながら、彼は言った。「たった今、お母さんが病気だと分かった」そう言って物言いたげな視線を私に投げた。首を横に振ると彼は一連の説教節を続けて「あなたの大好きな伯父さんが口で言えないような変態行為で逮捕された」私は首を振った。「恋人があなたを裏切った」私は首を振った。彼は私が否定するたびに私を見ながら長々と不幸な喩え話を続けたが、ついにその例も、息も尽きてきた。「そのどれでもないですか？」

「違う」私は下手な演技を捨てて、残された選択肢である正直な態度を選んだ。「その反対だ。今夜はぼくにとって初めてのパリ、いやヨーロッパの夜なんだ！　だから嬉しくてたまらない！」

途端に、彼の目がぱっと明るくなった。「ああ！」そうして指を鳴らしてソムリエに何事かささやいた。ソムリエは急いで離れて行き、あっという間にワインボトルを持って戻ってきた。ピエールはそれを慣れた手つきで開けて二つの新しいグラスに注いだ。彼が私の横に坐った。「さあ、これがあなたのワインです。どうぞ」

指示どおりにゆっくり飲み比べて、衝撃を受けた。この新参者にも二つのワインはシロップと酢ほども違う代物だった。

「どちらがいいですか？」とピエール。

「こっち！」私は新しいグラスを振りかざした。

「もちろんです」ピエールは新しいワインを恭しく見つめて、例の喩え話に戻った。「お母さんは病気だったが、回復した」「大好きな伯父さんは嫌疑が晴れた」「恋人の浮気は誤解だった……」

ピエールは私のテーブルにずっと就いていた。そしてそばでこのやり取りを面白がって見ていたらしいスイス人の男が座に加わった。男はパリに二日間の滞在予定で来たビジネスマンだったが、フォリー・ベルジェールの高いチケットを二枚買っていた。連れになる女を見つけて一緒に行こうと、このピエールの店に来たのだったが、「これじゃあねえ……」とガラガラの店内を見渡した。そこで、親切な主のピエールは私と行ったらどうかと勧めてくれた。結局、私のパリ第一夜はフォリー・ベルジェールでお開きとなった。

さて、ようやくギリシャに呼びつけられたとき、このプロダクションが深刻なトラブルに巻き込まれているのがはっきりした。正しい人材が支払いとともに解雇され、プロデューサーは煩悶し、政府閣僚に変動があってまた新たなお役人たちを相手にしなくてはならなくなった。しかし、庶民たちの世界はまた全然別の話だ。ギリシャ人は今まで会ったなかでも一番親切な人たちだった。

私はギリシャ各地を旅してまわったが、映画製作がなかなか始まらないので、スパルタに足をのばし、ミケーネを訪れた。アトレウスの家の、礎石の石組みがミケーネ神殿の青写真のように残っていた。一九〇五年版のベデカー旅行案内書をひもときながら、〝獅子の門〟に着くと、しわくちゃの門番がアガメムノン神殿まで案内してくれた。案内書によると、そこの石段は、トロイから帰還したアガメムノンが上って行って妻クリュテムネストラとその愛人のアイギストスの手によって殺害された場所だった。

その晩、〈ラベル・ヘレーネ〉（美しきヘレンの意。当然の命名だ）という名の、案内書も〝ヨーロッパで最低の〟と認めたホテルで食事の出てくるのを待つ間に、近くの野原にふらっと出てみた。そこでは十数人の羊飼いたちが輪になって賑やかに雑談に興じていた。その周りで羊たちが草を食んでいるのだが、首から下がった鈴が始終カランカランと鳴って、この世のものとは思えない和音を奏でていた。

西を見ると、太陽はいましも澄み切ったギリシャの空を銀、緑、ピンク、朱に染めて落ちかかっており、周りを丘の、影をひく何列ものヒマラヤ杉が取り囲む。温厚なギリシャ人堅気に従ってか、羊飼いたちはそれぞれ手製の杖を持って、私に向かって仲間に加われという身振りをした。

ギリシャ旅行のよい点の一つは、どこへ行っても、一人二人は英語の出来る人に出会えることである。セントルイスやサンディエゴで三、四十年レストランを経営した後、定年退職して生まれ故郷に戻ってきたというような人たちだ。このときも、車座のなかの一人はクリーブランドで蓄財したらしかった。別の一人はフランス語を話した。時間もたっぷりあったので、私は本来の自分に戻って、ギリシャの芸術や文学について連日勉強した。

私が自分の場所を見つけて坐ると、羊飼いたちはこのときの来るのを一日中、いや、一年も待っていたというように身を乗りだし、英語を話す羊飼いはアクロポリス神殿に視線を送ってから言った。「今日丘を上ったかい？」

「もちろん。そのためにミケーネに来たんだ」

「じゃアガメムノンの家は？」

「見ましたよ。石段を上がった」

「じゃあ、彼が殺されたバスタブも見たね？」案内書を読んでいたから即答した。「はい」

羊飼いの輪がさらに前かがみになり、目という目が私に注がれていた。彼が猫なで声で聞いた。「どうして彼女はそんな真似をしたと思う？」

私は自分の耳が信じられなかった。「クリュテムネストラのことですか？」

「もちろん」

「どうしてアガメムノンを殺したのかってこと？」車座の全員がうなずいた。タイムワープの中に滑り込んでいくような気分になりつつ無邪気に答える自分が信じられなかった。

「それは、彼が自分たちの娘のイピゲネイアを犠牲にしたからでしょう？　トロイに行くため帆に風を起こしたいばっかりに」

車座が花のようにぱっと開いて私のトロい答えにひっくりかえりそうにして笑った。英語の話し手は私を気の毒に思って手のうちを明かした。「では、どうして娘のエレクトラは大急ぎで弟のオレステスを町から連れ出したと思う？　子供たちは自分たちの母親とアイギストスとの関係をちゃんと分かっていたからだよ」口調がいかにも極秘の内緒話をするかのような囁き声になった。

私はよろめいた。アイギストスがクリュテムネストラの愛人だった！　〝子供たち〟は私が教える戯曲クラスのエレクトラであり、オレステスだった。成人して国外追放の身で帰国したオレステスはデルフォイの神殿で神託をあおぎ、ミケーネに戻り、姉と謀ってクリュテムネストラとアイギストスを殺す――それが西欧文芸の端緒でもあった。

羊飼いたちは口々にアガメムノンがイピゲネイアにしたことへの復讐というのは、クリュテムネストラとアイギストスの本当の動機をごまかす隠蔽工作だった、そうすれば二人はずっと愛人関係を続けていけるから……と言い立てた。

羊飼いたちは、ようやく坐りなおして、この三千年間事件を覆い隠していたナンセンスを私が捨てるのを待っていた。一人でも改宗者が現われれば、その日は彼らにはいい日だったということかもしれない。そうやって今までホテル〈ラベル・ヘレーネ〉から現われる客を何度待っていたのだろうか。

ホテルのディナー・ベルが鳴ったので、立ち上がってヨーロッパ最悪の施設に戻りかけると、羊飼いの一人が自分の杖をくれた。私が従順な改宗者だったからかもしれない。その杖は今日まで私の書斎に目立つように飾ってある。杖の先に巻きつくように彫られたドラゴンを見るたびに、あの魔法のような夕べを思い出す。鷹揚な羊飼いたちがホメロスの頌歌やアイスキュロスとユリピデスの芝居に盛られた赤裸々な真実を教えてくれたことを。

『火の車輪』映画化の望みがまったくなくなった時点で、私は自費でパリに戻り、その年の残りをそこで送ったが、パリのアメリカ人文芸仲間の輪に愉しく溶け込んだ。海外在住のそうしたアメリカ人たちは真面目にヘミングウェイ、スコット・フィッツジェラルド、ガートルード・スタインに倣おうとしているようだった。

仲間の何人かと毎週、グループのなかでも余裕のある者の客間をサロンにして集まり、日曜午後はだれもがその週の作品を披露しあうのが常だった。詩人は詩を、小説家は最新のチャプターを、作曲家はソナタを、歌手はプッチーニを歌って聞かせた。

私はもう出資者の経費で生活する身分ではなくなったので、またしても口に糊する必要性に迫られた。

今までは写真工場から《デトロイト・タイムズ》そして『ローン・レンジャー』と相当抜け目なく切り抜けてきていたが、ここパリでは就労許可書は取得するのが不可能に近かった。フランス人にとっても仕事口が十分にない時代であった。

だが、救いは、今までもそうだったが、思いがけない所から来た。パリに着いた最初の晩に、若いフランス男性に出会っていたが、彼がパリの繁華街や歓楽街への案内を買って出てくれた。私が乗り気になったのを見て彼が連れていってくれたのは、パリの有名な赤線区域ルー・ピガールだった。寒い三月の夜、私たち二人に客のない女たちは群がってきて、極め付きのエキゾチックなお楽しみを提供してくれると言った。

連れのフェルナンドは経験豊かだった。女たちのうちの二人が互いの愛の交歓を実演してみせると言う。彼が値段を交渉し、四人は連れ立って女たちの定宿のホテルの一室へと実演目当てで出かけて行った。自分の色欲のなせる業とも、恐れのせいとも思わない。ただ、当時の経験不足の目には女たちの実演はじつに見事だったとだけ言っておこう。

実演が終わると、おまけのサービスをしてくれると申し出てくれたが、断わった。今でもそう思っているが、セックスをするのに相手に支払いをせねばならないなら、そんなものは受けるに値しないのだ。当時も今も思うことだが、思いやりのある芸の細かい誘惑行為こそが、相手のしてくれる特別な奉仕に対して支払う値段なのだ。

フェルナンドと一緒にホテルの階段を下りて行くと、彼がいきなり私の腕をつかんでカーテンの下がった戸口に押し込んだ。カーテンを抜けると、そこはバーだった。女たちとそのメク（ヒモを意味するピンプよりは上品な言葉）たちが一斉に反発の声を上げた。そこは彼らだけのプライベートなクラブで、カルヴァドスを飲み、アーティチョークをかじり、変態の客のうわさをし、カードに興じ、身を削った仕事の後にありつく休息を愉しむ場所なのだった。

壁は隣町モンマルトルの画家たちによって（無料の愛情行為へのお返しだろう）絵が描かれていた。相当に真に迫った地下鉄の駅の絵で、部屋のいちばん端では〝だまし絵〟の地下鉄電車がトンネルから見る者に突進してきていた。

一般人はこの〝駅〟から厳しく締め出されていた。だが、そこはフェルナンドの荒っぽいパリジャン訛りと隠語と態度で反発をかわして二人はブースに滑り込み、そこから一歩も動こうとしなかった。結果は周囲からの総スカンだった。知らん顔をされて注文しても答えてもらえなかったが、そのうちフェルナンドの顔見知りでそれまで階上で着替えていたらしい女二人が、階段を降りてきて私たちのブースに加わってくれた。それがきっかけで店の主〝パトロン〟がテーブルに来て、四人の注文を取ってくれた。

女たちの名前はレジーネとミッキーだった。私の横に坐ったレジーネは、若く、ブロンドでリビエラの海岸を華やかにしそうな瑞々しい美しさに溢れていた。実際、彼女はカンヌ出身だった。それが〝ル・ミリュー〟（赤線）に来たのは金を稼いでカンヌに戻り、香水店を開きたいからだった。他の女たち同様、彼女も非常に質素で、稼いだ金は一スウたりとも無駄にせず、夢の実現のために銀行に預けていた。

ひとたびルー・ピガールの噂のホテルの心臓部に出入りを許されると、私は毎晩のようにバーに行き、深夜にかけて彼女と夕食をとった。変わった関係だった。彼女はむろん金を払えば性的な関係を持てたが、彼女を買うという考えには二人とも嫌悪感を覚えた。その一方で、ただで彼女の職業的サービスを受けるというのは、皮肉で逆手の（誠意のない）搾取のように感じられた。彼女を長い一日の苦役の末に求めたりしたら疑問を抱かれるだろうし、ましてや顧客たちの間で問題になるだろう。こうしたプロの商売女たちが提供していたのは、お客がどう思い込みたがっても、性的喜びとは無縁のものであった。

ある晩、景品ゲームで当てた小鳥入りの鳥かごをレジーネに持って帰ると、女たちはそれが優しい心遣いだと涙を浮かべた。また別の夜には黄色いバラの花束を持って帰ると、バーの女たちから非難の声を浴びせられた。黄色い花は男が自分の女を捨てかかっているサインだというのだ。レジーネが〝私の〟女というのではなかったが、女たちの目にはそう映っていたのだろう、彼女たちは儀式を行なうように神妙にバラの花束を屑籠に捨てて、私のアメリカ人らしい若気の過ちを許してくれた。

その数日後に、私はギリシャに呼び戻された。ギリシャへの旅でルー・ピガールとレジーネとの一件が棚上げになるかと思ったが、映画がキャンセルになるや、私はパリに戻り、ホテルに荷物を置くなりピガールに向かっていた。

すべてが、どこを見ても以前のままだった。レジーネと女たちは私の帰りを喜んでくれ、今までどおりアーティチョークとカルヴァドスがふるまわれて、ミリューでの暮らしに戻った。むろん、レジーネと私も関係もすぐにまたそれまでのジレンマ状態になった。それはなかなか面白い会話を生みもすれば、何度か緊迫もした。時どき、彼女は二人が関係を持つべきだと思ったが、持つべきではないとも思った。私にいつまでも〝違う〟人でいてほしいから、ほかの誰とも同じ客になるのを恐れていたからである。

これは私にとって今まで経験したことのない関係だった。それにもかかわらず、いや、そのせいでだろうか、二人の友情はますます強くなり、私はもう誰からも認められた〝駅〟の住人となっていた。

レジーネだけでなく、そのバーにはなかなか立派な女たちが働いていた。当時のパリはまだ戦時の厳しい状況の名残もあって男たちの就職難は格別で、フランス社会では女たちがそうした男たちと職を争うことはよしとされていなかった。その結果、機会は極めて限られていた。制限なく女たちに開放されている場といえば、〝中間地帯《ミリュー》〟と上品に言い習わされている赤線だった。そこは制限がないだけでなく検閲もなかった。売春はフランスでは合法で、週ごとの身体検査は規則となっていた。ピガールよりさらに上品な地区の売春宿などは、その贅と洗練が語り草であり、女たちは〝ゲイシャ〟並みに甘やかされ高く評価されていた。

教育のある女たちも職探しの間に餓死しないためには、腰掛仕事として〝ミリュー〟に入った。若い既婚女性も夫が職にあぶれて苦しんでいたり、子供にろくに食べ物を与えられないとなると〝ミリュー〟に足を踏み入れた。そして経済的な目的を果たすと、汚名を着せられることなく、後ろ指さされることなく堅気の生活に戻った。

ある時、レジーネに言い訳できない質問をぶつけてみた。「どうしてこんなことをしているの？」彼女の中の仕事人が辛抱強く、まっすぐに答えた。「うちの銀行員よりわたしのほうが儲かるからよ」

ドラッグ、病気、性的隷属状態などが問題となっている現代からは想像もつかないだろうが、パリではある時期、広い階層の女性たちにとって、売春に従事することはほかの何とも変わらぬことであり、〝ミリュー〟入りは単に実行可能な選択肢であるというより、唯一の選択肢であった。

ある晩、私は花束と悪い知らせを持ってバーに行った。レジーネを片隅のブースに呼びこみ、ニューヨークに戻らなければならないと伝えた。壁際のベンチ席に坐り直して、彼女は言った。「あんたは帰りたいの？」

「いや、むろん帰りたくない」

「じゃあ、なぜ帰るの？」私は黙った。彼女は親指と人差し指を摺り合わせた。「お金がないのね？文無しなんだ」私は肩をすくめた。「わかってたわ」とレジーネ。

「どうして……？」

「こないだの晩、雑貨屋に行って煙草を買ってきてって頼んだの、覚えてる？　あんた、言い訳して逃げたから、小僧に代わりに行かせたじゃないの。だから思ったたわ、ははん、この人、お金がなくなってきたんだ……」

私はブースに深く坐り直した。言葉も考えも思いつかなかった。「国に帰るチケットと今週分の間代だけはある。それだけだ」

彼女は優しい笑顔になってテーブルに身を乗り出して言った。「あの時からずっと考えていたの。その問題は解決したわ」笑顔が輝いていた。「あんた、わたしの〝メク〟になって」

彼女のベッドに客を連れて行く図を想像してひるむと、彼女は笑ってその考えを一蹴した。ちがうの、それは店のパトロンにやらせる。私は、と、自分の思いつきに得意になって言った。いわばスペシャリストになって、最初の晩にやって見せてやったようなショーに旅行者たちを連れてくればいい。そうしてそのコミッションを受け取ればいい、と〝仕事〟の打ち合わせをするとき決まって見せるはきはきした態度で彼女は言い添えた。

私がその考えと格闘していると、彼女は私の手を両手で握って言った。「分からないの、ジーム？　こうしたらあなたはパリにいられるじゃないの。一緒にいられるわよ、もう少しだけ長く」自分の発想と論理を誇らしげに言って私の顔を見た。

私は懸命に考えを巡らせていた。ステラは人生をあらゆる局面から経験しろと力説したじゃないか？　ハロルドもボビーも。恩師たちはみんな言っていた。結局、役柄を演じるには自分自身を持ち込むしかないのだ、と。人生経験が豊かで広ければ広いほど、解釈も豊かで広くなるはずだ。だから、と私は自分に言い聞かせた。こんな経験はもう二度と出来ないだろう……。

無論、決定はすでに出ているのに、事後処理の理屈づけをしていたにすぎない。レジーネは「ジーム……」と呼びかけるだけで、私との勝負に勝っていたのだから。

残りはそれが認可されるかどうかであった。ミリューの正式な階層序列では、勝手に〝メク〟を名乗ることは出来なかった。こんな所でさえ、ランクにはそれなりの特権があり、思い上がりには罰が待っていた。〝メク〟を自称すると現実的な制裁が待っていた。賢明とは言いがたい。

翌日の夜、〝駅〟に行くと、レジーネは真ん中のテーブルで女たちに囲まれて私を待っていた。開けたシャンパンを前にしてみんなニコニコ笑っている。許可が下りたのだ——そして私の執行猶予も決まった。

〝アメリカ〟はぼんやりした未来に霞んでいった。私はその地域社会の実働メンバーになった。まるで生粋のパリジャンのように、朝には仕事に出かけ、夕べにはバゲットを抱えて帰る図が頭に浮かんだ。生まれ落ちた場所にけっして馴染んでなかったと感じてきた私にとって、この奇妙な環境は実に気楽だった。今日に至るまで、パリは足を踏み入れた瞬間からずっと、瞬時に、完全に、くつろぐことが出来る街だ。

レジーネと私の仕事は繁盛した。観光客は、当然ながらパリの最も悪名高い地域に行くのは不安である。だから私が個人的なサービスを提供した。顧客と約束の時間に落ち合うと、ルー・ピガールに連れていき、その筋でいう〝シネマ・コショ〟（ポルノ映画）を見せるのだが、無論、実際はライブの溌溂とした実演である。レジーネには私を仲間たちに特別扱いさせたい意向があったためか、私は客たちを〝駅〟に連れていくのを許されていた。客たちはみんな不安だが興奮した米国中部からの若い中流カップルで、ブースにおとなしく坐っては〝女たち〟の中からレジーネと組む相手を選んだ。

私の仕事は客たちの個人的なガイドとして、彼らのそばについていることだった。それはこの観光パッケージの必須要素だった。それが込みになってないと、客は約束の時間に現われないか、怖がって逃げてしまう。それに客はフランス語の通訳も必要だった。たいていの客が最後には、おずおずと演技者たちに「ああ……体位を」とリクエストするのである。

客を連れて部屋に入ると、まずその二人連れをベルベット張りの長椅子に坐らせる。二人連れは厳格な学校の生徒のように椅子の端にちょこんと坐る。レジーネと指名された相手役がベッドに上がって実演が始まる。それは私のプロデューサーとして初めての仕事だったが、一度として客からのクレームはなかった。実演の終わりには、決まって演技者との共演（値が張るが）を募るのだが、かなり大勢の客がこれに応えた。

この話をこうして書いたのは自分の行為を弁護するためでも、言い訳をするためでもない。本来、この話は本書から省くつもりでいたのだが、劇作家で『ジプシー』など見事なミュージカル作品の作詞家としても一流のアーサー・ローレンツが、二〇〇二年に自伝の『オリジナル・ストーリー・バイ』で私の名前を出してしまった。彼は私のその実演にグループで参加したことをばらした。その体験をアーサーは潤色していて――女性は代役であって（レジーネは女性の生理事情で出演していなかった）不慣れな場で横柄な作家がいた（?）ように書いているが、明らかにこの時の体験が、人生のほかの大事件満載の自伝のなかでも二ページも割くほど強い印象を残したらしい。しかも、アーサーは実名を挙げることにしたのだ。つまり、私の名前を出した。無論、これは彼の特権だが、そのため本書で口をつぐんでいることは無意味になった。

それに、この話はおよそあらゆる場所で飛び出してしまった。『アクターズ・スタジオ・インタビュー』でも、ジュリア・ロバーツがゲストの回に、『プリティ・ウーマン』の街娼の役どころの準備に実地勉強をしに行ったかと尋ねた。「ええ」と彼女は勢いよく答えた。

「どこへ?」

「ハリウッド」

「話を聞いたの?」

「ええ」

「感じよくしてくれましたか?」

「ええ、もちろん。とってもね。おぞましい話ばかり聞いたわ。でも女性たちは素晴らしい人ばかり。みんなとてもよくしてくれて、いろいろ話してくれた。それがものすごく役に立った。彼女たちから聞いた話の多くが脚本のなかに盛り込まれたのよ、だから貴重な時間を送ったわけね。この本のライターの一人が女性でバーバラ・ベネディクト。私と一緒に本を見直してね、わたしが彼女たちとのやり取りで聞いたことを彼女がたくさん本に書き込んでくれたの」

そこで、私が致命的なミスをした。「昔、今夜はお話しない理由で、私は売春のテーマについて研究をしたことがあります。それはパリでのことで、私は……」

先が続けられなかった。ジュリアが椅子のなかで体をくの字に折って笑い、学生たちが番組始まって以来の大爆笑に割れ返って止まることがなかったからである。不意を打たれた私は学生にとって自分は学部長なんだと自分に言い聞かせ、あわてて付け加えた。「あなた方が考えているようなことじゃない！」だが、効き目はなかった。笑いは倍になり、ジュリアは椅子の上でのけぞって痙攣するみたいに笑っている。あせってこの冗談に合わせようと、下手な一言を言い添えた。「もっとわるい」

それでも笑いは止まらない。喧騒にかき消されながらこの大失敗をなんとか学問的な方向に持っていこうとした。「でも、私が学んだことは……」だが、相変わらずの大爆笑。私は踏ん張って、なんとか効き目のある否認に持ち込もうとした。「昔の話なんですよ。ドラッグや病気ですべてがおぞましいことになってしまう前の。それで私が学んだことは……」わっと上がる笑い声に自分の声が聞こえなかった。私もいささか腹が立ってきたので、歯軋りして先を続けた。「学んだのは……」ジュリアが水を飲んで笑いを抑えようとし、マイクが彼女の歯がグラスにカチカチ当たる音を拾った。だが、後に引く気はなかった。「学んだことは、パリの娼婦たちが……」

トドメだった！　学生たちは気が狂ったみたいに笑い騒いだ。今に至るまで自分でもなぜだか分からないが、私は粘った。「おい、ちょっと聞け！　ちゃんとある話をしようとしているんだから！」学生たちは大喜びで足を踏み鳴らし、ジュリアはグラスに指を突っ込んで水を真っ赤になった顔にパッパッと散らした。「彼女たちは私の出会った人たちのなかでも最もビジネスライクな人たちなんだ」私はガヤガヤに向かって怒鳴った。「唯一彼女たちがめったにしないことといえば、自分の暮らしを愉しむことなんだ。みんなお金を貯めている。ジュリア、あなたと賭けてもいいが、ハリウッドの彼女たちと話をしたとき、みんなお金を貯めてませんでしたか、自分の目的を持って?」

私を助けようとしてジュリアは固く結んだ唇の間から「うーん」と呟いてくれた。学生たちの笑いは一向に納まらずに続いていた。

ジュリアの投げてくれた命綱にすがって、私は言った。「普通、彼女たちは明確な目的を持っている。美容院を開きたいとか。でしょう? あるいは……」

ここでまた後が出てこなかった。そこでジュリアが雄々しくも言葉を継いでくれた。「それをわたしも言おうと思っていたの。でも、その話題を引っ張りすぎるかなと思って……。たしかにみんな将来に向かってはっきりした目的を持っていたわ。そして絶対にそれを曲げなかった」

やっと窮地を脱出したと勘違いして、私は記憶を遡りレジーネに救いを求めた。「私の知っている女は年に一回だけドレスを買った。バレンシアガやディオールの美しいドレス。イースターの教会行きのためにね。一年中でそれだけが自分に許した出費だった……」私はキャーキャー笑う学生たちをなす術なく見渡した。「本当なんだ」室内にまた笑いの大波が起こり、わたしはしょんぼりと椅子の背にもたれた。「こんなに笑われるとは、思わなかった」

こうしてこの一件は終わった——舞台上では。だが、これは『アクターズ・スタジオ・インタビュー』のミステリーの一つとして尾を引き、時どき、学生たちや手紙を書いてくれる視聴者の間で憶測を呼んでいる。ジュリアと私はこの件を話し合う機会がなかったが、ジュリアは知り、結果的には読者のみなさんも知った。好むと好まざるとにかかわらず、だれもが知っている。

時として過去はけっして消えてなくならない——ということは、消えるべきではないのかもしれない。

二〇〇二年の夏、私のプロダクションチームはパリに乗り込んだ。『アクターズ・スタジオ・インタビュー』の挿話二話分をオペラ・コミックで撮影するためである。一話はジュリエット・ビノシュ主演、もう一話はジャンヌ・モロー主演だった。

一行の旅程はまずパリの大まかな案内から入り、私がBロール向けに推薦した観光スポットと私のイントロで始まった。このとき私は標準的なツアーガイドで、一行をエッフェル塔の偉容やパリのパノラマ的風景が広がるモンマルトルの丘、ノートルダムの飛び梁が一番よく見えるキ・デ・ラ・トルネーユなどへ案内した。だが、その番組の責任者であるブラボー・ネットワークのクリスチャン・バーセロズが、〝もう一つのツアー〟に案内してくれと迫ってきた。ジュリア・ロバーツの回で私が仄めかした地域のことである。

とうとう、探るべき地区の種もつき、夏の日はまだまだ暮れずという段になって、私は運転手にピガールへ行くように指示し、その有名な町で降りて散策した。建物群の正面はすっかり変わってしまっていた——クロームがもっと使われ、ネオンサインも多かった——そして〝メンドリ〟たちは絵窓に固まってマニキュアの長い爪でコツコツとガラスを叩いては通行人に中へ入るよう誘っていた。〝地下鉄の駅〟はついになくなって、外側から見ても私のかつての根城はそれと認めることが出来なかった。一行が車の脇で私たちを待っている運転手のもとに戻りかかると、かつて実演の男性スターたちがたむろして呼び出しを待っていた洞窟のようなバーの前を通った。

歩道脇にいた客引きがピッと口笛を鳴らしてバーに入れと誘った。バーに行きかかると、誰かが肩を引きとめた。飛び出してきた客引きの女だった。女はじっと私の顔を見つめ、懸命に見極めようとしてから聞いた。「チュ・アシェテ・ウ・チュ・ヴァン？」

「何だって？」連れの者たちが尋ねるのを尻目に、私は女から離れて車に向かった。「彼に訊いてごらん」ににんまり笑っているバイリンガルの運転手に私は親指をぐいと立てた。

「あんた、買う人？　売る人？」運転手はそう通訳して大笑いした。

「一度ヒモになったら、一生ヒモか」ピガールから遠ざかる車のなかで、クリスチャンはいかにも嬉しそうに自説をのたまった。

車中私は黙って考えに沈んでいた。その年、二〇〇二年には売春は全面的に違法になっていた。むろん、どう想像力を駆使してみてもそれがロマンチックなものとは程遠いことは分かっていた――でも、私は思いたがっていた。レジーネにとってそれは赤線外でのまっとうな人生を手にする手段だったじゃないか。そして私にとっては、モラトリアムが必要だったときにそれを与えてくれたものだった。そして純粋に冒険だった。しかもその結果として目に付くような差し触りは一つも起きなかったではないか。一つだけはっきりと認識していることがある――売春はどんな隠れ蓑をかぶっても、どんな面から見ても、パリでも世界のいずれの場所においても、おぞましい非合法のものになったということだ。

頭のなかで過去と現在にせわしく思いを巡らせているうち、当時、あのレジーネとルー・ピガールで暮らした青春時代を思い出した。そしてあの時代にさえ、女たちが恐ろしい体験を話しにバーに飛び込んできて、すれっからしの連中を青ざめさせたことがよくあった。

そんな出来事が一度起きて、私がついに〝地下鉄の駅〟住人たちに無条件に受け入れられることになった。レジーネと〝メク〟二人と一緒にアーティチョークを食べていると、仲間うちでも人気の若い女が泣きながら飛び込んできた。背後に酔っ払って女を罵っている大男のアメリカ人が続く。男が英語でわめき散らしている間、彼女のフランス語から分かったことは、男が支払いを拒否した上、彼女の欠点を並べ立て、あまつさえ彼女の財布を開けてその晩の残りの稼ぎを奪ったのだという。どれもこの地区では重罪に等しい行為であった。

こういうことはたまに起きることがあった――原因はきまって性行為をただで済ませたい客である。こうした不届き者は女性が助けを求める前にたいていい店から叩き出されてしまう。だが、このときの間抜けはバーにまで追いかけてきた。言葉の壁に守られていると思ったのだ。

だが、守られてはいなかった。喧嘩好きでも乱闘騒ぎに慣れているわけでもない私はおよそ喧嘩の加勢に加わって欲しい人材とはいえないが、このときばかりは、瞬間的に立ち上がり、そのバカ者を相手に彼のお国言葉で立ち向かった。たしか、最初に発した言葉は「おい、バカ野郎！」だったと思う。それがアメリカ人の注意を惹いた。

ステラ、ハロルド、ボビーと学んできたレッスンを思い出し、彼らからは演じろと命じられたことのない役柄に成りきることにした。断片的に映画や舞台で見てはいたが、私にとっては不慣れな役だ。だが、瞬時に判断した。やらねばならないことは、〝仲間の金を取り戻す〟ことだ。そしてそのための第一歩はこの酔っ払い野郎を〝死ぬほど脅す〟ことだと。

むろん、私にはびっくりさせる要素があった。彼にしてみれば、こんなフランスの赤線で、英語を流暢に話すやつがいるなどとは思っていなかったのだから。私は彼をニューヨーカーだと睨んだ。なら私はブルックリン生まれのセンでいこう。

「おい、バカ野郎、聞こえたか？　こちらの女性がお前が金を盗んだって言ってるんだよ！」そう言うとブースを離れて彼に向かって行った。相手は私より優に五十キロは重い巨漢だった。だが、私には正義とまじりっけなしの正当な怒りがあった。ステラは正しかった――その行動をしなさい。そうしたら感情などを探し求めなくても済むんです。「金はどこだ、この人でなし！」

「女の金には手をつけてない」と言いながらも、男は典型的な逃げの姿勢を見せて、後ずさりしだした。

「なくしたいんだな？」

「何を？」

「おまえのムスコだよ、おまえのムスコ！　周りを見てみろ！」そう言ってメクたちを指さした。「こいつらを誰だと思ってる？　アルジェリア人だ！」無論、それは嘘だったが、アルジェリア人の猛烈な抵抗運動を思えば、なかなか効果的だったと思う。ステラがいたら、想像力豊かだと褒めてくれたろう。

そして、頃合いよしと見て新しいアクションに出た。「パスポートを見せてもらおう」

男の手がぱっとわが身を守るようにポケットに伸びた。「なんで？」

「そいつをくるっと巻いてテメエのケツの穴に突っ込んでやるんだよ！　そしたら出国手続きの役人にどう説明する？　ええ、テメエのカミサンによ？」左手の指に鈍く光る指輪を目に留めて言い足した。これはよかった。それを失うわけにはいかないのだ。私はこの効果を覚えておこうと思った。

男は振り返って二人の〝メク〟の顔を見た。メクたちは一言も英語が分からなかったが、明らかに大人しいと思っていたアメリカ人の火山爆発のような剣幕に恐れをなしている。いつもは夜遅くレジーネと静かに夕食をとる以上に攻撃的な振る舞いをしたことのない男なのに……。

「なにこの人たちを見てんだよ？　二人は俺の合図を待ってんだ！」

よくやった！　彼の両手がポケットを忙しく出たり入ったりして、フランやドル札がこぼれ落ちた。

私はそれを集めだした。

「ちょっと待った！」と男が泣き落としにかかった。「俺の分もいくらか入ってるよ」

「彼女にいくら貸しがあるかなんて知るか！」

「彼女に聞いてくれ！」

「俺はフランス語をしゃべらない。フェラチオをやってもらったか？　なら、高いぞ。おまけに飲んでもらったんなら、代金上乗せだ！」彼の手がポケットに飛び、さらに紙幣が現われた。男の両手がだらんと両脇に垂れた。

「彼女の特別手当は？」私は迫った。

「特別手当？」

「怒らせてしまったろうが！」

男はポケットに手をいれフランをいくらか取り出して足元の紙幣の上に落とし、ポケットを裏返して「有り金全部だ」と言った。

「時計を見せてもらおう」と言うと、男はいっそう恐怖にひきつった顔になった。「もういい。ここから出ていけ」男が出口に駆けだすのを見て私はどなった。「もう二度とうちの女たちに近寄るな。テメエにはもったいない！」

それは今までのなかで最高の演技だったかもしれない。後にも先にもいちばんの。

その夜、レジーネは愛し合おうといって聞かなかったので愛し合った。一カ月後、ニューヨークでのクラスの始まりが迫ってきていたので、アメリカに向けて発った。

カンヌに行くたびに、散歩をしては〈レジーネ〉という名の香水店に出くわさないかと期待するのだが、まだ見つけてはいない。

第七章

「ほぼ正確な言葉と、正確な言葉との間には
ライトニング・バッグ（蛍）とライトニング（稲妻）ほどの違いがある」
——マーク・トウェイン

『いやいやながら医者にされ』を書いたことで、私は十年来自らを追い込んできた作家としての創作不振にケリをつけた。三歳にして芽生え十八歳で捨てた執筆への情熱を取り戻したわけだが、以来今この瞬間にいたるまで、実績はともあれ烈々たる意欲をもって持てる才能を捧げ続けている。

十年分の埋め合わせをしようと、私は書きまくった。手始めの二本の作品は、シアターギルドがテレビ用に制作した『USスチールアワー』の脚本としてすぐに採用された。二本目の『チャーリーとキッド』では、流浪の道化チャーリー（チャップリンにちなんで）がサーカス巡業のかたわら養子を育てることを危ぶむソーシャルワーカーたちと繰り広げるバトルを描いた。

サーカス好きにとってはとても魅力的なテーマだったが、本から得た程度の知識しか持ち合わせていなかったので、後年アラスカへ出向いた時と同じく、実際に体験してみようと考えた。そして、野生動物の調教師であるトレバー・ベイル率いる四代目サーカス一家と知り合った。トレバーには、私の作品中の〝キッド〟のような子どもたちがいて、転んだりよじ登ったり、とび跳ねたりぶら下がったりして

いたが、彼らはサーカスの一員としてともに旅をし、歩き始めるとすぐに観客の前に立たされるのだった。

『チャーリーとキッド』は成功し、以後の仕事にも結びついた。でも、この一件でのいちばんの収穫は、私にとってのヒーローであるサーカス一家との、生涯にわたる関わりができたことである。

スケジュールの都合でダンスのクラスが取れなくなったので、ピラティスに転向することにした。今でこそ時代のトレンドとして、たいていのハリウッドの豪邸には設備が完備されているが、当時は八番街のスタジオに、ユニバーサルリフォーマーと呼ばれる木製のベッドや紐やバネを所せましと並べていた。これら独特の装置は、考案者であるジョセフ・H・ピラティス（一九二六年にヨーロッパからやってきた時には、身体の教育者と称された）によって管理されていた。

ピラティスは、ジョージ・バランシンが自分の弟子たちに推奨した唯一の訓練法である。しかしバレエの代わりとして練習を積むうち、私は踊りの中に見出していた陶酔を、そこでは得られないことに気がついた。そしてその思いが強くなると私は――当然の流れではあろうが――ダンサーたちについての小説を書くことにはけ口を求めた。それが前掲の『ミラーズ』である。

『ミラーズ』の原稿をセント・マーティンズ社に送ったところ、出版社は通例どおり、推薦文を依頼するためゲラを送った。ほどなく寄せられた推薦文を見て、私は驚きでひっくり返った。それを書いたのが、バレエをかじったことのある者なら誰もが憧れるヒーロー、ボブ・フォッシーだったからだ。フォッシーは一年の間に『キャバレー』でアカデミー賞、『ピピン』でトニー賞、『ライザ・ウィズZ』でエミー賞（いずれも最優秀監督賞および振付賞）を受賞している。そしてそのフォッシーが、こう言ってくれたのだ。「リプトン氏はブロードウェイのミュージカルやダンサーたちの、個々の熱意や覇気を熟知しており、それを確固たる信憑性の中に、労《いたわ》りやユーモア、官能を織り交ぜて描出している。夜通しのダンスリハーサルの場面などは真に迫っていて、読後に筋肉痛を覚えたほどだ」

ブロードウェイでも無類のダンススターであるグエン・バードンは「黙して語らぬことの多いダンスとダンサーだが、ようやくここにスポークスマンを得た。本でもバレエでも、ジェイムズ・リプトン氏の『ミラーズ』ほどの感動を与えてくれたものはかつてなかった」と評した。

そんな浮き立つような日々を送っていた私のもとへ、ある日の午後電話がかかってきた。相手はしゃがれた声でこう言った。「このくそったれが！」

「誰です？」

「パディ・チャイエフスキーだ」オスカーを三度手にしたこの人物にもゲラが渡っていることを思い出した私は、その剣幕に意気消沈した。しかしその後の彼の言葉に、私は生気を取り戻した。「おかげで徹夜させられたよ。夕食後に君の本を読み始めたんだが、十一時にフォッシーに電話して聞いたんだ。『ミラーズ』を読んだかってな。そしたらあいつが、ああって言うから、書いてあることは真実なのか、本当にあのとおりなのかって聞いたんだ。あいつは言ったよ、一言一句までな、と。で、俺は安心して続きを読んだんだ。ところが途中で止められなくなってさ、読み終わった時には朝だった」

「すごい！」私は声を上げた。「出版社の電話番号をお教えしましょうか？」

「俺は推薦文は書かない」パディはそう言って電話を切った。

『ミラーズ』が出版されると、《ニューヨーク・タイムズ》が書評を出した。「『ミラーズ』は〝躍動する〟という言葉で始まり、同じ言葉で締めくくられている。そしてその中身がもっと激しく躍動していたら、この小説は手から離れて飛んでいってしまうだろう。……その真実味と気の利いたユーモアとが、この作品を文学でありながら『フェーム』や『コーラスライン』以上のものとしている」

刊行から数日後、私のエージェントが興奮して電話をかけてきた。「スティーヴン・スピルバーグが『ミラーズ』の映画化権に五十万ドルをオファーすると言ってる！」交渉が進む中、スピルバーグが製作した『ポルターガイスト』に出演していたベアトリス・ストレイトが電話をかけてきた。「今日、撮影の時にスピルバーグと歩いててね。本を持ってたから何かと思ってのぞいたら、あなたの本だったの！　わたしが『これ、わたしの友だちが書いた本なんです。どうしてこれを？』って訊いたら、『いつも持ち歩いてるよ。次回作なんだ』ですって」

数年後に作詞家のバーグマン夫妻から聞いた話では、当時ふたりはスピルバーグから本を渡され、すぐに読むように言われたのだという。すでに映画化の準備を進めていたスピルバーグは、曲の依頼をするつもりだったのだろう。

封切られたばかりの『E.T.』によって、ハリウッドに確固たる地位を築いたスピルバーグは、その前年に公開された『レイダース／失われたアーク』の続篇を撮ることに非常なプレッシャーを感じていた。そして、それによって自身を無類の映画監督たらしめている鋭い第六感をはたらかせ、『ミラーズ』ではなく『インディ・ジョーンズ／魔宮の伝説』を選択した。私は、NBCから『ミラーズ』をテレビ放映用に脚色、演出するよう依頼を受け、引き受けた。

《シカゴ・トリビューン》は番組をこう評した。「賞賛に値する。このダンスたっぷりのドラマが幕を閉じるときには、スタンディング・オベーションが起こるだろう」

本書は、時として私の自己宣伝という印象を与えるかもしれないが、失敗談や不都合な話も盛り込んで釣り合いをとっているので、どうかご容赦願いたい。私は、自分がアクターズ・スタジオのゲストに対して課すのと同じ作業を自身にも課し、私を形作った〝すべての〟軌跡をたどった――そこには、谷に挟まれていくつかの山もあるものだ。

私のブロードウェイ・ミュージカル第二作『シェリー！』は、モス・ハートとジョージ・S・カウフマンの共著『晩餐に来た男』を基にしていたため、上演権を獲得する必要があった。そのためローレンス・ローゼンタールと私は、全曲の三分の二を披露しなくてはならなくなった。著作権の所有者はキティ・カーライル・ハートとアン・カウフマン・シュナイダー。われわれがミュージカル上演権を獲得できるか、あるいは書いたものすべてを棄却されるかはこの二人に委ねられていた。しかし『晩餐に来た男』がカウフマンとハートの代表作の一つであり、絶大な価値を持っているのに対し、これが私にとっては二作目の、ラリーにいたっては初めてのブロードウェイ・ミュージカルになることを考えれば、これほど厳しい条件を提示されるのももっともなことだった。

ところが、リチャード・バートン、ピーター・オトゥール出演の映画『ベケット』の音楽を担当していたローレンスは、その仕事でロンドンに呼び出されてしまった。われわれの締め切りに間に合わせるため、やむなく私も彼に同行し、彼の時間と才能を映画の製作者たちと分かち合うことにした。とはいえ、そこはスウィンギング・ロンドンと言われた時代のカーナビー・ストリートであり、私にとってのパリと同じく滞在は快適だった。

ラリーが、つまりローレンスが『ベケット』の仕事を片づけた時には（これにより彼はアカデミー賞にノミネートされた）、こちらも締め切りを迎えていた。試聴会は、キティ・ハートのマンションとして名高い東六十四番地の一室で行なわれることになっており、ラリーと私が到着した時にはすでに、広いリビングルームは双方の弁護士、エージェント、友人、アドバイザーらであふれ、誰もがキティとアンの英断を見守ろうとしていた。

ラリーがグランドピアノに向かって腰を下ろした。このピアノで、ガーシュインやバーリン、ワイルといった面々がハート家のゲストを楽しませてきたに違いない。変わらぬ交遊。私は鍵盤に載せたラリーの指が震えていたのが気がかりだった。しかし心配は無用だった。ラリーは卓越した創作力を持ち合わせたコンサートピアニストなのだ。ラリーの伴奏で私は、シェリダン・ホワイトサイド、その秘書マギー、マギーへの求婚者バート、派手な女優ロレイン・シェルダンの全パートを歌った。聴衆の反応は温かく熱心で、四曲目を歌うころには、二人揃って三塁を回りホームベースに向かっている感じだった。

そして最後の曲を歌い終わると、キティとアンをはじめ全員がさっと立ちあがった。二人は上演権を勝ち取ったのだ。賭けは吉と出た。するとウエーターらがシャンペンとキャビアの載ったトレーを手に、部屋になだれ込んできた。それを見て私はラリーにささやいた。「俺たちがしくじってたら、あれ全部どうなってたんだろうな」そもそも、自分たちがどうなっていたことやら？　しかしそんな些細な心配は、成功の喜びで吹き飛んでしまった。

それから二人は、自分たちの好みでショーの配役をした。カウフマンとハートが〈アルゴンキン・ラウンド・テーブル〉の文士仲間だった、無骨で辛辣なアレキサンダー・ウールコットをモデルにしたという、無骨で辛辣なシェリダン・ホワイトサイド役には、無骨で辛辣なジョージ・サンダースを充てた。ジョージは歌のトレーニングを受けていたことも判明した。ブロードウェイに君臨する女性歌手ドロレス・グレイにはロレイン役を、生娘役で名をはせていたエリザベス・アレンにはマギー役を配した。

ボストンのコロニアルシアターでのプレビューは非常に評判がよく、幸先のよさを実感した。それは、ブロードウェイではつまり、ヒットを意味するのだった。

コロニアルシアターでの場当たりが終了し、意気揚々とリッツ・カールトンへ戻ると、部屋の電話が鳴っていた。かけてきたのはステージマネージャーで、ジョージ・サンダースが楽屋に閉じこもって、私以外の人間とは話をしないとごねていると言う。

劇場に戻ると、ステージマネージャーにジョージの楽屋へと案内された。青ざめたマネージャーが指差したドアの向こうからは、こらえきれない嗚咽が漏れ聞こえていた。私はドアをノックした。むせび泣く声だけが聞こえた。私は声を張り上げた。「ジョージ、ジムだ。話があるって聞いたんだが？」

ドアの向こうが一瞬静かになり、椅子を引きずった音がした。私が目配せをしたので、ステージマネージャーはその場を離れた。ドアが開くと、私が目にしたのは信じがたい光景だった。あの傲慢で居丈高なジョージ・サンダースが、子どものように震えながら泣いていたのだ。

彼の話は痛ましかった。妻のベニタ・ヒュームが病に侵され、余命数カ月と宣告されたのだという。

私のマンションで歌のセッションをする時にはベニタもしょっちゅう顔を出していたので、夫婦そろって親しくなり、セッション後にはラリーも含めて四人でよく食事をした。彼女は、手術の後だからと杖をついていたが、私には心身ともに健康そうに見えていた。

そしてジョージは、残された時間を妻と過ごすためにすぐにでも役から降ろしてくれと懇願した。「わかった」私は言った。「でもボストンの初日には出られるかい」

彼は承諾したものの神経が参っていたため、曲目を限界まで減らさざるを得なかった。ショービズの不文律「文句を言わない、言い訳しない」に従い、われわれは改訂版を上演した。案の定、劇評では、『晩餐に来た男』を冒瀆したと失望された。

しかし配役のし直しも、代役に起用したクライブ・レベルを組み入れてのリハーサルもフィラデルフィア公演に間に合わせることができず、動転するジョージを再度、痛烈な批評の餌食にすることになってしまった。ニューヨークで目にした劇評は「『シェリー！』は臨終だ」であった。

やがて、フィラデルフィア公演も残り数日という時になってようやく、クライブ・レベルが役を引き継いだ。ショーはクライブが連れてきた演出家、ジョー・レイトンによってクライブの注文通りにすっかり作り変えられた。それでも、才能豊かなジョーの手により、作品にはまったく別の新たな感性が加味された。

ジョージが降板した数カ月後にベニタは亡くなった。そしてその五年後、ジョージは〝名文句〟を遺してスペインで自殺を図った。「人間どもよ。うんざりしたからおさらばするよ。私はもうじゅうぶんに生きた。この掃きだめに巣食う深憂からひと足先におさらばだ。後はよろしく」

ジョージの逝去からニューヨークの初日までには時間がなかったが、レベルとレイトンは果敢に挑んでくれた。とはいえ、われわれがキティ・ハートの部屋で披露した作品が、ボストンでもフィラデルフィアでもニューヨークでも一度も上演されなかったのは実に残念なことだった。

ニューヨークでは、劇評は〝好評〟から〝冷淡〟までさまざまだったが、〝冷淡〟がよりによって絶大な影響力を持つ《ニューヨーク・タイムズ》の劇評家ウォルター・カーから寄せられたからたまらない。彼は「そもそも『晩餐に来た男』という芝居が好きじゃない」と言ってのけた。こんな終盤になって、ずいぶんとひどい仕打ちだった。

それでも音楽的評価は高く、主題歌はビルボードチャートで三位を記録した。しかしサウンドトラックを制作する前に公演は終了してしまった。それから三十年。ようやく、『シェリー!』の後日談について話せる時がきた。

ブロードウェイで上演される作品には、公演終了の翌朝、例外なくたどらされる運命がふたつある。舞台セットは、保管するにはコストがかかり過ぎるという理由で、ニュージャージーに運ばれてあっけなく焼却される。公演中、オーケストラピットに配置された譜面台の上で大切に扱われていた楽譜は、すべて丁寧に梱包されトランクごと音楽出版社へと送られる。

『シェリー!』が幕を下ろしてひと月が経ったころ、ショーをプロデュースしたいという最初の連絡が入り、以後多数の依頼が舞い込むこととなった。私が出版社へ電話して言うことは決まっていた。「トランクを開けて、数百ページにおよぶスコアをコピーして、依頼してきたプロデューサーに送ってくれ」ところが、チャペルはこう言ったのだ。「なんのトランクだって?」

身も凍るような返答から三カ月間、必死の捜索もむなしく、私は絶望的な結論にいたるほかなかった——トランクは誤ってニュージャージー行きのトラックに載せられセットとともに焼却されてしまったのだ……。

それからの三十二年間、『シェリー!』に寄せられたオファーはことごとく「申し訳ありませんが、スコアがないもので」という痛ましい対応に出くわすことになった。ところが一九九九年の秋になって、私はレコードプロデューサーのロバート・シャーから一本の電話をもらった。あるミュージカルファンが、打ち切りになるショーの記念にと、劇場で内緒に録音したという海賊版を聞いたところ、音が不明瞭ではあるものの、「すばらしい曲なのでぜひキャスト・アルバムを作りたい」のだと言う。

ひと月後私は、連絡をくれたことに感謝しつつも、ようやく閉じた傷口を再び抉られたことを苦々しく思いながらロバート・シャーに電話をかけた。シャーは言った。「国会図書館にならミュージカルに関することがなんでも揃ってるはずだ。譜面の切れ端でもあれば、ラリーもスコアを書き直そうって気になるんじゃないか。館長を知ってるから、連絡してみるよ」

「やめてくれないか。もう、終わったことだ」私の言い分も聞かずに電話は切れた。

そして一時間後、シャーは電話をかけてきた。「今、椅子に腰かけてるか？」

「なんでだ？」

「あったんだよ」シャーが言った。「トランクが、国会図書館にあるんだ。しかも三十二年間手つかずで。君たちが書いたものがそっくりそのまま……あるんだよ、ジム」

聞けば公演終了の翌朝、スコアを含めた楽譜はすべて、譜面台から降ろされるといちばん使い勝手のよいトランクに詰められたのだという。ところがこの大きなトランク、実は舞台上にも登場した小道具で、いかにもいんちきくさい革ひもと鍵の絵が描かれていたため、出版社のオフィスではなくニュージャージーにある倉庫の方へ運ばれてしまい、そのまま放置されてしまったのだ。そして九〇年代になって、チャペル出版がワーナーミュージックの傘下に入ったため自社の倉庫を整理した際、ポーター、カーン、ガーシュインといった名だたる人々の作品に紛れてこの数奇なトランクも国会図書館へと送られ、中身を改められたのち、他の資料と同様の理由でワーナー・チャペルが送致してきたものと判断され、保管されるにいたったのである。ラリーと私に報告がなかったのは、図書館の保管者が、当然われわれの指示によってワーナー・チャペルが送ってきたものと看做したからである。そして、好漢ロバート・シャー（この一件に関しては間違いなくヒーローだ）が図書館長に連絡を入れるまで、誰に触れられることも知られることもなく、楽譜は生き長らえていたのだった。

ラリーと私は、館長の手助けを得て楽譜の救出にあたった。そこには、最初のリハーサルからニューヨークでの初日までずっとショーとともにあった、全曲、全音符、全譜面、全アレンジの、新品同様の姿があった。

そして二〇〇〇年の夏、ラリー・ローゼンタールと私はこの作品を誰も見たことも聞いたこともないものに作り直し、八月のある晩、私の自宅で披露したのだった。いまや九十歳になったキティと、アンがかつてキティの居間でそうしたように、ネイサン・レイン、バーナデット・ピーターズ、キャロル・バーネット、ＥＭＩのブルース・ランドバルらに拍手を送り、常連の友人や仲間たちがそれに続いた。こうしてその晩、遠い昔の光景さながらに、四人の、エンジェルレコードからの出演契約が承認されたのだった。

こうしてＣＤ『シェリー！』は二〇〇三年二月に、ブロードウェイでの初日から実に三十六年の時を経て発売された。

『シェリー！』の価値を云々するつもりはないが、形に残る仕事として最上のものだったという思いから、私は、生涯で一度か二度味わえるかどうかというほどの（一度だって幸運だが）満足感を得ている。関わったヒーロー諸氏に感謝する。

ブロードウェイプロダクションとしての『シェリー！』の仕事が終わった数日後、私は机に向かい、作家の多くが陥るあるジレンマとたたかっていた。二年にわたり投機的な仕事に心血を注いできたが、その賜物では安定した収入は得られない。とすればどうしたら家賃を支払い、食卓に食べ物を並べることができるか？　それは十三の時から、折に触れ渡り合ってきた難問である。

ぼんやりとあたりを眺めるうち、私の視線は、何年もかかって机の隅に積みあがった小さな紙きれの山をとらえた。それはブックマッチのふたや封筒の裏、紙ナプキンやメニューやノートの切れ端で、その一つひとつに四つの単語――冠詞、単数名詞、前置詞「of」、複数名詞という定型――からなる語句が丁寧に書き記されていた。そしてそれらは、詩的なひらめきやおもしろい発想に基づいて分類されていた。

たまたまそれらの語句を目にした時は、英語を生業としている者が造語に新鮮味を覚えないのと同じく、興味をひかれることはなかった。ありふれた慣用表現にすぎないのだから――たとえば「群れ」を表わすのに、ガチョウには「gaggle」、魚には「school」、ライオンには「pride」、天使には「host」、美女には「bevy」を決まって用いる。もう少し気が利いたところでは、「a barrel of monkeys」（猿の大群）、「a hill of beans」（ごく少量）、「a dose of salts」（迅速に）、「a plague of locusts」（イナゴの異常発生）、「a quiver of arrows」（大勢の子供）、「a tissue of lies」（嘘のかたまり）、「a can of worms」（こみ入った問題）といったものがある。

だが待てよ……なぜ、ライオンには「pride」なんだ？　いったい誰がそう決めたのか？

次から次へと生まれる疑問に答えを見出す作業は長い年月を要したが、この発見の旅は、結果的には私の人生においてもっともやりがいのある仕事となった。

一九六八年のあの日、机の上の紙きれの山に目を留めた私は、歳月をかけて集められた四字慣用句のコレクションをパラパラとめくってみた。ほんの数分間、改めて眺めて感心していたにすぎない。その紙きれの山のそばに一枚の名刺があった。自分がどんな語句を書き記したのかを見ようとめくってみたが、裏は白紙のままだった。もう一度表を返すと、友人のリチャード・グロスマンからそれを手渡された時のことを思い出した。当時彼は、シニアエディターをしていたサイモン&シュスター社を辞めて、自身の出版社を立ち上げたところだった。

さらにもうひとつ、その数カ月前に道でばったり彼に会った時、落ち込んだ様子だったので尋ねると、妻と別れたばかりで目前に迫ったホリデーシーズンをどう過ごすか途方に暮れていると言っていたのを思い出した。私が彼を実家の感謝祭に誘うと、迷わず首を縦に振った。

私は、生涯それに感謝するであろう何ものかに突き動かされて、リチャード・グロスマンの名刺に書かれた番号に電話し、彼が出ると言った。「感謝祭の時に母さんのところでやったゲームを覚えてるかい?」

「もちろんさ」

「あれを本にしたいんだが」

「明日〈プレイヤーズクラブ〉で昼食はどうだ。一時に」

〈プレイヤーズクラブ〉で私は、研究に没頭する数カ月間に必要な資金を融通してもらう約束を取りつけた。

人は何かを経験すると、そのものの価値に見合うだけの感動を得るものである。私の場合それは、長い探究の終わりであり——希代の体験の幕開けであった。一四八六年にジュリアナ・バーンズによって編纂された『聖オルバンズの書』には、もっとも信頼に足るリストが載っている。先の「ガチョウの一群」や「ライオンの群れ」といったものだけでなく、想像力と意外性に満ちたものまである。「冷酷なカラス」「ムクドリのつぶやき」「子馬のぼろ服」「狐の群れ」「ヒョウの跳躍」「カササギのたより」「フィンチのまじない」「サルの小賢しさ」「ヒキガエルの一団」「フクロウの会合」といったものだ。そして「雲雀の高揚」目にした瞬間、本のタイトルにと選んだ言葉だ。

風変わりだが私には魅力的だったこの研究は、英語学の一端を扱うに留まらず、図らずも私が言語学的遺産について思索するきっかけとなった。私は告白する。「この本の真髄は、われわれにとってもとも貴重な天然資源の一つである言語が衰退傾向にあり、森林や湿地帯や絶滅の危機に瀕している鳥たちと同じように手厚い保護を与えられるべき状態にあるという懸念にある」

一九六八年十一月の発行日当日、世間知らずの駆け出し作家は意気揚々として自転車にまたがり、マンハッタンの中心部にある書店を残らず回った。もちろん「噂になっている『雲雀の高揚』」を探しているお客を装って。だが、言うまでもなく、噂どころか本屋ですら誰一人として知っている者はなかった。

ここで、当時絶大な影響力を持っていた、NBCの『トゥデイ・ショー』の司会者の一人だったバーバラ・ウォルターズが登場する。以前ローレンス・ローゼンタールと私は彼女の番組に招かれ『シェリー!』の曲を演奏したのだが、今回は『雲雀の高揚』で私を呼んでくれるというのだ。

十一月も末の夜明けに私が到着した時、『トゥデイ・ショー』のスタジオには、天井から吊るされた銀色の雲雀《ひばり》たちが飛んでいた。バーバラと副司会者のヒュー・ダウンズとジョー・ガラジオラは、私の本とともに個人的に作成した語句のリストを携えて現われた。リストは、ヒュー・ダウンズが言うところの「本気でやめられなかった唯一の本」に捧げるものだという。

初版の五千冊が、その日のうちに国内のどこを探してもない状態になった。数日後、ディック・グロスマン社を吸収合併したバイキング・プレス社のオーナーであるトム・グインズバーグから電話をもらった。二十万件というとてつもない注文を捌くため、バイキング社は休日返上で『雲雀の高揚』の増刷、製本をしており、糊も乾かぬうちに、自分の取り分をせっついてくる全国の書店へ発送している、とのことであった。

その後、書評が出た。《ニューヨーク・タイムズ》のハーバート・ミットガングは「言葉が喜ぶ庭園」だと評した。《ニューズウィーク》のレイモンド・ソコロフは「リプトン氏は、英語を話す人々に対して偉大な貢献をした。もし英語のアカデミー賞があったら、間違いなく受賞するだろう」そして《ウィルソン図書広報》はこう明言した。「リプトン氏の本をなくすよりは『ロジェ類語辞典』や『バートレット引用句辞典』を手放した方がいい」

『雲雀の高揚』は発売以来一度も出版を断たれたことはなく、数回の増補を含め、この本を書いている今にいたるまで数え切れないほどの版を重ねて進化してきた。バイキング・ペンギン社の身びいきな言い方を借りれば、今や古典の域に入ったといえる。

私の書庫の棚ひとつ分は、『雲雀の高揚』からの抜粋や引用がある本で埋め尽くされている。この本はいまや文芸創作講座の必須テキストであり、《ニューヨーク・タイムズ》のクロスワードパズルの作成にも使われている。そしてこの本は、今もそしてこれからも、私から世界の人々に向けての手紙であり続ける。しかしこうしたことはすべて、バーバラ・ウォルターズが銀色の雲雀の翼に載せて、この本を世に送り出してくれたからこそ成し得たことである。

第八章

「やつの目は毛布に開いた二つの焦げ穴みたいだぜ」

――イルナ・フィリップス
『ザ・ガイディング・ライト』より

長い修行時代、私はブロードウェイやオフ・ブロードウェイ、およびゴールデンアワーのテレビ番組での俳優業で生計を立て、次第に演出や脚本の仕事もするようになった。しかし経済的に厳しかったあの十年において、手堅く、安定した頼みの綱だったのは、ソープ・オペラであった。世に名だたる俳優の中にも、若かりし日々をそれに支えられた人たちがいる。〝昼ドラ〟でも〝昼の帯ドラマ〟でもない。〝ソープ・オペラ〟とは、あるがままのものにありのままの言葉をあてたものだ。つまり、石鹸・洗剤最大メーカーであるプロクター・アンド・ギャンブルが、アメリカの主婦にターゲットを絞るためにスポンサーを買って出て、新人を集めて作品を作ったのが命名の由来である。

ソープ・オペラでの仕事が、芝居や歌、ダンスのトレーニングの費用を賄うだけでなく、勉強のために不可欠なのに無給に等しい舞台出演を断わらずに済む、という得難い喜びを与えてくれたことは間違いない。哲学、文学、フランス語、それに映画製作の講座まで受けることもできたし、本やレコード、劇場やバレエやコンサートのチケットを買うこともできた。しかし一番肝心だったのはそれによって――

―成長し、発展するための時間がもたらされたということだ（私には今もって、その頃の配当が入ってくる）。

『アクターズ・スタジオ・インタビュー』でも、親の死や、中毒、恩師、アカデミー賞受賞の経験、刺青との苦闘といったテーマとともに、ソープ・オペラのことはよく取り上げられてきた。

何故か？　ニューヨークに留まって勉強や劇場での仕事をしたいと考える役者にとって、それはまさにうってつけのものだからである。昼はソープ・オペラ、夜には劇場と習い事。これは、西へと移動したゴールデンアワーのテレビ番組を追って、経済的な現実問題に直面していた役者たちも流れていってからの実情である。演劇界は、ソープ・オペラなくしては才能ある人材を確保できないと言っても過言ではない。とはいえ、ソープ・オペラと演劇界の関係はわれわれ仲間内では極秘事項とされ、かつ最も重要な相互作用と看做なされていたものの一つである。

連続もの、あるいは昼間の番組に馴染みのない人々にとっては、『アクターズ・スタジオ・インタビュー』のゲストの中で、ソープ・オペラの経験がある顔ぶれに驚くことだろう。

車椅子に乗ってステージに登場したクリストファー・リーヴは、『ラブ・オブ・ライフ』に出演した時のことをいとおしむように回想し、その経験を〝地方巡業の一座に戻ったように懐かしい〟と語った。

私は彼に、当時の役名を聞いた。

「ダン・ハーパー。悪い奴だった」

ソープ・オペラの視聴者たちが、俳優とその役柄を分けて考えられないらしいという話はよく耳にする。それを実感したことがあるかと尋ねた時にはこう言った。「ぼくがレストランにいたら、あるご婦人がやって来て、ハンドバッグで強烈な一撃を食らわせて言うんだ、『よくも母親にあんな仕打ちを！』ってね」

トミー・リー・ジョーンズは、ソープ・オペラと結び付けられることなどまずない俳優だが、『ワン

・ライフ・トゥ・リブ』の卒業生である。彼は当時の経験を、はっきりと語った。

「素晴らしかったよ。そう、何が素晴らしいって、家賃が払えたからね。それに、ここで暮らしてた七年の間に十二作か十四作出演したけど、それだってソープのおかげだったからな。他にはね……」と彼はじっと考えて言った。「それまで、五百人を超える観客の前で演技をしたことなんかなかったんだが、初めての日にプロデューサーのひとりに向かってこう言ったのを覚えてる。『今日の番組、どれくらいの人が観ると思いますか?』。そうしたら彼女は、千二百五十万人くらいだろうって答えた。すげえ、って思ったよ。そんな数字、想像もつかなかった。プレッシャーを感じないようにするにはいい勉強になったね」

そしてこう締めくくった。「ソープは大勢の役者たちを食わせて、生かしてきた。そして視聴者もね。だから、感謝してるんだ。それに毎日やってるものだから、役者は力がつく。演劇や演技に価値を置くなら、役者たちを忙しくさせておくことが、文化の質の向上には重要なことだね。オーディションを受け続けていた時、俺はキャスティング・ディレクターに言われた。『君は本当に素晴らしい役者だと思うよ。でも俺たちが欲しいのは、客の取れる名前なんだ』。それはつまり『この役は有名人でなきゃやれない』ってことだ。だから俺は『どうしたら有名になれますか』って訊いた。そしたらみんな、ブロードウェイで仕事を得ていたソープ・オペラのスターたちを指差してたよ」

ローレンス・フィッシュバーンは十一歳の時に、昼の番組に初めて出演した黒人家族ユニットの一員として、ソープ・オペラで——同時にテレビでのキャリアも——デビューを果たしている。「私にとって——いくつかの理由で——信じがたい経験だった。第一に、いきなりすごい俳優たちと向き合わされた。私がダラダラやっていると、アル・フリーマン・ジュニアが毎日のように近づいてきて『坊や、集中するんだ!』って言うんだ。でも本当に感銘したのは、トミー・リー・ジョーンズの芝居を見られたことだった。トミー・リーと私は、同じ番組に出ていたんだが、朝七時にスタジオへ入って通し読みをする。トミーはかっかしながらページをすごい勢いでめくっては『こんなこと言えるか！』って言うんだ。そして意味をなさない部分を書き直して明確にし、自分のキャラクターに見合った根拠を与えようとする。これは私にとって強烈な体験だった――後のち私は同じことを、あの時に学んだこととは意識せずにやってたからね」

ケヴィン・クラインは、ニューヨークへやってきた時に立てた、コマーシャルとソープ・オペラは絶対にやらないという誓いについて話した。「何故なら、それらが演じることの品位を落とすからだ。偉大なる演技は、偉大なる劇文学における偉大なる役を演じることで生まれるのだから。ところが六カ月間無職でいたところ、ある人に言われた。『あのな、芸術家ってのは食わなきゃいけないんだ。食べるってことが、第一の務めなんだよ』と。それから、『サーチ・フォー・トゥモロー』という短期の番組で役をもらった。一話で三百ドル！　しかも自宅から六ブロック歩いていけばよかった。朝八時に行って、三時には引ける。そしたら私のエージェントが言った。『これでようやくおまえは働ける。オフ・ブロードウェイでも、オン・ブロードウェイでも、オフ・オフ・ブロードウェイでもだ。芸術家になれるんだぞ。品位を落とす、って考えてた仕事をすることで、日常生活が送れるんだ』」

マーティン・シーンは『アズ・ザ・ワールド・ターンズ』と『ジ・エッジ・オブ・ナイト』に出ていた。ジュリアン・ムーアも『ジ・エッジ・オブ・ナイト』に出演していた。役柄は「カルメン・エングラーというスイス系フランス人だったわ。みんなが彼女の出身地を決めかねたから、スイス系フランス人なの。でも最初はフランス人で、『もしも彼女の父親がスイス人だったら、おそらく彼女もスイス人だ』って言われたのよ。おかげで訛りがあっちこっちになってね。でも、とっても面白かったわ。すごく楽しかったし、あれが仕事だった」

『アズ・ザ・ワールド・ターンズ』はジュリアンに、さらなる難題をふっかけてきた。「フラニー・ヒューズという、病院職員のチーフの娘を演じろと。病院職員のチーフには必ず娘がいて、しかもいつも問題を起こすのよ」

「あのショーでは、必ずヒューズという名前の人物がいた」と私が言った。「あれは家族の――」

「ええ。あのキャラクターはショーの途中で誕生したの。当初私は、悪いフラニー・ヒューズを演じていたんだけど、これが大失敗！　視聴者の苦情で、キャラクターを大きく方向転換しなければならなくなったの。二カ月間、人にくってかかったり、セクシーな服を着たりしていたのに、ある日スタジオに入ったら私の衣裳が全部、ピンクや白のとってもお上品なものになってたの。ちょっと服が変わっただけのことなんだけどね。それで、異母姉妹のサブリナが誕生したというわけ。彼女はイギリス人で、かつらや眼鏡やコンタクトレンズやそういう類いのものをすべて身に付けていて、それから私は誘拐されて……」学生たちは笑ったが、既にちゃんと理解しているものとみて、彼女は続けた。「私は記憶喪失にかかって、自分のボーイフレンドと寝てしまったんですから。彼が言うには、暗かったから見分けがつかなかったんですって。それが私のいちばん好きなセリフ。そうよね、電気が消えてたら、どうやって見分ける？」

「この驚くべき二役で、賞を取ったんでしたね」

「ええ、デイタイム・エミー賞を取りました。うれしかったわ」

おそらく最もソープ・オペラとは縁がないと思われているのは、重鎮モーガン・フリーマンだろうが、彼もまた『アナザー・ワールド』で、曰く「ようやく結婚に至り、新婚旅行でヨーロッパへ行ったきり帰ってこなかった」建築家のロイ・ビンガムを演じていた。

サルマ・ハエックは、タイトルロールのテレサを演じたことで、メキシコの熱狂的なテレノベラ（テレビ小説）の世界において傑出した存在となった。アメリカの視聴者は、ソープ・オペラのキャラクターを自分の分身のように捉えることがあるが、ラテンアメリカの人々の捉え方は、それに輪を掛けている。「テレサは策士だったの」とサルマは言った。「それに出世欲のかたまりだった。私はある家に教授とその姉と暮らしていて、自分の素姓を偽っているの。それで劇中、母親が私を訪ねてきた時、彼女をお手伝いのようにあしらったのね。そしたらある時、私が実の母親と家族みんなでレストランにいたら、女の人がハンドバッグを手に（まさにソープ・オペラの熱狂的ファンが選ぶ攻撃手段だ）私のテーブルへやって来て、そのバッグで私を叩きだしたの。『この悪い娘が！　悪い娘が！　あんたなんか地獄へ落ちるがいい！　なんてひどいことを、自分の母親に向かって――生い立ちがどうだって言うの！』ってね。私の母が『この娘が何をしたって言うの？　何をしたのよ？』って言ったら、今度は女の人が私を蹴ろうとしてきたの。だから私は『ちょっと待って。落ち着いて！』って言ったのよ」

　それからサルマは、メキシコで享受してきた称賛を手放し、ハリウッドで一から出直した頃の興奮を語った。「あれだけ活躍してたのに、どうしてメキシコを離れたかって？　エキストラとしてアメリカで仕事をするために、メキシコでの成功を手放すんだということを、誰も理解できなかっただけのことよ。だからみんな、好き勝手な理屈をつけ始めたのね」

「たとえばどんな？」

「たとえば、私がメキシコの大統領と不倫の関係にあって、けんかをしたから私が国を出て行く羽目になった、とかね」

　スーザン・サランドンは、『ワールド・アパート』という短期のシリーズに出たことは価値あることだったと言った。「演技を学んだことの無かった私にとって、それは素晴らしい体験だったわ。基本的には生の芝居でありながら、対象の機材や装置に対応するという意味で、舞台と映画を併せたような感じだった。『ワールド・アパート』では、〝何でもあり〟の役をやったの。役の上で私の身に何が起こったかは滅茶苦茶でお話しすることも出来ないけど、とにかく、私は多くのことを学んだし、素晴らしい人たちと仕事が出来ました」

「『サーチ・フォー・トゥモロー』にも出ていませんでしたか？」

「出てましたよ。ええ、あれはすごくよかった。だって、もう五十年くらい出演している主人公が小屋に囚われていて、しかも彼女は視力を失っているの。私はいつもコインランドリーにいて、そこから母親に電話を掛けている。ボーイフレンドはだいたいいつも悪いやつでね。ボーイフレンドと私は、彼女を小屋に閉じ込めていた男を殺す羽目になるの。そして助けを求めて走り出した彼女は、崖から落ちて、視力を取り戻した」

「そうそう」このくらいは、驚くようなことではない。ソープ・オペラにおいて、疑問点をあいまいにしたまま引っ張っていく手段には制限も際限も無かったのだから。

スーザンは間髪入れずに話を続けた。われわれと同じく、彼女も自身の話に夢中になっていた。「話はそこで終わらないの。私たちは町へ出て、私のボーイフレンドは彼女の庭師になった。さて、この女性はこの男に何故だか親近感を覚えるものの、盲目だった彼女には、もちろん彼が誰なのかはわからない」

「そのとおり」

「締めくくりは、児童公園での派手な撃ち合いだった。全部セットのね。ところが唯一の問題は、私のボーイフレンド役の男性がソープに馴染みが無かったことで、舞台俳優だった彼にとって、毎日毎日新たに台詞を覚えて言わなきゃならないってことが相当なストレスだったのね」

「なるほど」

「それで最終話では、私のボーイフレンド役は共演者全員をハラハラさせっぱなしだった。彼はずっと泣き通しだった。皆はそれを素晴らしい演技だと思った。でも私はその時、涙の何たるかを学んだのよ。だってその涙は話の本筋とは無関係だった。神経が参ってしまって泣いているのに、周りはそれを素晴らしいと思ったんだから」

「実におもしろい」

十二年におよぶショーの歴史上、ソープ・オペラに関する話題が最も短かったのは、テリ・ハッチャーとのやり取りだった。

「ソープ・オペラに出たことは？」

「二分くらいね」

「どうして二分だけ？」

「クビになったの」

「タイトルは？」

「『キャピトル』」

「私が書いてた」

『アズ・ザ・ワールド・ターンズ』で、ずば抜けたスターだったのはメグ・ライアンだ。私がその時の役名を聞いた時、彼女は例の輝くような笑顔になって、いかにも誇らしげに一音一音はっきりと発音して言った。「ベッツィー・スチュアート・モンゴメリー・アンドロポロス。みんな、私の結婚相手よ」

「ベッツィーについての話を」

メグは椅子に深く坐り直し両手の指を組んだ。「ええと――ショーに出ることになって、私はこのくらいの小さな家系図を渡されたの。誰と誰がどう繋がっているかが、とっても複雑な図表みたいに書いてあった。ばかばかしいと思わない？ それから抑えた調子で言われたの。『君の母親、その、実の母親は、階段を上へ落ちて死ぬんだ』って。で、私は思ったの。『そうよ！ 彼女は厄介者なんだわ』。ちょっと待って、〝上へ〟行ったの……？」

「何か説明はあった？」

「いいえ。私は自分で考えるしかなかった――時間をかけてね。でもそれ以来、ベッツィーがキャラクターを完全に逸脱した行動を取るたびに、とはいえ、そうなるのは脚本家のストライキ中のことが多いんだけど、私は階段を上へ行ったの。そう、〝上へ〟。なにしろ彼女の母親は階段を上に行って亡くなったんだから。そのことでいろいろ説明がついたし、役にも立ったわ」

「誘拐はされた？」

「あなたがそう言うなら。されたかしら？」

「まあ、みんなそうだから。ソープ・オペラでは、いずれ必ず誘拐されるんだ」

「そのとおりね。ほんと」

「後は、妊娠した」

「そう！」

「でも、夫の子じゃないの」

話をする様子は真摯で、かつてスタニスラフスキー・システムの師として名高いペギー・フューリーの許にいた頃と変わらなかったが、彼女はこう言ったのだった。「あの、ソープ・オペラでは他にもね……」

「なに？」

「私、俳優さんたちに本当に恋してしまったの。その人たちのそばにいるのはすごく楽しいことだった。だってみんな、その才能にもかかわらずとっても素直なんだもの。東七十六番通りのスタジオにはそんなソープ・オペラもあったんです」

メグがステージ上で結婚後の名前を列挙していた時、私は力なく言った。「『ザ・ガイディング・ライト』では、私は自分の母親以外の全員と恋愛関係か婚姻関係にあった」

ステラ・アドラーとハロルド・クラーマンの時代に、私は『ザ・ガイディング・ライト』に参加している。これはギネスブックに、現プロダクションの作品中最長の放送記録を持つソープ・オペラとして、またテレビ史上、放映期間最長の番組として記録されている。しかし私が出演して以来、何故かその記載は削除され、しかもタイトルが定冠詞のない『ガイディング・ライト』になったのだが、私が中途参加した時にはすでに、名物番組となっていた。

私は、スーザン・ダグラス演じるショーのおぼこ娘キャシーと、わずかの間恋愛関係になるのだった。彼女は、同じ高校のバスケットのスターである私ディック・グラントを、息を切らしながら家族と視聴者とに紹介した。私の身長は若かりし当時でも百七十五センチだったのだが、わが道を行く伝説の台本作家イルナ・フィリップスは——おそらくはバスケットの試合すら見たことがなかっただろう——そんなことにはお構いなしだった。

イルナは、ショーの撮影日前わずか三、四週間で（時としてひどく遅れが出た場合には、なんと二週間で）書き上げることで有名だった。

台本がニューヨークへ到着すると、ショーのディレクターであるテッド・コーディと出演者がテーブルを囲み、イルナの凝りに凝った話の展開を忠実になぞりながらも、大幅な書き直しに取り掛かるのだった。そして毎回、ショーが放送されるとコントロールルームの電話が鳴り、一同はガラス越しに、テッド・コーディがイルナのさらなる辛辣な意見に顔をしかめるのを見ることになる。テッドや出演者が、彼女のお気に入りの台詞に強引な手直しをした時は、なおさらだった。

その対立は、ある日極限に達した。テーブルで広げた台本には、ある登場人物が、くたびれ果てた別の人物の様子を表現するのに「見ろ、あいつの目は毛布に開いた二つの焦げ穴みたいだぜ」とあったのだ。

「カット！」テッドが叫ぶと、テーブルの周りではせっせと鉛筆が動いた。この日は番組が放送されるやいなやコントロールルームの電話が鳴り、相手の話を聞いているテッドは、いつになく苦痛を味わわされているようだった。彼の声はキャストには聞こえないが、応戦しているように見えた——それはまれな光景であり、宣戦布告のようでもあった。それから二、三週間後、テッドとのごたごたがあった日の午後にイルナが書いた台本が一同の許に届いた。そこでは、ある人物が別の人物の目について、毛布に開いた二つの焦げ穴のようだと言っていた。「そこ、カット！」テッドは怒鳴った。「あいつの目は毛布に開いた二つの焦げ穴みたいだぜ」と。

闘いの火蓋は切られた。それからは毎日、誰かが言わされることになったのだ。

それは「毛布バトル」として知られるようになり、波乱は数カ月も続いた――そして、救済の季節、復活祭が巡ってきた。イルナは断じて信心深い人間ではないが、大事な宗教的休日にはそれをきちんと祝うことで、番組の視聴者の信心に敬意を払っていた。第一『ザ・ガイディング・ライト』という題名自体、宗教的な意味合いを含んでいたし、一九三〇年代の初代の主役は牧師であったのだ。だからイルナは復活祭向けの話を書き、それは毎年、神聖な場面のためにと連れてこられた本職の牧師による長ったらしい説教を中心に、再演されてきたのだった。

「毛布バトル」が勃発した年のショーのリハーサルで、一同は教会のベンチにぼんやりと腰かけていた。牧師が説教を始めると、膝の上の本や雑誌に没頭する役者もいた。「そして三時ごろ、イエスは大声で叫びました、『主よ、ああ主よ、いずくんぞ我を見捨てたもうや？』」

その場面の言外の意味をより明確にするためのカメラ調整で、時折テッドがコントロールルームの拡声器を通して中断をかける以外は、リハーサルは単調に続いた。牧師がイルナ版〝キリストの最後の七つの言葉〟を説いていても、誰一人きちんと耳を傾けてはいなかった。「『ガリラヤから来たその男の苦しみになど無関心の兵士たちは、十字架の足もとでぼろぼろになった衣服を脱ぎ棄てた。遠くで雷鳴が轟き、地平線に稲妻が閃いた時、一人の兵士が上方を見やった。突如、その男は隣にいた兵士の腕を摑み、『見ろ！』と叫んだ。兵士たち全員が、その男の震える指先を追った。男は十字架の上方を指して、喘ぎながら言った。『あの目を見ろ！　毛布に開いた二つの焦げ穴みたいだ！』」

ここで、ベンチに爆弾でも仕掛けられたみたいに会衆が一斉に跳びあがったものだから、牧師役の俳優はびっくりして顔を上げた。そして兵士たちがそうであったように十字架の上の男の苦しみなど関係ないと言わんばかりに床をのたうち回り、お互いに摑みかからんばかりにして大笑いしているわれわれを、不信の眼差しで眺めていた。

その聖職者を安心させようと、拡声器越しにテッドが割れた声でがなった。「大丈夫、大丈夫です。こっちの話でして。説教の方は問題ありませんから。続けてください。それから君たち、頼むから、ベンチに戻ってくれ。予定が押してるんだ！」一同がコントロールルームをじっと見上げると、テッドが語気を荒げて言った。「『毛布』のセリフはそのまま！　だから、ごたごた言わずに牧師さんにキューを出してくれ」

一同は、どうにか生放送を切り抜けた。自分たちの唇が震えていたのは、イエスの――そしてイルナの――〝最後の七つの言葉〟の素晴らしさに喚起された感情を見事に抑制したせいだと、視聴者が見なしてくれと淡い期待をかけて。

この直後テッドは、あれはイルナへの復活祭の贈り物としてやったのだと説明したが、一同は闘いがイルナの勝利に終わったことを知っていた。毎年の復活祭の説教では相変わらず、イエスの目は毛布に開いた二つの焦げ穴のように見えていることだろうが、番組のファンは――殊に〝熱狂的なファン〟は――内情がわからないがゆえに、ますます楽しめるというものだろう。

しかも、『アクターズ・スタジオ・インタビュー』でソープ・オペラの出身者たちが指摘したように、ソープ・オペラのスターは、映画スターですらそうはいかないのに、番組のファンからの尊敬を集めるものなのだ。

私と、奔放に生きる父との深い溝が埋まり、私が舞台やゴールデンアワーのテレビ番組の脚本を書き始めたのは、『ザ・ガイディング・ライト』に出ていた頃だった。何に挑戦するにも、習い事を続けるにも、そのすべての費用を賄ってくれたソープに対し、トミー・リー・ジョーンズやジュリアン・ムーア同様、私はあくまでも心からの感謝を表する。

書くことへの興味が増していったことと、私の最初のブロードウェイ・ミュージカルの上演が差し迫っていたことが私に、『ザ・ガイディング・ライト』という庇護からの脱却を余儀なくさせた。とっくに研修も終え、数多の恋愛と二度の結婚を経て、〝黄金の手〟を持つ外科医として名を馳せたドクター・ディック・グラントは、モーガン・フリーマンが演じたロイ・ビンガムと同様、「ヨーロッパへ旅立ち……二度と戻ってはこなかった」

ウィンター・ガーデン・シアターでの開幕が、暗く、啓示的なものに終わり、どん底に突き落とされて、文字通り〝這い上がるしかない〟状態になりながらも、何から始めればいいのか見当もつかずにいた私の前に、P&Gのボブ・ショートとエド・トラックがひょっこり現われて、思いもかけない提案をしてくれた。イルナは『アズ・ザ・ワールド・ターンズ』の驚異的な成功で、CBSでの可能性を広げたが、NBCが放送する『アナザー・ワールド』という別のソープまで任せたことは、彼女に負担をかけすぎだろう。そんな会社の判断のもと、メインライターとしての権限を、彼女が弟子とみなした人物に譲るように説得したのだという。そしてその人物こそかつての彼女のお気に入り、ドクター・ディック・グラント、つまり、私だったのである。

イルナには、仕事をするうえでの奥の手がいくつかあったが、中でも一番の策は彼女が〝方眼〟と名づけたものだった。ゲーム盤のように細かい桝目に仕切った紙なのだが、パソコンのない時代なので、鉛筆と定規を使って作られていた。それは、〈スクラブル〉のプレーヤーが高得点の〝Z〟を、さらにボーナスポイントがもらえるマスに置く時のように、イルナがその喜びにくっくっと笑いながら、桝目を、とりわけ巧妙に仕組んだ筋書きで埋めたものであった。

ページの上の部分には横並びに曜日が、左端の縦の段には役名が書き入れてあった。これを用いることでイルナはなん時でも、すべての登場人物について、誰と何をし、あるいは互いにどう絡んでいるかを把握出来た。これはまた、登場人物たちを操り人形のように動き回らせつつ、彼女が新しく思いついた大胆な展開を織り込むうえで、錯綜した関係をまとめ上げる際の手がかりともなるのだった。

この手法を応用すれば、それぞれの話の中のすべての場面について、矛盾なく筋書きを展開させることができる。イルナと、彼女の指導を受けた脚本家たちは、ソープ・オペラというボールをいくつも打ち上げながらも、昼時の視聴者に驚きと喜びとを与え続けることができるというわけだ。

『アナザー・ワールド』に尽力した後の十年、私は時に独力で、時にイルナの教えを生かして、メインライターとしていくつものソープ・オペラを書いた。『ザ・ガイディング・ライト』は二年を二期、『ラブ・イズ・ア・メニー・スプレンダード・シング』『ペイトンプレイス物語』、ABCでの放送用に書いた『ザ・ベスト・オブ・エブリシング』、そして『キャピトル』。

そのキャリアにおける最後の数年でイルナは、同時期に出てきた三人の脚本家を育てた。私はその中の落ちこぼれだった。後の二人は、昨今その作品を評価されているウィリアム・ベルとアグネス・ニクソンだった。私はソープの世界から身を引いたが、彼らは残って一時代を築いた。ウィリアム・ベルは二〇〇五年に亡くなったが、『ヤング・アンド・ザ・レストレス』や『ボールド・アンド・ザ・ビューティフル』を手掛けた。アジー・ニクソンは『ワン・ライフ・トゥ・リブ』『オール・マイ・チルドレン』、『ラビング』を書いた。彼らの五つの番組の放送期間を併せると、百五十四年にもなる。これは即ち、イルナが見事に教え、彼らもまた見事に習得したということである。

彼らが留まったことも、私が去ったことも正しかった。しかし、私はその世界に深く恩義を感じている。何故ならそれが、他のあらゆることをいとも簡単に可能にしてしまったからである。一九七六年の十月、レナード・バーンスタインからの電話で、再びすべてが変わってしまった。

第九章

大統領の名声は本物で、
その権力は英知の証し
大統領の家はホワイトハウスで、
その力は神のごとし

——モハメド・アリ
ジミー・カーターの就任祝賀会より

ケダカイと私はベッドに並んで（この頃には結婚していた）『マンデーナイト・フットボール』を見ていた。私がコメンテーターのハワード・コーセルに向かって、もっとも至極な罵声を浴びせていたところへ電話が鳴った。電話の向こうの声が「やあ、ジム。レニーだ」と言った。私が黙っていると「驚かないのかい？　こんな時間にぼくから電話があるなんて」とバーンスタインが言った。

時計を見ると、真夜中だった。「まあ、ちょっとはね。どうしたんだい？」と私は言った。

「『雲雀の高揚』を置いておくことができないんだ」

「どうして？」

「ローテーブルに置いておくと誰かが見て、開いて、持っていってしまう」

「なら、本棚に置いたらどうだい」

「見つけられてしまう」

「わかった。じゃあ、五冊送るよ。そうしたら一冊はローテーブルに置いて、四冊はしまっておけるだろ」

「全部なくなってしまったら、どうする？」

「知らせてくれたら、もう五冊送るよ。全部で十冊だ」

「いったい、何の話？」ケダカイが囁いた。

「『スター・スパングルド・ガラ』についての手紙をくれただろう？」とレニーが聞いた。

「ああ」

「あれ、ナイトテーブルの上に置いてあるんだ。ひらめきが必要な時に読むんだよ」

『スター・スパングルド・ガラ』は一九七六年にメトロポリタン・オペラ・ハウスで開催した、慈善興行である。一九七三年から一九七五年にかけて、私たち夫婦と同じくハンプトンに暮らしていたブロードウェイのスター、グエン・バードンは、イースト・ハンプトンにある文化会館ギルドホールへの資金集めのための一連の興行における、脚本、制作、演出、司会のすべてを私に依頼してきたのだった。

グエンは私が知る中でも、公私を問わず人を説得する器量に長けているひとりだ。彼女は私が、自身で脚本を書いたソープ・オペラのエグゼクティブ・プロデュースをしていると聞きつけるや、私の手をしかと取って、その興行の制作へといざなったのである。そしてギルドホールの資金難を解決すると、また別の件に取りかかった。一九七〇年代半ばのニューヨーク市の金融危機の煽りで、芸術や文化といった暇つぶしにあてがわれる公的資金は非常に少なく、新聞は、舞台芸術の記録と調査の中枢としてアメリカを代表するリンカーンセンター内のニューヨーク公共図書館が、存続の危機にあると報じた。

グエンが奮起するにはそれで十分だった。ダンサーの彼女は私の腕を力強く引いて、リンカーンセンターへと導いた。そしてそここそ私が、脚本、制作、演出、司会を担当し、グエンを始めとする選りすぐりの面々とともに、図書館のブルーノ・ワルター音楽堂でガラ公演をやることを引き受けた場所なのであった。ガラ公演のチケットは完売し、資金も集まった――しかし、およそ十分とは言えなかった。音楽堂は小さく、図書館の存続問題を解決するには至らなかったからだ。そこで私は大胆にも、図書館の資金集めのためのガラ公演を、隣接した、四千席あるメトロポリタン・オペラハウスでやろうと提案した。

この企画は数カ月に及ぶ準備と、世界規模の怒涛のごとき宣伝活動を要したが、一九七六年五月にメトロポリタン・オペラの重厚な幕が開いてみれば、そこには史上最多の舞台芸術家たちが集結したのであり、その記録はおそらく今もって破られていない。『スター・スパングルド・ガラ』と銘打ったこの興行は、その翌朝の《ニューヨーク・タイムズ》で、クライブ・バーンズにこう評された。「ジェイムズ・リプトンの『スター・スパングルド・ガラ』は、素敵なトワイラ・サープで幕を開け、同じく素敵なジュリー・ハリスで幕を閉じた。その中間も、分厚いクラブサンドがフォーチュンクッキーに見えるほどにぎっしりとリッチに詰まっていた」

舞台上で司会を務めたのは、エリザベス・テイラーと副大統領のネルソン・ロックフェラーだった。シャーリー・ベレットが『ウナ・ヴォーチェ・ポコ・ファ』を歌い、フランスから駆けつけたジャン・ピエール・ランパルは、モーツァルトの『フルート協奏曲第二番ニ長調』を演奏した。それからドビュッシーの『シランクス』――クライブ・バーンズによれば「マーティン・ヴァン・ハメルによる官能的な振付けと踊り」――を演奏した。グエン・バードンとチタ・リベラは、完売したボブ・フォッシーの新作『シカゴ』からダンスを披露した。ジュディス・ジャミソンはアルビン・エイリーの――そして彼女自身の――代表作である『クライ』を踊った。ニューヨーク・シティ・バレエ団の現役スター、スザンヌ・ファレルとピーター・マーティンはバランシン振付けの『チャイコフスキーのパ・ド・ドゥ』を

を演じた。

踊った。そして、ミハイル・バリシニコフとナタリア・マカロワは『ドン・キホーテのパ・ド・ドゥ』

クライブ・バーンズによれば「それは、ガラ関係者のためのガラと言わざるを得ない」のだが、私にとって、また結果的にはバーンズにとっても、あの日の目玉はなんと言っても、ジェローム・ロビンズによって、その日のために振付けられた一作品であった。私がこの無謀な冒険に乗り出した時に是非ともやりたかったことの一つは、ミハイル・バリシニコフを口説くことだった。彼はソ連から亡命したばかりで、ニューヨーク周辺で舞台に立ったのはたったの一度、ブルックリン・アカデミー・オブ・ミュージックでのみだったから、マンハッタンデビューをガラ公演で遂げさせてやりたかった。そのバリシニコフの承諾を得ると、私はジェローム・ロビンズの説得にかかった。前世紀には偉大な振付師たちが存在したが、ロビンズは私の見るところ、彼と同時代、同格のアメリカの振付師の中ではバランシンとともに傑出している。私は彼に、同じくソ連から亡命したばかりのバリシニコフとマカロワに、この公演のための振付けをしてくれるよう頼んだのだった。

ロビンズはその交渉が難しいことでつとに有名だったが、私には、彼の生い立ちを知っているという切り札があった。多くのダンサーがそうであるように彼もまた、学校へは幼少のころしか行っておらず、その後はニューヨーク公共図書館で独学に励み、その恩返しとして『屋根の上のバイオリン弾き』の演出家・振付師としてのロイヤルティの一部を、図書館へ永久に寄付することにしているのである。

かくして私が舞台芸術図書館への支援を求めると、彼は同意した。私は制作費を捻出するため資金集めをし、ロビンズはバリシニコフとマカロワに稽古を付け始めた。メトロポリタン・オペラハウスのチケットは法外な値だったが、マカロワと、これがデビューとなるバリシニコフのためにジェローム・ロビンズが振付した世界初演作が見られるとあって、すべて売り切れた。

かつてロビンズが絶賛された『ダンシズ・アット・ア・ギャザリング』でのショパンへの探求を引き継い

でいるために『アザー・ダンシズ』と題されたその作品は、ショパンの四つのマズルカとひとつのワルツとで構成されている。

クライブ・バーンズは『スター・スパングルド・ガラ』についての批評の中で、その日〝見事な出来栄え〟だったものを評したうえでこう書いている。「しかしながら、それが記憶に留められるべきなのは、リプトン氏による、ニューヨーク公共図書館の舞台芸術研究施設への募金活動が素晴らしかったからではない。ガラで傑作が生まれたことこそが特異なのだ……その作品は、まさに天与であった」

このガラ以降、『アザー・ダンシズ』はロビンズのバレエ代表作の一つとなり、アメリカン・バレエ・シアター、ニューヨーク・シティ・バレエ団、パリ・オペラ座バレエ団、ロイヤル・バレエ団ほか多くのバレエ団で、常に上演される作品になっている。そしてバリシニコフは、『スター・スパングルド・ガラ』が自身にとっての転機であったと言っている。

レナード・バーンスタインも、私が『スター・スパングルド・ガラ』への参加を呼びかけた一人である。彼の文化的背景と好みを知り得た私は、彼に送った手紙の中で、アレキサンドリア図書館の焼失という悲惨な結末を引き合いに出した。ベッドの中でハワード・コーセルに罵声を浴びせていた一九七六年のあの晩、バーンスタインが話題にしたのが、この手紙だ。

「ほんとうに」バーンスタインは力を込めた。「あの手紙は刺激的だ」

「レニー。なんの用だい？」

彼の声の調子が変わった。「手を貸してほしい」

「何に？」

「カーターとモンデールに投票するだろ？」

「ああ」

「今、ワシントンで大規模な資金集めに関わっているんだが、主体の民主党全国委員会の奴らのやり方がまったくなっていないんだ。とんでもないことになるかもしれない！　俺の代わりにやってくれよ！」

「誰も許可しないだろうよ」

「俺がいいと言えばやるよ」レニーはぼそぼそと言った。

「そのイベントはいつなんだい」

「十日後だ」

「勘弁してくれ。仕事が入ってる」

「そこを頼む！　ただの選挙じゃない、俺の沽券に関わるんだよ！」

「無理だ」

「明日の晩、何してる？」

「何もないと思うが」

「カーネギーホールで振るんだが、ボックスシートが二人分空いてる」

「レニー、俺だって何もかも放り出すわけにはいかないし、それに……」電話は切れた。

翌日のコンサートの後、招待を受けたケダカイと私は、ダコタハウスでの晩餐に出席した。客が集まると、レニーは私の腕を取って書斎へ連れて行き、扉を閉めた。「引き受けてくれるまで、この部屋からは出さないぞ。俺の人生が懸かってるんだからな！」

九日後、ガラコンサートは細部にわたり練り直され、ワシントンにおいて開催された。呼び物の中でも一番の目玉は、レナード・バーンスタインの冴えたタクトにロザリン・カーターのナレーションが加わった、アーロン・コープランドの『リンカーンの肖像』だった。

休憩中に、就任式実行委員会の役員であるトム・ビアードが、舞台裏へやってきて私に尋ねた。「就任コンサートもやってくれませんか」

「彼を当選させられるのなら、やりますよ」

そして互いに、約束を果たした。

選挙の直後、私は就任式実行委員会に顔を出した。委員長はバーディル・ティラナ、ジェラルド・ラフショーンが次期大統領代理であった。彼らは、いわゆる典型的な就任祝賀会を期待していた。お祭り好きに受けるようなド派手な演出で一万八千席もある競技場を埋め尽くし、一席最高で一万ドルの値を付けようと言うのだ。そこで私は彼らに尋ねた。「あなた方は、大衆主義のカーターに投票したんじゃないんですか？　彼の施政を、一席一万ドルのパーティとともども、政治献金する金持ちだけのものにしたいんですか」

「どんな方法がありますかね？」とティラナは聞いた。

「テレビですよ」と私は答えた。「何よりも庶民的な媒体ですから。どの家庭でもただで見られる。ジミー・カーターの施政の第一歩として、自身の就任祝賀会を国民と共有しない法がありますか」

ティラナは明らかに興味を示してきた。「でも、就任週間の間じゅう金が掛かるだろう」

「他のショーと同じようにネットワークから受信料を取り付け、収入はすべて就任式実行委員会へ回します」

カーターと委員会の同意を得て、私は「就任祝賀会」を任された。実際、私は全権を委ねられてニューヨークへと戻ったのだった。CBSが放送権を買った十一月末から一月十九日までの間、キャスティング、脚本、制作と、私は初めてテレビ放送される「就任祝賀会」の準備に追われた。ニクソン政権下では長期にわたり、世間の文化的活動はホワイトハウスから遠ざけられていたため、ジミー・カーターの祝賀会に向けての人選は、発泡性の高いシャンパンのコルクを抜いたような感じで、打診したゲストからの反応はすさまじかった。そして、ケネディ・センター内のオペラ・ハウスから初めてテレビ放送された「就任式前夜祭」では、目の前の観客およびアメリカ国民に向けて、祝賀会が、大統領曰く、次期大統領ジミー・カーターをではなく、国民とアメリカの心とを祝すものであることが伝えられた。就任を祝う人々の中には以下の顔ぶれがあった。ポール・ニューマン、ジョアン・ウッドワード、リンダ・ロンシュタット、アレサ・フランクリン、ウォーレン・ベイティ、レナード・バーンスタインとワシントン・ナショナル交響楽団、チェビー・チェイス、ダン・エイクロイド、ベティ・デイヴィス、ポール・サイモン、シャーリー・マクレーン、マイク・ニコルズ、エレイン・メイ、レッド・フォックス、ジーン・ステイプルトン、キャロル・オコナー、ジャック・ニコルソン、フレディ・プリンズ、ロレッタ・リン、モハメド・アリ、アルビン・エイリー・アメリカン・ダンス・シアター、フレデリカ・フォン・シュターデ、ジェイムズ・ディッキー、ビバリ・シルズ、そして、ジョン・ウェイン。

祝賀会は構成によって区分けされていたから、各部分が一月十九日のケネディ・センターでのステージに織り込まれることになっていた。次期大統領がことのほか気に入っていたその晩のテーマは、賛辞を呈する際の従来のやり方を、次のような方法によって変えるというものだった。大統領は、夫人とモンデール夫妻とともにオペラ・ハウスの専用ボックス席に着席する。そして演者たちはそれぞれ大統領のことをではなく、大統領に対して語りかける。支援者、老若男女、ヒスパニック、黒人、学生などの代表として、大統領が彼らの要求や目標や夢に応えてくれるよう、呼びかけるのだ。

準備が進められる中で、私はカーターに話しかけた。語りかけられる言葉すべてが丁重慇懃なわけではなく、中には彼を狙ったユーモアがあるかもしれないが、かまわないかと尋ねると、彼は答えた。

「やりたまえ！」

オペラ・ハウスの舞台に立った中で最も慇懃だったのは、おそらくジョン・ウェインだろう。彼はジミー・カーターに投票してはいなかったのだが、カーターの健闘を祈って「忠実なる野党より」とした熱意のこもった手紙を書いたと知った私は、祝賀会でウェインにその手紙を読ませてもいいかと、カーターに尋ねた。カーターの返事は「もちろんだ」

「就任祝賀会」は、われわれ全員を興奮させた。その数日間は誰しも、自分たちが世界の中心にいるような気がしていた――事実、そうでもあった。三日にわたるリハーサルの間、ケネディ・センターにはあまりにも大勢のスターたちが出入りしていたため、制作に携わった六百人は誰も彼らに気を止めていなかった――遅れてやってきたジョン・ウェインとモハメド・アリが姿を見せるまでは。その時、騒がしかったオペラ・ハウスは静寂に包まれ、舞台上にいたスターや、客席でのんびりとリハーサルを眺めていたスターを含め、全員がそちらを向いてじっと注目した。ウェインが舞台を歩く姿には、忠誠心が宿っていた。そしてモハメド・アリが付き人を従えて舞台袖から現われた時には、そのジョン・ウェインでさえもさっと振り向いたのだった。

打ち合わせでのアリは起きぬけか、あるいはまどろみかけかというように目を半分閉じていたが、付き人が説明しようとしなかったので、私は仕事に取りかかることにした。舞台裏で「楽屋をご覧になりますか」と尋ねてみた。

するとアリがけだるそうに肯いたので、われわれは楽屋へと向かった。アリは楽屋の椅子にどさりと座ると、すぐにぴったりと目を閉じてしまった。付き人たちはアリの後ろに椅子を半円形に並べて座り、黙って私を見据えていた。とうとう、アリが重たい空気を動かした。顎は胸にくっついたまま、目は閉じられたままではあったが、彼はつぶやいた。「俺に何をしろと？」

私は、この合図を待っていたのだ。持っていたノートを握りしめて尋ねた。「フレディ・プリンズをご存じですよね？」

アリの顎が胸の上で動いたので、肯いたものと受け取った。「彼は、あなたのものまねが非常にうまいんです。彼は出番の最後にそれをやるのですが、そのタイミングであなたが彼の後ろに登場したら面白いんじゃないかと思うんです。観客からはあなたが見えているが、彼には見えない。彼が観客の笑いに気づいて振り返ったら、殴るまねをして彼を舞台から追い払うんです。そしてそこからが、あなたの出番です」

アリの目が開いた。「それは俺が、歩いていってこうするってことか……」彼は立ち上がった。すっかり覚醒したばかりでなく、試合前の体重測定や記者会見の場面で見たことのある、衝撃的なモハメド・アリに変身していた。目を剝き、口を大きく開いて、吠えた。「俺がああ、ザ・グレーーテストだあああ！」

また静かになって、座った。目は開いていたが平静で、私が目の当たりにした昂奮からはすっかり抜けきっていた。「こういうことをしろということか」

信じがたいことだが私は、モハメド・アリによる、モハメド・アリの、実に見事なものまねを目撃したのだ。私は口ごもりながら答えた。「いや、私が……思うに……」

彼は首を振った。「俺には出来ない」

「何故です？」

彼は、開いている楽屋のドアに向かって手を振った。「大統領があそこにいるんだろ？」

「ええ」

「大統領の前でそんなことは出来ない」

「いや、出来ますよ。それこそ大統領が望んでいることなんですから——本当です——みんな、自分自身になっていいんです」アリは顔をしかめた。ある考えが脳裏をよぎり、私ははっとした。もしアリがアリをまねしたら、〝その〟アリはもはやアリではなく、彼が演じている自身の一部になってしまう。自分自身でいるということは、それをして彼を世界で最も有名な人物たらしめた、あの華やかなキャラクターとはまったく別ものなのではないか。

アリが先に口を開いた。「さっき『そこからが私の出番』だと言ったが、どういうことだ？」

今度は細心の注意を払って、こう言ってみた。「みんな、ボックス席に向かって語りかけているんです。アメリカの大統領にならんとしている人に対して、彼らが望むことといったようなものについて。あなたは、詩を書いてみてはどうかと思ったのですが」

完全な沈黙。そしてとうとう、アリは言った。「無理だ」

またしても驚きだった。彼の詩は、ヤラセなのか。誰かが書いたものを、然るべき時に読んでいるだけなのかもしれない。しかし可能性は半々にしても、そんな疑問を口に出来るわけがなかった。

「時間が足りないですか？」と私は尋ねたが、反応はなかった。

私は頭をフル回転させて、別の選択肢を探した。そして詩を共作するという案にたどり着き、思い切って言ってみた。「私がショーの台本を書いているんですが、アイデアを出し合えば、少しは助けになるでしょうか……？」

「うん」モハメド・アリが言った。

この返事に突き動かされた。「今日は遅くまでリハーサルがあって、明日も一日かかります。時間が取れるのは、明朝六時だけなんですが」私は、詫びるように言った。

「かまわん」アリは言った。

「本当ですか」

「ああ。ロードワークの時間だ」

そうだった！　彼はボクサーじゃないか。「私のいる——ウォーターゲートホテルでも？」

「ああ」

私は自分の部屋番号を走り書きした紙を、彼のお付きの一人に渡すと、ほっとして椅子にもたれた。しかし、彼らは動かなかった。アリはまた眠りについたように見えた。こういう場合、どう振る舞うべきなのだろうか……うとうとしている世界チャンピオンをそのままにして、立ち去ったものか？

この時もまた、アリは問題を解決してくれた。彼の目は開き、唇が動いた。「大統領の顔は誰もが知ってていて」アリが歌うように言った。

私は助手のマーサ・ミラードを振り返った。「書き留めろ！」彼女はノートを開いて口述筆記を始めた。

洗練された韻律の四行詩は、言葉を言い直すために間が開いたり、韻を踏むのに言い淀んだりすることなく、静かに、だが途切れることなく溢れ出てきた。それはあたかも細部まで覚え込んだ詩を引用しているかのようだったが、むろん彼には、私が何を要求してくるのか知る由もなかった。それなのに、彼は楽々と、即興で見事な詩作をしたのである。

四行が済むと、彼は黙りこんだ。詩が出来上がったものと思い、私はマーサに復唱するように指示した。アリは目を閉じたままそれを聞いていたが、マーサが最後の言葉を口にするや、目を開いて次を続けた。

彼が中断したので、私はマーサに肯いた。彼女が二つめの四行連を読み、最後の言葉まで来ると、彼はまた、次の四行を始めた。

詩人は椅子にもたれて言った。「もう一度聞かせてくれ」しかし、マーサがメモを持ち上げて読もうとしたところで、アリは自ら暗唱し始めた。

終わると、彼は満足げに肯いた。私は「完成ですか」と聞いた。

「そうだ」とアリは言った。

私はマーサに向かって言った。「事務所へ行って今のをタイプして持ってくるんだ——私とアリに一部ずつ」マーサが急いで出ていくと、われわれは黙って座ったまま、コピーの到着を待った。アリが私を見て言った。「あれでよかったんだろうか？」

信じられない思いで、私は彼を見つめた。「よかったかですって⁉」

「相手は、大統領だから」

「いいですか。私の友人の大半は物書きです――中には有名な作家もいます――ですが、あなたが今したようなことをできる人間は、いやしません」

コンサートでは、観客がよく知るアリが、舞台袖からこっそりとフレディの後ろへ現われて観客から大歓声を受け、とび回り、大声を上げてフレディを舞台から追いやった。それから、観客の知らないアリが、大統領のボックス席に向かい、静かなる威厳を湛えて語りかけた。「私が書いたものを、カーター氏に捧げます。まもなく〝大統領〟とお呼びすることになるでしょうが。『大統領』と題した詩です」――彼の詩に、観客は総立ちになった。

この話においてモハメド・アリをヒーローと呼ぶのは、同じ言葉の繰り返しになるであろう。世界中の人々が、〝アリ〟と〝ヒーロー〟は同義語だと知っているのだから。

「ニュー・スピリット・コンサート」の終盤の出し物のひとつとして、是非ともとり上げるべきだと思ったのが、文学だ。私は、就任祝賀会に桂冠詩人を登場させたかった。そこで私が、カーター氏に気に入った詩人がいるかどうか尋ねると、ジェイムズ・ディッキーの名が挙がった。南部の偉大な詩人を選択したことに、驚きはなかった。

ディッキー氏は『大地の力』と題した美しい詩を携えてワシントンに現われた。ディッキー氏が朗読する間、音楽監督のドン・トレンナー作曲の哀愁漂う曲が、オーケストラの演奏で流れることになった。

舞台でのリハーサルが自分の番になると、ディッキー氏は楽屋からよろよろと――他に形容のしようがない――出てきた。そして階段を上り、舞台へと上がると、そこで詩ではなく、注釈的な前置きを始めた……それはのんびりとした不明瞭な発音で十五分もだらだらと続いた。トレンナーが準備した曲は、この詩人に割り当てられていた七分ぶんしかなかったので、演奏者たちは急いで曲の頭までページを戻し、終わりのない曲のように繰り返さなければならなかった。

私は、就任式実行委員を代表してＣＢＳに「ニュー・スピリット・コンサート」を売った時、当時としては革新的な提案をした。それは、午後七時にケネディ・センターで開幕する祝賀会を、CBSでは午後九時から放送することで、二時間の空きを生みだすというものだった。七時に開幕すると、私は舞台下の制作用トラックから、ニューヨークの編集スタッフたちと電話で連絡を取り合う。彼らは、タイムコード入りの映像を受け取ったそばから、体裁を整え、時間を調整して、私が現場と同時進行で編集するのを手助けしてくれるのだ。

方法としてはごく簡単だと思われたのだが、チェックを逃れたジェイムズ・ディッキーが七分どころか三十分も費やしたため、われわれの有余の四分の一近くが使い果たされてしまった。この上もっと遅れが出たりしたら、手違いに対応する余裕も、適切な編集をする時間もなくなり、生放送せざるを得ない状況に追い込まれてしまうのだ。

「就任祝賀会」は十九日の七時きっかりに幕を開け、すべてが予定通りに進行していた。ニューヨークの編集室にいるショーのラインプロデューサー、ボブ・ウィンとタイムコードを使って連携し合い、私はショーを進行させながら、その体裁を整えることができた。そしてベティ・デイヴィスが、私が用意した文面を読み、われらが桂冠詩人を紹介した。「アメリカの芸術のすべてをこの舞台上に詰め込むことができないうえは、書かれた文字や話される言葉が、音楽やダンスとこの舞台を分かち合うべきです」詩人はよろよろしながら舞台袖から出てきて、気品あふれる観客たちをじっと見て言った。「皆様方はおそらく、これから耳にするものの何たるやを知りたいでしょう……」そして、自身の詩についての解釈を、十五分どころか二十分もやったのである。

「ここからカット！」私はニューヨークの編集スタッフに電話で怒鳴った。ディッキーは前口上を終えると、詩に入った——が、かたつむりのようにゆっくりと、そして間を置いては「ああ、これはいい！」と言い、はたまた味わうように連を繰り返すので、演奏する方は半狂乱で同じ曲を繰り返したのだった。「カット続けて！」私はニューヨークに怒鳴った。

結局、アメリカと世界が耳にしたのは、七分に割愛されたジェイムズ・ディッキーの詩であった。

「就任祝賀会」から数週間後、ワシントンの前線兵士慰問機関（ＵＳＯ）の職員から電話があった。

「われわれは一般的には政府の機関だと思われているのですが、実はそうではなくて、民間の資本により完全に独立しているのです。しかも平和な時世には、われわれの存在など忘れ去られてしまう。しかしそういう時こそ、われわれは最も必要とされているのです。人々は軍隊についてすら忘れてしまうのですから」

「わかりました。それで、ご用件はなんでしょう？」

「大統領に対してなさったことを、われわれＵＳＯにもやっていただけませんか」

「スペシャル番組を、ということですか？」

「ええ」

「さあ、どうでしょう。ネットワークが選択するかどうか……」

「スターが必要ということですか」

「ビッグスターが、です」電話の相手の沈黙は、その落胆ぶりをあまりに如実に物語っていたので、十二年たった今もなお脳裏にこびりついている。「でも三十年間あなた方を支援してきた人がいますよね」

「もちろんです。が、古い話です」相手は言った。

「彼はもうすぐ七十五歳になるんじゃありませんか」と私は言った。「七十五歳の誕生日に彼を担ぎ出せれば、ネットワークも嫌とは言わないと思いますよ」

「すぐにやってみます」衝動的な即答だった。

数日後、私は二度目の電話を受けた。彼らは、ボブ・ホープの友人のウィリアム・ウエストモアランド将軍に協力を仰いだという。彼はボブのことを、電話をかけてきた人物によれば〝森の中の散歩〟のように思っていた。また、ボブ・ホープは私の提案を受け入れ、自身の七十五歳の誕生日をUSOに委ねたということだった。こうしてUSOは、この計画をジェイムズ・リプトン・プロダクションに一任したのだった。

カーター大統領の就任祝賀会を〝独占した〟ように、今度はボブ・ホープの七十五歳の誕生日を〝独占した〟私は、その収入のいっさいをUSOに回す旨の理解と了承を取り付けた。

七十五歳の誕生日特番をやるにあたり私は、この時カーター大統領のコミュニケーション・ディレクターだったジェラルド・ラフショーンに協力してもらった。テレビ放送に際しては、カーター一家と出演者らによるホワイトハウスでの歓迎式典を中継してから、ニュー・スピリット・コンサート以来、今やテレビの主要拠点となったケネディ・センター・オペラ・ハウスに戻ってくる、ということで一致していた。

このショーは、ホープへの誕生日の贈り物という位置づけだったので、彼がエグゼクティブ・プロデューサーという肩書での名声を望んだり、普段通りにショーの配役や台本作りに携わっては体裁が悪い。そこで、ホープ・エンタープライズではなく、ジェイムズ・リプトン・プロダクションが制作会社となり、名実ともに私がショーのエグゼクティブ・プロデューサーとなった。ボブ・ホープのショーの歴史において、ボブ以外でエグゼクティブ・プロデューサーを務めたのは、私が初めてだった。ボブはショーの冒頭で毎回決まってモノローグを披露するのだが、今回は大統領のボックス席に座り、一番最後に舞台へ下りてきて謝辞を述べることになっていた。

ショーの準備にかかって数週間経ったころ、事務所の電話が鳴った。私が子供の時分から耳にしてきた潑溂とした声が言った。「やあ、ボブ・ホープだ」

「はじめまして、ホープさん」

「調子はどうだい？」

「おかげさまで」

「会えるかい?」

「もちろんです。プランもご覧いただきたいし」

何年も後に『アクターズ・スタジオ・インタビュー』でも言ったことだが、私は、ボブ・ホープの人生とキャリアに心酔していた。私は、トルーカ・レイクのムアパーク・ストリート沿いの彼の自宅へ、自分で集めたボブの著書や、ボブに関する本をいっぱいに詰めたスーツケースを引いて出かけて行った。ボブの妻の庭と、ボブのパット練習場を見やりながら、テーブルで――これ以後十二年間の私の人生において、テーブルは大切な場所のひとつとなった――私は、ショーとボブのためのプランを説明した。ボブは繰り返し肯いて、賛意を表してくれた。

『七十五歳誕生日特番』で外せない目玉はなんといっても、USOにおけるボブの活動の模様を、クリスマス・ショーを中心に集めて編集した手の込んだモンタージュであった。われわれは著名なドキュメンタリー・プロデューサーと契約して十五分にまとめ上げ、それに付けるナレーションの依頼を二つ返事で引き受けたわれらがジョン・ウェインのために、私が台本を書いた。

しかし特番を数週間後に控え、ウェインの体調はひどく悪化した。彼は既に癌と闘っており、バイパス手術を受けて心臓には豚の生体弁が入っていた。われわれは日々彼の回復の知らせを待っていたが、事務所から出演キャンセルの連絡はなかったものの、ショーのためにワシントンへやってくることが無理だろうことは、日増しにはっきりしていった。そしてついに引き返せない段階まできて、私はホープに電話をした。「ウェインは連絡してこないでしょう。なんとかこの窮地から救ってあげなければ」

「もちろんだ」とボブは言った。

就任式以来、私はウェインの事務所と関わりがあったので、彼の秘書でありパートナーでもあったパット・ステイシーに電話を掛けてみた。「ボブと、われわれ全員を代表しての電話です。私たちはデュークがどれほどショーに出たがっているかわかっていますし、あなたも、私たちがどれだけそれを望んでいるかご存じでしょう。ですが、今大事なのは――外部からのプレッシャーや周囲への義理立てなしに――彼が完全に回復することだと、どうかお伝えください。それから、ショーのことは気にしないようにと。みんな了承していますし、彼のことを大切に思っています。そして本番当日には彼のことを考えているでしょう。完全に良くなったら、すぐに会いに伺います」

「伝えますわ」とパットは言った。

そして五分後、彼女から電話があった。「デュークを本当によくご存じなのね」

「どういうことでしょう」

「彼からのメッセージです。『世の中に、私がこのショーに出ないという法はない。方法をみつけて連絡をよこすように、リプトンに伝えてくれ』って」

「それだけですか？」と私は聞いた。

「それだけです」パットは答えたが、その声は笑っているように聞こえた。

私はディレクターのボブ・ウィンと相談し、ショーの前日にウェインの家にテレビクルーを送り込むことにした。彼を衛星中継でケネディ・センターに映し出せば、ＵＳＯの映像に生でナレーションをつけることができるからだ。

彼に送ってあった私の原稿を検討するために、ケダカイとともに車でニューポートビーチのウェインの自宅へ出向いたのが、ショーの開催前最後のカリフォルニア旅行となった。私たちは彼の家の居間で待機していたのだが、大きな見晴らし窓に切り取られた、入り江に浮かぶ色とりどりのヨットは、あたかもデュフィの絵が動きだしたかのようであった。そして私たちは、部屋に入ってきたデュークを見て息をのんだ。オペラ・ハウスの舞台を闊歩していた、大物の中の大物は、あまりに変わり果てていた。

彼は足を引きずり、苦しげな呼吸をして、腕を伸ばしては椅子につかまりながら移動した。一同は腰をおろした。ウェインは私が送った原稿を取り出すと、テーブルの上の、私との間に置いた。それには鉛筆書きの文字が書き込まれており、私は意見を書きとめるためにノートを開いた。

「これは誰が書いた?」とデュークが聞いた。

私は緊張して答えた。「私です」

デュークは原稿の上に大きな手を広げると、しばらくじっと見つめていたが、「見事だ」と言った。呼吸が楽になった。「ただ、ひとつ具合の悪いことがある」彼は続けた。「どうしたらやり遂げることができるか、俺にはわからないんだ。俺はあいつがほんとに好きなのに」

私を見上げた目から、眼鏡越しに涙が流れていた。彼は眼鏡をはずすと、テーブルの上の箱からティシューを取り出して顔を覆い、頭を垂れて恥も外聞もなく激しく泣き、いつ泣きやむとも知れなかった。私がジョン・ウェインに会ったのは数回だったが、特に何をするでもない彼から力を感じないことは一度たりともなかった。ところが彼の家のあのテーブルで、私は奇妙な思いにとらわれていた――われわれはここに座って、ジョン・ウェインが泣きやむのを待っている。

それは、ケダカイと私には五分もそうしていたように思われたが、きっと二分くらいのことだったのだろう。無言のまま、デュークは眼鏡を拭いてまた掛け、原稿を手に取ると、われわれと一緒に練習を始めた。

本番当日、USOに関するコーナーは順調に進行した。オペラ・ハウスの舞台上の巨大スクリーンを分割して、準備した映像とニューポート・ビーチの居間の暖炉の前の――そう、ジョン・ウェインらしいジョン・ウェインとが映し出された。

通常テレビの三時間枠は、アカデミー賞やスーパーボウルといった特大イベントに割り当てられるのだが、この時われわれのショーのためにゴールデンタイムをまるまる明け渡したNBCの英断には、先見の明があったといえる。『ハッピーバースデイ・ボブ』はその週の最高視聴率二七・一ポイント、視聴率四七パーセントを獲得したのだ。これはあの晩、テレビに向かっていたアメリカの全視聴者の四七パーセントが、ＮＢＣでわれわれの番組を見ていたということだ。しかも終了前の三十分では、最高視聴率五〇パーセントを叩きだした。

これだけの数字はボブ・ホープにとってすら突出しており、番組の数日後にはＮＢＣが、私が約束した十二回のボブ・ホープ誕生日特番の二回目はどんなものになるのかと、発破をかけてきた。そして、ボブの八十回目の誕生日が近づいたころには、この番組は名物番組になっていた。一九八三年三月、ボブは私に電話をかけてきて「八十回目にいいアイデアだ。クリーブランドにしよう！」と言った。私は黙っていた。「どうだね？」

「クリーブランド？」私はいぶかるように言った。

「イギリスから移ってきて、育った場所なんだ」ボブは気を悪くしたようだった。

「知ってますが――ボブ、今回は大事な誕生日ですから。何か特別なことをしたらどうでしょう？」

「クリーブランドは特別だ」ボブは譲らなかった。

電話を切ってから、私はあれこれ考えた。私はクリーブランドへ行ったことはない。素晴らしい町だとも思う。しかし毎年珍しい開催地をと頭を悩ませてきたが、クリーブランドは、どうにも特別というには当たらないと思った。

それ以来、ボブは電話をかけてきては「クリーブランドはどうなった？」と訊いた。私はその度に「やってますよ」と同じ答えを返したが、実のところ躍起になって、ボブの頭からクリーブランドを追い払ってしまうような面白い代案を探していたのだった。

そしてある時、ボブからの電話の数分後に突然、ある考えが、いや、おそらくは〝答え〟がひらめいた。最初の誕生日特番から五年が経つ間に、ボブの親友であるロナルド・レーガンは、ホワイトハウスからジミー・カーターを追い出していた。名刺ホルダーにはまだホワイトハウスの交換台の番号があったので、私は電話をかけ、ボブ・ホープ・ショーの件で大統領次席補佐官のマイク・ディーバーと話がしたいと伝えた。

ボブ・ホープという名が、必要とあらば魔法の呪文になることを、私は心得ていた。ほどなくしてディーバーが電話に出た。私が計画を説明すると、彼は「折り返し電話します」と言った。そして一時間後、電話が鳴った。「了承しました」

私はケネディ・センターを押さえ、ショーのキャスティングを始めた。綿密な指揮を取るため、大規模なショーのディレクターだったドン・ミッシェルに加わってもらった。ショーの概要が明らかになるにつれ、宣伝担当者らからの電話がひっきりなしにかかるようになった——その度に私は「イエス」を、ボブは「いいぞ！」を繰り返した。

ケネディ・センターでの本番は、五月下旬の金曜の晩に予定された。ワシントンに到着したボブに私は言った。「木曜日にリンカーン・ベッドルームをセットします。あなたがそこに泊まっているかのように書きましたから」

「実際に俺はそこに泊まるじゃないか」ボブは素っ気なく言った。

それはそうだ。私はどうしたのだろう？

木曜日の午後、われわれはカメラと照明をリンカーン氏の——その時は、ホープ氏の——寝室へ運び込んだ。その部屋はホワイトハウスの二階、大統領一家の居室の隣にあった。ドン・ミッシェルは建物の外の中継車におり、私は部屋でボブと大統領の二人に指示を出していた。私の横にはマイク・ディーバーがいた。

私はディーバーに、取り上げる話題のリストを渡しておいた。ボブと大統領が上着を脱いでソファに腰を下ろすと、私はリストを手に、彼らの足元に胡坐をかいて座った。二人の視線を浴びて、私は話した。「お二人の、四〇年代、五〇年代のハリウッドでの思い出から始めてはいかがでしょう」合図を聞いて話し始めた二人の役者は互いにくつろぎ、気心の知れた相手との気楽で面白いやり取りを楽しんだ。

二人が一つの話題を語りつくすと、私が次を提示した。リストにあった項目の一つは、ロナルド・レーガンがやった、ジェイムズ・スチュワートの第一級のものまねを思い出させるためのものだった。私が効果覿面《てきめん》のある質問をするようにボブを促すと、アメリカ大統領は熟練した俳優のようにそれに応じた。

その場面の最後にだけは、二行分の台詞を用意した。私の合図で、大統領がこう言うのだ。「さて、明日は君にとって大事な日だね。向こうのリンカーン大統領のベッドで休みたまえ」そしてドアのところまで行き、ドアを開けてから振り向いて「ああ、ところで、アメリカ国民を代表して、君に誕生日おめでとうを言うよ」と言って部屋を出、後ろ手にドアを閉める——編集された本番では、ここで画面が瞬時に切り替わり、ケネディ・センターのオペラ・ハウスで、五つの軍楽隊が舞台に上がり、ホープ一家、レーガン一家が大統領ボックス席に入ってくるところが映し出されるのだった。リンカーン・ベッドルームでは、用意したリストは四十五分の対話となって完成し、私は「お二人とも、ありがとうございました。大統領、部屋から出るところの照明をやり直したいので、十五分お時間をください」と言った。

「いいとも」と大統領は言うと、ソファにもたれて旧友とジョークを交わし合った。ところがこれがただのジョークではない。いかがわしいジョーク、卑猥なジョークだった。お互いに張り合い、相手の話に喰らいつき、競い合って自慢話をした。

ジョークはどんどん淫らになっていった。私は、横で音がしたのでちらりと目を落として、身震いした。四十五分間の会話を記録していたレコーダーは私の横の床の上に置かれていたのだが——そのリールが回り続けていたのだ。ドンとスタッフはトラックの中にいたし、録音帯は休憩中も作動していたので、そこに記録されるタイムコードは作業再開後も有効ということになる。

つまり、卑猥なジョークのいっさいが逐一テープに記録されてしまったのだ。照明ディレクターが準備完了を知らせてきたので、私は大統領に合図をした。「さて、ボブ」彼は言った。「明日は君にとって大事な日だね。向こうのリンカーン大統領のベッドで休みたまえ」そしてドアへ向かい、最後の台詞を言って退室した。ちょっと間をおいてドアがぱっと開くと、有名な顔が覗いていた。「あれでよかったかな?」

「ええ、完璧です」続いて私は自分でも信じられないことを口走っていた。「撮影終了です、大統領」

われわれが後片付けをしていると、撮影の様子を監視していたシークレットサービスの一人が私のところへやってきた。カーター大統領の時にも会っていたことを思い出し、互いに挨拶を交わすと、彼がレコーダーを指して言った。「テープをお借りできますか?」

不意に作業の遅延に対する不安に駆られて私は言った。「実は今夜これを書き起こさないと、明日、ボブとの編集作業ができないんです。四日後には放送するものですから」

「今夜中にはお返しします」彼は事務的に言うと、手を差し出した。

木曜の晩、シークレットサービスから私の手元に戻ったテープには、きっかり十八分間の空白ができていた。「見事なもんだ」私はテープを起こすため、速記者の許へと急いだ。

金曜の晩にオペラ・ハウスの幕が下りると、出演者、クルー、ネットワークの重役たち、それにワシントンのお偉方は、打ち上げの食事会のため〈アトリウム〉へと向かった。私は本番中にリンカーン・ベッドルームの場面の原稿を受け取っていたので、オペラ・ハウスの制作事務所で早速ボブと仕事に取りかかろうと、中継車を出て彼を探した。ボブがパーティに向かったと聞いたので、原稿を手に〈アトリウム〉へ行った。

人込みの中でボブを探していると、ドン・ミッシャーが近づいてきて言った。「そろそろ空港へ向かわないと。午前三時までに編集を始めなければ……」

私はリンカーン・ベッドルームの原稿を振りかざした。「ボブと一緒にこれを四十五分から六分に縮めないことには行けない──なのにボブがいないんです」

使者が人込みを押しのけて来た。「ホープさんから連絡が入りました。あなたをお探しです」

「どこにいるんだ?」

「ホワイトハウスです」

オペラ・ハウスの事務所から、使者が私のキャリーバッグを引いて現われた。バッグには原稿を始め、編集作業に必要なすべてが詰め込んであった。クルーに追われながら、私は車に向かった。空港へ急行するために、私の荷物をトランクに積んで待機させていたのである。

「まだだ」私は運転手に言った。「ホワイトハウスへやってくれ。北西門だ」這うように車に乗り込みながら私は、後ろにいた制作助手に叫んだ。「事務所で待機だ！　もし私が逮捕されたら、運転手から連絡がいく」

北西門では、警備隊が肯いて門を開けてくれた。私のキャリーバッグをX線検査してから私に返すと、テレビでネットワークの記者たちがマイクを手に国民に語りかける際、ホワイトハウスを背景にする時には必ず登場する有名なアプローチへと案内してくれた。

柱廊玄関まで来ると、そこには別の顔見知りのシークレットサービスが待っていた。そして、二階の居室に通じる大階段へと導きながら、静かに言った。「お静かに願います。ご家族がお休みなので」

「承知しています」

私がキャリーバッグを開けて寝室の場面の原稿を抜き出すと、二人で階段を上った。私は爪先立ちで大統領一家の居室を通り過ぎ、リンカーン・ベッドルームに入った。ボブはパジャマ姿でベッドの端に腰かけていた。彼が鼻歌で子供っぽい歌を歌うのを聞くのは楽しかった。

「持ってきたか?」とボブは尋ねた。私は彼に原稿を渡して隣に座った。

ここからの一時間は、私の人生において最も超現実的な体験の一つとなった。アブラハム・リンカーンのベッドで、間違いなくこの世で最も有名で、最も愛されている一人の隣に座り、アメリカ大統領と撮影した場面の編集をしている――しかもその大統領は壁を数枚隔てた向こうで、おそらくは穏やかな眠りについているのだ。

ボブと私は鉛筆を走らせ、何を削り何を残すかの議論は、時として白熱した。

原稿に関する作業が終わるとボブは、編集がうまくいくように、と言ってくれた。私は爪先立って階段を下り、キャリーバッグを引き取ってシークレットサービスに挨拶をすると、車と運転手が待つ北西門へ向かって長い通路を歩いた。門まで半分ほど来た所で、私はふと、後ろを振り返ってホワイトハウスを眺めた。

〝カチッ〟という音はしなかった。この時の状況にわずかでも似た経験をしたことなど、それまでになかったからだ。そして二度と経験することもなかった。でもだからこそ、貴重なことだったのだ。私は長く、深く息を吸い、人生の中でトップテンに入る瞬間を味わってから、北西門へと向かった。門は開かれ、私を乗せた車は空港へと走り出した。疲労と充実感とがあった。

誕生日のショーの成功は、新たなる驚くべき冒険への幕開けとなった。一九七九年三月のある晩、ボブから電話があった。

「中国へ行きたいんだ。でも入れない。ニクソンも挑戦したし、キッシンジャーも挑戦した。やってみるかい?」

「ええ、でも――どうして行こうと?」

彼は私の素朴な質問に呆れたようだった。「最初の特番はソ連で撮った。今度は中国で最初のエンターテイナーになりたいんだ」自明の理だ。

ボブと仕事をする中で、分かったことがある。ボブを政治的に中傷する人々が彼のことを理解しないのは、共和主義者か保守主義者かという立場が（ボブは実際この両者であるのだが）、ボブが真に何者であるか、即ち彼がコメディアンであるということに思い至らなくさせてしまうからである。

コメディは信条に先立つものである。つまり、あらゆるイデオロギーとあらゆる偏見の上に立つことこそが、ボブの信条だったのである。彼自身がそれを強調したことはなかったが、ボブは自分のテレビ専属劇団にコメディアンとして黒人や女性を採用した最初のスターだった。それまで固く閉ざされていた扉を開けたのがボブ・ホープだということは、今日に至っても大半の女性コメディアンが認めるところである。ボブが問いかけることはただ一つ。それは面白いのか？　ボブと共有した経験の中で、彼が人や場所や出来事のいずれに対しても当てはめた基準は一つだけだった。即ち、客を笑わせられるかどうか？

さて、懸念も、再考もなく、彼はアジアにおけるマルクス主義の中心地に向けて行動を起こす覚悟をしていた。「中国に関して、何が出来るか調べてくれ」とボブは言った。「ホワイトハウスが協力してくれるだろう」

翌日、私はホワイトハウスのジェラルド・ラフショーンに電話を掛けた。すると彼は「われわれではお役に立てません。コロンビア大学の〈米中芸術交換〉という任意団体に連絡してみるのがいいと思います。担当者はスカイラー・チェイピン……」

「知ってます！　ありがとう」と私は言った。

私が電話を掛けると、スカイラーは言った。「金曜に中国へ発つので、手紙をいただけますか？」

私はそうした。そして二週間後、ボブに電話をかけた。「ワシントンの中国大使館にビザが二つ、用意されてます」

「すごいぞ！　行ってくれ！」

一九七九年四月、ホープ・エンタープライズの出資により、私はディレクターを任せたボブ・ウィンとともに北京へ到着した。上海コミュニケにおいてアメリカと中国が〝国交正常化〟を目指すことを誓約してから七年、中国に初めてアメリカ大使館が設立されてから数週間という時期だった。

　われわれは空港でチー・チンという、人民服に身を包んだ小柄な女性に出迎えられた。彼女は、文化部より私の通訳に任命されたのだと言った。

　北京での第一日目、私は中国の役人の大代表団による文化部の会合に案内された――ボブ・ウィンは素晴らしいディレクターであり、また中国でのロケ地探しにはうってつけの人物で、疑わしげに、用心深く、一貫した態度で〝共産主義の〟役人たちに話をしてみるべきだと言っていた。まさに彼らは共産主義の役人で、しかしそのことが、私の取るべき態度を決めた。チー・チンに横で通訳をしてもらいながら、私は言った。「今や私どものように、こちらへ企画を持ち込みたい人間はたくさんいます。そして彼らはみんな、両国間の正常化に対する絶対的な支持者なのです。その彼らが書いたものを読み、放送したものを見る人々もまた、然りです。

　人々が目にするものはなんでしょう？　ボブは政治家でもジャーナリストでもありません。彼はエンターテイナー、即ち彼の仕事は人を楽しませることなのです。彼が中国へ来て人々を楽しませ――かつ、歓待されれば――あなた方もそれを確信することでしょう。彼は必ずや、二つの文化の温かな出会いや、中国とアメリカの芸術家たちの緊密な関係といったものを築いて帰国するでしょう。

　そして番組を見た大勢のアメリカ人は、ボブ・ホープは人民共和国で楽しい時を過ごしたのだと感じて――ボブ・ホープはどこへ行こうともそうなのですが――中国に対する見方と――正常化に対する考え方を変えることでしょう」

　その翌日、私はボブに電話をした。「ドロレスに荷造りを頼んでください。中国への旅に出発ですよ」

「すごいぞ！」

翌週、ボブ・ウィンと私は、チー・チンを伴ってロケハンのために北京を走り回った——万里の長城、頤和園の石舫、天安門広場、京劇、紫禁城。どこにも制約はなかった。会合から数日が経って、文化部の役人たちは公式に主催者となり、中国は謎に包まれている、という言葉は払拭されたのだった。

これまで私の文章を読んでこられた読者には、時として私が意図的に超現実的なものを求めて行動していることがおわかりのはずだ。しかし、万里の長城を巡っての交渉以上に超現実的なことなどあるだろうか？ テーブルを挟み、大勢の中国人と向かい合って坐った私は、NBCが放送する三時間のショーを万里の長城からスタートさせたいこと、そしてボブ・ホープには彼の代表的な歌を、私が今回のために特別に書いた歌詞で歌ってもらうことを、チー・チンを通じて説明した。

しかし、彼らは即座にこう言った。「長城はこの二千年、そのような目的で使われたことは一度としてない。問題外だ」

「しかし長城は、中国の不屈の歴史の最たる象徴です」と私は言った。「それなくして、どうしたらわれわれの、そしてあなた方の歴史を伝えられるでしょうか。絵葉書よりも説得力のある何かを、アメリカに伝えたいのです」

役人たちが相談していると、チー・チンが私にちらっと笑顔を投げかけた。そしてその直後、彼女は正式な許可が下りたと通訳した。

中国での私の任務は二つあった。ロケ地を確保することと、中国人キャストを探すことだ。北京と上海の芸術センターを巡って、中国で最高の曲芸師たち、京劇や上海人形劇のスターたち、そして芸をするパンダを含めた上海サーカスの人たちに、出演の依頼をした。上海では、われわれはコメディ・シアターでの公演に参加した。客席でわれわれの横に座っていた上海の通訳は舞台上の役者たちを食ってしまうほどだったが、他の観客はそのことを気にかけないばかりか、われわれが笑うたびにきちんと拍手を送ってくれたのだった。そして公演後の舞台裏で、私はユアン、ホン、リーという三人の元気なボードビリアンを、ボブ・ホープになり代わって選出した。

アメリカでは、ホープと私でアメリカ人代表団を選び、事前に中国で承諾を得た人数の四倍にあたる、四十人の出演者とクルーの一行を中国へ引率する準備をした。六月第一週のある晩、その当時にはニューヨーク・シティ・バレエ団にいたミーシャ・バリシニコフが、〈イレインの店〉で食事をしていたケダカイと私のテーブルに近づいてきた。「最近どうだい？」というバリシニコフの気軽な挨拶に、私が「六月の終わりに中国へ行くんだ」と答えたら、彼の眉が上がった。

「行きたいのかい？」と訊くと、彼は答えた。「もちろんだよ！」

一九七九年六月の第二週、われわれ一行は五週間にわたる中国での撮影のため、ロサンゼルス国際空港を発った。東京で一泊した後、北京へ向けて日航機にて成田を後にした。

北京に到着し、飛行機がタラップへと向かっている時私は、数台の兵員輸送車と大勢の分遣隊を伴い、リムジンが隊を成してターミナルからこちらへやってくるのを目にした。飛行機が滑走路上で向きを変えると、窓から歓迎団を目にしたボブが行動に出た。「ドン、来てくれ！」と機内後方に向かって声を上げた。

ドン・マランドはメーク係で、ボブのチームには欠かせない人物だった。彼は耳慣れた叫びを聞きつけてさっと席を立つと、メーク道具を手にファーストクラスへと駆けつけ、一分とかからずに彼のメークを終えた。そして飛行機の扉が開いた時には、ボブは満面の笑顔を浮かべて立ち、手には笏《しゃく》の代わりにゴルフクラブを携えていた。

ところが階段を下りる時、ボブがぶつぶつ言うのが聞こえた。「ちくしょう！」私はそちらを向いて、彼の不満に対して身構えた。「どうしてあっちにカメラクルーを仕込まなかったんだ！」彼は唸った。

「なんのために？」

「着いたところを撮るんだ！　すごい登場だぞ！　大騒ぎじゃないか——車に護衛隊——そこへ俺が悠

然と出ていくと――みんないなくなってるんだ！　どれだけ笑いが取れたことか、わかるか？」

そのとおりだ、と思った。笑いがすべてなのだ。最初から最後まで、そして永遠の、コメディアン。二千年の歴史において初めて、一キロ弱にわたり長城が解禁され、ボブ・ホープと私とクルーは、一時的にそこの管理責任者となったのだった。私の書斎の壁に掛かっている写真の中でも一番の宝物の一つが、宇宙から見える唯一の建造物に眩惑されて、ニヤニヤしているボブと私のツーショットである。

その写真を撮った数分後、ボブ・ウィンの「アクション」の声でボブ・ホープは、ゴルフクラブをチャーリー・チャップリンの杖のようにくるくると回し、私が彼の特徴を捉えて書いた詞を歌いながら、長城の壁のまえからカメラの方へ向かってぶらぶらと現われた。

ショーにはたくさんのミュージカルナンバーが盛り込まれ、それぞれが有名な場所で撮影されたが、映画化やビデオ化された曲を使うにあたっては、ロケ地での周囲の音に埋もれないために、歌の部分はあらかじめ録音しておく必要があった。オーケストラの部分はロサンゼルスで録音が済んでいたのだが、出演者たちが、北京に集結するまではアメリカ各地に散ってしまっていたので、彼らの声は北京で録音せざるを得なかった。

六月の北京の澄んだ夜、ウィンと私が探しておいた、ドイツの機材の揃ったスタジオへ向かうため、われわれはボブの車にぎゅう詰めになって町を横断した。文化局はわれわれに数台の車と運転手を手配してくれていた。スターたちと私には改造したタクシー、ボブには中国製（われわれの小さいセダンもそうだったが）の紅旗リムジンだった。紅旗車は道ゆく人々にとってはまさしく、中国の要人か外国の高官が移動しているという目印であった。それは一九三六年型のパッカードに似た車で、カーテン付きの窓、一輪挿し、折り畳みの補助席、前後の座席の間仕切りが装備されていた。この時、ボブとクリスタル・ゲイル、それにショーのために中国まで自分のキャラクターであるビッグ・バードを連れてきていたキャロル・スピニーは後部座席に押し込まれた。カエルの人形と偶然にも同じ名前で、キャロルがビッグ・バードの着ぐるみを脱ぎ着する時の責任者でもあるカーミット・ラブは運転手の横に座っていた。

夕方のラッシュアワーにぶつかり、北京の道路は車や小型バイク、バスや路面電車、自転車の大群で溢れ返り、かろうじて溶岩が流れるくらいの速度で動いていた。紅旗車に乗っていた一行は注目の的となり、最高時速十六キロの車には、人々が難なく近づいてきてはじろじろと眺めていった。興味津々の顔が次々と現われ、なぜ紅旗の車にカーテンが引かれているのかを知ろうと、窓という窓を覗きこんでいった。

私は風通しの悪い後部座席で補助席に腰かけていたが、肩を軽く叩かれたので振り返った。するとオスカー・ザ・グラウチの顔が目の前にあって、ぎくりとした。オスカーは、前の席の背もたれから乗り出して私を睨みつけていた。その後ろでは、サンタクロースのような顔のカーミット・ラブがにこにこしながら、自身がデザインし、キャロルが演じていたその人形を器用に操っていた。

「オスカーを連れて来てたとは知らなかった!」と私は言った。

「彼なら追い払えると思わないかい?」カーミットは、オスカーに差し入れた手で私の頭をなでながら訊いた。

カーミットに手伝ってもらい、私はオスカーの頭をかぶり、腕を通した。するとオスカーはにわかに命を吹き込まれ、同乗者を睨みつけた(それが彼の唯一の表情なのだが)。そして頭の所に付いている輪を私が指でくねくねと動かすとまばたきし、親指で顎の内側を動かすと口を上下させ、彼の——われわれの——空いている方の手を盛んに動かしては身振りで話をした。

これにキャロルがオスカーの声を付けたので、紅旗車は盛り上がった。私は、これほどまでに力を与えられたと感じたことはなかった。オスカーと私は閉まったカーテンを見て、そこへ飛びついた。カーテンを開けると、オスカーの頭と腕がリムジンから飛び出したので——運転手付きで町を移動している身分の高い有名人をひと目見ようとして、自転車や車で周囲を取り囲んでいた人たちは驚いた。彼らは突如対面したのである――怒った目をして睨みつけ、「ニイハオ・マ！」（「やあ、元気かい！」）と叫び、取り乱した王族のように手を振り、怯えた通行人に握手を求める奇人たちに。至る所で車は急ブレーキを掛け、自転車はつんのめり、子供たちは恐怖で、あるいは喜んで叫び声を上げ、宇宙から来た紅旗車を追って飛んできた。

政治的な体制において、雪解け水がようやくひと筋流れ始めた段階にあった一九七九年の中国でわれわれが学んだことのひとつは、奇行に類するものは、かの地には存在していなかったということだ。そしてオスカー・ザ・グラウチは、奇行以外の何物でもなかった――具現され、誇張され、精製された奇行であった。

年若い人ほどすぐに慣れて、遂にはわれわれが子供たちの列を追うような格好になってしまった。子供たちは跳ねまわり、笑い、オスカーのふさふさの指先に触れようとして跳び上がっていた。

北京横断のむちゃくちゃな旅は半時間も続いたが、不思議なほど開放的になっていた子供たちを眺めること以上に私に喜びを与えたものがあるとすれば、それは、ボブ・ホープを垣間見ることだった。ボブは、アジアの共産主義国家の首都において、紅旗のリムジンの後部座席に後ろ向きに膝を付き、追いかけてくる子供たちのように――そして彼らとともに――笑い、無邪気で抑えられない喜びに、座席の後ろの桟をこぶしでどんどん叩いていていた。

間違いなく、明らかに、超現実。

第十章

人生とは己の欲することを享受するもの
徒に金の酒杯を月に向かって傾けることなかれ
天から与えられし才能は、惜しまず捧げるべし

――李白『将進酒』より

中国文化部がわれわれの訪中を許可してからというもの、ボブは自分がどこで、誰を相手にモノローグをやることになるのかしつこく私に尋ねてくるようになった。彼にとってはモノローグこそが『ボブ・ホープ・ショー』の神髄だからだ。そして開催日が決まった瞬間、私はひらめいた。七月四日に北京にいるのなら、ボブを中心とした配役で、中国四千年の歴史上初めての「アメリカ独立記念日祝賀会」をやろうと思い立ったのだ。そうすれば英語がわかる中国人だけでなく、北京在住の外交関係者も来ることができる。ボブのジョークを披露するには最高の観客だろう、と私はボブに請け合った。

話を聞いてボブはフムフムとうなずいたので、私はほっと息をついた。とはいえ北京で興行することは、同じことをニューヨークやワシントンでやるよりずっと困難を伴うことは承知していたので、われわれの一行が北京に到着した翌日に私は、開設して間もないアメリカ大使館へ連絡を取り、中国における初代アメリカ大使レナード・ウッドコックにプランを説明し、後援の承諾を取り付けた。残る問題は

開催地の決定と、毎日朝から晩まで残りの撮影をしたとしても、すべてを統括するのに三週間しか時間がないことだった。

北京でわれわれの出し物にちょうどいい場所といえば、町の中心にあるワンフージー通りに面したキャピタル・シアターくらいであった。その建物の前に車をつけると、私の席の窓を指で叩く音がした。窓を開けると、人好きのする笑顔がひょっこり覗いた。この人こそ、中国滞在中およびアメリカでの私の人生において重要な位置を占めることになる人物だった。その人は完璧なイギリス英語で「はじめまして」と言った。「イン・ルオチェンと言います。あなた方の通訳です」

階上の事務所では、インがボブ・ウィンと私の通訳として立ち会った。われわれは、劇場、技術班、舞台係、チケット販売など、公演に際して必要となるすべてのことを交渉した。インは、言葉が達者なだけでなく興行の段取りにも精通しており、私の言葉を間髪入れずに訳したので、二人同時にしゃべり始めるような感じだった。

インが車まで案内してくれる道すがら、私は彼が役者で、かつ北京人民芸術劇院の演出家であることを知った。しかしこの時彼は、自分が役者としても演出家としても、その団体で主導的な立場にあることと、およびその団体が中国きっての劇作家カオ・ユーが指導する、中国随一の劇団であることは話さなかった。

暑い六月の午後の明るい日差しを浴びながら、私はインに訊いた。「あなたの英語が私よりずっと上手なのは何故です？」

インはいかにも中国人らしく謙遜してそれを否定したが、一九二四年にフレン大学を創立したのが彼の祖父サー・ヴィンセンシャス・インであること、そしてイギリスで教育を受け、フレン大学の英文学の教授になった父が、インに英語と英文学の手ほどきをしたことを話してくれた。

劇場にほど近い宿泊先のホテルへ到着するとすぐに、私はホープのいるスイートルームへ向かった。

ちょうどドロレスがトランクを開けているところで、中には夫と、同行のわれわれのためにアメリカから持参した食料が入っていた。ボブ用のプルーンジュースやブランシリアルのほかにも、缶やら箱やらパックやらのありとあらゆる食べ物が詰められていた。きっと彼女はいつでもこうやって、スターから裏方までの面倒をみて、ボブのこれまでの巡業人生を支えてきたのだろう。

ドロレスが缶詰の果物とクッキーをすすめてくれたが、私は遠慮してボブとの仕事にかかった。「問題が解決しましたよ！」

「どの問題だね？」

「モノローグの件です」

「もう解決したと思ってたが」

「すばらしい舞台になりますよ。通訳でやるんです」

「外交官たちは英語がわかると言ってたじゃないか」

「ええ、でも観客の半分は中国人ですから。そのつもりだったでしょう？」

「ああ……でも字幕を付けるんだろう。ロシアでやったみたいに」

「もっといい考えがあるんですよ」

「どんな？」

「同時通訳です。私たちより英語のうまい男に劇場で会ったんですよ――しかも役者でね！」

「中国人か？」

「ええ、もちろん。あなたの横に彼が立つんです。あなたがしゃべると、彼がしゃべる――」

「無理だ！」

「なぜです？」

「同じジョークを二度も言えるか」

「言葉が違えば大丈夫ですよ！」

ボブはただ、タイプされた原稿の束を手に取って私に突きつけた。

「これがモノローグの台詞だ。その男に渡して、翻訳したものを字幕用のスライドにするように言え」

私は粘った。「ボブ――テレビじゃいつだって同時通訳をしてるでしょう。きっと大統領みたいに見えますよ！」

「スライドにしてくれ」とボブは言って、ドロレスの〝豊饒なトランク〟からキャンディバーをひっつかんだ。

祝賀会当夜、キャピタル・シアターの客の入りは天井まで埋め尽くさんばかりだったが、その内訳はボブと私の希望通り、中国人半分、外交関係者半分だった。このアメリカ民主主義二百三回目の記念日に集まった観客に対し、ウッドコック大使は大使館とアメリカ国民を代表して、こう紹介した。「娯楽と笑いのアメリカ大使にして、今世紀のアメリカでもっとも有名な人物の一人である……ボブ・ホープ！」

ボブがお決まりの格好で登場すると、割れんばかりの拍手が起こった。そしてボブはモノローグを始めた。ところが二分たち、ジョークを十個やったところで厄介なことになった。インが指示に従って翻訳した字幕は、段取りどおり舞台前面のボブの頭上に映し出されていた。しかしこれによってジョークのたびに、外交官側から笑いが起こった五秒後に別の笑いが起こるという事態が起こったのだ。中国人の観客が字幕を理解した時にはボブは既に、いつもの弾丸トークで次のジョークに突入していた。

おまけに、字幕を読むために観客の半分がボブのことを見ていないのでは、なんといってもリアクションが肝心のテレビ用の映像としては使い物にならない。ボブは、ゆっくりしてみたりテンポを上げたり、ちょっと休んではまた始めてみたりしていたが、悲痛な叫びを上げるとばたりと止めてしまった。

「ジム！」

「はい」私は舞台袖から落ち着いて返事をした。

「例の男はどこだ？」

〝例の男〟は私の横に立っていた。彼の役目は既に伝えてあったので、私はイン・ルオチェンをひと押ししさえすればよかった。彼は舞台を歩いていき、ボブの隣に立った。ボブは、最前列席の前にかがんでいたバーニー・マクナルティに合図をし、カンペを一枚目に戻すように指示した。私がぶらぶらと舞台袖に戻ると――そう、鼻歌交じりで――ボブはモノローグを頭から始めた――笑いはひとつの波になった。

大失敗に終わるかと思われたものが勝利の行進へと一転したのは、ふたりが、舞台慣れしたコンビでもあるかのように、笑いと、即席の連係とを克服したからであった。

ボブが地球上のどこにいようとも、彼のモノローグは作家たちの手により、観客の中核を成すアメリカ人に馴染みのある題材に特化され、中国人、ロシア人、フランス人らのことはおかまいなしだった。しかしこの夜の、キャピタル・シアターでのボブとインは、一致団結してものの見事にやってのけた。

ショーの後、ホテルのボブの部屋では、ドロレスがトランクからウイスキーを出してくれた。私はこっそりインに尋ねた。中国人にはまず理解できないだろうジョークで、どうやってあれだけの笑いを引き出したのか、と。すると彼は答えた、「他のときと同じ手を使ったんですよ――『今のはジョークだから、笑って』ってね」

インはニヤッと笑ってウイスキーをすすった。そしてたばこを一服してから付け加えた。「それでもだめなら、こう言うんです。『中米友好のために、笑って！』」

一方、このガラでのハイライトのひとつは通訳を必要とはしなかった。バリシニコフが出演を承諾した際、彼に「何をすればいいんだい？」と訊かれたので、私は「パ・ド・ドゥを踊ってほしい。場所はこれから決めるのだが」と答えた。ガラは披露する場として申し分なかったし、観客は全員、独立記念日にこの世界的な天才ダンサーを目の当たりにできるのを、固唾をのんで待っていた。私はミーシャと中国人ダンサーたちに語りかけた。中国の舞台でアメリカの独立記念祭を催し、中国人バレリーナがソ連生まれのアメリカ人ダンサーと踊ることは、国や政治的な境界線を文字通り払拭し、芸術の普遍性を証明することになるのだと。

ミーシャは、『ジゼル』第二幕のグラン・パ・ド・ドゥを踊ることにしていたが、ニューヨーク州サラトガでの公演が控えており、ぎりぎりまで北京にいるわれわれと合流することができないため、中国人バレリーナの選考を私に託した。彼は最後にこう言った。「頼んだよ、ジム──背が高すぎない人だよ」

そして私は、若くて才能あるダンサー、チュン・ウェンリアンを選んだ。中国中央バレエ団は、突如舞い込んだ栄誉に震撼した。私がチュンとのリハーサルのためにミーシャをバレエ団に連れて行った日、ミーシャはあてがわれた応接室で街着からタイツとTシャツに着替えた。私がリハーサルスタジオを確認した方がいいかと聞くと、彼は頼むと答えた。

数分後に戻った私は、ありのままを伝えた。「大きなスタジオで──緩衝床になってます。ピアニストがいてグランドピアノがあって……」

「いいだろう」

「一つだけ」と言うと、ミーシャはちょっと立ち止まって私を見た。「中国北部から詰めかけたダンサーたちが一堂に会しているようなんですよ。すごい人数が床に座っていて、子どもを連れてきている人もいる」

「私のリハーサルを見に？」

ミーシャは熱烈な歓迎ぶりには慣れていた──おそらくは慣らされていた──が、バレエ団団長のマダム・ダイがリハーサルスタジオの扉を開けて、彼が部屋へ足を踏み入れた時の歓迎のどよめきにはそのミーシャでさえ後ずさりした。バレエバーへ向かって歩き、バーにタオルを掛け、一番のポジションを取るまでの間、彼はずっと圧倒されていた。そして場が一瞬にして静まり返ると、あとはダンサーたちが急いで自分の場所に戻っていく音しか聞こえなくなった。

ミーシャが膝を曲げて一番ポジションのデュミプリエをすると、ダンサーたちはさっとノートを取り出して書き留めた。〝一番デュミプリエ八呼間〟――彼女たちだってその日の朝、六歳の時から毎朝繰り返してきたように、そっくり同じことをしたはずなのだが。しかしバリシニコフが目の前でやってみせると、それは各々が大真面目にメモを取るべきことになるのだった。

バリシニコフのウォームアップが終わると、丈の長いロマンティック・チュチュを着たチュンが入ってきた。マダム・ダイの話では、今回の『ジゼル』のためにバレエ団のお針子が大急ぎで仕上げた衣装であった。ふたりは、登場場面と、宙を舞うようなリフトのあるゆっくりとした場面を練習し、その後でミーシャがチュンのバリエーションを指導した。バレエが素晴らしいのはその動きのみならず、使われる言葉にも普遍性があることである。中国人ダンサーも〝ピルエット・アン・ドゥオール〟という言葉に、フランス人やロシア人ダンサーと同じくらい素早く反応する。ミーシャとチュンも、一緒に踊り始めた瞬間から、難なく意志を通わせ合っていた。

そしてリハーサルは、男性のバリエーションとコーダの二場面を残すばかりとなった。

しかし、時差ぼけに加えて長時間のリハーサルをこなしたミーシャが、自分のバリエーションを練習することはよもやあるまいと、ピアニストはコーダの出だしの和音をさらい始めた。するとミーシャがピアノに歩み寄り、ピアニストにそっと指示を出してから、部屋の中央へと戻って行った。ひと呼吸おいてピアニストが男性バリエーションの音楽を弾きだすと、ミーシャは床に座っていたダンサーたちの頭上を駆け抜け、中国中央バレエ団の歴史に舞い上がった。その踊りは、かつて私が大勢の観客に交じって観たものに匹敵するほど情熱的で、全身全霊を傾けたものであった。

すると、ミーシャがそれまでに浴びてきた喝采もすべてかき消されてしまうほどの、驚きと喜びと感謝に満ちた絶叫がダンサーたちから上がった。そしてミーシャがバリエーションを踊り終え、汗だくで息を切らして部屋の中央にたたずむと、興奮は膨れ上がって、銃弾が跳ね返るように鏡張りの壁を震わせた。私は、自分が他のどんな芸術や芸術家によりも、ダンスやダンサーにより心惹かれる理由を、改めてそこに見ていた。

中国での私の一日は、朝五時に始まった。夜が明ける前にロケ地に到着し、日暮れまで撮影した後、ホテルへ戻る。夕食はスタッフと私とのミーティングを兼ね、翌日のスケジュールについての細かい打ち合わせをする。そして十時になるとみんなベッドにもぐり込むのだが、チー・チンと私だけはホテルの会議室へと向かう。そこでは、大きなテーブルを囲んで、時には二十人にもおよぶ文化部の代表団が、翌日のスケジュールと台本を手に、われわれを待ち受けているのだ。

彼らは、暗に中国を誹謗しているセリフやジョークがないかどうかに目を光らせていた。アメリカ人の観客には明らかにそれとわかるものも、中国人にとっては見分けがつかないからだ。

代表団が目の前で内輪話をしていると、チー・チンはその内容を私に訳して伝えてくれた――さらに会合が終わると、彼女はエレベーターに向かいながら、会議室では触れなかった、話の詳細や微妙な解釈について言及してくれた。チー・チンは穏やかで物静かな女性だったが、この時、彼女は自らを非常に危険な状況に晒していた。あってはならぬことだが――たとえ私に対する個人的な助言であっても、それを役所が、彼女の通訳としての権限を逸脱した行為だと見なせば、彼女は大きな代償を払うことになる。でもチー・チンとわれわれ一行は既に、互いを認め合う関係にあった。チー・チンは忠実な人民共和国国民として、また組織でただ一人、自分が生まれ育った国に何らかの影響を及ぼすであろうわれわれに関わることを命じられて、この冒険が成功するのを見届けることを決意し、またそのためのリスクを背負うことを買って出たのであった。中国のために。

彼女が危険に晒されていたのは事実だった。中国の犯罪に対する刑罰が、当時も今も即決にして厳しいのに加えて、彼女と私は早々に、代表団の中に空論家オウ・ヤンがいることに気づいていた。彼はわれわれの存在を有益で友好的なものだとは思わず、チー・チンのわれわれへの協力を、国家に対する反逆と看做して当局に報告したがっていた。

オウ・ヤンは痩せていて、陰気な感じがした。彼の前のテーブルにはいつも漢方薬が入った缶がおいてあり、一定の間隔で服用していた。彼の英語には限界があったが、代表団同士の話を私に通訳するチー・チンを吟味するのに不足はなかった。オウ・ヤンに対するわれわれの疑念は、イン・ルオチェンが打ち明けてくれた話によって確信に変わった。文化大革命時期に、紅衛兵の自警団員にインを告発したのがオウ・ヤンで、その結果、インと妻は三年間投獄され、娘のイン・シャオルは内モンゴルへ追放、八歳だった息子のイン・ダは置き去りにされ、一人で生きていくことを余儀なくされたのだった。

アメリカへ戻ると、私は〝中国への道〟はシナ海が終着なのではないことに気づいた。そのことは、これを書いている今現在に至るまでの長きにわたり、私とケダカイの人生に影響を与え続けている。そしてまたそれは、ボブ・ホープとともに経験した多くのことと同様に、私の人生をはっきりと、恒久的に変えた。中国から戻って数カ月後、ホープの四人の子どもの一人で、ボブから制作の仕事を任されているリンダ・ホープから電話をもらい、ホープ・エンタープライズがチー・チンと彼女の十歳の娘のウェン・ウェンに、ロサンゼルスへの旅の援助をしたと聞いた。そこで私は、チー・チンが第二の里帰りをして、学校の時の友人に再会できるよう、ニューヨーク行きを支援することを買って出た。

中国人の仲間の中にはもう一人、私にとってのヒーローがいる。もちろん、イン・ルオチェンだ。『中国への道』が放送されて少しすると、私はあるプロデューサーから一本の電話をもらった。マルコ・ポーロに関する短期連続テレビドラマを制作中なのだが、フビライ・ハーンのキャスティングが難航していた。そして、ボブ・ホープのショーでネタをやったという人物のことを耳にしたが、彼はフビライ・ハーンのような本格的な演技が出来ると思うか、と訊かれた。

「リア王でもやれると思いますよ」私は素っ気なく答えた。「どちらにおいでですか? ショーのビデオをお送りしますよ」

こうして役を得、印象的な演技を披露したインはベルナルド・ベルトルッチに見込まれ、『ラスト・エンペラー』で、溥儀を導く収容所の所長という重要な役を演じ、さらには『リトル・ブッダ』ではラマ僧のノルブに扮した。

国際的な名声を得るようになると、インは北京人民芸術劇院を率いてヨーロッパを巡業し、彼の当たり役のひとつであるラオ・シャーの『茶館』を演じた。そしてアーサー・ミラーと組み、両者の並々でない実力を融合させた、歴史的作品ともいえる『セールスマンの死』が北京で上演されると、彼の冒険的挑戦は、世界中の新聞の一面を飾るという日の目を見たのだった。インが通訳を引き受け、ウィリー・ローマンを演じ、ミラーの演出のアシスタントもした『セールスマンの死』は、一九八三年春、キャピタル・シアターにて堂々の初日を迎えた。

八〇年代の中国におけるインの活躍は目覚ましく、数多くの中国語の作品を英語に、また外国語の本や戯曲を中国語に訳したばかりでなく、それらを刊行したり舞台化したりもした。一九八六年には中国文化部の副部長に就任し、天安門事件の直後まで任に就いていた。だが、政府が役人に対して、デモに加わった学生たちを告発するという形で忠誠を誓うよう通達した際、インはサインするのを拒んだ。

このことが、インから政治的立場を奪い、再び彼の自由を脅かすこととなった。そこで私はアーサー・ミラーに電話し、インが逮捕された場合に国際的抗議を発動するための、イン専用警護を付けないかと提案した。アーサーの賛同を得て、数日後には小規模ながらも有力な特別部隊が立ち上がり、指令の下るその時を静かに待っていた。

私は北京のインの自宅の番号を控えていたが、万が一傍受されていたら、アーサーや私が電話をすることでかえって問題を増やすことになる。しかし私は、アメリカにいる中国人の友人の助けを得て、インの家が見えるところに住んでいる、勇敢で親切なある人物の番号を使わせてもらえることになり、さらにインの出入りについて毎週報告をもらえることになったので、傍受の懸念なく安心していられた。

インが亡くなった時、イギリスの新聞《ガーディアン》に寄稿したのは栄誉ある古参の政治家だった。「中国の開放政策が始まった一九七八年から、自国の文化的側面を取り入れた重要な役どころを演じ、国際交流を推し進め、作家の創作における自由の必要性を主張した」

二〇〇三年十二月、インが亡くなったことを知って、私は自分の父親の死を知った時には感じられなかったものを感じた。それは、家族を失ったという、深く抑えがたい悲しみの感情だった。

時として私は、もしもボブ・ホープと関わることがなかったなら、チー・チンやウェン・ウェンやその家族はどうなっていただろうと考える。イン・ルオチェンの人生はどれほど違ったものになっていただろうか？　私の人生もまた、違っていたのだろうか？

目の回るようなこの十年、ボブと私はスター達とともに世界を旅して回った。ケネディ・センターとホワイトハウスへは二回、ロサンゼルス、ニューヨーク、ウエストポイント陸軍士官学校、エアフォースアカデミー空軍士官学校、アナポリス空軍士官学校、航空母艦レキシントンの甲板、ロンドンではフィリップ皇太子殿下のためのロイヤル・ガラを開催し、フランス革命二百年記念の年のパリではボブはレジオン・ドヌール勲章を授与された。ニールセンの調査によれば、ボブの誕生日を祝う番組は、放送週の最高視聴率を三回獲得、トップ5には六回、トップ15には十回入っている。ロンドンでのショーは、一九六九年年五月の視聴率調査で、ＮＢＣに初の勝利をもたらした。

しかしながら、ボブとともにあった歳月を振り返る時、私の脳裏に鮮やかに浮かび上がるのは、華やかな興行でも一生に一度あるかないかの興奮でもなく、むしろ些細で個人的な思い出だ。ボブの仕事は日々スケジュールどおりで、夜の十一時か十二時まで働いて、それから寝る前の散歩をするのが習慣だった。いく夜も、いく年も、ふたりの打ち合わせは「散歩に出かけようか」で締めくくられた。習慣は変わることなく、私はニューヨークでも、パームスリングスでも、北京でも、ロンドンでも、パリでも、ボブとともに歩いた。そして歩きながら、話した──頭に浮かんだことなら何でも。型どおりの行動が、ボブをくつろがせ完全に解放した。

ボブと同時代、あるいは同世代のスターの多くがそうであったように、彼もまた、公には気位が高く、プロ意識が強くて、必然的に用心深いという顔を持っていた。すなわち彼のふるまいは公的なものであり、記録にも残った。しかしそれが夜中のパークアベニューや、長安やシャンゼリゼで、私のほかには連れがないとなると、肩ひじ張らず、のびのびとして、私よりもはるかに腹蔵なく話をした。

ボブは二〇〇三年七月二十七日、百歳の誕生日のふた月後に亡くなった。私はドロレスから葬儀でのスピーチを依頼された。しかし式は『アクターズ・スタジオ・インタビュー』の収録日と重なっており、それをキャンセルすることも延期することもできなかったので、式で言うつもりにしていた言葉を、悔やみ状としてドロレスとご家族に送った。するとテレビプロデューサーで、この葬儀を取り仕切っていたゲリー・スミスが私に電話をかけてきて、私の文章を弔辞として読ませてもらってもいいかと訊いた。私は快諾した。

弔辞は、こう切り出した。「世の中には──ごく少数だが──どういうわけか、ひとの人生を変えてしまう人がいます。ボブ・ホープは、まさにそんな一人でした。彼は私の人生を変えてしまいました──苦もなく、さりげなく、完全に──それも彼の類いまれなる冒険の一部を共有させてくれたというだけで」

そして締めくくりには、ドロレスのゆるぎない敬虔な信仰心に対する敬意を表して頭を下げた。「ボブは最初で、最後の、そして根っからのパイド・パイパーでした。束縛や偏見にとらわれぬ、人生と希望を立て直す幸せな笑いという、もっとも手に入れ難いものを求めて、飽くなき探求に人生を捧げてきました。ありがとう、魔法のじゅうたんに乗せてくれて。あなたとじゅうたんが今どこにいるのかは、神のみぞ知る。いや、おそらく神は、ご存じでしょう。私の友人であり、師であるボブ、どうかお元気で。魔法のじゅうたんでの旅は始まったばかりですから」

ボブの追悼式のためにこの文を書いていて、私はあることに気づいて愕然とした。彼と行動を共にした長い年月の中で私は、文にしたような言葉を一度だって口にしたことはなかったのだ。でも今こうしてそのことを書いていることで、少なくとも一度はそうしたのだと実感している。

ところでボブの八十五歳の誕生日は、作家がストライキ中だったので、私もボブのお付きの作家たちも、ペンを持ったりキーボードを叩いたりするわけにはいかなかった。ショーのエグゼクティブ・プロデューサーとして、また作家組合の一員として、活動停止は私の責務であったし、その規約はきっちりと守った。

しかし、規約にも抜け道はあった。規約は、話し言葉のみに適用されていたからである。それにどういうわけか（そのことを時として残念に思うのだが）、歌詞――それに作詞家――は作家組合が定める規範には含まれていなかったのだ。それで私は組合からのおとがめなしに、サイ・コールマンと組んで、新たに曲作りをすることができた。コールマンはミュージカル『スウィート・チャリティ』『リトル・ミー』や、一連のヒットナンバー『ウィッチクラフト』『ザ・ベスト・イズ・イエット・トゥ・カム』、そして私の作詞でシャーリー・マクレーンがジミー・カーターに向けて歌った『イッツ・ノット・ホエア・ユー・スタート』などを手掛けた作曲家である。

そして、二人で六つの歌を作り上げたのだが、私にはもう一つ、作詞の仕事が残っていた。毎年、誕生日のショーの締めくくりとしてボブの持ち歌である『サンクス・フォー・ザ・メモリー』にあつらえ向きの歌詞を付けてきた。だがこの年ボブは、例年のようにその曲をステージで歌うのではなく、カリフォルニアにある、ＮＢＣで最も広いバーバンクスタジオに作った巨大なボールルームで、ドロレスとともにテーブルに着いていることになっていた。そこで私は彼に、誰か別の人に歌ってもらうことを提案した。

「誰に？」

「あの……ナンシー・レーガンはどうだろう」

「電話してくれ！」

その日遅くなって、私はボブのところへ戻った。「レーガン夫人は承諾してくださった。でも、どんなチャリティのためのショーなのかと尋ねられた。なんと答えたものだろうか」

「ホープ不動産だ」ボブは大真面目に言った。ボブはこと金に関しては現実的だ。

ともかくもレーガン夫人は姿を見せた。そして私は、サイとピアノのところにいた夫人に、この日のために書いた歌詞を見せ、指導した。彼女にはホワイトハウスのカメラマンが同行しており、後に私は、練習中のわれわれ二人を撮影した写真を受け取った。そこには〝ありがとう、思い出を《サンクス・フォー・ザ・メモリー》——そしてご親切を〟と書かれていた。

サイと私は、ルシル・ボールがボブ・ホープに歌った（これが彼女にとって人生最後の歌唱となった）歌の作者として、エミー賞にノミネートされた。言葉を語らせることは出来なかったので、私はそれぞれの歌に、ボブの人生をちりばめることにした。その一つが『コメディは楽じゃない』と題した歌なのだが、この数行前に気づいたことがある。あの歌は、ボブが私に教えてくれたことに対して、私が感謝の気持ちを表わそうとしたものだったのだ。ルーシーの歌声でありながら、私が語りかけていたのだ。ボブに。そしてボブのことを。

ルーシーは巨大なスタジオで何百人ものバースデイゲストを前に最初のコーラスを歌いだした。

うらやましいね笑いの仕事

笑いで始まり笑いで終わる
晴れたいい日に
働いてる身には

お気楽そうに見えたとしても
回転木馬のようにはいかない
舞台で見せる芸のため
死に物狂いでもがいてる

コメディはシリアス
コメディはアート
大事なことはマイミング
タイミング
プレーイング・ア・パート（役者ごころ）

大汗かいてウケ狙っても
しくじりゃ二度と出番はこない
大事なキャリアが煙と消える
コメディは楽じゃない

コメディはシリアス

コメディはアート
へこんでいても笑顔を売る芸
涙が出るほど笑わせる
サイテーだけどサイコーの仕事
どん底にいようと平気な顔で
明るい笑顔を誘い出す
貧乏だったら一発狙い
コメディはやっぱり楽じゃない

最後のコーラスになると、ルーシーはステージから階段を下りてきてテーブルに坐っているボブに近寄った。

コメディは最高
コメディは真実
コメディは励まし若さをくれる
憂さを晴らして悩みを払う
努力と才能を語るとき
ボブ・ホープこそがコメディだ

第十一章

「おい、おい、おい、どうなってんだ？」
——クリストファー・リーヴ
『アクターズ・スタジオ・インタビュー』より

本書を綴っていくにつれはっきり分かってきたことがある。皆さんにはとうにお分かりだろうが、私は人生の大半を〝家族〟を作ることに費やしてきたということだ。信じてもらえないかもしれないが、本書を書き始めるまでそのことにはっきり気づいていなかった。子供の頃から〝母と子〟という構成になじんできた私は、世間的な〝家族〟という概念の持つ甘ったるさに否定的な姿勢を取ることで自分を守ってきたのである。

だがむろん、本書のあちこちに登場してきた、あるいは今後登場してくる顔ぶれたちの背負った家族の複雑事情というものも認識している。私は気づかぬまま、お気楽な家族無視から家族というものへの深い共感と飽くなき探求へと変わっていったのだ。

私の家族の主要人物は、本書のなかですでに何度か重要な登場を果たしてきた妻のケダカイ・ターナー・リプトンである。たまに『アクターズ・スタジオ・インタビュー』のなかで私たち夫婦の話を織り込むことがあるが、彼女が日本人とアイルランド人の混血であることから人目を惹く美貌と凛とした風情を漂わせているため、人から私たちの馴れ初めを訊かれることがある。この出会いはありふれたものではなかった。

一九七〇年当時、私は唯我論の信奉者であり、典型的な独身男としてマンハッタンで気ままな独り暮らしを送っていた。昼は仕事の喜びを追い求め、夜は快楽を追い求めた。当時の私は今よりやや好感度が高かったので、めったに連れに——家族ではないし伴侶でもない——不自由することはなかった。

その楽しい甘い時代に、繰り返し見る悪夢は、ズバリ、自分が結婚する夢だった。私はうろたえて夢からもがいて起きると、誰でもいいからベッドの隣にその夜の相手を求めて安心するのだった。褒められた話ではない。いかに私が自己耽溺型だったかの証しであろう。

一九七〇年一月、ある日の午後、私は自分のエージェントのオフィスに行き、電話に出ている彼のデスク横で電話の終わるのを待っていた。そこへ当時かなり知名度のあった若い映画女優が入ってきてデスクの反対側に立って待った。

私は平均的なアメリカ男の常で彼女に興味をそそられ大胆に声をかけた。「今夜食事を一緒にどうですか？」

彼女はちょっと私を観察するような目で見てから言った。「いいわ」同時にエージェントが電話を切った。そしてその夜、彼女は私のアパートに移ってきた。むろん、その場かぎりのことだ。彼女は結婚していたし、翌日には自宅のあるロサンゼルスに戻る予定だった。

翌朝、彼女は夫に電話をかけて大事な用事が出来たから帰宅が遅れると説明した。彼女は顔が知られているので、二日二晩アパートから一歩も外に出なかったが、むろん二人のいずれもそれで困ることはなかった。

二人一緒にいられる最後の日の朝、新聞を読んでいた彼女が《ニューヨーク・タイムズ》のある記事に釘付けになった——その夜ニューヨーク・シティ・バレエ団がジェローム・ロビンズがショパンのノクターンに振付けた新作『イン・ザ・ナイト』を初めて上演するという。彼女は何が何でもその舞台を観たいと言った。不倫の蟄居状態に囚われていた二人はしばらく互いの顔を見つめあった。と、不意に解決策を思いついた。「わかった！　ぼくがチケットを予約する。会場のリンカーンセンターから一ブロック手前でタクシーを降り、別々に分かれる。ぼくがチケットを受け取り、ロビーのきみのそばを通りかかった瞬間チケットを渡す。座席がたまたま隣り合って坐ることになっても、なんら悪いことはない。終演後は別々に出てタクシーを降りた所で落ち合い、ここに戻ってくればいい」

その計画は絶対確実だと思われた。だからその夜、私はステート・シアターのロビー内にある予約済みチケット渡しの窓口の列に並んだ。連れの彼女は私から二、三メートル離れたモギリのそばに何食わぬ顔で立っていた。番を待ちながらぼんやりと表のドアの方に目をやると、劇場内にもみあって入ってくる人群れのなかに投資家でダンスのパトロンとして有名なポール・ルパークがいるのに気づいた。

ポールの隣にうら若いアジア系の美人がいた。黒い髪はさらさらと腰の辺りまで垂れ、顔ははっと目を見張るほど美しく、気づくとその美貌に見とれているのは私だけではなかった。彼女とポールが私の並んでいる列の終わりにつこうとするのを見た瞬間、私には分かった——考えたのでも、予想したのでもない——この女性こそ私が残りの人生を喜んで共に送る人なのだと。

むろん、こんなことを書くと陳腐な常套句のようだが、その瞬間にはまさにその常套句は私のためにあった。道楽者の十一年間も、拘束されまいとする悪夢も、真実で変わらぬ愛としか思えない津波のような大波に洗い流されてしまった。

ポールとその女性が列の終わりにつくのを見て、私は後ろの人に「人を待っているので、どうぞお先に」と言って番を譲り、それをまた次の人とも繰り返してポールとの距離が縮まっていった。残念ながら、列の最後の人に近づき、目当ての女性がますます美しく見えてきたとき、彼女はふらりと列から離れていってしまった。ポールと挨拶を交わし、それぞれチケットを受け取り、彼は左に、私は右にと分かれて連れの待っている方向に向かった。

『イン・ザ・ナイト』はその夜の早い時間帯に上演された。気もそぞろな批評家たちに早く劇場を出て行かせ翌日の新聞向けに批評を書かせようという配慮からである。幕間に私がロビーホールに出ていこうと連れに提案すると、彼女はためらったが、こちらはさきほど取りつかれてしまったけしからぬ使命に燃えている。私は通路を別々に出て行ってロビーでばったり出会おうとそそのかした。

私の計略はポールとの長い付き合いに裏打ちされていた――彼はニューヨークでも最もエネルギッシュでやり手のプレイボーイだった。私自身もそれを目指していたから、一人の狙いがよくぶつかることがあった。ポールは上背があってスポーツマンで、洗練され、極めてフランス的なうえに裕福なブロンドでと、つまりはギリシャ神のような男だったから、およそ私とは正反対で、まともに対決したら私は不利だった。しかし、今までの彼との出会いで分かっている弱点もあった。つまり、彼がどんなにゴージャスな美人を連れていようと、こちらが魅力的な女性を連れていたら、こちらの女性も欲しがるということだ。彼はそれとなく、いや、時には文字通り、こちらの脇をこづいて押しのけ、彼女を横に連れて行ってバハマにある彼の隠れ家に招待するのである。そして事実かなり成功してきていた。

早い話、私はそのポールの女癖を当てにした。そして彼は私を落胆させなかった。ロビーに出たところで、私は連れをポールの視界に入るように動かした。と、たちまちポールが目をつけ、くだんの美女を後ろに従えて私たちのそばに寄ってきた。紹介しあった後、私の連れのダンス歴を思い出したポールは彼女と活き活きと会話に興じて、結果的に彼は私に背を向け、連れの美女がほったらかしになった。

休憩中に彼女についていくつかのことが分かった――その夜彼女がポールのお相手となったのは、彼の恋人（その時点での！）がそのダンス公演に出演していたからだった。ああ、ついている！　さらに、彼女の名前はケダカイ・ターナーといい、日本人とアイルランド人のハーフであることが分かったが、休憩時間は短かすぎた。ポールとケダカイは右に、私たちは左にと分かれた。通路を歩きながら、連れの彼女が私にささやいた。「あの男、私に何て言ったと思う？」

「何？」

「週末にバハマに招待したいって」

「まさか！」

「あいつからわたしを守って！」

「わかった」

と言ったものの、次の休憩時間には人前に出渋る彼女をちゃんと相手から守ってやるからと説得してまたロビーに出た。果たしていつだって抜け目のないポールは隅の方にいた私たちを見つけて迫ってきた。今度の接触で、ケダカイがウィルヘルム・エージェンシー所属のモデルだということがわかった。しかも、私はもう勝負の鍵を握っていた。

翌朝、連れが涙ながらに飛行場に発って行ったあと、私は電話に駆け寄ってウィルヘルム・エージェンシーに電話し、ケダカイにメッセージを残した。

言うまでもないことだが、ポール・ルパークはこのひと幕のなかで敵役ではない。敵役は私である。ケダカイと私は夕食を共にし、その数日後、ケダカイが私のアパートにいた朝方、秘書ジョアンナが来て事務室でコーヒーを飲んでいるとき、私は彼女を紹介した。朝の十時に女性を紹介するのは初めてではなかったが、このときの秘書の反応はそれまでとは違っていた。ケダカイに横に坐ってもらって三人で雑談したのだが、ジョアンナはしきりにケダカイを盗み見る。やがて、彼女は両手をぺたっとデスクにつくと、こう言った。「もう言っちゃいます！　じろじろ見てすみませんでしたが、あなたは今までわたしが出会ってきた人のなかで一番変わったお顔立ちの方です！」

ケダカイはコーヒーを手に首を振った。「そんなことはありません」

今度は私が彼女を見つめた。付き合い始めてまだ一週間足らずだったから、少し気を遣って言ってみた。

「ケダカイ、人に一番美しいと言われたのなら否定するのも分かるけれど、もっとも、ぼくは否定しないけど、でも変わった顔立ちと言われてどうして否定するの？」

ケダカイはひるまなかった。「だって、本当のことなんですもの」

「何を証拠に？」

彼女はコーヒーカップをテーブルに置くと、身を乗り出した。「一日に二度か三度、街に出て赤信号で立ち止まっていると、必ず男の人が寄ってきて言うの。〝失礼だが、あなたは私の知っている人にそっくりです〟って」

それを聞いて、ジョアンナと私の両方が目をむいた。そして私がまくし立てた。「それで、自分に似た女の人がそこいらじゅうにいるって決め込んだんだ！」

「もちろんよ」とケダカイは穏やかに言って、コーヒーカップを手に取った。

ケダカイを知っている人なら誰でも、謙虚でなきゃならない理由はどこにもない彼女が、どこまでも謙虚なことを証言するだろう。ちょうど、本書を読んできた読者なら誰でも私こそ謙虚であるべきなのにそうでないと証言するのと同じように。だが、その点に関してケダカイは私を救ってくれることが出来ない。実生活での彼女の謙虚な姿勢が私のそれとつりあいが取れればいいと願わないではいられない。

私の謙虚欠損のもう一つの証左を挙げよう。二人の出会いから一カ月後にケダカイは自分のアパートを出て私のアパートに引っ越してきた。その八カ月後に私たちは結婚した。これを自慢話だと思わない人は私のことを知らないか、ケダカイの輝くようなオーラを目の当たりにしたことのない人である。

結婚した日の夜、二人はヨーロッパへ新婚旅行に出発した。パリではオランダ国立バレエ団がテアトロ・シャンゼリゼで公演中で、私のかつての師ベンジャミン・ハーカヴェイが振付け指導に当たっていた。最初の休憩時間にロビーを見渡すと、ポール・ルパークが私たち二人をびっくりして見つめている。ロビーを彼のそばまで歩いていくと、「こんなところで何やってるんだ？」と彼が言った。

「新婚旅行だよ」

彼が目をむいた。「どこに泊まっているんだ？」

「ザ・トレモアイユだけど」

「明日パリを発つんだよ。残念だなあ、食事を一緒に出来なくて」

翌日の午後、ホテルに戻ると、私たちのスイートルームの平面という平面が花で埋め尽くされていた。ポールはこの話の中で断じて敵役ではない。

旅行から戻って一月後にオランダ国立バレエ団がニューヨークに来た。私たちはカンパニー全員をわが家に招待して、パーティを催した。パーティの始まりあたりで、私は書斎のデスクでニール・サイモンと向かい合っていた。彼が私たち夫婦の馴れ初めについて尋ねたから、ステート劇場での出会いの操作から新婚旅行先のテアトル・シャンゼリゼでの奇遇までを話した。

ニール・サイモンの作家魂が目覚めたのか「その男はすべて策略だったたって分かったんだろうか？」と訊いた。

「今の今まで分からなかったね。ポール・ルパークは今きみの後ろの窓際の椅子に坐ってるよ」

作家はさっと後ろを向いた。「そうなんだ。で、きみは何て言いたい？」

ポールは洒落の分かるフランス男らしくいかにも世慣れた感じで私に身を寄せると言った。「あのときの女優の電話番号まだ持ってるかい？」

ケダカイは私の人生に多くの恵みを持ち込んでくれたが、その一つが彼女が生まれてすぐ養女として引き取られた剛健なアイルランド系の家族である。ターナー家は警官（当然だ）であった父親と、典型的な（翻訳すると酒好きってこと）母親と欠損のない健全な家族で、ケダカイを養女にしたあと、二人の子供——マーサアンとジミーをもうけた。そして私は徐々にこの家族に親しんで行った（この家族ではジョンは例外的な名で、祭日にこぞって集うテーブルの周りはジムとトムばかりである。私が身内になってからの歳月で、四人子供がふえたが、むろんトムはいるが、ありがたいことにもう新たなジムはいない）。

結論。ターナー家は私に家族というものがどんなものかを教えてくれた。それでも依然として欠損は残った。〝父親〟の概念がないのと同じで、〝兄弟姉妹〟にしても、笑い、からかい、諍《いさか》い、分かち合う姿を妬ましげに見て、それはどういう感じのするものかと一生考えてきたがやはり分からない。一度も持ったことのない関係を想像するのは、一度も見たことのない色を想像するようなものだ。

そんな私にも、三十五年前、ついに兄弟といえるような関係が出来た。《パリス・レビュー》の編集長ジョージ・プリンプトンである。彼が二〇〇三年九月に亡くなった時、チャーリー・ローズが彼の親友や同僚たちを招待してジョージの思い出を語りあう会を開いた。その席で、私は今から自分は毎日何かでジョージを思い出すことになるだろうと予言したのを覚えている。事実そのとおりになったし、今も思い出している。

ジョージが五十歳になったとき、大勢の友人と同僚、それにデビュー作や代表作を《パリス・レビュー》に載せてもらった作家や詩人たちの間から盛大な誕生日祝いをしようという動きが起きた。《パリス・レビュー》は一九五三年に彼がケンブリッジ大を出たばかりの若さでパリにおいてもう一人と共同創刊した文芸雑誌である。その後、彼はこの雑誌を創造面でも財政面でも牽引し続け、並みの出版物の寿命を遥かに越える長寿と、最盛期でも一万足らずの部数を遥かに超える影響力を誇っていた。

誕生日祝いの会場に考えられるのは一箇所しかなかった――ガートルード・スタインとアリス・B・トクラスがヘミングウェイ、パウンド、シャーウッド・アンダーソン、ソーントン・ワイルダーらロスト・ジェネレーションのためにフローラス二十七番地にショップを作って以来のもっとも有名な文芸人サロン――つまりジョージのサロンだが、東七十二丁目にあって昼も夜も、一年五十二週間というものイーストリバーを見下ろすリビングルームとその隣の客間が会場となった。そこで催されたパーティはどれも語り草となったが、そのどれもジョージの五十歳誕生パーティとは比べものにならなかった。もしもイーストリバーが氾濫してそのビルと中に居合わせた人々を全滅させてしまったら、その瞬間にアメリカは知的二流国となってしまうだろう。

一人、また一人、アメリカを代表する文人たちが、ぎっしり詰めあった会場の北端に置かれたピアノわきの仮設演台に立ってジョージに挨拶を述べた。シャープなウィット、学問的な喩え話、大胆な不敬話、あるいは深い尊敬を細やかな言辞に託した名挨拶の数々。

その会の二週間前、ジョージの妻のフレディから電話が入り、私の役割について問い合わせがあった。

「あなた、何か書いているんでしょう?」

「はい。もう少しで書きあがるけど」

「それにもう一つ足して欲しいのよ」

「ほう?」

「昔からジョージにあげたいと思っていたプレゼントがあるの」

「何だろう?」

「バースデイケーキから飛び出す裸の女」

「なるほど」彼女はしばらく無言だった。「でも、どうしてそれをぼくにやってほしいのかな?」

「あのね、ジム……」そういったまましばらく私の出方を待っていた。

ジョージと《パリス・レビュー》は私のパリ滞在期間と時期が重なっていたため、どうやら彼は私の秘密を妻に漏らしたらしい。「フレディ、ぼくはあの業界からはずっと前に足を洗ってしまっているんだ……」

「あなたが最後の頼みの綱なの!」電話の向こうで彼女が叫んだ。「お願い! やってくれなきゃ! ジョージのために!」

妙なことだが、この時解決策をもたらしてくれたのはケダカイだった。友人のジェニー・カワグチはイースト・ハンプトンのガラ公演にジョフリー・バレエ団で出演したときからの友人だが、当時、彼女はブロードウェイのレビュー『オー！ カルカッタ！』に出演していた。ケネス・タイナン演出、台本はノーベル賞作家サミュエル・ベケット、ほかにジョン・レノン、サム・シェパード、ジュールズ・ファイファー、ケネス・タイナンらが台本作成に協力した大胆極まりないレビューだった。

「ジェニーはヌードのバレエをやっているわ」とケダカイが教えてくれた。

ジェニーがケーキから飛び出すことに同意してくれたので、私の内なる作家・演出家・プロデューサー魂が一つになって刺激的な創作へと燃えた。フレディに電話してこう言った。「オーケー、ぼくはやるよ。でもこれが最後だからね」

「きっとパーティのグランドフィナーレになるわ！」

「ちょっと待って。ずっと考えていたんだが、ケーキから裸の女を飛び出させるくらいどこのだれにだって出来るよ――」

「ううん。出来ないわ、あなた以外は」

「まあいい。友人のジェニー・カワグチが『オー！ カルカッタ！』に出ていてね、彼女の彼氏がそのバンドでギターを演奏している。だから彼もつれてくると言っているよ。だから、彼女がケーキから飛び出したら、彼がオープニングナンバーを演奏し始める。そしたら大きな衣装をまとったキャストが歌い踊り、観客をじらせておいて、やがてぱっと脱ぐと全員ヌードなんだ。ジェニーはケーキから出てきて、衣装をまとったまま踊る！」

「素敵！」

「ちょっと待って！ 猿の縫いぐるみも借りた」

「何のために？」

「ジェニーが中に入るんだ」フレディにはゴリラの縫いぐるみを着た人ほど私にとって面白いものはないということは説明しなかった。フレディにはゴリラが『オー！　カルカッタ！』の長い衣装をまとい、音楽に合わせて踊ると誰もが〝そうか、ゴリラのストリップね〟と思うじゃないか。おかしいだろう？」

「ううーん」とフレディは不服そうな声を出した。

私はとどめの一撃を食らわした。「そうじゃない！　ゴリラはローブを脱いで裸で、つまり毛皮のまで踊る。それから被り物のアタマを外す。すると美しい顔のジェニーが現われ、長い髪の毛が下に垂れる。それから――パッ！　猿の縫いぐるみも脱ぎ捨てると真っ裸の女性がジョージの五十歳誕生日のために踊るというわけだ」

「それってすごーく素敵！」とフレディが黄色い声を張り上げた。

誕生日当日の夜、目もくらむばかりのスピーチまたスピーチの後、《パリス・レビュー》の若手たちがジョージの書斎から巨大なボール紙製のケーキをビリヤード台まで運んできた。部屋の端ではジェニーの彼氏と『オー！　カルカッタ！』のピアニストがテーマ曲を弾き始めた。ジョージは作戦通りフレディの横、テーブルの前に坐っていた。ジェニーが猿の縫いぐるみを脱ぎ捨て、すらっとした一糸まとわぬ白い裸身が躍り出たとき、集まった客はあっと息をのみ、わあっと歓声を上げて拍手喝采した。それに勢いづいてジェニーはテーブルから飛び降りてジョージの腕の中に飛び込んだ。つづく歓喜狂騒の嵐！　わが人生で最も当たったショーだった。

翌朝早くに電話が鳴った。フレディだった。「ジム、私たち今飛行場なの」私は感謝と賛辞が浴びせられるものと謙虚に身構えた。「バルバドスに発つの」

「それはよかった」

「あなたに助けてもらわなきゃ」

「何のことで？」

「ジョージのご両親が夕べ出席していたの」

「知ってますよ。お話したから」

「ゴリラの後で？」

「いや。でもどうして？」

「お母様がひどく怒ってしまったのよ」

「ちょっと待って。フレディ。きみが裸の女性を希望したんじゃなかったのか？」

「そんなことをわたしが二人に言えると思うの？」

「じゃあ、それでぼくを責めるのか」

「それが問題じゃないのよ。シャーリー・クラーマンがあの場にいたの。彼女が雑誌《ピープル》のライターなの知ってるでしょ？」

「フレディ、彼女を招待したのはぼくじゃない、きみなんだぞ！」

「彼女がカメラマン同伴で来ていたの。絶対にジョージに女が飛びついてる写真を載せるわ、《ピープル》に。そんなことになったら、ジョージのお母様は即死だわよ！」

「わかった。じゃあシャーリーに電話しなさいよ」

「出来ない」

「どうして？」

「言ったでしょ。バルバドスに向かっているのよ。いまだって私たちの乗る出発便がアナウンスされている。シャーリーに電話して。この窮地を説明して！」

「ちょっと聞いて、フレディ！」と言ったが聞こえてきたのはダイヤルトーンだけだった。
二、三時間後、バルバドス空港から電話があった。「シャーリーは何て言っている？」

「憲法修正第一条、言論の自由を脅かす問題だとさ」

「何ですって？　あの人《パリス・レビュー》を読んだことないの？　いってみればジョージでしょ、憲法修正第一条を作ったのは！」

「彼女は一歩も引かないよ」

「引かせてみてよ。お願い！　ホテルに着いたらまた電話する」と言ってまた切れてしまった。シャーリー・クラーマンに電話をすると、彼女は言った。「ジム、うちの雑誌は家族向けの雑誌ですよ。私たちが下手な真似をして自分たちの地位をスーパーのレジ脇に置かれるまでに落とすと思うの？　写真は二十枚載せます。でもみんな郵便切手の大きさにしますよ」

フレディは切手サイズだという妥協に満足しなかったが、それが私の出来る限度だと伝えてこの一件から手を引いた。雑誌が出たとき、確かに二十枚の切手サイズの写真が掲載されていたが、さらにページ一面のジェニー・カワグチの見事な写真も載っていた——生まれた姿そのままのフルヌードが嬉しそうな当夜の主賓の腕のなかに飛び込んでいた。

ジョージの母上はこの上なく上品な女性だったが、最終的には私を許してくださった。そしてジョージは（いうまでもなくまったく気にしなかった）いつもどおり鶴の一声を発して騒ぎに決着をつけた。そしてニューヨーク・パブリック・シアターのポスター画家ポール・デイヴィスを指名して《パリス・レビュー》のポスターを描かせた。ポールはそれまでにケダカイを広告ポスターに描いて受賞していたこともあったので、このお気に入りのモデルを使って上半身ヌードの見事なリトグラフを生み出した。

そのポスターは東七十二丁目のプリンプトン・サロンとわが家に、そして〈イレインの店〉のジョージの胸像わきの壁に掛けられている。イレインはたいてい私たち夫婦とその客たちをその下のテーブルに坐らせてくれる。私は妻の優美な絵姿の下で当然の誇りを持って食事会を仕切るのである。

歴史に残る五十歳記念のパーティから何年もたってから、フレディはだれしも完璧な夫婦と認めていた関係に終止符を打った。ある日、突然ほかの男と失踪してすぐに結婚し、すぐに離婚した。傷心のジョージは電話をかけてきたが、ジョージとは分からないほど憔悴した声で、私たち夫婦に彼のサガポナックの別邸まで泊まりに来てほしいと言う。私たちはすぐさま駆けつけてその後十日間彼の家に滞在して彼から目を離さず、夜中に起きだしてふらふらと山道にさまよいだしたときには追いかけて連れ戻した。

この破局の終わりはフレディにとっても破局の終わりになった。彼女がまた独り身に戻ったとき、サガポナックの家を売っていたジョージはブリッジハンプトンに家を買った。フレディと、夏など子供たちのテイラーやメドーラを訪ねる際に揃って彼らを迎えることが出来るようにしたのだった。二人はどうにか折り合って行けるだけの友情を育んだようだ。

やがて、ジョージはサラ・ダドリーと知り合い結婚することになった。二人は私たち夫妻をリバークラブでの正式な婚約式に招いてくれ、私たちもそれに相応しい格式と純粋な喜びをもってそれに応えた。

晩餐中にジョージは〈メイフラワー・ソサエティ〉の会合についての面白い話を披露して客をもてなしてくれた。ジョージは言った。「メイフラワー号の乗客の名前を読み上げるから、その子孫は立ち上がってください」

「じゃあ、きみは二度立ち上がったのかな？」

「そう。そしてサラは三回立ち上がらなければならない」

「大変だ」と私。「それじゃ乗客名簿の半分になってしまう」

この高貴な血統について考えているうち、バーでジョージとカート・ヴォネガットと飲んだ夜のことを思い出し、無言のままある確信を強めていた。私やノーマン・メイラーを彼らから分かつ血統的な欠陥は別にしても、彼らとは一緒の文芸リーグに入りたくないという確信だ。というのも、彼ら大物作家たちはほとんど例外なく真剣な酒飲み（礼儀的な婉曲表現である）であるのに、私はそうではない（ノーマンは自分の文才を自分の髪ふさふさの頭のせいにし、私に勝った気でいる)。その夜のバーで、ジョージは帰らざるを得なくなり、カートと私は残ったが、カートはジョージが白髪のジャコメッティよろしくふらりふらりと出ていくのを見送りながら、愛情たっぷりな口調で言った。「最後の紳士が帰っていく」

ジョージは自分の血統のよさを鼻にかけなかった。行事があっての集まりでも彼が食事を用意すると、メニューは決まってチーズマカロニだった。チーズはそのとき手元にあるものなら何でもよくて、出来るものなら冷凍庫から出したやつをポップコーンのようにポリポリ食べたろうと思うくらいだった。

彼はまたアメリカでいちばん食事に迎えたいゲストの一人だった。それには当然のわけがある。ジョージは誰にも、どんな話題にでも豊富な知識をもって話すことが出来たうえに相手を楽しませることが出来た。私たち夫婦は自宅でよくテレビのボクシング試合を観戦する集まりを開いた。ペイパービューの試合に視聴者を募ると二十名ほどのボクシングファン、ボクサー、トレーナーなどが集まってくる。ジョージはそんなとき、勝敗の賭けを仕切るのだが、決まってというほどケダカイが勝つので客たちは八百長だと思ったくらいだ。ある試合のときなど、ジョージとノーマン・メイラーが最前列に坐って試合について賑やかにしゃべっていたが、それはちょうど例の素晴らしいドキュメンタリー『モハメド・アリ　かけがえのない日々』にあったアリ対フォアマンのザイールでの試合観戦を髣髴とさせた。

ジョージとフレディがサグメイン・ロードに住んでいたころ、カート・ヴォネガットとジル・クレメンツはその隣に住んでおり、私たち夫婦も同じ道路の一マイル北に住んでいた。カートと私は自分たちが書いているものに対するコメントを交換する(私にとっては貴重な)習慣ができた。ある日、カートはわが家に新作のゲラを持って訪ねてきた。私が読み終えた後、彼の家のプールわきに坐って話しあったが、彼の新作はエラスムスの『愚神礼賛』を想起させる要素が多分にあると伝えた。

カートはその作品を読んだことがないから本を貸してほしいと言った。私は自分の蔵書の中から十六世紀のタイトル『モリアエ・エンコミウム』と表紙にある箱入りの特別な一冊を出して彼に届けた。二週間後、カートから電話があって、ニューヨークの私宛に本を返送したが、同封した自分の手紙について話し合いたいと言う。私が当の本も手紙も受け取っていないと言うと、彼は親友の死を知らされたみたいに愕然となった。

郵便局は何の助けにもならなかった。その後数カ月にわたって何度も彼から報せが入った。世界中どこに行っても本屋に飛び込んではその独特なカバーのついた本を探し回っていると。私は『愚神礼賛』ならどんなカバーのものでもいいと言ったが、彼は〝あの〟カバーのものを返すと言い張った。

一年後、カートはサンフランシスコから勝ち誇って電話をかけてきた。「手に入れたぞ！」ニューヨークに戻ってきた彼は、今度は郵便を信用せずに直接手渡してくれた。

翌日、私がカートに電話した。「今朝、何が郵便受けに入っていたと思う！　ぼくの『愚神礼賛』だよ。一年前の郵便の消印のついたやつ。きみの手紙も」

カートの文面。

拝啓ジム

今まで何度も言っているが、ぼくの友人たちは文芸面でぼくを教育してくれる。ぼくは化学の教育を受けてきたからね。友人たちは何を読むべきかを教えてくれるが、ときには自分の一物を電気のソケットに突っ込めと言われているような気になるものだ――つまり『キャンディード』『リシストラータ』『セオリー・オブ・レジャークラス』『カピタル』なんかだよ。その短いリストに今『愚神礼賛』を付け加えよう。今までどうしてこれを読まずにこられたのだろう？

きみがエラスムスとぼくは似たもの同士だと言ったとき、彼は体系化された宗教的信念に対する懐疑論者なのだろうと推察していた。彼を読むまえには、彼をヴォルテールのような人間なのだろうと思っていたが、彼は見事なまでに聖書を尊重しており、明らかにその翻訳が正確であることを望んでいる。私は三位一体の概念が翻訳によっては不正な挿入であり、身勝手な時代錯誤であることを見破った彼の学者魂にとりわけ感謝するものだ。乾杯、旧友よ——

手紙は彼のトレードマークのサインで終わっていた——名前が彼自身のカリカチュアに織り込まれた、もしゃもしゃのヒゲから煙草が突き出ている絵。

私は新しい本を彼に送り返すことを申し出た。そうすればお互いに一冊ずつ持っていることになる。一冊は私の書庫に、一冊は彼のそれに。それは彼の輝かしい人生の終わりまで一人の作家への賛辞を表すものとして残るだろう。乾杯、旧友よ！

サラが双子を産んだとき、ジョージは神妙に私を二人の名付け親に指名してくれた。だが、ジョージという人は常に鷹揚でかつ、悪名高いほど曖昧なものだから、同様の依頼を複数の友人に出してあったのだろう。果たして、洗礼日には聖ヨハネ大聖堂の洗礼盤の周りを何人もの善人たちが取り囲むことになった。主席司祭ご本人が司式し、その後、イーストリバーの彼の名所的なアパートでの昼食会にも出席なさった。彼と私はなぜかビリヤード台の角に腰かけることになってしまった。以前ジェニー・カワグチがその毛氈《もうせん》の上で跳ね回った台である。《パリス・レビュー》のバックナンバーも大事に集められていた。

気がつけば、私のような不信心者が二人のいたいけな人間の宗教教育を任されたという遅ればせの認識が引き金になってややふざけた不敬な気分に流されたのだろう——「あなたにお分かりいただきたいが」と私は主席司祭に言った。「名づけ親によっては」と混み合った室内の人々を手で示して「自分たちの宗教的義務をまじめに受け止めていない人もいます。でも、私はこの子たち、ローラとオリビアの宗教教育をマニ教的異説から始めるつもりでいます」主席司祭の目が不安そうになったのを見て、私はすかさず神学の要諦に切り込んだ。「この子らが学齢期になったとき、彼らはクラスでただ二人だけ、処女懐胎は主や救世主イエスの誕生を意味するものではなく、その母親である聖母マリアが原罪の穢れなくお生まれになったことと理解しているでしょう」

「この部屋でそれを理解しているのは、たぶん私たち二人だけでしょう」と主席司祭はうなずいた。

私はビリヤード台の私のわきにあったトレイから胡瓜サンドイッチをつまみ、大向こうウケしたわけでもないのに、すっかり満足してサンドイッチにかぶりついた。

一九九四年九月七日、第一期生の学生が大学に入ってきた……私が自分のこだわりをおおっぴらにしていた円形の建物（マイケル・スキメル劇場のこと）のなかに。私たちはそもそもの始まりの場所、私の一生分も昔の場所――アクターズ・スタジオ・ドラマ・スクールの誕生の地に戻ったのである。

アクターズ・スタジオのメンバーから成るフルタイム教授陣と一つのワークショップのために月に四回金曜を割いてくれるゲスト教師たちを集めた段階で、もう一つの課題が残った。スタジオのメンバーやその仲間たちは、仕事のスケジュールが忙しくてなかなか時間を割けないのだが、その人生のうち一晩だけなら喜んで参加してくれるかもしれない。

わたしは彼らの名前を書き出し、何十通もの手紙を送って自分たちの学校を説明し、一晩だけでいいから学生たちに教えてやってほしいと頼んだ。何の準備も要らないと約束もした。準備はわたしがやる。彼らには約束した夜に現われてくれ、自分たちの選んだ道の入り口に立つ若い学生たちに、その道にどんな紆余曲折が、喜怒哀楽が、危険と可能性が待ち受けているのか、いわば鳥瞰的な未来図を垣間見せてくれさえすればいい。

さらに説明した――観客となるのは、修士課程の学生と、連続入場券を買う一般客であり、これによる収入は学生たちの経済的援助の一部となる。インタビューのテーマはうちの学生たちが勉強し彼らが実践してきた技芸についてであると。テレビ放映などとは考えていなかったし、話にも出なかった。あくまでライブの会であり、うちの学生たちのためになるカリキュラムの一クラスであった。

手紙に対する反応に私はびっくりし、心強くなった。ポール・ニューマンがイエスと言ってくれたのみならず、アレック・ボールドウィン、サリー・フィールド、デニス・ホッパー、シェリー・ウィンターズ、アーサー・ペン、シドニー・ポラックまで名乗りをあげてくれた。学生たちは俳優、劇作家、演出家になる将来を夢見て学校にきており、声、動きなどを含む多種多様な訓練を受け、やがてはさまざまなスタイル、テクニック、システムに適応していかなければならないため、スタジオ以外でも私の知人で尊敬している人々に声をかけた。そして最初の数カ月のうちにスティーヴン・ソンドハイム、ニール・サイモン、スタンリー・ドーネン各氏が招待を快諾してくれた。

受諾の手紙束を手に、再び私は自分の出身であるプロの世界にこんな簡単なメッセージを発信した。「これらの人々が来てくれますが、何か保存する価値のあることを発言することが考えられます。唯一の保存方法はカメラとマイクによるものです」これに対し、私が一生感謝することになる現実的な勝負勘をたよりに、若き小ケーブルテレビ局のブラボー・ネットワークが名乗りを上げてくれた。

さて、こうして急にこの大学の学究的講座はライブの定期会員制イベント、かつテレビのシリーズ番組となった。講座の権利は私の主張ですべてアクターズ・スタジオのものとし、ライセンスはほかのテレビ番組同様テレビ局のものとなった。契約が締結した日の翌日、局の重役から電話を受けた。「ところで、このシリーズを何と名づけますか?」

「いまほかの電話で相手を待たせてるので、かけなおします」私はそそくさと電話を切った。誰も待たせてなどいなかった。待っていたのは難題だ。MFAプログラムの委員長としてこのクラスを学業に取り込む作業はおろか、自分たちでテレビスタッフを集め、機材を予約するなどの大騒ぎのうちに、契約にうたわれていた〝シリーズ〟に名前をつけることを忘れていた。大学のデスクまえに坐り、しかめ面をして自問した。「何て呼ぼう?」

大きな紙に名前、名前、名前を書いていった――オンステージ！　ライツ！　カメラ！　アクション！　バックステージ……その時、電話が鳴った。テレビ局の重役の声が震えている。「ねえ、《TVガイド》の締め切りが迫ってるんですよ。今すぐタイトル伝えないと、ブラボーの欄は空欄になってしまう！」

言葉がすらすらと勝手に出ていた。「『インサイド・ジ・アクターズ・スタジオ』（『アクターズ・スタジオ・インタビュー』の原題）」

「了解！　宣伝担当に伝えます！」

電話を切ってどうしてそう命名したかを考えた。「そりゃそうだろう」私は内心呟いた。「だってアクターズ・スタジオのお歴々を招待してその学徒たちに教えようというのだ、しかも一般人はその相互作用を目撃すべくアクターズ・スタジオのインサイドに招じ入れられるのだから」

その考えは私には明白なものだったろうが、テレビ視聴者全員に明白というわけではなかった。いまでも時どき『アクターズ・スタジオ・インタビュー』の名声の番人を自認する視聴者からお叱りの手紙をもらう。アンソニー・ホプキンス、マーティン・スコセッシ、ロバート・レッドフォード、ヴァネッサ・レッドグレーヴらはアクターズ・スタジオのメンバーではないではないか！　そんなとき、私はただため息をついて呟くことにしている。A、彼らがスタジオのメンバーであったらよかったなあ！　B、彼らが忙しいスケジュールを割いて学生のために教えてくれて心から感謝している。彼らの話がなかったら、学生の教育は一段と貧弱なものになっていただろうと。

それから、ブラボー・ネットワークの大胆な応諾と第一回の録画との短い時間に、重大な決定をしなければならなかった。長年、企画の成否に運命をかけてきた一匹狼のプロデューサーとして、私は頭に浮かんだアイデアの価値を吟味するいくつかのチェックポイントを設けてきた。チェックポイントの第一が、「その特典はなんだ？　人が振り向いてくれるだけの価値があるか？　ほかでは得られないものがあるのか？」これに対して答えが「何もない」であったら、その企画をやめてしまう。

いまや私はジャングルのなかに飛び込み、先人たちの骨がちらばる小道の上に立っていた。今日まで、対談番組やトークショーは夏のハエのごとく数限りなく、その寿命もまた短かった。私は自分に問うた――このクラスルームの注目度を似たような番組のなかでも群を抜いたものにし、出演者それぞれがすでにほかの番組に馴れきっている一般視聴者の注目を喚起することが出来るだろうか？

こうした質問に当然短時間ながら（初回の録画が迫っていた）根本的な熟考を余儀なくされた私は、それに対して次のような答えを出した。

教育現場に入ってくるまえ、私は『アクターズ・スタジオ・インタビュー』のライバル番組のような対談番組のほとんどにゲスト出演していた。それらの番組には一つの共通項があった。対談予定日の数日まえに、若い助手がテープレコーダーと質問の長い箇条書きを携えて現われるのだが、私の答えはタイプ書きされて番組のライターの手にわたる。番組終わりのクレジットに出る五人から十人の名前がそのライターたちで、彼らは気に入った答えを当のホストに回してそうした答えが出てくるような質問をさせるのである。

だから、収録当日現場に行ったとき、担当プロデューサーが私のしゃべった答えと、それに行きつくだろう答えの書かれた台本を手にして待ち受けている。台本から外れるなと注意されることもない。台本の情報しかホストは与えられていないのだから。

たしかに、週五日も録画するとなると、ホストたちはこういう風に仕事するほかはないし、それをじつに見事にやってのける。しゃれた会話をよどみなく繰り広げていかにも自然にその場でそういう会話になったように見せる技は私にはない。感服の極みである。だから、格言〝敵に勝てないなら味方になってしまえ〟を変えて〝敵に勝てないなら別の道を行け〟とばかりに、私は腹を決めた。アメリカの全インタビュー／トーク番組のなかで『アクターズ・スタジオ・インタビュー』は予備インタビューなし、テープレコーダー持った担当プロデューサーなし、ホストにもゲストにも用意した台本なし、でやってみよう。

こうなってみてスッと冷静になった。私がすべてのリサーチを自分でやらなければならないのだ。これは重い決定であり、疲労でへこんでいるときなど往々にして致命的な決断に思えたものだ。大学での学部長としての職務と合わせるると、週七日間、一日十四時間デスクに繋がれることになる。それも九月から六月まで続き、感謝祭とクリスマスの二日間しか休みはない。

ステージに来てくれるすべてのゲストのための準備は二週間かかる。よしあしはともかく、私のデスク上の三百枚から五百枚のブルーのカードは、どれも図書館、新聞、インターネットから優秀なわが大学の卒業生ジェレミー・カレケンが掘り起こしてくれたものだ。その資料の山を私がパソコンを通して構成し、書きあげる。

私の法律への一時的傾倒から身につけたものの一つに反対尋問のスキルの基礎的公理がある。証人には自分がすでに答えを知っていない質問をすべからず（O・J・シンプソン事件の例の手袋の大失敗がいい例だ）。二週間の間に私がすることは、パソコンで生の資料を一つの語りに形づくり、初めと、真ん中と結末をつけることだ。各ゲストのために準備して行く際、いつでも捜し、なぜだか必ず見つかるのが一本のまとまりとなる糸、つまり〝スーパー・オブジェクティブ〟——アクターズ・スタジオでステラ・アドラーが私に捜せと教えてくれた超目的である。その超目的を持てば、語り部分をさらにゲストの人生と芸談が本領の小目的へと分けていくことが出来る。

どのカードにもゲストが答えてくれそうな情報が書いてある。それさえあればあとは私、学生たち、観客たちをそこに誘導してくれる質問を書けばよい。

こんな風に書くと自画自賛しているようだが、どの司会者も自分なりの流儀を持っている。中には私など夢に見るしか出来ないほどの成果を挙げている人もいる。これはたまたま私に合った仕事のやり方であり、それで時どきにせよ、私にもゲストにも成果を上げてきた。十三年間やってきて、一つだけ確信していることがある。予備インタビューをやらないことで、ゲストも私も会話をせざるを得ない状態に追いやられ、どんな会話になるか予測できなくなった。時どき、『アクターズ・スタジオ・インタビュー』をサーカスのテントだと思うことがある。てっぺんに高くワイヤーが一本張られ、両方の端にはロープの梯子がついている。ステージ出演の夜が始まると、ゲストは片側のロープを登っていき、私が反対側のロープを登って、ワイヤー上真ん中でまみえて、四時間、五時間を過ごす——だが、下にネットはない。

時どき、というよりたまにだが、会は三時間で終わるが、それより四時間の場合が多く、五時間となることもある。私とのインタビューが二、三時間。学生とは教室ゼミとして一、二時間。だが、スピルバーグ、ロビン・ウィリアムズ、ビリー・ジョエル、アンソニー・ホプキンス、バーブラ・ストライサンドらを深夜十二時半に文字通り追い出したこともある。「この学生たちはあと数時間でクラスに出なくてはならないんですよ！」

実際、これらの対面はゲストにも学生にも魅力的なので、ほうっておけば一晩中でも居残っているのは間違いないのだ。ダスティン・ホフマンが来たときなど、それまでこの番組をよく観ていた彼は番組の深みと長さの評判を知っていた。「誰が一番の記録保持者かな？」と訊いたくらいだ。

「バーブラ。六時間近くになった」

「じゃ、ぼくがそれを破ろう」彼は即座にそういって、事実、記録を破った。

番組を構成するにあたり、二つの決定をした。第一が、予備インタビューをしないこと。第二が『アクターズ・スタジオ・インタビュー』は技芸をテーマにするもので、ゴシップを扱わないということだ。ゴシップはテレビのトーク番組のもっとも貴重な売り物であり、視聴率競争で一番確実に結果のでる手段なのである。だから、技芸に焦点をしぼるのは致命的な間違いだと警告された。知恵者たちは安全なのは今までどおりのやり方だよ、短い、できたらおかしい逸話、学校外でのちょっとエッチな私生活での一件などを、むろん、学校であるうちのステージで語るのがいいと助言してくれた。

だが、アクターズ・スタジオの後押しを味方にして、私は主張を通した。失敗したとしても、それは納得ずくのことだ。妄想に惑わされることはなかった。私は三十代、四十代に安定したテレビ番組をプロデュースしてきていたから、そこまでになるにはどれほどの努力が要るかを知っていた。ケーブルテレビの世界はそれより小さいし、理屈ではさらに選ばれた世界といえるが、それでも私はブラボー・ネットワークにも、『アクターズ・スタジオ・インタビュー』にも自分自身にもその事実を隠そうとしなかった――技芸のテーマにこだわることはどんなテレビの視聴者にとっても無味乾燥なものになるかもしれない。

だが、私の予想しなかった事実もあった。ゲストに語らせ、いや、さらに重要なことだが、彼らに人間として、芸術家として形成した決定的体験を再現してもらったことで、彼らがふだん人前では固く閉ざしているドアのロックを弾き飛ばし、このインタビュー番組をテレビのもっとも無味乾燥な番組にするどころか、もっともプライベートで情感豊かな番組とし、海外の新聞、雑誌などは私を〝聴聞僧〟とか〝心理分析士〟とか呼ぶまでになった。フランスでは《テレラマ》の記事の見出しが「どんなスターも彼には抗えない」だったし、《パリ・マッチ》の見出しは「スターを裸に剝く男」だった。

しかし、これらは当時にすればすべて未知の未来に起きることであり、『アクターズ・スタジオ・インタビュー』号は決意も固く旗を翻して、一九九四年十月十日に出帆した。

最初のゲストはアレック・ボールドウィンだった。アクターズ・スタジオ出身者で、私の手紙を受け取ったポール・ニューマンから「リプトンが何か始めるみたいだ」と電話を受けていた。

ポールが一九九五年四月二十六日に放映される最初のゲストのはずだった。ブラボーはこのシリーズをアクターズ・スタジオの所長で創始者の一人から始めたいと考えていたためである。だが、アレックがこの前人未到の領域に足を踏み入れてくれた第一号であった。

アレックの学生たちへの助言は容赦ないものだった。「よく人に言うんだ。俳優になりたいなら、自分がどれほど演技することが好きか、ちゃんとわかってからにしろって。石油の採掘と同じでね、ものすごい忍耐に変わるだけの情熱がなくてはならない。だって、ほんの少しやれるようにしかならないんだからね。ぼくはよく人に言う。ぼくには二種類の友人がいる――金があり、有名な俳優と、食っていくために演技する俳優。たまにコマーシャルに出、映画に、それも地味な映画に脇役で出、チョイ役でテレビに出、芝居の舞台に出る――あとは舞台、舞台、舞台。こうやって食い扶持を稼ぐ。生きてはいける。彼らは俳優だ。ぼくは訊く。きみは俳優になりたいの？ それとも〝有名な〟俳優になりたいの？ もし有名な俳優になりたいのなら、気の毒なことだねえ、だってそうなるにはものすごいヤル気が必要なんだよ。思い切り弾みをつけて走り出し、ドアに頭をぶつけて、ぶつけて、ぶつけて、ぶつけて、ぶつけるだけのな。スターダムに賭けるなら、きっとあんまり演技できるもんじゃないって分かると思うよ。映画はね、非常に断片的なもんなんだ。映画一本とるのに、一日十二時間、十三時間つめて、結局全部あわせて四、五分しか演技分がないということがある。残りは」とアレックは口笛を吹いた。

「最悪だ」

つらい恋。ほんとの恋。『アクターズ・スタジオ・インタビュー』の最初の回で、つづくどのクラスでも学生たちは警告された――彼らの選んだ人生は生易しいものではないと。だが、それで学生たちはへこんだりはしなかった。かえって元気になったようだ。うちの学生の脱落率はこの十年間六パーセント以下だったたし、むしろやる気を起こさせたようだった。

ポール・ニューマンがうちのステージに迎えた二番目のゲストだった。その十月二十四日の数日まえ、彼が電話をくれて言った。「学生たちのためにぼくの映画の試写会を組んでもいいかな？」

むろん、こんな申し出を断われるわけがない。ポール出演の当日、修士課程に入ってきてまだやっと六週間という学生たちが、ニューヨークのパラマウント試写室の革張りの椅子にスターか会社のお偉方のように坐っていた。その夜、ポールはその映画の監督ロバート・ベントンを学校に連れてきてくれた。うちの控え室にポールが着いたとき、私はメークの椅子に坐っていた。ミシェール・オーキャラハンにまぶたをメークされて目をつぶっていたのだが、いつもならしっかりブレない彼女の手が止まったので目をあけると、私の肩に手をかけて前かがみになりニコニコと鏡の私に微笑んでいるコバルトブルーの目があった。

私のそれと並んだ顔を親指でさしながら、当然ながら固まってしまったミシェールに言った。「わかった？　こういう顔になりなさいって神さまがおっしゃってるんだ。さあ、なんとかしてよ」

こうした初期の頃の裏話を書こうとして、びっくりするのがその頃のステージの見てくれである。最初の年、秋から春へとずっとゲストたちと私は二脚の椅子に坐った。椅子は私の指示でスタッフがアレック到着の二、三時間まえに近くの教室からかっぱらうみたいに持ってきたものだし、私のカードが載るガラステーブルも収録が済むたび控え室に戻される。普段は電話が載っているテーブルだ。

ブラボー・ネットワークからもらう最初の放映許可料は、当時ブラボーの受信世帯数が二千万以下だったこともあってとても少なく、間に合わせのスクリーンのまえに並べた借り物の椅子とテーブルがセットのすべてだった。そしてタイトルにはアクターズ・スタジオのドアがパッと開く（初めてのことなのだ！）様子で特徴づけていたが、これは袖でオフスクリーンのワイヤーを引っ張るスタジオ・メンバー二人を隠しながらの作業だった。

初期のインタビューを改めてふりかえってみると、このシリーズの特徴となった要素がいかにたくさん当初からあったかに驚かされる。まず最初の、タイトルが出るところから番組のムードはアンジェロ・バダラメンティの耳に残る音楽で決まる。デヴィッド・リンチの映画全作品を作曲し、テレビ史上もっとも刺激的な音楽を『ツイン・ピークス』につけた彼を起用したのは、かつて彼が私とアメリカ・テレビ芸術科学アカデミーの運営委員会役員を務めた際、会議からの帰り際、私が衝動的に新番組に音楽をつけてほしいと頼んだからである。そして作曲してくれたわけだが、それから長年にわたってその曲の全曲を入手したいというリクエストをどれだけ受け取ったかわからない。みんなクラシック作品の抜粋だと思っているのだ。

ピボー・アンケートはベルナール・ピボーへ敬意を払って当初からあった。彼こそ私に（いや、だれであれフランス2チャンネルで彼の番組を見た幸運に与った人なら）トークショーの可能性の真髄を見せてくれた人である。

しかも、もっとも驚くべきことに、私の介入ぬきのゲストと学生のサシのやりとりも第一回目からあったことである。もっとも、対談後のくだけたコーヒー越しの懇親会という枠のなかで始まったそれは、やがてどんどん進化してふくらみ、舞台上のセミナー続行というフルなものになった。それというのも、学生もゲストも刺激を受けすぎて交流会を終わらせることが出来なくなったからである。

ステージ上、ポールはきわめて自虐的で、さかんに「自分は粘り強いこと以外にどんな才能もあるとは思わない」と言った。「昔からジョッキーになりたかったし、スキー、ボクシング、レスリング、フットボールをやったけど、みんなとても下手だった。ダンスだって一人の女性としか踊れなかった。その女性がジョアンだった。肉体的な美しさもないし、美しいと思えたのは唯一自動車だった。それだから自動車にはまったのだと思う。人前で演じるなんてことにはどんな才能も持ち合わせてない。でもそれこそがどうしてもしたいことだったから、ひたすら追いかけた。一度、犬に自分をなぞらえたら何になるかと、訊かれたことがあってね。ぼくはテリアを思い浮かべた。ぼくの飼い犬ハリーは一本の骨の食べ方を知っている。食らいついたら最後までかじり、舐《な》め尽くす。それこそが、ぼくの仕事ぶりを正確に表現したものだと思うよ。むろん、頭にくるよ――直感的で自分の引き出しからいつでも出せて、人生経験がそう使えるような人たちにはね。ぼくの経験はそんな風には役に立たないようだったし、ぼくが使ってもらえるようになるのに必要なものを見つけるのは、長い道のりを旅しなきゃならなかった。しかも、それはつい最近のことで実際は……」彼が一呼吸おいた。

「目指したところに行き着けたのかな？」と私が訊いた。

「ああ。自分の初期のころの映画は見るのいやなんだ。少しはましなのもあるけど、でも――」

「『銀の盃』をけなしてるんじゃないよね？」

「それなんだが、ぼくだけなんだ、《ロサンゼルズ・タイムズ》に葬儀用花輪で縁取った広告載せて、八時のＮＢＣの番組に対して謝罪したの。そしたら逆に火がついてさ。みんながぼくが何を謝罪してるかって騒ぎだしてね。映画は局でも最高の視聴率をとってしまった。だからもう、ああいうことはやらないよ」

彼の初期の作品に対する軽視に反論しようと私は言った。「われわれはたいてい、長年あなたの作品を見てきて、初めからずっと全部賞賛してますよ――『銀の盃』を除くとしても。カクテルガウンを着た――」

彼が訂正した。「いや、違う、違う、違う。ぼくはカクテルドレスを着てたんだよ。カクテルガウンを着てたのはネロだ」

『明日に向って撃て！』や『スティング』でのロバート・レッドフォードとの歴史的コンビについて尋ねると、ポールは言った。「『ノーバディーズ・フール』の撮影中に地元のラジオ局から電話がきて『対談番組に出てくれたら、好きなチャリティに五百ドル差し上げますよ』って言う。ぼくたちは病院で撮影していて、看護婦たちがクリスマスに向けて千ドル集めようとしていた。ちょうど五百ドル足らなかったから、ぼくはやると言ったんだ。その男は言った。『どうしてもうレッドフォードと共演しないんだ？』。だから言った。『レッドフォードとぼくはもう十五年も、いままでやってきたような映画に負けないようなものを捜しているんだ。でも見つからない』って。そしたら男は、『幸福の条件2』をやったらいいじゃないかと言うんだ。だからぼくは言った。『ああ、でもどうやったらそれができる?』。すると男は『レッドフォードと百万ドルで組まないか?』。ぼくは間髪入れず答えた。『すごい! マジで? 百万ドルならゴリラとだって組むよ』。すると男は『オスのゴリラでどうだ?』。だから言った。『じゃ一〇パーセント上乗せだ』。むろん、それが新聞に出た。そして明らかにレッドフォードも電話を受けたらしい。記者は言った。『ニューマンはきみと百万ドルなら組むと言ったよ』。そしたら電話の向こうで長い間があり、レッドフォードが言った。『それじゃ不足だ』」

最初の年、学生とゲストのセッションのために文字通り一つの〝教室〟に移った。その教室は一九三〇年代〈ニュー・スクール・フォー・ソーシャル・リサーチ〉で教えたマーサ・グラハムのために作られたものだったが、一つの階の広いスペースであったためにゲストと学生が親密に向かい合うことが可能だった。ポール・ニューマンとのセッションで、ジェーソン・パウエルという学生が『評決』で彼がシャーロット・ランプリングに強烈な一撃を食らわすシーンについて質問した。「そのシーンに入ってくるなり、腹が決まっているようでした。目的か意図か、イメージにある行為みたいなもの。それがはっきりと顔に出ていて、彼女もそれを読み取った。まるで二人は台詞を交わしているみたいだった――でも言葉はなかった。あれは何だったんですか?」

ポールは言った。「あの場合の喜劇的要素をぼくは出そうと思ってたんだ。女のそばに歩み寄ってこうやって……」ポールは前に出て、若い女性セレステ・ウォーカー(当時入学してわずか六週間であったことを特記しておこう)の前で立ち止まると、立ち上がるように促した。彼女が椅子の上で縮こまるとクラスメートたちがはやし立てて口々に言った。「即興、即興!」

ポールは震える彼女の手を取って立ち上がらせると自分の言葉に合わせて動いた。「だって、自分を裏切った女のもとに近寄るんだよ、彼女の目を見て彼女に一発くらわすんだ」――とパンチをなぞってみせると、彼女は完璧なタイミングで後ろに倒れ、クラスメートの喝采を浴びた——「コメディの可能性大だろ」とポールは教えたいことに集中して言った。再びセレステと自分をもとの位置に立たせて先を続けた。「もしドアから入っていき、彼女を見つけるのが遠くあっちからだとする。そばに行くまでに十三メートルあるとする。しかもやりたいことが明確だったなら、彼女の方も何が起きるか分かっていたはずだ。選択。それが正しい選択だったと思うよ」

その夜おそく、夕食の席で、私は考えた。〝セレステのお母さんが電話かけて学校はどうなのって訊いたらどうだろ。セレステが「そうね。月曜午後にポール・ニューマンの映画をパラマウントの試写室で観て、月曜夜にはポールと私で『評決』のシーンを演じてみせたの」って言ったら？〟

助手のアニャネット・クリスラは聡明で現実的な女性だ。「お母さんは娘が壊れてしまったのだと思って、うちに連れて帰るわ——学校はいい学生を一人なくします」

第三のゲストは俳優でも、監督でも、アクターズ・スタジオのメンバーでもなかった。勝手にわれわれの伝統の守護者を任じている〝ペース大学純正警察〟のメンバーでもなかった。彼が来たのは、うちの学生たちがいくつかの芸事、とりわけミュージカル舞台の歌唱と表現にハマって傾倒しているからだった。しかも、私のことを〝大言壮語居士〟と名づけたことでも知られるウィル・フェレルに当然の敬意を払うにしても、私が「天才」という言葉を使ったのはこの十三年間一度だけであり、その言葉を使った相手だったからである。ゲストを舞台に上げたとき、私は言った。「一八三一年、ショパンの音楽を初めて聴いたロベルト・シューマンは言った。『敬意を持ってお迎えください、紳士淑女のみなさま。天才の登場です！』敬意をもってお迎えしましょう、みなさん、スティーヴン・ソンドハイム！」

『アクターズ・スタジオ・インタビュー』にだれをゲストにするか唯一の判断基準は、その人がうちの学生に教える何かを持っているか、である。スティーヴンは多くを持っていた。彼に、あの自説「歌詞書きは芸術というよりむしろ技芸だとずっと思ってきた。音楽の方がもっと挑戦しがいがあり、面白くて、報われることも多い」をいまでも信じているかと訊いたら、彼は答えた。「ああ、もちろんだ。だって、音楽は抽象で、楽しくて、自分の内にあるもんだ。言語というのは素晴らしいが、英語っていうのは扱いづらい道具だよ。韻を踏むのがいちばん難しい二語は〝ライフ〟と〝ラブ〟だ。よりによって、この二つだよ！　イタリア語ならなんてことはない。でも、英語じゃだめだ。歌詞を自然なものにして音楽にしっくりなじませ、作詞家の努力なんて感じさせず輝き、はじけ、盛り上がり、下がりさせるのはとても、とても、とても、とても難しいんだ。それに対して、ピアノに向かってただ弾きさえすれば芸術を作ったような気になれるだろ」

自分自身の努力も振り返って私は言った。「ラブが韻を踏むのはショウブ（突く）、アバブ（〜の上に）、ダブ（鳩）、グラブ（手袋）とオブ。それしかないな」

「リブも楽じゃないんだ」とスティーヴ。「ギブ（与える）、シーブ（篩《ふるい》）のあとはもう困ってしまう」

互いに同情しつつ私は言った。「英語は四十二音節あるがフランス語は十二だ。だからモリエールはあんなアレキサンダー格の詩（弱強格六脚から成る）をつぎからつぎへと、押韻の無理をすることもなく書けたんだ」

「それと口を開ける母音の問題でもあるんだ。イタリア人はわれわれより有利だ。だってどれもこれもアァァァァ！　ミーというのを高い音で歌ってごらん。ミーはとても役に立つ言葉だよ」

「あるいはヒム（彼を）」と私がうめいた。

「そのとおり。短い〝i〟は最悪だ。歌手に訊けば、喉がふさがってしまう音だって教えてくれるよ」

そのあと、つぎの私の言葉で話題は言葉から音楽へと移った。「ピアノを前には仕事したくないって聞いたことがあるんだが」

「ピアノの名手だったら――作曲家の何人かはそうだが――音楽が味のないうわべだけのものになりが

ちなんだ」とスティーヴンは応じた。「それに、もしピアノがうまくないとしたら、指が同じパターンしか弾かないってこともあるしね」彼はさらに自分の右手はいいが、左手は豚足みたいに不器用だと打ち明けた。「ピアノから自分を引き離せば、もっと独創的なことを思いつくかもしれないだろ。ぼくはしばらく使ってなかったキーで違ったものを書くようにするんだ。ぼくにとっては――たいていの作曲家がそうだと思うが――シャープキーは敵で、フラットキーは味方だ。フラットキーの方がなぜか歓迎なんだな。それでもしばしば、ぼくはシャープキーで書くように自分に強いるんだよ――決まりのパターンに陥らないように。だから、ピアノから離れて作曲するようにするってことはとっても大事なことだと思うな」

その夜、ミュージカル作品の技巧に関する貴重な講義に加えて、講義の要点を実演すべく彼が自前の歌をステージ上で披露してくれた。すべてが見事に決まったときどんな成果がもたらされるか、その一例は講義をしめくくるのにぴったりだった。ミュージカル『リトル・ナイト・ミュージック』のなかで、世間ずれした情婦マダム・アルムフェルトが嘆く。

　王様が雇い主のいまのご時勢
　素人がえばって品も格もない、
　王子が弁護士のいまのご時勢
　どうしようもないから、思い出そうか、
　昔なじみを。

彼女の思い出はやがて彼女の人生哲学となり、察するにスティーヴンの哲学となっていく。

フェラーラ公爵の宮殿で、
若いときから耳が遠い公爵
フェラーラ公爵の宮殿で、
ちょっとは地位を手に入れて
おまけに小さいティティアーノも。

昔なじみ！　どうなったの
昔なじみの今日は？
あの人たち——見境ない
女たちを見ると、
心はとっても痛むのさ。
やつらの趣味のわるいこと
スタイルはどこ？
技はどこ？
気遣いはどこ？
たしなみはどこ？
芸術の情熱は？
芸はどこ？

〝おまけに小さいティティアーノも《プラス・タイニィ・ティティアーノ》〟のデリケートなpとtの破裂音のティンパニー、〝見境ない《インディスクリミネット・》女たち《ウィメン・イット》〟の巧妙な語末第三音節の押韻だけでも演劇上の不朽の芸術曲といえるほどなのに、加えてマダム・アルムフェルトの――スティーヴンの――言っていること、感じていること（見事に反転した両義語句のなかで、ごく並みの見かけの純真から性的な婉曲表現へと進展するのでなく、反対の方向に、性の芸術から芸術そのものへと移行し）しかも、それが表現されている自然で楽な会話言葉がすべて魅惑的なワルツの音楽（〝ばらの騎士〟さながらに四分の三と八分の六で書かれたスコアで）に乗って流れていく。スティーヴンのなしとげたことの重要性は、私が思うに、否定できないものである。歴史はソンドハイムが創造的な歳月を彼の同世代人のだれも手の届かぬ領域で送ったことを記録するだろう。そしてうちの学生たちも、三年の在学中の最初の学期で、その領域にある彼と一晩を過ごす特権に与ったのである。

私にとって、こうした技芸のフォーラムのもっとも特筆すべき点は、これらが根強く残るだろうことである。そのときの観客席に人々が見る修士候補学生二百名は、その後一生彼らが在学中に教えに来てくれた四、五十名の芸術家たちそれぞれと過ごした四、五時間を携えて生きていくだろう。ゲスト各氏に感謝を表したくて、私は書いた。「あなたのセミナーは二百名の個人的、職業的人生に積極的な役割を果たすことでしょう。これら学生に今後四十年仕事の歳月があるとすれば、四十×二百名分人生で総計八千年分の間にこの情報が処理され、使われるわけです。これはまことに実際的な貢献であり、わが学生のためのみならず、運命の女神が微笑めば、彼らが世界に提供するだろうものへの貢献となるでしょう」

いまのは大言壮語ではない。たんに統計の話である。

ポール・ニューマンが彼に習うことを選んだすべての者たちのために『アクターズ・スタジオ・インタビュー』を有効化する計り知れない役目を果たしてくれたとするなら、スティーヴン・ソンドハイムはその威信を高めてくれた。そして、サリー・フィールドは番組にユニークな、結果的に永続的な〝スタイル〟を与えてくれたのである。

このページを読んでいる読者のみなさんはすでに、彼女とリー・ストラスバーグとの闘いについての彼女のあけすけな叙述に出くわしておいでだろう。彼女に好きな罵詈雑言は？ と訊いたとき、ポール・ニューマンが同じ質問を上手くかわして「いくらでもあるんでね、一つだけ差別したくないんだ」と言ったことや、アレック・ボールドウィンが当たり障りのない〝バカヤロウ〟と答えたことが頭にあったから、それ以上に下品な答えが出るとは思っていなかった。ところが彼女は、小さな両のこぶしを固めると、椅子の肘をバンバン叩いて、厳格このうえない女子校から解放されたみたいに大声で叫んだ。

「くそったれ!!!」

彼女はバーを高く設定した。そして後に続く者たちはその高い基準に合わせねばならなくなった。

彼女は率直さのバーも設定して学生からも視聴者からも隠しごとをいっさいしなかった。ポールとアレックとの回では、相手を大人と見てどうやって仕事に入っていったかを質問したが、サリーは過去に引き返すことを選び、スタントマンで短期間ながらハリウッドのターザンだった彼女の父親が彼女に向けた恐ろしい肉体的な苛めについて語った。私としてはプレッシャーを取り除くための何気ない質問だったのに、結果的に彼女の部屋に上がりこむことになった。

水門は開いてしまった。「とっても暗い話になるわよ。わたしのキャリア人生はとっても困難だったの。ほとんどがきびしい闘いだったわ。節目節目で壁が立ちはだかってね、それを破ってきたのは自分の怒りなの。生きていくうちに、自分が単に怒った人間というだけでなく、怒り狂ってる、深く怒っているんだって気がついた。そして、自分がどれだけ怒っているかってことと向かい合うたびに、それが自分を前に押し進めるってことがわかった。暗いって思う色、悲しみとか怒りの色と感じ取る色が、自分を動かす色なのよ。たいていは、怖くて行きたくない所につき動かされるんだけどね。わたしはとってもシャイだった。だからツッパって生きてきた——でもそんなの関係ない。そうせざるを得なかった！　だから、いつでも思ってた、わたしの怒り、この友こそわたしが行くべきところに自分を運んでくれたんだって」

呆気にとられた学生たちは、口をあけて、彼らが子供時代から親しんできた控えめな『いたずら天使』の話に聞き入った。

彼女の話は教室でも続いた。スクリーン上で演じたヌードシーンについて彼女が語った内容に心配になった学生が発言した。「こんにちは。わたしの名前はミシェールです。ヌードシーンについて聞きたいんですが、つまり、映画界が女性に与える負担についてです。それが業界の現実だって聞きましたが、そうなんですか？」

「そうかそうでないか、わたしにはわからない」とサリー。「もうだいぶ長いこと脱げって言われてないからね。でも、正直なとこ、そんなのどうでもよかない？　わたしはそう思うのよね。肝心なのは仕事、その内容でしょ。あんまりくだらないものだったら、やらなきゃいい。でもどうでもいい、どうでもいいことじゃない？　ただし、ポルノ映画で、なかでその、何か物を挿入するなんていうのは別だけど」クラス中がわっと大笑いになった。「それなら道徳の問題が出てくるわね。でも、わたし個人としては服を脱ぐ、脱がないなんて大したことじゃないって思ってる。だれかに脱げって言われてみたいわよ」

若い男が叫んだ。「脱げ！」とたんにサリーは着ていたセーターの裾をつかんで胸のあたりまで引っ張りあげた。場内が騒然となりかかると、サリーが言った。「これよ。これが昔のアクターズ・スタジオのやり方なの。そしてずっとそのやり方で来ていたなら、わたしはそうしていたろうと思う。そちらに坐っているみんなのなかで三人、四人はもう裸になっていたと思うわ」

学生たちはすでに通常の大学のオリエンテーションを受けていたが、いまやもっともっと現実に沿ったオリエンテーションを経験していた。

そのすぐ後、一人の学生が言った。「わたしの名前はリズ・シャーマンといいます。さっき舞台上で初めて映画の脚本を手にするときから、自分自身を傷めつけだすって言いましたよね。それって、感情記憶訓練のことをいっていたのですか？」

「そう。感情記憶訓練とわたし自身が編み出したあらゆる道具ね。いまそれをリーに伝えたらまた怒鳴られると思うわ。わたしは仕事を始めるまえ、ドラマに出るなら、いってみれば自分を苛め抜くよう自分に教えてきたいろんなツールがあるの。自分の体のなかに小さな剃刀の刃を入れてるようなもので痛くてたまらない。特定の場所に焦点しぼってるわけでもない、悲しいのでも、怒っているのでもない。ただちゃんと役に立って、表面上はそれが正しくなる、しかも痛いのよ――こんなことやらずにすめばいいのにって思う。でも、今はリハーサルのときには抑えるようにしてる。ぎりぎりの〝今だ〟ってときまで、今がそれだってときまで、赤剝けになるようなことはしない。だって映画では〝今〟は一度なんだから。テーク12じゃないの。ダスティン・ホフマンが何ていうか知らないけど、四、五十回かけて撮るもんじゃない。〝今〟なの、一度しか起きないのよ、普通は。そしてそれこそ求めていくものなの。直感のようなもの、身に具わった第三の目のようなもの。これだけ長い間カメラの前で仕事してきてるとね、セットがいよいよ準備整ってきたなって分かるの。セットに入る。傷の部分が血を流し始める――求めてもいないのに、時間だ、時間だ、時間だ――すると手が震えだし、自分がどういうことになるかわからない。わかっているのは、何が起きようとわたしはちゃんと応えてやれるってこと」

ハミルトン・オリヴェイラはブラジル出身の個性的で素晴らしい学生だが（現在はアクターズ・スタジオのメンバー）、サリーの暗いテーマに食い下がった。「あなたの自分を痛めつけるっていうの、よくわかります。だってぼくもそうだからです。一シーンを、あるいは課題を演じてみるとき、自分のことを苛めだすんです。眠ってる間も苛め、起きても苛め、眠りについても苛めてるんです。でもそういう風にしか生きられないみたいなんです」

彼は話しやめ、涙で先が言えなくなった。サリーは言った。「ここには、それがどれほど痛いか、でもどれだけそれを求めているかが分からない人はいないでしょう。でもねえ。その痛みは絶対になくならないの。それがなくなることを求めちゃいけない。なくなるようなら、絶対になりなさい。これ、本気で言ってるのよ。だって、その痛みこそがあなた方を先へと駆り立てていくものだから。そしてその痛みの裏に何かあるようにって望みをかけたらいいわ。泣いて、泣いて、泣いて、タクシーの運転手にもその痛みの裏にもっと生産的な何かがあって、それでさらに遠くへと行ける。痛みなんてあなた方にとっては、どんな理由にせよ、いちばんたやすいものよ。人によっては痛がるより怒る人がいる。でもあなた方は痛がる方が簡単でしょう。それをずっと続けていけばいいの。それだけ。そしたらいつの日か、それにお金を払ってもらえるでしょう。でも、それもまた痛むわね、これっぽっちかよって」

サリーのおかげで力なく涙を浮かべていたクラスは力ない笑い声にほぐれていった。こうしてサリーは『アクターズ・スタジオ・インタビュー』にある敷居を与え、後続のゲストはみなそれに歩み寄るか越えていかざるを得なくなった。サリー・フィールドの回から先は、〝パフォーマンス〟を排除する姿勢の基準が出来た。学生たちが期待したのは――そして得たのは、飾らない人間、何も売らない、何も儲けない人間だった。そしてだれもがついにそれで何にも失いはしないということを実感した。学生たちは人生を危なっかしい職業に賭けていた。だから飾り立てない真実をこそ与えられるべきだ。そしてそれこそ、この十三年間、ゲストたちが彼らに与えてきたものだった。

たとえ内気なゲストが付き添いと現われたとしても、クラスの雰囲気とサリーが打ち立てた伝統のおかげですぐにそんなのは異様だ、不必要だと思わせたし、どんなポーズも信用しきって感じやすい観客との正直な交流のなかで脱ぎ捨てられた。

学生たちも彼らの傾倒によって番組を形づくった。ほかでの観客たちはゲストに楽しませてもらえるものと期待して劇場に来た。だが、うちの観客は学習するために、さらにステージ上のアーティストたちの真摯な責任感を見習うために参加していた。この観客をまえに「演技する」のは無意味だった。その〝時〟に身を置いてくれることが肝心だった。そうやってポール、アレック、スティーヴン、サリーが道を拓いてくれた。

第一回目は一九九五年の四月に放映されたが、その年の十月にブラボー・ネットワークは最初の契約にうたわれている連載期間の二年延長を図るべく公開交渉に招いてくれた。ブラボーの重役は会議の初めにテレビ局の腹を割ってみせた。「交渉するのにこんなことを言ったらまずいんだろうが、あなたはブラボーの色を明確なものにしてくれたと申し上げたい。『アクターズ・スタジオ・インタビュー』はうちの目玉番組です」そういって一息入れると、付け加えた。「何と表現しようかな、あなたはブラボーにとって、ＭＴＶにとっての人気番組『ビービス＆バットヘッド』みたいなものですよ」と言われたが、それを私は褒め言葉と取った。

細部にわたっての交渉は、テレビのそうした取引と同様、続く二、三カ月をかけてゆっくり、ゆっくり進んでいった。そして一九九六年三月、局は私の自宅で会議をしようと電話してきた。局の依頼で『アクターズ・スタジオ・インタビュー』の視聴者調査を行なった女性を交えてであった。

三月十九日、視聴者調査の人――ご当人の名前は、彼女というよりわれわれ無辜の人々を守るために伏せるが――ブラボー・ネットワークの重役連の一団とやってきた。雰囲気はなごやかだったが、私はテレビ台を前に坐らせられた。ホリー・ハンターの回がビデオデッキに入れられ、その放映に対する瞬間瞬間の調査班の反応記録がアコーディオン状に折りたたまれた心電図よろしく私の膝の上に置かれた。

ブラボーの重役たちが室内のあちこちに坐ってやや居心地わるそうに（と、思ったが）見守るなか、調査班の担当者は私の横の椅子に坐って愛想よく微笑み、目のまえのビデオの流れにそって記録の説明を始めた。「よろしいですか」と、女性は記録紙をたたきながら言った。「視聴者調査班はこの〝芸談〟というのが気に入らないんです」

返事がすぐには出来なかった。やおら気を取り直して言った。「でも私たちのゲストは気に入ってるよ。だから来てくれてるんでしょ。大勢のゲストたちもそうマスコミで言っているよ」

ブラボー重役の一人が広げられたプリントを指して言った。「しかし、調査によるとそれで観客が集まってるわけじゃない」

私は彼に向かい言った。「スターが出演しなくても観客は来ると調査班は思ってるのかな？　局はこの点をどう思ってるんですか？」

「調査のあとの部分も見てみましょう」局の人がとりなすように言った。

それから数分間、番組の主な柱は全部ひっくりかえされた――「芸談やめろ」「ゲストの椅子に監督、作家は呼ぶな」とりわけ、「画面上に学生の顔を出すな！」

「そんなことどうやってやるんだ？　これは大学のなかでやってるんですよ」

「学校でやってるっていうことはないでしょう。どこでだってありうるじゃないですか」調査員は自分の提案がさも独創的だといわんばかりに悦に入っていた。

「でも学生とゲストがインタビューのあと教室で合流したらどうなるんです？」

「いえいえ、教室なし！」と調査員が反対した。

私はブラボーの重役の顔を見たが、無表情に見返された。調査員は身を寄せて親しげに囁いた。「ただやめちゃえばいいじゃないですか？」

その時点で、目の前のテレビでは私がホリーに向かって例のピボー・アンケートを行なっていたが、調査員は堅い指で記録紙を強く叩いて下の私の腿に穴をあけんばかりにして言った。「あれが気に入らないんです！」

しばらくの間室内で聞こえる音はホリーが、この場で軽蔑されている質問群に答える声だけだった。私が沈黙を破った。「じゃ、あなたの主張は――」

調査員は守勢になって両手をあげ、「私が主張してるんじゃないんですよ、リプトンさん。視聴者調査班が言ってるんです」

「そうだった。じゃ、調査班の言い分は、芸談なし、学校なし、学生なし、教室なし、作家なし、監督なし、そしてピボー・アンケートなしですね？」

「そうです！」グループは声をそろえて叫び、やっと話が通じたといわんばかりに胸をなでおろしている。

「じゃ、何が残る？」身体の芯まで感じるほどの空しさと闘いながら言った。

明らかに、調査員はこの瞬間を待っていたのだ。ぱっと行動に出た。「視聴者はスピーディでおかしい逸話や映画の見所シーンを求めているんです」

私はしばし間をおいてから、試しに言った。「ほかには？」彼女は首を横に振った。「けど、それだとみんな他の番組がやってることだよ」

彼女はにっこり微笑んだ。「そのとおり！」

「じゃどうして人はぼくたちの番組をわざわざ見るんだろうね？」

彼女の微笑みは固まったみたいに動かなかった。「わたしは意見を述べているんじゃないんですよ、リプトンさん。事実だけを申し上げているんです」

遠い、忘れもしない昔に、私の上司の編集長は文字通りかつ象徴的に《デトロイト・タイムズ》の編集室に背筋を伸ばして坐っていたなあ。帽子をかぶり、オーバーを着、大理石のような真っ直ぐな態度で黙って不変の〝唯一の手〟を指し示していた。

私はビデオを切った。

「でも、まだあるんですよ」と調査員が言った。

「いや、もう結構」私は立ち上がり局の人々を見た。「お疲れさま」

一同のバツのわるい退出があった。私はアクターズ・スタジオの運営委員会に電話をかけ、たったいま自分がしたことで『アクターズ・スタジオ・インタビュー』はもう更新されないことが保証されたも同然だと伝えた。この番組のシリーズはスタジオの主要な収入になっていたし、私の人生にとっても大事な意味があったが、アクターズ・スタジオの名誉にとって、ショッピングモールあたりで採取された市民の声とやらに名前が潰されるのを許すよりはと、収入を失うことに同意してくれた。

アクターズ・スタジオ・ドラマ・スクールの学部長として、〈ニュー・スクール〉の新しい学長ジョナサン・ファントンとも会った。そしてスタジオと私は、大学のもっとも貴重な財産となってただ大学にだけでなく、ほかの科にも学生をひきつけていた番組から離れると伝えた。

「妥協の余地はないのかね？」とジョナサンは言った。声が残念そうだ。

「ありますよ。学生と学校をほかに運べばね。学生が消えるなら、私も消えます」

彼は立ち上がり、デスクの周りを回りこんで私と握手した。

つづく数週間、局側から散発的にアプローチがあったが、いつでも調査結果にがんとして拘っていた。そして私も同じくがんとして編集室時代から身につけた教えに拘った。英語のなかでもっとも効力のある言葉は「ノー」である。夏の終わり、新しいシーズンが目前になってゲストたち、固定客、学生たちとすぐにも予定を組まなければならなくなって、『アクターズ・スタジオ・インタビュー』が消滅したという事実と向き合った。

ここに本書のヒーローの一人が登場する。チャールズ・F・〝チャック〟・ドーラン。当時はHBOの創立者でありビジョンを持った企業家の彼は〈タイム〉社にHBOを売却した際わが国でも最大のケーブル・システム、〈ケーブルビジョン〉を作った。この社は、マディソン・スクエア・ガーデンとNBAのニックス、NHLのレンジャーズを持ち、さらにケーブルテレビ局の三つ、アメリカン・ムービー・クラシックス、スポーツ・チャンネル、ブラボー・ネットワークをも所有していた。

チャック・ドーランの娘さんデビーはわが国でもトップクラスのジョッキーであった。ということは、毎年、九月の第一週に彼女とご家族は〈ハンプトン・クラシック〉のグランプリテントのなかのテーブルから彼女に声援を送るということである。一九九五年、私は妻のケダカイとともにドーラン家のテーブルの近くに席を割り当てられた。私たち夫婦は振付師で演出家のパット・バーチとその夫君ビル・ベッカーも招待した（ビルはハーヴァード大でジョージ・プリンプトンと同じエリオット・ハウスのクラスメートだったが、ジョージと同様、卒業後はヨーロッパに向かい、Ｗ・Ｂ・イエーツの戯曲がテーマの論文で博士号を取っていた。ビルはアメリカに帰国してジェーナス映画会社の社長となった。ジェーナス映画はドーランのいるＨＢＯも含むすべてのテレビ局と、フランス、イギリス、イタリア、スウェーデンの一流映画会社の作品を供給していた）。

ビルとドーランが互いに相手を認めてヤアヤアと再会を喜んだ。ビルは私を振り返って言った。「もちろん、チャックを知ってるよね？」だが、私たちが知り合いでなかったとわかると、彼は言った。「チャック、二人はぜひ会わなきゃ。好みが同じだ」

「ええ？　何それ？」

「『アクターズ・スタジオ・インタビュー』だろ」

ドーランの顔がぱっと明るくなった。私が立って握手を求めると、彼が言った。「あれは素晴らしいよね。あそこに出てる男はカードを前に坐ってねえ、何から何までわかってる。あんなやつはほかのどの局にもいないよ。あんた、彼の知り合い？」

〈クラシック〉開催の暑い、日差しの強い日でもあり、私はＴシャツ、ジーンズ、野球帽にサングラスといういでたちだった。ドーランの言葉を聞きながら、帽子とサングラスを外した。彼の口調がゆっくりになりこちらに向いた。「あなただったんだ？」

「はい」

ドーラン一家と私たち夫婦はその週ずっと隣り合ったテーブルでデビーを応援し、デビーはグランプリを獲得した。その週の間に、『アクターズ・スタジオ・インタビュー』のほかにも、二つの趣味に夢中だということがわかった。馬術の障害越えと、飛行機操縦。クラシック・レース週間が終わったとき、チャックは番組の収録を見にくると約束してくれた。

一年後、一九九六年九月、クラシックのグランプリ・デイに私たちは互いに挨拶を交し合い、彼はその前のシーズン中どの収録にも来られなかったことを謝った。「けど、今年こそ来られるよ」「そうは行かないでしょう」と私。不愉快な事実しか述べられず、結局番組は事実上キャンセルになったと伝えた。落胆の色をかくそうともせず、私の目をじっと見つめていた彼は、馬術レースが始まったのを見て言った。「明日電話します」

翌日早く、電話が鳴った。ドーランにいまの休戦状態を手短かに伝えると、彼はそれらの詳細を手紙にしたためて彼宛に届けるように言った。その日の午後、私は届けた。翌日昼すぎ、例の三月十九日会議に出たブラボーの重役の一人から電話が入った。「どうかこれだけはわかってください」と彼。「あの調査グループなんか、私とはまったく関係なかったんですよ！」

その日の午後、うちの弁護士はブラボーの弁護士から電話を受け、あっという間に改定版の、異論のない契約書（両者にとって永続的に有益であるはずのもの）が彼のデスクに載っていた。その後、調査グループの人と二度と会うことはなかった。だが、その会議で初めて会った、当時イギリスから着任したばかりのフランシス・バーウィックが番組の局向けの渉外担当となってくれ、危機後の十年間一貫してかけがえのないサポーターとなってくれた。

二〇〇〇年二月、チャックとヘレン・ドーラン夫妻はハリソン・フォードの収録に来てくれ、二、三日後、彼から手紙が来て結びにこうあった。「『アクターズ・スタジオ・インタビュー』をやってるときほどブラボーが誇らしく思えるときはありません！」

この番組が何であれ、何をなしとげたにせよ、その功罪が何であれ、そのどれもチャック・ドーランが行動に出て（デビーの馬にまたがったのかも）、救助に駆けつけてくれなかったらいまは存在していなかったのだ。

シリーズを開始したとき、私は心配だった。けっして狭い世界というわけでないにしても囲まれた世界で仕事しているのだ。回を重ねるうちに同じ繰り返しにならないだろうか。ゲスト、観客のどちらからも苦情を聞いたことはないのだが、長年やっていくうちにそれが何故か気がついた。私の目的は向かい合って坐る人間の心のなかを少しでも覗きこもうとする試みだ。二人として同じ人間はいないといってもいいわけだから、番組は無限にさまざまな人柄、信念、行動と向かい合ってきたのである。

二人として同じ人間はいないとして、なかには他の人たちとはうんと違うという場合もある。アクターズ・スタジオの長年にわたるメンバーで二年目のゲストだったクリストファー・ウォーケンは、そんなリストのトップに挙げられる。彼を言い表わすのにコレだというレッテルを思いつかないが、まさしく〝異邦人〟としか言いようがない。

彼にそんな見られ方についてどう思うかと尋ねたら、彼はこともなげに言った。「ぼくはショービジネス国の生まれでね。育ちはミュージカルの楽屋だ。ジプシーの仲間たちとね。滅茶苦茶で、クレージーな時代。よかった、よかったよ」

「〈プロフェッショナル・チルドレンズ・スクール〉を卒業したとき、だれから卒業証書を手渡されたんでしたっけ？」

「ジプシー・ローズ・リー（伝説的ストリッパー）。彼女の息子とは同級生さ」

クリスのとらえどころのない一面は、彼にイヤーゴ役の独白について質問したときに現われた。「だれに向かってしゃべるんですか？」

「いい話題だ。その話をするってことだけど。ぼくが演劇でやることのすべてはミュージカル舞台からこの世界に入ったことに影響されているんだ。どの芝居でもキャストのリストの一番最後は観客と書かれるべきなんだ。だって観客がその芝居の目に見える存在なんだから。ぼくは昔からそう思っていたからね、ミュージカルでその癖がついたんだろうな。観客とぼくとの関係は舞台上で話かけている相手との関係とおなじようにリアルなものなんだ。芝居なかであろうと、『サタデー・ナイト・ライブ』であろうと何であろうと、観客はそこに存在しているんだ」

「じゃ、自分のことを〝パフォーマー〟だと思ってますか？」

「ああ」

「あなたにとって、それは誇らしい言葉ですか？」

「もちろん」

ステージに上がってくれたほかのゲスト同様、クリスにどうやってアクターズ・スタジオに入ったかを訊いた。彼の答えは非常に貴重な演技レッスンになっていった。

「ぼくはあそこでは長い間見習いみたいだった。通って、なんでもやれと言われたことをやっていた。舞台の裏方みたいな手伝いをした。シーンでチョイ役もいろいろやった。そんな調子で十年いたと思う。それから、オーディションを受けて受かった。受かったのはぼくがあんまりそばにいたのに慣れていたからだと思う。一度セッションで、『セールスマンの死』の一場面をやった。途中で、裏のだれかが皿の入った大きな箱を落とした。皿の割れるすごい音がした。すると後でストラスバーグが言った。『いや、けっこう。でも、きみのやってるシーンの最中に誰かが皿入りの大きな箱を落とした』。ぼくは言った。『はい、知ってます』『でもきみは瞬き一つしなかった』『だってぼくは集中してたから』。彼が言った。『それはだめだよ。ダメな演技だ。人生を無視しちゃいけない。室内の誰もが音に飛び上がったのに、きみは何もなかったような顔をしていた』。それには本当にうちのめされた。貴重な教えだった。とりわけ映画で働くようになってからそう思った。だって人生はさまざまに要素に干渉されるわけだからね。たとえばきみとシーンをやる。グラスが割れる。二人で拾おうと駆け寄るとするよ。そんな場合、台詞はとたんに生き生きとしてリアルになるじゃないか。人生と同じだよ。それを彼が言わんとしたんだ。それで正しかったんだ。すごい教えだった」

「演じるすべての役のどこまでがクリストファー・ウォーケンですか?」

「すべてだね。ほかのだれかになるなんて想像もつかない。そしてぼくが演じるものは何であれその参考のみなもとはショービジネス惑星からのものだよ。他の人のことはわからない。一生自分が知ってきた人たち、家族、兄たちもわからない。ぼくは自分のことだけわかってる」

最後にクリスのユニークな人柄を抑えようと試みた。「クリストファー・ウォーケン・タイプと言われていることとの有利さを話してくれたけど」

「ある種の役柄は来るよ。ぼくの専門」

「つまり、クリストファー・ウォーケン・タイプがほしかったら……」

「他には頼めないだろ」彼のひそやかな微笑みがちらついた。「悪役やるのはこの顔つきのせいだよ、この声とかね。それに一生ショービジネスにいたっていうのがハンコで押されているんだよ。〝変わってること〟はカメラの力によって〝脅威を与える〟と同じことになるんだ。ま、そんだけのことだ」クリス、学生、そして私は〝変わってること〟についてはそう納得した。

収録まえの控え室で、ボクシングの話が出た。クリスが熱烈なファイトファンだとわかったので、マディソン・スクエア・ガーデンでの席を予約してあげた。つぎの大試合の夜、クリスとジョージ・プリンプトンと私の三人はガーデンのボックス席にいた。ジョージの目立つ風貌はいつも周囲の注目を集めるのだが、この夜はクリスがボックス席にいたものだから周囲の注目がすごかった。明らかに、「ウォーケン見っけ」はジョージが二人、私が千人いた以上の価値があったのだ。

試合のあと、一般客が散ってしまうまでしばらくVIPスイートに引き上げた。ジョージはいつもおりデュワーズを頼んで飲んだが、八番街と三十一丁目の交差するあたりに来た頃には路上はほとんど人影がなかった。八番街でタクシーを目探ししていると、視界がふいに若い黒人のグループに遮られた。男たちは無言で私たち三人を見つめている。三人は互いに目を見交わして、この不気味なグループに背を向け、成り行きに任せた。と、グループの一人が三人の輪を破ってクリスに近づいた。クリスの顔に顔を寄せて男は言った。「あんた——アメリカ一のクールな白人だぜ」

彼が後ろに下がると、黒人の輪は礼儀正しく開いて私たちに流しのタクシーを拾わせてくれた。私はクリスに向かって呟いた。「いまのは今後二つとない最高の賛辞だと思うな」

ネイサン・レーンは、番組三年目の最初のゲストになってくれた。「コメディに怒りはあるだろうか」私が訊くと彼が言った。「怒り！　ああ、ものすごい量の怒りがあるよ！　ぼくはトランク一杯の憤怒を感じているんだから」

「それは、真面目な話？」

「もちろんだよ！　ユーモアのほとんどが怒りに基づいているんだ。ぼくはとっても怒っている小男だ」喜んだ学生たちの笑い声にかぶせて彼はもう一人の背の低い男性の横に並んだ。「ナポレオンを見てごらん。あれだけのことをどうやって成し遂げられたと思う？」

「おかしなやつだったから」と私が突っ込んでみた。

「ああ、おかしな男だったんだぞ」ネイサンは片手を上着のポケットに突っ込んだ。「やつがこうやって手を突っ込むだろ、そしてブタの大きな膀胱を取り出すと、人の頭をそいつで引っぱたいたんだ。彼がそれを考えだしたんだ」

私が鈍感にも深追いした。「これって真面目な話なのかな、それともジョーク？」

「待った！」ネイサンがはっきりと言った。「ちょっと水もらえるかな？」

私のわきの小テーブルに常備してある水差しに手を伸ばして、私はグラスに水を注ぎ、彼にわたした。それを取りながら彼が言った。「その昔、やつらはナポレオンに言った。『ナポレオン、おまえをエルバ島に島送りにする』。すると、ナポレオンは水をたっぷり、ゆっくりと呑み、吠えた。『エルバ！』」

水が飛び散った。ステージにも、私のデスクにも、カードにも観客の前列二列にまで。

あわてて出したティシューでカードを拭きながら、私は叫んだ。「よりによって、私が水を注いだんだ！　何てバカなんだ！」

自分のベストから上品に水をはじき飛ばしながら、ネイサンは言った。「ぼくが最初？　アクターズ・スタジオ卒業生で唾吐きやったの？　ダニー・トーマス（コメディアン）の唾吐き芸やったの？」

そう、彼が最初だった。そして当番組の歴史上もっとも有名でもっともみんなに喜ばれた瞬間となった——もっともそれはネイサン・レーン唾吐きテークとして知られるようになった。それ以前のスタニスラフスキー・システムの語彙にはない用語だが。

その夜、学生たちの大騒ぎの反応から少しでも学術的な秩序を得んものと、弱々しい努力をして言った。「ということで——真面目な話、あるんだろうか？」

「怒り？」

「コメディに。そう」

「あるともさ！　言っとくが、この感情だけはぼくが本当に感じているものだよ。ぼくはあらゆることに怒っている。背が低いことに怒ってる。背の高い、金髪の、スカンジナビア系でないことに怒ってる。それに関してぼくはとっても怒ってる」

『アクターズ・スタジオ・インタビュー』の番組では、教えは大小さまざま、さまざまな内容でもたらされた。が、それらはたびたびもっとも意外な瞬間に現われた。学生も観客も目と耳を全開にして学び取ることを覚えた。研究者や調査グループの不吉な予測にもかかわらず。彼らだって、あの危機からチャック・ドーランが救ってくれてからもわれわれの側に立つことを選んでいたら、きっとネイサン・レーンの話を面白くかつためになると思ったに違いない。

クリストファー・リーヴとは乗馬の世界で出会っていた。だから、彼が拘束されている困難な状況下での数少ない愉しみの一つが『アクターズ・スタジオ・インタビュー』を見ることだと聞いたとき、私は彼に手を伸ばした。彼も熱心に応じてくれ、どんなに大変でも必ずステージに出演してくれると言った。

それは言うは易く行なうは途方もなく難いことだった。彼をウェスチェスターの自宅から呼吸器つきの車椅子に乗せて西十二丁目の大学まで運び、それからフォークリフトで椅子を彼ごとステージに上げるのである。加えて、介護スタッフの説明によると、彼がめったに外出しない理由はパパラッチがどんな動きも逃すまいと張りついているからだった。クリスは自分が運ばれる写真は絶対に撮らせないと決めていた――車椅子の動けない物体が家からバンに、あるいはバンから目的地までは運ばれる写真。それ以上の懸念はパパラッチが彼の発作の瞬間を撮りはしないかということだった。発作は止められず、止める術もなく、麻痺の作用によるものだが、まるで電気椅子処刑を見るような陰惨なものだと関係者から聞いた。

収録の夜、フォークリフトを入手して十二番街の交通を遮断してもらった。大学の警備関係者には一ブロック先で迫ってくるパパラッチを足止めさせ、大学のまえに幕を立ててまわしてクリスのバンが劇場入り口にバックでつけ車椅子がまったくの秘密裡に降ろされるようにした。

計画は秒刻みで粛々と進行し、クリスは事故もなく控え室に到着した。付き添いは四名。そのうちの一名は女優かつ歌手でこの世のものとは思えないほど美しく献身的な夫人のダナだった。クリスは車椅子に坐り、椅子の肘に置かれた両手は糊付けされたみたいに平たく貼り付いていた。呼吸チューブが首から出ており、人工呼吸器が背後でヒューヒューと音を立てているなか、顔には清らかな微笑が浮かんでいた。私たちは語り草になっているイースト・ハンプトン俳優&作家チャリティ・ソフトボール試合の思い出を語り合った。私は例によって冴えない二塁手だったが、彼はMVPに選ばれていた。すると、ダナが言った。「クリスは今日とっても発作が多いんです」

私はその言葉の先を待って彼女の顔を見たが、彼女は黙った。困った私は「ねえ、この先に進まなくてもいいんですよ……」

「いや、やろう！」声は背後のクリスからだった。呼吸器の排気音を上回るはっきりした言葉だった。

私はクリスとダナの間で無知の島に残されていた。仕方なくこう提案してみた。「何か起きたら、すぐに幕を下ろします」

「ノー」とクリスが微笑のまましっかりとした口調で言った。

右でも左でも顔の向きは五度しか変えられないので、私は彼のそばに迫って了解しておかなければならないことを聞き出そうとした。「オーケー。では始めるまえに、観客に何かコトが起きるかもしれませんと説明しますよ」

「ノー」落ち着き払って、じつに端然としている。

どうしていいか分からず、ダナの顔を見た。ダナは微笑んだ。「何か起きたら、私たちが対応します」

「オーケー。結構です。それでお楽なら……」

「楽です」とクリスの声が放送の流れに乗った吐息のように流れた。「それに来られてとっても嬉しい」

インタビューは驚くほど楽に進んだ。クリスは呼吸器の排気の瞬間にしか話が出来ないので、機器が吸気しているときは考えをまとめることが出来た。その結果、彼は番組史上もっとも発言内容の明晰なゲストとなった。収録分の編集に当たる際、私にはその夜の録音からの起こし（書き取ったもの）がわたされる。それをやってくれるのはマンハッタンのどこかにいる名も知らぬ素晴らしいチームだ。夜につぐ夜を、頭にヘッドフォンをつけ、ステージ上で発せられたあらゆる言葉、言い間違え、「ああ」とか「ええ」までを紙面に転写する人たち。聞いた話で定かではないが、こうした転写をやる人のほとんどがアルバイトで食べている俳優たちで、当番組の転写は転写会社の業務のなかでも憧れの一つらしい。

クリスの「起こし」を編集し始めて、彼の話のきわめて論理的なこと、優雅に表現された段落に心を打たれた――セミコロン、コロン、独立節、従属節、関係節などで申し分ない。その証左としてここに彼がスーパーマンになるまえに出演した十五本の芝居の一つ『重力の問題』（イーニッド・ボグナルド作のコメディ。一九七六年）に対する彼の反応を記しておこう。

「いや、人はぼくがキャサリン・ヘップバーンと共演したと言ってくれるけど、キャサリン・ヘップバーンの〝近くで〟演じていただけなんだ。彼女のことは昔も今も崇拝している。ぼくは彼女の孫の役だったから、舞台の外でもそんな感じが続いてね。地方公演にも七カ月行ったんだが、彼女の素晴らしいところは――たくさん思い出があって一生大事に胸のなかにしまっとくけど――なかでも〝逆〟に演じてみせる意表をつくやり方があった。当然泣くだろうと思っていると、笑いだす。笑うだろうと思っていると泣き出す。だから、つぎにどう出てくるか予想がつかなかった。名優というのはみんなそうなんだと思う。ジーン・ハックマン、ヴァネッサ・レッドグレーヴも、次にどうなるか分からない。しかも必ず出てきたそれが正しいんだ。それは危険だし、賭けだと思うが、それだからこそ彼らの演技を見るのも共演するのも魅力的なんだと思う」

これはあの事故以来クリスが初めて公の場に顔を出した会だったから、控え室で今夜の出演に時間制限を設けたいかと尋ねてあった。だが、ステージに戻ってきたという高揚感から彼は制限はつけないと言いはった。

だが、インタビューに入って九十分で、それは起きた。前触れなし、口調のスローダウンなし、言葉の言いよどみもなしだった。クリスはただ私を横目で見て――それ以外に私を見ることが出来なかった――突然身体中が痙攣した。両足で足載せ台を激しく蹴り、両腕を拘束帯に逆らって無茶苦茶に振り回し、頭は頭載せ台から前にガクッと落ちて、私の坐ってる場所からは呼吸チューブが首から外れたように見えた。

インタビューの間じゅう、ダナと介護班は舞台袖に立って、見守り、待ちかまえていた。この時全員が目の覚めるような団結と秩序を見せて車椅子に駆け寄り、彼を取り囲むと、観客から彼の姿を隠し、四人それぞれが彼ののたうつ身体を襲った発作を口にした。ダナは彼の前で、屈みこみ、彼の世話をやきながら、小声で話しかけ、呼吸チューブが再装着されるまでずっと話しかけていた。

私は前もって注意を受けていたので、ふつう人がするようには反応せず、ひたすら椅子の上で、危機を認識しつつも動きが中断しただけという風に見守っていた。ショック状態の観客には冷静そのものに見えたかもしれないが、いままでで一番難しい役まわりの一つであった。だが、それがいい演技だったのだ。学生も観客も私からキューを受け取り、慄いて息をのんだ最初の瞬間から立ち直ると、麻痺したような平静さを保った。

彼らが、そして私がその経験を通して得たものはつぎのびっくりするような成り行きだった。クリスを囲む介護班が手早く、習熟した訓練をつづけながら暴れまわる彼の身体を押さえ、元通りに坐らせているとき、劇場のスピーカーから声が出た。クリスの声だ。

ワイヤレスマイクはまだシャツにピンで留まっていたし、チューブが再挿入され、呼吸器で声がでるようになったのだ。「おい、おい、おい、どうなってんだ？　ちょっと問題発生かな。心配ないよ」

その痛ましい二分間の間、クリスは客席から聞こえてくる優しい応答でみんなをつづけさせ、私たちの方をこそ助け、安心させ、救ってくれた。「オーーーケーー。どうやらいいようだね。あともうちょっとだ」

彼の隣りにいた私からは、介護班が彼の頭を頭載せ台に乗せ、呼吸チューブを首にテープで貼り付ける奮闘ぶりが見えた。けれど、劇場のスピーカーから流れてきた声はとりわけ穏やかなクロッケー試合を実況しているような声だった。「そおお、もうちょっとだ。あと数秒。そうッ」

介護班が引き下がって命のかかった使命を成し遂げたあと、ダナとクリスは、私から見て横顔だったが、優しくたゆたうような微笑みを交わしていた。それは今まで目にしたなかでもっとも繊細でロマンチックな心理的ジェスチュアだった。ロミオとジュリエット。若く、恋する二人。永遠に結ばれた二人。やがて、ダナと介護班は舞台袖に戻り、クリスは五度だけ私の方向に顔を向けて言った。「さてと——どこまで話したかな?」

その瞬間、私は思ったが口にしなかった——「あなたは、本当にスーパーマンだ」

翌朝、私の研究室の前には学生が集まっていた。前の晩に見聞きしたことが脳裏を離れず、どうしてもお互いに、私に、その話がしたいのだった。

近くの教室に入っていって、私は学生たちが目撃したことはクリスが家族以外の誰にも見せたくなかったことだと説明した。「きみたちはこれからの人生ずっとこのことを覚えておきなさい。クリスはただ彼の人生をきみたちに分けてくれたんじゃない、ただ自分のキャリアを、芸談を分けてくれたんじゃない。彼はあの発作をきみたちに分けてくれたんだぞ。だから、いつの日か、きみが芝居か映画に出て、その仕事で自分はだめになる、落ちていくと感じ、どう乗り切ったらいいか分からないときは、この二語を思い出せ。きみはしゃんと立ち直れるはずだ。それは〝クリストファー・リーヴ〟」

クリスはその後七年十一カ月後に亡くなった。彼が頼りにして、〈クリストファー・リーヴ・ファウンデーション〉として一億ドル近くを献金していた研究は、彼や脊髄損傷の何万人もの男女を車椅子から立ち上がらせるに至っていなかった。そして、思いも寄らぬ運命の悪戯から、ダナ・リーヴも一年半後に肺癌で亡くなった。

クリスとダナは多くの人々にとって、多くの意味を持った人たちだろう。だが、一九九六年十一月、彼らとともに数時間を送る特権を得た私と二百名の学生にとって、二人はロミオとジュリエット、若く、永遠の愛に結ばれた二人だった。

第十二章

「エンターテインメントがお望みなら、売春婦二人にエイトボールがあればいい」
——ショーン・ペン
『アクターズ・スタジオ・インタビュー』より

消防士たちは『アクターズ・スタジオ・インタビュー』を見ている。断言できる。というのも、彼らに出くわすと必ずこの番組の話を持ち出すだけでなく、内容まで詳しく話すからである。それはたぶん、消防署内で救助出動の待機中、相当長い時間をテレビを見て過ごしているからだろう。

ある冬の晩、私は妻のケダカイと、駐車した車庫から自宅に向かって歩いていた。道路には出動したあとの道具の片付けをしている四台の消防車が停まっていた。通りかかると、一台目の車からおなじみの声が飛んできてやりとりが始まった。「おい、リプトン、あんたの罵詈雑言は何だい？」

声にびっくりした他の消防士たちがこっちを振り向き、大声で質問やコメントを浴びせてきた。「ロビン・ウィリアムズがつぎに何やりたがってるか分かってたのかい？」「『ザ・シンプソンズ』の時が一番だった！　客はおおウケだった！」「ケヴィン・コスナー、プロの野球選手やれたかなあ？」「どうしてあんたの奥さんはタトゥーに反対してんだい？」

質問は消防車からつぎの消防車へと続き、ついに、道の終わりまでに来たとき、派手にスタンディング・オベーションをやらかして近隣の方々が何事かと窓に駆け寄ってきた。

一九九六年十二月のある日の午後、〈ニュー・スクール・フォー・ソーシャル・リサーチ〉で火災警報が鳴った。学生、教授、スタッフの誰もが路上に追い出され、凍てつく寒さのなかでガタガタ震えながら、消防士たちが建物を点検しおわるのを待っていた。

本部ビル前の路上にみんなで身を寄せ合っていると、私の助手が人垣をかきわけて電話のメッセージを私の手に押し付けた。「マイク・ニコルズが連絡とりたがってます」これは携帯電話が普及するまえの話だったから、私は角の公衆電話ボックスに入り、メモにある番号をダイヤルした。「夕べテレビのチャンネルをくるくる切り替えていたらさ」とマイクの声。「なんと、きみがスティーヴン・ソンドハイムといるじゃないか。素晴らしかったよ」

「マイク、もう二年もきみに依頼の手紙を書いてきてるだろう」

「わかってるよ」

「これって、番組に出てくれるってことだろ?」

「それを考え中」

私がビルに戻ると、消防士たちから警報は誤作動だったと発表があって、冷え切って不機嫌な群集が部屋に引き上げているところだった。戻るなり、大学警備責任者から長く待たせてすまなかったと詫びが入り、さらに、任務を終えた消防士たちから『アクターズ・スタジオ・インタビュー』の収録現場を見せてほしいと申し入れがあった。

一九九七年二月十日、マイク・ニコルズがうちのステージにやってきた。彼はこの本にすでに当然の理由があって何度も登場しているが、その晩、これだけは記録して後に遺さなければと思うくだりがいくつかあった。一つはこう水を向けたときに始まった。「私たちのほとんどの者にとってナチの大虐殺は遠い、よく分からない恐怖だと思うんだが、あなたにとっては違うでしょう? 国を出るまでドイツには何年暮らしたんですか？」

「七年」

「あなたが二歳のとき、アドルフ・ヒトラーは総統になったんですね？」

「そうだと思う」

「移住してきたのは一九三九年？」

「ふん」

「お母さんは病気であなた、弟さんとはいっしょに来られなかったんですよね？」

「一年後に来たよ」

「一九四一年に？」

「そう。ブレーメン号っていうぼくの乗った船はセントルイス号の二週間まえに出たんだ。セントルイス号だったら、どこにも上陸できず追い返されてた」

「そのことを考えることはありますか？」

「いつもだよ。いま生きてるのは仮の人生だって気がするんだ。おかしな話だが、時間がたつにつれ、その記憶が薄れるどころか強くなってくる。長年、何十年とそのことを考えないでいた時期があった。それから考えるようになった。今では始終考えている」

　マイクは喜劇の腕を即興芸のグループで磨いたし、うちの学科のなかでも即興芸を大切に考えていたので、彼がニューヨークでストラスバーグに師事したあとどうしてシカゴに行ったかを尋ねた。

「それは、一つのことでちゃんと生計を立てられなかったからなんだ。ハワード・ジョンソン・ホテルのバイトみたいなことは片っ端からやってきたけど、率直なとこ、食うに困っていた。そしたらポール・シルズが当時エレイン・メイやほか数名の人たちとシカゴで一座を組んだ。それはキャバレーだったんだが、彼が『こっちに戻ってきて一緒にやろうよ』って言ってくれたんだ」

「ストラスバーグの後で、即興演劇にすぐなじめたんだろうか？」

「ゆっくりとね。初めの二カ月は泣いてばかりいた」

「どうして？」

「だってそれがストラスバーグのところで身につけたことだったからさ。ぼくは非常に誠実だったんだ、わかるだろ？　だれかに『はい、両手を挙げて』って言われたらぼくは言う。『どうしてぼくに向けて指さしてるのか？』。即興で喜劇を作っていくとき、誠実、真実に忠実っていうのはお呼びではないんだ」

「でも、ザ・コンパス（シカゴで立ち上がった即興演劇団体。アメリカの喜劇を変えたとされる）に戻るけど、スタニスラフスキー式語句を使ってたね。シーンの背骨を見出すことを学んだって」

「ビール片手に見る人たち相手にシーンを作ってると、無残なことながら、観客が何をこっちに期待してるかわかるようになるんだ。まず直面するのが、声には出さないが〝どうしてこの話を語って聞かせるんだ？〟ってやつ。これはものすごいプレッシャーになって迫ってくる。だから答えをちゃんと持ってなきゃいけない。ところで、面白いことに、〝だってこれは面白いから〟っていうのはいい答えなんだ。けど、もしそれがきみの答えじゃないんなら、別の答えを用意すべきだ。しかもそれが強くて明確なものでなきゃいけない。でなかったらきみはただステージに坐ってつぎの台詞を考えてるだけの間抜けになってしまう。そういうプレッシャーは素晴らしく有益で教育的なものになった。というのも、ゆっくりそれがシーンの何たるかを教えてくれるものになるからさ。それが教えてくれるんだな、即興演劇をやる場合、きみが黒と言ったら、ぼくは白と言うべきだってことを」

「アリストテレスに戻るんだ。葛藤だ」

「そのとおり。できるだけ早く葛藤を作らなきゃいけない。エレインには信条があった。疑わしいときは誘惑しちゃえ。それってとてもいい信条だよ。もっとも舞台上の男と女だったらもっとうまくいくけどね。それでも、そのルールはいい拠り所になると思う。何か起こさなきゃいけない。ジョークにはそれは出来ない。状況ってものを作り出さなきゃいけない。片方が何かを欲しがり、その相手が反対しなきゃいけない。そうやって徐々にきみの血のなかにそういうドラマの基本ルールが吸収されていくんだよ。だってそれをやらなきゃならないから。でないと舞台上で自分がバカに見えるから」

信じてもらえないかも知れないが、ジュリア・ロバーツから番組出演の申し入れがあったとき、私は断わった。二、三時間、彼女と一メートルの距離に坐っているのが嬉しくないからではない、一九九六年秋、彼女からの申し込みがあった時、予定の枠が全部埋まっていたからだ。だが、彼女は待った。学生や私以上に辛抱づよく。やがて一九九七年二月二十四日、騒乱のような歓呼のなかを、彼女はステージを颯爽と歩いてきた。

過去十三年間、地球上もっとも美しい女性たちの何人かが私たちのステージを飾ってくれた。そして、私にとっても、このシリーズでの新発見はいかにこのゲストたちが〝自分を目立たないようにする〟人たちか（文字通りの意味である）ということだ。高校出たてのジュリアがニューヨークに来たときの話をしてくれたので、「モデルの仕事をやってみましたか？」と訊いた。

「うまくいかなかったの。つまり、わたしが不細工だったから。あんまりきれいじゃなかったから」

てっきり彼女が言い間違えたか、私が聞き間違えたと思ったので「あんまり興味がなかったんですね？」と訊いた。

彼女が言い張った。「あんまりきれいじゃなかったの」

「失礼？」

どっと観客の笑い声が起きるなかで、ジュリアは発言をきちんと記録してもらおうとした。「つまり、わたしはだんだん可愛くなっていったみたいなの」

私になんとかひねり出せた反応は「それに対して何と言ったらいいのか分かりませんねえ」

数分後、ジュリアが最初に大きな役を演じた『ミスティック・ピザ』の話になったので、「映画のクレジットの部分で、あなたの若い頃と見られる若い人の写真がいっぱい出ていたけど、眼鏡かけた若い女性はあなたでしたか？」

「ええ」

「あれ、あなただったんだ」

「そう、そう。あれどう思った？」

「あなたに似てると思ったが、ちょっとその——」

「だから言ったでしょう。きれいじゃなかったって。眼鏡かけてたんです」

「これ今晩ずっと話し合わなきゃいけませんか？」

「私、出っ歯だったし、全部だめだったもの」

観客には数百名の男性客がおり、さらには数百名の女性もいてみんながジュリアに恋している状態を意識して、私は彼女の弁護にまわった。「とっても可愛かったと思ったなあ」

「ありがとう」と遠慮がちに言ったが、明らかに信じていなかった。

その後しばらくして、その押し問答に戻ってしまったのは、『マグノリアの花たち』でサリー・フィールドの死期の近い娘役で出るちょっと前、死にかかった体験があったことに触れたときだ。「泳いでいたときですよね？」

「母に電話したんですか？」とジュリアが答えを迫った。

「お母さんは、あなたは生まれたときからとっても魅力的だったっておっしゃってた」私が即答した。

「そりゃそう言うに決まってるでしょう！」と彼女が言い返した。

私は学生たちの方に応援を求めた。「これってちょっとした見ものだよね？　ぼくがジュリア・ロバーツを納得させようとしている」

「うれしいわ。すごくほっとしました」と、彼女は本気でそう思っているようだった。

長年、ウディ・アレンにまつわる話はあちこちで出てきたが、ジュリアも彼のミュージカル映画『世界中がアイ・ラヴ・ユー』に出たときのことを話してくれた。

「ううん。まずなんてっても彼は〝ウディ・アレン〟じゃないですか。だから、すっかり神経質になって死にたいってくらいだった。それに、最初に彼に会ったとき、わたしは病気だったから、とてもいいスタートとはいえなかった。彼は〝あっち行け、この厄病神！〟みたいな態度だったんだもの。でも、本当はやさしくて、味のある方。でもとっても特定のことにこだわる方。監督としては言葉に遠慮がない。初めに『何でも好きにやりなさい。好きにしゃべりなさい。ぼくの考えはね、ここからこう歩いて、ここで曲がって……』って、実際には動きの指示が多いの。どこに動いてほしいかを指示されるの。彼は『きみはストーリーを知ってるだろ。だからそのだいたいの所にいてよ』。でも、そこはウディ・アレンですもん、この素晴らしい脚本を書いたわけだから、一語も変えるわけにはいかない。しかも、わたしの出演シーンは全部ウディ・アレンと一緒だったのよ、好き勝手に言えるわけないでしょう。一人の私人としては、彼はまったく違うの。優しくておかしくて、しかも……やっぱりウディ・アレン」と言ってから彼女の顔が曇った。「でも監督としては、怖かった。初日にクビになるって分かってた。だってわたし下手くそだったもの。泣きそうだった。所詮が十七歳でただもう下手だった。あるシーンをやってたんだけど、カメラに問題が起きて時間がオシてた。ウディには会食の約束があってお腹すいてるの分かってたし、そのシーン撮り終えなきゃいけないし、わたしたち二人だけのシーンだし、でもカメラに問題発生してたし。やがてカメラがやっと元どおりになった。そしたら、ウディは『カット』って言わない『オーケー』なの。『オーケー、カメラは直った。ぼくはオーケーだったが、きみは下手くそだった』。笑う学生もいたが、同情して引く学生もいた。ジュリアは暗い思い出に浸って続けた。

『だから』ってウディは言った。『初めに戻ってみよう』。でもわたしは『ああ、ああ、わたしひどかったんだ！』って信じられなかった。いえいえ、むろん信じられたわよ、でもそうはっきり、スパッと口にするってことが信じられなかった。『きみは下手くそだった』なんて。それでああ大変！ってわたしはスタートマークのところに戻り、肩を震わせながら下手クソに見えないように頑張った」

この頃には全学生が彼女と同じようにショックを受けた顔つきだった。「それで、また何度も何度もやり直してしくじって、発音まで間違えて、最後にはもうボロボロに壊れてた。そしたら、なんかの奇跡で、最後のテークで彼の食事会の数秒前というときになって、すごい出来だった。ほんとすごかった。ただもう出来ちゃった、感じでわかった、ダンスみたいなの、目を瞠るほどの出来！　そしたら彼、『オーケー』。そして出て行った。そんなわけで、その夜、家に帰りながら考えた。〝この国から追放されるわ。ウディは夜の間にわたしをどっかに捨てさせるだろう〟。だから翌日の夜、仕事に向かったけれど、今度は彼とキスするシーンがあったので、思ったわ。〝ああすごい、これで下手な俳優ってだけじゃなく、下手なキッサーっていわれる。本当にクビにされるわ〟。絶対。確信があった。そして一緒のシーンをやったけれど、わたしはしっかりドレスアップしていて、彼が背後からきてわたしの秘密を全部知ってるっていうところ——」

「そのキャラクターがですね？」と口をはさんだ。

「いまそのことを言おうと思ってたの。そう、そのキャラクター。彼はわたしが演じてる女に息を吹きかければ、肩に息かけると興奮するってわかってる。だから、彼はパーティでわたしの背後に来る。わたしは背中を彼に向けているけど声は聞こえる。笑いたくて笑いたくてたまらなくなったの、だって彼の……プフッ！って音が聞こえるんだもの！」ジュリアが湿った吐息を大きく吐き出すたびに、あの伝説的な唇が揺れた。

椅子のなかで笑い転げて彼女の声を掻き消しそうな学生たちを見渡してジュリアは言った。「本当、おっかしいわよね。でも、わたしは真面目そのものでやったわ。〝彼がわたしの肩に息を吹きかけている。これがわたしが男たちにしてもらいたいことなんだ〟そう思ったらくるっと彼の方に向き直って彼を腕のなかに抱きしめた。わたしは彼を見下ろす形になるのね。だから彼の、ウディ・アレンのやさしい顔を見下ろした。彼は小さな眼鏡をかけた目でわたしを見上げて言った。『痛いよう』。それが文句なく、情けなさそうなウディ・アレンの泣き声だった。わたし、まだ彼にキスもしてなかったのよ！」

一九九七年四月の快い夕べ、ビリー・クリスタルがわが船の舵を大胆にまわして、新しい方向へと送りだしてくれた。彼がステージに登場するなりすべてが変わった。それまでの多くのゲストたちも観客を笑わせたが、ビリーはわれわれのステージを、とりわけ若く利口な観客たちをコメディに出てくるいじめられっ子扱いして、当時すでにこの番組の特長として知られていた考察の時間と純粋なお笑いの瞬間とを奔放に往復し、大爆笑している客に向かって舞台端ぎりぎりの位置から馴れ馴れしく話しかけた。

ビリーは慣例を変えただけでなく、ま新しいことを始めて、それが『アクターズ・スタジオ・インタビュー』の定石となった。番組創設に当たって私が心に誓ったことの一つに、ゲストの寝首を掻かないということがある。ブルーカードに通常の質問以外のことへのリクエストが入っている場合――踊ってもらう、歌ってもらう、物真似をやってもらうなどが入っていると、ステージに上がるまえに了解を得て、観客の面前で恥をかかせないようにする。控え室で、ビリーに彼の有名なキャラクターたちとインタビューさせてもらっていいかと聞いた。すぐに返事がなかったので、「ああ、いいです。やりたくないのなら。大学では即興を――」

彼が手を上げた。「何言ってるんだ。あんたもアクターズ・スタジオの出でしょう？　出身者に出来なきゃ誰が出来るの？　やってみようよ」

ステージで、私はビリーが創りだしたラテン系色男〝フェルナンド〟を呼び出した。フェルナンド・

ラマス（アルゼンチン出身の俳優でラテン系二枚目が売り物だった）が司会者ジョニー・カーソンの「いい男だなあ！」に対して「だって、ジョン、ぼくはいい気分よりいい男でいたい」と答えたのを見て人物模写が始まったのだった。ビリーの名人芸にかかると、フェルナンドはトークショーのホストとなり、トレードマークはどのゲストにもかける誠に不誠実な「ああた、輝いてる！」だった。彼がハルク・ホーガンのようなゲストに向けた三つの質問について尋ねると、例の調子のいいフェルナンド役にするりと成りきって言った。「〝過ぎ越しの祭り〟にはどこへ行くのかな？」

「右」と私。「二番目の質問は今日のお客さんにはぴったりだ」

「演劇の自分のルーツにもどって演出したいと思ってますか？」

「じゃ三番目は？」

「あなたのラブの定義は？」フェルナンドが甘ったるい声で言った。

「ちょっと、ちょっとフェルナンド……」

「なんだい、ダハリング……」口調が変わった。「ジム」

「はい？」

「あなたはじつに……」

これはヤバイと、私は先回りして嫌な事実を口にした。「ぼくはカッコよくない」

「いや、ジム。あなたはじつに……真面目そう！」そういってブルーカードの束を指で突いた。学生たちは学部長が一本取られるのを見てはやし立てた。

ビリーとの回でのハイライトは、『恋人たちの予感』のメグ・ライアン演じるオルガスムのシーンだった。

「メグはとってても神経質になってててね。〈カッツ・デリカテッセン〉のなか、三十五人のエキストラを控えて一日がかりでオルガスムを撮らなきゃならない。いろんなアングルからね。彼女はとってもシャイな人で、そのうえ、監督の母親がそばにいたんじゃさらに難しかった」

「本当に？　ロブ・ライナーの母親？」

「そう。エステル・ライナーだよ。その場に坐ってウェイターに『わたしもあれと同じのください』ってセリフ言おうと待ってんだ。だから、メグはすごくさりげなくやったもんで、ロブはイライラしてさ。二度ばかりやったところで、ロブが『ダメ、ダメ、ダメ！　ちゃんとやってくれよ！』。そのシーンが大事なのはみんな分かってたが、メグは自分を抑えてしまってた。彼が『ちがうよ、メグ！　そこはこうじゃなきゃ！』って言って、腰をおろし、すごいオルガスムをやってみせた。いや、テーブルをどんどん叩いてね。スパイスはパストラミから飛ぶ、ミニ胡瓜はピックルスになってしまう！」

「膨張して」と私が合いの手を入れた。

ビリーはその言葉に反応した。「そう膨張した！　すごかったんだ」彼は坐っていた椅子の肘を叩いて「バン！　バン！　ロブは大男だからね、それが大声でわめくんだ。そしてようやく終わったかと思ったらぼくを脇に引き寄せて言った。『俺、いま悪いことしちゃった』。ぼくが『いや、よかったよ』と言ったら、彼が『いや、そうじゃないよ。俺、たった今お袋の目のまえでオルガスムやっちゃったよ』」

教室ゼミの時間では、学生がブロードウェイのワンマンショーをやる意思はないかと訊いた。ビリーの答えは予言めいていた。「今夜のこの機会がまた街に出てやりたいことをやろうという、つまり人前で笑われたいなという気持ちに火をつけてくれたかな。ヘンだと思うかもしれないが、今夜キャーとかワーとか笑ってもらったら、俄然元気になったよ」

収録二週間後、映画撮影でチェコ共和国に来ているというビリーから電話があった。「いや、あの晩の興奮がまださめないって言いたくてね」

そして二〇〇四年、十二月五日、私たち夫婦は彼のブロードウェイ・ワンマンショー『七〇〇サンデイズ』の初日に招待された。ショーはミュージカルではない作品としては興行記録を破り、彼はトニー賞を受賞した。彼が二〇〇七年にまた番組に来てくれたとき、一九九七年の学生の質問を思い返した。彼は「あれで事が始まったんだ」と言い、彼のショーの芽が〝このようなもの、この番組のようなもの〟を追いかけることで、まずマーティン・ショートと、つぎがデヴィッド・スタインバーグと、やがて発展してブロードウェイでのワンマンショーになったのだった。ある企画が、私の偏見かもしれないが、私たちの教室から生まれたのである。

アンソニー・ホプキンスは私たちのステージに二つの世界を運んできてくれた。古典的なイギリスの伝統とアメリカ式、あるいはスタニスラフスキー式としかいいようのないアプローチの方法と。それが一つの理由で、彼が私の招待を受けてくれたときには本当にうれしかった。この俳優こそは私たちの技芸に迫る二つの有力なアプローチを体現し融合させている俳優なのである。

ロンドンでの訓練にふれて彼は言った。「ぼくはＲＡＤＡで勉強した。ロイヤル・アカデミー・オブ・ドラマティック・アート。若い学生だった。そこにステラ・アドラーやほかの何人かに師事したって奴がいた。彼はイギリスに行ってイギリスのシステムを勉強したかった。でも二学期いて辞めてしまった。我慢できなかったんだ。でも、ぼくは彼のやり方見ててとっても感銘を受けた。とっても芸の細かな俳優だった。とってもリアルだった。だから彼のそばにくっついていた。いっしょに本を買いに行ったりした。ボレスラフスキーの『最初の六レッスン』、ボビー・ルイスの本『メソッドか狂気か』、それにマイケル・チェーホフの『俳優に』、それとスタニスラフスキーの『役の形成』及び『役の創造』。ぼくはすっかり魅了されてね。こうなりたいと思った。彼はここ、アクターズ・スタジオによくきていた。だからぼくはよく彼に訊いた。『アクターズ・スタジオってどういう所かな?』すると彼がブランドとかモンゴメリー・クリフトみたいな人たちの話をしてくれた。彼らはぼくにとって守護神みたいだった——だからこうして今夜ここに来られるなんてとても光栄なんだ、三十六年後にね！」

二つの流派のユニークな融合は彼がナショナル・シアターの一員だった当時受けたオリヴィエの助言を語ってくれたときに明らかになった。「シェークスピアをたくさんやってきたよ。でも、とても難しい。どうもあの韻を踏んだ詩文を破ってしまうんだな。オリヴィエはそんなぼくにこう言ってくれた。『詩を切るな、切ると思想も切ることになる』。彼は言った。『詩を分割すると、アクションを分割する。ひと続きの台詞を、目的を分割することになる』。彼はよく言った。『オブジェクティブはそこにあるんだぞ——スピーチのなかに』」

私にとって、この番組の愉しみの一つは二人のゲストが、二つの違った機会に、同一事件や同一人物について語る見解を比較出来るということである。彼らの節度ある見解は時どきこの番組に興味深い〝羅生門〟的特質を与えてくれた。

アンソニー・ホプキンスとクリストファー・リーヴには共通の助言者がいた。アンソニーが彼女に会ったのは彼が『冬のライオン』でデビューしたときだ。

「セットに入ったときのことを覚えてる——三十年まえの今月！　ぼくの出る最初のシーンがヘップバーンさんとの共演だった。ぼくはアガラない。アガルっていうのは時間の無駄だからね。不安だって証拠で、一種の言い訳だと思う。けど、ヘップバーンさんには気圧されていた。そのシーンをリハーサルしたら、彼女が言った。『ねえ、あなた、カメラ好き？』。だから言った。『どういう意味ですか？』。そしたら彼女、『生計を支える機械よ。好き？』。ぼくは『ああ、ああ。もちろん』。すると彼女『じゃどうしてあなたずっとそれに頭の後ろ向けて演技してるの？　そんなことやってるなら、あなたのシーン奪っちゃうわよ。どっちみちわたしが奪うけれどね』」

その夜、トニーはＰＭＫの広報会社所属のパートナーであるロイス・スミスと来ていた。ロイスが「翌朝アンソニーは早い便でイギリスに飛ぶ予定なので、できるだけ十時までには終わらせてほしい」

と申し入れたので、私はそうすると請合った。

しかし、トニーは学生とのセッションをいかにも愉しげに行なって、ロイスが劇場の片方から、私がもう片方からしきりに手を振って合図するのを注意深く無視した。

番組の各回の起こし（それを私が紙上で編集するのだが）と回のたびに回す五、六台のカメラが収める何千フィート分のビデオテープには両方に同じタイムコードが含まれている。それにより編集室で私の選ぶ瞬間がどこなのか特定できるのである。そのコードは一日の何時かであるから、午後十時をきっかり五十七分四十九秒二十五フレーム過ぎに、ロイスの無我夢中の合図にせかされ、ステージ中央に出て行って言った。「さあて、みんな、彼は明日イギリスに飛びます。今夜はわたしたちのために非常によい――」

「ああ、ぼくなら大丈夫」とトニーが口をはさんだ。「まだ残ってる質問に急いで答えるよ」劇場の客席ごしにロイスがガクッと柱によりかかるのが見えた。


十一時七分十五秒七フレームの時点で、私はトニーと学生たちの間に入った。ロイスが舞台袖からどっと飛び出して来て、彼の腕をつかむとぐいぐいと舞台から引っ張っていった。控え室で、トニーがメーキャップを落としている横で、ロイスと私はウェールズの彼の家から子供時代の写真を何枚か入手する段取りを話し合っていた。必要なデータを交換しあって化粧前（メークの鏡台）を見たロイスが息を呑んだ。トニーがいない！　と、劇場からの興奮した話し声にぎょっとなった。ステージに駆け戻ると、もちろん、アンソニーが再び今度は客席で学生たちと生き生きと会話を交わしていた。

ロイスはがっくりと私の方に向き、私もどうしようもないとばかりに両手を広げた。タイムコードつきの「起こし」原稿はカメラが止まった段階で停まっているので、アンソニーが正確には何時に帰って行ったかを伝えることができない。でも、はっきり証言できるのは、あの晩、学生たちは俳優であることの本当の意味と、その職業は全身全霊で、身体中で愛することであることを学んだはずだ。

同じことが一九九八年二月九日に紹介したゲストについてもいえる。「単純な事実だけみても単純に仰天してしまいます――」と私はその実績を挙げた――「八回のアカデミー賞ノミネートはローレンス・オリビエとスペンサー・トレーシーを除けば最多だし、『ミスター・ロバーツ』『セーヴ・ザ・タイガー』でアカデミー賞二回は、最優秀助演男優賞と最優秀主演男優賞の両方を獲得した初めての俳優でした。ゴールデングローブ賞ノミネート十二回。ゴールデングローブ賞二回は『お熱いのがお好き』『アパートの鍵貸します』『お熱い夜をあなたに』。ゴールデングローブ・セシル・B・デミル賞。カンヌ映画祭最優秀男優賞二回は『チャイナ・シンドローム』と『摩天楼を夢見て』。さらにアメリカン・フィルム・インスティテュートとスクリーン・アクターズ・ギルドの両生涯功労賞を獲得なさいました」

これらがジャック・レモンがわたしたちのステージに持ってきてくれたものだった。

私が受けるインタビューで決まって訊かれることがある。「この番組で起きたことで何がいちばん驚いたことですか?」そしてこれが私の決まった答えである。「ステージ上で、ゲストの一番有名な台詞を言ってもらうように努める――うちの学生たちのために」努めてみたが失敗したのは、ロバート・デ・ニーロの「俺に話しかけてんの?」だった。うまくいったのはトム・ハンクスの「人生はチョコレートの箱と同じさ」だった。ジャック・レモンと『酒とバラの日々』について話しているとき、彼に言ってもらいたい台詞があった。

その後のやり取りがこのシリーズ番組のなかでももっとも驚くべきかつもっとも有名な瞬間となった。それはその映画のなかでももっとも胸に迫るいくつかのモメントを私が説明しているときだった。「あなたが崩れる赤ん坊とのシーン、酒瓶を捜し求めて温室を壊してしまうシーン、拘束服を着せられるシーン。リー・レミックとのモーテルのシーン。ストラップでくくられているテーブル上のシーン。いろいろあるが、私にとって彼が禁酒同盟の会合で立ち上がるシーンに匹敵するほどのものはないと思う——みなさん全員に、ここにいる俳優全員に推奨したい簡潔さで、彼らにいうセリフが……」

ひと間おいてジャックに向き直った。「禁酒同盟の会合での最初のセリフ。覚えてますか？」

私は待った。その台詞が聞きたい。持ち前の親切さからジャックは応じてくれた。「やーっ、ぼくの名前は……そしてぼくはアル中だ」

私は学生たちの顔を見て満足げに言った。「ほらね？　簡単だろ？」

私の左でジャックが続けた。ひっそりと言ったのでまるで独り言のようだった。「それってぼくのことだよ、ちなみに」

私は彼に向き直り「誰？」と言った。

「ぼく」

私は意味を取り違えたくなかった。「それはクレイとして言っているのか……」

「いや、ジャック・レモンとしてなんだ。ぼくはアルコール依存症だ」

続いて『アクターズ・スタジオ・インタビュー』の歴史上一番長い沈黙があった。私たちはただ互いに見つめ合い、観客は固まってしまった。ジャックが坐りなおしてそれ以上深追いしないことにしたので、対話を先に進めた。

教室ゼミに移るまえの控え室で、ジャックの奥さんフェリシアが打ち明けてくれた。「あれをジャックが人前で口にしたのは初めてです」

ジャックは学生たちにもう一つの忘れられない瞬間を与えてくれた。私を指差しながら、「今日言ってたことなんだが、ぼくが演技をどう考えているのか、その意味は何なのかって訊いてくれればいいんだがね」

「それをしてるんじゃないですか」

「そうだった」と早口で言い、「そしてそれに何て答えようかって焦ってる」学生たちが笑った。「ちがうよ」と彼は強い口調で言った。「ぼくには明確にわかっている」彼は娘さんのコートニーが人権擁護団体に属して世界中に薬を配給していることにふれて、こう言った。「娘のしてることをとっても誇らしく思ってる。ひるがえってぼくは思う、〝このバカ、おまえは役者じゃないか〟──なにやってんだ?」

それから学生たちを、悲しいとも嬉しいともつかぬ妙な表情で見渡すと、「だが、ぼくは間違ってる。間違ってる。なぜって、あることを忘れていたから。そしてしばらく前に気がついた。役者は輝かしい職業だ。ただ素敵なんてもんじゃない。輝かしい職業なんだ。しかも、シェークスピアも言ってるとおり、真から高貴な職業だ。理由はどっかの時点で──ぼくにも機会は与えられていたんだが、それで成功したかどうか分からないが──どこかの時点で、どの俳優も、俳優のみんなが、この地球上に住む人間のほんの少数の人しか立てない立場に追いやられるということだ、その場に立つことで実際にだれかの人生を変えられるのだ。彼らを感動させ、啓発し、作家が敷き詰めたレンガを使って、その演技を見なかったら今まで考えもしなかった何かについて考えさせることが出来るんだ。そりゃ拍手喝采は欲しい。学校の生徒たちにはぼくのしてることを好きになってほしいと思った。それに力を得てやってこられた。だが、それが演技することの究極にあるものじゃない。俳優にではなく、観客に起きることこそその真の目的だ」

スーザン・サランドンはアカデミー賞ノミネート五回にアカデミー最優秀女優賞などを含むたっぷりの実績を持って来てくれたのだが、いつもどおり、若い観客に対面する段になったら、彼らが一番聞きたがったのは『ロッキー・ホラー・ショー』だった。

「あれはたぶんタイムカプセルに入る映画だわね」とスーザンは呟いた。「全部の映画のなかでもあれはいちばん長持ちするでしょう。みんな、あの映画に関して私が言い訳すると思ってるようだけど、わたしはあの映画大好きなのよ！」そして考えながらこう言い足した。「わたしの空想なんだけど、誰かに暗殺されるとしたら、子供を真夜中にショッピングモールに車で送っていかなきゃならなかった親の一人だと思うの。ひどい手紙をもらうのよ。〝娘にはあのコルセットを全部送り返さないうちは、大学でのお小遣いを与えません！〟だって」

『アトランティック・シティ』の強烈な冒頭シーン。バート・ランカスターが盗み見ると、彼女が魚の匂いを消そうとレモンを乳房にすり込んでいる。それについて質問すると、彼女は言った。「いったいどうして魚の匂いなんかがお乳についたんでしょうねえ。でも、まあいい。ヨーロッパの風俗かなんかだもの。でもそれでうまくいったわよ」

「それで映画がくっきりと始まるわけだから」と私。「すべてはそのせいで起こるんだ」

「でも他のものを擦りこみたかったってよく思ったわ」とスーザンは切なげに言った。

「そしたらみんなわたしにレモン送るのをやめてくれたと思うの。一ドル札とか贅沢な香水を人生ずっともらえたら！　レモンじゃなくて。なのに、いつだってレモンが来ちゃう！」

現代映画におけるヌードシーンへの要求が頻繁なことについて尋ねると、彼女は言った。「どれならやる、やらないって決まりを作りたくはないの。『ハンガー』までいろんな映画でよくやる〝それらしく転げまわって、相手の身体の陰に隠れるラブシーン〟をやったことがなかった。わたしがやってきたものはすべてとても具体的に明確だったから楽だった。けっしてとっても楽ってわけじゃなかったもの、ただ裸で歩き回るの。乳首見せたらそれに注目さらわれちゃうじゃないの、どうせ。だれも初めの十五秒間の台詞なんか聞いてはいない。でしょ？　だったらどうしてやるの、でしょ？」

学生たちは大拍手でこれに答え、彼女はまた話にもどった。「セクシーになるのって裸になれば出来るのかな。何でそうなるのかな？　わたしにとってラブシーンで興味があるのはラブシーンにどうやってなっていくのかってこと。そしてラブシーンのあと何が起こるかってこと。ラブシーン中はどうなっているかなんて、だれでもある程度わかってるじゃないの」

学生たちは再び熱っぽい拍手を送った。

『デッドマン・ウォーキング』はティム・ロビンス監督作品でスーザンのアカデミー賞受賞作だが、「一緒に暮らしている人が監督だって状況で仕事するのはより易しいのか、より難しいのかどっちでしょう？」

率直そのもののスーザンは答えた。「一緒に暮らしたことのある別の監督の話してもいい？」「名前出していいのかな？」

「ルイ・マル監督。監督と同棲していて、その監督と仕事する場合、しかも六人の俳優たちが彼を悩ましているとする。でも自分はクビにならないってわかってるわよね。ティムとわたしの場合、正直に言って芸術的見解の違いなんてものとは無関係に五日間険悪な日があったと思う。つい最近では、つきあっても、寝てもいない監督のもとで五日間最低ってのを経験したわね。ティムとわたしの場合、けっして人前ではキレなかったし、なんとかやり抜くことが出来さえしたら、今までよりいい状態になるってわかってた」

スーザンの爽やかな率直さは、ティムが『さよならゲーム』でルーキーのピッチャーという初めての重要な役で出演したときの話にすでに顔を出していた。

「ケヴィン・コスナーはティムとひどく競り合っていたかもしれないの。あの映画の素晴らしい点は、だれもが自分の得意分野の適所を持っていたってこと。つまり、ロン・シェルトンにはバカが必要だった──ケヴィン・コスナーに対応するものとしてね。そこにティムはバカ役やらせたらすごくうまかったから」学生が笑いだしたのを見てそちらに向き、「本当なの。それやったらそりゃ見事なんだから」

数週間後、ティムがゲストになってくれたとき、スーザンはうちの観客になって学生たちと坐っていた。その夜が終わったあと、控え室に彼と一緒になっているのを見たが、彼のお気に入りの罵詈雑言として〝プッシー〟を選んだことに拘《こだわ》って言い張っていた。「プッシーは罵詈雑言じゃないわよ！」「そりゃきみのじゃない、ってことだろ」と彼が言い返した。

それから長い間、活き活きと、意味論についての大人らしい議論が続いたが決着はつかなかった。それでもこのカリスマ的男女の相性に関してその本質を垣間見たような気がした。

教室ゼミでは、コーイ・ミドルブルックという演出家志望の学生が、いい監督の定義を尋ねた。彼女は言った。「まずみんな大人でなければいけないと思う。現われるべきときに自分のトレーラーから現われる。自分の仕事をちゃんとやる、やるべきことをちゃんとわきまえて現われる。監督っていうのはちゃんと準備していなくてはならない。でもそうでない監督が多いの。どの職業とも同じで、いい監督とわるい監督がいる。でも撮影がスムーズにいったからって、必ずしも出来た映画がいいってことにはならない」

学生たちをじっと見ていた彼女は身を乗りだして内緒話になった。「これって人生の皮肉だと思うけど、ひどい撮影がいい映画を生むこともあれば、この上なく幸せな撮影が退屈な映画を生むこともある。オルガスムみたいなもんよ、つまり、神さまはユーモアのセンスをお持ちだって分からせてくれてるの」

メリル・ストリープがうちのステージに来てくれた頃には、彼女は『アクターズ・スタジオ・インタビュー』の記録をすでに破っていた。つまり、彼女ほどゲスト諸氏に話題にされ、かつ尊敬の念をもって語られた人はいなかったということだ。学生たちが彼女の恐るべき才能への洞察――どんな洞察でもいいから得たいと願っているのを知っていたが、彼女がそういう話をすることにきわめて用心深いのは周知だったから、私はジョセフ・パップに話の先鞭をつけてもらうことにした。パップは彼女がエール

・ドラマスクールでＭＦＡを修得した後まもなく、ニューヨーク・パブリック・シアターで彼女を売りだした人だ。

「ジョー・パップが言った。『純粋な俳優と呼べる人はきわめて数少ない。メリル・ストリープがその一人だ』。あなたはさきほど、〝あるゾーン〟にどうやって入っていくか分からないとおっしゃったが、その〝ゾーン〟とやらを定義してもらえますか？」

「そうねえ……このテーマに関してわたしははっきりした意見はないの。だってこれってわたしには教会みたいなもの、わたしのある部分にとって祭壇に近づくみたいなこと。この話はすればするほど、何かが離れていってしまう。つまり、迷信がかった部分が多いの」

私は黙っていた。彼女の不安げな様子に深追いをせずにおこうという気分になりかかっていた。だが、だしぬけに彼女は先を続けた。「でも、自分がそのゾーンに入ると、それまでより伸びやかになり、拘束から離れ、感受性が強くなるのはわかる。いいえ、完全にじゃないけど」と発言を修正して笑った。

「わからないわ。わたしはずっと技巧派の女優だって批判され続けてきたけど、でもたぶん私が世界で一番世間の人が言うところの〝技巧〟という面では技巧のない女優だと思う。だって、いましゃべっていることだって、どうやってしゃべったらいいか分からないんだから。いいえ、正直に言うと、わたしはどの仕事にも心を開いて向かい、全力をつくしている。けっして全部は理解できないキャラクターとでも繋がってね。理解できなくても彼女はわたしのなかに生きている――それは間違いないの。わたしにあるものよ、否定できないこと。だから自分がこれは真実だって、分かってることさえ守っていけば間違った動きは出来るわけがない。自分にとってリアルだって分かってるんだから。それこそがわたしにとってのリアルなものなの」

彼女の真っ直ぐな姿勢に楽になった私は水を向けた。「でも、それはあなたのどこかで始まるんですよね」

「それは送られてきた脚本のある言葉とかある語句から始まるのよ。その本を受け取った日、その日だれに腹を立てていたか、だれに恋していたかとも関係ある。文脈とも、音楽とも、いろんなこととも関係ある。わかるでしょ?」そう言った後、ハッと閃いたらしく顔が明るくなった。「恋に落ちるみたいなもの! そんな風にあるキャラクターと出会い、繋がりが出来るの」

二、三分後、マイク・ニコルズ監督の『シルクウッド』の話になったので、訊いた。「マイクはあなた相手にどういう演出をしました?」

「そうね、彼はわたしのすることを全部それでいいって言ってくれた。違う! 彼は――わあ、いやだ!――基本的に彼はとってもとっても巧い監督。だってこっちが操作されているって気づかないんだもの。でもすっかり操作されてしまう! わかります?」

「ええ」

「だから、彼がわたしをどう形作ったか、仕上げたかなんてわたしには何の自覚もない。でも、彼はそれをいい感じでやりこなして、けっして苛めたりしない」

「それでは、今度は逆にマイク・ニコルズの立場から見るとしますよ。〝メリル・ストリープを演出するなんて恋に落ちるようなものだ――その特徴は魔法のようで創造的なひと時であるのに、それはまた神秘に包まれた時なのだ〟」

こうした〝力場〟の十字路が時としてぶつかり合う、これが私にとって『アクターズ・スタジオ・インタビュー』の最高の功徳の一つである。

その夜さらに先にいって、私はメリルに言った。「トーク番組のホストのみんながやるように、ぼくも愚かな質問をヤマほど出しますよ」

「あら、わたしも愚かな答えを出すわ。だから、大丈夫」

「そのほとんどをお訊きしないでおきますが、うちの学生の俳優、演出家、作家志望たちは五〇パーセントが女性なので――」

「本当？　ああ、よかった」

「――あえてお訊きします。この職業に就く女性たちに、この職業に就いている女性からのアドバイスを一言」

「いまその男女比を聞いて力づけられたわ。だってそうでなきゃいけないんだもの。でもそれが難しいの。映画の第一作目を作るのは難しくない。でも二作目、三作目、四作目と持続させるのがね。この世界で重要なんだと自分が思い、かつ業界がそれで世界に通用すると思うものを作ることがね。これはわたしがいつも向き合ってることなの」

「映画館に行く客のほとんどが女性だし、テレビで広告関係者が宣伝にお金を使う対象は女性なのに、なぜだか映画の女性スタッフは……ま、仕事の口が本来あるべき数より少ないといっておきましょうか。でも、それも不思議な話だと思うの。とっても根の深い不思議な話。でもたぶんみなさん方がそれを直してくださるかもね。これはわたしたち皆の共同責任だと思うわ。これはもっともっと根の深いことで、市場云々とは関係ないと思う。なにより、いま、男性と女性がたがいにどういう立場にあるかってことと関わっているんじゃないかな。でも、あなた方はいいと思ったことをやるだけだし、粘り強く努力し続けるしかないでしょうね」そう言って椅子に深く坐りなおすと学生たちの顔を長いこと見つめていたが、私の顔をちらっと見てため息をついた。「ショボい話だったわね？」

「とんでもない」

「でも、本当なのよ」と彼女は学生たちの方に向き直った。「夢を持ち続けていなさいね。それをなくして不貞腐れたら、終わりよ」


ショーン・ペンが彼の回を規則違反で始めたと言っても、読者はあまり驚かないだろう。ステージに登場して二、三分たったところで、彼はタバコの箱を取り出して火をつけた。当時もう公共の場所の多くで禁煙だったし、大学の厳しい校則の一大違反だった。だからだろう、学生たちはショーンに長い喝采を浴びせた。

『アクターズ・スタジオ・インタビュー』の最初の数年間に、この番組がマンネリになると心配するのをやめてからは、ゲスト各人をユニークに見せるべく追い込むことに専念していた。クリストファー・ウォーケンの時もそうだったが、ショーンの場合も彼の技芸に対する斬新で魅力的なアプローチのみなもとがどこにあるのかを探ろうとした。きっとアクターズ・スタジオのメンバーで伝説的な教師ペギー・ヒューリーに師事したことに関係があると思った。ペギーの名前はこのステージでもアンジェリカ・ヒューストンやビリー・クリスタルの口に上っていた。

彼女との訓練について尋ねると、彼は言った。「ぼくは、正直、勉強するってことに対して恐れを抱いてたんだ。心のどこかで、それが心理分析医のとこに行くみたいなことだと思ってた。直感的なことがいじくって変えられてしまうと思った。とっても不信感持ってたんだ。だから、初め、どういうもんか見てやろうじゃないか、って参加した。それがだ、ペギーがものすごい感化を及ぼしたんだ！　ぼくは自分がどれほど出来ないか思い知らされた。あんなに直感力に溢れていると思ってたのにね」

「決められたクラス内容はどんな？」

「最初の年は週に四日、一日五時間だった。それほどの時間を課題のシーンの稽古、稽古で送るんだよ」

「読んだんだが、あなたはある表現をしていた——たぶんペギーから教えられたのだと思うが——平凡な事柄に非凡な考え」

「うんうん」

「それはあなたにとってどういう意味ですか？」

「一語一語そのままには引用できないが、それを明確に言い表わしている詩がチャールズ・ブコウスキー（一九二〇〜一九九四、詩人、作家）にあるんだ。それは汽車に乗ってる七歳の少年のことを書いた詩だがね。その少年と隣り合わせで坐った男は、少年と窓から太平洋を眺めている。と、少年が男の方を見て言った。『きれいじゃないや』。男は思う。そういえば、初めて自分も海がきれいじゃないと思った――広い海はきれいだって刷り込まれてきたが、こうして窓外を見て、これがきれいな海なんだと思っていたんだ――少年に『きれいじゃないや』と言われるまでは。これが〝平凡な事柄に非凡な考え〟の精神だと思う。それは必ずしも当てはまらない刷り込みをうち破ること」

もう明らかかもしれないが、この話は、『アクターズ・スタジオ・インタビュー』と同じで私のゲストたちと私の偏見を明かしてしまっている。私の偏見の一つは非凡な思想の偏愛だ。演技を見ていて何に一番感動するかというと「予知できないもの」に対してである。それこそがマーロン・ブランドの才能の本体だった。彼がつぎに何をするか、わからない。先を見越して鼻を明かすことなど出来ない。だから、私たちは不可知性と彼の選択の不可避性に降参するのである。

ショーン・ペンも同様だった。ブランドと同じく、常に観客の自己満足的な期待を脅かす危険な俳優だ。その選択がどんなに意外でも、彼はそれしか出来なかったと観る側を納得させてしまう。

その夜の終わりにかけて私がした質問は、この番組史上最も頻繁に引用されることになる瞬間を誘発した。「一九九一年にあなたは二つ、重要な変化をとげた。一つ、演技から離れていった。二つ、監督に転じた。才能豊かな俳優が監督になるというのはよく分かります。でも、どうして一匹狼的に才能豊かな、まだまだ若い俳優が演技することに反発したのだろうか？」

痛みのようなものがショーンの顔に浮かんだが、ひと間おいて彼は答えた。「何が原因っていうか、運が悪かったってことだな。運が悪いっていうのは、監督や脚本なんかがしばしば仕事を苦しみに変えてしまうからだよ。何かに打ち込むのは構わないよ、でも打ち込んでも何も得られないんじゃいやじゃないか。あることが起きたんだな、一九七四年くらいだったかな、ぼくが映画の観客から映画の作り手側になったあたりでね。映画界にあることが起きて、いい映画監督たちもその影響を受けた。体制はいわば〝観客に感銘を与える〟でなくてはならなかった。ぼくは表現のシネマの俳優として出てきたんじゃない。ぼくは〝感銘を与える〟シネマに出てきた。だから、ある時点で、ホテルの天井を見つめて、自分は一体この人生何やってるんだろうって感じるようになった。自分がだめな俳優だって感じたわけじゃなく、出てる映画に価値があるんだろうかと疑うようになったんだ。映画に関する論争は全部知っているよ。とっても陽気に得意そうに言う人がいるよね、『エンターテインメントの余地はあるんだ。それっきりってものがあってもいいんだ』。ぼくはそうは思わない。エンターテインメントがお望みなら、売春婦二人にエイトボールがあればいい」

その先を続けようとしたが、タバコのときの歓声も影が薄くなるほど大きな喝采に飲み込まれてしまった。再び声が聞こえるようになったとき、彼は言った。「映画っていうのはただそれだけであるにはパワフルすぎるメディアなんだ。そこには人間的なものが入ってなきゃ。成長しなきゃ。旅みたいなものがなきゃ、リスクも負わなきゃ、そうすればこそ観客にとってだけでなく参加者にとってもエキサイティングになるんだ」

学生たちが拍手喝采したので、また言葉を切らざるを得なかった。

ショーンは、まことに、うちのステージに来たなかでももっとも詩的なゲストの一人だった。チャールズ・ブコウスキーの影響について作家志望の学生が尋ねたときの答えがいい例だ。「彼のことで一番感心するのは、彼が〝不遜〟ではなかったということ。〝恭順〟がなかったんだよ。一晩激しくセックスと飲酒したあとのわれわれだ。シャワーを浴びる、便座に坐る、むかついて、くたびれて、落ち込んで、仕事に行かなきゃならない。何か高めなきゃならないという必要がないところに彼は詩を見出した。オーヴァーチュアで始まるような世界を作る必要はなかったんだ」

教室でのゼミでいつもするように、私は横に坐っているのだが、この彼の言葉を聞いたときには息を止め、彼がブコウスキーも賞賛したろう詩的自由飛行で先を続けるのを妬ましいとさえ思った。

「彼はジョン・カサヴェテス（一九二九〜八九、俳優で監督。独立映画の旗手となり多大な影響を与えた）のしたことと同じである詩を発見したんだ——人々の暮らしのなかにドラマと詩がある——生きている姿に——だから何かを高めることなんか必要ない、だって文学でも映画でも何かを高めるっていうのは、とりわけ映画では、危険なことなんだ。いや、破壊的なことだ。〝危険〟はそれを必要以上に重要なものにするからね。劇場のなかで気分が高揚するが、一歩外に出たら、入るまえよりもっと孤独感に襲われる。だから……」

彼は一息置いて、目を細め、暗い口調になった。「だから、監督に騙されたんだ。そんな映画にはどんなに娯楽的でも余地はないと思うよ。前を振り返ってそれに言い訳を見つけてやろうとしてもね——〝子供のころ見た映画だけど、よかったなあ、あれ〟——その映画を見ていなかったら、いまよりましでない人間だったと思う、とかさ。だから、ぼくは手の届かないような世界を作らないでも、身の周りに詩を見出す人たちを素晴らしいと思うんだ」


一九九八年の八月、シドニー・ルメット監督夫妻が私たち夫婦を〈イースト・ハンプトン・シネマ〉での『メリーに首ったけ』に招待してくれた。五月から九月まで、イースト・ハンプトンはロサンゼルス、ニューヨークからのセレブで賑わいをみせる。八月の金曜夜にこの映画館の外に並ぶ人の列は、カンヌ映画祭の赤いカーペット上の列といい勝負である。

劇場内に入ってからは、ルメットが切符をおごってくれたことでもあるし、ビロードのロープや支柱の周りを取り巻いて長々と並ぶスナック売り場の列の後尾についた。いくつかの劇場から流れてくる予告篇の音を聞くともなく聞いていると、行列の先頭から声がした。「きみとホリー・ハンターの回を見たつぎの日、ホリーに電話して言ったんだ。『今まで一緒に過ごした長い時間より、あの一時間だけの方がきみのことがよく分かったよ』」

振り返ると、スティーヴン・スピルバーグがカウンターからこっちを見ている。前では売り場の係がせかせかと彼の前のトレイ数枚に山盛りのポップコーン袋を載せている。

こと番組ゲストの獲得になると恥も外聞もない私は言った。「初めの初めから『アクターズ・スタジオ・インタビュー』に出てほしいって頼んでるじゃないですか」

「わかってるよ。ぜひ行きたいと思ってる」

私たちは数列もの行列越しに話していたが、私が「スケジュールはどうですか?」と言ったとたんにあたりがシンとなった。

「ちょっと見てみよう」彼はポケットから予定手帳を取り出した。

彼がページをめくって見ているのを横目に私は考えていた。金曜夜のイースト・ハンプトンで映画以上に神聖冒すべからざるものがあるとしたらそれはポップコーンの行列だ。そこに割り込んだり、遅らせたりすればサザンプトン病院送りは必至だと誰もがのみ込んでいる——そこを止めてしまったのだ。スティーヴンのトレイは一杯で係は支払いを待っていたうえ、カウンターの三分の一は閉鎖されていたから、暴動発生寸前だった。だが、行列から不満の口笛は聞かれなかったので、半分の人たちはスピルバーグに仕事が入ってほしいのだと察した。二人は過ぎ越しの祭りの子豚のように安全だった。

「『プライベート・ライアン』のプロモーションでヨーロッパに行かなきゃならないんだ。感謝祭あたりでどうだろうか?」

ポップコーン行列の全員が顔をこっちに向けた。「二つ日取りがあるかな」と私。全員から安堵のため息がもれた。「でも、どの日だったかはっきり分からない」ため息が先細りになって消え、顔という顔がスティーヴンに向けられた。

「電話して」とスティーヴン。

「どこに?」

「プライベートの番号を教える」

とたんにカチカチと何人かがボールペンの先を出して構えるなか、彼は食べたくないスナックをたくさん買えばほしい物をくれるというクーポン券に手を伸ばし、そこに番号を書いて、固まってしまった行列越しに伸び上がってメモをくれた。

月曜、クーポンに書いてあった番号に電話した。女性が出た。「もしもし」あとは無言。

「失礼……スティーヴン・スピルバーグの事務所では?」

「そうです」とだけ言ってまた黙る。

「おお」私はポップコーン行列での一件を話した。すると女性は静かに言った。「それではスティーヴンが本気だったのだと思います。この番号はわたしを呼び出すときの番号ですから。スティーヴン以外にあなたお一人ですよ、この番号にかけていらしたの」彼女は後で判明したが、スティーヴンの素晴らしい副官クリスティー・マコスコ嬢であった。彼女が私たちの会見を手際よく手配してくれた。

彼の訪問に向けてカードを準備していると、彼のとほうもない成功を説明する事実として、彼が無機質で孤独な試写室(彼の自宅にも事務所にもきっとあるだろうが)で映画を見ないからだと思い当たった。チケットを買いに列に並び、並んでポップコーンを買い、正直で信用できる一般客と一緒に映画を見るのである。

番組のステージ上で、自分の天職に初めて目覚めたのはいつかと聞くと、マーティン・スコセッシの答えとも通底する動くイメージ像への傾倒について話してくれた。スティーヴンの場合、学校でディケンズの小説を課題に出されたのがきっかけだ。「十二歳の子にどうやって『二都物語』を読めっていうの! だから、ぼくは本のページの隅の三角部分に小さく棒みたいに人型を書いていった、一フレーム、一フレーム、違った体勢でさ。それをパラパラと繰ってくだろ、そうやって本を繰っていくことにしたら、イメージがみんな生きてきてさ、それで初めて動くイメージを作り出したんだ。あの古典作品のページの上にね！」

学生たちの笑い声にかけて私が言った。「あれは本のなかでも最高の本。本のなかでも最悪の本」そう言うと、笑い声はうなるようなどよめきに変わった。

『ＪＡＷＳ／ジョーズ』の話になったとき、客がサメを目にするまで一時間も待たせた彼の抜け目ない戦略をほめた。「海を状況設定として使う点の素晴らしさは、水面下が見えないということだ。水の下には何があってもおかしくないし、映画の間じゅう、サメがいるんだという事実さえ定着すれば、何かが泳いでいるのを見るより水の表面を見ている方がよっぽど恐ろしいじゃないですか」

「ぼくはカメラ外の暴力、カメラ外のサスペンスの方以上に恐いものがないと思ってる」とスティーヴンが答えた。「観客を信用しなきゃ。彼らが映画館に持ち込む想像力は全部合わせるとわれわれ製作スタッフのそれを合わせたものより多いかもしれない。みんな自分たちの想像力を持ってきて、われわれ映画人たちにどうぞそれを使ってくださいってねだってるんだって！」

「ぼくにとって」と私は言った。「それはサスペンスとサプライズの違いだな。だってサスペンスというのは、観客が映画の人物たちより二歩先を読んでて心配し始める。だが、サプライズの方はひとたび起きてしまえばそれで終わり。性的な含みのある言葉だが、満足は欲望の死っていうじゃないですか」

「いまのいい！　そう、そう！」とスティーヴンが声を張った。「基本的には、作り手側が提供した経験よりいい経験になるよう、観客にあるレベルの想像を持ち込んでくれないかなと期待してるってことなんだ」

スピルバーグは映画の創造者であるだけでなく、自身が映画の創造物でもある。映画はそれほど隅々まで、無意識に彼の存在に棲みついており、彼の普段の会話も情報発信しているようだった。ジョン・ウィリアムズとの仕事について尋ねたとき、彼は言った。「ジョンは六週間、七週間作曲にこもり、だいたい七週目には彼から電話がくる──『音楽をピアノで聴きたいかい？』。だから言った。『おれがそっちに着いてるよ、つぎのカットで』」

　そう彼が言ったとき、私には見えた──家にいるスティーヴンから唐突なカットでウィリアムズのピアノの横に立っているスティーヴンが。〝つぎのカットで〟。

　私にとって過去十三年間でももっとも愉快だった瞬間は、スティーヴンに『未知との遭遇』のクライマックスシーンについて訊いた際に起きた。「あなたの父親はコンピュータの技師、あなたの母親は音楽家。宇宙船が着陸したら、二人はどうやって意志の疎通を図るんだろうか？」

　スティーヴンはしばらく黙っていた。そしてゆっくりと微笑を浮かべて言った。「それは非常にいい質問だ。気に入った。あなたがもうその質問に答えてくれた」

「二人はコンピュータで音楽を作る。それで互いに話しあえる」

「そうだよ。あのねえ、あれは意図したもんだって言いたいし、あれがぼくの父親と母親だったって気づいたけど、それは今気づいたんだ……」そう言って一息つき、学生たちの笑い声と拍手に道をあけてやってからこうしめくくった。「でも、そう言ってくれてありがとう」

『レイダース／失われたアーク』に触れて、この映画でいつもよりさらにショートレンズを使用したか尋ねると、彼は言った。「たいていの映画にショートレンズを使ってるよ」

「どうして？」

「それはマスターショットが好きだからだ。時どき、観客に編集してもらいたいと思うことがある──時どきだれを見たいか観客に選んでもらうんだよ。ぼくは全篇クローズアップか速いカットの連続で息もつけないなんて映画は好きじゃない。それに、ぼくの映画の多くに、マスター一本だけじゃなく、同一シーンに三本も四本もマスターを作っておくのが好きなんだ。それで観客が構成要素の配置、何がどこにあるかがもっと分かるじゃないか」

彼のテクニカル面での無駄のなさを説明してもらおうと、訊いてみた。「『レイダース／失われたアーク』を撮るのにどのくらいかかった？」

「七十四日間で撮った」

「本当は何日のはずだった？」

「八十六日かな」

「じゃ予定より早く上がったんだ」

「ずっとね。チュニジアからできるだけ早く脱出したかったからね」

「一日何セットアップだったのかな？」

「一日三十五平均だった」

　編集を電子処理でやるのかと訊いたとき、彼はひるんだ。「絶対にやらない！」そういって笑うと『屋根の上のバイオリン弾き』の歌を歌いだした。「トラディション！　トラディション」

　電子的編集の難点は、「写真のように見えないんだ。電子処理によってたくさんの光がスクリーンに注入されてコントラストがなくなってしまう。ハイライト、つまり暗がりに比べて光の部分が見えないんだ。それに、映画の匂いもしない、電子実験室みたいな匂いになってしまう。空中に漂う匂いがまったく違うんだ。でも実際にトリム箱を開けてフィルムを取り出すと――まあいいや、マイク・カーンとぼくとでぼくがムヴィオラかＫＥＭで作る一カットにつき四カットを電子的に編集するとするよ――するとぼくはトリムを取り出してる間じゅう歩き回ったり、一息ついて自分のしたことを反省したりできるんだ。テクノロジーがぼくに圧力をかけてはいない。まだ自分の用意が出来ていないときにぼくに無理やり決定を出させたりしない。トリムを下ろしてムヴィオラでぼくに見せてくれてるとき、その七、八分が自分のしてることを考えるのに必要なんだ」

　彼の俳優たちがよくカメラの向こうを見つめるのはどうしてかと、尋ねると、彼は言った。「ぼくは人が考えるのを見てるのが面白い。それって彼らの考えのプロセスに呼び込まれることだろ、磁石みたいに。キャラクターが台詞を言わないでいる時間が出来て考えると、それでわれわれは〝この人は何考えているんだろう?〟って思うじゃないか。そこでさっきと同じことだよ、観客を尊敬しているんだ。映画作りに参加を許して、単なる観衆というのじゃなくて物語のなかへの参加を許しているんだよ」

明らかな理由で――いや、見当はずれの理由のせいでか――私はほかの何百万人の映画愛好家と同じように『E.T.』のなかの異星人の孤独と孤立に深く感動した。スティーヴンが最後のシーンで子供二人からあの素晴らしい演技をどうやって引き出したのかと聞いたら、彼は言った。「よし。あれをどうやってやったか教えよう。ぼくはあの映画を完全に順序どおりに撮っていったんだ――筋運びの順序どおりにね。最初のショットから最後のショットまで。いままでそういう撮り方をしたのはぼくの監督経験では二度くらいかな。そんなわけで、あのシーンは出演者がETと会う最後だった。そして――とっても残酷だったが、あの時もうすでに涙ぐんでたヘンリー・トーマスのそばに行ってこう言った。「いいかい、今からETにサヨナラをいうんだけど、それが本当にサヨナラだからね。だってもう二度と会えないからね」

「ぼくは本気だった、そしてその通りだった。彼の愛犬が死んだとは言わなかった。ETが死んだとも言わなかった。ぼくはただ『もう会えないよ』とだけ言った。あの一連のシーンを撮るのに八時間かかった。ヘンリーはその撮影ゾーンに八時間いた。ドリューもね」

「ETもね」と私。

「それに彼もさ、いや、彼女かな。ETに関しては彼だか彼女だか……いっぱい手紙をもらったよ」

「どっちかに性別を決めた?」

「ETは植物だから」

「了解」

「ETは、彼にとっての、彼女にとっての植物園なんだな」

『シンドラーのリスト』の撮影日数を訊くと、「七十一日、七十二日、そんなものだった」

「速ければ速いほど出来がいいって言ったようだけれど」

「ああ、それは本当だ」

「どうして?」

「ぼくは映画が目のまえに写っているのが見えるんだ。本当に目のまえでするすると流れて、繰り広げられていくのが見える。だからゆっくり撮影すると――『JAWS／ジョーズ』みたいに、ぼくは映画を長いこと目にすることが出来なかった――自分がどんな映画を作っているのか編集室にこもらないと分からなかった。でもこの映画では、いや、どんな映画でも自分が情熱を傾けている映画だと、できるだけ速く撮らないと。だって自分が見たいから。仮に一日三十五から四十ショット撮ったとする。それは五分半、結果的に六分ぶんのカットフィートってことになる。それに映画の〝起きている〟ことが見られる。演技が見られる。ストーリーが語られていくのが見られる。すべての瞬間が真珠の首飾りのようにつながっていくのが見られる。ゆっくり映画を撮ると、その反対が起きる。自分の客観性を失い、きわめて危険に主観的になってしまう。それは死、ぼくにとっては芸術形態の死を意味するんだ」

『シンドラーのリスト』を部分的にアウシュビッツで撮ったことで、彼は深く影響を受けたため、ある友人の助けを求めたという。「ぼくはロビン・ウィリアムズに電話してコメディで癒してもらおうと思った。『ロビン、ぼくはこれで半時間泣きっぱなしなんだ。たのむ、笑わしてくれ』。そしたら、彼は一時間も電話の向こうで話しつづけ、ぼくは笑って、笑って死にそうだった。いや、本当に死ぬかと思うほど笑った。彼は本当に素晴らしい友達だ。本当。ロビン・ウィリアムズ以上に素晴らしい友達はいない」

教室ゼミで、一人の学生が訊いた。「あなたがスティーヴン・スピルバーグになるまえ、どのくらい自分のなかに潜在的創造性の気分を感じてましたか？」

「ゼロ。ゼロ。なし、何にもなし。なし。ぼくはただ恐いと感じてるものを自分の中から取り出したかっただけだよ、そしたらもう恐くなくなって正視できるようになるから。そしたらやがて、自分がちょっとモンスターなものだから、自分が恐かったものをみんなにも恐がってもらおうと思いだしたんだ」

学生たちは笑いだし、わっとばかりに拍手した。「だから」とスティーヴンは続けた。「ぼくにとっては一種のセラピーだよ、自分の暮らしから追い出して、あなた方の真ん中にどかんと置いてみたみいなこと。だから、不思議にも、今日こうしてみんなといられるってことに感動しているんだ。今夜は本当に素晴らしい夜だった、ぼくには素晴らしい夜だった。と同時に、いくぶん自分を意識させられた夜だったかな。だってぼくはきみたちが見ているようには自分のことを見ていないからね。そんな風には全然見ていない。自分を有名人だとは思ってない。いや、そりゃ有名人だ。そうでないっていうほどバカじゃない。だって、サインをたくさんするからね、アメリカン・エキスプレスのカードにだけじゃなく」

彼は学生たちをよく見て、やおら、ゆっくり、考え深げに言った。「でももし今きみたちが見ているように自分を見るようになったら、ぼくは引退しなきゃならない。もう働けない。だってそれは自分のコピーをし始めること、クローンになり始めることで、主体的経験の映画作りをしないことになるからだ。あなた方がぼくだと思う人間を真似することになるからだ」

十一時五十分になって、スティーヴンを解放してあげたかったが、彼は続けると言ってきかなかった。十一時五十七分、また水をさしたが、スティーヴンと学生たちが不平を唱えたので言った。「スティーヴンはまだまだ話をしてくれる気ですが、あいにくビデオテープが切れました」十二時四分二十二、二十六というカメラのタイムコードの時点で、スティーヴンは言った。「今夜のきみたちのことは忘れない。招いてくれて本当にありがとう。本当にありがとう。ああ、もうっ！　きみたちがかわいいよ！」

そう言い置いて、いかにも渋々と帰っていった。

アクターズ・スタジオMFA課程の学生たちは演劇のあらゆる面について教えられる。そのなかには最も少数精鋭派志向でとらえどころのないコメディの奥義があるので、私は喜劇の名人たちを招くチャンスはけっして逃がさないように心がけてきた。ジェリー・ルイスが一九九九年四月十二日に上機嫌で現われてくれたとき、彼が長年棲みついてきたキャラ、いやキャラの方が彼に棲みついてきたのか——〝キッド〟について質問した。

「キッドはいくつなんだろう?」

「九つ」

「時どき〝アホ〟って言われてますよね?」

「うん、まあね。だってプロダクションのスタッフたちと話し合いに臨んでるとき、俺がどんな立場を取ってるか連中にはっきり認識しててもらいたいだろ? 作家なら、その向きの話。演出家なら、そういう話。役者ならそういう話。プロデューサーならそういう話。けど、どれもみんな俺たちの稼ぎ手、〝キッド〟というアホについて話をしてるんだ。やつをどういう名で呼ぼうと、みんな俺が何を話しているかわかっている」

「やつっていうことは、彼は〝彼〟なんですね?」

「ああ、もちろん。だってさ、いまやつがここにあんたといたら、やつは上の梁からあんたに向かってバナナをぶつけてるよ」

これでお待ちかねの黄金のドアが開いた。「その話、持ち出してくれてうれしいよ」学生たちはキッドに会えると期待してピーピーと口笛を吹いた。「こういう瞬間にとっても関心があるんですが、ジェリー、あなたの許可と、彼の許可のもと、彼に話しかけてもいいですか？」

映画の教授となったジェリーが学生たちに向いて言った。『イヴの三つの顔』を覚えているかい？

キッドになって私に向き直った彼が奇声をあげた。「ハーーイ！」

「すごい迫力！」私は学生たちに言い、キッドに向き直った。「ちょっと訊きたいんだが」

「うん？」

「映画見に行くかい？」

「しょっちゅう行くよ」

「ジェリー・ルイス見たことあるかい？」

「ああ」

「彼のことどう思う？」キッドは黙った。上手《うわて》を取ったなと内心満足感をおぼえながら、私は親しげに彼の方に身を乗りだした。「率直に言ってくれ、キッド。正直に。遠慮せずに」舞台上では何の反応もなかった。客席では、学部長が罠にひっかかりつつあると察したらしい学生たちが次第にどよめきだした。それでも。私は深追いした。「さあ、どうぞ、話して」

やけっぱちの声音が声に出てきていた。「大丈夫だから！」

ようやく、答えが発せられたときには、ジェリーは私の向かいの椅子に坐る人格にするりと戻っていた。「ねえ、どうしてやつが好きかわかるかな？」キッドは穏やかに言った。

「どうして？」

「だってやつは、俺なら罰せられることやって金稼げるからさ」

その声は九歳の子の声だったが、キッドとジェリーの間の距離はあっという間に縮まった。「それには、ある鉄の論理があるね」と私は言い、ほかのすべての用意した質問が向かっている的へと向かった。

「やつはあなたを笑わせてくれるんだろうか？」

「ああ。おかしいときにはね」

私たちはまだ肝心の点を衝いていなかった。「おかしくないってこともあるんだろうか？」

「あるよ。おかしくないときがいっぱいある」七十三歳の男が九歳の男の子とほとんど肩を並べていた。

「クソッ、そういうときがあるさ！」私の向かい側の二人が一瞬考えていたが、キッドが手綱を取った。

「ああ、あるとも！　客がアラブ人で、やつなんか面白くもなんともねえって顔してた晩もあるよ」

観客の騒がしい反応が静まったとき、私は訊いた。「最後の質問。大きくなったら何になりたいの？」

キッドは姿を消し、椅子に一人残されたジェリー・ルイスは率直に答えた。「九つ」

学生たちには常に奥深くて重要なコメディを生業としているゲストを会わせたいと思っている私だが、それと同じ程度に学生たちの声楽やミュージカル訓練を補ってくれる音楽アーティストたちを招待しようと心がけている。ビリー・ジョエルとそのバンドは、一九七九年に私が七十名の出演者とツアー・スタッフをひきつれてキューバでの〈ハバナ・ジャム〉公演に行ったときからの知り合いだ。〈チャイナへの道〉公演と同じく、そのツアーは政治的に閉鎖的環境での初めてのアメリカン・ベンチャーであった。

三日三晩にわたり、カルロ・マルクス劇場のステージで、アメリカ人出演者とキューバ人出演者は日替わり出演して政治に橋をかけ、あるいは政治を追放しようと交流をはかった。私が出会ったキューバ人や一緒に仕事したキューバ人はひたすら二つのアメリカの輸出品——野球と音楽にしか興味がなかった。〈ジャム〉は大評判の成功をおさめた。当時ハバナのどの町角にも不似合いな形跡を残していたソビエトの官僚たちはさぞうろたえたことだろう。

ビリーがゲストの候補として挙がったとき、私はそのチャンスに飛びついた。大学のステージに行ったときには彼がすでに来ていて設置しておいたグランドピアノをチェックしていた。私たちは遠い昔の戦友同士のように挨拶をかわした。あの日、彼は爆発的パフォーマンスをいつものトリの文句のヴァリエーションで締めくくったのだった――「屈辱をはねかえせ、ハバナ！」

私の隣の椅子でも、ピアノの前でも、ビリーは優れた教師であることを証明してくれた。曲を書くプロセスは楽しいかと訊くと、「創造の始まりの瞬間は愉しいよ。プロメテウス的瞬間、誕生はね。けど、陣痛やらいきみ、いきみ、分娩後の鬱はねえ。子育てもトイレの躾その他もろもろはごめんだ」

「スティーヴン・ソンドハイムがフラットキーは味方で、シャープキーは敵だって言っていたが、あなたには好きなキーと嫌いなキーがありますか？」

「あるよ。Aは冷たい。すごく冷たい。めったにAでは書かないね。Cは楽だ。でもCはワンダーブレッドのサンドイッチ食べてるみたいなもんでさ。分かる？　軽い、軽すぎる。栄養がない。でも要るときにはいつでもあるってやつ。好きなのはBフラット！　でもぼくはそんなにすべてのキーに詳しくないからね。若いとき、音階の勉強あんまりしなかったから。キーのなかにフラットとシャープが増えれば増えるほど複雑になってさ、エジプトに行っちゃって言葉もしゃべれないみたいな気分になる。だから親戚を捜すんだな。Eフラットは好きだ！　Eフラットで書いてるとき、Eフラットの四つ目はAフラットだ。ここまでになるとちょっと話が難しくなるな。アラブ語をしゃべろうみたいになる。ええっと、Eフラットだったな。オーケー。Bフラットってのがある。これはFの従兄弟で、C一家と血つながりでね、ご存知のワンダーブレッド人種だな。ぼくは〝どっかに親戚を見つけなきゃ〟って考えで曲を書いているんだよ。だから、エジプトにいて英語しゃべる人を見つけなきゃならないからって、自分のものじゃないキーいろいろからコードを引っ張り出してきてるんだ。そうやって、なんとかEフラットからCとかFに到達しようとするんだね。これはけっして一番科学的な作曲方法とはいえないが、進行の助けにはなるよ」

「あなたが歌手ビリー・ジョエルのために曲を書くとき、冗漫なコード進行は控えるように心懸けますか？」

「歌手ビリー・ジョエル向けにはうまく書けないんだ」

「どうして？」

「自分のことを歌手とは思ってないから」学生たちの笑い声を彼は打ち消すように言った。「思ってないんだ！」

「今夜初めてのバカな発言でしたね」と私が異議を唱えた。

「そりゃ人に『あんたの声が好きだ』と言われることはある。でもそれはみんな主観でさ、ぼくは自分の声が好きじゃない。ぼくはいつだって誰か他の人の声に聞こえるように歌ってるよ、リトル・リチャードみたいに、レイ・チャールズみたいに、ビートルズみたいに。誰でもいい、レヴィットタウン出身のアホなやつ以外なら誰でもいいって。ぼくはやつの声が嫌いなんだ。でもそれでかえってぼくは創意工夫のあるライターになれたのかもしれない。だって他の誰かになら考えられるからだよ。自分のために書くんじゃなく。自分には飽き飽きだよ。他の人がいいんだ」

　自分の音楽をどう分類しているか訊いた。「エレクトリック？　ロック？　ポップ？　それ以外？」

「すべてだね。ぼくの歌にはクラシック音楽の要素が入っている。たとえば、どんな歌でも、そう『アップタウン・ガール』を例にひくと、そいつは……」と彼の指が鍵盤からさざなみのようなモーツァルト風な形を描いてみせた。

「あるいはまた……」と彼は歌って「〝オー、オーオーオ、フォー・ザ・ロンゲスト・タイム〟こいつは……」ピアノから流れ出る音楽はショパンの即興曲のように耳に優しく、ビリーも学生たちもその音楽に魅せられて最後まで弾き、喝采が起きた。ピアノから戻ってきて彼は言った。「ぼくの成長期に流行っていた基準がロックンロールだった。ぼくは申し分ない時期に生まれた。ロックンロールこそみんなの音楽だった。それは見込みのあるキャリアだった。自分を表現してなおかつ食っていけるものだった。みんながやった。そして黒人のアメリカの声を聞いていたんだ。ぼくたちの国のソウルがこの音楽とともにカミングアウトしていた。誰も彼もがこれを愛し、夢中になった」

ビリーは作曲のいい音楽はどんな時代にも編曲されていくという確信を口にした。「ロックンロール時代に生まれていなかったら、別の時代の音楽を書いていたろう。コプランは清教徒のテーマを扱った。『質素であることは天の恵み』は清教徒の賛美歌で二十世紀向けに編曲したんだ。これが音楽のすごさだよ。このウソみたいな適応力、この信じられない流動性。ありとあらゆる線を越えてしまう。人種、民族、国家の線をすべて。ときどき、自分たちの文化を見下して〝なんだ、こんなもの。みんなただのポップスだ。クズだ、ゴミだ。ハリウッドだ、あれだ、これだ〟と言う。でも、ぼくたちの音楽は〝アメリカン〟なんだよ！　たくさんのさまざまな種類の音楽を反映したものなんだ」

どっと湧き起こった拍手にかけて、彼が授業をしめくくった。「ぼくたちゃ混血だ、雑種だ。だからなんだ！　ぼくたちゃアメリカンだ！」拍手はさらに大きくなって喝采へと変わった。

トム・ハンクスが一九九九年九月にうちの控え室にやってきたとき、彼の最初の言葉は「スティーヴンが『まず学生たちに会ってみればわかる』って言ったんだ」であった。スピルバーグの学生たちに対する愛情はすでに記録に残るほどのものだったから、彼がトムに『アクターズ・スタジオ・インタビュー』への出演を勧め学生たちを推薦してくれたと聞いても意外ではなかった。実際、一九九九年ころには私がゲストたちに注意を促すのが習慣となっていた。彼らが対面するのは並みのミーハー的ファンではない。並みどころか、知識豊富な修士候補生たちであり、あえて言うなら、強烈なオタクファンが浴びせてくる以上の強力で声高な質問を浴びせてくるだろうと。「覚悟しておいてください」と私はよく言った。「あなたはそれを肌で感じますよ――文字通り」

トムがステージに登場し、学生たちの喝采がフットライトを越えて彼に押し寄せたとき彼は私の顔を見てうなずいた。

まず最初に記録に残ったのは、トムが有名な先祖を持っていることだった。「ハンクスという名前が明らかに質問を誘うだろうと思いますよ」と私は言った。「ハンクスというのはありふれた名前ではない、そしてナンシー・ハンクスはエイブラハム・リンカーンの母親でした。あなたはひょっとして第十六代大統領の親戚ですか？」

「はい、そうです」とトムが間延びした声で言った。「ぼくはエイブラハム・リンカーンの母親、ナンシー・ハンクス・リンカーンの子孫です。ぼくの父親の身内はケンタッキーの丘陵地帯からカリフォルニアに出てきたんです。子供の頃から、ずっとナンシー・ハンクスが遠い親戚だって思って育った」

歴史的事実を正確に補って、私は言った。「ナンシー・ハンクスの子孫であるトーマス・ハンクスの息子の一人が今夜のゲストの曾・曾・曾・曾・曾・曾祖父に当たります」

当然の理由で、学生たちはその夜のゲストの俳優訓練に関心があった。トムのある恩師に対するこだわりである。「ぼくは高校三年のときに演劇クラスに入った。そのあとはすべてがただもう面白く愉しかった」

「じゃあ、とっても愉しかったんだね」

「ああ！　だって、高校生活って何ですか、ただ苛められ殴られないようにするだけの生活じゃないですか——肉体的にも感情的にも。だから、きみたちみたいな人たちにとっての避難所が見つけられて、互いに同じ情熱を分かちあい、互いに知り合えたんだから。それがファーンズワース先生の演劇クラスで叶った」

「ロウリー・ファーンズワース」

「そう。ぼくの人生を一番左右した人」

「どのように？」

「解放させるんです。本当の芝居をやらせる。演劇クラスをやることになっただけの国語教師じゃない。情熱を傾けてくれた。そのために、一流の俳優たちがやるようなことを手がけさせてくれた。彼は力を与えてくれたんだ」

その夜、トムがアカデミー賞を受賞した『フィラデルフィア』のアンドリュー・ベケット役――エイズにかかり、死にかかっている弁護士――の話になったとき、役柄作りでどのぐらい痩せたかと訊くと、

「十四キロかな。でも、それじゃ足りなかったんだ。本当にその病だったらあと七キロは痩せたんだ」

「あの映画に五十三人のゲイたちが出演していたって読んだんだが、翌年には……その数字の結末、知っている？」

「ほんの一握りの人しか生き残っていなかった」とトムが言った。

「翌年、四十三人が死んだ」と私。「そのうちの何人かとは知り合いになったでしょう」

「どんな映画にでも生まれる仲間意識というのは、きわめて目に見えるはっきりしたものになる。あの最初の輸血のシーンで、たまたまあるゲイの男のとなりに坐った。彼は重症で、顔に傷んだ部分が出来ていてはっきりそれとわかった。体重ももうあるかなしの軽さだった。ぼくは彼にどうやって食ってるのか、どんな具合か、どこで働いてるかと聞いた。彼は麵を作る工場で働いていた。麵を作ってた。エイズなんだから、雇い主の態度はどうなんだと訊いたら、『とってもみんなよくしてくれてる。毎日、酸素を手離せない状態でも仕事に通ってる』って言った」

トムの口調がゆっくりになり、声がかすれ始めた。「やつは……酸素のタンクをコロに載せて工場に運び、工場の自分の持ち場に戻る……そんな」といいかけて咳払いし、辛そうに先を続けた。「そんな人たちとそうした会話をやるようになって……」再びさらに長い無言の間が出来た。そして、「だから、いまはとっても見るのが辛い映画になってしまった……だって、製麵工場のあの男を思い出すから――

しかもそこ、その画面にいるんだから」彼はそう言って首を振り、思い出をどっかに追いやろうとしたようだったが、諦め、負けた。「永久に消えないよ、こういう映画は」彼はテーブル上の水に手を伸ばしたが、時すでに遅し、涙が落ちた。

トムがアンドリュー・ベケットの演技でオスカーを獲得したときの受賞スピーチで「アカデミー賞史上のケツの穴を落ちていった」と言ったことに触れると、

「そうだ、そう」と笑い出した。

「だれに捧げましたか？」

「ロウリー・T・ファーンズワース先生。全世界三百億の人々に伝えたい。プロの俳優としてぼくの全人生のなかで起きた一番素晴らしいことは、学生時代ゲイであった人の薫陶と鼓舞に与《あずか》ったことだと」

「彼はあなたがそう言うって分かっていましたか」

「二日まえに電話して言ったんだ。『ねえ、先生、取引しましょう。ぼくは自分の名前を呼ばれると思うので、呼ばれたら、先生の名前を言ってもいいですか？』。すると先生は、『おや、それは素晴らしいねえ』って。だから、本当にそう出来てとってもうれしい」

教室のゼミで、デニーズ・リオンズのルーツがアイルランド系であることは、威勢のいい口調、自己表現や人間精神の尊厳に関する質問などに現われていた。「それらがみんなあなたのアーティストであることにどう関係していると思いますか？」

トムは答えた。「なんであれ、ぼくが芸術活動でしたいことは、客席の人々に自分たちがあそこにいるって思ってもらうこと。だってそれがぼくが映画を観にいくときに期待するものだから。ぼくのすることがぼくたちの人生についてであり、それについてどうするかでありたい。だって、神の緑豊かな地球の自然の法則のもと、そこに尊厳があると思うからなんだ」

教室ゼミは十時四十五分に始まったが、トムはソンドハイムの学生評価を本当だったと思ったにちがいない。セッションは深夜すぎに終わった。トムの別れの言葉は「『ぼくはプロの俳優。そして死ぬまでプロの俳優でいるだろう』と言えること以上に素晴らしいことはない」だった。

私たちのステージに来てくれた二百名以上のゲストは、多種多様な民族性、宗教色を持ち込んでくれたから、ゼミはある種の神学校のようにもなった。ゲストによってはほかの誰よりも家系図が広く枝分かれしていた。マイケル・ケインが子供のころハックニー・ダウン・グローサーズという不思議な名前の学校への奨学金を獲得した件について訊くと、彼は言った。「ハックニー・ダウン・グローサーズはもともとユダヤ系の学校なんだ。ぼくは英国教会だし。アメリカでならエピスコパリアンに当たる。だから、ぼくはユダヤの教育を受けた。ぼくは分裂してるんだよ、父はカトリック、母はプロテスタント、ぼくはユダヤ教の教育を受け、妻はイスラム教徒だから」

ほかの多くのゲストにも当てはまることだが、マイケルにとって親を失ったことは人格形成に大きな影響があった。父親と最後には会ったのかと訊くと、彼は言った。「ああ。親父は肝臓がんで死んだ。大酒のみでタバコのみだった親父は五十四歳のとき議事堂の真向かいにあるセント・トーマス病院で死んだ。苦痛がひどかったので、ぼくが行って主治医に『何とか苦痛を終わらせてやってもらえないか、ほら、その……まったくもうっ』って言った。でも、これは四十年も前の話だからね、医者は『とんでもない、そんなことは出来ません』。それから言ったんだ。『真夜中に戻ってきなさい』。ぼくは真夜中に戻って行った。ちゃんと覚えているのは、病院がビッグベンの真向かいで、そのビッグベンが十二時を打ったからなんだ。ぼくが親父の顔を見たら、十二時ぴったりに息をひきとった。医者がかたわらに立っていた。彼の顔を見たら、彼はうっすらと微笑んだ。それで分かった、彼がやったんだって。彼がやったんだ。それから看護婦が親父の所持品を全部わたしてくれた。ポケットに入っていたものだが、一・九ペンス、半ペニー。約三十五セント。それが有り金のすべてだった。その夜を境にぼくはがらりと変わった。ひとかどの人間になってやろうと決心した。有名な俳優になるためにぼくはとっても苦労した。演劇で十年間つらい下積み生活をした。本当の下積み、少しでも大きい役に就こうとしてね。でも、あの夜の思い出だけがぼくの支えだった。まわりのみんなが、友人が、心底からの親切心で、『出来るはずないからやめとけ』と言ったら、きみは背筋に一本鋼の棒が必要になる。あの日の父の死がぼくにとってはその鋼の棒だった」

声に悲しみをにじませながら、彼は言った。「親父は何にも持ってなかった。ラジオだって借りていた。ラジオだよ！　長年のラジオのレンタル代を思えば、三十個ラジオが買えたろうに」と言って暗い思い出にふけると、きっぱりと続けた。「貧乏人は安い品物や安い買い物に遣う金がない！　それをぼくは若い頃に学んだ」それから学生たちの顔を厳しい顔で見て、声を張った。「そうやって貧乏に負けてしまう！　けど、負けてる余裕はないんだ！」そう言って崩れかけ、自分の熱っぽさにびっくりして反省したように坐りなおした。「いまのごめん」

教室内は静かだった。「ありがとう」と私。

「いやいや」とマイケルは静かに言った。

今度もまた、私は迎えるゲストたちが学生たち相手に心を開いて分け与えてくれることに驚いた。

マイケルは『ズール戦争』の初演について話してくれた。「ぼくの最初の大作映画でね。それまではまったくの無名俳優だった。お袋をなんとかして初公開につれてってやろうとしたんだが、来たがらない。ぼくは言った。『イブニングドレスも買ってあげる。ミンクのコートも、宝石もなんでも。いっしょに封切り観に行こう』って。でもいやだって、どうしても来ない。それでぼくは美人の女性と行った。リムジンから降りて歩いていくと、お袋が人ごみの中にいたんだよ、こっちを見て」

学生たちが息をのむと、彼はうなずいて言った。「それはなんとも信じられない瞬間だった。笑ったらいいのか泣いたらいいのか……どうしたらいいのか分からない。無性に腹が立ってきた。ぼくと来たがらないで、遠いところをバスで来て、人ごみの中に立って、ぼくが来るのを見ているなんて」

一九九八年十二月、ハリウッドでも最有力の宣伝広報エージェントの一つから電話が入った。その事務所の俳優をすぐに招待してほしい、そしてその回のビデオ放映を一カ月後にしてほしいという。私はもう収録の余裕がないと断わったのだが、その後の数日間にわたり、事務所はなんとかしてこちらの予定に組み入れようと働きかけてきた。

とうとう、私はどうしてそんなに急ぐのかと訊きつつ、「また二月になったら収録がありますよ」と教えた。

「それじゃ手遅れです！」と彼女が叫んだ。

「何が？」

彼女の声に哀れな感じがあった。「ご存知でしょう？」

「何をですか？」

「撮影所もエージェントも『アクターズ・スタジオ・インタビュー』が放送業界では一番の影響力のある番組だってことで意見が一致してるんです。夜に番組を見て、翌日昼食のときに話題にする。うちのタレントがアカデミー賞のノミネートを受けるはずなんで、この番組に出るのが受賞を確実にする最善の策なんです」

二〇〇六年十二月、リズ・スミスは彼女の《ニューヨーク・ポスト》紙およびその関連紙のコラムでこう書いた――〝自分の所属タレントにアカデミー賞を取らせたかったら、どうするのが一番か。《ピープル》に頼んで書いてもらうか。《ヴァラエティ》に広告を忍び込ませて、セクシャルな含みのある記事かと思わせる。あるいは《ヴァニティ・フェア》にアプローチしてみる。どれもハズレだ。本当にすべきことは、ジェイムズ・リプトンの『アクターズ・スタジオ・インタビュー』にそのスターを出してもらえばいいのだ！　これマジ！〟

番組のアカデミー賞に対する影響力は《TVガイド》の漫画に〝オスカー・キャンペーン〟の見出しで出たことで知られるようになった。これは、『キャスト・アウェイ』で浜辺の波に洗われるウィルソンという名のボールが、トム・ハンクスとともにこなさねばならぬ対談をやっているものだった――《ヴァラエティ》のトレードアド、それと連続パネルに、『アーリー・ショー』出演、クリス・マシューの『ハードボール』、そして『アクターズ・スタジオ・インタビュー』の中で、ボールが私に打ち明ける図。「もちろん、何よりもぼくは監督がしたい」

漫画の最後のコマでは、ウィルソンは最優秀助演男優賞をジュリア・ロバーツの〝ワンダーブラ〟に奪われたのだが、ほかのゲストたちはさらにいい実績をあげた。

二〇〇〇年には、『アクターズ・スタジオ・インタビュー』に出演した四人のアカデミー賞受賞者四人のうち三人、ラッセル・クロウ、ジュリア・ロバーツ、ベニチオ・デル・トロの収録分がアカデミー賞投票期間に放映された。二〇〇三年には演技賞四つのすべてが投票期間中に放映したゲストの手にわたった――ショーン・ペン、シャーリーズ・セロン、ティム・ロビンス、そしてレニー・ゼルウィガーである。二〇〇四年には、恒例の《ヴァニティ・フェア》主催のオスカーパーティを、四人中三人のオスカー受賞者と祝った。ジェイミー・フォックス、モーガン・フリーマン、そしてケイト・ブランシェット。彼らの収録分はアカデミー賞の審査員たちが投票している期間に放映された。そして、二〇〇七年、ゴールデングローブ賞受賞者十人と、アカデミー賞候補者十人が『アクターズ・スタジオ・インタビュー』の同窓生で、彼らの収録分は投票期間内に放映された。

ケヴィン・スペイシーは一九九九年十二月、『アメリカン・ビューティ』の演技に対する批評家たちの絶賛を背負って出演してくれた。彼が役に扮するにあたって肉体的に変身するというのは周知のことなので、尋ねた。「これはいちばん大変な変身だったと思うんだが、どうやってやったんですか？」

「トレーニング！」と彼は呻くように言った。「トレーナーがついていてくれてね。どこ行くんでも一緒だった。正しい食事をし、ものすごい量の薬を飲んだよ、代謝組織を変え、消化吸収を変えるサプリメント。このトレーナーが毎日毎日ぼくを締めてくれたんだよ。この仕事の妙なとこは、ぼくは撮影初日から最高のいい体型でいなきゃならなかったってこと。というのも、撮影期間がひどく短かったからなんだ。よくあるんだが、朝は相撲取りみたいに太ってるシーンを撮り、午後になると他のシーンのために懸命に身体をしぼるってことになる。だから、この初期の太っているシーンを格好、メーク、衣装でそう見せるようにしたんだ。二サイズ大きいスーツを着て、ウォルター・マッソーみたいに歩いてね」

「これはみんな娘の寝室のドア越しに、彼のお目当てのチアガールが『彼がもう少し引き締まってたら相手にしてもいいかもしれない』と言うのを聞いたからなんですよね」と私。

「そんな心理が分からない男はいないんじゃないかな」とケヴィンが意見を述べた。

教室のゼミで、一人の学生が立ち上がった。「こんにちは。スペイシーさん。ぼくはジェフ・マーゴリアスといいます。二年生、俳優です。去年ここに来られたときは『氷屋来たる』について話してくれました。ぼくは『摩天楼を夢みて』のファンとして、台詞の『昼めし食いに行け』を三回繰り返してくれとお願いしました。で、今日はそれをもう一歩推し進めて、そのシーンのプリントを一部もってきました」

学生たちはジェフの大胆さにヤアヤアと囃したて、ジェフがプリントを前へと送るのを手伝ってケヴィンの元まで送ってよこした。「ぼくがこの場所でアラン・アーキンの役を演じます」ケヴィンがプリントを受け取ると、ジェフは顔を真っ赤にして言った。「あの――クリスマスってことでやってもらえます？」

「いいよ。どうぞ」

「はい、じゃあ、ここから――」といって片手を振ったが、その手がブルブルと震えていてプリントを読むことが出来なかった。「こいつが治まったら、始めましょう」プリントを両手で摑みながら、彼が尋ねた。「あなたはウィリアムスをやりたいですか？」

「ああ、ぼくがやろう――」ケヴィンはそう応じて、学生たちが笑って級友に声援を送るのを見て、口をつぐんだ。「あのさ、その質問はさっきされたから、やるって言ったよ。さあ、どうぞ」

「オーケー」ジェフは深呼吸してシーンに飛び込んだ。「ここは俺の職場だ。いびられるために出てきてるんじゃない！」

「昼めし食いに行け、な？」

こうして二人のシーンは動き出した。そしてケヴィンの台詞へと上り詰めていく。「俺は会社を経営してんだ。いいから昼めし食いに行け。昼めし行け！　いいからめし食いに行け⁉」

学生たちはジェフが夢をかなえたのを見て喝采を送った。その夜、ケヴィンはもう一つ夢をかなえてくれた。ケヴィンがピボー・アンケートに答えおわり、教室ゼミに移動しかかっていると、彼が私をとどめた。「待って。質問の一つにちゃんと答えられなかった。もう一度質問してくれないか、ぼくが俳優やってなかったら何やりたかったかって質問。その質問、もう一回訊いてよ」

「いいですよ。ケヴィン、いまの職業でなかったらどんな職業をやってみたかったですか？」

「ええと、子供のころ、サンタクロースになりたかったが身体が小さくてね。だからそれになりたいな。サンタクロースになりたい」学生たちがワーッと拍手したかと思うと、私には見えなかったのだが、舞台袖からプロデューサーのマイク・コステルに先導されてスタッフの一団が私の大きな肖像画のポスターを運んできた。

「これは本物のハーシュフェルドです」とケヴィンが言った。「ブラボーとこの大学からの依頼であなたへのクリスマスギフトとして贈呈します。メリー・クリスマス！」

ケヴィンはアル・ハーシュフェルド作品を扱うギャラリーのオーナーであるマーゴ・フェイデンを紹介した。ハーシュフェルドの人物戯画は《ニューヨーク・タイムズ》のアート欄を七十年間飾ってきた。マーゴは私がいつだったたか、この業界の人間なら誰だって憧れるように自分も彼に描かれたいと言ったのを覚えていて、まさか叶うとは思わなかった私のためにやってくれたのだ。ハーシュフェルドが描いた絵の襟元のピンを指さしながら彼女は言った。「ほら、あなたのパイロットの翼よ」

「ぼくのパイロットの翼とブルーカードだ」私は信じられない思いで肖像画を見つめた。リプトンの法則の一つが、サプライズパーティなんてものは実際にサプライズであった試しがない、であるが、これは本当にサプライズだった。

フェイデンの説明によると、ハーシュフェルドは生涯映画演劇のパフォーミングアートを観て記録してきたために、『アクターズ・スタジオ・インタビュー』の熱烈なファンであるとのことだった。だから、彼女いわく、この絵はとってもユニークだった。まず、黒白画の巨匠が私のブルーカードをブルーに塗っていた。彼の崇拝者なら知っているが、彼は自分の絵のなかに娘の名前をこっそり書き込むうえに、自分のサインの横にある数字を書き込み、一般人が〝ニーナ〟という名を読み取れるようにしくんでくれている。フェイデンはこの絵の下方にあった番号を指さした。〝＋1〟とあるのも、またユニークだと彼女はいう。ケヴィンと二人で絵に屈みこんでよく見ると、秘密が見つかった。〝ニーナ〟は私の左のこめかみの上に隠されており、右のこめかみの上の髪の毛の中にハーシュフェルドは〝ジム〟と書いていた。それは、フェイデンいわく、もう一つ別の、めったにない、ハーシュフェルドからの献辞なのだった。

その夜、教室ゼミで、ある学生がケヴィンに尋ねた。「どうかぼくたちの今の初期の訓練がありがたいと思えるようなことを言ってもらえませんか。この実りの少ない厳しい歳月が、ぼくたちの多くの者にとって、いつかは究極の褒賞に行き着くのではないかと思ってるんですが、この若いころの歳月について何か？」

ケヴィンの答えは率直で、非常に貴重なものだった。「褒賞なんかは待っていないよ。唯一ある褒賞はこれだ」と彼は私たちの周囲の劇場を指差した。「それと、貧弱にも豊かにもなるはずの世界に出て行くきみたちが感じること、何を達成したいかが褒賞だ。大望を抱いて成功者になりたいってだけじゃ十分ではない。それはただの欲望だから。きみたちは何が欲しいのかを分かっていなければいけない。それとなぜそれをやるのかも。そしてそれを獲得するために身体中のすべてを、自分の息までを捧げなければならない。自分の特別な才能が伸ばしてみる価値がある、手をかける価値があると思うなら、獲得出来ないものなんかないんだよ、何軒アパートを追い出されても。誰にも、どんなに反対するやつにもきみがそれをやるのを止めることは出来ない。自分を信じ、自分の友人たちを信じなさい。彼らはここに来る特権のある、きみたちに話をする人たちと同じ程度にきみにとっての教師となれるはずだ」

ブラボー・ネットワークはケヴィンの回をオスカーの投票期間中に放映し、彼は最優秀男優賞を取った。マイケル・ケインも最優秀助演男優賞を取って、私たちの連続記録を損なわないでくれた。

第十三章

「今夜はまず蛸のタマを料理いたします」

——ロビン・ウィリアムズ
『アクターズ・スタジオ・インタビュー』より

一九九九年までには、『アクターズ・スタジオ・インタビュー』は国際的に浸透して、結局わがゲストたちと学生たちを百二十五カ国に紹介するまでになっていた。この拡張には多くの展開が見られた。ヨーロッパ、近東、アジアとラテン・アメリカからの受験生が私たちの学生と大学の楽しげで実り多い状況にあるのを見て多数応募してくれ、その数は学生全体のほとんど四分の一を占めるまでになった。

国際的に知れ渡るにつれ、批評やニュースが私たちのもとに送られてくるようになった。なかでも、フランスの反応を格別の関心といくぶんかの懸念を抱いて待った。理由は三つある。一つ、パリを第二の故郷と思っているから。二つ、アートシネマ向けの小映画館を創設したフランス人たちは通の映画ファンであるから。最後に、フランス人はアメリカ文化の不法拡充と思うものに対して手厳しいから。

だから、助手がわが番組のフランス局であるパリ・プルミエールから送られた分厚い批評文の束を私のまえに置くのを見たとき、私は気をひきしめ、文字通り、デスクの角をぎゅっと握って緊張した。一番待ち望み、かつ一番恐れていたのが、《ル・モンド》、フランス版《ニューヨーク・タイムズ》ともいうべき新聞で、パリ在住のとき一番尊敬していた新聞だ。私は書評の束をぱらぱらと繰っていき、見つけた。《ル・モンド》とはっきり分かる、格式高そうなタイプ文字の下には半ページが批評に使われ、ステージ上のメアリー・タイラー・ムーアと私の写真が載っている。

〝シ・オン・ラ・ラテ・ル・ジェネリーク〟と批評文は始まっていた。〝オープニングのタイトルを見逃したら、つぎは小さなごく普通の劇場が見えるだろう〟――私の胸はつぶれかけた――〝何列もの行儀のいい学生たちと空舞台の真ん中に悪趣味なアームチェア二脚〟。

新聞が指から落ちた。悪趣味とは！　二脚の〝悪趣味なアームチェア〟は、教室から盗んできて使っていた椅子の代わりに最近一脚千ドルで購入したわれらが誇り、喜びなのである。それらが私たちに買えてゲストに勧めることの出来る精一杯の買い物だった。それなのに、《ル・モンド》とその批評家たちの洗練された趣味には合わなかったか。《ル・モンド》に対する私の敬意は下がったが、わが番組への敬意はそんなに早くは下がらなかった。

ゲストの中には、どんな場合でもけっして評を読まないという人がいるが、私はその中に入らない。だから、新聞をまた取り上げて読みだし、息をのんだ。つぎの言葉は〝これは出だしが悪い《サ・コマンス・マル》！〟さらに悪くなるだろう――とすぐに、〝正体不明の男（私のことだ）が固い笑顔で（たしかにそうだ。妻のケダカイにもっと微笑みなさいと言われている）出てきて、二つの椅子の一つに坐り、小さなテーブルにノートを置く〟。

オーケー。ちょっとだが休めだ。悪いことはなかった。〝彼はゲストのキャリアをさらったあと、番組のホストは（〝アニマチュア〟と不吉な引用形になっていた）この番組名とは程遠い固いパフォーマンスで（ああ、大変だ、ピガール通りの住人たちがだれもこれを読んでませんように）、片手を舞台袖とまだ空いている椅子に向けるとお決まりの文句をいう。〝ではみなさま、お迎えしましょう……〟（この挨拶は英語で書いてあった）。

〝テレビ史上もっとも旧式なトーク番組になるだろうと予想できる〟（私は自殺寸前だった）、〝だが見逃さなかった諸君に言いたいが、オープニングのタイトルは物事必ずしも見かけどおりではないということを教えてくれていたのだ〟（一条の光か？）。

〝タイトルにスーパーインポーズされるのは顔の行列だ。マリリン・モンロー、ジェイムズ・ディーン、ポール・ニューマン、ジャック・ニコルソン、ロバート・デ・ニーロ、ダスティン・ホフマン等など。そう、われわれがいるのはニューヨーク、半世紀以上も演劇と映画の権威ある坩堝《るつぼ》――アクターズ・スタジオなのである〟。

〝やがて〟と批評家は書いた。〝ラ・マジ・オペール――マジックが起きる〟（私は長く、大きな深呼吸をした）。〝喜びと教養の一時間だ〟（私の手は震えたが、まったく違う理由のせいだ）。

批評家はまだ私のことにこだわっていた。〝正体不明の男（私か？）は素晴らしいインタビュアーに変身していた〟（え、私か⁉）。

〝ジェイムズ・リプトンは〟と感受性豊かで明敏な批評家は書いた――〝スタジオの副校長であるとともに、巨匠スタニスラフスキーの影響のもとにこのユニークなコンサヴァトリーを作ったエリア・カザンやリー・ストラスバーグの後継者である。彼と向かい合って、演技や演出の名手たちがもう片方の悪趣味な椅子で（わかった、わかった、完璧な批評家などいない）順番に話をする〟。

〝各自が自分の経験談を語るのだが、ほかのインタビューではけっして語れなかったことを語るようである。そしてこの対談は観客の質問に答えて終わるのだが、ステージ上でも劇場でも、みんながこの研究機関の水準と名声を維持するように心を配っているのがわかる〟。

〝かくしてここに、さらさらとユーモア豊かな英語による、いや、アメリカ語による演劇と映画のコースが出来ている〟。

新聞評を下に置くにつれ、ずっとまえ、クリスマスイヴの本屋に自分の本が飾られていたのを見たときと同様の感激を味わった。黒い雲は分かれ、太陽が再び燦々と輝きだした。

二〇〇〇年二月にハリソン・フォードが来てくれたとき、彼の経歴は完璧無比であった。彼は映画史上最も売れている俳優であることは疑いなかった。主演映画のうち七本が史上最大の興行収入を上げた映画の二五パーセントを占めていたし、雑誌《エンパイア》の史上トップ百人の映画スターのリスト上、彼は第一位にランクされていた。

それに、彼はなんといってもインディ・ジョーンズだった。それなのに、当番組に出演してくれたゲストのなかで、彼ほど見るからに怯えていた人もいなかった。長年の経験から私はゲストの寛ぎ加減を計る尺度を持っていた。ほかにマシな名づけようがないので、これを〝椅子の背テスト〟と呼んでおく。ゲストと私は互いにある角度を取って向かい合う。クローズアップのカメラが二人の顔をちゃんと映せるようにである。結果的に私の坐る位置から椅子に坐っているゲストの横顔が見える。

落ち着いているゲストは坐ってもゆったりと後ろの背にもたれている。不安なゲストは準備不足で試験に落ちると思っている生徒のように椅子の前にちょこんと坐る。うちのステージはそんな受験のような雰囲気はないのだが、ゲストによっては期待が大きすぎるのだろう。私の最初の仕事はそんな期待をとっぱらうことだ。

そこでこの〝椅子の背テスト〟が登場だ。二つの椅子の角度のせいで、ゲストが固くなって前のめりに坐っていると、ゲストの背と椅子の背もたれとの間に一条の白い光線が見える。だが、それが起きることを予測することは出来ないので、各ゲストへの質問カードの最初の二十枚か三十枚のなかに〝どうしてそれを知ってるの！〟という答えが出るような質問を入れておく。

その答えが出ると、たいていは白い光線が消えるのだ。どうしてか本当には分からないのだが、私が十分に下調べをしてきたことがわかると、ナーバスなゲストは納得し、さらにもっと大事なことは、リラックスするようなのである。そして後ろにゆったりともたれ――そうなれば対話は無事発進する。

ハリソンは固く前かがみになっていただけでなく、両手も震えていた。収録まえに彼に訊いた。「WMTH‐FMの最初の声は誰だったんですか?」

「その答えは知ってる。というか、知ってると思うんだが……ぼくだ」

彼がうろんなので、つい訊いた。「それ、あやしいんですか?」

「それはぼくがあんまりよく憶えていないことの一つなんだよ、自分について書かれた本を読んで事実だって分かってるだけで」

二、三分後、彼はまたその話題に戻ってきた。「こないだその本を読んでいて思いだしたんだが――」

私が口をはさんだ。「その本というのは、あなた自身の過去を思い出そうとして読んだ本ですか?」

「はい、そうです」と行儀のいい〝生徒〟が答えた。

「電話してくれたらよかったのに。ぼくが教えてあげられたのになあ」

「そうしたら今夜のこの会の楽しみが台無しになってしまう」

両親について訊くと、ハリソンは彼の民族的な混血について新たな話題を提供してくれた。

「ぼくの母親はロシア系ユダヤ人、父親はアイルランド系のカトリック」

「それがなんらかの影響を及ぼしたと思いますか? 人間として? 俳優として?」

「一人の人間としては、ずっとアイルランド系だと感じてきた。でも俳優としてはいつでもユダヤ系だと感じてきたよ」

話題がインディ・ジョーンズになったとき、私は言った。「ルーカスは初めっからあなたがインディ・ジョーンズのモデルだったと言ってます。でもその役と『スター・ウォーズ』作品とごっちゃにしたくないとも言ってました」

「ぼくも『スター・ウォーズ』とごっちゃになりたくない」

「インディはハン・ソロなんかよりずっと複雑なキャラクターだ」

「というか、彼よりずっと頭がいいよね。それにキャラクターがはるかに大きい」

「と同時に弱点のあるアクションヒーローですよね。もっとも、あなたの演じるアクションヒーローは何がしか弱点を持っている。それは意図的なものだろうか？」

「そう、完全に意図的だね。昔からぼくはそいつの基本的考えは、そいつっていうのは〝演技〟のことだが、観客と感情的な繋がりを作ることだと思っている。観客に自分たちがいっしょに感じられるものを与える、ストーリーを最後まで感じていけるようにすることが大事だ。だから恐怖もある要素になってほしい。弱点が必要だ。それが有るほうがもっと面白い。そのほうがもっとおかしくなる余地がある、ユーモアが出てくるじゃないか」

　ここでもまた話は今まで他で出た話と重なりあった。メリル・ストリープ同様、ハリソンは『ワーキング・ガール』でマイク・ニコルズの演出を受けていた。マイクに演出されるというのはどんなものかと尋ねると、彼は言った。「そうだな、マイクっていうのはじつに魅力的なホストで、最高に役者扱いのうまい監督だよ。けっして肩を押されている感じはしないし、方向を決められていると感じさせない。考えが明晰で洞察力に富み、そのうえ巧いから俳優に痕が残らない。役者はただぴたりと正しいことをやってのけるのに、どうやったのか、どうしてやれたのかが分からない。でも、マイクは俳優にそれこそがぼくに出来たことなんだって思わせるんだ。全部自分の考えだったたって思わせる」

　ケーブルテレビの社長で、私のパイロット仲間でもあるチャック・ドーランが奥さんと並んで客席の前の席に坐っていたから、私としては当然ハリソンに訊いた。「飛行機乗りの魅力はなんですか？」

「大学時代、ぼくは飛行機を操縦したかった。でも、単独飛行をするまえにお金がなくなってしまった。そしていま、ぼくは飛行機でどこにでも飛んでいっている。撮影所がぼくをあっち、こっちと送ってくれる。ぼくは前の座席で連中と一緒に坐って彼らの操縦をみるうちに、自分もやってみたくなった。でも、長いこと難しいことは習った経験がなかったから、本当に出来るかどうか自信がなかった」

「いつぐらいから習いだしたんですか？」

「四年前。習いだしたとき、ぼくは五十四歳だった。知ってのとおり、習うことがびっしりあるじゃないか。でも、操縦の技術と責任ってものに惚れ込んでしまった」

「それが肝心なんですよね。責任感」

「そう、そうなんだ！　映画のなかでやってる振りをすることを現実にやる。現実に」

「あなたは機長だ」

「そう！　指揮を取るパイロット！　それが自分の人生の非常に重要な部分になった。おまけにそれによって新たに崇拝する人々と仲間になれた。それと、大空から見る景色が好きなんだな。それと飛行機自体もね」

　ハリソンが所有している飛行機について尋ねた。

「持ってるのは、ハスキー。二人乗りの尾輪式の小型機。『6デイズ／7ナイツ』に出てくるデ・ハビランド・ビーバーみたいなの持ってるんだ。違うやつだけど」と彼はあわてて付け加えた。

「ああ」

「ボナンザB36TCもある。セスナ206も。前はヘリコプターもあった。もうじきもう一機手に入る」

　これは答えを聞かずともわかっている質問だった。「そのヘリコプターはどうなったんですか？」

「ああ……あ……壊れた」

　学生たちが笑ったので、私は彼らに向いた。「冗談言ってるんじゃないんだよ。本当にインディ・ジョーンズばりの事故だった」

「壊したんだ」といじけた十歳の少年のようにハリソンが言った。

教室のゼミでは、初め不安そうだった彼がアクターズ・スタジオ・ドラマ・スクールの桂冠詩人の座をショーン・ペンと争うほどだった。若い女性が質問した。「あなたは現実にはとてもプライベートな人だと知られていますが、それってキャラクターを演じる際、自分の親密な部分をそのキャラに延長させるのに邪魔になってませんか？」

「いいや。ぼくは私生活では私人です。けど仕事の上では、観客が全面的かつトータルなアクセスをしてくることを期待している。だれもがみんな楽屋通行証を持ってるんだ。人前で喜んで生きて見せなきゃいけない。人前で〝生きる〟んだよ。人にきみのよいところ、悪いところ、醜いところ、弱いところ、強いところを見せる――矛盾も嫌な面も。それを進んでやれなきゃいけない。ぼくにとって、映画の素晴らしさは、演技により報われることは、演技して満足感を覚えることは、感情エクササイズの機会があるってこと――自分を投入して本当の感情が生まれてくるってことなんだ。それが起こると、きみはそれがきみ個人のことじゃないって思う。きみときみの人種の間の連続性のことだと思う。人間のこと、その人間性を分かち合うこと、そしてその人間性を知るようになるってことだとわかる。それが出来るってことは、ぼくの人生でもいちばん大切な瞬間の一つなんだよ。真の大志とは、自分自身をそういう瞬間に投入することなんだ。だからそれは自分のプライバシーとぶつかるものじゃない」

闘牛士が闘技場に出ていく日は、万一牛に突き刺された場合、外科医のために胃を空にしておきたいと食事をしないように、あるいはまた十五回のラウンドを控えたボクサーが食べて満腹になることなど考えないように、俳優が緞帳が下りるまで食事はお預けにするように、私は収録日には一杯のスープとりんご、それにチーズを少々食べるだけにしている。

その結果、十一時か深夜におひらきになると、突然いやおうなく、自分が二十四時間食事らしい食事もしていなかったことに気がつく。長年にわたって、わかったことは、ゲストたちもステージ上での四、五時間をこなすべく同じようにスパルタ的な自制を強いてきているることだ。それでいつの間にか、妻ケダカイと一緒に彼らを遅い夕食に招くことが慣わしとなった。ということは、そんな夜更けであるから〈イレインの店〉しか開いていない。

ここの魅力は過去も現在もイレイン自身である。体格的にも社会的実力においても圧倒的な彼女は、一レストランだけでなくある世界を創り出した。ジョージ・プリンプトンがアメリカの私的な文学サロンを率いていたとしたら、イレインはその公共版を率いていた。私の理論では、たいていの私の理論同様証明が難しいながら、頑固に信じている）彼女の食べ物への貪欲さ同様、創作や作家に対するあくなき欲求によって作家たちが前払い金と印税の間をしのぐのを二世代も許してくれなかったら、アメリカの文芸の主流はさぞやしょぼたれた貧弱なものになっていたであろう。たいていの文芸従事者たちが飢えて死んでしまったろうから。

大出版社らはそろって彼女の記念塔を建立すべきなのだ。彼女こそ出版社になりかわってアメリカの文芸人口を半世紀にわたって生かしておいてくれたのだ。

空腹とは別に、私たち夫婦とゲストが番組後〈イレインの店〉に足を向けるのにはわけがある。ゲストも私も四、五時間ネジを巻きに巻いたあとでは、家に帰って眠ることが出来ないのだ。だからガス抜きをするために〈イレイン〉が必要になる。テーブル席につくと、ハリソンが椅子にどかんと坐って言った。「白状するよ。学生に本当のことを言わなかった」

「何について？」

「自家用飛行機。もう一機あるんだ」

「へえ？」

「ガルフストリーム」

「どうして言わなかったの？」

「自慢たらしいじゃないか」

その夜、後になって彼は言った。「今夜、ぼくの話が納得できるもんだったらいいが」

「ああ、立派だった」

「よかった。これで三晩寝てないんだ」

「どうして?」

「不安でね」

「この番組が?」

彼はうなずいた。その後は、一時間以上もパスタの食事越しに飛行機操縦のことをあれこれ話しあった。ケダカイとイレインたちも活き活きと会話をつむいでいた。

アクターズ・スタジオのＭＦＡプログラムは俳優、作家、演出家／監督を訓練するので、これらの訓練の二つもしくは三つを合わせ持つゲストは学生たちにとって大変貴重な存在だった。スパイク・リーはこれらの三技能をすべてうちのステージに運んできてくれた。身勝手かもしれないが、自分の教育のために私は作家部門から質問を始めた。

「いつ書いてますか?」

「午前中」

「何時間くらい?」

「二時間。それ以上は出来ない」

「何に書きますか?」

「三穴のルーズリーフ、手書きだよ」

「どの程度リライトをします?」

「何度もさ。でも、その多くは稽古が始まってからがほとんどだね。書いてみて素晴らしいと思うのに、俳優たちがしゃべってみるとひどいってことがよくあるんだ。これには驚いてしまう」

「彼らに直しを許しますか?」

「うん」

「そうするよう仕向けます?」

「俳優によってはね」とスパイクが語気を強めた。

その夜、もっともびっくりするような時をもたらしてくれたのは、監督としてのスパイク・リーだった。話題は『マルコムX』だったのだが、それは私の質問から穏やかに無心に始まった。「ワーナー映画はあの映画をどうカットしたがったのですか?」

「会社は三時間の映画を嫌がった。それは確かだ」

「で、あなたは?」

スパイクは一瞬ためらっていたが、やおらこう言った。「これがちょっとした話でね。『マルコムX』の予算は誰が見ても妥当じゃなかった。ぼくたちもそう思ったし、保険会社も、ワーナー・ブラザースもそう思っていた。しかも費用は持たなきゃならない。やがて資金が尽きて保険会社が『さあ、この先どうします?』と言ってきた。ワーナーは三時間のフィルムを切るように言うんだ。『切らないなら、もう協力は出来ない』とね。契約上、フィルムは保険会社の手にあった。だから撮影後のスタッフは編集スタッフも含めて書留の手紙をもらい『あなたは解雇します。もう必要ではありません』の書面で解雇になった。だから、こちらはもう撮影後のスタッフになってしまった。九月に撮影初めてクリスマス前には終わっていたが、どうしてもアフリカに行って撮影しなければならなかった。でも、会社は言った。『アフリカに行くことはない。ここのジャージーの浜辺で撮りなさい』」スパイクは学生たちの顔を見た。「一月だよ!」

「ピラミッドのシーンを」と私。

「ピラミッドのシーンを」とスパイクが私の言葉を引き取って「ぼくはマルコムの弟子でありたいと思っていた。彼はいつだって自助努力を提唱してきた人だ。黒人たちは十分に力やパワーを持っている、だから自分たち自身に依存することから始めなきゃいけないいんだってね。ワーナーがもう金はいっさい出さないことはわかっていたから、ぼくは電話をかけられる有力なアフリカ系アメリカ人のリストを作り、電話して言った。『じつは、少しお金が要るんですが』。それで、最初にかけたのが、ビル・コスビー。ビルは小切手を切ってくれた。それからオプラ・ウィンフリー。彼女も小切手を切ってくれた。次がマジック・ジョンソン。彼も小切手。それからマイケル・ジョーダン。彼にマジックがいくら出したかを教えた」どっと学生たちが笑うのにかけてスパイクは教訓をたれた。「だって、金っていうのは競争になるんだよ。それからトレーシー・チャップマン。ジャネット・ジャクソン。そしたらみんなが……つぎつぎと小切手を切ってくれたんだ……出した金は戻らないって……わか……わか……」

そのとき、それが起きた。彼の言葉がゆっくりになり、前かがみになった。てっきり考えをまとめているものと思った。だが彼が背筋をまっすぐに伸ばしたとき、眼鏡はふちまで涙であふれ、それが頬を伝って流れた。学生たちは私同様に衝撃を受けた。これがスパイク・リーか。映画ではニコリともせず、涙を流すなどはとんでもない。冷静さの代名詞のようなスパイク・リーがいま五百人の観衆のまえで泣いている！

彼は懸命に体裁をとりつくろおうと焦りつつ言った。「税金対策にもならない。でもみんなこの映画が非常に大事な映画だと分かっていた。だから、だから小切手を切ってくれて言った。『スパイク、映画はきみの作りたいように作れ』って」

なぜだか不思議な理由で、ステージ上もしくはスクリーン上の感情的瞬間に観衆が感動するとき、その現象を〝本物の涙〟と称するものだ。〝彼は／彼女は本物の涙を流した〟という具合に使われ、催涙のスプレーや耳元で「きみの愛犬が死んだよ」と囁いて涙を誘うのとは対極のものだ。

　番組史上、何に驚いたかって、これほどの涙がステージ上で流れることになるとは予想もしなかった。疑う向きもあるようだが、こんな瞬間は仕組むことも、予知することも出来るものではない。シャロン・ストーンがゲストのときも、よく話題に上っていた教師の話をしていた。「学生たちにロイ・ロンドンの話をしてもらえますか？」

「ええ喜んで。彼は抜群の先生でした。いちばん最高の意味でね。生徒の正しく素晴らしいことだけを教えるのではないの、生徒の間違ってる点、うまくいかない点、ふさわしくない点、生徒をユニークに見せる点、その人らしく見せる点、それらが世界に向けてのあなたの本当の才能なんだって教えてくれた」

　シャロンがAMFAR（アメリカン・ファンデーション・フォー・エイズ・リサーチの略）に協力しているのを知っていたので、そのテーマを〝彼はどうなった〟という台詞をかけて紹介しようとした。彼女の反応は期待どおりでもあり、意外でもあった。

「ロイは死んだの……エイズで。そして……これが死にかけている人たちに起きるんだけど、死にかかっては生きかえるの。わたしは彼のそばにいたんだけど、彼が死んだ。と思ったら、身体が生き返った。わたしだけじゃなく本人もびっくりしていた。そしてこう言った。『美しい。本当に美しい』。わたしはきっと彼が言うものと思ったの、『白い光が見える、あれが』みたいなこと。だから訊いた。『何が？』。すると彼は言った。『みんな愛なんだ』。ガクッ！」

　ガクッと同時に涙がどっと流れ出てきたので、こんな話題を持ち出してしまったことを謝ろうと思ったが、彼女は先を続けた。「それってとても感動的だったの、だって彼が言ったのはもう一クラス教えられたらいいのになあってことだったから」そう言って焦ったようにパンと拍手してまた感情が露わになりそうなのを抑えこむと、さりげなくしめくくった。「ま、そういうこと」

ダニー・グローヴァーは大男で、パワフルで、『リーサル・ウェポン』シリーズでは何事にも動じないかに見える。だが、その彼をわれらがステージで泣かせてしまったのは母親の思い出話だった。「ぼくのママはすごい人でね、占いにみてもらってぼくに言った。『あんたは一九八三年九月にある役をやるけど、これはある意味あんたの話よ。この役はあんたのキャリアのなかでとっても大事な意味を持つことになるよ』これをママが言ったのは四月なんだ！」

その後、『プレイス・イン・ザ・ハート』での彼の役について話しあったとき、彼の母親の予言のことを思い出した。「お母さんがあなたの兄妹やあなたについて占いの予言を伝えたっていってましたね」

「はい」

「でも自分自身のことは言わなかった」

「自分自身のことは言わなかった」

「その役をもらった日に何があったんですか？」

「役をもらった日、ああ……ああ……ママは自動車事故で死んだ。だから……」声が割れ、しばし号泣すると、涙をぬぐい、「だから作品は母への捧げ物です」といって元気をとりもどした。

「そうですね」

私がもう一度不意をくらったのはその映画のいちばん効果的なシーンを話し合っていたときだった。ダニー扮するキャラクターがサリー・フィールドにさよならを言うのだが、そのとき彼は少ない持ち物のなかの一つを別れの品として唐突に差し出す。

ダニーはうなずいた。「ハンカチ」そういってぐっと喉をつまらせた。「あれはぼくの母のハンカチだった」

ダニーの二度目の決壊を目の当たりにして私は言った。「ごめん！　そんな風にきみを押しやるつもりはなかったんだ」

「ああ、でもねえ」とダニーは笑い声と涙声の入り混じった声で言った。「でももう十五年たってるもんねえ。でもきみたち……」と学生たちを見渡して訴えた。「どうやったら母さんを恋しがらずにすむようになるのかな？」

ビリー・ボブ・ソーントンはクリストファー・ウォーケンやショーン・ペンと同様独特な範疇に入る俳優だ。穏やかで、寛容だが、悲しみのなかにあってさえ自分自身をきちんと律する男だ。「一九八八年にはまた不幸があったんですよね」と水を向けると、「はい。それが二度目にぼくが錯乱した出来事だった。弟はぼくより二歳半若くてね、壁に貼ってある写真はみんな弟との写真ばかり。いっしょに大きくなった相手だった。頭がよくてね、今日までぼくじゃなくて弟が死んだってことで気が咎めてねえ。だって、この仕事でぼくが何かやったとしても、それは彼がやれたって思うんだ、それほど彼は本当に見事なやつだった」

「弟さんはどこに埋葬されているの？」

「アーカンソーのアルパイン。ぼくはどこにいるよりその墓地にいるときが安らかな気持ちになれる」

「その墓に向き合ってベンチがあるんじゃないですか？」

「ああ、それにこう書いてある〝すべてに四季がある〟って」

「そのベンチに坐れるんですか？」

「ああ、そのベンチに坐ってるよ……」

「それでも気分は大丈夫？」

「ああ」

「あなたは言ってますね、『悲しみを感じないで幸せだったことはない』と。そういう感じですか？」

「まさにそのとおり。そう」

バート・レイノルズの一般人むけのキャラは敏捷でキレて、おしゃべりで無頓着ってところだろうか。だが、ステージ上で起きたことはまったく対照的だった。「あなたはお父さんのことを非常にきつい男だったと言ってますね」

「そう。親父は九十四歳。たとえ斧を持ってても親父とは闘わないよ。戦争のヒーローでね、その後、警察署長になったんだからね、警察署長の息子だよ！　牧師の息子と同じようなものだよ。二つに一つの生き方しか出来ないじゃないか。だからぼくは違う方を選んだ」学生たちはいつだって反逆児の味方になるから、好意的に笑った。

「ぼくはいつも問題起こしてた。ある晩、親父は俺を逮捕して牢に入れた」

「あなたは言ってますよね、『両親はつねに人前ではあからさまな愛情表現を制限していた』と。これは本当ですか？」

「キスもしたことがないよ、それに親父は……父親は、やがて……ああ……」といって咳払いしたが涙を食い止めることができなかった。「ああ……その後ずっと後になって……ぼくが……勇気を出してやっと『父さん、愛してるよ、愛してるよ、パパ……』って言ったら、親父は言った」そう言ってまた咳払いすると、今度は父親が発した途切れ途切れの音を真似してみせてそれを翻訳してくれ、「いまのは、レコードでゆっくり聞くなら……『俺も愛してる』だった」

学生たちがバッわるそうに笑うと、バートはムキになったように父親をかばい、「彼には言えないんだ。別の時代の、別の時の生まれなんだよ。でも、いまは……父とぼくは……たがいにハグ出来る」彼は目を拭くと、苦しそうに、正直に、しめくくった。「でも、いまだに言うことは出来ない」

だれもが知っているバート・レイノルズではなかった。だが、それが『アクターズ・スタジオ・インタビュー』の基準となりつつあった。

ゲストの一人は、悲しくて泣いたゲストたち同様嬉しさに耐え切れず泣いた。二〇〇四年一月、ケイト・ウィンスレットに「去年十二月二十二日にどんなことがありましたか?」と尋ねると、彼女は顔を輝かせて言った。「赤ちゃんが生まれたの! 名前はジョー・アルフィー・ウィンスレット・メンデス」

「で、その子の父親は?」

「サム・メンデス」

「私たちはサム・メンデスに所有権があるような気持ちで興味があるのです。というのは、スティーヴン・スピルバーグが出演してくれたとき、彼が言ったんです。『若い演出家がいてね、彼に映画を撮ってもらおうと契約したんだ』って。その後のことはもはや周知の事実です」

「そうなの、彼は本当に……素晴らしいの。彼は……もうじき泣き出してしまうわ、だってこのことになると感情的になってしまうのよ……赤ん坊が出来たばかりで……だから……」とまで言って降参したように泣き出した。

「どうしてそれで泣くんですか?」私は虚しく訊いたが、彼女はもうとうに深入りしてしまっていた。

「彼は――彼は本当に素晴らしいの」と学生たちに言った。「いまは、なんというかウソみたいに感情的な時期で、彼のことを素晴らしい父親だと感じているんです……ごめんなさい! ああ! 失礼!」

「でも、それは素敵じゃないですか」私はいつもながら力になろうと虚しい努力をした。

「そうなの」とケイトは吠えるように言った。「とってもとっても幸せ。ごめんなさい! いまわたしはとってもとっても幸せ!」

学生たちも私に劣らずなす術なく笑いだして大声で喝采をあびせた。それに対してケイトは答えた。

「ああいや、ねえ、ジンないかしら? 飲めば落ち着けるかもしれない」

ビリー・ボブ・ソーントン同様、クイーン・ラティファも兄弟をなくしていた。彼女も同じような癒しを求めた。「お兄さんのお墓参りについて書いていますね?」と私。「墓ではどんなことが起きますか？」

「あら、うーん。そこから始めるのね？　ジェイムズ・リプトン！」学生たちが笑いだした。私は別のカードを取り上げたが、彼女はおかまいなしに先を続けた。「そのお墓だけは不安にも薄気味悪くも感じないお墓だからなの。身内の多くがそこに眠ってるの、兄も。そこが一番兄に近づける場所だから」と言って話しやめると、ポケットのティシューをまさぐった。「メークさんにここに来てもらわなきゃ」

「でも、あなたの墓参りの文章はとっても感動的だった。ビール二缶、一缶を地面に注ぐ……」

「そうよ。もうこの世にいない人に分けてあげずに飲むわけいかないでしょう。だから、いつも二缶買ってお墓に行くの。そして……そして坐って話しをする……どうしてこんな話するのよ、もうっ！」

「先に進まなくてもいいんですよ」

「あら、こんなに泣いちゃってメークがめちゃくちゃだわ。いいの、とっても素敵」彼女は落ち着いて先を続けた。「物事が込み入って手に負えなくなると、わたしがただの人っていうのがどっかに消えて、世間に名を知られてるってことが時どき重たくなるのよね。だから兄が埋められているとこに行ってその土の上に坐る。空を見上げ、神に話しかけ、ビールを飲み、ウィンキーに話しかけ、泣いて、笑って、祈るの。そしたらもう大丈夫。ねえ、メークの係ここによこしてもらえる？」

そういって、気が変わり、「せめてティシューちょうだいよ」

私はテーブルからティシューと水差しを取ってわたした。「ありがとう。これでずっとましになるわ。そんなに見てくれに手かけてるわけじゃないからね。メーク係もいらないわ。ティシューちょっとあれば。それティッシャ、ティッシャ」顔をきちんとふいて言った。「オーケー。これでいい」

スパイク・リーの教室ゼミで、彼は学生たちに貴重な助言を呈してくれた。「およそ世界の職業のなかでこれほど拒絶にあう職業もない。きみの価値は——いや価値というのはやめとこう——きみの才能、きみが出来ることすべては、ある役に就けるかどうかと関係ないかもしれない。背が低いとか、高すぎるとか、鼻が大きすぎるとか、小さすぎるとか、太れ、胸を大きくしろ、痩せろ、胸を小さくしろ。とてもとても厳しい仕事なんだ。でも、それでもきみがやりたい仕事なら、きみが愛してる仕事なら、そんなことではきみは辞めたりしないはずだ」

ケダカイと収録後に〈イレインの店〉に寄らずに帰宅する晩は、ケダカイはおやすみをいってベッドに行ってしまう。彼女にはわかっているのだ――スープ一杯とりんごのあとで、私がリビングに坐り、テレビもつけず、手元の資料にも目を通さず、ゆっくりと緊張をほどき、一人黙然と何も考えず、何も見ず、ぼうっと空を見つめて興奮の鎮まるのを待っているのを。

スパイク・リーとの夜のあと、彼が学生に向けた無残なまでに正直な結論を思い返していた。「ほかの職業ではこれほどの拒絶にあうことはない」

これが私の記憶に触った。いままで何度も友人、見知らぬ人たちも合わせた多くの人たちから質問されてきたことを思い出した。俳優たちは〝見かけどおり見栄っ張り〟なのかという、私の怒りを誘う質問なのだが、これに対して私は、俳優たちは、おおむね、ほかの職業の同様のグループの人たちよりか弱いエゴの持ち主だと言っている。

その説明はスパイクの言った結論に語られている。いったい、普通の成人は一生の間にいくつ職を持つだろうか。五つ？　六つ？　普通の人は何度採用され解雇されるだろうか？　平均的俳優が一仕事のあとにまた仕事に就くように、いったい普通の人の何人が一からの仕事に就くだろうか？　失業の苦悩の期間を普通の人は何度味わうだろうか？　俳優以外のほかの職業の人たちはスパイクが言っていたような拒絶に何度あうだろうか――きみは背が低すぎる、背が高すぎる……

俳優は何度感情を石臼にかけられるだろうか？　年に五十回か？　それほどの機会に恵まれていればの話だが、五十回の拒絶にあう可能性、その公算は高いではないか。五十回の拒絶は、スパイクの言葉を借りれば、「その役柄にきみがぴったりかどうかとは関係ない」のである。普通の職業の場合、それは二千回の拒絶となる。

しかも〝普通の〟職業でだけではない。ゲスト中の最高のゲストたちからも学生たちが学んだように、彼らが〝一夜にしてスター〟の成功者になるまでにたいていの俳優たちがくぐってきた経験なのである。

シルベスター・スタローンは富豪で正真正銘のスターであるが、学生たちに向かって彼の〝一夜にしてスター〟の話をしてくれた。ロッキーというキャラクターは、いわばある暗喩なのだった。「ロッキーというのは、欲求不満から生まれてきたんだと思うよ。だって最高の俳優たちというのにはけっして会えないんだから。うまくいかないのは、俳優の武器があまりに繊細だし、拒絶の量も多いし、始終自尊心は爆撃にさらされるしで、結局自滅していくかこの世界から足を洗ってしまう。だから、俺は考えた。なんとか人生の欲求不満と俳優として認められないという気持ちを闘士の形にして体現出来ないものか。だって、それが基本的にわれわれがやってることだからね、われわれは常に不利と闘ってるじゃないか——それならやれるかもしれないって」

スタローンは演技、劇作、演出の三つの訓練をわが校の俳優、作家、演出家にもたらしてくれた希少なゲストの一人だった。が、彼には『ロッキー』の成功談を話してもらいたかった。俳優の暮らしの暗喩としてだけではなく、いつの日か学生たちが直面するだろう重要な決定の寓話として。スタローンはファン同好会のような陽気な言葉で語りだした。

「俺は本を届けた。連中は言った。『すごくいいねえ。きみから買い取ろう。二万ドルでどうだ。主役にはライアン・オニールか、バート・レイノルズがいいと思ってる』。俺は言った。『いや、俺がぜひこれをやりたいんだ』。すると相手は『きみは無名じゃないか』。俺は言った。『それはわかってる。だからタダで出るよ』。そしたら『そういう風にいくもんじゃない』。それから彼らが言った。『じゃあ八万ドルならいいか？』。俺は言った。『いやだ』。相手は言った。『じゃあねえ、これをレッドフォードにも送ろうと思ってるんだ。彼がやりたがったら、きみに二十万ドルあげよう』。俺は言った。『それはすごい額だなあ』」

彼は学生たちの顔を見渡した。「いいかい、俺はドッグフードが買えなくて犬を売ったんだぞ。その意味わかるか？　車は四十ドルだったがガソリン入れる金がなかった。車は倉庫代わりに使ってて道路に出てったことがない」

「銀行の預金が百六ドルだって読んだことがあるけれど」と私が言った。

「百六ドルってことも忘れてた」

「それが今やいくらくれるというんですか？　二十万ドル？」

「二百ドルだったのにな。そして、レッドフォードが興味を示した、ジョン・ブアマンも。連中は言った。『よろしい。三百なら取るか？』。俺はうちに帰り、家内に言った。『ああ大変だ』って。いいかい、小さな家のせまいキッチンで家内は料理の熱にあぶられて真っ赤な鼻になっていた。だから、その金をそれに使えると思ったんだ。それくらい俺たちは落ち目で困ってた――だからとことん落ちぶれた話をした？　でも――俺には出来なかった。出来ない！　その金が二人の今後を安定させてくれるかもしれないが、でも……」

彼は思い出して苦しげに首を振った。「俺の人生はぱっくり口をあけた傷口みたいなもんだ。正体不明で。それがいやだった。今後の人生ずっと正体不明で生きていくのがいやだった。鏡の自分の顔が見られなかった。自分に言った。『ここまで頑張ってきたじゃないか、俺の人生！　それを売るなんて出来ないだろ！』。『それじゃあ』と連中は言った。『三十三万ドル』。そしてついには『三十六万ドルだ』。で、俺は言った。『ちょっと説明させてくれ。映画は作らないでくれ。作らないでくれ。俺は映画化権を絶対売らないから』。すると彼らは言った。『きみは頭がおかしい！』。俺は言った。『よくわかるよ。でも俺はけっして売らない』。すると会社はまたやってきて言った。『わかった。きみは映画作っていいよ。週につき三百四十ドル払うが。それっきりだよ』で、俺は言った。『けっこうだ』」

「脚本に対していくら払ってくれたのかな?」

「最低金額の二万ドル。税金やエージェントの手数料を引いたら、八千しか残らなかった。でも嬉しかった。嬉しいなんてもんじゃなかった」

マット・デイモンが登場してくれたときも、同じような状況について話してくれた。『グッド・ウィル・ハンティング/旅立ち』の脚本はハーヴァード大学のクラスでの練習課題として始め、冷淡なハリウッドで自分たちのための役を作ろうと懸命になって友人のベン・アフレックと完成させたものだったが、この権利獲得をめぐって競争が起きたのだった。「役をやらせまいとするプレッシャーはかかったんですか?」と訊いてみた。

「そりゃあもう」とマットは答えた。「みんなに『前例がない、きみたちなんか誰も知らない、やらせられない』と言われ続けたよ。だからぼくたちの答えは『シルベスター・スタローンを見ろ』だった」

マットとベンは二人で書いた脚本に対してアカデミー賞を受賞した。マットは俳優としても主演男優賞部門でノミネートされた。シルベスター・スタローンの話は、映画の『ロッキー』と同じようにロマンティックでかつ似つかわしくないハッピーエンディングを迎えて有名だ。しかし、いうまでもなく、この二つの話が有名なのは二つが特殊例であるからだ。典型的な経験は自我を打ち立ててくれるようなものでないし、思うに、世間が虚栄だと看做すものは、俳優が持つ唯一の生産品——彼ら自身——を繰り返し売るよう求められることの結果であろう。しかも、買い手が俳優にノーというとき、買い手は俳優の人間に対して〝ノー〟と言っているのである。皮膚は厚くはならない。薄くなるのである。世間がベニヤ板だと感じ取るものは、肉体の鎧なのである。

マイク・マイヤーズは彼が胸を張っていうところの〝バカな〟五時間を番組に与えてくれた。学生たちにした説明によると、〝バカ〟は家族内の伝統なのだそうだ。「バカは特に親父がそうだった。親父がもし人生について論文を書いたらテーマは〝バカ礼賛〟だろう。『バカは過少評価されている芸術形態だ』と言うだろうな。バカでいるのは難しいし、大事なことなんだ。バカっていうのは優雅の状態だって言うだろう。『バカは生まれつきの状態の中にあり、シリアスっていうのは再びバカになれるためにやらなきゃいけないことを言うんだ』ってね」

マイクの母親もその資格十分だ。「親父は自分がバカであるときはちゃんとわきまえていた。お袋はただもうバカ。とってもヘン。お袋は心のなかに思いを収めておくことが出来ない人だから、頭に浮かんだことは全部口にしてしまう。たとえば車で出かける。お袋は『アリは胡瓜が嫌い。シロアリはシナモンが大好きよ。実際はねえ、たいていの外骨格ペストは香辛料が嫌いなの。シロアリは腹すかしているなら、シナモン置いとくの。喜ばないわよ』。お袋はとにかく変わってるんだ。ぼくは彼女を死ぬほど愛してるけど、本当。でも一日が長いよ。それくらい彼女はヘンだ」

この時点で、会話が意義深いものになってきたことはわかった。だが、どれほど意義深いかはまだわかっていなかった。

一つには、彼以上に自分のキャラクターについて気前よくインタビューさせてくれたゲストもいなかったからだ。まず手始めに彼のいちばん人気番組『サタデー・ナイト・フライブ』の創造物リンダ・リッチマンについて訊いた。彼女は彼の義母に酷似しているそうだ。

「マイク、リンダにちょっと話をしてもいいかな?」

彼が即座に変身した。「おお――いいわよ」

「リンダ、きみとぼくには共通点がある。『コーヒートーク』と『アクターズ・スタジオ・インタビュー』だ。ときどき、世間はこの二つの番組の区別もつかないようなんだが、きみはどうやってこのトークショーのホストになったの？」

「初めてあなたを見たとき、あなたはとっても新鮮だった。すごく気に入ったわ。クリストファー・ウォーケンと話していたかしら……それ見てあたし、ちょっとマジになったわ」すっかりリンダになり切っていつもマジになるとするように観客に向き直り「話題を出すわね。ジェイムズ・リプトンは〝リプ〟でもなければ、〝トン〟でもない。はい、話しあって」

その夜、マイクの気前よさは制限がなかった。「もう一人、あなたの作った人気キャラはフィリップ、テンションの高いキャラ。どうやって彼を作りだしたんですか？」

「ええと、子供のころのぼくは高血糖症だった。チョコレートたくさん食べてね。ちょうどこの舞台に出てくる前にしたみたいに」といって、意味ありげに言い添えた。「ぼくは頭に浮かんだことは何でも口にしちゃうよ」

注意なんかはどこ吹く風とばかりに、ぼくは言った。「一言フィリップと話がしたいんだが」

とたんに、マイクは身体を縮めてフィリップのキイキイ声になった。「いいよ、フィリップと話しなよ」

「フィリップ、きみはいくつ？」

フィリップが四本の指を上げた。「こんなに年とってんだぞ。おい！　おまえがここにいないときは何してんのか知らないなあ」

フィリップ、つまりマイクは脈絡ない話術の名人で、ひねったデカルト的論理の名人でもある。「おまえの名前はスープの名前からとったの？」フィリップが詰め寄ってきた。「おまえはジャガイモとかそんなんでいっぱいなの？」

『ロンドン橋落ちた』の旋律に合わせて、フィリップはステゴサウルスの歌を歌ってくれ、つぎに私の髪を梳いていいかと尋ねるので、「今夜はヘルメットもかぶってない、引き具もつけてないじゃないか」と言って断わった。

「そうだ、帽子かぶってない。引き具もない。これって間違いだったね」そういって話をそらし、「一度あんたの後ツケたことあるんだ！」

「ぼくのあと？」

「うん、あんたがポップボトル（安物カメラ）持ってるか見てやろうと思ってさ。でも持ってなかったな」

「チョコレートならあげられたかもしれないよ」

　フィリップは私をじろりと眺め、右のまぶたが例によって半分まで垂れたかとおもうと、お決まりの台詞を言った。「ユー・アー・ザ・デヴィル」そして前のめりになると打ち明け話をした。「ママはチョコレート食べちゃいけないっていうんだ。食べるとラングルハンス島ってとこにわるい反応が起きるんだって。すい臓のなかでインシュリンを作りだすとこだよ」

「うちの学生たちの多くが、きみのことうらやましがってるよ。ニコール・キッドマンやキム・ベイシンガーみたいな女の人たちと遊べるんだから。それってきみのメタボに影響あるかなあ？」

「おいおい！」とフィリップが大声をあげた。「ぼくはまだ男とか女とかの以前なんだよ」

「ああ」

「ぼくの反応は生殖腺とは関係ないよ。彼女へのぼくの愛は家族的なもの、美的なものだよ。ダハハハハ！　おい、大将、スープさん、スープさん、おい、スープ大将。オタマと結婚してるのかい？」そういって学生たちに打ち明け話の口調になって「彼ねえ、一度襲われたんだよ、スープだったから。塩効いてたんだ」椅子に背中からよりかかり、両手、両足をだらんと伸ばした。「砂糖のデップ！　絶対、絶対、絶対砂糖とらなきゃ。砂糖が要る。しゃべらないよ、砂糖をとるまで」

　サイドテーブルの上にあったグラス入りのコーラを手にすると、たっぷりと飲み、しゃんと坐りなおした。「これでちゃんとしゃべれる」

マイクに向かって私は言った。「こういうキャラの何人かは、いや、全部は、鬼を追い払う方法なんですか、他ではとても出来ないからこうやって自分を表現して？」

「いやまあ、ぼくは状況次第の外向性なんだよ。ぼくはその場、その場によって外向性になる」

「じゃ内向的になることもあるんですか？」

「だいたいが内向的だよ」

「本当に？」

「ああ、そうだとも。いや、いまは違うよ。でなきゃ番組がつまらなくなるじゃないか。でも、ぼくは多重人格のシビルみたいじゃない。シビルみたいに『いまあたしはホワイト氏よ』なんてことは言わない」とサリー・フィールドが演じたシビルの声を真似してみせた。「バカでいたい気分のときは、バカなんだ」

学生たちとともにビリー・クリスタル、ロビン・ウィリアムズ、マイク・マイヤーズら喜劇の俳優たちについて学んだことの一つが、彼らのものすごい知識量が彼らに百科事典的で即時即決的な引き出しとなっていることであった。それらの引きだしを持って、彼らはラングルハンス島から〝創造的進化〟にいたるまで楽しそうに、のびのびと飛んで遊べるのである。

マイクと『オースティン・パワーズ』の映画についての話になり、私が「あの映画にはナンバー・ツーというキャラも含めてバスルーム・ユーモアがいっぱいあるよね。イギリス人はあれに夢中だ」というと、彼が言った。

「ぼくもだよ。イギリスのコメディで気に入ってるのは、彼らがおかしいと感じるものは幅が広いってこと。二つのまったく似ていないことを並列させてそれが完璧に織り込まれてるみたいなこと。アンリ・ベルグソンがいってるよ。コメディはその瞬間のきみの命の有限性の実現だって。たとえば、バナナの皮で滑る。きみは物体と変わらない。物体は命がない。きみはほかの何とも同じに重力の法則に支配されてる。ということは、きみは死んだ、だからきみは笑うんだ。それにウンチもおかしいと思うよ。わかるかな、ぼくのいってること？」

「ベルグソンからウンチまで」

「関係ないよ。それこそがぼくの言わんとすることなんだ。ぼくは価値判断を下さない。頭のいいジョークとか、よくないジョークとかさ――おかしいか、おかしくないかだよ、ぼくに言わせりゃ」

コメディの芸に分析的な目を向けた彼は、こう言った。「ウディ・アレンがたしかこう言った。『コメディは子供のテーブルに坐ることだ』。ぼくは常に子供のテーブルに坐るべきだと言いたい。それでいいんだよ、コメディっていうのはいみじくも控えめな芸術形態で必ずしもシリアスに受け取ることはないんだ。偉大なコメディの演技でぼくが賞賛するのは、それが九九・九パーセント入魂で、コンマ一だけが判断力か誇張だってことだ。それだけの入魂に対する距離の置き方の比率が偉大なコメディ俳優の特徴だと思う。ピーター・セラーズなんかはたぶん判断は最小の比率だと思うけど、いいんだよ、それがコメディのわきまえだ」

いつものように、収録の後でゲストと私は空腹でおひらきにするには興奮しすぎているので、マイクと私は八人のグループになって〈イレインの店〉に行った。店につくと、場所を見て外向性になるマイクは内向性男に変身してしまい、感じよく和を保ちながらも無口だった。残り七人は会話のやりとりを何時間も続けたが、マイクは時折辛らつな発言をはさんでくれた。

一週間後、助手が私の研究室によろめきながら入ってきた。ものすごく大きなギフト籠を抱えている。中にはうずたかく食べものや飲み物が盛られており、そのどれもがリプトン社の製品だった。

添えられた手紙にこうあった。〝親愛なるスーピー、貴方と学生たちとの崇高なる体験に、食前＆食後のひと時に感謝をこめて〟。

メラニー・グリフィスは番組の出演予約をキャンセルせざるを得なかった。予定では感謝祭の少し前にくるはずだったが、予定日の一週間まえに私が新聞を見ると、習慣性の薬中毒のリハビリで入院したとある。その日の正午に、彼女の宣伝担当のロビン・バウムから電話をもらった。新聞記事は本当だと言ったあと、メラニー本人がリハビリセンターの電話回線で二人の話を聞いているという。メラニーがぜひ私に電話してくれと言ったらしい。

「彼女にわかってるから大丈夫と伝えてください」と私は言った。「大丈夫。大事なのはメラニーですよ」

「いや、わかっておられない」とロビン。「彼女は出ますよ」

「ニューヨークに？　番組に？」

「はい」

と、メラニーの声が、かすかにだが、急いたような様子でロビンの二番目の電話から流れてきた。

「彼何ていってるの？」

「一週間待ってもらえませんか？　一週間だけ？」

「でも、もっと時間が必要じゃないですか？」

「十日以内に退院します。そのあと二日家で過ごせばいいんです」

メラニーの声が別の電話から聞こえてきた。「おねがい！」

「もちろん、いいですよ」と私。

メラニーは新しい日にやってきた。乗り気なのに多少びくついている風だったが、こちらは控えめに言っても〝歓迎メラニー〟だった。普段はおとなしくて傷つきやすいのだが、この夜は見るからにか弱くて、それでいてジャンヌ・ダルクのように果敢だった。

舞台上での彼女は丁重で、明るく、魅惑的で、子供時代、アルフレッド・ヒッチコックのミューズたちの一人、ティッピ・ヘドレンの娘としてハリウッドの伝説たちの間で育った話をしてくれた。「この話をぜひあなたにしたいと思っていたの。とっても素晴らしい話なんだもの」と彼女。「わたし、サイン帳を持ってるのよ、チャーリー・チャップリンが彼の放浪紳士の絵を描いたやつ。これ、今ではコレクターのアイテムよ。それとマーロン・ブランドの。書いてくれたのよ、〝何度も何度も会いたい、若く美しいレディに〟って。うれしかった！」

「本気だったんですよね。そのときあなたはいくつ？」

「八歳」

「じゃ、本気じゃなかったかもしれない」

「それで――マーロン・ブランド、チャーリー・チャップリン、ソフィア・ローレン。彼女は私のアイドルになった。本当に女の中の女って感じ。わたしにとってもよくしてくれたわ、とっても辛抱強くて美しくて」

「じゃ、普通の子供時代とはいえなかったんじゃないかな」

「かもしれないわね」

十八歳のとき、メラニーは『新・動く標的』でジョアン・ウッドワードの娘に扮した。「当時のセットでの写真持ってるわ。ポール・ニューマンとわたし。ポールが手で何か仕草をしてるのが何かとっても詩的なことを言ってるみたいに見えるの。でも実際は『きみは演技の学校に行きなさい。芸ってものを勉強しなきゃ』って言ってたの」

彼女はそれに応えて、ステラ・アドラーに師事した。「彼女は素晴らしくてパワフルだった」と言ったあと、デ・ニーロと同じことを言った。「彼女はわからせてくれたのよ、演技は自分のことじゃない、自分の役柄のことじゃない、物語全体のことが大事だって。だから、たとえば水の入ったグラスを手に取る場合、そのキャラクターはどうやるだろうか？　彼女は怖くて、見事で、魅惑的で謎めいていた―

—そのすべてなの、そうじゃなかった？」

「そう。そうだった」

「彼女のまえで『レフティを待ちながら』（クリフォード・オデッツの一九三五年の舞台作品）を演じてみせた。そしたらあとで、彼女は言った、『あなたは立派な女優になるわ……でもこの役は出来ない』って。恐かった」

「彼女から学んだことを使った？」

「もちろんよ」

彼女の病気の再発とリハビリがマスコミに流れていたので、わが校に来てくれるかどうか憶測がとびかい、到着時にはパパラッチが群がった。控え室で、彼女がその部分を話したいかどうか尋ねてみた。彼女はお気に入りの言葉だと後で知った言葉で即答した。「決まってるわ」

ステージで、私は訊いた。「普通『サムシング・ワイルド』とか『ワーキング・ガール』のような成功を収めたあとじゃ、生活は穏やかに安定してるものと思うじゃないですか」

「そうよ、人はそう思うわね……そう思うわね……」

「そんな時にあなたはハズルトン・クリニックに入院してしまったんですよね？」

「『ワーキング・ガール』の直後にね。タバコすってもいい？」

「どうぞ」

「この話になるなら、タバコすうわ」

タバコで、いつものように拍手が起きたが、理由はいつもの理由ではなかった。学生たちは彼女の根性に拍手を送っていた。

タバコに火をつけているのを見ながら、言った。「それこそ危険な中毒ですよ」

「うん、わかってるわ。まあ、中毒も一度に一つずつよね」

「以前にもこのトロい質問をジミー・カーン、リチャード・ドレイファス、エド・ハリスらにもしたんですが、こんなに活発で、こんなに素晴らしいことが人生に起きているときに、どうしてこんなリスクを冒すようなことをするんですか?」

メラニーはこんな質問にも耐えてくれた。「そうなろうと思ってなるんじゃないのよ、わかるでしょ。一九八八年にハズルトン・クリニックに入院したとき、目的は酒をやめ、コカインと手を切ることだった。そしたら、つい最近、痛み止めの薬を飲まなきゃならない状況が出来てしまい、医者が処方してくれたの。そういうのに溺れるつもりなんかなかった。でも、どうなるかっていうと――自分を弁護させてもらうと、私は感じやすいの……つまり、何でも物事をすごく強く感じ取ってしまう……泣きたくなってしまうの」彼女は涙が湧いてくるのを必死でおさえていた。「すごく強く感じてしまう。だから、若い頃、感じる痛みをごまかそうとアルコールとコカインを使ってた」

「どんな痛み?」

「どんな痛みでもよ。こころの中の空洞をどうやって満たしたらいいかわからない。わたし演じるキャラクターは見事に満たせるのに、自分自身は満たせない。それが問題だ」と古典をなぞった口ぶりをして照れ笑いした。「だから、いまそれに取り組んでる」

「で、どうですか?」

「十七日間よ、指折り数えている」

学生たちがわーっと声援を送った。

収録分を編集するたび、各ゲストに個人的な記念品、つまり家族写真、卒業アルバム、土産の品などを送ってもらうように頼んでいる。ジャック・レモンはこの番組出演のちょっと前にカリフォルニアの土砂崩れに遭い、個人的な品物のほとんどをなくしてしまっていた。しかし、編集室に入って行ったとき、一冊のアルバム――鉄砲水をまぬかれた唯一の品――が宅送品で私たちに委ねられた。

ホリー・ハンターは小包に手紙を添えてくれた。〝ジムへ。これら五枚の写真の安全はあなたお一人の責任に委ねます。編集室で愉しんでください〟。

グリフィスの編集に行った日、小包が届いた。開けると中にはチャーリー・チャップリンの放浪紳士の絵とマーロン・ブランドの思わせぶりな一文があった。メラニーは自分のサイン帳を私たちの手に委ねてくれた。

よく人に訊かれる。「ひいきのゲストは誰ですか？」むろん、この質問にはけっして答えない。ひいきがいたとしても、一人を選んで二百名ものゲストの気を悪くするような真似はしない。だが、本当のところ、ひいきはいないのである。招待を発送する基準はそのゲストが学生たちに教える何かを持っているかいないかである。だからさまざまな理由で大勢のひいきがいると言える。

ゲストによっては他のゲストより内気だったり、大胆だったり、打ち解けて楽にしゃべるのに時間がかかったり、テンション高く入ってきたり、際立って物言いが明晰だったり、沈んでいたりと差はあるが、一人としてこの教科の目的を満たさなかった人はいない。だれもが自分たちが持ってる情報、経験、専門的技能などをフットライト越しに学生へ、あるいはカメラを通して一般の視聴者へと伝えてくれた。

仮に質問への答えも、そうでないのも含めすべてのコメントを一九九四年から現在まで思い返すなら、〝だれかの〟お気に入りとはなるであろう。回によってはほかの回よりファンがついたということもあるだろうからだが、お気に入りリストに載らないという回はないだろう。それを踏まえたうえで言うが、今まで世の中で最も頻繁かつ熱く語られているのがロビン・ウィリアムズの回であったのは秘密でも意外でもないだろう。

ロビンは並外れた才能、勢い、切れ味、縦横無尽の愉しさをステージに運んできてくれたため、ブラボーは二時間の特別番組を組んだ。その追加時間にも拘らず、一般視聴者が目にしたのは、わが幸運な学生たちが見たものの五分の二にすぎなかった。五時間というもの、ロビンは椅子に坐り、椅子から立ち、ステージ上を走り回り、舞台額縁のアーチによじのぼり（文字通りだ）、歌い、踊り、一人のキャラをアッという間に脱ぎ捨てては別のキャラに変身し、作り出し、魅了し、だまし、ケムに巻きして〝アルレッキーノ〟〝パンチ〟〝不正の主〟を再生させた。

ロビンがステージに登場したのは午後七時六分だったが、とたんに、私の全面的な協力のもとに、（躊躇なくいうが）番組を乗っ取った。七時十七分にやっと私は第一の質問をすることが出来た。七時二十三分までに刺激的な修羅場にどうにか二つの質問をねじこみ、三番目を用意していたら、ロビンが椅子から飛び出し、私のテーブル越しに屈みこんで私の襟ピンをみつめて言った。「これ、直さなくちゃ。じっとしてて」

そうしてピンを百八十度ひっくり返した。私はそれを元に戻した。「いや、これでいいんだよ」

「ワシがさかさまでいいんだ？」

「ああ」

「それが正しいんだね？」

「それがＡＯＰＡなんだ」

「エー、オー、パ？」

「エアプレーン・オーナーズ＆パイロット・アソシエーション。どういうわけか、翼は下を向いている」

「でも、地面に飛び込みたいんじゃないだろ？」といってパッと立ち上がると、観客に向かってフットライト際まで行くまでに酔っ払った足取りになって言った。「みなさん、ＡＯＰＡの会にようこそ。もう一つ、ＡＡ－ＡＯＰＡという会もあります（禁酒同盟の会のもじり）だから、もしあなたにとって今度がアルコール摂取しての初めてのフライトなら、当会はあなたを歓迎いたします。さあてと、この機内の様子を少しご説明いたしましょう。酒のあるバーはこちらです」そこまでいって真顔になって私の方をみた。頭字語を楽しんでいる。「ＡＯＰＡだよね？」

「ＡＯＰＡ」

「ＡＯＰＡ……」

「そういう風に翼を作るんだ」

「翼を下向きに作る？」

「そっ」

「そいつは安心だ。紐だけのパラシューター協会みたいなもんだ」この頃までには笑い声と拍手が大きくて彼の声がほとんど聞き取れなかった。「国立自由落下協会にようこそ。会議を開きますが、いままでのところ、どなたも出席していません。でも来週こそもっと多くの方がたの出席をお待ちしています」彼は私の顔を見ながら相変わらずＡＯＰＡという言葉を愉しんでいた。

「ＡＯＰＡ。実は、来週の週末に飛行する気でいるんだ。きみもいっしょにどうかな？」

「ああ、ああ、いいねえ。飛ばすの何？　エンジン二基搭載の飛行機」

「いや。シングルだ」

「シングルエンジン？　それはもっと安心だ」

二〇〇一年七月にＡＯＰＡの社長フィル・ボイヤーから手紙をもらった。「『アクターズ・スタジオ・インタビュー』のロビン・ウィリアムズとのインタビューは抱腹絶倒のおかしさだった。ＡＯＰＡのくだりを最近の閑な時期に従業員にも見せたよ。想像できると思うが、観客は大笑いだった。あのくだりを、私が全国で展開している〈パイロット・タウン・ミーティング〉のプレゼンに入れようと思っている」私たちは早速あのくだりを彼に送った。その日から今日まで、〈パイロット・タウン・ミーティング〉はロビンの酔っ払った飛行士で始まっているはずだ。

ロビンの回が世間から取りたてて騒がれているが、そのうちの五分間こそが、当シリーズの歴史上もっとも有名な離れ技を構成している。その夜のほかの瞬間瞬間と同じように、そのくだりもじつに無邪気に始まった。ロビンのために、以前ビリー・クリスタルに質問をしたときの話をしたのである。彼がねたましく思う人はいるかと尋ねたら、ビリーは「ロビン・ウィリアムズ」と答えた。「彼は大胆不敵、演技は彼の探究心の表われなんだ。思わず『ワオ！　見ろ！』ってなるだろ。ぼくが今夜速いとしても、彼はその上をいく速さなんだ」

その発言に押されてロビンに言った。「私たちみんな、偉大な運動選手のような稲妻級の肉体的伸縮能力を素晴らしいと思ってるんですが、そういう才能に恵まれない私たちの多くに、あなたが駆使し、今夜も息をのむスピードで駆使しているメンタルな伸縮性をどう説明しますか？　あなたは私たちの誰よりも頭の回転が早いのですか？　いったいどういうことになってるんですか？」

彼は立ち上がって即興で五分間の一発芸を披露してくれた。それは途方もない芸の連続だったが、彼いわく「ニューロンを間断なく送り出し刺激に自由に反応する三ポンド半の腺である脳のなせる業ですよ。それこそわれわれがすべきこと、ゆっくりとした進化のたまものなんだ。ダーウィンでさえ、『私には希望があった。とほうもなく高い希望があった』と言ったのに、人間はガラパゴスで油を流し、亀たちはさまよいながら『どうして分からない、ここは進化の実験場なんだよ』と言っている」

彼にとっての、そして『アクターズ・スタジオ・インタビュー』の折り返し点は彼が「ほんとうに面白いのは観客のだれかから物を借りるときだよ」と言ったときだった。前部の席をざっと見回した彼は膝にピンクのパシュミナのショールを掛けていた若い女性に目をとめ、「お嬢さん、とってもきれいですね。今夜の着ているものも素敵だな。そのショールをお借りしてもいいかな？　ぼくたちどっかで会ってますかね？」

彼がそのショールを頭にかぶると、その瞬間彼はインド人になった。「去年、ボンベイから来ました。ボンベイで映画を十五本撮ったんだよ。ミュージカル映画がうまく出来てね。いい映画だよ、『これは誰のサリー?』っていうんだ。ぼくが本書いてさ、全部仕上げたよ。もう一本のほうは『ビンディ・ビンディーボウル』っていうのと、『ティカ・ティカ・ティカーテ』」

スカーフの一方の端を引いて目だけ残して顔を覆うと、アクセントと性が変わった。「みなさま、イランにようこそ。助けて！ 助けて！ あんたと口きいたなんてチクラないで！」

つぎにショールを肩まで落とすと、房が彼の前に垂れ下がり、彼はピジンのヘブライ語で歌うように挨拶をした。「わたしの名前はベン・シュベル僧侶です。みなさん、ゲイ初めての公開教会によくいらっしゃいました。今夜がほかのどの夜とも違う理由をお教えしましょう。今夜わたしたちは踊るのです！ 今夜は踊りまくるのです……」そう言って、両手をジェローム・ロビンズの『屋根の上のバイオリン弾き』からあの定番の動作をして見せた——「トラディション！」

それからショールを肩から滑り落として腰まわりにたくしこんだ。新しい声、新しいアクセントと新しいキャラクターになってショールは即席のエプロンとなった。「『料理の鉄人』にようこそ」せかせかと素材を切り、刻みして、言った。「今夜はまず蛸のタマを料理いたします。ご存知のとおり、蛸には足が八本あります。だからタマは四組あるわけです。それを料理します。タマを料理するのを恐れてはいけません。わたしが料理してわきにおいておきます。ご注意しますが、ご家庭で料理しないでください。まず第一に見つけなきゃ料理できませんが、それがとっても難しいのです！」

さっと一振り、間髪おかずにショールを腰から外すと、身体の片側に見慣れた例の動作でかかげてきついスペイン訛りで言った。「俺のケープが見つからなくて頭にきた。これで出てったら、牛のやつに言われちまうよ。『おいふざけんな、闘牛場にダナ・キャランのスカーフ持って入ってくる気か、ばかじゃないの！』って」

彼はスカーフを手首にやわらかく巻いて両手を縛った。「アーミッシュの自宅軟禁です」そう言って、私の顔をちらっと見た。「ほら、昔のジョークにあるじゃないか。馬のケツの穴に手つっこんでいる奴はだれだ。アーミッシュの整備工だ！　っての」

そしてまた間をおかずにショールをピンクの長方形にして顔のまえにあげ、両端をそれぞれ片手で持って前後に振った。それから、途方もない想像力の飛躍で、彼の顔がゆっくり動く縁取りのなかから現われた。最後の変身——洗車装置のなかから現われる自動車である。

「これが精一杯の説明だな。いや、説明とはいえないだろうけど、まあ奇妙な探求ってところかな」ロビンはそういって、前部座席の若い女性にパシュミナのショールを放って返した。席に戻る彼に向かってスタンディング・オベーションが六十秒間続いた。

数カ月後、私たち夫婦がロビンに会ったとき、彼がショールを借りた女性は私たちの名づけ娘のジェイミ・リン・ブラウンだったと打ち明けた。あのショールは私たちからのクリスマスプレゼントだったのだ。彼のおかげで、あのショールはキリストの死帷子とイサドラ・ダンカンのスカーフに次いで世界で三番目に有名なショールになったであろう。ジェイミがあのショールをけっしてクリーニング屋には出さないだろうと伝えた。

二〇〇一年三月に百人目のゲストを迎えることになると分かった時点で、その大事な夜に私たちの理想の旗を持ってきてくれる人材探しが始まった。その人はすぐに見つかった。

アクターズ・スタジオの長年のメンバー、履歴にオスカー二つ、英国アカデミー賞二つ、ゴールデングローブ賞二つ、業界から無条件の尊敬を集めているジーン・ハックマンである。

十三年間、ステージ上で繰り広げられるそれぞれの人生に、私は番組を導いてくれる背骨のようなものを求めてきた。番組を通して結び付けてくれるテーマ、ゲストみんなを結びつけてくれる共通の糸はないかと目を配ってきた。そのうち二、三のテーマがステージ上に、そして本書のページに姿をあらわしてきたが、原因が離婚や別居であれ、死であれ、親の喪失ほど根深くて感動的なテーマはない。私の数えただけでもゲストの七五パーセントがこの体験をしている。

これが私にとって大きく立ち上がってくる理由は、たぶん、私自身もその体験者であるからだろう。それが現われるとすぐに気づくし、ときには必要以上に重く見てしまうからかもしれない。いずれにせよ、私の証明不能な理論のなかでも高い位置を占め、私が思うに、どんな生物的もしくは体験的要素以上に親の喪失というのは、ときには世間による受容を得たいという仮借ない衝動の裏にある力であり、さらに言えば、いなくなった親の受容を求める衝動の裏にある力なのである。

ジーン・ハックマンがステージに登場して十分以内のことだった。

「お父さんが出て行ってしまったのは、あなたが何歳のときのことでしたか？」

「ええと、親父が出ていってしまったのは……十三のときだったと思う」

「楽でしたか、大変でしたか？」

「きつかったです、ああ」

「さらりとサヨナラを言われたって読みましたが」

「うん、通りにいて、仲間と遊んでいたら……親父が車で通りかかって、なんか手を振るみたいにして……ああ……」

後をつづけることが出来なかった。私は方向を変えて助け船を出し、「でも、時どき会えたんですよね？」と言ったが、反応がなかった。で、もう一本命綱を投げた。「お母さんとは仲がよかったんでしょう？」

「アア」と懸命にまばたきをして咳払いした。「失礼」

もう一つ新しい方向を示してみた。「生活は大きく変わりましたか――」

彼が口をはさみ目の涙をぬぐった。「わずか六十五年前の話だからねえ……」

学生たちが拍手をして二人を救ってくれた。私は個人的な質問を形式的な質問に置きかえた。「たくさんの人たちがその経験について話してくれますが、いつでも同じです。楽に消えてしまうものではありませんね」

「でもそれでよけいいい役者になれるのかもしれない」とジーン。

それが私の持論への突破口となった。「何があなたをよりよい俳優にすると思いますか？」

「ぼくはそれを擁護はしないが、それで自分の感情と向かい合うことになる、そしてそれこそがここにいる目的だろう」

「そうです」

「そういう経験を活かすなら、何かを得られるんだ」と彼はしめくくった。

メラニー・グリフィスに両親が離婚したとき彼女がいくつだったかと尋ねたら、「三つだったと思う」と言った。

「それが影響あったと思いますか？」

「わたしはカンザスに住みたかったの」

「どうして？」

「だって、カンザスに住めば、ちょっと声かけただけで両親二人とも訪ねてきてくれると思った。そしたらしょっちゅうわたしが行ったり来たりしなくてすむって」

ロージー・オドネルは親の喪失がもたらす影響を力説した。「親の死は、とくに若い頃に死なれると傷になって残ると思う」

「お母さんが亡くなったときいくつでした？」

「十歳」

「お母さんは？」

「三十九」

「ともに若かったんですね？」

「そう。だから自分が四十まで生きてきたとき、ショックだった」

「あなたとご兄弟はお母さんの葬儀に出ましたか？」

「お通夜に出ました」

「それはあなたの誕生日じゃなかったですか？」

「そうなの。兄のティミーはわたしより一日まえに生まれた。だから通夜と葬式はわたしたちの誕生日に重なるの。その日にはどんなお祝い事も祝う気にはなれないんです」

「お母さんの死後の何カ月何週間もの期間が八方塞りだったと言ったそうですが、お母さんの死因を何だと聞いていますか？」

「父はわたしたちに肝炎だったって教えてくれた。だから学校で百科事典を調べたりした。それによると汚い針から移る病気だって書いてあったから縫い物してなったんだって思ったの。子供はちゃんと答えを教えてやらないと理由を作り上げるものよ。ちゃんと納得できる答えを作るの。七年生か八年生だったときに親友にジャッキーっていう子がいたの。ガン撲滅のための自転車マラソンがあってね。二人で信号待ちしてその自転車がつぎつぎと走っていくのを見ていた。そしたらジャッキーがわたしの顔を見て言ったの。『ねえ、ロザンヌ、いつかもっとたくさんの人がこういう自転車マラソンをやるようになったら、あんたのお母さんみたいな人はガンで死ななくてもすむようになるわねえ』って。それで母がガンで死んだってわかったんです」


ゲストが学生と同世代であるときは、劇場内が特別なエネルギーと関心の大波に洗われる。それが際立ったのが、ウィル・スミスがステージにヒップホップの専門用語のレッスンを引っさげて出てくれたときである。ウィルと自分とのジェネレーションギャップを埋めようとして私は訊いた。「いつ、どうやってフレッシュ・プリンスになったんですか？」

「違った名前は山ほどある」とウィルは言った。「ＭＣファンク、ソーサラー（魔法使いの意）、ウィリー・ウル、プリンス・ウィルロック。こういうのはいい方でさ、だいたいプリンスに治まったのは八年生のときの担任がそう呼びだしたからなんだ」そういってニコッと笑い、「魅力溢れんばかりの個性のせいだな」

「〝プリンス・チャーミング〟みたいに？」

「そう、プリンス・チャーミングみたいに。一九八五年には〝フレッシュ〟って言葉はヒップホップの定着したスラングだった。だからプリンスにフレッシュってつけた。ラッパーたちは自分がこうなりたいと憧れる人の名前を作るんだと思う」

ウィルと学生たちはウィルの最初のヒット曲『ティーンエイジャーの主張』を元気よく合唱した。私がフリースタイリングについて尋ねると、ラップで答えてくれた。「〝この番組に出よう、今日出てきたよ、でも何言うかわからない、受けるのか、すべるのか、でもうまくいくよジム親分と〟。大勢いるんだよ、ピンでやるやつ。そいでどうしてあんな風にギャグ作れるんだって思うよね。バスタ・ライムスはじつに巧い。ぼくは大したことないが、いいオチの台詞は出てくる」

「いま好きなやつを聞かせてもらった」

ウィルを相手にして、最近のラッパーからアクターへの驚くほど滑らかな変身について検討することが出来た。「ラップやることと演技との間に関連性はあるのかな？」

「そりゃ絶対あるよ。ラップが歌を歌うことと違うのは、ラップでは、自分を守らなきゃならないってこと。ラップ・ミュージックはとっても攻撃的だ。自信がないなんてことの入る余地がない。自信がなかったら、強くて自己主張がなかったら、やるやつは嚙まれ、飲まれて、吐き出されてしまう。だから、ＬＬクールＪやクイーン・ラティファ、２パック、ＤＭＸといった連中を撮れば、そのエネルギーや体力、虚勢、自信をものにして、カメラには見事に写るってわけだ。おまけにラッパーの目がまたいい。そのディフェンスを作ることが出来たことからくる目。攻撃的な態勢を通してね。そして自信を感じた場所にいられるって自信。人が何と言おうと、どう向かってこようと関係ない。『なに？　俺はここだ！　悪いか！』って言えるだろ」そう言って「カメラはその体力と自信を愉しんでくれるんだ」と結論づけた。

彼がゲスト中、『ウェブスター辞典』に新語で貢献した唯一のゲストだと教えると、「ええ？　何ぼくが貢献したの？」と言った。

「ジギー（jiggy）」

「うっそ。辞書に入ったの？」

「辞書に載ったんですよ」

「どう思う？」彼は観客の拍手に応えた。「いやあ、それはいいことだ。これでぼくも辞書を引けるよ、だってその意味知らないんだから」

「それがぼくの最大の質問なんだった」と私が嘆いた。

「ああ、いいよ。ジギー、ジギー、ジギーとは……漠然としてるな。曖昧なんだ。ええっとジギーねえ……」

「そう」私はそこでうやむやにする気はなかった。だから待った。

「ええ……ジギーとは原形の単語だよ。オーケー、ジギーはジギネスともいえる。ええ……」

「ジギヤー」

「ジギヤー。だとすると……」

「ジギエスト」

「うざくて退屈な男からジギーに変身するのはジギフィケーションを体験したからだ」とウィルが厳か

に言った。「それはよくあるクレージーな単語の一つだよ。ジギーは……中庸でクールなんだな。分かる？　クールの九乗だ。もしフォンジー（五〇年代を舞台にしたドラマ『ハッピーデイズ』のキャラクター）が今日生きていたら、彼こそジギーだ」

「分かる」

「それだと――クールのつぎの段階。理論上の状態だ」

学生たちには意外ではなかったし、これを読んでいる読者の方々にも意外ではないだろうが、ウィルはラップに傾倒する決断をするまえに、マサチューセッツ工科大学のエンジニアプログラムに入学を許されていた。

教室ゼミが終わりに近づいたころ、一人の学生が立って言った。「ぼくたち、論争していることがあるんです。あなたがこの話題の権威でいらっしゃるから、聞きますが、アクターズ・スタジオ・ドラマスクールのエミー賞候補学部長であるジェイムズ・リプトン先生は、その賞でジギーしますかね？」

ウィルはその質問をしばらく考えていたが、やがて言った。「さあて、ぼくはそのことを考えてみた。ぼくはこの番組に出られてうれしい。だからこのことも家で実際何時間も考えたことなんだ。答えは……イエス。彼は受賞できると思う。彼が傷つくのをぼくは心配だ。でも、彼はファイターだ。ファイターだ。だから、ぼくは言わざるをえないよ、イエス。彼なら出来ると。けど、ぼくたちは救助隊員に付き添わなきゃならない。万が一に備えてね。でも、イエス――絶対だ」

ビリー・ボブ・ソーントンは私を暗殺して間もなくこの番組に出演した。いや、正確にいうなら『サタデー・ナイト・ライブ』で私を模したウィル・フェレルを暗殺してからである。三年間にわたって、ウィル・フェレルは同番組に私として（といっても彼は六フィート四だから私より大きいが）出演し、チャールズ・ネルソン・ライリー役のアレック・ボールドウィンやドリュー・バリモア役のケイト・ハドソンらに〝インタビュー〟してきた。

しかし、ウィル・フェレルのビリー・ボブ・ソーントン〝インタビュー〟は長篇小説の様相を呈し、同番組の『アクターズ・スタジオ・インタビュー』セットから始まり、彼らの編集室に入り、同番組前例のない貴重なロケーション撮影も入れて、ビリー・ボブ・ソーントンがライフルをかまえ、ウィルと私をブロードウェイじゅう追いまわし、向かってくるタクシーの前にと追い詰めるのである。

そもそもの初めから、『サタデー・ナイト・ライブ』は相当の時間をうちの番組の再現に割き、わが番組のオープニングのタイトルを模し、うちのセットを〝悪趣味な二脚の椅子〟（どうしても治らない傷もある）まで見事に精巧に作っていたが、ビリー・ボブ・ソーントンのスケッチはそれまでのどのものまね芸人のそれより野心的だった。

ウィル・フェレルによる私のものまね芸は『アクターズ・スタジオ・インタビュー』が百回目に達したときに上り坂にさしかかっていた。それで、ウィルを当番組に招き、ステージ上でサシで一緒に番組を書くことにした。

ウィルが彼の『サタデー・ナイト・ライブ』の作家であるスティーヴ・ヒギンズ、マイケル・シュール、衣装／メーク／ヘア係一名と到着したとき、それが私たちにとって初対面であった。二人がおしゃべりをする間に、彼のチームは懇切丁寧に彼を私に変身させていった。

超現実。まさに超現実だった。

十三年間で、私たち二人の登場を迎えたときほどの観客の反応にはついぞお目にかかったことはない。それはショック、不信、喜び、期待の入り混じったものだった。学生はみんな自分たちの教師や学部長たち――学生生活の権威――がたまに貶められるのを愉しむものだ。しかし、この回は新しく高めたか――低めたのである。

最初の質問は、だれがどこに坐るかであった。だれがインタビュアーになり、だれがゲストになるのか。私が上手の椅子、つまりゲストの椅子の前で立ち止まったとき、しかもなおウィルが構わず私の椅子に近づいたとき、学生たちから鋭い叫び声があがり、続いて熱狂的な拍手が沸き起こった。

大仰で、もったいぶった、イヤミな、陰鬱な声を出し、彼版の『アクターズ・スタジオ・インタビュー』でいつも装っている衣装とメークをつけた風体で、私であるウィルは観客に向かって話しかけた。

「過去七年間に私は今日のもっとも偉大なアーティストたち百人にインタビューしてきました。そこにもっとも優秀なゲストを付け加えたいと思います。本日、地球上もっとも重要な人物の頭脳をつついてみたいと思います。どうぞお迎えくださーい、私でーす！」そういって偉そうにうなずいた。「ミスター・リプトン、ようこそ」

「ありがとう、ミスター・リプトン」

私はブルーカードの束を取り出して脇のテーブルの上に載せた。ウィルはそれをすくいあげて、自分の束に加えた。私がもっとカードを出して自分の前に置いた。台本にはこのくだりのことを私たちは〝ブルーカードの決闘〟と書いておいた。

『サタデー・ナイト・ライブ』のコントでは、ウィルは私が普段使っているブルーカードが小さく見えるような大きなカードの束をまえに坐っていた。今回、彼は手を伸ばして私のカードを全部取ると自分のまえに置き、六フィート四インチの彼が小さく見えるほどだった。そのぐらぐら揺れるトーテムポールの向こうから首を伸ばすようにして私を見た。

ゆっくりと、悲しげな声で彼が持ち芸を再開した。「一九六〇年、あなたは、つまり私は、『ラ・ルミエール・ギダンテ』つまりアメリカ英語でいうところの『ザ・ガイディング・ライト』というソープオペラ的テレビ番組でドクター・リチャード・グラントを見事に演じましたよね。七年連続で完璧であったというのはどんな気がするものですか？」

「いや、それが完璧だったかどうか分からないよ。でも、考えてみれば、私なら、そう思うかもな。たしかにあの役はやってて愉しかった」

「そして役の方でもあなたを愉しんだ！」と彼は危なっかしく身体を揺すって椅子に坐りなおし、私が面白がるときに立てるウソ笑いのような音を立てた。

「あれはライフワークのような役だった」と、私のいつもの手控えた口調を真似て言った。「それがあなたを、あなたと、あなたの世代にとって、疑いもなく、最も才能ある、格のある、あえていうなら愛される俳優にしたのです」

「謙虚な、っていうのを抜かしましたね」と私は文句を言った。

「ジェイムズ・リプトン、あなたは愉しいお方だ！」とウィルのジェイムズ・リプトンが歓声を上げた。

「あなたは一九七七年にジミー・カーター大統領の就任祝賀会をプロデュースしましたね？」

「はい。大変な名誉だった」とジェイムズ・リプトンのずっと蒼白版が答えた。

「世間は私同様ショックを受けたと思いますよ、彼が自分の全閣僚をあなたと入れ替えなかったことに。すくなくとも、あなたを完璧補佐官に任命すべきだったんだ」

私はちらっと学生たちを見た。「ぼくが気がつかないと思って、この男は私をやっつけようとしている」

ウィル／私はその考えにショックを受けて、言った。「あなたはかつて、〝ぼくの生え際がこれ以上後退するなら、人に気づかれないよう、その穴埋めとしてあごひげを生やすつもりだ〟って書きませんでしたか？」

「どうしてそれを知ってるんだ？」私が大声を上げた。「私の日記を読んだのか？」

「私が日記を書いたんです！　わかってる？」と彼は彼／私のガラガラいう笑い声をたて、私もそれに応えて同じような音を立てた。彼／私もそのチャレンジにさらに大声で笑って応え、私もやり返した。

台本はそのくだりを〝笑い声の決闘〟と呼んでいた。

最後に私は言った。「ねえ、きみが今話しているみたいにゆっくり話してたら、今晩中ここにいることになるよ」

ウィル／私は「これ以上速く話したら、私じゃなくなるもの」といって学生たちの喝采を浴びた。

カード束の上の方から一枚カードを選んで、調子をつけて言った。「さあて、いよいよみなさまに恐れられている質疑応答のお時間でーす。かの偉大なるベルナーーール・ピーボ、アポジーー・ラポストフェ・グルナモナミー・キコ・フウウウの。あなたのお気に入りの言葉は？」

「私」

「いちばん気に入らない言葉は？」

「きみ」

「何でいちばん興奮しますか？」

「私」

「何でいちばん滅入りますか？」

「きみ」

「よく出来ました。好きな音もしくは騒音は？」

「自分の声」

「嫌いな声もしくは騒音は？」

「私の声を真似しているきみの声」

「好きな罵詈雑言は？」

「ウィル・フェレル」

「ほかの職業でやってみたいのは？」

「実はね、昔から演出してみたかったんだ」

「へえ。それでは最後に、天国があるとしたら、あなたが着いたとき、神に何と言ってもらいたいですか？」

「心配するな、ジム。ウィル・フェレルはもう一つの方に行ったよ」

学生たちが拍手喝采するなかで、ウィルも私も役から戻り、椅子のなかで楽になって互いに本当の自分同士で話をした。

「どう思う？ ウィル、エミー賞のこと？」

「ノミネートね。ともかく。いいねえ」

「いやだよ」と私は反論した。「ノミネート以上の価値があった。きみは本当に信じられないくらいすごい！」

「きみは――きみはすごい以上だ。ファンタスティーーークだ」とまた役に戻ってしまった。

私も倣った。「きみはファンタスティック以上だった。ビイイイックリだ」

「いやいや！ きみはブリリイイアントだった」

二人いっしょに突破口を見つけて叫んだ。「きみは……喜びだ！」

『アクターズ・スタジオ・インタビュー』に対する素朴な質問を私もするが、私が訊かれるいちばん素朴な質問の一つが、「ウィル・フェレルのあなたの物真似に傷ついたか？」というのがある。私が傷つく！ 私ほど次の回を待ちかねている者はいないのだ。ウィルが『サタデー・ナイト・ライブ』を去った日、つまり、私が『サタデー・ナイト・ライブ』を去った日は私にとって非常に暗い日だった。

別離の辛さは二〇〇四年の夏受けたある電話でやや和らいだ。電話の主は作家／監督のノーラ・エフロン。当時監督していた『奥さまは魔女』は妹のデリアと書いたものだったが、そのなかで「ウィルのキャラクターがテレビでインタビュー受けてるシーンがあってね、それを見てニコール・キッドマンがかんかんになり、映画の結末まで彼に復讐を図るって筋なのよ。今朝、ウィルに会って、このアイデアを思いついたの。で、ジム・リプトンがこの役をやったらどうかしらって言ったら、ウィルが言ったの、『なんでもとことんやってジムに出てもらいなさい、土下座でも、おねだりでも、おだてても、脅しても』って。ジム、お願い、私、土下座して、おねだりして、おだてて頼むわ……」「ノーラ……」私は学生たちが当たり前のことをくどく論じているときにハロルド・クラーマンがよく言った一言で話の腰を折った。「きみは開いてるドアに飛び込もうとしている」

そのシーンはうちのセットで撮影された。ノーラが最初のシーンに私たちを準備させている間、ウィルをちらっと見ると、彼は一メートル離れたもう片方の〝悪趣味な椅子〟に坐っていたがノーラに言った。「ねえ、ウィルのおかげで、私が二人いるよ――彼の私と、私の私。コナン・オブライエンやジミー・キンメルの番組で、ぼくは第三の私、つまり半分私で半分ウィルの自分を手に入れたんだ。この映画にはどっちが入用なんだい、私の私か、彼のやつか？」

「三番目のやつ、半分半分の」とノーラが言った。そしてそれがスクリーンに現われたのだ。脚本に書かれたシーンを撮り終えたとき、ノーラは言った。「あなた方二人でこの脚本になるようなインタビューを即興でやってくれない？」というわけで、その日はノーラがカメラの後ろから見守るなかで即興に演技した。ノーラは笑い声を立てて本番がだめにならないように口のなかにクリネックスを詰めていた。その即興のある部分はスクリーンに載った。

雑誌《GQ》から十二月号の「あなたが知らないウィル・フェレル39の秘密」特集に寄稿を頼まれた際、下記が私の寄せた記事である。

《GQ》のおかげで、ついにみなさんが知らないウィル・フェレルのことについて書くことが出来る。それはウィル・フェレルという人間はいないということだ。長年、世間はウィル・フェレルが時どき私の物真似をすると騙されてきた。さて、もうこのオフザケは終わりにしよう。私がウィル

・フェレルを演じているのだ。

そのとおり。ローヌ・マイケルズと何名かの有力なハリウッド人の協力で、だいぶ昔に私はこの上背のある架空の人物を作り出した。この人物は世間の遊び心をとらえ、私の共同謀議者と私は自分たちの爆薬で持ちあげられるのを感じた。この悪戯がだんだんすたるか二、三週間で見えなくなると思っていたが、なんと、あれから何年もたっているのに、いまだにこの凝った、驚くほど稼ぎのいいウソを生きている。

つぎにウィルを（私を）見かけることがあれば、どんどん構わず、このお遊びをやってみてください。よければ、彼をウィルと呼んでください。でも、そばによってよく見たら、目のなかに〝ウィルの〟きらめきが見てとれるだろう。それは私、どっちがどっちか、何が何か、ジムがウィルであることをもう見分けられる方々に向かってウィンクして見せているのです。

思うまま気ままなる、
ジェイムズ・リプトン

疑いもなくヘンテコリンではあるが、ウィル・フェレルは本書のヒーローの一人であることは間違いない。

私がとうの昔に置き忘れてきたと思った俳優業の復活を果たしてくれたコナン・オブライエンもまた、もっとストレートにではあるが同様である。何回か私は彼のデスクの横の椅子に坐ったことがあったが、（彼は学部長ジェイムズ・リプトンと強調して紹介するのであったが）それ以上に何度も彼のプロデューサー諸氏からの電話に応えてきた。私にやらせたいことは多々あった。脇役で出てケヴィン・フィーダーラインの最新作をそれがあたかも神のご託宣であるかのように暗唱する、あるいは同様の大音声で彼のファンのブログを読む、あるいは春季休暇の週にビールを強制する、あるいは彼の客がバルコニー

・シーンのロミオを読むのを聞いて本当に涙を流す、あるいは彼の大晦日のカウントダウンにアインシュタインからレイア姫まで十人に扮して出演する。

こうした無鉄砲な侵略は、私の友人、良心、エージェントであるボブ・レヴィンソンへのほかのキャスティングという結果になった。彼とは『ブル〜ス一家は大暴走！』からの付き合いだったが、この作品で、四話にわたって一人のキャラクターを演じた。それはアリ・Gからの訪問も促すことになり、結局私がラップ曲を書き、彼と一緒に出演することになった。私の二〇〇六年二月のASCAP印税細目にはフィンランドの『ダ・アリ・G・ショー』の放映が記されていて、ラップの著者として一ドル五十九セントが収入とある。これでクイーン・ラティファに私が少なくともフィンランドではプロのラッパーでしたと言うことが出来るのだ。

二〇〇六年の十一月と十二月はコナンがらみで三度の出演があってとりわけ忙しかった。最初が彼の横の椅子に坐り、われらが恒例の『アクターズ・スタジオ・インタビュー』DVD発売を紹介する仕事だった。箱入りのセットは『アイコンたち』というタイトルで、ポール・ニューマン、ロバート・レッドフォード、バーブラ・ストライサンド、クリント・イーストウッドらのカットなしの収録分という貴重な盤だ。それとは別のDVDはデイヴ・シャペルの回を、これらのゲストへの私見を添えて出した。

コナンとのインタビューに出たのが、本書をわが観察眼の鋭い、公平な編集者であるジュリー・ドウティに届けた夜だったので、本のことが頭から離れなかった。「明日の昼ごろ本がダットン社に届きます」と打ち明けると、《ハーバード・ランプーン》誌の発行人を二期務めたコナンは、私をからかうように私が由々しき事柄を発表するときの厳かな声音を真似た。傷ついて私はポケットから一ページを取り出し、彼の観客に向かって本の一部を紹介した。そのあと、自分でもやや驚いたが、（客にとってはもっと驚きだったろう）私はコール・ポーターの名曲『夜も昼も』をラテン語で歌った。まずはコナンのために、自分のために、そしてテレビのために。

それからまもなく、十二月九日に、コナンのプロデューサー室から緊急電話をもらった。重大なことがあるのでスタジオにすぐに来てほしいという。駆けつけると、その夜の観客が見たとおり、それより四日前に大学チームのばかばかしいマスコット作りの流れのなかでフロリダ州立大学がエッチなマナティを作ったらしく、コナンがエッチなマナティのウェブサイトにみなさんアクセスしてみなさいとアドリブを言ったという。

深夜番組の例にもれず、コナンは夕方遅くに収録する。そのマスコットについてのコメントを言った後、楽屋に入ると、ＮＢＣの放送倫理室から電話が入り、自分の所有でもないのに勝手にウェブサイト名を口にしてはいけないと警告を与えられた。私が現われた夜、コナンはニコニコ笑いながら百五十九ドル払ってＮＢＣはめでたくエッチなマナティ・ウェブサイトのオーナーになったと言った。「それも十年間だぞ！」

そのうえ、彼が言うに、四日間でそのウェブサイトは百万件以上のヒットがあったらしい。それは彼いわく、〝現象の誕生〟で、視聴者は〝マナティ〟の写真、絵、詩、見合ったエロチックな作り話などを雨あられと送ってきたのである。「しかも」と彼の話が続く。「これらの投稿を正しく評価するのに誰がふさわしいかって、ペース大学アクターズ・スタジオ・ドラマ・スクールの名誉学部長、『アクターズ・スタジオ・インタビュー』のホスト、ジェイムズ・リプトン学部長をおいては他にいない」

そこで、私が現われ、『マナティに捧げる歌』をそらんじ、それからコナンに向かって、スタジオ到着時に手の中につっこまれたスクリプトの言葉どおりに、「そのすねた誘惑女、エッチなマナティと踊るのを許してもらえるか」と尋ねた。

「尋ねよ、さらば許されん」とコナンが歌うようにいい、私の背後で幕が引かれると巨大なマナティが、灰色でまん丸な身体の、かなり本物っぽいマナティ氏が重いぬいぐるみの許容範囲内でくるくると旋回してみせた。ホルム、ダガノワ、ハーカヴィーに師事していたダンス修業の日々を思いだして、私は再び踊った——エロいマナティと。

一週間後、またしても緊急の電話、緊急のスクリプト、息せき切ったコナンの報告が待ちうけていた。マナティのウェブサイトに一千万件以上のヒットがあり、十万件ものEメールがあるという。マナティと私はポルノサイトで遊びまわっており、〈HornyManatee.com〉に楽しげにリンクし、YouTubeは私の足と海の牛のヒレの熱っぽい交歓でときめいている。

その二度目のときには、単に〝学部長〟だけではコナンは満足せず、私が現われるや、〝……芸術文化勲章受勲者〟との一文を加えた。一千万人のマナティファンに対する責任を感じて、私は自分の振り付け経験を思い出して、〝マナティになる〟を振付けた。その後、ウェブサイトはまた一千万件のヒットがあった。

わが人生のヒーローたちに捧げる本書で、コナン・オブライエンを外しては怠慢というものだろう。彼こそは、なぜかは知らないが、たった一人で私の演技、歌唱（ラテン語だが）、ダンス、振付けの経歴を甦らせてくれた人である。


ジョニー・デップが登場した夜、劇場外の道路では大騒ぎがあり、劇場内では学生でも番組の契約視聴者でもない人たちがエアコンの穴以外の開き口という開き口から飛びだしてきた。今日では世界中がジョニー・デップのスーパースター性を認めているが、私たちはその頃すでに認めていたのである。

ゲストの多岐にわたることは、私にも学生たちにとっても『アクターズ・スタジオ・インタビュー』のテーマであるとともに、魅惑の根源でもあった。この番組のもたらすたくさんの驚きの一つが、ゲストの大勢が自分たちがある程度ネイティヴ・アメリカンの血を引いているということを誇らしげに言うことである。私のノートに彼にネイティヴ・アメリカンの祖先がいることが書いてあると言うと、彼は言った。「ぼくの家族はケンタッキーの東部の出身。そこに何代も何代も暮らしてきた。ぼくの曾祖母はチェロキー族の血が流れている」

それまでの番組の歴史を振り返ってみても、チェロキー系は六人いた。ジョニー・デップ、トミー・リー・ジョーンズ、ヴァル・キルマー、キム・ベイシンガー、ジュリア・ロバーツ、バート・レイノルズ。

チョクトー・ネーション族系はビリー・ボブ・ソーントン、テリ・ハッチャー。キャメロン・ディアスはブラックフット族。アンジェリーナ・ジョリーはイロコイ族。エレン・バースティンはオジブウェイ族、アンソニー・クインはメキシコのタマララ・インディアン。

ショーン・ペンと同様、ジョニーはタバコに、それも自分で巻いたタバコに火をつけて学生からは拍手を浴びた。しかも、ショーンと同様、ジョニーは役の選択にうるさいので知られている。この話題に私はこういって近づいた――「あなたは俳優なら九九・九パーセントの人が憧れる道を避けてきましたね。つまり、伝統的な主役俳優の道です。ここは気を遣ってものをいいますが、あなたは私なんかよりぐっと男前で、主役の道を歩めたはずだし、つぎつぎと男の美しさが求められる主役を振られてきたはずです。故意に別の道を選んできたのですか?」

「人によっては無知のせいだというだろうな」

「この部屋じゃそんなことという人はいません」

「『21ジャンプ・ストリート』に出演できたのはすごいチャンスで、多くの面で勉強させてもらった。でも商品でいることが居心地がわるかったんだ、我慢できなかった。閉所恐怖感じちゃってね。だから腹を決めたんだ。自分の道は自分で決める、それから絶対外れないようにするって。たとえ失敗しても、失敗したってだけのこと。努力はしようと。いつだってギター弾きやガソリンスタンドのお兄さんに戻るだけのことだ」

負け犬や危なっかしい人間を演じることに惹かれているのかと訊くと、彼は言った。

「ぼくが興味があるのは、深く興味があるのは、人間だな。人間の行動とどうしてそう行動するのか、何が人をそう動かすのか、どうしてこういう落ち着かない動作をするのか、これは今夜のぼくがそうだけどね。負け犬たちはともかく、ノーマルじゃないと思われている人たち、はぐれ者たち、社会に受け入れられない者たち……」

「よそ者？」

「社会からノーマルでないと看做されている者たち」

「あなたは、『ぼくはまだ生まれてさえいない。まだ分娩中、いきんでいる最中なんだ』って言ってますよね。満足したっていえるような場所には行き着きたくないって」

「そう。満足するってこと、自分の仕事にすっかり満足して、どっかの境地に行き着いた、勝ち取ったって思ったら、それは俳優の死だと思うんだ」

『フェイク』でアル・パチーノと共演したことにふれると、彼は言った。「先入観があって、彼をひどくシリアスな人だと思ってた。暗くて、絶対笑わないような思いつめる男。ところがリハーサル始めてみてわかった。たしかに正真正銘のエキセントリックな人なんだが、今まで会った人間のなかでもいちばん可笑しい笑える人だった。だが、俳優としては、おお、びっくり！　偉大な俳優、もっとも純粋で、正直で、意外性にあふれた……傑物だった」

『フェイク』のなかで、ジョニーは連邦捜査局の潜入捜査官という主役に扮して群集にまぎれこむのだが、私が「ケンタッキー出身、フロリダ育ちの男がどうしてあんなに正確無比のニューヨーク訛りで話せたんだろうか？」と訊くと、彼は言った。「いや、それはラッキーだったんだ。主役のドニー・ブラスコのモデルとなった、ジョー・プリスティンとずっと一緒にいる時間を持ったからだよ。彼の方じゃぼくにうんざりしたと思うよ、ずっと付きまとっていたから。毎日彼のとこに行っちゃ一緒の時間を持った。できるだけジョーを盗みたかったんだ」

ジョニーの話では、マフィアがジョーに対して契約書を用意したという。彼と家族は隠れ家に住むべし、どこに行くにも、彼自身は変装して出かけるべし。その夜、遅く、ジョニーが打ち明けてくれた。

「ジョーが今夜来てたんですよ」

「ここに？――この劇場に？」ジョニーが微笑んだ。「うちの学生たちと一緒に？」ジョニーがうなずいた。

ケダカイと家に向かいながら、私はしみじみと言った（後でケダカイの言葉によると私はやや誇らしげな口調だったそうだが）。アクターズ・スタジオ・ドラマ・スクールの修士課程に在籍することは、自分たちが思っている以上に危険なことなのかもしれない、と。

これほど涙が流れて、それも本物の涙がステージ上で流れたのでは、当然の質問が寄せられる――大泣きの間じゅう私はどうしてけろっとしていられるのか？　答え。私は普段ウィル・フェレルが人真似してみせてくれたように無感動で、（繰り返し夢に出てくる影の自分のように）仮面をかぶっているのだと言うしかない。

だが、一回だけ私の防御壁が崩れたことがある。ライザ・ミネリが私たちクラスのためにプライベートなコンサートを開いてくれたときだ。ライザはつぎつぎと歌を歌ってほかに二つとない貴重な講義／デモンストレーションの会にしてくれた。

当校の三年目に彼女が学生のために催してくれたクラスのことを引き合いに出し、今度の学生たちにも先輩たちにしたのと同じような話をしてほしいと頼んだ。

「わたしはね、どのショーにも本持ってるの」と開いた片手を挙げて言った。「歌詞はここ、この面に、登場するキャラクターたちはこっちの面にある。だから、歌詞をさらっているときに、同時に自分のまえにはその〝歌を歌っている女〟の絵が浮かんでいる。だって、それが演技作品だから。ねえ？　あなたたち勉強するでしょ？　『彼女は何を見せようとしているんだろ？　何を隠そうとしているんだ？　この曲をなぜ歌うんだろう？　彼女のリビングのカーペットは何色だろう？　彼女の冷蔵庫に貼ってある絵はどんなんだ？』そんな細かい点までね。だってその細部が大事だからよ。それこそが偉大な歌手たちの目に見える秘密なの。偉大な歌手はみんなこの秘密を持っている。だから、あなた方も持ちなさい。秘密を持ちなさい。それも具体的な秘密をね！」

その夜、ライザが歌った歌はどれも一つの演技作品だった。そして演技の教えだった。アズナブールの『モナムール』（フレッド・ウェッブが〝無口な恋〟と訳しているが）を歌ったとき、彼女は私の隣の椅子に坐ったまま歌うことにした。それは致命的な選択だった。なぜならその近さでは、私が彼女の力場に入ってしまうからだった。歌の終わりで私の方に振り向いた彼女は目にしたものに驚いた。私がポケットを必死にまさぐってティシューを捜している——ついに私の番が来たのだ。

「十二年間かかった」と私。「自分が泣くことなど起きないと思っていたのに」力なく肩をすくめて顔を拭いている私に向かってライザが声を上げた。「ジェイムズ。ジミー。あたしのジミー！」

二人のどちらも演技してはいなかった。観客が目にしたのは昔からの古い友人二人と本物の涙だった。

第十四章

「ぼくはやくざなジプシー。代々続いたジプシーの出だ。ジプシーの偉大な伝統は物語を語って聞かせること。それがぼくの仕事だ。二、三百年前は事情が違ってた。でも今では、チカチカと瞬く光を通して時には何百万もの人間にいっぺんに話しかけている――うまく行けばの話だがね」

――ラッセル・クロウ

『アクターズ・スタジオ・インタビュー』より

十三年間、私はゲストたちが私たちの学生のもとに来るためどれほどの距離を旅してくれたか、どれほどの犠牲を払ってくれたかに瞠目するのである。並みの特典はない。新作映画の宣伝のために細部にわたって振り付けられた広報活動でもないし、金銭的な儲けもない。出演してもお金は出ないのである。出るものであったとしても、私たちにはとても払えない。実際のところ、ほかならもっとお金になるはずの時間を割いてもらって経済的損失を与えているのである。

そして、最後にもっとも感動的な事実。彼らが時間を捧げてくれるということである。彼らの大多数はニューヨーク在住ではないので、この大学に来るには少なくとも一日はかかるうえに、収録に一日、帰宅もしくは仕事の現場に戻るのに一日かかるのだ。彼らの時間の一時間、一日、三日に金銭的価値をつけるなら、彼らの出演料は天文学的なものになる。

それでも、彼らは来てくれる。幸せあれ！　ヒーローたちの軍団よ！

ヒュー・グラントが来てくれたとき、私は学生たちに言った。「伝えるのは義務だと思って言いますが、ヒューはアメリカに映画撮影の仕事で来ています。今朝も早朝から撮影し、明日も早朝から撮影に入ります。彼はほかの大勢のゲストの方同様、きわめて気前よく、親切に、自分の都合をまげてここに来てくれました。だから、みなさん、彼に感謝しましょう」

「いやいやいや、これは特権だよ、名誉、ここに来られてとってもうれしいです」とヒューは言葉に力をこめた。

ほらねえ？　私の言ったとおりでしょう？

彼の出演作『フォー・ウェディング』について語りあっていたとき、私はこれは指摘するべきだと思って言った。「あの映画の一番大事な筋書き上のポイントは、あなたがなかなか相手のアンディ・マクダウェルを射落とせないことだったと思う。でもいまや、あなたがウディ・アレンよりはイケメンだってことは公然の事実だし」学生たちが笑いだし、ヒューは目をむいたので、言い添えた。「あんまりおっぴらに褒めないように気を遣ってるんですよ」

「調子いいなあ」

私は先を続けようと「あの映画で、あなたは何を――」言いかけたが、ヒューがさっきの言葉にひっかかっていた。「過去にその言葉を、おだてようとして女性に言ったことあるのかな？」

「ウディ・アレンよりイケメンだって？」

「ああ。ぼくも言いたいな。きみはウディ・アレンよりイケメンだ」

「家内に訊いてみて」

「オーケー」彼は客席に目をこらし、視線を中央あたりのぼんやりと黒い人影に定めて言った。「ウデイ！　わるかった！」

「家内は美しいよ！」と私が反論した。学生たちの応援を求めて返事を促した。「でしょう？」そしてヒューに向き直って言った。「学生たちに訊いたらいい、本当！」

今度はヒューが本気で客席に目をこらし、学生たちがケダカイの席を指しているあたりを見た。ケダカイはいつものように横の方に身を潜めて、私が編集室での編集で彼女のクローズアップを入れないように気を配っていた。「見えないよ」とヒューが文句を言った。

もう完全にへそを曲げた私は、妻にせがんだ。「ケダカイ、たのむから手を上げて」

ヒューはポケットから眼鏡を取りだし、またまじまじと見た。「おお！　ゴージャスな方だ！」

学生たちは、先生に叱られると思ってか、本気にそう信じているのか、同感だとばかりに拍手した。

私の方に身を乗り出して、ヒューが言った。「どうして？」

「半分日本人、半分アイルランド人だから。そういうことが起きるんだ」

もう一度眼鏡越しに彼女を眺めると、ヒューは呟いた。「ウウウ……男殺し」

女房に大甘だと批判を受けるのを覚悟で、これとは別に、彼女の美しさと謙虚さについて一例を挙げさせてもらうが、彼女はミス・スカーレットである。ミス・スカーレット似ではない。スカーレット本人、あの有名なボードゲーム〈クルー〉の登場人物である。

私たちが結婚して二、三年後、それを私に教えてくれる人がいた。その晩、ケダカイに尋ねると、しかめ面になって考えていたが、思い出してさらっと言った。二、三カ月まえに、モデルの仕事を受けてロータスクラブでポーズを取ったという。真紅の長い衣をまとい、長いシガレットホルダーを手に長椅子にもたれかかった図である。

翌日、私はゲームを入手。見ると箱の表に自分の妻が真紅の長椅子にもたれ、シンプルなアジア調のドレスを着て長いシガレットホルダーを持っている。箱を開けると、彼女がカードの表から謎めいた表情で私を見上げている。そのゲームを何度か一緒にやったことがあるが、自分の妻がロウソクをともした書斎でそれを撮ったと聞き、その後テーブル越しに実物の彼女と向かいあうとうろたえるものだ。本人は清楚ながら腹の読めない微笑みを浮かべているだけだが。

イギリス人が言葉遣いに小うるさいのはわかっていたから、『ブリジット・ジョーンズの日記』のレニー・ゼルウィガーのイギリス英語訛りについて訊いてみた。「それはねえ、結局完璧だったよ。でも、あそこまでになるには興味深い変身の段階を踏んだんだけどね」

またしても教師気質が顔を出し「うちの大学にも方言のクラスがあります。その段階って何ですか?」

「ええと、最初の読み合わせのとき、マーガレット王女がいらしたかと思ったんだよ。極端にお上品だった。人生初めて耳にしたって思うくらいお上品だった。女王さまのスピーチだった」そう言うと、声を急に高くしてアクセントを大仰にし、「『わたくしの夫とわたくしはみなさまにクリスマスおめでとうと言えることを大いなる喜びと感じておりまーす』みたいにね。その後、少し角をとってやわらかくしたら、見事だったが、ちょっと卒中の発作起こしたみたいだったかな」

学生たちがワーッと騒がしく反応するなか声を張って言った。「でも結局うまくやれたんですよね?」

「ああ、ドンピシャ。ああ。でもそれを撮影所の外でもやってたから妙なことになったよ」

「ずっとやってたんだ?」

「そう、いつでも、途切れず。だから、打ち上げパーティでテキサス米語を話しだしたら、ミョウチクリンでね、この人、本当にアメリカ人かって思ったよ」

その夜の終わりにかかったとき、サッカーの話題——イギリス人はなぜか頑としてフットボールと呼びたがる——になった。「この対談の最後はニュースでしめましょう。FAカップの準々決勝でフルハム・フットボール・クラブがウェスト・ブロムウィッチ・アルビオンを一対〇で破りました。これによってフルハムは準決勝でチェルシーと対戦することになります」

「そのとおり」とヒューがいかにも満足げに言った。

「あなたはダンと一緒に観に行くんですよね？」

「よくわかってたね！　ぼくたちは観に行くよ。ああ、今の映画で一日休みが取れれば。取れなくたってやっぱり行くよ」

ヒューはイギリスのフットボールマフラーを取り出して私の首に巻きつけた。私が言った。

「こういっても差し支えないと思うが、家内もぼくもフットボールのサポーターだけれど贔屓チームはあなたのとは違う……」

「そいつはひどい！　許しがたい！」ヒューが反撃してきた。

「トットナム・ホットスパーなんだ」私が嬉しそうに言った。「それに打ち明けるとチェルシーも贔屓でね」

「本当？　それじゃ、一緒に行こう。いや、あんたたちに勝つって賭けるよ」

「じゃ賭けた」

後で、控え室で、証人立会いのもと勝利に百ドルを賭けた。

チェルシーはフルハムに完勝、ヒューの来訪から数カ月にわたって私は彼の代理人や共通の友人たちにメッセージを送り続けた。だが、返事も借りに対する支払いもなかったので、きっと彼は勇猛なる武将アキレスよろしくテントのなかで不貞腐れているのだろうと思っていた。

やがて、ブロードウェイでのバズ・ラーマンの『ラ・ボエーム』の初日、幕が上がる数分まえに、ケダカイが私の腕をつかんで言った。「ヒュー・グラントよ！」私は通路を歩いていくと、ヒューのすぐ後ろの席にいたハーヴェイ・ワインスタインに声をかけられた。それでびっくりさせてやろうという意図は崩されてしまったが、結果的にその必要もなかった。私の名前を聞いたとたん、ヒューは立ち上がって二十ドル札を借金分だけポケットから出して私の手の中に押しこんだからである。

初日のパーティ会場で、ヒューとお相手の女性、私と妻は一つテーブルを囲んだ。ケダカイがココラン不動産グループの副社長だと知ったヒューは、マンハッタンのマンション事情について彼女にあれこれと尋ねた。

その後一時間ほど、ケダカイは彼をマンハッタンツアーに連れ出し、区から区へとまわって、それぞれの利点、不利な点、空きの状況、価格などを説明した。最後にヒューにせがまれ、彼が関心を示したあるビルに焦点をしぼった。

「これに入れるかな？」と彼。

「マンション理事会を通るかってこと？」

「そう」

「そうねえ、住人がなんていうか……こういう業界の人を警戒するってことはあるわね」ケダカイは如才なく、いつもながら正直に答えた。

たまたまその時テーブル近くを通りかかった人と言葉を交わしていたお相手をちらと見て、ヒューは声をひそめて言った。「ぼくじゃないよ。彼女。女性たち。わかるでしょ？　夜毎夜毎、通う相手？　世間がどう思うかね？」

「さあ、どうかしら。一応大丈夫そうな候補のリストにしてみますね」

「それはありがたい！」ヒューはケダカイに宿泊中のホテルの名前と、その週つかっている偽名を教えた。マッキントッシュ。私たちが帰宅するなり、ケダカイは仕事場に消え、翌日〝ミスター・マッキントッシュ〟宛に手に入りそうなマンション名を記載した分厚いファイルを配達した。マンションの条件は、間違いのない近隣、価格が折り合うこと、そして第一に彼が女性たちに直行できる権利のあることだった。

ヒューはマンションを買わなかった。けれど、私は百ドルを手に入れ、それを学生のパーティ基金に寄付した。

一九九四年に『アクターズ・スタジオ・インタビュー』を立ち上げたとき、私の希望の一つにわれわれの職業とその従事者にまとわりつくある種の盲信を払拭する一助になりたいということがあった。一つが〝お芝居をして〟生計を立てている人々は事実上〝ほかの人々〟より普段の暮らしのなかでは率直でないという思い込みである。

サー・イアン・マッケランはこの妄念の風船をパチンと割って、私の背を押してくれたのだが、それは一九八八年BBCの番組で同性愛をカミングアウトして以来のことである。だから私は尋ねた。「一九八八年以前の歳月で、あなたはご自分の性的嗜好をどう向き合ってきましたか?」

イアンはしばし黙り込んでいた。そしてため息をついた。「想像できないでしょう、二十代の若い者には、ニューヨークに住んでるとかここで勉強してるくらいラッキーな二十代の若い人には、自分の本質の中心を占める性について完全に正直にならずに生きることができるなんて。それも四十九歳まで。でも、それが悲しいかな、出来たんですよ、性の嗜好は話されることがなかったからね。私は四十九歳になるまでかなり長期間にわたって二人のボーイフレンドとおおっぴらに暮らしてきた。私に会う人たちは私がゲイだってわかってた。私は隠さなかった。関係ないと思ってた。でもそれは身近な家族や、メディアには隠していた。それで何にも問題はなかった。とはいえ、むろん問題はあったんだ。問題は私が恥かしく思っていたということで、恥ずかしく思ってないのならどうして口に出していなかったんだろう? それは世間の同性愛嫌悪からくるものすごいプレッシャーであり、その人たちの同性愛に対する恐れだった。それがゲイである人々に影響を与えるんだ、それに耐えられるくらい強いか正直でないといけないのに、私はそうじゃなかった。私は相変わらず内気な少年だった。だれに想像できたろう――そもそもそれで世間の賞賛を集めてきた私の派手な演技が、自分の秘密をごまかし、隠すことから発していたなんて？　だから、公共の場で『ぼくはゲイです』って言葉を言ったとき、そしてもっと重要なことだが、家族に打ち明けたことでようやく、初めて舞台上で声をあげて泣くことが可能になった。それが起きたのはナショナル・シアターで『ワーニャ伯父さん』を演じていたときだった。演出家はぼくの以前の恋人だったし、もう一人の共演者はゲイであることをおおっぴらにしているアンソニー・シャーだった。そこでゲイを秘密にしていた男がその教授役を演じていたんだよ」

学生たちは笑い、応援するような声援を送った。それからイアンは先を続けた。「でも、それが私のした最良のことだった。自分を縛っていたくびきから解放され、身体のなかにあったブロックが――あるとは気づいていなかったが、外に飛び出た。人はそれと演技には関連がないと思うだろう。だが、あるんだ、私にとってはね」と彼は毅然と話し終えた。

十三年間自分たちの芸と人生と秘密を学生たちに分け与えてくれた二百人のゲストに対してある偏見があることは承知しているが、サー・イアンは演技における正直さは即ち生き方における正直さだという典型的な例だと思う。

二〇〇二年の八月、私はパリに戻っていった。私の最初のパリ暮らしとは意味合いでも違った訪問になった。今回は『アクターズ・スタジオ・インタビュー』のスタッフ同伴であったし、二週間にわたって彼らと彼らのカメラをわが思い出の、大好きなすべての――ほとんどすべての場所に案内してまわった。

撮ったのはBロール、視聴者が観る形に撮るフッテージで、後からナレーターの声が入るパリの個人旅番組とした。まずは十七世紀の美の結晶ヴォージュ広場、シャン・ド・マルス、極めつきはトロカデロにエッフェル塔。パリ全市を見渡せるモンマルトルの丘、オペラ座、右岸とシテ島の間の花市場は遠い昔、ピガール通りでの夜勤のあと、睡蓮の花を買って帰りビデに浮かべたものだった。セーヌ川沿いに並ぶ古本屋では毎週、自分のピガールの取り分の何パーセントかを投資して百年前の本『ル・シャリヴァリ』のドーミエの風刺画を買った。ほんの小銭で買えたこうしたアート作品が、いまではわが家の壁という壁を飾っている。カフェドー・フローレの歩道のテーブルで、私は好みのリカルダロウを名付け子の、セヴリン・ド・ロシュシュアール・ド・モルテマール伯爵のシカゴ大学入学を祝って乾杯する。キ・デ・ラ・トゥーネルではノートルダムが息をのむほどに美しい。教会は正面から見ると味気なく無表情であるのは十二世紀の傑作群が革命で剝ぎ取られ十九世紀にヴィオレ・ル・ダクによって復元されたからだが、斜め後ろから見ると、大聖堂の壁の肩から屋根の重みを取り去る飛梁はそそり立つ偉容で、その壁が開くと、文字通り、十二世紀のステンドグラスによる聖母さまへの宝石入りの奉納物の栄光に向かって開かれている。パリのノートルダムもフランス中のノートルダムもそれまでなおざりにされてきた仲裁者への津波のような敬慕によって建てられたのだ。それも三位一体の名のもとに教会が嫉妬するほどで、この中世の恋慕を「極度の聖母崇拝」として異端と決めつけたのだった。

これが私のパリだった。そしてこれからの『アクターズ・スタジオ・インタビュー』の二つの回が私の偏見と固定観念を楽しく披露することになる。

当然ながら『アクターズ・スタジオ・インタビュー』はパリにも会場が必要になった。われわれが入手したのは歴史的に有名な場所だった。オペラ・コミックは築一七八三年で、一八七五年三月三日にビゼーの『カルメン』が初演された劇場である。番組の初めてのフランス人ゲストはジュリエット・ビノシュだった。彼女には二〇〇二年五月のカンヌ映画祭の赤いカーペットの上で声をかけ話をしたことがあった。当時私がインディペンデント・フィルム・チャンネルの海外放映を司会していたからである。『カルメン』が初演になったステージは公式なセレモニーの場所として選ばれ、その上で私が芸術文化勲章の勲爵士として紹介された。ケダカイをはじめ、私が一生かけてわがものにしたもう一つの家族、ジャン・ド・ロシュシュアール・ド・モルテマールとその夫人、エマニュエル、私の名付け子セヴリン、その弟トマも含む観客のまえであった。

兄弟のいない私だったが、二人の兄弟を持つことが出来た。一人はジョージ・プリンプトンで、もう一人はジャン・ド・モルテマールだ。私たちの友情は彼と私のニューヨークの青春時代に端を発する。当時、彼は大学を中退して広告代理店で働きだした。代々七百年続く家系のなかで、彼が初めてサラリーを取って働く人間であった。ジャンは私が知る最も上品かつ最も気取らない人だったから、アメリカでもフランスでも、彼と過ごした時は私の人生でも最もかけがえのない愉快な時であった。

フランスの褒賞は正式にはしかるべき地位のあるフランス市民によって授けられなければならないので、プリゼンターの任は前ドーヴィル市長でドーヴィル映画祭の創立者、カルヴァドス総評議会議長のアンヌ・ドルナーノ伯爵夫人に託された。この成り行きは偶然ではなかった。私は彼女が二十歳でニューヨークで看護学生だった頃から知っていた。先祖はマレシャル・ルイ・ジョルジュ・エラスム・デ・コンタデス、その料理人がフォアグラのパテを創りだしたという裏話もあるが、デ・コンタデス侯爵夫妻の娘としてアンはモンジオフリーというロアール・ヴァレーのおとぎ話のような城で成長した。だが、私が会ったときのアンは、フラワー・フィフス・アヴェニュー病院の外科で残酷なほどの訓練に文句も言わずに耐えていた。

私たちの熱烈な関係は、彼女の訓練期間の終了とともに終わり、彼女はフランスに呼び戻された。やがて賢明にもミシェル・ドルナノ伯爵と結婚、二人は素晴らしい業績をあげる人生へと乗りだしていき、彼は〈ハウス・オブ・オルレーン〉を創立してフランスの産業、文化、環境省の長官としてさまざまな活動に取り組んだ。アンヌはドーヴィルの市長となり、ドーヴィル映画祭を創設し、カルヴァドス総評議会の議長となった。

つまり、ケダカイとモルテマール家の者を除いて、その夜、オペラ・コミックの舞台上でドラマはいうまでもなく、相当な歴史があったことを察した観客はいなかったろうと思う。ジュリエット・ビノシュがアンヌにメダルを手わたすとアンヌは立場上こう言った。「文化省の名において、そしてわたくしに託された力によって、われわれは貴方を芸術文化勲章の爵士と宣言いたします」

私は応じてこう言った。「メルシ、アンヌ、メルシ、ジュリエット、メルシ、フランス共和国と国民のみなさま。メルシ、十一世紀からのフランス文化。メルシ、ランボー、フェドー、トリュフォー……そしてピポー」

その二晩後、オペラ・コミークの舞台上ではジャンヌ・モローがドイツ占領下のフランスでどう成長してきたかを語ってくれた。「わたしは十二歳だった。その頃というのはとってもとっても特別な時期で自分自身についても、人生全体についても多くのことを学んだ時期だった。そして大人についてもね。それを身近で目にしたわ。父が働いていた場所には〝黒人とユダヤ人禁止〟って書かれてた。じぶんの幼い友達が学校に黄色い☆をつけておずおずと来てたけど、しばらくしたらもう二度と会えなくなった。つまり……」ジャンヌは話やめてため息をついた。そして重々しくしめくくった。「思ったわね……これが大人か！」

むろん、ヌーベルバーグについても質問した。彼女はその建築家の一人であったし、原型でもあった。「多くの男性の映画ファンにとって、自分たちの人生の節目節目で自分がジャンヌ・モローに恋した時期というのが特定できると思うんですが。たいていの者にとっては一九六一年の『突然炎のごとく』ではないでしょうか。あなたはあの映画の創始に関わっていたんですか、トリュフォーと？」

「ええ、フランソワ・トリュフォーが衣装を担当させてくれたんです。とっても予算が少なかったので、パリのロケでは私が現場の責任者だった。だから、協力しようと私が料理をしてスタッフに食べさせていたの」

「あなたが手仕事のボランティアを？」

「そうよ。それでフランソワは昼食まえ一時間くらいはわたし抜きでほかのショットを撮影してた。そしたらある日、一人の男がわたしの料理した肉がよく焼けてないって。あら大変！」

「なんて無礼な！」

「わたし言ったの、『じゃあんた料理しなさい』って」

「料理しましたか？」

「いいえ。みんなサンドイッチを食べたの」

フランスの観客は同情と理解を示して拍手喝采した。

ジャンヌに「ご自分の演じる役にジャンヌ・モロー自身はどの程度入りこむのですか？」と訊くと、「ほんの少し」と答えた。「だからこそわたしにとって女優であることはとても魅力的なの。つまり、いまいるわたしという女は演じてきたたくさんのキャラクターによって養われてきたもの、そしてキャラクターたちもわたしによって養われてきた——でもわたしではないわたしを超えたもの、わたしの人生を超えたものによってね。人間として確信があるのはわたしたちは遥か遠い、遠い、遠いところから来る、知らない古代の何かをわたしたちは一緒に運んでいっているってことね。

「それを狙ってやるわけじゃない。でも出てくるの。古代の記憶から生まれてくるの。それは自分自身の人生とは全然関係ない。それが演技というものよ。けっして人生のとおりじゃない。小説のなかのキャラクターにはそういうのがあるでしょう？　偉大な作家はその本を超えて生きる男や女を産むでしょう、本を超えて何世紀も生き続ける男女を」

十三年間、私はずっと主張してきた——『アクターズ・スタジオ・インタビュー』は修士課程の教科としてのみ正当に理解されるのだと。マーティン・スコセッシが来たとき、番組はまさにマスタークラスになった。『タクシー・ドライバー』を点検しながら私は言った。「アメリカ映画の最近の歴史のなかで一番有名なシーンの一つが鏡のまえのトラヴィスです。ロバート・デ・ニーロが来てくれたとき、むろんその話をしたんですがね、たまたま私はそのシーンがシナリオではわずかに次のカッコだけだったことを知りました（トラヴィス鏡を見る）です。それだけ」

マーティはうなずいた。「そのとおり。そう」

「じゃどこまでがデ・ニーロの即興だったんですか？」

「そこが問題だったんだ。撮影の予定がオーバーしてた。ぼくは『このシーンを鏡の前でやらなきゃならない。きみが鏡に何か言わなきゃいけないってことは分かってる。でも、何を言ったらいいのか分からない。だから二、三言ってみてくれ』。ぼくが子供のころは引きこもりだった。ただただ映画を作りたかった。いろんな役を全部やって見てた。それをトラヴィスがやってたわけ。ただ、違いは彼は鏡の前でやるってこと。デ・ニーロはたまたま『失礼、俺に話しかけてんの？』が出てきたんで、それを何度も繰り返した。ぼくは『続けて、続けて』って言い続けた。最初か二番目のテークの後、なんだかとってもいい感じになってきた。ぼくたちはドアにカギをかけてしまった。ドアをドンドン叩かれていたからねえ。『もうやめろ！　そいつはシナリオにない！　スケジュールがすごく押してるんだぞ！』」

ひきこもり児童だった頃と同じように、マーティンはわが校のステージ上でもありとあらゆる役を演じてみせた。自分自身の役で、締め切ったドアに向かってどなった。「お願いだ、お願い！　今いいのが出来かかってる！　たのむから――あと五分猶予くれ！」

マーティはドアの向こうにいる人に向き直って言った。「あと二十五分、それだけ！」

「オーケー、オーケー。本当にいいもんが出来かかってる！」包囲された若かりしスコセッシはそう答えた。マーティは学生たちに内緒話をするように向き合うと、「そいつはいいやつだったんだ。ぼくたち二人がコロムビア映画に切られないように助けてくれていた。ニューヨーク市内で撮影してたんだが、その夏は雨が多くて、撮影日数をずいぶんロスした。ぼくはデ・ニーロに何度も何度も言ったよ、『いいよ、それいい、その調子、その調子』。そしたら〝ここは俺一人〟云々が出てきた。それからトム・ロルフ、素晴らしい編集担当の手にかかった。彼にわたした。テークをいくつか選んでわたしたら、そいつを見て言った。『二、三分時間くれ』ってドンぴしゃり。やってくれた！　ぼくは言ったね。『もう触るな！』」

「ジャンプカット多かったですね」

マーティはまだ自分の言葉に酔っていた。「ああ、ああ、触るなってね！」

「時間があっちこっちに飛んでいた……」

「そう、そう。彼がやってくれた」

「繰り返し、繰り返し……」

「そう、触るな！　気に入ったねえ！」

「頭上からのショットをたくさん駆使してましたね」

マーティは眉をしかめた。「そう」

「心配そうな顔ですね。でもあれが素晴らしかった」

映画の歴史学者は答えた。「それはね、まず頭に浮かんだのがヒッチコックだったんだ。さっきも言ったことに戻るけど、いろんな人生を三階の正面から、火事用の避難階段を通してみる、頭上からね。市全体が見渡せるよ。それは見事なもんだよ、特に屋根の上から見ると。屋根の風景はそうやって見るとロワー・イースト・サイドが素晴らしかった——喧嘩、ダンス、ねずみを殺そうと走り回っている人。わかるだろ？」

「わかりますよ」と私。修士課程の学生たちも理解した。

このクラスの途中で、マーティに尋ねた。「映画でいちばん決定的な一つの言葉〝カット〟と〝プリント〟というとき、何がその決定的な瞬間に入りますか？」

「一番大事なことは、ぼくがある意味で観客になるってことじゃないかな——俳優たちとともに〝感じる〟ことが出来るってこと。それが起きたときは感じられるんだよ。俳優があっという間になり切ってしまう」

パリの最初の夜にワインの価値を二つ並べてテイスティングして学んだように、『アクターズ・スタジオ・インタビュー』は私の学生たちと私にゲストの回答を二つ並べて比較するという貴重な体験をもたらしてくれた。シドニー・ルメット監督に「あなたが〝プリント〟っていうとき、何に基準をおきますか？」と訊くと、彼は言った。「それが監督業の核心そのものだよ、ジム。しかも一番答えるのが難しい質問だ。それをきみに定義して見せられる唯一の方法は——一般論に逃げ込むのは嫌だが、これは純粋に直感的反応なんだ。普通ぼくがするのは——これってぼくの俳優としてのトレーニングからくるものだが、ぼくは俳優たちが演技しているとき、自分も一緒に演技している。だから、ぼくの集中力が切れるとしたら、それは彼らの集中力が切れるからなんだ。そしたらぼくはまたやり直す。「あるいはまた、テークの間中ずっと完全に集中しているかもしれない。でも何にも感じなかったら、また撮り直す。それからちゃんと集中してテークを撮り終わり、何かを感じていただけじゃなくその瞬間が映画の全体的なフレームワークのなかでそうあるべきだって感じられたら、それがぼくの〝プリント〟だ。だから、万一に備えて余分なテークを撮ることはあんまりないね」

同じ質問に対してシドニー・ポラックは言った。「一つの演技がたくさんのテークを寄せ集めて出来るってことがあるんだ。テーク1からセリフ二つ、テーク4から三つ、テーク10からある瞬間って具合にね。監督するっていうのは妙に神業っぽい仕事でね。俳優たちがやったことを色々取り合わせて変えられるんだよ。監督は編集していい演技をだめにしてしまうこともあるし、並みの演技をぐんといい演技に見せることも出来る。ぼくが『プリントして』って言ったとしてもそのテークが九〇パーセントひどいときだってあるわけで、でも九回テークしてそれまでになかったことがテーク10で起きたとする。そうしたら『プリント!』って言うかもしれないが、それだからってテーク10で遂にやれなかったことがやれたってわけじゃない」

　ゲストの多くの場合がそうであったように、マーティ・スコセッシへと続いた道は、言葉でも思想でももう一人のゲストが先鞭をつけていた。スコセッシが登場するずっと前に、ハーヴェイ・カイテルがスコセッシとその作品について重要な洞察を与えてくれた。マーティとハーヴェイとの監督になった頃からの親交についてふれると、ハーヴェイは言った。「それはね、ぼくたちは兄弟のように感じているんだ」

「何が原因で?」

「彼の育ちとぼくの育ち。いろんな面で似ているんだよ。ぼくたちの宗教的育ちとかが……」

「二人とも宗教人の家の出ですか?」

「宗教人ってわけじゃない。宗教を信じるようにしつけられたんだね。マーティはむろん神父になるよう勉強をしていた。違う宗教の教義をね。ぼくの場合はユダヤ教、彼はカトリック――その禁止することと、希望、タブーやらをね。ぼくたちは他にも攻略すべき何かがあるって感じていた。それ以来ずっと追い求めている」

　今回の舞台で、五年前ハーヴェイから聞いた話題についてマーティにも訊いた。ミサの侍者だったかという質問だ。

「はい。十歳くらいのときにミサの侍者になった。それから四年間ずっとミサの侍者をやっていた。そこへ若いイタリア系アメリカ人の神父がぼくたちの教区にやってきた」

「それがプリンシペ神父ですね?」

「そう、プリンシペ神父。それが彼にとっての最初の教区だったが、彼が強い影響を子供たちみんなに与えた。二十三歳くらいだったかな。世界の見方がほかの人とは全然違っていて、人生の見方にも違う見方があるってことを教えてくれた。文学があり、映画もあった。映画のお約束事なんかも話してくれて子供たちはうれしかったし、ほかの見方についても考えさせられた。プリンシペ神父は強烈な影響があった」

「彼も原因の一つで、あなたは神父になろうと思ったのだろうか？」

「彼がその主な理由だったと思う」

「神学校に入ったのは何歳の時ですか？」

「十五歳くらい」

「長くいましたか？」

「一年半くらいかな。退学を命じられた」

そのテーマは『タクシー・ドライバー』の謎めいたエンディングについて話し合った時にまた顔を出した。

「映画はびっくりするほど静かでのどかなエンディングになっている。シビルがタクシーに乗り込むと、トラヴィスは心穏やかに見えます。ある記事を読んだんですが、それによると彼が指を頭に当てたとき現実に椅子の上で死んだんだ、しかもそれは彼の死ぬという空想なんだとありましたが、文字通りに信じていいんですか？　それとも生き返るのだろうか？」

「ぼくも最初はそれが問題でね。シュレーダーにそのエンディングはすんなり信じられないと言ったんだ。当時シュレーダーはハリー・チャピンの『タクシー』って曲の虜になっていた。それで考えとしては、彼女が車内に入ってきて彼をまったく違う目つきで彼を見ると……」

「彼を尊敬する目で」

「そう、そのとおり。そう彼が感じたんだ。それに関してはちょっと不安だったんだけど、そうやってみたら、うまくいった、と思う。一つ、最後の最後に付け加えたのは彼がミラーを一度見てミラーの焦点を合わせるってやつ。それというのは、ぼくは内心、こういう男は、こういう状況下では、空想の境界線を越えて現実にやってしまう――彼はまたやると思うんだ。あとはただ時間の問題で」

「私もそう思うな。しかし、とりあえず、今のところ彼は罪から救われるんだ」

「そう」

「どの程度強く魂の救済を信じていますか？　自分の映画のなかで？」

「そう。それはいい質問だ。こういうことに関しては慎重に答えなければいけないんだが、究極的にはぼくの心のなかのキリスト教の比重と関係があると思う。ぼくの経験はその暗い面であったかもしれないが、それでも光があるはずだ、救済があるはずだ、上に持ち上げる何かが、自分自身から自分を外にと連れ出す何かがあってしかるべきだと思っている。それを人は救済と言うのだろうと思うよ。ルパート・パプキンでさえ、ある程度までは光を、キリスト教の喜びを求めている。その喜びをね。ぼくがそこまで行ってるかどうかは分からない。それを『タクシー・ドライバー』を観たプリンシペ神父が言ったよ。彼とは長い間会ってなかったが、映画の試写に招待したんだ。感想が意外だったな。『映画がイースターの日曜で終わりにしたのはよかったよ、グッド・フライデー（キリストが十字架にかけられた不幸の日とされる）でなくて』。最後にこう言った。『グッド・フライデーが多すぎて、イースター・サンデーが少なすぎるよ、きみの映画は』」

　学生たちが笑ったので、マーティは彼らの方を見てしめくくった。「地中海気質なんだよ、イースター・サンデーが好きなのは。でも、わかるだろ、それがあの旅なんだから」

　人気漫画シリーズ『ザ・シンプソンズ』体験は《TVガイド》からピエロのクラスティにインタビューして欲しいと依頼されて始まった。私が質問を書き、それに対して『ザ・シンプソンズ』のライターたちがクラスティに言わせる返事を書くという段取りで、副題は〝『アクターズ・スタジオ・インタビュー』のホスト、ジェイムズ・リプトンがハーシェル・クラスティ・クルフトスキー、税金逃れの俳優、の渋い外見の下の渋い内情に迫る〟。

「いつ笑いに賭ける人生に生きたいと思いましたか？」が、質問の一つだった。彼は「ミルトン・バールが女物ドレスを着て年間百万ドル稼いだって知ったときだよ。子供の心も動かす笑いの力に気づいたときさ」

また別のところで、訊いた。「きみは婚外結婚で出来た娘がいてすごく声がドリュー・バリモアに似ているってうわさがあるけどね。それから結論を導き出してもいいかな？」

「婚外で出来た娘のことで噂されるたび五セントもらえたらいいのになあ。そしたらその子を養えるのに」

「ここだけの話だが、クラスティ・バディの#16302のことどう思う？」

「バート・シンプソンのこと言ってるんだね。俺をムショから救ってくれ、親父と仲直りさせてくれ、俺の番組をまた放映させてくれ。〝サイドショー・ボブ〟の手で死に追いやられるところを救ってくれたやつ。でももう昔みたいに仲良くないんだ。俺が大きくなっちゃったのに、やつは成長してないんだから」

このインタビューの終わりで、天国に行ったら神さまに何といってほしいかと尋ねると、彼は言った。「神さまがぼくの『無宗教万歳』特番を許すって言ってほしい」と言った。

シンプソンがらみの冒険は『ザ・シンプソンズ』に私自身の立場で招待されたときまで続き、私はハリー・シェアラーが演じているこの漫画のキャラの一人にインタビューした。漫画らしく黄色い三本の指で例のカードを切りながら、私の漫画イメージが言う。「『アクターズ・スタジオ・インタビュー』にお帰りなさい！　俳優、小説家、バーベキューソースの代表者レイニア・ウォルフカッスルには会い

前に倒れた。

ウウ！　ハ、ハ！」そしてマクベインが引き金をひくと、漫画の私は喉をつまらせ、テーブルを倒して

　彼がどでかい自動拳銃を二丁取り出したので、漫画の私はうれしそうにカラカラと笑い、「オウウウ

サーキットをくらわすぞ」

声でいい、「オーケー。俺はマクベインだ。いいよ、メンドーザ。俺の娘をフルならマックスウェル・

「まず役にならせてくれ」とレイニアーはいい、アーノルド・シュワルツェネッガーのように疑い深い

ましたが、ところで、マクベインにも会えますか？」

　床から顔を上げて、私があえぐ。「あんたの鉛食らってうれしいよ」そして息絶える。

　ニューヨーク・スタジオでこの声を入れたあと、二、三時間後ケダカイと食事をしながら、二人で考

えた。これで私が暗殺されるのは二度目だと。最初が『サタデー・ナイト・ライブ』それから今度の

『ザ・シンプソンズ』。「これって何かを言わんとしているのかもしれない」皿を見つめながら私は暗

い声で言った。

　二、三カ月後、番組の三百回記念として『ザ・シンプソンズ』のキャストは初めて全員そろってイン

タビューされてもいいとオーケーが出た。この歴史的決定にあやかった私も含めて、二〇〇二年十一月

十八日、ダン・カステラネタ、ジュリー・カーヴナー、ナンシー・カートライト、ヤードレイ・スミス、

ハンク・アザリア、ハリー・シェアラーの面々が、あのけたたましい原色のキャラたちを携えるように

してわが校のステージに登場してくれた。

　まず第一に私がやったことは自分の信任をとりつけることだった。「たった一度の素晴らしくも短い

出演でしたが、自分の漫画上の民族性を誇らしく思ってます。どなたかどうしてシンプソンのキャラク

ターは黄色に描かれているのか分かりますか？」

　ヤードレイ・スミス通称リサ・シンプソンが模範生らしく手を上げた。「はい、分かりますよ」

「どうぞ」

「マット・グローニングがそうしたほうが面白いって思ったみたいよ。視聴者が画面上のシンプソンを見て、テレビの色がおかしいんじゃないかって人肌色を出そうと焦るけど出来ないのがおかしいって。何なのこれ？　どうなってんのって。それが彼の秘密のジョークだったみたい」

「どうしてぼくは、いやすべてのキャラクターが指三本なのかな？」

「それはアニメの伝統なんだ」とハンク・アザリアが言った。

「それの方が安上がりだからよ」とナンシー・カートライトが、続いてバート・シンプトンも口をはさんだ。

「だったら考えてもみてくださいよ、長年にわたってその指を描かないことでどれだけの金が節約になったことか」

「そのとおり」とナンシーが断固たる口調で言った。

「どうしてどのキャラクターも出っ歯なんだろうか？」

「それはグローニングの絵のこだわりだと思うな」ダン・カステラネタが、役柄のホーマーとは似ても似つかぬ口調で言った。「彼は顎のない世界の話だっていってるよ」

シンプソン御一行が来るとわかった日から、六人のキャストたちのインタビューの準備をするだけでなく、彼らが携えてくる漫画のキャラクターのことも同じように念入りに勉強した。幸い、彼らは全員連れてきてくれた。

ダン・カステラネタの〝ホーマー〟に「スプリングフィールド原子炉で正確には何をやっているんですか？」と尋ねると、「ぼくは安全検査官だ」と言った。

「せっかくここにいるんだから、それにスプリングフィールドもまだあるから訊くけど、記録的に無傷だったんですよね？」

「いや……二、三しくじりはあったよ」

「原子炉の溶融にまで来たことは？」

「ああ、何度もある。傷っていうのがそういう意味なら」

ハンク・アザリアの〝アプー〟について訊いた。「あなたの名前の姓の方は発音してみる勇気もないんだが、言ってみてくれませんか？」

「みんなそう言うけど、どうしてか全然わからない。ナハサピーマペティロン。つづりのとおりに読めばいいだけだよ」

「あなたの移民のステータスは？」

「半合法異星人」

「あなたの店の名前は？」

「クイック・イー・マート」

「なんだかコンビニみたいな名前だな。お客さんにとって便利な店にしていますか？」

「ビールの横に塩味のスナックを置いたりとか、そういうことはしてるよ。芸があるんだよ、ジェイムズ」

「じゃ、コンビニの世論調査をしてみますか。あなたのクイック・イー・マートでは二十九セントの切手はいくらですか？」

「一ドル八十九だよ、たしか」

「二ドル分のガソリンは？」

「四ドル二十セント」

「じゃ一セントのキャンディは？」

「びっくりするほど高いよ」

暗殺されたのがまだ疼く私はハリー・シェアラーに尋ねた。「一つ重要な質問があるんだが。レイニアーさん」

「はい？」とレイニアー。

「ちょっと席をはずして小道具のピストルを持ってきてもらえるだろうか？」

侮辱されたと思ったアーティストは背筋を伸ばして言った。「ぼくは小道具係じゃない。俳優だ！」

何人か王家の末裔をわれらがステージに迎えてきたが、ヴァネッサ・レッドグレーヴはその中でもダントツである。「七年間やってきたなかで初めて、四代もさかのぼり、百五十年も昔に戻ることが出来るのですが、コーネリウス・レッドグレーヴとはどんな人でしたか？」

「ああ、彼に会いたかったわ！」ヴァネッサは言った。「コーネリウスはチケットを売っていたのよ、たぶん闇市の値段で、ドルリー・レーン・シアターのチケットを」

ヴァネッサの父親であるマイケル・レッドグレーヴから彼女が受け継いだものについて質問すると、「わたしはとっても保守的な娘だったのよ。保守的であり保守党でもあり。父はかなりショックを受けたの。そしていきなり弟と私に小規模だけど素晴らしい舞台作品を見せ始めた。役者たちはあるかなしかの給料で舞台に出ていた。私は演劇や映画をどんどん観るように家から追いやられた。ジョーン・リトルウッドの『リチャード二世』も見せたわ。わたしが帰っていくとスクランブルエッグをわきにわたしを坐らせて、『どう思った？』って感想を訊いた。だからわたしはしゃべりだした。なんにもわかってなかったのに。悪口を並べたの。『あれはひどかった。ヘンなロンドン訛りだったし、王様と人殺しの区別もはっきりしてなかったし……』。そういう風にどんどん批判していたら、父の顔がどんどん暗くなっていった。そしてようやく父は言った。『もう二度とおまえがそういう風にしゃべるのは聞きたくない』。間。そして父は言った。『芝居や音楽会かバレエに行ったら、何が気に入らなかったという感想から始めるのはやめなさい。気に入らないことを話すのは簡単なんだ。誰だって気に入らないことは話せる。でも演出家が、作家が、振付師が何をしようとしていたか理解したか？ まず、その目的とするものは何なのか、成功していること、気に入ったところ、楽しかったところ、その中から得られたことから始めなさい』。それは大きな教訓だった」とヴァネッサは言い終えた。

せっせとノートをとってレッドグレーヴの受け継いだ遺産を分かち合ったわが校の学生たちにとっても、それは大きな教訓であった。

ドリュー・バリモアが『アクターズ・スタジオ・インタビュー』に来てくれたのは、彼女が二十七歳のときだった。私たちに二十六年間の芸歴ともう一つの名高い遺産について語ってくれた。「まただこのクラスは演劇上の王朝というテーマに戻ってきました」と私。「このシリーズが始まってからというもの、ヴァネッサ・レッドグレーヴ、アンジェリカ・ヒューストン、グウィネス・パルトロー、ベン・スティラー、ニコラス・ケイジらみなさんの系譜を見てきました。今夜、私たちは遂に舞台上いみじくも『ロイヤル・ファミリー』というぴったりのタイトルの芝居で舞台上称えられたアメリカのファミリーツリーにたどりつきました。あなたの曾曾祖父はどなたですか？」

「モーリス・バリモアです」

「あなたは自分の名前を誰から取ったのでしたか？」

「母方のジョン・ドリューから」

「彼は舞台の最初の紳士といわれました。ドリューの曾曾祖母たちは当時有名な女優たちでした。ルイザ・レーン・ドリューとジョージナ・ドリューです。ジョージナ・ドリューとモーリス・バリモアの子供たちとは誰のことですか？」

「ライオネル、エセル、ジョン・バリモアです」

「そのうちの誰があなたのお祖父さんなのですか？」

「ジョンです」

観客席の若い顔、顔、顔を眺めた。「このなかにジョン・バリモアを知らない人はいますか？ ジョン・バリモアはハムレットを演じた、アメリカの舞台、映画の歴史上もっとも有名な俳優の一人です。そして、あなたのお父さんは誰ですか？」

「彼の息子のジョン・バリモア・ジュニアです。みんなジョンです」

「バリモアの名前につながりを感じますか、その歴史に？ それとも遠い、意味のないことですか？」

「いえ、とっても強力に感じてます。大きくなる過程で、いろんなことを疑問に思うでしょ、どういう人間になりたいか、人生をどう作っていこうかとか、愛が見つかるんだろうかとか——こういう大きな疑問をいっぱい抱えたけれど、一つだけ疑問に思わなかったのは、何をするだろうかということだった。答えはそこから来てるんだって分かってる。この血が私の身体に流れていて、そのエネルギーの場が私の体内にあるってわかる。とりわけお祖父さんの血がね。よくお祖父さんは月だって思ってたの。月なら毎晩会えるでしょ。彼に話しかけてたわ、だって彼だけがわたしの気持ちが分かる人だって信じてた。どうやらうちの家族は代々がんばってわるい鬼を退治しては自分たちのいちばん好きなことをやってきたみたいなの、それが演じることと自分を表現すること。わたしも障害を乗り越えてまっとうにやるべく生まれついたと感じてる。だから、先祖には強い繫がりを感じてて、それで気がふれてるみたいに感じるんじゃなく、こういう情熱がある、運命がある、これをやるべきだと思えることにはちゃんと根拠があるんだって思えるの。それは明らかに先祖から流れているのよ」

ここでもまた、同じ事柄についての記述を比べるチャンスが出来た。今回は『E.T.』の最後のシーンである。

「スティーヴンがここに出演してくれたとき、エリオットとETとに共通点を感じるって言っていた。

つまり崩壊家庭、親のいない家庭だね。むろん彼はその生い立ちをガーティーとも共有している。そしてあなたとも。あの物語はあなたの人生とは全然違うものだと感じてましたか？　それともあの映画は単にすばらしい遊びだと感じてましたか？」

「とんでもない、よーくわかっていたわ。スティーヴンがわたしを泣かせなきゃならない時は、『ETはいなくなってしまうんだよ』って教えてくれた。それだけでもう泣けちゃった。だってあの時点でわたし、自分の人生に人の出入りが多いのにうんざりしていた。だからこの映画が終わってほしくなかった。そしたらスティーヴンが言ったのよ、『ねえ、ぼくたちはこれからずっと一緒に仕事するんだ。ぼくはいつだってきみのそばにいてあげるからね』。それを聞いてわたし嬉しくなって飛んだり、跳ねたり、大はしゃぎした。そしたらやがて彼はその逆をやらなければならなくなった。迎えたシーンでわたしが悲しくなきゃいけなかったから。でも、それってわたしが実感するいい機会だったと思うの。〝ああ、狂気を仕事に役立てることが出来るんだ。これはいい、これはいい。悲しいならそれを使えばいいんだから〟。でしょ？」

『E.T.』の、子供たちがETをクロゼットに隠してしまうシーンで、彼女がセリフを作りだしたのは本当かと訊くと、「それって〝カンベンしてよ〟かな？」と言った。

「そうですよ」

「そう」といってニッコリし、「わたしあの映画ではずいぶん即興を付け加えたのよ」学生たちが共感して笑うと、彼らの顔を見て、「即興も何もないわよねえ、たった六歳だったのに」

学生たちはこのチャーミングで傷つきやすそうな少女におおいに惹きつけられていたから、『E.T.』の話のあと、他のゲストにも訊いた「初めてタバコを吸ったのはいつですか？」質問の答えにはなおのこと衝撃が大きかった。

「九つのとき」ざわざわと低いざわめきが客席を走った。ドリューはそれに応じて神経質な笑い声を立てた。「笑っちゃうわよね。あんまり病的だもん」

「アルコールはどうですか？　いつ始めました？」

「『キャッツ・アイ』に出てたときかな。十一歳か九歳、十歳くらい」

「飲んだのは？」

「シャンパン」

「大麻はやりました？」

「ううんと……十二歳」ここでもまた客席から聞こえてくる反応に対して客席に向かい、「なんだかドラッグ撲滅のコマーシャルみたいになってきたわね。一つに染まると次々とやるようになるの」

「ドラッグで体重増えたのかな？」

「うん、いっときベビーみたいに丸ぽちゃで、崩れかかってたのね。わたしは丸ぽちゃのクスリ中毒の十二歳だった」そう言って学生たちの顔を見返した。「あんまりいい絵じゃないでしょう」

「いつからコカインに手を染めましたか？」

「十三歳。ニューヨークのクラブのシーンで」

「大人たちはそう背中を押したわけ？　彼らにそそのかされたの？」

「ただわたしがするのを許してただけ、わかるでしょ？　可愛いかったか、おかしかったかだけでしょ。さもなきゃわたしがそれをあしらえるくらいマセて見えたんだわ」

「いつ、そしてどういう風にリハビリ施設に入ったのですか？」

「十三のとき。ママに放り込まれちゃった」

「そうなったのはどうして？」

「酔っ払って帰ってきて家中荒らしたの」ここでまた彼女は学生たちの顔をみわたした。単調で乾いた口ぶりに彼女が同情も同意も求めていないことがはっきりと表われていた。「立派よね」

「お母さんはあなたをどこに送り込んだんですか?」

「ある閉鎖病棟に、一年間」

「どのくらい長く?」

「一年よ」

「うわあ、ドリュー、それは感心だ」

「感心? それとも寒心のほう?」ドリューが聞き返すと学生たちから笑いが起きた。彼女の『E.T.』以前の暮らしに動揺していた学生たちはどう反応したものか迷っていた。

「感心したんですよ」と私は受けて、「だってこうしていまあなたを見ているわけで、そのあなたに感心しているんですから。だから感心したって言ったんです」

「ありがとう」

数カ月後、『アクターズ・スタジオ・インタビュー』は〈ナショナル・インスティテュート・オン・ドラッグ・アビュース〉、ロバート・ウッド・ジョンソン基金、それに〈エンターテインメント・インダストリー・スタジオ・カウンシル〉から合同の表彰状を受け取った。額入りの書状にはこうあった。〝『アクターズ・スタジオ・インタビュー』、ドリュー・バリモア様、ドラッグ、アルコール、タバコ使用とその中毒性をテレビの自伝的シリーズにおいて正確に叙述したことにより、芸能界の誠実な努力を実践して見せてくれた創造的な貢献をここに称えます〟。

これはわが番組の獲得した賞の一つである。

わが校のステージで、ドリューは《プレイボーイ》誌に載ったときのことを話してくれた。彼女の後見人を自任していたスティーヴン・スピルバーグがプレゼントをしてくれたらしい。彼女の説明では
「巨大なキルトのプレゼントと、わたしの載った雑誌に彼がコンピュータで美術部さんに描かせたきれいな色のドレスを九着も添えてカードをくれた。それには〝身体を隠しなさい〟とあったわ」

プリズム表彰に背中を押されて、わたしはドリューに手紙を書いた。「スティーヴンが後見人部門では私たちの誰よりも勝っているが、でも、あなたの人生にもう一人後見人の入る余地があるなら、その役目に応募したいものです」

レニー・ゼルウィガーはもう一つ別の〝羅生門〟体験をさせてくれた。ステージで彼女のためにヒュー・グラントの回を再生して見せ、『ブリジット・ジョーンズの日記』での彼女のイギリス英語訛りとの格闘談を聞かせた。彼女のヒューに対する反応は瞬時で、しかも強烈だった。

「嘘つき！　すごい嘘つき！　だってテーブル稽古のあと、あの人『お見事、いやあ、お見事、レニー』って言ったのよ」そう言ってにっこり笑うとさらに踏み込んで「彼、この話してた？　わたしのせいで自分のキャリアが終わりになるって死ぬほど怯えてたってこと？」

「いいや、あなたに対する賞賛しきりでしたよ」

レニーはこのおいしい言葉を無視した。「怯えてたの、彼、怯えてた。本当なんだから。わたしがこの仕事をしくじって自分が二度と仕事出来なくなるんじゃないかって！」

そういって客席の笑い声に合わせて笑った。「ううん、彼は素晴らしい人よ。頭はいいし、ユーモアのセンスはシャープで回転が早い。ユーモアも彼の知性からくるものだから、いつでも人を愉しませるのね」

過去十三年間の記録をこうして綴っているのだから当然のことだろうが、この間、いくつかの意外なことがあった。意外なことの一つが、本書に〝ヴァルネラブル〟、つまり脆い、打たれ弱いという言葉がじつによく出てくるということである。この言葉は世間が芸能関係者にはあまり連想しない言葉であるが、それにしてもよく出てくるのだ。このレニーのときがそうだったが、彼女の率直さと脆さは一学生が質問したときに瞬時に明らかになった。「あなたは歌も、演技も、踊りも何でもこなせるようですが、ご自分で克服しようと努力している弱点は何ですか？」

レニーの答えはほとばしり出た。「名声っていうのが苦手なの、てんでダメなのよ！　胃が痛くなっちゃうの。もう何度となくそれって不誠実なものに感じてきたわ。不自然なの、分かる？　わたしの人生素晴らしいのに。いえ、創造的な面でってこと。自分にとってこんなに意義のあることをこんなにやれるなんて、その一部になれたんだって思ってもみなかったもの。とっても満足しているしたくさん勉強させてもらってる。創造に関わるみなさんならわかるでしょ？　自分自身をたくさんの違ったやり方で、大勢の違った才能人たちと一緒に表現できるなんて、夢のまた夢だったんだもの。本当に。だから、わたしはとっても感謝している。でもこの業界の〝有名人〟部分っていうのが慣れないのね。一生懸命うまくやれるように頑張ってるんだけど、あんまり批判がましいことは言わないように気をつけてるわ――あれは違う、これが正しいみたいなことはね。自分の力の及ばないこと、左右できないことはあまり気に病まないように努力してるの。それって……大弱点よね。大、大、大、大、大弱点」

『アクターズ・スタジオ・インタビュー』の萌芽段階から、この番組を修士課程の学生たちに将来起こりうるあらゆること――ありとあらゆることに注意を喚起する一助となるものと考えていた。ゲストたちは自分たちの絶頂時代の話、キャリアと最新の仕事の話をしにくるのではなく、自分たちの人生とキャリアの全体像、その山と谷についても回想してくれる。むろん、学生たちは山よりも谷の話からの方が学ぶことが多い。

ジョン・トラボルタの回は、そのなかでもダントツだった。しかも学生のためを思って人生の暗い時期の話を明かす積極性でも全ゲスト中、群を抜いていた。ジョン・トラボルタの芸歴は周知のとおり、三幕構成で語ることが出来る。第一幕は急激でセンセーショナルな人気沸騰。第二幕は十五間もの鳴かず飛ばずで、小物の俳優ならそのまま業界から消滅していた時期。そして『パルプ・フィクション』とそれにつづく作品で第一幕が褪せてみえるほどの成功をおさめた第三幕。

学生たちが経験するだろう陥穽を理解することが肝心なので、ジョンに尋ねた。「一九八〇年から一九九四年までの十四年間は、あなたが七〇年代に到達した頂きからの転落、もしくは自滅のように言われ、書かれてきましたが、事実はどうだったのですか？　そうなっている間、あなたはそれをどう感じていましたか？」

「ぼくは自分に対してしっかり自信を持ってるから、人に軽く見られてもあまり気にしない。ぼくには興味がないんだ。自分の失敗や間違いから学びはするけど、それで悩まない――だって悩んだら自分の生気がなくなるよ。ちょっと死ぬことになる。ぼくはね、俳優たちをとっても応援してるんだ。俳優たちには意に反したことはやってほしくない。だって世界は暗い、ますます悪い。新聞見てごらん、悪いニュースばかりだ。身の周りも悪いニュースばかり。ぼくに今この場で泣けって言ったら、ぼくは泣けるよ。だってそれくらいこの世界には悲しいことがある。悲劇が起きてる。たくさんの痛みが溢れてる。だろう？　じゃあ、喜びはどこにある？　元気は？　愉しさは？　それがぼくにとってのゴールなんだ。だからどうしてみんなネガティブな面ばかりに延々と拘っているのかがわからない。だってネガティブっていうのは簡単だよ。暗いっていうのも簡単だ。でも、喜びを見出そうとするほうがずっと面白いと思うんだ。だからぼくの落ち込んでいた時代、たしかにネガティブを感じてはいたろうけど、生きることと、人生の方を求めたね。ジェットパイロットの資格も取ったし、世界中を旅したし、いろんな人たちと友達になった。彼らから多くを学んでそれがぼくの栄養になった。ぼくにはチョイスがあった。〝もうキャリアは終わった、人生最低、生きてる価値はない、みんなどうせ死ぬんだ〟みたいなことを思えば思えたかもしれないが、そいつはとにかくぼくのタチじゃなかった。感じてたのは、人生を精一杯フルに生きてれば、ほかの人たちの元気をもらって、こっちも彼らに与えて前へ進んでいけばいつかは浮上するってことだった。でも、それは無視してればいいってことじゃない。だってもしネガティブな考えに負けてそれを信じだすと、どんどん下に落ちていってそれで終わってしまうからね。だから、ぼくは自分を愛してくれ気にかけてくれる人を十分周りに持って、それで沈まず浮いていられたんだ。わかるだろ?」

「わかります」と私は言った。学生たちもきっと必要になる教訓を聞くことが出来て感謝していた。

ここまでのページでもわかるとおり、私たちは度々ゲストたちに驚かされた——いや、目をむいた。だが、めったにゲストを驚かせることはなかった。だが、ジョン・トラボルタが来た夜は、それが起きた夜だった。その回の中ほどあたりで、客席内にある動きがあるのを認めた私はジコンにも学生にも青天の霹靂のアナウンスをした。「二十世紀の映画史上には何人かの女神さまがおわします。そのうちのお一人がいまここに、是非来たいとおっしゃって来てくださいました。間もなく彼女はこの『アクターズ・スタジオ・インタビュー』に出演されます。というのもこの八月にパリで彼女の回を収録したからです。ジョン、そして学生諸君、お迎えいたしましょう、ジャンヌ・モロー!」

ジャンヌが前の席で立ち上がると、ジョンは椅子から弾かれたように立ち上がり、信じられないとばかりに彼女の顔を見つめて叫んだ。「おお、すごい、すごい、すごい、こんなことってあるんだ。ジャンヌ・モロー! うわあ、すごい‼」

そしてステージの前まで行ってひざまずき、彼女に握手を求めた。「『バルスーズ』でぼくは初めて映画作りの素晴らしさを知ったんです。あなたとジェラール・ドパルデュー、そしてパトリック・ドヴェールとのシーン。おお、すごい、すごい! ぼくの大好きな映画です。ああ、すごい! あなたのなさったことはすべて素晴らしかった、でも、本当、打ちのめされました。もう!」

そうしてやっとジャンヌを放すと、よろめきながら席にもどり、彼女は腰をおろした。

椅子に倒れこんだジョンは、「ワオ! 本当にすごい驚きだった!」としめくくった。

それから間もなく、私は我田引水ながらこう言った。「私の好きな話題は、みなさんも辛抱強い学生諸君もよくご存知のとおり飛行機の操縦です。この話題はジーン・ハックマン、シドニー・ポラック、クリストファー・リーヴ、ハリソン・フォード、デニス・クエイド諸氏の回でも出てきました。あなたはいつから操縦を始めましたか？」

「一九七〇年、十六歳の時。ぼくの夢だった。持ち金全部はたいて飛行機操縦の教習につぎこんだ。それが始まり。三十三年前だな」

「どんな免許を持ってますか？」

「747、それと、707。つまりボーイング機の操縦。航空会社の旅客機ってこと」

「うわああ！」この紙面では伝えられないが、学生たちには私が嫉妬で顔色を変えたのが分かったはずだ。

「プライベート・ジェットではガルフストリームⅡ、ホーカージェット、サイテーションジェット、リアジェット……」

「それらはあなたの自家用機ですか？」

「いろいろな時期によりけりで、所有していたよ。それと戦闘機二機、エンパイア・ジェットとヴァンパイア持ってる」

「ハドソン川沿いの回廊を有視界方式で飛んだことありますか？」

「ある」

「ハドソンの西側を下りていって東側に上がるんです」と私が二人のパイロットの話に無感覚になってしまった観客に向かって説明する。「千百フィート以下で飛ばなければならない」

「そのとおり」

「だから摩天楼より低いってことです。この飛行を二年半まえにやったんですよ。家内は後部席で写真を撮ってましたが、ワールド・トレード・センターを通過したときに一枚撮ってたってわかったんです！　飛行機はセスナ127。黄昏で美しく、ニューヨークのスカイラインが見えて、その写真のちょうど真ん中あたりにツインタワーがあって――それらが逆さまに写って飛行機の翼の下の部分で揺らめいてみえた」

「ああ、すごい！」

「それはいまわが家のリビングの壁に大きくして張ってあります。その下には、私が操縦して微笑んでいる写真もね。操縦しているときはいつだって微笑んでます。そして三番目の写真はケダカイが撮った自由の女神像の上を飛んだときのもの。たまたま、宵闇を背に女神のトーチが赤々と照らし出されたときを完璧に捕らえてます。だから、この三枚はうちの壁にあるんです。永久にね」

『アクターズ・スタジオ・インタビュー』は語り草となる話に与ってきた。一例がクリント・イーストウッドの登場だった。よく人に訊かれる質問の一つに、ゲストはオンステージとオフでは違う素顔を見せるのかというのがあるが、答えはあまりない、である。クリントの場合には皆無であった。観客がクリントのなかに見、尊敬を払ったものは、クリントその人だった。レンズの前でも後ろでも、私が思うに、たぶんどんな状況においてもクリントはクリントであるだろう。

およそ他の映画撮影のセットとは対照的に、クリントのそれは穏やかなことで有名だ。その点を問うと、クリントは彼とともに映画から映画へと連作に従事してくれるスタッフについてこう言った。「それは、スタッフたちがいい連中だからだよ。こっちに誠意を尽くしてくれるなら、こちらも誠意を尽くさないわけがない。それに、身勝手だが、みんなぼくの言葉を分かってくれるんでね。ぼくはあまりしゃべりがうまくない――二杯くらいひっかけないと。だから、まあ身振りで表わすんだよ、これはこう、あれはこうって。それで実行。ぼくは昔からどうして映画撮影の現場はこう騒々しいんだろうと思ってた。人はどなりまくり、ベルは鳴り、メガホンでどなり……。数年まえにホワイトハウスに行ったとき、シークレットサービスの連中を見ていたらね。やりとりをちゃんとやってるのに、誰も音を立ててない、聞こえない。だからぼくは助監督に言ったんだ。『シークレット・サービスはいっさい音を立てずに会話してコントロールできるんだ。なのに、映画人たちがこれほど先進機器を持っていながらどうして出来ないんだ?』。それで、ラジオ類を切った。シーン中キーキーいうノイズなし。それでもスタッフはちゃんとシーン中にしゃべれる──こういう風にね」といって自分の衿マイクに向かって囁いた。「こういう風に現場を維持しているよ。こういう風に静かにして仕事するのに出来るだけいい雰囲気を作ってあげるんだ」

ほかのゲストたちがよくクリントのテークの始め方と終わり方を話題にしていたことを持ちだした。「あなたは〝アクション〟とも〝カット〟とも言わないそうですね。これは他のどの映画監督ともちがうのですが、どうしてですか?」

「それは『ローハイド』から始まったことなんだ。ここにカメラがあるとする。四人馬に乗ってる男たちがいて、四人隣り合って並ばなきゃならない。それはクローズアップで撮るのは難しいショットなんだ。そしたら、直ちに、先端にマイクをつけた棒をビュンビュン振りはじめた。馬はこれが嫌いだ。イライラしだした。そして、四頭の馬がワンショットに入りそうになったその瞬間、男がメガホンの大音声で叫んだんだ、『アクション』。そうしたら馬たちはてんでに好きな方向に駆け出した。ぼくもその一頭に乗ってたんだがね。監督は『カット! どうして馬のやつらは……』っていうから、ぼくは言った。『どうだろ、アクションって怒鳴らないでやってみては? 何かほかのことを言ったら?』。でもどうしてもそうはやってもらえなかった。俳優は馬じゃない──でも彼らにだって中枢の神経系統はあるんだ」このときの収録はロサンゼルスで行なわれたが、劇場は俳優たちでいっぱいで、彼らがどっと爆笑した。「しかも、みんな撮るシーンについての懸念を抱いて坐って待ってる。それなのに、『アクション』と叫ぶと、アドレナリンの量は上がる、血圧は上がるで、最高の状態ではない。だから、ぼくはただ『オーケー、いつでもどうぞ……行こう』って言い、終わると『ストップ。ありがとう』とか『下らんやつそこまで』とか言うんだ」

この話はクリントの映画がどうしてこんなに多くのアカデミー賞を産んでいるかの説明になっているかもしれない。二〇〇五年、クリントとワーナー映画は『ミリオンダラー・ベイビー』のＤＶＤ製作に際して、特典映像の司会を務めるように依頼してきた。私のスケジュールとクリントのそれの都合上、収録はアカデミー賞授賞式翌日の早朝にならざるを得なかった。ワーナー撮影所内に設営してくれたセットに私が到着すると、疲労困憊して充血した目の受賞者三人が待っていた——最優秀助演賞を自分の前のテーブルに置いたモーガン・フリーマン、同じく自分の前に最優秀女優賞のオスカーを置いたヒラリー・スワンク、そして最優秀監督賞と最優秀作品賞のクリント・イーストウッド。

クリントのやり方は有効だ。七十代を『父親たちの星条旗』や『硫黄島からの手紙』で盛大に行進した彼は、静かに、とても静かにアメリカの最も重要な映画監督の一人となったのである。

二〇〇三年一月十六日、バーブラ・ストライサンドから手紙が来た。結びに思わせぶりな〝あなたの番組が大好き！　とーっても面白いわ。いつの日か……わたしが東海岸に行くようなことがあったら……相談しましょう……〟とあった。

身体に電撃が走った。当然のことだった。『アクターズ・スタジオ・インタビュー』立ち上げの当初からバーブラを口説いてきたのに、うまく行ってなかったのだから。こうなってはと、私は今までの二倍の努力をつぎこんだので、夏が来る頃には懇願が実りそうな気配になった。私は九月の最初の枠に彼女の名前を書き込んだ。ところが、八月の最終週に彼女の予定が変わった。東海岸には来ないという。そこで知ることになった難関は、彼女が頑として飛行機旅をしたがらないということだった。そこで心底無念に思いながら、カレンダーの九月八日から彼女の名前を消した。

二、三日後、ハンプトン・クラシック乗馬ショーの初日、ダナ・キャランに言った。「ねえ、ここんとこバーブラと話をしてたんだ」
「それをわたしに言うの！」とダナ。「彼女から電話で聞いてるわよ。とっても喜んでる。わたしも。収録見にいくわ」

「いや、来ないね。彼女は」

「何言ってんの？」

「彼女気が変わったんだ。来ない」

「それがまた変わったのよ」

「でも飛行機じゃ来ないんだ」

「なら大丈夫よ。ウーピー・ゴールドバーグのバスで来るの。ニューヨークのプランも立てた」

ダナは携帯電話を取り出して日曜朝のバーブラの自宅にかけた。私は彼女が問い詰めるのを呆気にとられて聞いていた。「こっちに来るわよね。わたしたち、あなたに来てもらいたいの。こっちにきてもらいたいの！」

〝私たちって誰？〟と言われたのだろう、それに対する返事としてダナは携帯を私に押し付けた。「ハーイ、バーブラ。ジム・リプトンだ」

「あなたダナ・キャランと何やってんの！」私の耳に彼女ががなりたてた。

「いや、乗馬のショーにやってきててね。あなたがニューヨークに来るって教えてくれた」

「いやっ！　彼女を殺してやる！」

「あなたが番組に出たがってくれていると思ってた」

「もちろんよ。でも、でも……」

その後十数分ほど、バーブラのつとに知られた完全武装の不安感をなだめすかした末に、九月八日、ダナ・キャランは前の座席に坐り、バーブラはステージ上、私と向かい合って坐った。それは『アクターズ・スタジオ・インタビュー』の歴史上、最も記憶に残る、最も視聴率の高い夕べとなったのであった。バーブラは椅子に坐るとダナを見下ろし、ニコニコ笑って見上げているダナに言った。「みんな、あなたのせいだからね！」

〝自然の力〟と〝脆さ〟は言葉の意味で相反しているように聞こえるだろうが、バーブラの場合はこの二つの言葉が彼女を正確に言い表わしている。ある人柄だと彼女を解釈した人が、もう一つの見方を排除するということはおおいにありうる。でも私はこの相反する本質のもたらす緊張関係こそが彼女の人柄と芸術の根底にあるのだと信じている。それが一番はっきりするのが、彼女が歌っているときだ。『アクターズ・スタジオ・インタビュー』の彼女の回で、彼女は歌を、想いと感情を、さざなみのように波立つ六十四分音符で苦もなくユニークに歌いきって、アメリカの芸術的歌唱とはこういうものだと思い知らせてくれた。

おおいに躊躇し、考え直し、恐れ、方向転換した末に、彼女はわが大学のステージに来てくれた。だが、ひとたび登場してしまうと、どこまでもあけっぴろげで、私たちならひるむだろう話題についても率直に語ってくれた。

学生たちも数百万の視聴者もその夜学んだことは、彼女の成功はどれも簡単に叶ったものではないということだ。多くのゲストたち同様、バーブラの人生にも親の喪失が影を落としている。父親はバーブラが生後十五カ月のときに他界し、母親の人生で、そして彼女の人生でその代わりとなった男は、彼女の言によれば満足できる男ではなかった。

「たしか、一九四九年の夏、あなたのお母さんはヘブライ・ヘルス・キャンプにある人と現われたんですよね」

「はい、知らない男とね。わたしはいつだってうちの母を牛耳っていたの。十歳のときにタバコの吸い方を教えられたし。その男をつれて現われたとき、もうキャンプ生活が嫌でならなかった。食べ物はひどかったし、ゴム製のシーツにバスローブはインディアンの毛布みたいだった。だから母に言った。『わたしを家に連れ帰ってくれなきゃいや！』。今でも覚えてるけど、ダンボール箱もらってきて、荷物ほうりこみ、それからその男と一つ車で帰って行った。もうウィリアムズバーグには暮らしてなかった。そして新しい生活が始まったの。でもその男が新しい継父だと知ってショックを受けた」

「彼の名前は？」

「ルイス・カインド」

「その暮らしはあなた方親子にはどんなものでした？」

「わたしが十三のときに二人は離婚したわ」

「関係は悪かった？」

「わたしは気に食わなかった」

「どうして？」

「母に優しくなかったから」

「あなたには？」

「とんでもない！」

「とんでもないってどういう意味ですか？」

「そいつ、わたしが好きじゃなかったの」と不機嫌そうに言った。「彼のポンティアックに乗ったときのことだけど。後ろが傾斜してる車、知ってるでしょ？」

「はい」

「わたしおしゃべりなの。友だちのロザリンド・アロンステインと一緒だったけど、彼が言ったわ、『どうしてその友だちみたいになれないんだ？　無口に？』」彼女はそこでひと間おき、目を細めて私の方を見た。「それはないでしょう」

「それはない」と私も相槌を打った。「たしかにそれはない」

彼女はぱっと明るくなって生き生きと過去を語りだした。「それからね。母が教えてくれたの、彼が色覚異常だって。だからわたし言い続けたのよ、『なんて素敵な赤い光！　なんてきれいなグリーン！ああ、いまきれいな赤に変わったわ！』って」

後で、『ファニー・ガール』のブロードウェイ大成功についての話になったとき、私は訊いた。「あなたの継父、カインド氏は観に来ましたか？」

「最後には来たわ。ええ」

「終演後、楽屋に訪ねてきましたか？」

「ええ、カゴ詰めのキャンディを持ってきてくれた。なめるキャンディよ。二十年後になってふと、それがバスタブの上の方に置いたままになってたのに気がついた。で、やっと、もう誰かに認められたいって欲がなくなってしまったから、それ、捨てちゃった」

「お母さんはあなたの生き方を認めているのですか？」

「わたしの母は、人にわたしを褒める方のタイプだと思う……わたしに面と向かってじゃないけど。よく言ってたわ、『生意気になっちゃだめだよ』」

バーブラは長いこと私を見つめていたが、肩をすくめ、椅子に深く坐りなおし、黙った。見るからに苦しそうだ。

「わたし、父の墓に行ったことがないのよ」と思いを巡らせ、「それって興味深いでしょ。三十歳だったか……三十五だったか……そのあたり、三十九かな、覚えてないんだけど、三十代だった。ロングアイランドにある父の墓に行ったことがないんで、思った。〝本当に父さんの墓に行かなきゃ〟って。それでその墓地に行った……そして私が持ってる父との写真はわたしが墓石に片手を回してる写真だけ」

彼女が十代のころに夥《おびただ》しい数の演技クラスを取っていたのを知っていたので、アクターズ・スタジオのオーディションを受けてみたかと訊いた。

「ううん。まず第一に、ちょうど当時、友だちがわたしにパートナーになってほしいって頼んできた。だからわたしの宝物の一つはアクターズ・スタジオからの手紙でね、それには〝当スタジオはあなたの実績を評価するものですが、単独でオーディションにおいでください〟と書いてあった。だから、行ってシーンを演じた。ずっと泣き通していたのを覚えている。でも、だめだった。わたしはまだ十五歳だった。スタジオからは『また改めていらっしゃい。もう少し大きくなったら』って言われた。でも二度と行かなかったの」

「でも『アイ・キャン・ゲット・イット・フォー・ユー・ホールセール』の《プレイビル》での略歴の件はどういうことだったんですか？」

「ああ、やだ、それっておかしかったのよ。〝アクターズ・スタジオのメンバーではない〟の一行でしょ？　わたし、本当にメンバーじゃなかったから〝アクターズ・スタジオのメンバーではない〟って書いたら面白いと思ったのよ」学生たちが笑ったので、彼女はあわてて付け加えた。「そりゃとっても憧れてたわよ……つまり、とても入りたかったの！　でも、もう一度行かなかった。でも、わかんないでしょ、もしかしたらわたし受かっていたかもしれないじゃない！」

「でも、まだ十五歳だった」

「そう」

私はその夜のために用意した五百枚のブルーカードの下から一枚の手紙をずらして出し、読んだ。

「アクターズ・スタジオ共同所長の特権として、私は本日受け取った手紙を読むことにいたします。〝親愛なるバーブラ殿、遅きに失したことながら、四十六年まえに遺憾な過ちのあったことが判明いたしました……」私は読みやめて、アクターズ・スタジオ・ドラマ・スクールの学生たちが上げる哄笑にバーブラが加わるのを待った。そして続けた。「当校はこの機会をもってその過ちを訂正したいと思います。アクターズ・スタジオの共同所長として、あなたの業績の質と高い水準を評価し、今後はアクターズ・スタジオのメンバーであると認めることは大いなる喜びです……」

「あらあ、すごい、素晴らしい！」バーブラは客席の騒ぎの上をいく声で叫んだ。

「……さらにメンバーの持つすべての権利と特権を与えるものといたします」さらに私は先を続けた。

「共同所長、スタジオ理事会と同校メンバーになりかわって、私はあなたが携わっている仕事をこれからも愉しませてもらえることを期待するものです。エレン・バースティン」

「あらあ、すごい、すごい！」バーブラは有頂天になった。「じゃあ、あたしは今後芝居に出るとき、《プレイビル》に〝アクターズ・スタジオのメンバー〟って書いていいんだ」

収録開始から二時間、九時半になるとバーブラがだしぬけに私に向かって言った。「本番中おなか空かないの？　だって、空いて空いて、たまらなくならない？」そのコメントにはショーン・ペンやジョニー・デップのタバコのコメントに負けぬほどの拍手が起き、私は長年学生たちに同様の苦行を強いてきたのかと悩ましく思った。「キットカットとか何か？」バーブラがやるせなげに言った。「こんなに長時間何にも食べないでいたことないのよ。クッキーは？」

願いは無邪気そのもので気取りも何もない素直なものだったので、私は言った。「クッキーどうです？　クッキー持ってきますが」

「そうねえ、そう。リッツのクラッカーとか。何でもいいわ」

彼女の気持ちが番組ディレクターや劇場外に駐車している車両ユニットのライン・プロデューサーに通じたにちがいないと、私は菓子類を請求した。すると十五分後に、つまり九時二十九分、二十六秒二十七フレーム後に、舞台監督が菓子類を山盛りにした皿を持って現われた。

「オオ、ワオ！　見て見て、これ！」バーブラが叫んだ。「うわあ、すごい！　これ食べていいの？…

…」

「もちろん。全部めしあがれ！」

「本当に……？」と皿の菓子を調べた。「おお！　おお！　オレオだ！　それにキットカット！　うわあ、天にものぼる心地！」オレオとキットカットを割ったものを口に入れながら、彼女は騒いでいる学生たちを眺めて言った。「だって、この番組に出るのって体力要るのよ。テーマだって――」といってまたキットカットを一口食べ、「ずっと昔のことなんだもの。脳細胞を燃やさなきゃ！」

オレオとキットカットは効果抜群だった。バーブラの脳細胞は、開始後五時間で彼女と学生たちを会場から追いたてたときでも、チャイナタウンのチェリー爆弾のように燃えていた。

シャーリーズ・セロンが来てくれたとき、親の喪失というテーマはびっくりするような展開を見せた。その詳細は全部とはいわぬまでも公の記録に残っているものだったし、ゲストに恥をかかせるような危険を冒さないのが私の公約でもあったし、何よりも母親のゲルダが劇場に同伴して前の座席に坐ることが分かっていたので、私は開始まえに二人と控え室で話し合った。カードには二人に影響あることが載っているので、その話題に触れていいという許しが欲しいと言った。そして付け加えた――二人は即座にその話題に拒否を表明してもいい。説明もいいわけも必要ないし、その後は控え室でもステージ上でもいっさいその話題には触れないと。

そもそもこの話題をご本人たちにも視聴者にも持ち出そうとしたのは、『アクターズ・スタジオ・インタビュー』の目標がゲストの人格とアーティストを形作った経験の数々を検証することにあるからだ。シャーリーズの職業的、個人的歴史のある面は、その背景を語らずしては説明がつかないからである。とはいえ、二人にはどんな場合でも不愉快な思いをさせてはならないから、その要素抜きでも十分番組はうまく進行できると伝えた。

そして最後に、私は二人に二人だけで話し合って一言〝イエス〟か〝ノー〟で返事をしてほしいといって控え室を出た。数分後、二人は姿を見せた。「イエス」とシャーリーズ。私はセロン夫人の顔を見た。夫人も毅然と「イエス」と言った。

登場して一時間近くになった。シャーリーズは私の横の椅子で申し分なくはきはきとしており、それを前部中央の席から見上げる夫人も娘と同じように人目に立つ美しさだった。私は言った。「このシリーズも十年目に入りますが、私たちみんなにとってもっともありふれたテーマの一つが、まず私の例から始まったように、死別もしくは離婚による親の喪失があります。ゲストの多くが人間としてアーティストとしての自己形成の礎石であると考えています」そういってシャーリーズの顔を見た。「これはとても難しいことでしょう。拘ってもらいたくはないのですが、でも、これがあなたの人生、その成り立ちの一部であることは明らかです。あなたが十五歳の時、悲劇が起こりましたね」

「ええ」

「それは何ですか？」

「それは……ええ、父が不幸にも、あの……病気になったんです。父はアルコール依存症でした……人生のほとんど全部。あの……うちの家族はその、それと共存してきました。でも、どんどん悪くなる一方で……そして私が十五歳のとき、ある晩、父は。父は、父……」私は話に割って入ろうと構えたが、シャーリーズはそうはさせずに先を続けた。「そうなの、父は、そのある晩帰ってきたけど……それがいつもよりひどくて、そして、そして、あの……撃たれてしまった」

そして黙ってしまった。私はつぎの話題に移ろうとしたのだが、彼女がまだ言い足りなかった。「そう、とっても……あの、その……こんなことが自分の人生に起きるなんて思わないでしょう？　そういうことって他の誰かに起きているんだって思うでしょう？　でも、ああ、それってとっても不運なことだった。不運なことが起きてしまった。わたしの人生にとってとんでもない悲劇だったの……」

私はその痛ましい記憶を省略して無色なものとして受け止める道を見つけ、誰と言わず、受動態の〝撃たれた〟という表現で表わした。「結果的に彼の死の解釈は……」

「正当防衛。そうです」

その悲劇の夜を客観的に見ることによって方向転換を図った。「十五歳の少女がどうやってそんな巨大な出来事に対応したのですか？　ひどく辛かったですか？」

「ええ、それはもう。まず第一に、親を亡くしたんです。それから、その亡くし方なんですけど、立ち直るのにいちばん長く時間がかかったのが……自分を愛してくれてる父親がある日、自分を殺そうとするなんて思ってもみないでしょう」彼女はそこでどうにか笑ってみせた。「それに……十五歳のときなんて、こういうことすべてが……どう理解していいか分からないの、本当に」

「思うんだけど、たいていのことは時間とともに起きるの。それに素晴らしいことに母と私は本当に強い絆で結ばれていたんです。それがあったということを感謝しなきゃ。だって、当時、わたしはまったく孤独であったかもしれないもの。でも、わたしには親が、しっかりした親がいてわたしをずっと導いてくれた……たいていの……すべての苦労を通して。だから、ある意味、わたしは恵まれていたの。でも、時というのが、わかるでしょ、とても時間がかかるの。とても時間がかかるの」

シャーリーズが類まれな美人から残忍な目に遭わされる醜い売春婦への変身を遂げた『モンスター』を思い返して、言った。「あなたは俳優として非常に強力な感情表現力を持っていると思います。自分の人生できわめてパワフルな体験をしたのがその資源となっているのだと思えるんですが」

「ええ。わたしにとって演技することの素晴らしさは、それがカタルシスをもたらす体験だってことなのね。わたし、人は通らなければならない道にはだれかが必ず手助けして導かれるって本気で信じているの。だからって、人任せにしてゆったり構えていれば万事ことが起きてくるって思ってるわけじゃない。そんなんじゃない。でも、ある意味、わたしの人生に起きたこと、いえ、いま起きていることをみると、わたしが幸運だったからこそいない在る場所にいられて、演技をする経験が出来て、自分の人生を納得できるものに出来たと思うの」

「分かります」

「ほかの人たちにはそれはセラピーであったり、瞑想であったり、創造のほかの形なのかもしれない。でもわたしにとってはあるキャラクターを通して感情を体験することがそれに当たるの」

このときの経験をこうして記しながら、自分の考えをきちんと伝えているとは思わない。シャーリーズのための道をすっきりさせてやりたいと努力するあまり、肝心の要素が失われるのを許してしまった。つまり、誰がシャーリーズの父親を撃ったかということだ。あの番組を見た人、このページを読んだ読者のなかにはシャーリーズがやったのだという印象を持った人がいるだろう。もしかしたら、母親をかばいたいあまりそのあたりを曖昧にしたままで満足しているのかもしれない。だが、公の記録上、撃ったのは母親であり、正当防衛を理由に無罪となっている。いずれにせよ、私は俳優シャーリーズ・セロン、人間シャーリーズ・セロン、娘シャーリーズ・セロンの賛美者である。

その夜の終わりには、いつものように空腹から〈イレインの店〉の食事が恋しくなったので、シャーリーズ母娘をケダカイと私との食事に招待すると、二人は応じてくれた。レストランはその夜遅い時間にも拘わらず混みあっていたが、ジロジロ見ることを許さないイレインの鉄のポリシーと、たいていの顧客の持ち前のクールさのお陰で、シャーリーズの親娘は要らざる好奇の視線にさらされることはなかった。ただ一人、今まで私たち夫婦には何の興味も示さなかったメジャーリーガーの野球選手が私たちのテーブルに久しぶりに会った旧友のような顔で挨拶し、ゲスト二人に紹介されることを露骨に迫った。

それと反対に、私たちのテーブル〝から〟の関心が強烈だった。シャーリーズと母上は部屋中を見回し、メモ書きを見せ合っているので、一体何にそんなに関心を示しているのかと尋ねると、反応はステージ上で見せてくれたのと同じように率直だった。「わたしたち、母にいい男性がいないかなって捜しているの」食事中、ケダカイと私が周囲の男たちの可能性をあれこれ吟味している横で、シャーリーズと母のゲルダは新しい客が入ってくるたびに生き生きと関心を示し続けた。明らかに、二人は〈イレインの店〉を楽しいハント会場だと決めたようだった。

やがて、二人は店の常連客の一人に的をしぼった。彼はつとに有名な独身男性であり、つとに有名な不適格者であった。マフティの平服を着てイレインのほかのスタッフのように振舞っていたが、彼はその実ピート・コラピエトロ師、〝ブロードウェイ〟教会として知られるホーリー・クロス教会の神父さまだった。彼が立ち上がって私たちの客人二人に会い活発にやり取りをするのを見て、ひそかに思った。彼の天職さえなければ、彼はゲルダにはぴったりの相手であったろうと。

ブラボー・ネットワークはシャーリーズの回をオスカーの投票期間に放映し、彼女はアカデミー賞を受賞した。彼女、ゲルダ、そして私は《ヴァニティ・フェア》のパーティで受賞を喜びあった。私よりずっと宴会好きのピート神父は欠席で、とても残念だった。

ラッセル・クロウは『アクターズ・スタジオ・インタビュー』に例のワルのイメージそのままに登場した。だが、帰りにはそのイメージは木っ端微塵に飛び散っていた。というのも、彼が気持ちのいいゲストであったばかりか、学識豊富で良識ある職人だということがわかったからである。「セットに入るまえにどのくらい勉強しますか？　自分で準備しますか？」と私は訊いた。

「ああ、もちろん、もちろんだよ。本を受け取る。するとつぎの朝には準備できてるよ。準備とリサーチはぼくの好きな特権だと思ってる。ぼくはね、好奇心旺盛だからね。それにこれは絶対そうなんだがキャラクターに自分がつぎ込めばつぎ込むほどスクリーン上にそれが出るんだよ。例えば、『L.A.コンフィデンシャル』では、バド・ホワイトはロサンゼルス警察のなかでも一番の大男となっていた。ぼくはものすごく小さなアパートを借りた。バスルームのドア口を通るのだってきついような狭いとこ。

ぼくにとって、そこを通ることを毎日毎日、リハーサル中続けることで、自分が大男なんだって気がしてきたんだ。自分が環境には大きすぎる男、それがバド・ホワイトが具えているはずの心理だからね。海賊に扮したら、片目に眼帯するかオウムを持たなきゃな」と彼は学生たちに言った。「外面的なことをまずできるだけ早く押さえてしまおう。それをどかしてしまおう。しかもそう決めたことを後で訂正、調整するのを恐れちゃいけない。最低線というのは、スコセッシも言ってるとおり、『まず決定しなきゃどこにも行けない』んだよ。だから、できるだけ早く決めてしまおう。でも、間違いだと分かったら変えられるだけの流動性、融通性を持ってオープンでいよう。間違ったとわかってやり直さなかったら、全行程を台無しにして自分を損なうことになる。そういうことにほれ込んでしまうなら芸なんかやって見せちゃいけない。だろ？　キャラクターに仕えなさいよ、自分自身にではなく」

その夜教えられ学んだ教訓は多々あったが、私のつぎの質問に対するつぎに答えほど変わっていて役に立つものは少なかった。ラッセルが話していた彼のバンド〈30オッド・フット・オブ・グランツ〉に関連して「あなたは演技に向かうとき、まずロックンロール的メンタリティでかかるといいましたが」と水を向けた。

「そう、そう、そう」

「それはどういう意味ですか？」

「観客をもてなすってことが肝心だってこと。自分は物語を語るプロセスのほんの一部なんだとわきまえること。ぼくがそこに至ったのは、なんていうか、破れない鉄則があるような一段と尊い見解からじゃ絶対ない。ぼくが俳優としての成長段階で絶対の法則だと教えられるたびに、そいつは結局ウソだとわかった。自分の演じるキャラクターを愛せっていうだろう。そいつを愛したら、そいつの欠点を許すっていうだろう？　自分のキャラクターに恋したら、そうした欠点を表す機会を逃してしまうじゃないか。自分の演じるキャラクターに対して客観的でいようよ。だってそういう欠点がその人を個人と成して彼を、いや彼女を、個々の人間とするんだよ。ぼくはこの仕事に惚れることに決めた。演技することは好きだ。その役の発掘でどんなとこに行き着こうと、発見はとびきり結構なものさ。なんであれ、誰を自分がさらすことになろうと、ぼくはこの仕事が好きだ。この探求が好きだ。それに必須なエネルギーが好きだ。そのフォーカスと集中の行程が好きだ。この仕事が好きなんだ！」

ラッセルは一息いれた。学生たちも一呼吸する時間が必要だった。「仕事としてはね、演技ってのはメチャいい仕事だよ。会社に勤めるなんていやだよ。それじゃないとしても何か別の職業につくだろうね、それが自分に向いていると思えば。でも、そうじゃないからさ。ぼくはやくざなジプシー。代々続いたジプシーの出だ。ジプシーの偉大な伝統は物語を語って聞かせること。それがぼくの仕事だ。二、三百年前は事情が違ってた。でも今では、チカチカと瞬く光を通して時には何百万もの人間にいっぺんに話しかけている――うまく行けばの話だがね。そしてそいつはカッコいい。いい仕事だ。ぼくは特権として人々に話を語って聞かせるチャンスを求めるのを止めない。大袈裟で理想主義だといわれるかもなあ。でも構うことはない。フン、それがぼくなんだから！」劇場内は拍手喝采に包まれた。

ピボー・アンケートで、一番嫌いな言葉を訊いたら、「三単語の言葉だけど、いいかな？」という返事が返ってきた。

「もちろん」

「ハリウッド・バッド・ボーイ」

「いいですか」と私は言った。「仕方ありませんよ。これが放映されたら、あなたの名声はガタ落ちですよ。今夜こんなことを話してくれたからには、子猫ちゃんと言われるでしょうよ」

子猫ちゃん、そして芸に身を捧げたアーティスト。私が語る特権に与った物語の、大勢の寛大なヒーローたちの一人だった。

第十五章

「わたしたちのセックスはわたしたちの正体の一部なの。好色とか情欲だけじゃなく、わたしたちのセックス。セックスよ。それがわたしたちの歩き方、話し方、考え方を決めている」

——シャロン・ストーン
『アクターズ・スタジオ・インタビュー』より

トム・クルーズに対してわが校の学生が畏怖の念を抱いたとしても意外ではないだろう。さらに、彼と一緒に仕事をした経験のある者なら、彼がすばやくかつしなやかに相手をくつろがせるという事実も意外ではないだろう。二〇〇三年十二月にわが番組に出てくれて以来、トムとは何度か会っているが、いずれの場合でもその夜と同じように率直で丁重だった。どうやら、それは彼の性格であるようだ。

ステージで、私が彼の家系図を出して見せると、予想に反して彼は思いがけない話になったという顔をした。「ヴァネッサ・レッドグレーヴがその椅子に坐ったとき、彼女の家系を四代たどって一八四六年まで遡ることが出来ました。あなたの家系はその記録を破りました。あなたの場合には一八一〇年まで先祖をたどることが出来たんです」

「ワオ！　本当に？」

「最初のトーマス・クルーズ・マポターは一八七六年。あなたの家系図です」

「ありがとう。ちょっと見せてください」

彼にそれをわたしながら、私は訊いた。「マポターの家紋、見たいですか？」

「うん。見せて。ねえねえ、生きてると毎日必ず新しい発見するもんだよね。ワオ！」

本書のこのあたりに来るとくどくなるが、〝親の喪失〟というテーマがまた出てきた。

トムの話では、彼の両親は彼が十二歳のときに離婚したそうなので、私が「父は私の人生のほとんど全般にわたって不在だった。父と再会したのは彼の人生の終盤だった。あなたもそうだったのではないですか？」と尋ねると、「うん、そうなんだ。ちょうど『栄光の彼方に』を撮り終えたばかりの頃だった。祖母から電話がきてね。ぼくはほとんど十年近く父とは会ってなかったからね——あんたの父さんが死にかけてるよ、病院で、もうじき死ぬけど、会いたいかって言った。だから……言った。『ああ、親父に会いたいよ』。そして会いに行った。親父は会ってはくれるが過去の話はしないという条件つきだった。ぼくはプレゼントを持って行った。小さな像、学校さぼってるトム・ソーヤーみたいな少年のフィギュア。それには『スティング』のテーマ曲が入っていた」トムはそのテーマを口ずさんだ。「というのも、親父とぼくは……あの映画が好きで一緒に見に行ったからだった……」

彼は口ごもって長い間黙っていたが、やがて「だから、それを贈り物にしたら、親父は笑って、受け取った。その時点で彼はぼくとは……ぼくは二十一歳だったが……ぼくにとってはものすごく強烈な瞬間だった。親父をよく見ると、大柄な、身長二メートルもある人目に立つ男だった。その瞬間、なんだかたまらなく……可哀相になった。後になって聞いた話じゃ親父は家族を失ったって事実を噛みしめたらしい……とっても特別な家族だったのに、ものすごい人生の圧力に負けてそいつを……手放してしまった。わかる？　彼は間違いを犯した、そしてそれを自覚していた。そして、ぼくは彼に対して怒っていなかった。ただひたすら自分の父親だった人を見つめていた……そしてぼくは親父を……どんなことがあっても、ああ……」

彼はまた口ごもった。「お父さんに自分の気持ちを伝えましたか?」と訊いた。

「うん。手を握ったら親父が言った。『おい、ステーキ食いに行こう。こんな病気治ってみせるから』。ぼくはただ彼を愛している、起きたことはしょうがない、過去は過去だよって伝えたかった。それはとっても強烈だった」

「その後またお父さんに会いましたか?」

「いや、もう会えなかった。死んだ」

「その終わり方はそれなりに満足のいくものでしたか?」

「かなり満足しているよ」

いつもながら、学生たちが学びゲストたちが実践している芸に迫っていくと、トムの答えは謙虚で、かつ参考になるものだった。「正規のトレーニングは受けてないけど能力がある——いや、能力じゃない、自分と一緒に仕事してくれたような人たちと一緒に働ける運とでもいうのかな——それがあるんだな。それと、自分が何をすれば活かされるかを見極める能力。ぼくは映画に入る準備に自分独自の方法を編み出した。ぼくはものすごい量のリサーチをするんだよ。勉強して勉強してもうここでいいというところまで勉強して、やめる、するとあとはただ自然に起きるんだ。そこまでの仕掛けや技巧は消えていく。つまり俳優は本質的に作家なんだ。話を伝えるんだから。俳優であるぼくたちは、同時に作家でもあるんだ。ぼくたちのする仕事とのリサーチによってね。セリフじゃない。セリフの下にあるものだよ。ぼくたちはサブテクストを書いているんだ。それがぼくたちの仕事だ。俳優としてぼくたちはこの構成、セリフ、物語を持っているんだが、ぼく個人にとってはシーンの構成のなかで自由を見つけることなんだ、そうやると『レインマン』の中で、ダスティン・ホフマンが前かがみになり、ぼくと頭が触れ合うってカットが生まれる。二人が結びついたシーン。つまり、それは自然に起こってしまった。わかる？　それが映画さ！　そういう瞬間を求めているんだよ。そういう瞬間はただ起きるんで、計画なんて出来ない。たまに、そういう瞬間を計画するんだが、起きないんだな。そして無理にもそういう瞬間を作ろうとするだろ、ただそのとおり生きるんじゃなくて。生きるのがそのキャラクターであり、そこに存在してるってことなんだ。一つのシーンをやってるとき、ほかのことは何にも考えない。自分はすべきこと全部したんだから、周囲の人たちの影響に委ねる、自分たちが作り出した環境に左右されるがままになる。そういう瞬間こそがぼくにとっては新鮮で感動的なんだ」

ジェニファー・ロペスが招待に応じてくれたとき、〝ペース大学純正警察〟はそれまで口にしていなかったアクターズ・スタジオの主義を突然理解し大事に思い始めたらしく、〝山だし女〟が大学の門に着く前はなにかとうるさかった。

ジェニファーが招待されたのは、彼女の年齢、性別、民族色の職業人にして演劇学校の学生たちが毎日鍛えられている三つの訓練——演技、歌唱、ダンスに秀でているからである。

彼女は明らかにエレオノーラ・ドゥーゼでも、ジョーン・サザーランドでもアンナ・パブロワでもないが、この先人たちのいずれも挑んではみなかった複数の芸術面への挑戦をやってのけている。

ゲストのうち何人かは学生たちに気骨と根性を叩き込もうとしてくれたが、ジェニファー・ロペスは特にそういうゲストの一人だ。彼女に大学を中退して好きな道に進むことを両親はどう思っていたかと尋ねると、「だめだったわ、初めはね。親は不安だったんだと思う。でもわたしには夢があった。ある土曜の朝、父と母をリビングに連れてって、言った。『話があるの。わたし芸能界に入る。いいでしょ？』」

同じような経験をしている学生たちが共感して笑った。「父はまあ夢想家でもあったから、『オーケー』って言ってくれたけど、母は『絶対にだめ！　学校やめるなんてとんでもない！　学校行きなさい』って。それで家族がぎくしゃくしたわ」

「その頃、家出したんじゃないですか?」

ジェニファーは笑った。「そのすぐ後にね」

「どこへ行ったんですか?」

「しばらくダンススタジオで暮らしたの」

「ダンススタジオでどうやって暮らせるのかな?」

「あら、夜戸締りした後、わたしが掃除して事務所ン中で寝るの」

「それをどのくらい続けましたか?」

「その二、三カ月後に最初の仕事見つけるまで」

「ご両親は折れてくれましたか?」

「ううん。けっして慣れないみたいよ。うちで自分たちのそばにいないってことに。今でも慣れてないみたい」

その数分後、私はジェニファーに訊いた。「あなたの最初のアルバムのタイトルは?」

「『オン・ザ・シックス』」

「何ですか、そのシックスって?」

「第六電車よ、レキシントン・アベニュー線の。ブロンクスからマンハッタンに来る」

「そのタイトルはあなたのルーツに注目させようという意図がありますか?」

「自分でも考えていたの、最初のアルバムって何についてだったかなって。わたしが出てきた旅、いまの場所、ここにどうやって来たのか? そのことを考えると、なんだかブロンクスから第六電車に乗って街に出てきて、レッスン受けて、クラスに出て……文字通り自分のことなのよ」

彼女がJ.Loレーベルに対して矛盾した思いを抱いているのを知っているので、訊いてみた。「誰が二番目のアルバムを『J．Lo』って名づけたんです？」

　彼女は笑って「わたしよ」

「それを後悔してますか？」

「ええ、してる！」学生たちがクスクス笑うと、言い直した。「ううん、イエスでノー。イエスでノーよ。それにしたのはファンの人に対する謝辞みたいな気持ちだったの、みんなわたしの名前を略して呼んでるから。〝ジェニファー・ロー〟とか〝ジェニー・ロー〟〝ジェイ・ロー〟って。だから思ったのね。あのね、ある意味で、わたしの音楽上の人格ってJ．Loみたいなのよ。だからアルバムのタイトルには良かったんだわ。でも、自分をそう呼んだわけじゃないの」ときっぱりと言った。「アルバムをそう名づけただけ。言ってることわかる？　そしたら流行ってしまった。見出しみたいな感じでね。ジェイ・ロー」

「それが別人格になったんですね」と、水を向けてみた。

　彼女がうなずいた。「ある人格になった、世間が語りあえるものになったわけ」

「しかも人々が所有できるもの――あなたとはまったく離れたところで」

「ええ、ええ、そうなの。でもそれってわたし、ジェニファーじゃないのよ」

　ジェニファーの人生にはもう一つ別の面があった――たぶん何人かの学生たちにはぜひ聞かせてやりたいことだった。「他のゲストたちはアメリカで有名になった後の、世間の容赦ない目やむごい要求みたいなことを語っています。時によって、あなたは避雷針であったこともあるんじゃないですか、文字通りの意味で？」

「はい」

「それは愉快なことじゃない」

「そのとおりです」

「それは地域によるものかな、それともそれ自体に問題があるんだろうか？」

「絶対、それ自体に問題があるわ。わたし、どんなことにも対応出来ると思ってる。愚痴ってなんかいない。自分が世間の目にさらされて、スポットライトを浴びているってことに文句をいってるわけじゃない。でも、いちばん危ないことは、その最も恐ろしいことは、自分のすることがそのせいで自分から奪われてしまうってことよ。仕事から焦点が外れて、私生活に移るっていうのはとっても危険。だって、そもそもそうなりたくてこの仕事に就いたんじゃないもの。なぜこの世界に入ったかっていうとこの仕事が好きだったから。歌うことが好き。演技することが好き。それがわたしの仕事。それをするために生まれてきたって思ってるわ、誰が何と言おうとね。メキシコあたりのいかがわしいバーでだって構わない。そこでも歌うわ。それがわたしにとっては一番恐いことなの。わたしのキャリアの初めを見てくれれば、監督や共演者たちを見てくれれば、彼らにとっては、わたしは無垢の人よ。でも、いまや、誰も彼もがわたしのことを知ってるつもりになり、『いや、彼女はこうじゃない、あれには何々過ぎる』とか言い出すようになるのが恐いの。そうなって欲しくないのよ、わかるでしょ？　だって有名人即ち俳優ではないでしょ！　わたしの初めに習った先生の一人がこんなこと言った。どこへ行くかではない、そこまでの経過が大事なんだ。演技するのが楽しくないなら、クラスが楽しめないなら、仕事が楽しくないなら、やるな。何か目的を叶えるためにやってるなら、やめろ。だって、それが俳優でいるってことなんだから。仕事するってこと、クラスに出るってこと、失敗するってこと、立ち上がるってこと。ほかの何でもない。そして仕事はわたしにとってとっても大事なもの。大ヒット映画に出るっていうことがじゃない。だからわたしはやりつづけるわよ。時にはうまくいくこともあるってだけ。わたしはいつだって素晴らしい結果を出すために努力しつづけるつもり――でも結果は分からない」そう言って学生たちの顔に微笑みかけた。「言ってることわかる？　仕事することが肝心。それしかないの」

ベット・ミドラーは涙の最速新記録を打ち立てた。始まって二、三分後、子供時代の話をしているときに彼女の言葉を引いた。「あなたは〝常に自己の尊厳を得ようと闘っている〟と書いてますね」とたんに涙ぐみながら彼女は言った。「いやだ、もうクリネックス出してくるわけ？　それじゃ三番目の質問でしょうに！　ええ、常に自己の尊厳をめざして闘ってきたわ。そしていくらかは手に入ったの、気づいてる？　おお！」

また涙ぐんでティシューで顔を拭いているのを横目に、カードを繰った。「本当のとこ、二十六枚目に来るまで泣かないと思った」

その短いスコールをやり過ごしてあまり湿っぽくならずに会話は続いていったが、それもつぎのコメントをするまでだった。「あなたの人生と行動に変化が起きたのはベス・エレン・チルダーズのおかげだと言ってますね」

「そのとおり」とベットは声を張った。「そのとおり！　彼女はわたしのこと滅茶苦茶面白いやつだと思ったの。わたしの一言一言が死ぬほどおかしいって。でも彼女も死ぬほどおかしい子だった。彼女が笑わせるものだから、わたし、涙が出るほど笑った。ねえ、そういう笑いを経験したことないなら、本当にお気の毒さまなんだから。だって、それ以上に素晴らしいものはこの世界にはないのよ、本気でそう信じてるわ。セックスよりいいものよ。本当。そりゃ素晴らしいセックスも経験してる。でも、それってそれどまり。わたしたち、四年間、そんな風に笑っていたわ」

「そして最後にどうなったんですか？」

「ううん、彼女は……卒業して大学に行き……それから……それ……あああ……！」言葉がゆっくりになり、ブルッと身体を震わせて口ごもると、ダムが決壊して、涙が頬を伝った。「これが二十六枚目なんでしょ」そういってあえぐと、どっと迸るように叫んだ。「死んだの！　あっという間に……死んだのよ」ベットは嗚咽した。「自動車事故だった」そういって私の顔を見たが、溢れる涙で顔はぼやけて見えたに違いない。「それが二十六枚目？」

「いや、一枚間違えた。二十七だった」ベットが落ち着きを取り戻そうと焦っている間に、私はその場をとりつくろった。「人を泣かせようとしているわけじゃないんですが……」

「分かってるわ」とベットは私が彼女に払う以上の配慮を私に払ってくれ、「とっても悲しかった」と言った。

ベットの新記録はダスティン・ホフマンの登場まで破られることはなかった。


過去二年にわたる記録をこうやって綴ってみただけでも、こんなに素晴らしい仲間との時間を持てる私はいかに幸運な人間であるかを実感している。

もう一つの実感は、いかに多くの宵を世界でも名だたる美人たちと一メートル以内の近距離で過ごせたか、そんな人に妬まれるほどの特権にどれほど与っていたかである。しかも、そういう宵のあとには彼女たちの輝きに負けない世界で唯一の女性のもとに帰れるのだ。『アクターズ・スタジオ・インタビュー』を通したこの旅はある面で、私が男冥利につきる男だということを認識させてくれた。

その一つの例。ナタリー・ポートマンが出演してくれたのは、彼女がハーヴァード大学を出たばかりでまぶしいほどに美しい二十歳の時だった。私はアンソニー・レーンが《ニューヨーカー》誌の映画評で『地上《ここ》より何処《どこ》かで』のナタリーを評した言葉を思い出した。〝彼女の美しさはいまや人を麻痺させるほどになったから、この映画を観たあと十二時間は重機器を運転もしくは操作してはならない〟。

「質問します。その椅子に坐ってくれた美女数名にもした質問ですが、人より容姿がいいというのは職業的にみて有利ですか、不利ですか、それとも関係ない、もしくは興味ない、のどれですか？」

ナタリーは即答したが、それはきわめて率直で、謙遜でも傲慢でもなく明白な現実を是認するものだった。「有利です。そうじゃないっていう人はウソをいってるんだと思うわ。深刻な役に向かないと思われたり、やれない役もあるかもしれないけれど、やはりきれいな方がずっと楽。だって女優やってる人たちを見てごらんなさい。魅力的だと思われた方が映画で仕事するの、ずっと楽になるわ。でも、朝起きて〝わたし美人でしょ〟って顔して仕事に行くわけじゃない。明らかに深刻な役の女優さんの答えは〝あら、不利です。仕事の邪魔ですね〟って言うかも。でも、仕事を取ろうとする場合、絶対有利です」

イヴェット・ブルックスはわが校でも目を引く美人学生だが、彼女がシャロン・ストーンの教室ゼミで似通った質問をした。「わたしが一番関心を抱いているのは、あなたが強い性的関心を持つことが出来るということです。この職業分野での一女性として、わたし自身はそれからいつも逃げているんです──だって自分を物のように看做されるのがいやだから。あなたはそういうのとどう折り合っていますか？」

「あなたが何をしようと、人はあなたを物として看做しますよ」とシャロンは言った。「だったら、そんなの乗り越えてしまうことね」学生たちが笑ったのを見て、微笑み、「それにあなたがどう考えようと、あなたはとうに今夜この教室のだれかを物として看做したはず。それはわたしたちの正体の一部なの。わたしたちのセックスはわたしたちの正体の一部なの。好色とか情欲だけじゃなく、わたしたちのセックス。セックスよ。それがわたしたちの歩き方、話し方、考え方を決めている。このゲシュタルト理論を自分から追い出すことは、あなたや、あなたの演じるキャラクターをつき動かす火と核心を自分自身から奪ってしまうことになる。そう、キャラクターによっては色欲のないものもある。場合によってはね。でも、その場合はなぜそうなのかを考えなくてはいけない」

彼女は一息いれて、イヴェットを見つめた。「それはあなたが声を出すのと同じこと。あなたの肉体とも同じ。何を着て、何を考え、何をするかとも。だからそれを恐れるのは馬鹿げているし、清教徒的でヘンよ。あなたが問うべきは、『誰がわたしに色欲はいけないと思い込ませたんだろう？　オーケー。

もうそいつらは死んじまえ』なの」

彼女の発言は笑いと拍手に包まれ、それに押されて彼女はさらにイヴォンヌの内なる声を代弁した。

「『どうよ、このわたしの美しいここの部分。だって、ここ、本当に美しいんだもの。これがバラを咲かせる美しい部分。それを誰かに取らせてたまるか！』」

「明日はピチピチのボディコンドレスで登校します！」とイヴェットが宣言した。

「それが〝あなた〟を感じさせてくれるならね」とシャロン。「〝あなた〟を感じられなきゃいけないの。いい？　ピチピチのドレスはわたしには〝わたし〟を感じさせてくれない。ピチピチドレスは着ていて恥ずかしいだけ。でも、〝短い〟ドレスならそれを感じさせてくれる。なんであれ、〝あなた〟にとってぴったりのものであればいい」


カート・ヴォネガットはコロンビア大学のノーベル平和賞受賞者ニコラス・マレー・バトラーに宛てたH・L・メンケンの賛辞をよく引用する――〝あとはただ彼を金箔の衣に包んで太陽さえ目がくらむまで磨きあげるほかはない〟。モーガン・フリーマンは山ほどの名誉を背に登場してくれたが、私たちにとって一番意味があったのは、彼がほかのゲストたちから寄せられていた尊敬の念だった。長年にわたって、彼の名前が出てくるたびに、ほかのテーマや機会には稀な特別のトーンに変わった。

モーガンとの対談は、まずレッドグレーヴやバリモアの深い家系を辿ったように彼の家系を明かす質問から始めた。「どの位までご自分の家系を遡れますか？」

「私の曾曾曾祖母はヴァージニア州で奴隷だったが、カーネル・ライトという名の男に買われて、今私が住んでいるミシシッピー州タルハチー・カウンティに連れてこられた」

その夜は『アクターズ・スタジオ・インタビュー』の歴史上初めて、ステージトでの再会の場となった。モーガンの俳優としてのブロードウェイ・デビューと、私のブロードウェイのプロデューサー・デビューとを祝う会にもなった。「一九七七年のある夜」と私は話し始めた。「マンハッタン・シアター・クラブに行き、『ラスト・ストリート・プレイ』という素晴らしい芝居を観た。作家はリチャード・ウェズリーという若い人だった。劇中いくつもパワフルな演技が見られたが、とりわけホームレスのゼケという男が足を引きずって出てきて目のさめるような独白を言うところは圧巻だった。質からいっても長さからいってもシェークスピアを彷彿とさせるもので、そう感じたのはマーロン・ブランドを舞台で初めて観たとき以来のことだった——新しい扉が開く瞬間を目撃しているって感覚。その後二、三週間の間に、私はシューバート・オーガニゼーション、パラマウント映画と提携をとりつけて、その『ラスト・ストリート・プレイ』は『マイティ・ジェンツ』と改題して一九七八年四月にブロードウェイにかかった。《ニューヨーク・タイムズ》のメル・ガッソーは芝居を〝今シーズン最高の舞台〟と褒め、モーガンはトニー賞のノミネートを受けたのです」

私は前の席にいたリチャード・ウェズリーを紹介して言った。「今夜は、何年もたってからですが、あの時のお礼を言うよい機会です。ありがとう、モーガン、そしてありがとうリチャード」

「ありがとうジム」とモーガンはいい「あなたがプロデューサーでした」と言った。リチャードの顔を見て、「俳優が賞賛されるのは、何であれ、やってみせることが人の目に触れるからで、それを芸だと言う。けど、私は全然そうは見ていないんだ。時たま誰かが出てきて本を書いたとする。するとあとはそれをやるだけだ。リチャードの手柄だよ。キャラクターがとても力強くて、正しくて、私にとっては鮮明だったので、ぼくはただ導管になっただけだった」

モーガンの〝ただ導管になった〟ことを劇評家のウォルター・カーは評して、「フリーマン氏の、あるレベルの誠実さからつぎのレベルへ移行する演技は見事である〟。そしてそのすぐ後で、モーガンの最初の映画演技にも触れて、映画評論家のポーリン・ケイルはこんな問いを投げかけた。「彼こそ最高のアメリカ人俳優ではないだろうか？」

モーガンの並外れた芸の秘密に迫ろうと、彼を『セブン』で演出したデヴィッド・フィンチャー監督の言葉を引用した。「モーガンはある的確なムードもしくは情緒を表わすのに七から八のヴァリエーションをやって見せてくれる」

「撮影のテークからテークまでの間にどのくらいの違いを期待しますか?」

「これだっと決めたら、同じようにやるよ。ほかの俳優に違った対応の仕方がある場合は、それをやってみて決めるだけ」

「シーンのある瞬間で、自分の演技のどのくらいが相手のやってることとの影響を受けますか?」

「全部だよ。ぼくの教科書では演技することはすなわち反応することだ」

私は映画評論家のロジャー・エバートを高く買っている。彼の考え自体だけでなく、その考え方が素晴らしい。彼の思考プロセスには節度と爽快感があって、私にとっては何度も対象をはっきりと解き明かしてくれるものだ。そして、いつものように、モーガンについて批評したときも正しかった。〝彼が出演シーンすべてにわたって持ち込んだものは、際立った注意力、気配りである。彼はただ聞いているだけではない。言われたことを推し量り、評価を下そうとしているように見える。この特質が時として面白い結果につながっている。ほかの俳優が彼に何事か言ったとき、観客は彼がそれを受け入れるかどうか、感じ取れるし、結果を見たいと期待させる〟。

このエバートの評をステージ上で読みあげた後、おなじみのテーマに戻った。「俳優たちは一般人とは違った〝聴き方〟をすると信じていますが、演技しているとき、聴くということはあなたにとってどの程度大事なものですか?」

「聴いてなければ演技は出来ない。ぼくには時どきやる引っ掛けがあってね。誰かがセリフをぼくに言う。ぼくは〝ふん?〟って聞き返して相手の出方を見る」

「それが相手の注意を引くんですね?」

教室ゼミになってから、一学生が尋ねた。「直感っていうことについて語ってくれたとき、台本はバイブルだとおっしゃいました。ぼくが知りたいのは、その直感というのが台本から教えられるかってことです」

「いや、人生から教えられるんだと思うよ」とモーガンは答えた。「これまだ言ったことがないから、今言っておこうと思うけど、俳優であるってことに関しては、ぼくはさらに言えば覗き魔なんだ。鍵穴には本当に惹かれてねえ、他人を見るんだ。家内によくひっぱたかれたもんだよ。誰かが何か変わったことやってると、必ず自分もやってみるんだ。誰かが歩く、足ひきずってる。するとぼくもやってみる。ただそのとおりやってみる」

モーガンはある学生に的を絞って、冷たい目で彼をじっと見た。「ぼくは今このハンサムな白人を見ている。じっと見守ってる。気はあっちこっちに散ってるが、目はやっぱりここに戻ってくる。だって彼の目が真剣に焦点一つに絞られているから。彼はほかのどこも見てはいない」そういって、目をそらしたが、また彼を振り向いた。「ぼくはまた目を戻した。彼の目とばっちりぶつかった」モーガンは視線を別の学生に、また別の学生に移して、それぞれの学生と文字通り集中力の決闘となった。どの学生も見つめ返し、動けず、見て、見守って、〝聴いて〟いた。

「きみたちみんなやってくれてる。だって、ぼくが話をしているからね」とモーガン。「……ぼくが世界的に有名なメジャーのスターだから」学生たちがどっと笑いだすと、まじないが解けた。モーガンは椅子に坐りなおして自分の論点が提示されたことに満足していた。「言いたかったのは、この直感とかいうやつは勉強によって教えられるものだってこと」

私は一つ以上の分野で学生たちに教えるものを持っているゲストを捜しつづけている。ジェイミー・フォックスが来てくれたとき、私は彼をこう紹介した。「今夜は記録が破られます。このシリーズ開始後十年以上の歴史で、ここにこれほどの肩書きを持ったゲストをお迎えしたことはありません――俳優、コメディアン、作家、プロデューサー、ディレクター、作曲家、ピアニスト、歌手、そしてレコーディング・アーティスト！」

親の喪失というテーマがジェイミーの場合にもすぐに浮上した。「ご両親が別れたとき、いくつでしたか？」

「正確にはわからないんだ。七カ月で別の家族に引き取られたから」

「それはどうして起きたのですか？」

「うん、母親がぼくを産んだとき、まだ十分準備が出来てなかったというか、その責任を負う用意がなかったんだな。だから彼女を養子にしてくれた婦人がぼくも養子にしてくれた。だから、ぼくが両親だと思っている人たちはエステル・タリーとマーク・タリー夫妻なんだ」

「じゃあ、書面上、法律上、あなたのお母さんは何？」

「ぼくの姉ですよ、書面上は。それって南部の慣わしみたいなもんです。南部でどうやってるかご存知でしょ。書面上、母は姉、伯父はぼくの兄。だから本当、それ―あれ―それ―あれ―それ―あれみたいな状況でね」彼の歌うような調子に場内が沸いた。

「それはまた二人の並外れた人々のおかげですよね」と私が言った
「そう、そうなんだ！」

自分の祖母／養母を言い表わそうとしてジェイミーは言った。「彼女には弓と矢があった。ぼくは矢だった。彼女はぼくを好きにさせてくれた。でも、正しい方向に向くように気を配ってくれた。そしてその育ちのせいで、ぼくの今があるんだと思う」

今までのゲストたちの数人はスタンダップ業界戦争の老兵たちであるから、しばしばコメディとコンバットの間の類似点に感心することがあった。スタンダップ・コメディの用語集のなかでは芸人たちがステージに登場するたび、〝殺す〟か〝死ぬ〟のいずれかなのである。それだから彼らの多くが、ラッパーが現われるのと同様、るつぼから演技へのドアを開けるだけの腕を持って現われるのである。

私のブルーカードの一枚に書かれていた引用文を私はジェイミーに読んで聞かせた。「あなたはこう言った。『地方公演に出るときが、銃をかつぐときだ。ぼくは銃所持者になる』」

「そのとおり」

「スタンダップ芸はあなたにとってそんなに大事なものですか?」

「スタンダップがぼくにとって大事なのは、それがぼくを維持してくれる——それをメタファーとして使うけれども、それがぼくを路上に保ってくれる、人々が何を考えているかを教えてくれるからなんだ」

「あなたのスタンダップをずいぶん観ましたよ」と私。「そして今夜あなたにしてほしかったことの一つが、私をプレイヤと呼んでくれることでした」

「そう、あなたは本当のプレイヤだ!」

「そうなのかどうか分からないですが、どうか私に対して正直になってください。あなたがプレイヤの観客に話しかけているとき、プレイヤに話かけているんですよね。私がプレイヤと呼ばれるためにはどうしたらいいのですか?」

「じゃプレイヤって何か説明しよう」

「オーケー」

「プレイヤっていうのは、文化を、そのサイズの大小に関係なく動かしている人間のことなんだ。あなたは文化を動かしている。人々はあなたのとこに来てあなたの言葉、話す内容を見守り、実際、あなたの意見を評価している。それがプレイヤ、その人の意見が評価される人のこと。あなたはそれをやっている、言ってることとわかるよね? いろんな人がここに来て、素晴らしい経験をしてるのも、あなたがそれをもたらしているんだよね。それがプレイヤのステータス。それがぼくにとってはプレイヤなんだ」

「それで私がプレイヤなんですか？」と、まだ確信が持てなくて訊いた。

「そう、あなたはプレイヤ」

前にウィル・スミスが私に〝ジギー〟の称号をくれたが、今度私は〝プレイヤ〟だった。私のカップは溢れそうだった――たとえこの二人がしょうこりもない白人野郎に親切にしてやろうとしてくれただけにせよ。

ジェイミーが五歳でピアノを始めたのは、祖母のこだわりによるものだった。大学にはクラシック音楽専攻で入学したため、『Ｒａｙ／レイ』でレイ・チャールズを演じることが出来た。チャールズが彼を認めてくれたかと尋ねると、彼は「おお、もちろん。あの笑顔とあの左右に身体を揺らす歩き方で入ってきたよ。びっくりしてワオってなったよ。彼はぼくを摑んで言った。『きみは強い指してるね。さあ、ブルースを弾こう！』。彼はピアノに坐った、ぼくももう一台のピアノに坐った。彼が言った。『ジェイミー、ブルースが弾けたら、何でも弾けるよ』。それでぼくたちはブルースを歌い始めた。何度も何度もね。それからぼくをセロニアス・モンクの曲に引き込んだ。あれはとっても危なっかしい曲でさ、ぼくは〝おい、おい、どこ行くんだ？〟みたいな感じだった。そしてキーを叩き間違えた。すると彼が言った。『おい、どうしたんだよ？　おまえの指の真下にあるじゃないか、ええ？』って。それ以来ぼくは人生のなかでそいつを使ってる、映画のなかでも――人生は指の下にある音符だ。音楽を生み出すのにどの音を弾くか、それを決めるだけさ」

メラニー・グリフィス同様、ジェイミーがこの番組に出てくれたのは当初彼の希望より遅れたのだったが、彼女とは別の理由によるものだった。『Ｒａｙ／レイ』での演技を語り合い、舞台上でピアノを弾いてくれ歌ってくれた後、私は言った。「これで今夜もあとわずかとなりました。観客のみなさんがよくご存知のように、ジェイミーは今夜ご自分を捨てて健気にもここに足を運んでくれました。彼は本来なら十日前に出演のはずでしたが、あることが起きたのです」

私はジェイミーの顔を見た。ジェイミーは静かに、激しく、抑えきれない様子で泣いていた。他のゲストたち同様、恥じ入るでなし、照れるでなしに。私は三十秒間待った。彼がその気なら、他の話題に転換することも出来るように。だが、彼は依然さめざめと泣きながら言った。「その女性が、ああ、すべてのツールをくれた人が……彼女は……決めたんだ……自分の仕事は済んだって。そして、ああ……」

「先を続けて」

「彼女は言った……『もう時間だわ、わかる？　あなたは自分の仕事をなさい、わたしはあなたの必要なものすべてをあげたからね』」

涙を通して、彼と同じような泣き顔になっている学生たちの顔を見て、片手を大きくふりかざした。「こんなことしたくなかったんだ。けど……ただじっと坐って思い悩んでいるのはいやだった」そう言って椅子の中でぴんと背筋を伸ばした。「でも、彼女はこの瞬間のためにぼくにツールを与えてくれた。だって……神さまはぼくの祖母をぼくたちに九十五年間お貸しくださった。そしてその見事な契約は終わりを迎えた」

ジェイミーと学生たちは彼の祖母の死をともに悼み、それから彼は学生たちと自分自身に少し香油を差し出した。「だから、彼女とレイ・チャールズは今夜そこに坐っておしゃべりしてるんだよね？」とジェイミー。「だから、ぼくはもう大丈夫だ」

言うまでもなく、その夜は学生たちの「ジェイミー、ジェイミー、ジェイミー」と唱和する声で終わった。アカデミー賞の委員会も唱和したか。ジェイミーの収録回が放映されたのは二〇〇四年十一月二十八日、折しもオスカーをめぐるキャンペーンが始まった頃だった。二〇〇五年二月二十七日、ジェイミーはアカデミー賞最優秀主演男優賞を獲得した。その夜、私たちは《ヴァニティ・フェア》のパーティでオスカー像とともにお祝いをした。

二〇〇三年に出演することをジェイ・レノが承知してくれたとき、私は厚顔無恥にも、レクチャーの実演として彼のお抱えライターにモノローグを書いてくれるように頼んだ。そのヤリフを私が観客に向かって読み、それを彼に批評してもらおうと思ったのだ。ジェイに見守られながら、私は次のようなモノローグをしゃべった。「アクターズ・スタジオ・ドラマ・スクールの校長として、みなさんにわが校の現在の状況などをお教えしたいと思います。まずよい知らせ。二百名の素晴らしい俳優、作家、演出家たちが修士号を取得しつつあります。つぎに悪い知らせ。わが校のフットボールチームが《ニューヨーク・タイムズ》で最悪の批評をされてしまいました。ウィル・フェレルは私のことをスローで退屈で、葬式のように暗くもったいぶってるかに真似してますが、これは馬鹿げています！　私はもったいぶってなんかいません」

ライターは最善を尽くしてくれたし、私も最善を尽くした。ほかのコメディアン同様、ジェイもコメディの話題になるときわめて真剣になる。モノローグが半ば済んだあたりで、私は言った。「さあて、ジェイ、私は気にしないから、どうぞ。私の語りは学業評価のAからFまでとしてどれですか？」

「Fが最低？」

「いや、そうねえ、Gまで下がることもあるけれど」

「ならば……Cかな」

心底ほっとして私は言った。「Cですか。それはいい」

ジェイは考えていたが――真剣な真顔で呟いた。「Cだな。うん。C」

その夜、ジェイは学生たちに芸のマスタークラスを授けてくれた。そしてコメディをやる代償についても教えてくれた。私は質問した。「『トゥナイト・ショー』みたいな仕事のある日はどんな様子ですか？」

「朝、八時十五分に現場に到着。それからジョークを書き、ジョークを書き、これを話し合い、あれを話し合い、ジョークを書き、ミーティングをし、ジョークを書き、テレビ番組を二つ、三つする。コツは人よりも知ることじゃない。他のみんな知ってることを正確につかむことだ。正午のミーティングが四十五分くらい続く。誰がゲストで、何を話し合うか。また戻ってジョークを書き、ジョークを書く。シュートのミーティングがある場合もある。セットに降りて稽古をし、ジョークを書き、ジョークを書く。四時半から五時半まで収録し、それから、普通は六時半から九時まで、外出してぐるぐる周りながらやる芸当かなんかやる。それから十時から二時まで、つぎの日向けのモノローグを書く」

「でも朝は八時十五分に始めるんですよね？」

「ああ」

「でも朝の二時まで起きてましたよね」

「そのとおり」

「それなのに翌朝も八時十五分ですか？」

なんてことないさといった顔で、ジェイは言った。「ああ」

「じゃ夜はどのくらい眠れるんですか」

彼は肩をすくめて、「四時間、四時間半。重量挙げやるわけじゃないからね」

スタンダップ芸に憧れている一学生にジェイは言った。「舞台上、きみは世界でただ一人の人間だ。その場のみんながきみだけを見ている。注目独り占めだ。今みたいに。ときどき俳優が気の毒だと思うことがあるよ。だってまず芝居が良くなきゃダメ。演出がよくなきゃダメ。それらがみんなよかった上でやっときみに焦点が当たる。でも、一人でなら、きみが本を書き、プロデュースし、演出するんだ、全部自分で。きみはすべての手柄を独占できるし、すべての責任も独占することになる」

その学生が激しくうなずいたのを見て、ジェイは最後の注意とも激励とも取れる言葉を言った。「きみはだれのせいにも出来ない。失敗したらきみのせい。しなくてもきみのせい。きみが書いて演出したんだから。すべてきみ一人のものだよ」


ロバート・レッドフォードが二〇〇四年に来てくれたとき、学生たちは今一度〝伝説〟と向かい合うことになった。彼が自分をそのように感じていたからでも、そう振る舞ったからでもない。クリント・イーストウッド同様、レッドフォードはスクリーン上も普段も、まったく気取りやかっこつけのない人で、だから、最初はやや期待以下のゲストかなという印象をあたえたが、結果的には想像以上にはるかに多くのものを具えた人だということがわかった。もし濫用されすぎている言葉〝スター〟に定義があるなら、〝クリント・イーストウッド〟〝ロバート・レッドフォード〟を当てはめればよいのである。もっとも二人ともそんな呼称を一蹴するだろうが。

ミエ・ヴァン・デ・ローへの金言「神は細部に宿る」（なぜか無残にも正反対の誤引用により〝悪魔は細部に宿る〟となってしまったが）はまさにロバート・レッドフォードの演技の微妙な肌理や手触りにあてはまる。彼のとらえどころのない攻略法に迫りたくて、訊いてみた。「通常どういう風に役柄に向かっていきますか？　カメラが回るまえにどの程度準備をしますか？　監督が〝アクション〟と声をかけるとき、どの程度その瞬間生まれた演技に頼るんでしょうか？」

「ぼくはあんまりカメラ向けの準備はしない。今までそうだったんで、そのせいで、自分の映画を撮るときが難しかった。ぼくはカメラの言語を学ぶのはいやだね。だって俳優としてそれがいやだったから。でも俳優によっては正反対でさ、カメラのすべてを学んでいる。そして技巧的にうまくやるよ。でも、ぼくはいつだって自然に立ち上がってくることを愉しんできた。でも、コントロールすること、自分のしてることの形を整えることの価値は認めているよ。ぼくは即興が好きなんだ」

「そうですか？」

「うん、とってもね。けど、それが危険だってこともわかってる。でもやっぱりエキサイティングだよね、自由があるし、生き生きしてるし、自分の頭脳を使えるし、そこに存在してみせなきゃならないし、キャラクターを生きなきゃならない。さもなきゃ本筋から飛び出てしまう。ぼくはわかりたい、監督の意図を理解するのが好きだよ。カメラの構図から飛び出てしまうならそう注意してくれ、でも、ぼくのいる空間にはちゃんと住まわせてくれ、生きさせてくれ。ほかの俳優たちとの共演も、彼らが演技できれば歓迎だ。でも何から何まで暗記してきて、全部準備完了みたいな俳優とやるのはいやだな、目玉に次のセリフが浮かんでいるのが見えるような俳優は」

ポール・ニューマンがかつて芸能記者に『幸福の条件』の続篇を持ちかけられた際の話をしていた。彼とレッドフォードは相手を〝かつぐ〟ワルふざけの好きなことで有名だった。レッドフォードに訊いた。「いつだったかポールに赤いリボンを巻いたポルシェをプレゼントしませんでしたか？」

「したよ。やつといるとうんざりするくらいレーシングカーの話を聞かされる。だから、彼の五十歳の誕生日に廃車業者んとこに行って、〝ポンコツのポルシェあるか！〟って訊いた。そしたら、後から電話かかってきて、『あります。まったくの廃車。ポンコツです』って言う。だからぼくは言った。『いいよ。そいつに赤いリボンをかけて彼の家の裏玄関に置いてきてくれ』。業者はそのとおりにして、〝ハッピー・バースデイ！〟とだけ書いておいた。それに対して何の返事もなかったが二週間後家に帰って玄関入ると、リビングルームの出入り口に大きな梱包が置いてあった。そいつはポンコツを圧縮した固いブロックで、うちの床が抜けてたよ。それで彼の仕業だとわかった。でも、それに反応してみせなかった。でも、そいつを運んできた業者にまた来てもらって持ってってもらわなきゃならない！　業者はよほど儲けたと思うよ。だって、ぼくはさらにそいつを溶かして庭の彫刻にして、彼の庭に置くように届けたんだから。それがことの顚末。それから今日まで誰もその話には触れていない」

「本当に？」学生たちの騒がしい歓声にかぶせて私は訊いた。

「ああ」そうして考え深そうに言い足した。「この話しちゃってちょっと悲しいな。これテレビ番組だろ？」

「いや、違いますよ」

彼がにっこりと笑った。「ああ、違うんだ。じゃあ、よかった。だって、ぼくたちこのゲームをしばらく続けられるもんね」


舞台上でジェーン・フォンダが語った家族の歴史は、父親であるヘンリー・フォンダのおわしたハリウッド豪邸での子供時代から始まったのだが、会話は私が両親の離婚を口にしたとたん鋭く方向が変わった。「両親の離婚というテーマはこの番組にかかる雲のようなものですが、あなたにはどう起きたのでしょうか？」

「十二歳のころでした」

「どういう説明を受けましたか？」

「ある日学校に行こうとしていたら、母がリビングのドアのところに立って言ったの。『誰かにおまえの両親離婚しかかってるぞって言われたら、もう知ってるって言うのよ』って」

「それはお母さんの病気がはっきりしてきた頃ですか？」

「それより前だったわ。母は躁鬱病を患っていたの。入院しました」

「その間に、看護婦と一日だけ帰宅したことがありますね？」

「ええ。看護婦とリムジンで帰ってきた。わたしは二階のちょうどこんな固い木のフロアの上に坐って兄とトランプで遊んでた。母が帰ってきたけど、兄に言ったの。「ピーター、下に行っちゃだめ。ここにいたらトランプ勝たせてあげる。でも、ピーターは降りて行ってしまい、わたしは行かなかった」彼女の言葉がゆっくりになった。「そしてわたしは……二度と会わなかった。二度と。そしたら母は……いつも自殺を図るのに使っていた剃刀を手に入れた……子供には事情が複雑だった。だって考えるでしょう……ずっと後になって考える。どうして下に降りて行かなかったんだろう？　母のことを怒っていたからかしら。〝思い知らせてやる。あんたなんか要らない〟って。だってうちにいてくれなかったから。彼女を愛していなかったんだろうか？　こういう質問について子供として長い時間をかけて考えたわ」

「お母さんが亡くなったとき、初めに何と教えられましたか？」

「心臓発作起こしたんだって」

「それがほかの原因だったってどうやって知ったんですか？」

「一年後、自習室でわたしに映画雑誌をわたしてくれた人がいた。それにヘンリー・フォンダの妻は自殺したって書いてあった」

「お母さんは遺書を残しましたか？」

「はい。一通を私に。一通を兄に。妹にも、母の母親にも。それと医者にも。でも、それを目にしたことはないの」

「どうして？」

「さあ、わからない」

ジェーンにリー・ストラスバーグのプライベート・レッスンについて尋ねると、「わたしはマリリン・モンローの真後ろに坐っていたのよ。彼女はトレンチコート着て坐っていただけで、別に何にもしなかった。わたしもだけど。でも、やってみようと考え、〝感覚記憶〟をやることにした。オレンジ・ジュース……」観客がざわめいたのが彼女の注意をひいたとみえ、彼女は学生たちに向かって言った。

「あなた方も感覚記憶ってやってる？」

「学生は日夜やってますよ」

「当時まだ父と暮らしていたんだけど、けっして忘れないわ、ある日帰ってきた父が言ったの。『何やってんだ？』。わたしが『感覚記憶の訓練してるの』って言ったら、『ゲッ』と言って出て行ってしまった。父はメソッドが大嫌いだった。大嫌いだったの。彼がとっても否定的だったから、わたしは家を出た。それから初めてのエクササイズをやったけれど、これで人生が変わってしまった。だってリーは『ジェーン、あなたには本当の才能がある』って言ってくれた。その瞬間、頭のてっぺんがぱかんと開いて、小鳥が飛び出し、光が変わり、大都会がわたしのものになり、自分がなぜ生きているのかがわかった。それからずっとね。みんながひと月一シーンをやるところをわたしは四シーンもやったわ」

アカデミー賞二回、追ってゴールデングローブ賞四回、ジェーンは『黄昏』をプロデュースし、出演もした。理由をこう語った。「父が死にかかっていたので彼との映画をやりたかった。あの芝居を観て、そうだ、これだ。それでパートナーのブルース・ギルバートと一緒に権利を買った。父のために買ったんですよ。だって、この映画でやっとオスカーを取らせることが出来るってカンが働いたから」

マーク・ライデルが出演してくれたとき、彼が監督した『黄昏』の話題が出た。だからジェーンに言った。「マークはとっても強く感じたそうですよ、あの映画にはあなたとお父さんとの関係が映し出されているって」

「うーん」彼女は学生たちの顔を見た。ほとんどの学生は彼女が『黄昏』を作った頃まだ生まれていなかった。「わたしの演じたキャラクターにとっていちばん大事なシーンは、母が『彼に気持ちを伝えなさい。八十歳ですよ、もうっ！　一体いつまでグズグズしてるの！』ってわたしに言った後よ。だからわたしは発奮してボートで近づいてくる彼に向かって湖水のなかをずんずん歩いていく。このシーンで、わたしは彼に近づき『友達でいたい』と言うのね。初めに本を読んだときから、リハーサルをする度いつでもそこに行くと、涙が溢れたわ……こんな風に」そう言った目に涙が溢れてきた。

「だって、こういうことは絶対父には言えなかったことなの。そういう風に互いに話をしたことがなかったから。その朝のリハーサルでもそのセリフを口にすることも出来なかった。だから、まず彼の方を先に撮ったけど、彼にはたっぷり演じてほしかった、感情を出してほしいと思ってた。これが彼にとって最後の映画になるって分かってた。だから是非そうあってほしかった！ 父は自然に起きてくる演技なんてものが好きでない役者だった。演技というものはきっちり稽古したとおりにやるものだった。でも最後のクローズアップで、わたしが『友達でいたいの』と言って手を差し出し彼の身体にふれた。そんなことは今までしたことがなかった。それが彼を動かした。スクリーンでそれが分かりますよ。彼の目に涙が浮かんできて顔を伏せ、目をそらしているのが。それだけでもうわたしは何も要らないと思った。オーケー。さあ、つぎがわたしの番。個人的な理由もあってあの映画のなかでいちばん意味深いシーンが……ところがわたしはセリフが出てこない！ 何にも！ 何にも！ どうしよう？ リー・ストラスバーグはどこにいるのよ、肝心なときに？ どの感覚記憶を使えばいいの？ いつだって歌ってる歌が出てこない！ わたしは恐くてならなかった。ケイト以外にだれが出てくるの？ でもその日、彼女は出番の日でさえなかった」

　ジェーンはヘップバーンの完璧な物真似で言った。「『どう上手くいってる、ジェーン？』。わたしは『セリフ忘れたの！ パパに言わないで』。オーケー。カメラ準備できた。だからマークに言った。『わたし、カメラに背を向けて準備するからね、それで振り返ったら撮り始めて』。どうしたらいいか何の考えも浮かばないでそう言った！ そしてカメラに背を向けた――そしたら目のまえに、ケイトが藪の中にしゃがんでいるじゃないの！ こういう風に！」

　ジェーンは両手をこぶしに握って振った。「それは母と娘そのものだった。『あんたなら出来る！ 出来る！ ジェーン！ ジェーン！ さあやって！』。それは先輩女優から若手女優へのエールだった。自分も経験したことがあるからこそわかっているの。そしてそれは女対女でもあった——彼女は目と両のこぶしでわたしに命じていたの。彼女はわたしをそのシーンに押しやってくれた！」

そのシーンは学生たちの割れんばかりの拍手を浴びた。彼らの多くが観ていない映画のシーンではない。ステージ上に観た感動的なシーンである。

ジェーンは落ち着きを取り戻すと、話に戻った。「オスカーを勝ち取ったとき、父は病気が重くて受賞しに行けなかった。だからわたしが代わりに受け取ったの」

「それから？」

「家に届けたわ。奥さんのシャーリーにきちんと身の周りを整えてもらって椅子に坐っていた。わたしは子供たちと夫、それにブリジットとその一族たちと一緒に持って行って彼に言った。『どう、感想は？　パパ』そしたら彼が言った。『ケイトのためによかったよ』」

ジェーンは私の顔を見て肩をすくめた。なす術なしと黙り込んでいる。

「その後、お父さんはどのくらい生きておられましたか？」

「五カ月」

「最後に会ったときのことを聞かせてください」

「病院に入院してたわ」と言ってまた黙り込んだ。

「そのときには二人は親密になれたのですか？」

すぐには答えずしばらく黙っていたが、やがて言った。「彼が病気だということをだれも認めたがらなかった。でも、わたしはそんなのは嫌だった。いつお別れのキスをしたらいいのか、ちゃんとわかっていたいじゃないですか。でも誰も彼も否定一色。わたしはでも父に言った。『パパ、愛しているわ。パパを悩ませたの、ごめんね。パパは出来るだけのことはやってくれたのに。そんなパパを愛してる』。父の面倒をよく見てくれた奥さんにもとっても感謝してたから、父が亡くなったあとも、彼女にはずっと家族の一員でいてもらうって約束したって、伝えたの……そしたら、見せたくなかったろうけど……父は、父はわたしに泣くところ見られたくなかったろうけど、泣きだした。だから、その場を離れた。それがわたしにとってのお別れだった」

時どき、私はゲストに対して偏見があると批判されることがある。この批判には首を傾げるのだが、そもそも学生たちに教えてやってほしいという理由以外にゲストを招くわけがないではないか。だから主張したいのだが、過去十三年間の記録のなかでマイケル・J・フォックスはわれらがヒーローの一人であった。マイケルの勇気は公の広く認めるところだ。だが、たいていの人間がへこたれるだろう障害に対して虎のように激しく闘ってきたクリストファー・リーヴや他の人たちと同じように、マイケルは意気揚々としてやる気満々でわが校に来てくれた。自分自身と病気のことを学生やテレビ視聴者にさらけだすまでにどれほどの努力が要ったか知る由もない。わかっていることは、これが私の〝勇気〟の定義となったことである。

ハリウッドでの初期の苦闘の話は戒めであり、勇気を鼓舞するものでもあった。テレビ・シリーズの『ファミリー・タイズ』のアレックス・キートン役を得るための辛い戦いをこう語った。「ぼくが候補として最初の男だったが、ゲーリー・ゴールドバーグに嫌われてね。彼はぼくをダイコンだと思った。でも、ジュディス・ウィーナーはかなりいいと思ってくれた。そこで、結果を待っていた――とにかくこの仕事が欲しかった。ジュディスは何度も何度も彼にかけあってくれ――ぼくに電話くれて『いま彼にかけあってるからね』って言ってくれた。ところで、この電話っていうのが、〈パイオニア・チキン〉の中の公衆電話だった。だって、ぼくには電話がなかったから。『ぼくは事務所にいる』って言っては〈パイオニア・チキン〉に行って電話を受けていた。その電話の番号を教えてあったんだ」

ジュディス・ウィーナーがとうとう口説き落としたとき、マイケルは〈パイオニア・チキン〉のいつもの場所に戻ったね。「あんなばからしいことはなかったね。無一文で〈パイオニア・チキン〉の公衆電話のまえに坐り、契約条件を交渉してるなんてね。『週三千ドル以下じゃこの仕事受けない』なんて言いながら〝〈パイオニア・チキン〉の軽食セットを買う金があったらなあ〟って思ってたんだから。『スピン・シティ』の初めの二年はパーキンソン病のことを誰にも知られずにやりおおせた。でも、もう隠せないってとこまできた。共演者にとって失礼だと思った。だから決心した。打ち明けよう」

「キャストに言ったんですか？」

「そう。だって……実は、五分休ませてもらっていいかな？」

「もちろん」

それまでの数分間にわたって、身体の震えがはっきりと目立つようになっていた。そのときも、ふらついて立ち上がりながら、彼は言った。「『スピン・シティ』じゃこんなこと出来ないよね」そうして観客の顔を見回して言った。「クスリが効いてくるのに五分かかるんだ」

学生たちと私は待った。そして五分後、スタンディング・オベーションの歓呼のなかに戻ってきて、話を続けた。「あの番組やってるとき、いまみたいなことが起きていたんだ。錠剤が効いて気分がよくなるのを待った。でも、向こうには観客がいるんだけど、出てって『この理由で出て行かれません』て言えない。ぼくは考えた。〝ぼくの病気を知ったら、人はぼくをおかしいと思うだろうか？　病気の人を笑っていいのだろうか？〟。いまはこうしてみんなに『五分休ませて』って言って、戻ってきて『クスリが効いて気分いい』って言える。それが必要なことなんだ」

それからちょっと後、控え室でスタッフが舞台を教室ゼミ用に飾り変えている間、マイケルは右に左にと歩きだした。「ごめん」と彼は言った。「こうして動けば動くほど、クスリが早く効くんだ」

クスリで身体の震えは落ち着いたが、けっして収まったわけではなかった。彼が再登場したときにもはっきりと見てとれた。だが、控え室を右に左に歩いているとき、私は驚くべき変身を目撃した——ふいに立ち止まると、振り返って私の顔を見、多くのファンを魅了してきたあの少年のような晴れやかな笑顔になって言った。「今、効きはじめた！」そういって両手を頭上に上げて伸ばし、ゆっくりと、優雅に、自由に回した。いっとき、病魔の手から解放された瞬間だった。

教室でディレクター・チェアに坐った彼は伸びやかで生気に溢れていた。ほんの二、三度つっかえたり、手が震えることがあったが、まさにマイケル・J・フォックスの独壇場だった。

若い女性が尋ねた。「わたしは一年生の俳優です。今夜は是非あなたにお礼を言いたいのです。あなたはわたしの勇気のみなもとです――ちょうど同じ時期に……」そういいかけて涙声になり、それでも立ち直ると「あなたが病気をカミングアウトしたのと同じ時期に、わたしもジストニア、筋失調症だって、脳神経からくるものだって診断されたんです……」

「そうだね」

「だから素晴らしいことだと思ったんです。病気でもこの業界で自分の好きなことをやっている人がいるんだってことが。だから、是非訊きたかったんです、現実問題として――あなたはマイケル・J・フォックスだからでしょうが、ただのアリゾナ出身のミーガンなんて縁故もない無名の者にとって、そういう病気を持ってるってことを人に告白するのどう思いますか？」

マイケルの答えは率直だった。「ぼくの場合悩んだ点は、どうやって自分が平静なのをわかってもらうかだった。『こんなのへっちゃらさ』とは言いたくなかった。そう言ったら、この病気で苦しんでいる人たち、ぼくのように有利な立場になく、医療保険とか失業の恐れで悩んでいる人、世間の受けとめ方を心配している人たちを軽んじてしまうことになる」

そういってミーガンの様子をしばらく見極めようとしていたが、やおら言った。「結局、受け入れ方に尽きると思うよ。〝最終状況までの十二段階〟ふうに受け止めず、自分の力で何が出来るのか、自分のコントロール出来ることは何かを見つめることだね。人が自分をどう見るかは自分にコントロール出来ない。明らかに、この症状の出方までは自分にはコントロール出来ない。ある程度まではクスリでなだめられるけど、コントロール出来るものではない。でも、それを受け入れたら、降伏するのか、自棄になるのか、自殺を図るのか？　このどれもぼくにとっては受け入れられる解決策ではない。受け入れられるのは生き続けてその先何が起きるのかを見ることだ。そして発見するものは、なかなかクールだよ。この世には素晴らしいことがあるんだ。恐怖のうちに歩いていくだろ、〝人はどう思うんだろう？〟とか〝どうなってしまうんだろう？〟という恐れのなかを歩いていくと――そう、何かが起きるんだ。それが何かは分からない、でもいい結果が出る可能性は五分五分なんだ。だから、ぼくは喜んでそれに賭けている」

そして、もうお分かりのように、ミーガンもそれに賭けた。

エルトン・ジョンはわれわれが学生に修得させようとしている技芸のすべてを絢爛豪華に具えたゲストの一人だった。同世代人のなかでもアカデミー賞、トニー賞、グラミー賞の受賞でエリートのステータスとなっているが、一晩たっぷりのプライベート・コンサートで、学生たちにエリートのステータスも与えてくれた。

エルトンの才能のルーツを辿りたくて訊いた。「才能のある人たちはさまざまなペースで成熟していきます。でも二つの才能だけはとっても早い時期に現われます――音楽と数学です。あなたの音楽の才能が現われたのはいつですか？」

「三歳のとき、祖母がぼくを膝に乗せてくれた。家にはアップライトのピアノがあって、物心ついたときから耳で聞き覚えて弾いていた」

十一歳のときに何が起きたのかと尋ねた。「ロンドンの王室音楽学校の少年演奏家奨学金に受かってね、ピアノ、音楽理論、ハーモニーを勉強し、合唱団で歌った。でも、あんまり練習しなかった」と打ち明けてくれた。「だって、初めてエルヴィス・プレスリー、リトル・リチャーズ、ジェリー・リー・ルイスを聞いたとき、自分の弾いてたショパンなんか窓からどっかに飛んでっちゃってね。むろん、ピアニストとしては、ピアノで弾くいちばん素晴らしい曲はショパンかバッハなんだけどね。でも、早い時点からモダン音楽に進みたいって思ってた。それとね、ぼくの手はものすごく小さいの」と手を上げて見せた。「これはコンサートピアニストの手じゃない、普通のピアニストとしても小さいよ。だからポピュラーミュージックの世界に入ろうって心を決めていた」

ヒットチャートNo1のアルバムを七枚も続けて世に出した作詞作曲について話が及んだとき、私は訊いた。「リチャード・ロジャーズに作詞、作曲どっちが先に来ますかと訊いたら、『小切手だ』と言ったんですが、あなたも同じですか、バーニー・トウピンはまず書くといってますが」

「はい」

「歌詞が浮かぶときは完全な形ですか？」

「韻を踏んでなかったりコーラスになってなかったりってことはある。初めのころ、五十、六十行くらいだったかな。それを苦心して歌詩の形にしたり、コーラスやミドルエイトを作っていった。ぼくたちはけっして一つ同じ部屋で作曲はしなかった。あの『僕の歌は君の歌（ユア・ソング）』もぼくたちが両親のアパートで暮らしていた頃に出来たものでね。彼が詩をくれたからぼくがリビングに入っていく。彼はベッドルームに戻ってレコードを聴く。それからぼくが出ていって彼に会う。その作り方はとってもやりがいがあったね。相手の顔を目にすることが出来て、歌詞にぴったりのものが目のまえにあるんだから——笑顔、喜びの感情、幸福感なんかが」

「『僕の歌は君の歌』を書くのにどのくらいかかりましたか？」

「正直、三十分くらいかな」

学生たちから驚きの声が、私からは妬ましさの〝ほう！〟が出た。エルトンはそれを見て、言った。

「人は『そんなことを言ってはいけない、ホラ吹いてると思われるよ』って言うんだけど、ぼくはそう書くんだよ。あの曲も三十分で書いた。ほかの曲はそれよりもう少しかかったかな……」

「四十五分とか?」自分が六十四小節分の歌詞を作るのに悪戦苦闘した経験を思い返してぼそっと言った。

「へんだろう」とエルトンも認めた。「ぼくは書くのが早い。四十五分以内に書けないようなら、また日を改めるか、捨ててしまう。ぼくはよくピアノのまえに坐ってコードを弾いてみて、〝あ、これいいなあ〟って思うと、歌が底から出てくるんだ。やってみせるね」

ピアノに向かったエルトンは、作曲のマスタークラスを開始した。「もしFメジャーで弾くとしたらそのコードの根音《ルート》は……」と言ってある音を叩き、それをコードにした。「もし〝今夜、誰かがぼくの人生を救ってくれた〟みたいなドラマチックな歌詞のものを書くなら、こうなる……」と曲のオープニングのコードを弾き、それらを単音に分けて弾いてみせ、「このコードには三つの音がある。FとAとC。だから、そうでなくフィフスコードを使うなら、それは……」とオープニングの違ったのを弾き、その後は溢れんばかりにさまざまなヴァリエーションを弾いてみせた。「これだとまったく違ったものになる。こっちが気に入ったかな?」と一つのコードを弾き、「それともこっちがいいか?」ともう一つ弾いた。

最後に彼は歌いだした。「〝イーストエンドの灯りを思い出す、暑い夏の夜、階下の部屋のカーテンは引かれ〟」

「ここにはルートはない!」と彼が言った。「レギュラーなコードは一つだけ。他のはみんなコードのさまざまなヴァリエーションだ」そういって手を鍵盤に戻し、ピアノから新しい音を引き出した。「これで美しいトーンが生まれたろ――ギターではこうは行かないんだな。だからピアノを弾くときコードをいっぱい入れて弾くようになるんだ。ギター奏者はこれを嫌うよね。だって、彼らの指がこんなになっちゃうもんね！」と指をダンゴのように丸めてしまい、「この話はここまで！」といってベンチから立ち、拍手に答えた。

私の横の椅子に戻ってきたとき、スティーヴン・ソンドハイムとビリー・ジョエルがフラットキーを賞賛していたのを思い出した。

「まったく同意見だ」とエルトン。「ぼくはフラットキー人間！　Eフラット、Bフラット、Dフラット、シャープじゃ考えられない。フラットで考えてる」

「書いているとき、自分自身の声を思い浮かべていますか？」

「いいや。目のまえの歌詞に最高のメロディをつけることだけ考えている」

「この質問をしようしようと長い間待っていましたが、あなたやイギリスのロッカーたちが歌うとき、イギリス人のようには聞こえないんですが、アメリカの地方の訛りで歌っているように聞こえます。それ、何でしょうね？」

「ぼくたちが六〇年代、七〇年代、八〇年代に聞いていた音楽がみんなアメリカから来たものだからだと思うな。ぼくたちが聴いた素晴らしいレコードは黒人の音楽だった」

「ということは、あなたはアメリカの声で歌っている」

「そう。自分たちのアイドルの真似してるんじゃないかな。オーティス・レディング、エルヴィス・プレスリー。ソウル・ミュージックだからね、アメリカから来てる」

エルトンのけばけばしい衣装は、七〇年代の自分のイメージを作るのに重要な要素だったかと訊くと、

「とっても大事な要素だったよ。それって多くの人に嫌われたけどね。音楽の強烈さと質には邪魔なものだっていうんだ。それはそうだと思う。でもぼくは十代だったからねえ。子供の頃にはハッシュパピーでさえ履かせてもらえなかった。二十三歳になったらハイウェイに出ていいって車のキーをもらうようなものだ……ぼくは愉しくやっていた。最初の五年、六年はよかった。でも、ぼくはずーーーと遠回

りした……つまり、ドラッグへの対応があったし。衣装への対応もあってしかるべきだったけどね。ハリウッド・ボウルでは、法王さまに紹介されたよ。それから女王がおいでになったし、それからリンダ・ラブレース（ポルノ女優、『ディープ・スロート』で有名）がぼくたちを紹介してくれた。回り道も、回り道、ついには遠くに行き過ぎた」

その後、エルトンはウィンザー城での一夜を思い出して語ってくれた。「それは人生でもいちばん信じられないような夜だった。貧しい町ピナー出身のぼくがダイアナ妃とお話してるんだよ。そしたらアン王女が来て「ディスコに入って踊りましょうか？」それはこれ以上ないというほど静かなディスコだったけど、とにかく足を動かしてアン王女と踊っていた。そしたら、女王がハンドバッグ片手にそばに来て、『わたしたちもお仲間に入れてくださる？』って。そんなこと言われて何て言えばいいの？　ダメって？　そしたらそのとき、曲は自然にビル・ヘイリーの『ロック・アラウンド・ザ・クロック』に変わったから、思ったよ。こんな超現実みたいなことは初めてだ」

その夜何度も、エルトンは自説の裏打ちをすべく、あるいはただ私や学生たちの望みを叶えるべく、ピアノに戻っていった。教室ゼミになったとき、学生の一人が言った。「ぼくの名前はスティーヴン・ニコラスです。三年の作家です。ぼくが二十歳のとき、友人の一人が亡くなりました。名前はダニー・マイケルズ。だからあの『ダニエル』を聴くたびに、ぼくは……」と最後まで言い切れなかった。エルトンはと見ると、もうピアノに向かっていた。

その後、教室で一人の学生が言った。「ぼくの名前はダニエルです」

「おっ、まずい！」とエルトンは叫んだ。「もう二度とそっちには行かないよ」

教室内で笑い声と声援が溢れる中、ダニエルはやや不信の面持ちでエルトンのスピーディな作曲術について質問した。

「それは結局のところコード進行に尽きるんだ。ピアノをあれこれ遊んで弾いている、詞を見る、二つのコードを一緒に弾いてみて『オウ、これいいじゃないか！』って思う。そんな具合に偶然出くわすことがある。ぼくはどんなものにでもだいたいメロディを付けることが出来るんだ」彼は見上げている学生たちの顔を見回してこう言った。「誰か、書き込んでいい本持ってない？　誰か本持ってない？　さあ、きみたち役者だろ！」

　足元に置いてあったブリーフケースやトートバッグの中をまさぐって、学生たちはたくさんの本や書類を振りかざした。エルトンはダニエルを前に呼びよせ、彼の手から本を取り、開いて言った。『ペール・ギュント』そしてピアノに向かった。

　ピアノの椅子に坐ると、本を譜面立てに置き、マイクの下に開いてかませた。学生たちは釘付けになって成り行きを見守っていた。エルトンはページを調べていたが「七ページ」といって、目を上げた。「キャラクターはアース」そういっていかにも愉しげにその名前は〝アッス〟（お尻の意味）と発音して「ぴったりだね」と言った。マイクの位置を微調整して、言った。「どうなるかまったく分からないが、ばか《アッス》やってみるか！」

　本に集中して言った。「アースは両手を振り回し、髪をかきむしって……ぼくが今これやるのはどんなものかな」

　コードを弾き、二番目のコードに移って弾き語りを始めた。「もの皆わたしに仇をなす、空も海も、あの山々も。霧は空からあふれ出て彼を打ちのめし、海は打ち寄せて彼を溺れさせる。山々は岩を落下させ、人々はみな、残らず、人殺しに走る！　おお、いや、いやよ、死んでは。生きておくれ。若造よ。悪魔よ、何故に彼を弄ぶ？」

　弾く手を止めて学生たちの顔を見回し、台本のト書きを読んだ。「ソルヴェイグに向かって」学生たちが笑って拍手するなか、彼が歌った。「ウソみたい。なぜなの、夢みてウソつくだけの男が、口先だけで生きてる男が……」

ひとしきりピアノを弾いてまた学生たちの顔をチラッと見て言った。「このセリフ好きだ！」そして歌に戻って「……まともな仕事をしたこともない。そんな彼なの、笑って泣きたい……ええそうよ、笑って、でも泣きたいあの人」

夢中になって聴いている学生たちをまえにエルトンが構築してみせたのは、紛れもなくミュージカルのくっきりした一形態だった。しかも他の彼の名曲同様に感動的なメロディーラインがあり、最後に劇中のシーンと歌をまとめるのにコードを次々と発展させ転がして合理的な結びにした。「ねえ？」と彼。「ざっとこんなもん」

観客の割れるような拍手と歓声に包まれ、スタンディング・オベーションは、彼が学生の『ペール・ギュント』にサインしたときにやっと収まった。エルトンは客席にさよならと手を振り、元気にステージを去って行った。私たちにはロビン・ウィリアムズのパシュミナスカーフ以来の驚嘆の即興が『アクターズ・スタジオ・インタビュー』史上に新たな即興名演技として残った。

二〇〇五年の春、アンジェリーナ・ジョリーとブラッド・ピットの二名は、メディア関係者の半狂乱の攻勢にさらされて遮断手段をとらざるを得なくなった。この困難な数カ月間に、アンジェリーナはただ一回だけ『アクターズ・スタジオ・インタビュー』のステージに登場してくれた。二〇〇五年四月二十五日。劇場の外をうろつくマスコミの手先たちが大学側守衛たちに通せんぼされている中を、アンジェリーナはしとやかにステージに登場した。学生たちに披露してくれるのはきわめて若いその人生だが、それはもう一人の才能ある親ジョン・ヴォイトがいたときに始まった人生であった。ここでもまた両親はアンジェリーナが生後六カ月のときに離婚し、彼女は母親とニューヨークに出てきた。母親はこの番組で挨拶してくれた多くの母親と同じように名誉母親殿堂に入る方だった。

「母上のことを偉い女性だと話していますね？」

「偉いの！」とアンジェリーナ。

「どうしてですか？」

「わたしが会ったなかでいちばん思いやりの深い女性――とっても穏やかで、愛に溢れてて、人を絶対に悪く言わない、愛、愛、愛しかない、分かる？　とっても温かい人」

「彼女は六〇年代の生まれでしたよね？」

「そうです」

「それが彼女の人生観にどう影響があるでしょうか？」

「わたしに対してよりオープンであってくれたんじゃないかしら。彼女はわたしのことちょっとはわかってくれたと思う。母はカトリックの家に育ったから、たぶん――」そう言って笑い出して「わたしみたいなのを娘として持つのは、六〇年代を経験してなきゃショックだったろうと思うの」

学生たちが笑ったので、言った。「じゃあ、あなたはお母さんの六〇年代部分ですね？」

「そう、母は本当、バランスが上手く取れてるの」

「お母さんはあなたに〝勇気を持て〟という言葉で始まるモットーを持ってなかったですか？」

「ええ、持ってたわ。母は――」と不意に言葉を切り、「やだ、ここで人は泣くんですか？」

「そんな必要ないですよ」

「勇気を持て、真実であれ、大胆であれ、親切であれ、自分であれ」アンジェラはすっかり暗記しているように諳んじた。

「キッシー・ガールズってだれですか？」わたしの問いに歓声を上げて、「わあ、いやだ。水をもらってからね」と言い足し、考え深げな顔で水を飲み、話を続けた。「ああ、やだ。わたしは幼稚園のときからすごく性的にませてたの。だから母が始終呼び出されていた。どうやらわたしがあることを作り出してしまったみたいなの。男の子たちにキッスして、抱き合おうとして服を脱ぎだして……そんなこんなで幼稚園ではしょっちゅう面倒起こしていた」

「これは初めてですよ。十一年間やってきたけど、あなたが最初の幼稚園問題児……です」

「そう？　わたしが？」

「ここで私がけっして訊くとは思わなかったし、答えを期待もしなかった部分での質問なんですが、あなたとボーイフレンドが互いに相手を切り始めたのは何歳のときですか？」

「十四歳だった。最初のボーイフレンドとは二年同棲したの、母の家で一緒にね。これって実際のとこ とっても頭のいいやり方よ、だって、こそこそしなくてすんだもの」

「そうですね」と言ったもののもうすこし大人びた答えが欲しかった。

「だからわたしは安全だった」とアンジェリーナが穏やかに先を続けた。「わたし、とても小さいときから武器を集めていた。ところがある日のこと……本当にこの話に入ってってほしい？　出来るわよ」

　学生の笑い声と拍手にかけて、私は思った。「学生たちはその話を聞きたがってると思います」

「そう。わたし、セックスの関係を持ち始めてたの。でも、セックスは十分だとは思えなかった。どんな感情も十分だと思えなかった。何ひとつ十分だと感じられなかった。いつだって、そこをぶち破って飛び出したいものがあった。というか、別のだれかにもっと結ばれているって感じたかった。もっと、正直なもの。そして何かを見つけたくて、わたし、ナイフをつかんで彼を切った。彼もわたしに切りつけた。そうやって何かを交換したんだわ。そして、血と感情まみれになって……わたしの心臓は駆けていた、そしてもっと危険なものがそこにあった。人生がにわかに、セックスはこうだと思われている以上に正直なものに見えてきた。二人の人間の関係はこうあるんだって思われている以上の正直なものになった。そんなわけで、わたしはある時期を過ごしたの、捕らわれているような気がした一時期、自分を切るのは何かを解放するみたいな気がしたから、そして、それは正直だった」

　アンジェリーナの飾らない率直さには抵抗できなかった。私は何一つ理解出来なかったが、言われたことのすべてを信じた。

アンジェリーナは自分の芸に関して、私生活についてと同じように率直で明確に語った。学生たちは当時わずか二十九歳だった彼女が、ストラスバーグの卒業生であると知って驚いた。「いつ俳優になろうと思ったんですか？」に対して、「ストラスバーグの学校に十六歳のときに行ったの。当時、何だか妙な舞台制作をみんなでやっててね、何だかヘンなキャラクターたちが出てね、わたしは舞台裏の通路に立って出番を待ってたんだけど、素晴らしい友情の感覚、みんなで何かを表現しようとしてるんだって思ったら——それが素晴らしい感覚だった。世の中の人々に手をのばし、心を通わせようとするあるものの一部になるって何て素敵なんだろうって。わたし、切羽詰った欲求を感じてた。たいていのアーティストはそう感じてると思うけど、人と心を通じ合わせたい、なんであれ自分の心にあるものを感じたい、自傷でも、気がふれるようなことでも、わたしの心のなかにあること。まわりに対して手を差し伸べ、互いに話し合い、自分の感情と考えを外に放出したい、できたらそれに意味を見つけたい、あるいはそれに対する答えを見つけたい」

息つぎに一休みしたとき、私は訊いた。「何を教えてくれましたか？」

「初めてストラスバーグの学校に行ったとき、わたしは十二歳くらいだった。そしてやってることがすごくへんてこだと思ったわ」

「どこに感覚記憶を得ようとしたんですか？」

「それそれ！　そう。五年前のことから何か思い出しなさい」

「ということはあなたが七歳のときってこと？」

「そう。メソッドのやってたことの多くが、わたしには分かるまで時間がかかった——いったい何なのか、自分にとっては何なのかって。だって、実際に二時間坐ってオレンジの気持ちになるってクラスがあったわよ！　知ってる？　つまり、何かの感覚を実感しようとするわけなの……」

われらが〝メソッド〟の学生たちの笑い声にアンジョリーナの声がかき消されかかったので、私は言った。「ショック！　ショックです！　ショック！」

「わたしって〝ああ、わかった、わかった〟っていうタイプだったの、でも、オレンジっていうのはわけが分からなかった。いまでもまだオレンジの気持ちにはなれない」と告白したものだから、学生たちのデシベル数が上がった。「でも」と考えながら「その匂いとか、亡くなった人の手を握っている感じとか——そういうのはわかる。それならわたしにも大丈夫なの」

「そこで学んだことを使ってますか？」

「ええ」

アンジェリーナの回が放映されたとき、「こんなに彼女が知的だったとは！　こんなに仕事に対して真摯だったとは！」という声を多くの視聴者から聞いた。それがいちばん多かった共通の反応であったことが私にはきわめて満足だった。

舞台上、アンジェリーナはまだ問題発言を続けていた。『フォックスファイアー』の中での刺青シーンについて「映画を観てない人のために訊きますが、あのシーンであなたは何をしましたか？」

「自分にタトゥーを入れ、別の女性の胸にも入れたの。わたし、タトゥー入れるの大好きなの、性的に興奮して愉しいからだけじゃなく、あれにはとっても興味深い話があるの。わたしたちは俳優で、長い間一緒に仕事を共にしてきた。でも互いに裸になったことがなかったし、互いにそれぞれの悩みを抱えていた。だから、まず最初に自分が大胆になろうと思ってシャツを脱いで見回したら、友だちも脱いだ。そしたら互いにとっても……性的に興奮してきた。でも、本当に、お互いの目を見つめながら目で言ってたわね、『これでいいんだ、わたしはあなたの味方、あなたは美しい、だからわたしと一緒にいて、恥ずかしがらないで』って。それだから、女同士のとっても美しいひと時だったの」

「そして映画の中ではその一人があなたに恋するんですよね」

「そう」

私は学生たちと向き合った。「ちょっとお騒がせな発言をするアンジェリーナは、映画のプロモーションツアーの最中に、撮影中にある人と恋に落ちたと公表しました」そう言ってアンジェリーナに向き直り、「そのことを覚えてますか？」

「うん」

「誰でした？」

「ジェニー。ジェニーとねんごろになったの」

「それは映画の宣伝のためでした？　それとも本心から？」

「しないわ、絶対にそんなことしない！　彼女が美しかったから、素晴らしい女性だと思ったから、口にしたのよ、そう感じていたから」

「世間にショック与えるためでなく」

「ちがう、ちがう。どうして世間がそういうことでショックを受けるのか不思議でならないわ」

いうまでもなく、学生たちは拍手し、かつての〝メク〟も拍手した。

アンジェリーナはゴールデングローブ賞、スクリーン・アクターズ・ギルド賞、そしてエミー賞を『ジーア／悲劇のスーパーモデル』における演技でさらった。彼女の役はエイズで死ぬクスリ中毒のモデルだったので訊いた。「最初はどうしてこの役を断わったのですか？」

「だって、彼女がわたしに近すぎたからよ。あんまり直視したくないことが多すぎて。分かるでしょ。自分を感じたいという欲求、この世界の表面的なことでなく、それにわたしたち誰もが持ってると思うけど、自分をあるがままに受け止め、愛してほしいという欲求。わたしだけがそういう面で変わっているとは思わないわ。それに『ジーア』の中毒は」と言い添えた。「中毒もわたしよく分かってる」

「中毒が分かってるんですか？」

「あらゆる種類の中毒ね。ええ」

「クスリの中毒も？」

「全部の中毒よ。そう」はっきり肯定する口調だった。

アンジェリーナが『17歳のカルテ』に出演して、結果的にアカデミー賞を取ったとき、ロジャー・エバートは持ち前の洞察力に富んだ正確な筆致で書いた。「ジョリーは現代映画の偉大な野生魂であり、致命的な的を射る危険人物として出現した」アンジェリーナの仕事ぶりを知っているので、私は訊いた。

「リサ・ロウに扮している間、自分のトレーラーをどう飾っていましたか？」

「やめて！」とアンジェリーナが反発した。

「覗いちゃったんですよ」と私。

「ポルノたくさんね」

「写真でしょ」

「そう」

「どうして？」

「だってそれ見ると興奮して、オープンになって、色っぽくなるんだもの。それが確かに効いたと思う。輸送部さん、わたしのトレーラーお気に入りだったわ」

「でしょうね。あなたがどうリサを言い表わしたかというと『彼女の生き方は大きすぎ、正直すぎ、飢えすぎ、生命に溢れすぎていた』でしたが、これらは美徳のように聞こえますよね、罪ではなく」

「ええ、絶対に美徳だわ」

学生も私もゲストのアカデミー賞受賞経験を聞くのが好きなので、アンジェリーナにも彼女の経験を尋ねた。「受賞スピーチで何といいましたか？」

「覚えてないわ。兄を愛してるって言ったのは覚えている——だって、みんなわれを忘れちゃうじゃないの」

「あなたと兄さんには性的関係はないんですよね」

「ないわよ。もちろん」

「オーケー」

「でも、正当な質問だと思うわ――もろもろあったんだから。でもわたしたちはやってない」

「でも、あなたはやったかのように仄めかしていた」

「そんなこと仄めかしてない！」

「へえ？　でもそういう風に世間は取りましたよ。どうです！」

「世間はわたしが思ってる以上に病気なんだわ」

この論争を面白がって学生たちはくすくす笑った。私は粘った。「ときどき、あなたはお騒がせ屋だから」

「でも、本当にしてないの！　だって、わたしのことを本当の人生で知っていてくれたら――わたし、言葉はぶっきらぼうだし、いつもそういう風に取られてしまう半分のことは、そんなにヘンなことでもないんだけどなあ。ある面に関してはわたしは正直だってわかってる。だれかに自傷について尋ねられたら、そしたらちゃんと正直に答えるわ」アンジェリーナはそうまとめて、驚くべき彼女の一夜をそうしめくくった。

その夜の途中で、私の好きなテーマが二つ浮上した。第一は飛行機操縦である。「いつ飛ぼうと決めたんですか？」

「もう、それは物心つくかつかぬかの頃よ」

「ではいつ操縦席に坐ろうと決心したんですか？」

「一年数カ月まえにトレーニングを始めたわ」

「単独で飛ぶまでどの位かかりました？」

「七十時間位」

飛ぶのはどんな気分かと尋ねると、彼女は悦に入って「最高のフィーリング！　セックスよりいいって聞いてたけど、はるかにいいわ！」

「あなたもセックスよりいいって言うんですか？」

「あら、もうっ、絶対よ！」

「じゃ飛行しますか？」

「はい」

アンジェリーナとの会話で出てきた私の偏愛その二はタトゥーだった。

「ああ！」彼女はため息をついた。

その話題が持ち出されると決まって感じる切なさが胸に湧いてくるのを感じながら、私は言った。

「学生たちはよく知ってるんですが、私はタトゥーをするのを許してもらえないんです。いつの日か、家内のケダカイがわかってくれることを願っているんですが。どんなタトゥーをしてますか？」

「兄を意味してH。野生の心が檻に捕らわれているとしてそのための祈りの言葉。つまり、テネシー・ウィリアムズね。母と彫ったの。13というのもあるわ。兄と一緒に彫ったのだけど、彼が三十歳になったとき、世の中で恐れている迷信みたいなものに対決するつもりで入れた。首にかけて〝権利を知れ〟っていうの入れてるわ。強く信じているから。アラビア語で〝意志の力〟っていうのはエジプトで彫った。ここに大きな黒い十字架を入れてる」といって自分の腿の付け根あたりを指した。「これは初めての結婚の直前に入れたの。実際にはアムステルダムで彫った長い舌を突き出したやつを隠すために彫ったんだけどね。それは翌朝見てびっくりした」

学生たちは釘付けになっていた。

「何かここから覗いてますが」彼女のカーディガンとジーンズの間の隙間を指して言った。

「それが十字架よ。でも、〝我を養うものはまた我を滅ぼす〟」

「ラテン語で書かれてますね」

「そうラテン語。それから祈りの言葉の部族のタトゥーもあるの、息子を守ってくださいって。タイで入れた。それからものすごく大きな虎もあるわ、つい最近入れた。タイでのわたしの仕事は一部が動物の保護なのよ。それなのに虎が一頭殺された。その当時タトゥーを入れたから、だからそれはそのため、そしてマドックスのためでもあるわ」

「背中に窓を入れてたこともありましたね？」

「うん。でも窓を閉めちゃった」

「本当に？」

「うん、だってもう必要ないんだもの。窓を持ってたのは、気持ちがなんていうかいつも落ち着かなくてね、いつも窓を見ていた。ドアから出て行きたかった。二、三年まえにこの部屋に来ていたら、あの出口のところにいたと思うわ。とにかく出たくて、出たくて、どうやって出ようかって。素敵な友人と話していて、素敵な会話をしてるのに、窓を見つめて、クソ、外にはもっといろんなことがあるんだろうにって。でも、いまはもうその窓の外に住んでるから、窓はもう要らないの」

ジョニー・デップがきてくれたとき、彼にもタトゥーがあるのを発見した。その夜、客席のケダカイの潜んでいるあたりに向かって私はねだった。「タトゥー、ちょっとだけいいでしょう？」

彼女は首を横に振った。

「だめ？」とジョニーも言ってくれた。「いいかも？」

ケダカイは一歩も譲らなかった。

「右腕のは何て読むんですか？」とジョニーに訊いた。

「ウィノよ永遠に」

「でも、あなたはウィノじゃない」

「どうして知ってるの？」

〝ウィノ〟の一文字が彼とウィノナ・ライダーとの恋愛の名残りであるのは、知らぬ者のない公然の事実だが、私は話題を変えた。「ほかにインディアンの頭もありますね。それは何を祀っているのですか？」

「そいつはぼくが初めて入れたタトゥーでね。十七歳だった。祖父を称えてだよ」

「チェロキーの子孫」

「そう」

「左の腕にハートがありますね。中にあるのはだれの名前ですか？」

「ベティ・スー。ぼくの母」

「右の人指し指にあるのは？」

「三つの小箱。ぼくの人生のいろんな時期を表わしてる」

「右のくるぶしには？」

「ぼくと友人数人で入れたやつ。頭蓋骨とクロスした骨、それには〝死は確かなり〟とある」

「そして左手には、3という字に見えるものがある」

「ナンバー3。友人が入れたんだ。テーブルのわきに坐って、彼に『3って入れてくれ』って頼んだ」

私はケダカイの顔を見た。「ねえ？　簡単だろ」……まったくダメ。

ニコラス・ケイジにもシルクハットに入った蜥蜴のタトゥーがあるのが分かった。「こいつはショービズの蜥蜴なんだな」と彼が説明してくれた。「ぼくにとってのタトゥーは心のなかの変化を外側に表わしたシンボルなんだ。人生で大きな変化の時期を潜り抜けたとき、なぜだかタトゥーを入れている。

それが何らかの面で役に立ってるんだろうな……」

私はケダカイの顔をうかがったが、彼女は首を振った。

シャーリーズ・セロンが出演したときも、私は言った。「ぼくの目がおかしいんでなければ、タトゥーが見えてるんですが」

「どれのこと？」

「一つ以上あるんですか？」

「うん。それは花ね。こっちは日本の鯉よ」

いつだって味方が欲しい私は言った。「訊いたのは好奇心からではなく、私がタトゥーをするのを許してもらえないからです」

「だれ、そいつ？」とシャーリーズが迫った。

「家内が許してくれないんです」

「だったら、お二人で一緒に行ってそろってやってもらうことを薦めるわ」劇場内が拍手喝采に割れた。「すばらしいわよ――何か飲んで麻痺してなきゃならないとか、そんなことないんだから」

収録後、〈イレインの店〉でシャーリーズとゲルダ母娘がケダカイを説得にかかったが、《パリス・レビュー》の自分のヌードポスターの下で、妻はいっさい動じも乱れもせず、泰然と坐っているだけだった。

マーク・ウォールバーグは全身タトゥーだらけだということを打ち明けた。「肩のここんとこにボブ・マーリーのタトゥー。それと家族の名前。両親のイニシャル。それと首の周りにロザリーのタトゥー」

「漫画のトィーティとシルヴェスターのはないんですか？」

「それを入れようとしてたんだけどね。十二のときに〝ギャング・シャムロック〟を左足に入れてさ、長い間母親から隠してきたんだけど、ついにバレた。酔っ払って友だちと女のことで喧嘩になり、そいつに手と足を刺されてさ。後で仲直りしたけどね」

学生たちの笑い声にかぶせて彼が言った。「お袋に電話して言った、『ねえ、俺、刺されちゃったから迎えにきて』。そしてタトゥーが見つかってしまったってわけ。それで一週間自宅謹慎よ」

「なのに、私はタトゥーを入れさせてもらえない！」私はぼやいて皮肉たっぷりに客席のケダカイの方を見た。

「許してくれないのは奥さん？」

「そう」と私は恥をかなぐり捨て、望み薄と知りつつ言った。

マークはケダカイの顔を見た。「腕に裸の女がいちゃ嫌なんでしょう？」

「そう」とケダカイ。

「それはよくわかりますよ」と裏切り者は言った。

「でもその女の人があの人ならどう？」と私は反論した。「それならいいんじゃないかな？」

「彼女がそれでいいなら、ぼくはかまわないけど」とマークは仲裁者になっていた。「ぼくがやってあげてもいいよ」

学生たちはピーピーとはやし立てて勝利を、たぶんこのテーマから解放されるのを予感していた。その夜、ベッドで、私はケダカイにタトゥーを彫るのがタダだと念を押した。それでもうんと言わない。

「きみの顔だけでいいから！」と私は説明したが、彼女は電気を消した。

ジェイミー・フォックスに考えがあった。「〝プレイヤ〟って彫ろうよ」

「もう私はプレイヤになってなかったっけ？」

「そう、そうだよ。だからこれを入れるんだ」

私は首を振った。「ジョニー・デップがだめだった。マーク・ウォールバーグがだめだった。みんなみんなだめだった」

その後のイレインで、ジェイミーは〝プレイヤ〟を入れようとケダカイに頼み込んだ。ケダカイはひたすらパスタに集中していた。

タトゥーに関する限り、アンジェリーナの前の夫ビリー・ボブ・ソーントンは彼女といい勝負である。いくつ入れてるかと訊いたら、「たくさんだよ。十一、ってとこかな。もうあと二つ入れようと思ってる」

「どんなの?」

「背中に鷹、頭のてっぺんにもう一羽の鷹」

「なのに、私は小さいタトゥー一つだって入れさせてもらえない」私はぼやいた。

「そうだね、彼にせめて一つくらい入れさせてやったらどうかな」とビリーは聞く耳を持たない妻に向かって言った。

二〇〇五年一月三十一日、アリゾナ州トゥーソンから一通の手紙を受け取った。気を引く出だしのその手紙には「タトゥーのあるゲストの回はもうこれ以上見たくありません。あなたの目と心にある苦悩と羨望は見ていても辛いです」明らかにお優しい方だ。手紙の主であるヘザー・ネーサンソン嬢は、世界最大の貼るタトゥー会社の営業部部長であるらしいのだが、彼女は『あなたの力になり、かつ奥さんとの揉め事にならない方法です』といって既成のタトゥーのサンプルを同封してくれた。

二〇〇六年七月、ある裏切り者はこう手紙をくれた。「あなたの奥さんと同意見です。無傷でいなさい」それには付け足しのように「追伸、あなたの番組のファンです」とあったが、ちっともうれしくなかった。さらに事態を悪くしたのが、彼女はそれに漫画を同封してくれたのだが、それでは夫が妻にこう言っていた。「タトゥー入れようかと思ってるんだが、腕に蛇とか竜はどうだろうか?」それに対して妻がこう言っていた。「離婚したてで車で暮らしてる男みたいに蛇とか竜入れるの?」

むろん、その手紙はケダカイには見せなかった。

数日後、シャンハイ・ケイト・ヘレンブランドと名乗る女性から手紙がきた。「あなたと奥さんの両方に受け入れられる解決法があります。日本では〝目にみえない刺青〟なるものがあります。白い染料を用いたエロチックなタトゥーで、皮膚の色調が変わらないとタトゥーが浮かんできません。皮膚は感情的興奮（性的興奮もその一つ）により、あるいは毛細血管の作用で色が変わります。皮膚がピンクになると、タトゥーの白い線は皮膚に浮き出てきます」

相手の女性を性交渉の最中にピンクにならないなどと侮辱するような危険はさておき、タトゥーは内的な興奮を表わすのでなく自身の大胆な関心事を明らかにするものでありたいではないか。それはそれとして、この論争で何人かの興味深い友人が出現したことは間違いない。

劇場でも、街なかでも、ブルーミンデールでも、ケダカイに人が声をかけるのを耳にしてきた。「ご亭主にタトゥー許してやれば！」

アンジェリーナ・ジョリーが『アクターズ・スタジオ・インタビュー』に出て二十カ月後、『グッド・シェパード』の封切後のパーティで、ケダカイとアンジェリーナのテーブルにお祝いをいおうと近づくと、ブラッド・ピットの隣りの席から飛び上がった彼女は、ケダカイを温かく抱擁して急き込むように言った。「もうタトゥー許してやった？」

抱擁も潮の流れを変えることが出来なかったのを見て、私はアンジェリーナの腕をつかんでそこにある小さな品のいいタトゥーを指して言った。「見てごらん、ケダカイ。たったこんなんだよ。でも、ぼくはケダカイって彫るけど」アンジェリーナと私はじっと反応をうかがった。だがケダカイが相変わらずミス・スカーレット然として丁重ながら腹の読めない顔つきでいたのを見て、アンジェリーナは気前よく最後の切り札を切ってくれた。後ろ向きになってくれたのだが、その裸の肩から腰にかけての美しい背中がきらめくドレスに縁取られ、上から下まで彫り物師の芸術で飾られている。

肩越しにケダカイの顔を長い間見つめていたアンジェリーナは、私の方を向いて肩をすくめると申し訳なさそうに微笑んだ。

こうやって綴ったことで何か変化は起きるかもしれない。だが、今までの悲しい過去を振り返ると、それもあやしい。

第十六章

「悪名高くはなれるが、無名に戻ることは出来ない」

——デイヴ・シャペル
『アクターズ・スタジオ・インタビュー』より

『アクターズ・スタジオ・インタビュー』の十二年目は、ペース大学マイケル・スキメル芸術センターの新しいステージでめでたく開始する運びとなった。客席数七百四十、最先端技術とフル装備をそなえたこの劇場で、わが共同プロデューサーのサブリナ・フォドールとジェフ・ワーツの二人が、《ル・モンド》紙が息をのまないまでもケチをつけないだけのセットを備えた舞台作品を監督できるようになったのである。

われらが〝実にありふれた小劇場〟の〝空舞台〟は、想像力にあふれたセットに作りかえられ、魔法のような〝バックステージ〟には赤みがかったレンガの壁が立ち、その壁のドアからゲストが登場する仕掛けになった。キャットウォークはゲストと私の頭上に優美にかかり、照明の光はステージに立体的な陰影をつけたが、最も重要なことは、巨大な映写スクリーンが設置されたためにフィルムを映写できるようになったことである。これで今までテレビ視聴者しか見られなかったVTRなどを、客席の客もゲストの面々も見られるようになった。いまや、現場の撮影カメラが、ゲストがゲストを見守っているのを見守れるようになったのである。

ペース劇場での開始は二〇〇〇年末に始まったいくつかの重大な変化の一つであった。この年、NBCがブラボー・ネットワークをケーブルテレビから十二億五千万ドルで買収したのである。その時点で、ブラボーは主に古典映画と『アクターズ・スタジオ・インタビュー』、それにBBCのような所から回される素材で仕込む特番で成り立っていた。商業関係のマスコミは私たちの番組がNBCにとっての刺激剤であったと見ていた。

二〇〇三年三月、《ヴァニティ・フェア》のパーティで、ジム・ドーランとブラボー売却後初めて顔を合わせた。再会の挨拶のあと、私は彼に訊いた。「本当のところどうですか？　私たちがなくなって惜しいですか？」

「ああ惜しいねえ」と応じた彼は、「でも、十二億五千で癒されたよ」と言った。

その月、ジョン・トラボルタが来てくれたとき、NBCの社長ジェフ・ザッカーが前列の座席に坐ってくれた。ステージが対談コーナーから教室ゼミに飾り変えられている間に、私は彼に控え室にきてジョンに会いたいかと尋ねた。「はい」と答えた彼はステージ袖へと向きを変えたとたん、私の腕をおさえて言った。「でも、わかってもらいたい――ぼくはあなたに会いにきたんだからね」

それはつづく数々の慶事の先触れとなった。ブラボー売却は居心地のいい家と頼もしい父親がわりのチャック・ドーラン一家のもとを去ることであったが、その移行が進行していくうちに、新しくダイナミックな家族が出来た――ジェフ・ガスピン、ブラボーの社長ローレン・ザラツニック、NBCユニヴァーサルの会長で重役のボブ・ライト、そして二〇〇七年にライトの後を継いでNBCユニヴァーサルの会長となったジェフ・ザッカー氏らである。

特によかったのは、フランシス・バーウィックとクリスチャン・バーセロズの二人が私たちと一緒にNBCに移ってくれたことだ。二人はここで『アクターズ・スタジオ・インタビュー』の冒険を続行してくれ、さらには二〇〇七年三月のある月曜午後に始まった変わった出来事にも立ち会ってくれた。この日、私はつぎの木曜午後四時半に局の社長からの電話を待つように言われた。社長の簡潔な指示は、もちろん、何が飛び出してもおかしくない。

その木曜の指定の時間に、聞こえたのはローレン・ザラツニックの声だけではなかった。どうやら、室内に他の人たちがいるようだった。「わたしたち、一緒にお知らせしたかったの」とローレン。

「知らせるって何を?」

「ナショナル・アカデミーの委員会はあなたにエミー賞の生涯功労賞を授与しようって決めたの」私がしばらく黙っていると、彼女が言った。「聞いてる?」

「ああ、聞いてる」というのが精一杯だった。

「投票は全員一致だったの」と彼女が言い添える後ろからフランシス・バーウィックの囃し立てる声がした。

二人はその二、三週間後ロサンゼルスでのエミー賞授賞式の際、客席にいた。彼らこそステージ上にいて拍手喝采を受けるべきだったのだ。

二〇〇五年十月、ペース大学での研修を始めるに当たって、新劇場にふさわしいゲストを迎えるという私の決意はとびっきりの褒美をもらうことになった。人前に出たがらないのでつとに有名な俳優、アクターズ・スタジオの共同所長、同世代人のなかでも議論の余地なく第一級の俳優アル・パチーノが立派な真新しいステージに登場してくれた。

ほかのゲストにも訊いた質問だが、「子供の頃はよく空想のなかで遊びましたか?」と言ったことから意外なドアが開いた。

「うん。母に映画に連れてってもらうと、帰ってから全部の役を自分でやってみるんだ。そうやって孤独感とか内気と向き合っていたんだと思うよ。役者っていうのはそんな風におかしいんだよね。役者は外交的か、でなきゃ内向的のいずれかだ。それに気づいていた？」

「ずいぶんその話はしましたよ。この番組を見てる人たちが驚くのが、いかに多くの俳優が内気かってことですよ。デ・ニーロ……」

「ああ、ボビーはシャイだ。ああ。いや、こんな状況の中じゃ誰でもシャイになるんじゃないのかな。しばらくの間は」と私の顔を見てにっこり笑った。「肩の力ぬくわ」わっと客席から笑い声が起きたので、学生たちの方を向いた。「みんな希望を持って生きてるんだから、ね？」

　彼と共に所長であるエレン・バースティンは最前列に坐っており、大勢のスタジオのメンバーたちが学生を取り囲むように坐っていたが、私はアルがスタジオのメンバーとなった話を取り上げた。「人生でいい瞬間でしたか？」

「おお。ほうほう！　身分証明の話題になるの？　覚えてるけど、オーディションに行った日、ぼくはヤル気満々でね、階段おりてきて秘書に言ったんだ。『すぐ連絡もらえるよね』。いってみれば勝手に興奮してたんだ、わかる？」

「はい」

「当時ぼくは六十八丁目のビルの管理人やっていた。でも例の8×6の大きな自分の写真、ロマンチックなやつさ、それを自分とこのドアにぶらさげてた――テープがなかったからバンドエイドで止めてね。その下に〝スーパー〟（管理人の略）と書いてさ。それでもスタジオに入れた！　そして初めて人に自分の名前をちゃんと発音してもらえた。いつも〝パアキイノ〟とか〝パシーノ〟とか……。でもリーは〝パチーノ〟っていってくれた！　それには感動した」

「どうしてスタジオはあなたにとって重要だったんですか？」

「それは、そこが自分の信じた場所だったからだね――だって、まず、俳優にとっては無料だし、監督、演出家にも、作家にも無料だ。そこは人が来てある世界の一部となれる場所なんだ。スポットライトから離れて自分を発展させる場所、自由に浄霊し、演習する場所なんだ」

最後の〝自由に浄霊し、演習する場所〟というのは、今まで聞いたスタジオの権能と秘密を最もよく言い表わしている表現だと思った。

『ゴッドファーザー』の話になったとき、彼の演じたマイケル・コルレオーネの役作りのプロセスを学生たちに話してやってほしいと頼んだ。「どこから始めたのですか？」

「第一印象を受けるだろ。その印象は小説から得た」

「つまり、初めは書物から、ですね」

「そう。『ゴッドファーザー』は二回読んだ。そして心の目が何かを見たんだな。でもそれから、実際にこのときはあれをする、このときはこれをするって、具体的にしなきゃならない行為が課題になる。マイケルっていうのが難しいキャラクターだったのは、やつはあることを始めておきながら、ほかに移っていってしまう。ぼくは何時間も何時間もそこを見極めようとしたんだが、十分な時間がなかった。だからこうした。まず初めはそろそろと始めておいて、そのうちキャラクターが顔を出すだろう、人をびっくりさせるキャラクターがって。それがそのキャラクター攻略のカギだと思った。だって、〝こいつどういうとこから湧いてきたんだ？〟って思うじゃないか。なのに、彼は突然出てくるんだよ。つまり、ある種の謎めいた特質があるんだ」

「撮影現場での自然な演技の余地を見越して、どの程度を未完な考慮以前のものとして残しておくんですか？」

「おう、無意識から立ち上がってくる演技をぼくは信奉しているよ。期待するものは無意識部分が解放されたときに起きるんだ。十分にリラックスし、十分になりきっていて、その部分を信じていれば起きる。だからぼくは〝印象〟法みたいなのを使う──そしてそれを信頼してる」

私は訊いた。「フランシス・フォード・コッポラによれば、彼は『ゴッドファーザー』を撮ってる間じゅう、今にも降ろされると思っていっときたりとも心の休まった時がなかったと言ってますが、あなたは降ろされる懸念はありましたか?」

「ああ、あったとも! いまだにどうして降ろされなかったのか不思議だ」どっと起こった笑い声にかけて彼は言った。「おかしいと思うだろ? でも、本当に降ろされると思ってたから、最後には降ろして欲しいと思うようになっていた。〝いったい、ここで俺何やってんだ? うまくいってないじゃないか。俺は望まれていないし〟。分かるかな、役者は自信が必要なんだ。人にそこにいて欲しいと思われている感じが必要なんだ」

「フランシスはあなたと彼自身を救う作戦を考えだしたといってましたよ。レストランでの銃撃シーンを予定より早めて撮り、撮影所側が編集用下見フィルムを見られるようにしたとか」

「そうなんだ。そうなんだ」

「そのラッシュを見た翌朝はすべての圧力が消えうせていた」

「それは見事だったよ。だってぼくはダメだったから。会社はぼくをすげかえようとしていたもの!」

大勢の学生がノートをとっているのを見て、彼らが自分たちの逆境や迷いに直面した際、そのノートがどういう意味を持つだろうかと考えた。

アル・パチーノとの夕べはいくつもの驚きをもたらしてくれた。その一つが、きわめてけばけばしく、かつ私見では印象的な創造物である『ディック・トレーシー』(コミックの実写映画版でアル・パチーノはアカデミー賞にノミネートされた)のビッグボーイ・カプリースの裏話だった。「あの役作りは大分あなたの創造に負ってませんか?」

「ああ、そうだね。よく考えたのは、あるキャラクターを彫刻する、もしくは絵で描くとすればどうするだろう? ってこと。どんな風に見えるのだろう? ほかの漫画キャラクターはちゃんと見えている。どんなやつらか見えている。ディック・トレーシーはあるルックスを具えている。さて、ビッグボーイを何とかしなきゃならなかった。で、思った。ビッグだよ、まず。極端に大きいものを持ってる。だから大きな背中のコブ。万事大きい」

「コメディを演じるのは愉しいですか？」私は何気なく訊いたのだったが――ドアが大きく開いた。

「愉しいよ！」と言って一呼吸おいた。椅子の上で坐りなおし、見たところある決心をしたようだった。

「これ、言いたくないんだが――だっていいかっこしいに聞こえるからねえ、でもぼくはコメディ出身なんだよ」その発言に客席が静まり返った。彼が学生たちの顔を見回した。「なんて反応だよ、ええ？」

学生たちが笑ったのにかけて、私が助け舟を出した。「だって、不思議だからですよ、どういうことですか？　コメディ出身って？」

「スタンダップコメディやってたんだ」とアルが身構えたように言った。

「あなたがスタンダップコメディを？」

「ああ、そう」

「どこで？」

「それは、ヴィレッジでさ。相方もいて、いろいろやったよ。レビューもやった。いろいろやったよ……」湧き上がってくる笑い声に応えるように「いやあ、ヘンだったよね。でも、愉しかった。それに、そうやってなんていうか鬱な気分をやり過ごせたんだな」

「鬱気分をスタンダップで克服したんですか？」

「ああそうだ」アルは私たちの頭上にあった、ちょっと前までビッグボーイ・カプリースの写っていたスクリーンを指差し「だからああいうシーンを見せられると〝止めてよ、またその気にさせんな、昔はああいう風だったんだから〟って思うよ」

「それじゃ、ビッグボーイ・カプリースでコメディに、ミュージカル・コメディにすかっと戻ったって

いよいよもって、興味津々だ。「本当に？　歌ったんですか？」

「ミュージカルもやったよ」

「歌も歌った」

「どのミュージカルで？」

「『王様と私』に出てた。『その男ゾルバ』のブロードウェイ公演に出てくれと言われたよ。ゾルバじゃなくて若い男の方の役で」

「びっくりだあ！」と私は不完全だった自分のブルーカードに目をむいた。

一方のアルは私のことなどお構いなしで快調だった。「ぼくはロビン・ウィリアムズと共演することになったんだ。おかしいだろ！」

「ああ、それはみんな知ってることです」私は安全な地面にやっと足がついたようでほっとした。「ロビンとの共演について話してください」

「いやあ、あれはすごかった。彼はぼくにとってはヒーローの一人さ。だから、いつでも彼のようになりたいと思ってる。ぼくがおかしくなければいけないときは、ロビンを見習おうとするんだ」

学生たちがせわしくノートに走らせるペンの音が聞こえてくるほどだった。

アルに『セント・オブ・ウーマン／夢の香り』でアカデミー賞最優秀男優賞を取ったフランク・スレード中佐の演技について尋ねた。「俳優にとって難しい要素の一つが盲目のキャラクターを演じるってことがあると思いますが、スレードの盲目をどうやって発展させていったのですか？」

「当時ぼくのいちばん年上の娘がまだ幼かったので、盲目の人をやってみせてくれないかと頼んだんだ。造作もなかったよ」

「それは子供の場合じゃないですか」

ことなんだ……」

「そう。四歳くらいだったかな。すんなりやってみせてくれたよ。で、思ったね。オーケー。そこに何かコツがあるって。その後、盲人を訪ねて盲目の人と一緒に勉強した。そして決めた。人工装具はいっさい使わない。ただ盲人になる。目をつぶってあることをする、そして目を開けそれをやってみる。これは素晴らしい演技のレッスンになるよ。やってみることが力になる。何か妙なんだけど自分を解放するんだな。自意識が取れちゃうんだよ、ほかのことに集中しているから。それが肝心なんだ——ほかのことに集中しているから自分を解放できるってこと。自分を解放しなさい。ミケランジェロも言ってるよ、『主よ、私を自分自身から解き放ってください、あなたを喜ばすことが出来るように』。結局なんだかんだとやってるのは、自分をいつでも自由にしておくことだと思うんだ。だから、いちばん成功したときっていうのは、いちばんそれが出来たときだと思うよ」

デイヴ・シャペルは二〇〇五年十二月十八日、世間の憶測の高波に乗るようにしてやってきた。世間が知りたがっていたのは、どうしてその二、三カ月前に、あの『コメディ・セントラル』のようなヒットショーとその五千万ドルを捨ててしまったのか、そうしてなぜアフリカに現われたのか？　そしてそこで何をしたのか、であったろう。十二月十八日、劇場の外には午後の四時にペース大学を取り囲むように長蛇の列が出来始め、こうした質問に対する返答とそれ以上の事情説明を求めていた。

他の〝芸談〟ゼミと同様、シャペルのそれも七時に開始予定のはずだった。その時間は通常のゼミの長さを念頭にずっと以前に決まっていた。深夜かもしくは出来たら十一時が望ましい。学生たちが深夜一時か二時に帰宅するよりましだ。

十八日の午後七時には客席七百四十席はすべて埋まっていた。それでも外には人だかりが出来ていて、望み薄と知りながらなお一席くらいは空くのではないかと粘っていた。

劇場に来るために、シャペルはオハイオ州イエローストーンの自宅から個人的に飛行機をチャーターしたが（彼の自腹だった。そんな費用は到底出せなかったからである）その七時に、ワシントンから飛んできたデイヴの広報担当カーラ・シムズが私に携帯を手渡した。相手はデイヴだった。

「いまどこですか？」

「バッファロー」

「バッファロー！」

デイヴがすまなさそうに説明するところによると、飛行機は再度の給油のためにいったん降りなければならなかった。私はパイロットに話をさせてくれと申し入れ、話し合った結果、九十分後にはティーターバロに、大学には、万事うまくいけば二時間後に到着の見込みだとわかった。

ステージに行って事情を説明したが、だれ一人動こうとせず、実際、彼が到着するまで、彼が降りてしまった『シャペル・ショー』のビデオを大画面で見せるというと、ワーッと歓声が上がった。

待ち時間に食事に出て帰ってきたい人たちにはその印として手首に巻くバンドを手渡すというと、何人かはその考えにのったが、残りの人たちはわいわいと喜んで『シャペル・ショー』を二時間見る態勢になった。午後十時には観客の何人かは六時間ぶっ通しで劇場に缶詰になってしまったわけだが、それでも場内に空席はなく、外で待っている人だかりを落胆させた。

デイヴが十時に到着したとき、すまなさそうにしつつもやる気満々で、職業上絶頂期にさしかかった人だという印象を強く抱いた――なにがなし、もう一人、私が知るスタンダップのコメディアン、ボブ・ホープを思い出した。

十時十五分に、彼を観客に紹介した。二時二十七分三十一秒と二十六フレーム過ぎに、番組は拍手のうちに空席もなく終了した。

開始からこの間に起きたことが、私たちに第十二回のエミー賞をもたらした。左がその理由のいくつかである。

ゲストの椅子に坐るなり、学生たちにおずおずと微笑みかけたデイヴは言った。「みんなが、俺がどんなに頭がおかしいかを見たがっている」そして数分後、タバコに火をつけたので、当然、学生たちは拍手喝采した。この反応にあっけにとられた彼は、釈明を試みた。「あんたたちはどうか知らないが、今度のことではアタマきてるんだ！　なんだか告白とかなんかさせられてるみたいでさ。『あのことについて教えてください』とかなんとか。知らないよ！　俺が子供だったんだろ！　ばかなことだったんだ、リプトンさん！」

アフリカの話題が十一時十九分に浮上した。これはこの夜としてはかなり早かった。デイヴが言った。「卒業記念のランチみたいなのしてたときにさ。親父が俺を外に連れだして言った。『聞け』」。そう言って学生たちの方に身体を振り向けた。「これはみんなのような若い俳優志望にも当てはまる忠告なんだよ。親父は言った。『役者でいるのはさびしい人生だぞ。いまわの際に横たわっていても、友だちはオーディションが入っていたらおまえを見舞いには来ない。彼も金を作らなければならない。誰だって金作りたい。だが、おまえは金作れないかもしれない』。だから俺は言った。『金作るったって色々なんだよ』って」

デイヴはしかめ面になって自分をくさした。「生意気なガキだった！　それ聞いて親父は言った。『どういう意味だ？』俺は言った。『あんたは教師だ。もし俺が教師の給料をコメディやって稼げるなら、教師やってるよりましだと思うよ』。すると、親父は笑いだした！　『おまえがそういう姿勢を持ち続ける気なら、やってみたらいい。けど、初めに値段をきちんと決めておけ。その値段が高く思えてきたなら足を洗え』」

デイヴはしばらく黙っていたが、やおら学生たちに向かって言った。「というわけで、アフリカ行き」

七百四十の心が拍手喝采でこれに応えた。

このテーマはマーティン・ローレンスの名前が出た際にまた浮上した。「マーティン・ローレンスが街にやってきたとき、大騒ぎだった」とデイヴは言った。「彼はワシントンからハリウッドまでやりゃ成功できるって証明して見せた男だ。ぼくも彼の成功には個人的に関係していた。それから、俺たちが『ブルー・ストリーク』のプロモーションに関わっていたとき、マーティンは脳卒中を起こし危うく死にかけた。その後、彼に会ったら、言ったよ。『こんなにぐっすりよく寝たのは生まれて初めてだった』って。彼は頑強な男だよ。だから、ぜひみんなに訊きたい。あれほど頑強な男が路上に飛び出し銃振り回して『俺殺される!』ってわめいたんだぜ、ハリウッドって所は一体どうなってんだ? デイヴ・シャペルはどうしてアフリカなんかに行くんだ? 弱い人間ならここに坐ってあんたたち相手に話なんか出来ないよ。話出来るんなら弱い人間じゃない。だったら、ハリウッドはどうなってんだ? だれにもわからない」彼はなおいっそう顔をしかめた。「いちばん悪いのは人をクレージーだということだ。それは排斥してることだ。〟彼はなおいっそう顔をしかめた。〝この人のことはわからない。だからクレージーだ!〟そんなバカなことがあるか。彼らはクレージーなんかじゃない。強い人間なんだ。取り巻く環境が病んでいるんだ」

劇場がまた拍手に沸くと、デイヴはにっこり笑って言った。「いやあ、今夜はチクッてしまったなあ。なにせこの一年いろいろあったんでね、リプトンさん」と言った。

エルトン・ジョンが黒人の声で歌っていると教えてくれたように、デイヴも気が向くと黒人の声から抜け出してしまう。「あなたとマーティンが白人の曲を演奏すると、スピーチは完璧だから、あなた方のどちらかがその気になればいつだってそう話せるんだと気づいたんですがね。つまり、それって選択いかんってことだろうか?」

「黒人のアメリカ人はみんなバイリンガルだよ。一人残らず。地域の方言もしゃべるし、職探しの〝面接用英語〟もしゃべる。相手にアクセスするために、ある話し方っていうのも持ってるよ。映画会社の重役とサシで向かいあったら、ときどきあっちの方が俺に向かってそれをやるよ。『おう、どうだい、調子は？』って。そしたらこっちはご大層な言葉を一つ、二つぶつけてやるんだ。おれの両親の方がやつらの親たちより頭がいいんだって思い知らせなきゃ」

「おまけにもっと教育を受けているとね」と言葉を足したのは、二人とも学者であることを思い出したからだった。

「そう、もっと教育を受けている。どんな風にでもしゃべれるよ。神さまから与えられた才能だな。そう、街のくだけた言葉ででもしゃべるよ、自分のお客に向かってしゃべってるときは。そのほうが楽だもの。集まってくれた人たちは友だちみたいなもの。それは十四歳のときから終始一貫してぼくの人生の大事な部分。けど、〝面接用英語〟をしゃべらなければならない状況もある」

深夜に近づいていくにつれ、デイヴは明らかにひっかかっていたテーマに戻っていった。「この一年、この仕事に就いてから初めてスタンダップ出演を控えてしまった。理由はぼくがビビッてしまったからなんだ、〝名声〟ってやつと、クレージーって言われたり、クスリ中毒だって言われたことでね。こういうのすべてがぼくを脅かしたんだ。まるでぼくはもう人間ではないみたいに。こういうことをぼくの子供の前で言うかい？　まるで、こういうやつらがさも偉いやつみたいに！　やつらには事情は何にもわかっていない。だって、そもそも当たっている番組を蹴ってアフリカに行ってしまうことについて、ぼくは全然話をしてないからね。世間には分からない、だからぼくをクレージーだというんだ。それがぼくにはイヤなんだ」

「では何を分かればいいんだろうか、デイヴ？」

「何を分かればいいか？　いいかい、ぼくはあの番組を二年やったけど、そのときはアフリカに行かなかった。そしたら突然、世間いうところの五千万ドルのギャラをもらいだしたら、もう出来ないってわけ？　去年だって二回ぼくはあの番組から出て行ってしまった。でも、だれも話題にはしなかった。そしたら《ニューズウィーク》が、このすごく信頼のおける雑誌が、ぼくがコカインやってるんだろうって書いた！　ここは本気で選択をしなきゃいけない。これが自分の求めてきたことだったのか。ぼくは偉くなりすぎたのか？　ぼくは人が好きだ。エンターテインすることが好きだ。けど、上に行けば行くほど、なぜだか、愉しくなくなってしまう。これはぼくが路上で銃を振り回すとこまで行ってしまったんだろうか、俺は殺されるって？　いや、ぼくはそんなとこに行きつくようなことにはなりたくない。ぼくはアフリカに行く。自分自身を取り戻す道を見つける。ぼくはアーティストだよ、スニーカーのCMなんかやりたくない。そりゃやれたらいいけど、そんなことやるためにきみたち学校に来てるんじゃないだろ。きみたちは映画に出たい。映画で演技したい、あるいはエンターテインしたい。それはきみの友人たちの多くが理解できないことかもしれない。でもきみにはその欲求がある。そして夢がある。だが、映画会社は六つだけ、エージェンシーも六つだけ。これは小さな、コントロールされた世界だが、ぼくはぼくに照明を当ててくれとアタマを下げるのはいやだ。いいかい、カメラはいいもんだよ、でも、公平でなけりゃいけない。公平でなけりゃ」

「アフリカで解決策が見つかりましたか？」

「いろんなことがあった。まず第一に、ぼくはイスラム教徒だ。信心深い教徒のようには教えを信奉していないが、主義は信じている。アフリカでは、人の地域社会が小さくて、ぼくの仕事なんか何にも知らない人たちばかりで、ぼくのことをごく普通の人のように扱ってくれる。だからアフリカに行けば、ぼくは眠れる場所があり、いかれてるとか、いろんな風に言われるようなことはない。アフリカでは、何にも知られてなかった。それでぼくは自分が一人の人だって思い出させてもらった。有名人――ブラッド・ピットとかジェニファー・アニストンとか、そういう有名人たちが体験しなきゃいけない諸々について考えているうちに、そうだ、ぼくもその一人だったと気がついた。でも、それは小さなクラブなんだよ、妙な所さ。でも、元に戻る道はない。有名でなくなることは出来ない。悪名高くはなれるが、無名に戻ることは出来ない」

彼は黙りこんだ。こうなると、部屋の音までもが消えてしまうような時間が過ぎる。ようやく、彼が言った。「このデイヴ・シャペル問題がどう解決するかわからない。でも、ぼくが何をすべきか、すべきでないかの寓話例となるような気がしている。ぼくは何かになるよ。伝説になるか、ただの悲劇的な失敗談になるか。でも、ぼくは全力疾走する。ずーと行けるとこまで行ってやる。これがどういう解決をみるかぜひ見てみるつもりだよ」

午前一時に、私は彼が『シャペル・ショー』で演じている頑固で盲目の黒人キャラクター、クレイトン・ビグズビーにインタビューしていいかと尋ねた。

「いいよ。でもやばいことになってもしらないよ、ずっとやってないから」

「おいおい、あんたがこの舞台に出てきてからずっとやばい目にあってますよ。どうか、ビグズビーさん、ちょっと微妙な話を持ち出すけど気にしないでくださいよ。《フロントライン》で読んだんですが、あなたは、何て言ったらいいか、白人ではないと分かったと言ってますが、これはあなたの人生をどう変えましたか?」

「そうねえ、いくつかの面で変えたと思うな。まず第一に、どうしてぼくのペニスがこんなに長いかがわかった」

「それは黒人であることの有利な点ですね?」

「そう。それ以外は有利な点はみんなひどく落ちてしまったよ」

「なるほど。黒人であるという認識はわれらが黒い兄弟姉妹に対する態度を緩和させることにつながりましたか?」

「もちろん。いまでは砂糖もブラウンシュガーを使ってるが、もう元には戻らない」

「KKKの友人たちとは連絡取り合ってますか?」

「いまでも時どき手紙書いたり、電話をかけあってるが、ちょっと妙なんだよな、ずっと前からぼくのことを黒だって知りながら、口に出さなかったたってのが。真の友達はそんなことしないだろ」

「どうです？　十字架を焼くときのあの温かさが懐かしいですか？」

「いや、食い物はうまかったよ」

「十字架焼きでは、どんな食べ物食べました？」

「ホットドッグ、チキン、ビール。でもさ、仲間の黒人たちといっしょにわいわいやってるほうがずっと愉しいよ。いや、有色人種、失礼。音楽がいいってわかった」

「それはそうですね。じゃ、あなたは『テネシー・ワルツ』みたいなものには背を向けたんですね？」

「たまには聞くこともあるよ――たいていはマスかくときだけど」

デイヴの回の『アクターズ・スタジオ・インタビュー』をうちの大型スクリーンで彼に見せたとき、私は訊いた。「いったいどこでこういうとほうもないコントのアイデアを持ってくるんですか？」

「いや、それはさ、この番組のファンだから、正直にいうとね。自分の仕事のほとんどがひどいと思ってたので、自分自身として出るのはどうやっても現実とは思えなかった。だってモーガン・フリーマンみたいな人を見ちゃったら！　だからコメディしかやらなかった」

「それで自分の番組で私の番組をやるのなら安全だと思った」

「そのとおり」

「最後に一つ『デイヴ・シャペル・スタジオ・インタビュー』への質問」

「どうぞ」

「わたしへの印税はどうなるのかな？」

普通は学部長をやりこめるゲストのためにとってある拍手が私に向けられるのを見て、デイヴはポケットから札を数枚取り出し、ピシャンとテーブルに叩きつけて言った。「わかったよ、リプトン、まだ収益を回収しきってないみたいだけどね。はい、二百ドル」

ピボー・アンケートの段になってデイヴに好きな罵詈雑言を尋ねると、「ファックだな。よく言ってるよ。ファック！　ああ、よく言ってる」そういって学生たちの方に身を乗り出すようにして、その言葉を小声でうれしそうに言った。「ファアアック」

そして椅子の背に背中からもたれて私に言った。「けど、もう悪態つくのやめたんだ」

「本当に？」

「うそ！　ファック冗談さ」

感嘆して私は言った。「いまのはよかった！　いや、お見事！」

「じゃ、二人で何かやるかな？」

「ぼくはストレートな男だよ」

「ああ、わかってる。警官の映画かなんかやろうか」

数日後、『ブロック・パーティ』のプレミア・パーティで、デイヴはまた私たちの警官映画の話を持ち出し、自分は真面目に考えているとさかんに言った。私は「じゃあ出演者三人は要るよ。きみと、私と、アクションシーンで私の代役やってもらうウィル・フェレルと」

二週間後、留守番電話が夜中デイヴ・シャペルから電話があったことを教えてくれた。私が広報のカーラ・シムズに電話すると、「あら、デイヴは即興舞台の仕事で舞台に出てたんです。そしたら観客が『アクターズ・スタジオ・インタビュー』の彼のこととってても気に入ったって言って、あなたのことを訊きだしたので、彼、携帯を取り出して短縮番号を押して『自分で訊いたらいい』って」

「私が本当に出ちゃったら、どうする気だったろう？」

「そしたら携帯をマイクに近づけるだけでしょう」

「そして？」

「十五分やったでしょう」

二〇〇七年二月二週目のある夜おそく、寝ようとしていたら電話が鳴った。取り上げると、デイヴがデンバーのコメディクラブの舞台にいたらしくガヤガヤザワザワの中から聞こえてきた。「まずい時間だったかな?」

「いいや、何にも着てないってことを気にしなければね」

「じゃ裸で話してるわけ?」

「まる裸」

デイヴのあけすけな喜びようのさらに上を行く観客の喜びようが伝わって来た。私たちは携帯スピーカーを通して十五分間の掛け合いをやり、私は初めて今までスタンダップのゲストたちが話していたこの芸の喜びを味わった。これは確かにクセになる……。

携帯を切ったとき、私は携帯の横で興奮のあまり――寒さのあまりか――カタカタと震えていた。うう―ん。CGで私のことをアクションシーンに入れられるかもしれないぞ。

ロバート・ダウニー・ジュニアは私たちのステージに輝かしい芸歴と、問題つづきの私生活の両方を持ち込み、学生たちに見習うべき点と、避けて通るべき点の両方を具体的に示す実物教育をしてくれた。彼の才能と――問題も――早い時期から芽を出していたことが分かった。六〇年代の過剰の落とし子というには若すぎたが、その副産物であるには若すぎではなかった。父である映画監督のロバート・ダウニーにドラッグを教えられたのかと訊くと、彼は答えた。「それはこういう風に言っておこう。あの時代は何でも許してくれる時代だった。身の周りに溢れていて、ぼくが見ることを許された映画やほかのことと同じように、いたるところにあったんだよ。あの当時十四丁目より南の人たちに比べて、ぼくたちはちょっとお堅かった。でもそういう文化だったし、やめろとは言われなかった」

「いくつでした?」

「八つ、九つ、十かな。いま思い出すと、親父はコルゲート大学で講義してて、ぼくはコネチカット州イースタムでハンモックに揺られてた。部屋にはどっかよその男がいて、マリファナ煙草を持っていた。だから手を出したら、彼がそばに来て煙草を手に持たせてくれた。それで始まった。それはまさに自分が求めていたものだった……しばらくはね」

映画『ワン・ナイト・スタンド』の監督マイク・フィギスと初めて会ったときの彼の回想は、その反対の象徴的な実物教育となった。「どこで会ったんですか？」

「ロサンゼルスに〈ケイト・マンタリーニ〉という店があった。ぼくは三五七口径を靴にしのばせ、はだしで入って行った。ぼくはかなりいかれてた。見た目もひどかったろうし、体重六十三キロそこそこ、武器持って、裸足だったんだから」

「フィギスはあなたが武器を持ってるのか訊きましたか？」

「うん。理由を教えたと思う」

「理由って？」

「従兄弟がＩＲＡにいていま街に来てるけど、やつを信用できない。自分には子供もいるから路上で決闘になるなら、三五七口径ラバーグリップにダムダム銃弾が欲しい」

「フィギス監督はあなたを使うのを不安がってませんでしたか？」

「うん……」

「私なら不安だ」

「そう。まあ……ああ、不安がってた」

「撮影中彼はあなたにどう接してましたか？」

「フィギスはことを大所高所から見る人だった。それこそ、ぼくがいま本当に苦闘していることなんだけどね。それにあの映画であの役を演じたことはある意味カタルシスがあったよ。だってあの役の、人生を生き急ぐ性向と淫欲が、友人と最高に楽しくやれたのを妨げた理由なんだから。だから、あれはある意味、比喩的だった」

「ドラッグが撮影現場で差し障りとなったことは？」

「むろんあるよ。今までの映画の最近十二本かそこらをみても、自分の体調のいいときの方が仕事は順調にいく。ほかの人たちが疲れてて、ああなんだ、こうなんだと言ってるときに、ぼくは『へえ、そうなの？』って具合だ。最初の映画五十本なんかけっして十分な体調でやってこなかったからね。自分の仕事を潰すようなことしちゃいけないんだよ。どうやって自分を解放してこの素晴らしいチャンスを活かせるか。でも、いつの時代にだって評判わるいやつはいる。そしてぼくはその一人だ」

「執行猶予を破りましたね？」

「ああ」

「それでどうなりました？」

「まあ、最初の違反では、六カ月。そして二度目の違反では判事は文字通り聖書をぼくに投げつけて限度いっぱいの刑を宣告したよ」

「刑務所にはどのくらいいましたか？」

「十六カ月」

「刑務所暮らしはどんなですか？」

「いいかい、ぼくはありがたいことに刑務所暮らしにはなじめなかった。ぼくは社会病質的人格で犯罪を犯したから、だからぼくが社会にとって危険分子なんだろうか？　人はよく『彼女は自分は傷つけたが人は傷つけてない』って言うが、それは違う。彼女の兄弟は惨めな思いをするし、子供は苦しむ。しかもそれが公に名の通った人間の場合、仕事を評価してくれている人たちをひどい目に合わせるんだ。ぼくは必ずしもカルマを信じているんじゃないが、けど、長年無責任でいた若いころの暗い反動が来ているのだと思う。だからって、敵もそういう目に会えばいいとは思わない。刑務所には大勢ぼくの友達がいてね。けっしてシャバには出て来られない。それは想像もつかないひどい状況なんだ。でももしきみが生命も脅かされる、芯から悲惨な自由の利かない状況にいたら、きみはまず自分を守り、その後で自分を愉しませようとするだろう。それをぼくがやったんだ」

ロバートの人生と仕事をバランスよく前後事情の視点から見るべく、私は《ニューヨーク・タイムズ》の批評家の言葉を引用した。「ダウニーの力を、彼に対する三面記事が足を引っ張っているのは気の毒なことだ。彼が同世代人のなかでも有数の俳優であることを証明した映画『チャーリー』『マンハッタン恋愛事情』『ワン・ナイト・スタンド』などの縮小版とでもいえる演技をフォックスの月曜夜には見られるというのに。『アリー・myラブ』での彼のめざましい仕事は、およそテレビ・シリーズで俳優が見せたどの名演技にも匹敵するものだ」

ロバートの常識破りの性癖を考えに入れれば、役柄にどう向かい合うかという私の質問に対する彼の答えは、あまり意外ではなかった。

「ぼくはあるモメントを演じるに際して、その反対の感情を吹き込むようにするんだよ。でも、よく分かり、全部後ろから前から一五〇パーセント知るまでは、本当に掘り下げることなんかあまりないんだよ。前からでも後ろからでも言えるようになるまではね。徹底的に準備しないことに言い訳はするな。だから『アリー・myラブ』のとき、ぼくはセリフ全部、きっかけのキュー全部まで暗記し、それを全部長い一続きの文章にして書きだしていった。それから一日の仕事分を頭文字で書いていった。それでもし二千七百語分、言葉の最初の字を見て、それが何か分からないようなら、ぼくは分かってなかったってことになるが、もし分かったら、ぼくは休んでいいんだ」

もう一つ勉強になることがあった。「その『アリー・myラブ』はあなたにとってどういう終わり方をしましたか?」

「貧弱な終わり方したね。記憶が正しければ」と素っ気なく言った。

「何があったんですか?」

「回復しようというような気分になっているのに、必ずしも大事じゃないところに戻されたら、つまり『アリー・myラブ』がすごいんだみたいなとこにさ、そしたらたぶんわざと大袈裟に倒れてみせるよ。それをしたんだよ、ぼくは」

「ほかの人たちにもこの質問をしたんですが、これ以上間抜けな質問はないんです。本当」

「そろそろ間抜けな質問されるころだと思ったよ」

「これがその間抜け質問です。それほどに危険を冒しているのに、どうしてそういうリスクを引き受けるんですかね? 依存症の力はそれほど強くていちばん基本的な常識も覆すものでしょうか?」

「いいかな、常識ってやつがある。同時に心のなかで本当に起こっていることってものがある。酒飲んで酩酊しなれているような人たちに好都合なことは、あんたがアウトだってことだ。あんたが考えるとき、これに対しての根本原理は何だろうって考えるだろうが、根本理由なんてクソくらえだ! きみは何かを表現しているんだよ」そういってしばらく考えていたが、やがてこうしめくくった。「妙なことだよね。普通、世間でよく出会ういちばんダメ人間がいちばん正直なんだから。でも」とさらに語気を強めていい足した。「厳密に正直でかつ自分を痛めつけてしまわない道があるんだよ」


ゲスト全員が程度の差こそあれ、あれやこれやで自分たちの裸の姿をさらして見せてくれたが、テリー・ハッチャー以上にむごたらしい体験を明かしてくれた人もいない。「二〇〇二年一月十八日、あなたが過去三十三年間隠してきたことの公表を促すどんなことがあったのでしょうか?」との問いに、彼女は答えた。「その日、両親の家でガレージセールがあったんです。そしたら母がずっと持っていたサニーヴェールの新聞を見せてくれて、そこに出ていた記事に興味があるかもしれないと言ったんです。

その記事はサラという少女が自殺したというものでしたが、私の伯父に三年間虐待され続けたという遺書を残してました」じっと黙って床を長い間見つめていたが、テリーは言った。「彼は子供だった頃のわたしも虐待していたんです」

「そのときあなたはいくつでしたか?」

「五歳」

「いつまで続きましたか?」

「八歳まで」

私は分かりきった質問ながら、避けて通れない質問をした。「どうして家族の誰かに話さなかったのですか?」

「自分が犠牲者だってことが分かってないからよ。子供は自分がわるいんだって思うんです。自分がそういうことが起きるようにしてしまったんだ、自分も同程度に加担しているって思うの。子供にとってその捕食者の心理が子供にそう思わせるように出来上がってるってことが理解できないんですよ。だから、子供は人に言わないの。それほど恥ずかしくて、起きていることに対して葛藤してるから。でもそれが間違っていることはわかってる」

「どうして三十年後になって訴訟に踏み切ったのですか?」

「それは、この家庭の力になれる機会を与えられたのかもしれないと思うと同時に、自分の人生にぶらんとぶら下がったままになっている糸をもう一度たぐって見られる機会だと思ったの。だから、地方検事に電話した。世間に自分の身元を知られるのがとてもこわかった。女優としてそれ以外の〝何か〟って身分証明がつくのがこわかったの。女優はただの女優でありたい、その仕事に関してだけ批評されたい。〝性的虐待を受けた女優〟にはなりたくないじゃないですか。だから、地方検事に打ち明けたとき、こう言ったの、『もしこの事件が全部解決済みでこの男が刑務所に入っており、わたしの協力も要らないなら、さっさとひっこみます。でももしそうでないなら、なんとしてでもこの男を刑務所にぶちこみたい。彼が三十年まえに私を虐待し、二年まえにこの子を虐待してたのなら、ほかの子たち相手にずっとやっていたに決まってます。この男は刑務所にいなきゃうそだわ』。そしたら地方検事は『皮肉なことだが、彼は二日で釈放でしょう』って」

「彼に不利な証言をする人がいないからですね」と私。

「証言する人がいないから。少女はもう死んでいるから。そこで、検事局の人が飛んできてわたしの調書をとった。それはもう事細かでとっても惨めな調書だったわ、だってわたしは一生全部を憶えていたんだから。突然記憶がよみがえったわけじゃないの。そして検事側はそれを彼の弁護士に見せた。彼は罪を認め、十四年間刑に服すことになった」

その夜の終わりに、テリーは私のもう一つの趣味へのドアを開けた。「もひとつ、わたしにとって大事なことは乗馬なの。娘と二人で週に百回はジャンプをしてるのよ」

「いや、私のツボを抑えてくれましたね。三十五年もの間、私もショージャンパーでしたよ……」

「うッそー！」

「私の生きがいの一つです。あなたの乗馬について話してください」

「わあ、すごい！　うーん、とにかく最高ですよ！　馬に乗っていると、とりわけジャンプしてると、それだけに集中しているでしょ。頭はそのことだけ。馬と一体になって勝ち取りたいゴールがある。その目的がじつに単純。でもそれが解放なの」

「ジャンプするといいましたね？」

「ええ、するわよ。娘の方がわたしよりうまいけど。娘はちょっと前に最初の……何て言ったっけ、二つ一緒に並んでるやつ？　オーで始まるやつ」

「巾障害《オクサー》」

「それよ、彼女は初めてのオクサーをしたばかり!」
『アクターズ・スタジオ・インタビュー』が始まって以来、ゲストのうち十三人とともに自分のこの中毒――それ以外に言葉がない――について話をしてきた。私は大人になって経済的に余裕が出来てから乗馬を初めたが、長年夢中になってきた。このスポーツの最も有名な教師を捜した。オリンピック選手を多数きたえ合衆国騎馬隊のために『ホースマンシップとホースマスターシップのためのマニュアル』を著わしたゴードン・ライト氏や、その弟子のウェイン・キャロル氏、アン・アスピナール氏、ほか多数の教師、騎手らに指導所や上級者クラスなどで指導してもらった。

私は訓練を積み、披露も数を重ね、書斎の壁が床から天井までたくさんの顕賞リボンで飾られるまでになった。見栄っ張りな自慢だから母に気づかれないわけがなく、ある日、母は壁を叩いて言った。「子供じみてるわよ。いいこと? 〝子供らしい〟って言ったんじゃないのよ。〝子供じみてる〟って言ってるんだからね」現在わたしたち夫婦が住んでいる家に引っ越してきたとき、リボンは(愛しげに)箱に入れて地下室にしまった。

いいですか。私は〝捨てた〟とは言ってない。そのリボンは、もう使わなくなったもののけっして大事にしなくなったのではないサドルとブーツの横においてある。中毒はけっして治っておらず、せいぜい言うなら、一日一日を大事に養生している回復期の障害ジャンパーなのである。

一九九五年の夏、私は合衆国曲馬乗りチームに参加するよう招待された。ニュージャージーのグラッドストーン本部でのチャンピオントーナメントだった。私にはチーム馬があてがわれ、難しいグランプリコースをオリンピック選手相手に戦った。だが、馬も私も難なく障害を飛び越え、制限時間内に私より前を行く乗り手たちを追い越した。だが最後のフェンス、バウンス障害の高い垂直な障害物に向かった際、二番目の障害物で鐙が外れてしまったため、鐙なしでジャンプする構えになった。問題なかった。鞍には深くしっかり坐っていた。だが、人の足の乗ってない空の鐙に横腹を叩かれた馬は、右に逃げてフェンスを避けてしまった。

観客席に戻ったとき、オリンピック出場六回、わが国初オリンピック個人金メダルの受賞者で現在は合衆国乗馬チームの会長であるウィリアム・スタインクラウスが近寄ってきて言った。「さっきのは〝青天の霹靂フェンス外し〟だったね」

数日後、宅配でスタインクラウスの代表的著書『ライディング&ジャンピング』が届いた。なかに、〝騎手仲間のジェイムズ・リプトン殿へ〟とあった。これにはチャンピオンシップ以上に興奮して文字通り拍車がかかってしまい、以後最後のフェンス越えに馬術人生を賭けるのだが、その人生は数年前の八月ある日、劇的に幕を下ろすことになる。その金曜、ブリッジハンプトンの馬場で、間もなく行なわれるハンプトン・クラシック出場にそなえて私は自分の馬を調教していた。

調教は型どおりに進み、リングを一周してコースを終わろうとしていた。ゴードン・ライトは門下の騎手たちにわれわれ騎手仲間が言うところの〝いい手〟をあてがってくれるのだが、私の場合は普通〝ホット・ホース〟があてがわれた。この手の馬はほかの騎手たちが敬遠するが、私は数少ないこの種の馬が跳ぶ気満々なので好きだった。このときの馬も例外ではなく、轍の出来ているリングではままあることながら、垂直障害物を越えて横に下りざま狭いコーナーに着地したとたん躓いた。そして急激に背を伸ばしたものだから私は振り落とされかけ鐙を外し馬の背にぶつかった。狭いコーナーからくるっと回って出ようとした馬は、誰かが開けっぱなしにしたリングのゲートを目にするや、そっちに向かって突進した。

厩舎への唯一の通路がコンクリートの道路だと気づいて、私は馬がリングを離れるまえに離脱することにし、馬の背から飛び降りてリングのローム層の地面に両手をクッションにして体ごと落ちた。

血を吐きながら身体を起こし、両手を上げて怪我の程度を見ようとしたが、右の上肢が肘からぶらんと下がって、手の部分がいともたやすく三百六十度回ってしまう。そこまでリングフェンスに腰かけて私の調教を見ていたジョンソン&ジョンソン社のセール・ジョンソン氏がフェンスから飛び降り、出血をおさえようと仮の止血帯をあてがってくれたが、血は鼓動のたびに一メートル半も噴出していた。私はサザンプトン病院に救急車で運ばれ、それから手術のためヘリコプターでニューヨークのレノックスヒル病院へと移送された。

入院後三日目に、私が〈クラシック〉出場のためそのグループに入って訓練していたオリンピックのゴールドメダリスト、ジョー・ファーギスから電話をもらった。私の具合を事細かに尋ねたあと、こう言った。「クラシックに出場するよね？」ジョーも私も何年かまえに、私の馬が濡れた地面を踏んで横転し、私は鎖骨を三つに折ってしまったのに、その一カ月後に障害ジャンプをして勝ったことを憶えていた。

「今度ばかりはそうはいかない。もう終わりだ」と私は言った。

「まさか！」とジョーが反論した。「あんなにうまく乗ったきみは初めてだったよ」

「いや、終わりだよ、ジョー」と私。右手が漆喰のケースに収まって頭上の滑車から吊り下げられている。「三十五年間すばらしかった。でも、もうこれ以上の無理は利かない。次に落ちたら首を折るだろう」

最後にはヒーロー騎手で不動の紳士であるジョーも折れた。「わかった。じゃあ半地で乗っていたらいい」

「いや」

「どういう意味だ？」

「ジョー。きみはぼくのこと分かってるじゃないか。フェンスを見たらぼくは跳ぶ。その後フェンスを見たらまた跳ぶよ。その次も」彼が反論しかかったのを見て私は言った。「ぼくは中毒なんだよ、ジョー。思い切って断ち切らないと」

というわけで、私はやめた。腕のなかで切れなかったわずかな器官は神経だった。そして数カ月のセラピーの後、失くすかもしれないと注意されていた機能をすべて取り戻した。いまでも障害ジャンプのショーを観に行くし、時にはサグ・ポンド・ファームまで行って以前の仲間たちが馬を調教するのを見ている。

去年乗馬界の雑誌《ショー・サーキット》が、馬を横にグランドに立っている私の写真を撮り、「心と芸」という見出しで私のインタビューを載せた際、私はサイドラインからいまだにコースを歩いて、フェンスとフェンスの間のストライドを数えてみていることを明かした。経験のある騎手なら三ストライドが〝見える〟のだが、ジョー・ファーギスくらいのプロになると七か八に見えるという。ジョーのチームで乗っていたころ、私には六のストライドに見えた。乗馬を止めたのは、恐くなったからではない。恐くなかったから止めたのだ。そして今日まで、サイドラインから見ていて、ひそかに、信じている。誰かに馬とキャップとムチをわたされ、コースに放たれたら、私は人馬一体難なくコースを疾走するだろうと。

これこそが〝中毒〟というものだ。

『ドクター・ハウス』のグレゴリー・ハウスは、骨の髄までアメリカ人である。一方、彼を作り出したヒュー・ローリーは、骨の髄までイギリス人である——ということを、学生もテレビ視聴者も分かってびっくりした。九〇年から始まったテレビ・シリーズ『ジーブス&ウースター』の彼の役バーティー・ウースターの話になったとき、彼に訊いた。「どうしてあなたはこういう上流の間抜け役をよく振られるんですか?」

「それは、まず第一に、イギリス人は間抜けなのをおかしいと思うんだな。イギリスの観客は自分たちよりバカな人間を見るのが好きだが、アメリカ人は、程度の差こそあれ、自分たちより頭のいい人たちのことを見たがるよ」

　その夜の初めのころに、私はヒューに訊いた。「あなたの家庭では宗教が大きい比重を占めますか？」

「神への信仰は大きな比重を占めなかったが、人生に対するある種の姿勢と生き方は占めたと思うよ。家族で実際にオックスフォードにあるスコットランド系プレスビテリアン教会に通ったし、母は性格からも気分からもプレスビテリアンだった。快楽というものを疑念をもって見ていたし……それは努力の末にもらえるものだという考えだったが、でも、その努力するっていうのも実際にはうまく行かなかった。今日にいたるまで、その考えをひきずってるもんだから、快楽を難しいもんだと思っている。本当に。どうしていいか分からないものなんだよ」

「カルビニストなんですね、心底」

「そう」

「コミックの天才にいちばんよく言われている決まり文句で、それをあなたが具えているなんて言って煩わせる気はないけど、そいつはパグリアーキ、つまり泣く道化のキャラクターに包括されている。決まり事ってものには、真実の核心がある。一九九六年、あなたは自分を臨床的に鬱病だと診断を下していましたね。それは本物だと思えましたが、そうなんですか？」

「そうです」

「あなたは言った。『ぼくは不幸せにしがみついているが、それはよく知られた馴染み深い状態であるからだ。幸せになりかけるのは、それが惨めへ戻りつつあると分かっているからだ』」

「不幸にしがみつく、っていうのは本当だ。どうしてか？　今日まで、長年にわたる心理セラピーを体験してきた後、それに対する答えはまだ出ていないが、なじみ深いものではある。それで楽なんだ。さっきも言ったが、『快楽や幸せは難しいんだ』。それらをどこに置いたらいいのか分からない」

「カルビニストなんですね、芯まで」

「カルビニストか、ああ、ああ、それだね、ぼくは」

「それは自分に向かって言ったんですよ。ドクター・ハウスはヒーローです」

「そうだよ、彼は、ある意味、そうだ。彼にはエゴがあり、虚栄心も強いが、でも、ウケを狙ってそうなってるんじゃない。彼があやるのは、ほかの人たちに自分をよく思ってもらいたいからなんだ」

「でしょうか！」

「そしてそれが、思うに、あるヒロイックな特質じゃないかな。しかも段々珍しくなってきている特質。つまり、政治面なんかでもいまなされていることは、単純にやっている人がよりいい気分になるためにやっている。それが政治行動の定義ともいえるんじゃないかな。だが、ハウスはそういうのには与しない。そして善行を人目に立たぬようにやることで満足している。それに、もちろん、ぼくは医者だった父親をとっても崇拝している。昔から医療を施すって行為をその性質からかなりヒロイックなものだと思ってきた。人々の暮らしをよくするための方法として精励刻苦して知識と専門的技術を学び身につけていく――それをぼくは父親をそう尊敬したようにとてもヒロイックだと思うんだ」

「ハウスの懐疑主義にあなたも共感しますか？」

「ああ、するね。大方はね。ぼくは信心深くない。ぼくは科学ファンだ。科学を信じている。事実ってやつの前の謙虚さをね。それはとっても感動的で美しいものだ。だが未知のものへの信奉にはあまり興味がない。知られていることと、知ることの出来ることが十分に興味ぶかいのだから」

『ドクター・ハウス』のキャストたちと彼との関係の話になり、私は訊いた。「なんだか自分が仲間うちで鼻つまみのような話し方をしたけど、本当は違うんでしょ？」

答えは明快だった。「鼻つまみだよ。よく言うじゃないか。部屋を見回して鼻つまみがいなかったら、鼻つまみは自分だって。そうやってみたら、自分と出たから、ぼくなのさ。みんなとってもいい人ばかりだもの。どの人見てもいい人たちばかりだからね、だったら鼻つまみはぼくさ」

学生たちも私も、それは強烈に、派手に、愉しく違っていると思った。

二〇〇六年十二月のコナン・オブライエンのシリーズで、コナンのプロデューサーは私の楽屋に一つのことだけを念頭に現われた。「どうやってエディ・マーフィーを捕まえた！」

エディ・マーフィーが人前に出たがらないのは有名で、長年インタビューを断わり続けてきた。彼の広報担当のポール・ブロックが電話をして教えてくれたところによると、長年『アクターズ・スタジオ・インタビュー』を見てきたエディは出演したいと言い、その知らせを訊いて「坐ってやるんだろ？」と言ったという。その知らせは重大なニュースで、当日の夜、またしてもペース大学のキャンパスの周りには長い人の列が出来た。

数々の語り草になっている控えめな態度とは裏腹に、エディは学生と私には包み隠しなくオープンだった。親の喪失の話題が早めに出てきて、両親は彼が三歳のときに離婚したということだった。その後の人生が彼、彼の母親、弟にとってどんなものだったかを尋ねると、彼は言った。「三歳から八歳くらいまでは滅茶苦茶だった。離婚してから母は結核にかかり、一年間隔離された」

「で、あなたと弟さんはどこに行ったのですか？」

「ジェンキンズさんの家に行ったんだ。ミス・ジェンキンズ」そういって一息つくと、声を立てずにわびしげに笑った。「ミス・ジェンキンズ。弟は言うんだ。『いま街であいつに出会ったら、顔にパンチくらわしてやる！』って。彼女は本当に意地のわるいやつだった」

「あなたが気に食わなかった？」

「誰も彼も気に食わないんだよ！　そこはおぞましい寄宿学校風なところでね。そこでぼくは本当にすごい尻タタキってのを経験したんだ――ミス・ジェンキンズのとこで。やられてぼくは〝おお！　これが話にきく尻タタキってもんだ！ ふーっ！〟みたいな感じだった。

「オーケー。そこに話が行きましたね。あなたは『彼女のとこにいたのが、コメディアンになった理由かもしれない』と言ってますね？」

「だって、ぼくはテレビに逃げ込んでいたからね。声真似をすごく早くからやり始めたんだよ。漫画の声をたくさん真似できたからね、母親なんか、『エディはどれ？ エディどこ？ エディの声ってどんなだったかねえ？』って言うくらいだった」

彼が子供時代に見た映画は何だったかと訊くと、答えの始めの造語癖が彼のキャリア全体の前兆となっているのがわかる。

「ぼくは特殊メークの映画が好きだった。もっと年取ってからは、あれは何だったのかと思ったが、若いときは『猿の惑星』とか『狼男アメリカン』とか何とか、何でもメーキャップつけたのが好きだった。『ノートルダムの傴僂男』のチャールズ・ロートンとかね。七歳か八歳で、そういう映画が来るのを待ってた覚えがある。メークするってのに惹かれて、メークで自分自身を消すっていうのが好きだった」

エディは彼のメーキャップ映画数本に対するアプローチを『ナッティ・プロフェッサー／クランプ教授の場合』のシャーマン・クランプの作り方を例に説明してくれた。

「ぼくは彼を優しい男にしたかった。だからシャーマンをよく見て、『ハネムーナーズ』のジャッキー・グリーソンがやってることを見ると、ジャッキー・グリーソンがやってることが出てくるのに気づくはずだよ。さらに『ノートルダムの傴僂男』を見ると、チャールズ・ロートンが何か言おうとして顔を隠すとこがある。ぼくはそういう顔とか彼がやっていたことを盗んだ。ぼくは古い映画を観て、あれやこれや盗むんだよ」

エディ自身のキャラクターはどの程度残されているのか訊くと、彼は言った。「ぼくのユーモア感覚がそこにある。それがぼくの本質の一部なんだ。だから、あらゆるところにぼくというものが入っていると思うな。でもぼくの人格はない、ぼくのユーモアセンスだけだな」

エディが評判をとった『ドリームガールズ』のジェイムズ・〝サンダー〟の造形はだれかを想起してのものかと訊いてみた。

「あの役は五〇年代、六〇年代のいろんなやつの寄せ集めだよ。エルヴィスがジャッキー・ウィルソンから借りたって話知ってるだろ。彼はR&Bシンガーたちから借りた。だから、このキャラクターはジャッキー・ウィルソンであり、オーティス・レディングであり、ジェイムズ・ブラウン、サム・クックらみんなからの借り物、でもけっしてけっして有名にはならなかった男——そして今日もまだクラブにいてしゃべっている男。『みんな俺から盗みやがって！　俺じゃねえか、あれを初めにやったのは！』なんて言ってるやつ。そういう男」

エディは遅くまで教室に残った。学生たちと語り合い——語り合い——その夜をはっきりとした情愛たっぷりの言葉でしめくくった。

「笑い声に値札は付けられない。人を笑わせる能力を授かっている自分は本当に恵まれていると思っている。なぜって、それは本当に癒す力があるからだ。医学的にも記録されているんだよ。笑うことはいいことだ。だれかが寄ってきて『ぼくはこうこうしてね、これを見たんだ、あんなに笑ったのは生まれて初めてだ』って言うのを聞くのが大好きだね。コメディと人を笑わせるってことは、本当に、本当に大切なことなんだ」

エディの回を二〇〇六年の受賞シーズンに放映したが、彼は『ドリームガールズ』の演技によって、ゴールデングローブ賞、スクリーン・アクターズ・ギルド賞を受賞し、アカデミー賞のノミネートを受けた。

同じく『アクターズ・スタジオ・インタビュー』の収録放映をフォレスト・ウィテカーの場合でもしたが、彼は『ラスト・キング・オブ・スコットランド』の演技に対してゴールデングローブ賞、スクリーン・アクターズ・ギルド賞、そしてアカデミー賞を受賞した。

ダイアナ・ロスとの宵は、『アクターズ・スタジオ・インタビュー』が長い間つねに拡張し続けて一大家族をなしているという信念を確かめることになった。ダイアナと私を前列から見上げていたのは、彼女の姉妹たちのバーバラ、リタ、弟のフレッド、彼女の子供たちのロンダとエヴァ、それに多くの姪やら姻戚やら、たいていの人たちがこの収録のためにデトロイトから飛んできていた。その事実が私に突破口を与えてくれた——「ところで、大事な質問です。セント・アントアンの五七三六というのはどこですか？」

「デトロイトのイーストサイド、パーマー通りとヘンリー通りの間です」

「ブラッシュとジョン・Rはあなたの近所でしたか？」

「はい」

彼女の弟のフレッドが前列から発言し、指を数えて私にも耳慣れた名前を次々と繰り出した。「ジョンR、ブラッシュ、ボービエン、セント・アントアン、ヘースティングス」

「うちの近所には黒人たちしかいなかったんです」ダイアナが言い添えた。

「それと私——私」と私が反論した。

「わたしが通った小学校は全員アフリカ系アメリカ人だった」とダイアナが言い張った。「だからあなたには会わなかったわ」

「信じてくださいよ、私はかなり目立つ方ですよ」私は哀れっぽく訴えた。

ダイアナはその夜、八曲歌を歌ってくれた——彼女のバンド演奏で——そして私がモータウン・サウンドをあれほど独特なものにしている理由は何かと尋ねると、〝ヒッツビル・USA〟と呼ばれているビルについて説明してくれた。そのビルの二階にベリー・ゴーディが住み、一階では津波のようなモータウン・アーティストたちがレコーディングをしたのだった。「ベリーは言ったわ、『ねずみ、ゴキブリ、根性と愛で、あのサウンドが生まれたんだよ』って」

自分自身の音楽へのアプローチについては、ダイアナはデ・ニーロ、パチーノ、ハックマンやホフマンと驚くほど似通っていた。「わたしは歌を勉強しようとしないの。ただ聴くの。そしてわかる。自分のものになるのね、ただ聴いているだけで。実際、映画に出るときもセリフ覚えるのもテープにとるだけ、感情入れず、ただ言葉だけ。それからそれを聴く。そうするとその瞬間になったとき、ほかの俳優たちと一緒になったとき、聴いているだけで動きは出てくるわ」

ダイアナとは三十年以上の間柄なので、一緒にした経験は何度もよみがえってきた。私が「カーター政権時代のホワイトハウスでぼくがイベント制作を担当していた頃、ダイアナはワシントンに来てカーターの誕生日を祝ってくれた」と水を向け、彼女の唯一の希望はオーヴァル・オフィスを訪れることで、それを大統領が叶えたのだった。

翌朝私がウォーターゲートに着くと、彼女は娘のロンダ、トレーシー、チャドニーと待っており、親子はウォーターゲート専用の便箋に大統領に贈ろうと彼の絵を描いて持っていた。オーヴァル・オフィスで、大統領はその贈り物を丁重に受けとり、当時三歳だったチャドニーが姉たちに負けじと線描きした紙の、くちゃくちゃになったものを握って差し出すと、大統領はそれをあたかもデュラスの名画のように受け取って言った。「これは娘のエイミーにあげよう。きっと喜ぶ」

ホワイトハウスのカメラマンが現われ、慣例どおりオーヴァル・オフィスの写真が撮られ、二、三分後、ダイアナ一家と私は、ボブ・ホープがリンカーン・ベッドルームに引き取ってホワイトハウスの明かりが消えるのを見た通路にさしかかった。と、ダイアナが突然私を引きとめて叫んだ。「ジム、わたしのサングラスどこ?」

「きみの頭の上だよ、いつもどおり」

彼女が震える声で言った。「オーヴァル・オフィスにいたときは？」

「知らないよ」

「わたしの頭の上にあった？」

「かもしれない」彼女に腕をぎゅっとつかまれて思わずうめいた。

「戻らなきゃ！」

私は言った。「ダイアナ、たとえきみでも、オーヴァル・オフィスでの撮りなおしはないんだよ」

その話をステージ上で披露しながら頭上のスクリーンにはダイアナ、大統領、私の写真が映し出された。学生たちのオウッという声にハッとなったダイアナはスクリーンを指差して言った。「見てよ、あなたのヘアを見て！」

「見てよ、きみのサングラスを」と私は応酬した。わが家のリビングの壁の写真の中では、サングラスは彼女の頭のてっぺんに留まっている。


クリス・ロックの仕事は狡猾な洞察力と織り交ざっているため、彼の出演回で最初の数分にある理論を明らかにしたのも、けっして意外ではなかった。それは型どおりながら、彼が親を失った『アクターズ・スタジオ・インタビュー』出演ゲストの非独占的クラブに加入した瞬間から始まった――「ぼくの父親は五十五歳で死んだ」

直感でつぎの言葉が出た。「親父は厳格な人だった。そうでなければぼくが育った地域社会ではやっていけなかった。でも、親父は自分の死についてもぼくに用意させていたと思う。自分自身も覚悟していたようにね。黒人の男たちは五十代の若さで死んだよ、貧しい黒人の男は特にね。通りをはさんだうちの前の家じゃ、親父は五十で死んだ。でも、ぼくが一緒に大きくなった麻薬中毒者やアル中たちはまだ生きている。今日にいたるまで、昔のうちの近所まで行くと、人に会って言うんだよ、『まだ生きてるかい？　ハイになってるかい？』ってね。それって、ちょうど『ちゃんと納得したかい？』みたいなことだよ。黒人がクレージーになると、そいつが自分の正気をなくしたんだか、見つけたんだか、ぼくには分からない。たぶん、彼は万事うそっぱちだって分かってるんだ」

教室で、クリスはある学生のジョークを書く技術についての質問に対して「ぼくはジョークは書かないよ」と言ったが、その後考え直した。「ときたまジョークが浮かぶな……よーし。いいかい、これがジョークだ。世間が〝ニガー〟って言葉を禁止しようとした。そこで、俺はうちの会計士に電話して値上がり見越して〝クーン〟（同じく黒人を意味する俗語）って言葉を八百買っとけって命じた。〝ジガブー〟ってのを買いたかったけど、買い占められていたんだってよ。さあて、いまのがジョークっていうんだよ。ぼくがよくやるのは、チョンチョンと見出しの印ときっかけの言葉だけ書いておき、自分に興味のあるトピックを探そうとする。たとえば、クリーヴランドの夜、二月で寒いのにお客はそう感じてはいない。そしたらぼくはデニーズの話なんかしない。もっと心に訴える話をする。ある仮説を思い浮かべたら、ぼくの仕事はそれを本当のコメディにすることだ。本当に面白いことからスタートしたら、生まれ持った好奇心ってやつがおかしいところに連れてってくれるよ」

『アクターズ・スタジオ・インタビュー』の第百回記念に苦労のすえ、ジーン・ハックマンを選んだものだが、二百回記念にも大変な注意を払った。ダスティン・ホフマンはアカデミー賞二度、ゴールデングローブ賞五度。アメリカン・フィルム・インスティテュート、ベルリン映画祭、エンパイア賞、フィルム・ソサイエティ・オブ・リンカーンセンター、ヴェネチア映画祭の各特別功労賞を受賞し、アクターズ・スタジオの長年のメンバーである。彼こそが初めから、いや、最後にとくと見てもそのゲストにぴったりだと思えた。

二〇〇六年三月十三日は初めてづくしの夜となった。前列にデヴィッド・カプート学長を迎え、ペース大学の百周年記念の夜だったが、その横にエレン・バースティンを配して、私たちはアクターズ・スタジオとペース大学との契約が結ばれたことを発表した。アクターズ・スタジオ・ドラマ・スクールがペース大学に出来たことを明らかにしたのである。

ところで、前掲の勲巧だけでは足らないかのように、ダスティン・ホフマンはベット・ミドラーが二十七枚目のブルーカードで泣いたという記録を破った。彼の子供時代の〝チャレンジング・ホーム〟とやらに関して「〝チャレンジング・ホーム〟って何ですか?」と訊いてみた。

「親父は……ぼくが『セールスマンの死』をやりたかったわけは――」と言って言葉を切ったが、感情が溢れてしゃべることが出来なくなった。

「あなたのお父さんのためですね」彼は話が出来ない。「けっこうです」と私は助け舟を出した。

「何これ?　バーバラ・ウォルターズの番組?」といってダスティンはあえいだ。

「普通はもっと後までこうならないいんだが、カード番号八で起きたのは初めてですよ」

涙が依然として流れていたが、ダスティンは言った。「面白いねえ、だってまさか出てくるとは思わなかった話題をきみが持ち出すだろ。そうするといつも以上に無防備で打たれ弱いんだ、意外でびっくりするからだろうな」そういって回復しかかっているように見えた。「ぼくの親父は……怒りっぽく、辛らつで、あの役柄にとってても近かった。でもあの芝居を観にきて、後で楽屋に来たとき、『どうだった?』って訊いたら、言ったよ。『いやあ、なんて負け犬なんだ、あいつは!』」

しばし観客と一緒に笑っていたが、やおら、出し抜けに何の前触れもなく、笑い顔はしかめ面になってまた涙があふれ出た。この極めつきの感情的な思い出に逆らうことをやめて、ダスティンは目が見えないまま、私の方へ手を延ばした。「クリネックス持ってるかい?」

あってしかるべきと思う向きもあろうが、ステージ上に緊急用のクリネックスは置いていない。私は自分のポケットにあったクリネックスを出して彼にわたした。

「ぼくは全然持って来なかったんだ」と彼は顔を拭きながら言った。「とにかく。ごめん」

「ここにいる誰に対しても何も謝ることはありません」

ニューヨークに出てきてからの暮らしについて、ダスティンはジーン・ハックマンの家のキッチンの床で寝泊りさせてもらったと話した。やがてジーンに追い払われてロバート・デュバルの家に転がり込むのだが。学生たちがアルバイトに関心があるので、彼がやったメーシーズ・デパートでの、クリスマス玩具のデモ売りについて尋ねてみた。

「ジーンがよく見に来てくれた。自分の子のクリストファーを連れてくるんだが、あの当時は引っこみ思案な子でさ、一歳四カ月だったかな。ぼくはこの子が苦手だった、だってぼくのことを絶対に憶えてくれないいんだから。ぼくがそこにいたってことにも何の反応もない子だった。ぼくが『おい、クリストファー、元気かい?』って言ってもこんなだった」クリストファーになり切って、ダスティンは無表情に宙を見つめていた。

「それだから、怒りにかられて、ぼくは言った。『ジーン、君の子供を売ってみせるよ』。子供はカウンターに坐って、人形なみの大きさだったから、ぼくは自分の〝信じるシステム〟を作動させた。彼はこれに賭けた。ぼくはスピーカー付きのマイクを手にして言った。『この子は十六ドル九十五だ! 歩くし、しゃべるよ!』腕を持ち上げられるが、離せばこんなだ」ダスティンは片腕を命の通ってないもののようにだらりと落とした。

「ぼくは本気で売っていた。ようやく最後に一人の女の人が言った。『いくらなの?』。だから言った。『十六ドル九十五!』。すると彼女は言った。『いいわ、もらう』。だからぼくが彼を抱きあげようとしたら、彼女が言った。『いやよ、新しいのちょうだい』」

わっと拍手が起こったので、それが静まるのを待ってから、先を続けた。「ぼくは言った。『これが最後の一体なんですよ。これにしてください』」今度はその女性になり切ってダスティンはショックを受けた。「『えっ、展示品? じゃ安くしなさいよ!』そう言って彼に触ろうとした。とたんに彼が動いたものだから〝ワッー〟となった」

「これは本当の話だよ」とダスティンは言った。そして笑い声が収まってから、彼は学生の方に身を乗り出した。「役者ならば誰だってわかってる——演技にとって最悪なことは客がいないってことだ。仕事がなきゃ働けない。それをきみたちはやらなければならない。人さまを自分の力で観客にする方法を見つけなきゃならない」

彼は坐りなおした。「特に変わったこととは思わないよ」と彼は再考した。「子供を売るっていうのは変わったことだろうが」

「相当に変わったことですねえ」と私は感想を述べて、観客に向かって訊いた。「この中で何人くらいメーシーズで子供を売った人いますか?」

いまや語り草になっているダスティンの「アクターズ・スタジオ六回受験」の話も聞いた。

「一回目のオーディションは、落ちた」とダスティン。「あんなに怯えていたことはない。だって場所が教会だったんだぞ。およそ最悪のオーディション会場じゃないか。少なくとも当時はそうだった」

前列の席に向かって私は言った。「なんとかして。エレン。なんとかして」

「いや、あの当時だったから。あの当時だったから」とダスティンは言った。「それで、一回目に落ち、二回目も落ち、三回目も落ち、四回目、五回目も落ちた。そしてついに思った。〝もうこれ以上は無理だ。無理だ!〟。そしたら、どっかから降って湧いたようにこの芝居についた。そしてオビー賞も取った。そしたら同じ芝居に出てたやつが『ぼく、スタジオのオーディションに行きます、ぼくの相手役になってシーンを一緒にやってもらえませんか?』って言う。だから『いいとも』って言った。そしたらやつを落としたんだよ! そしてぼくを採った。ぼくはただ彼を手伝っていただけなのに。頭にきたね。『俺、行かない、ジャック、行かない!』ぼくは新たに立件しようとしてたんだ、わかる?」

「わかるけど、でも、明らかにあなたはアクターズ・スタジオに行った。スタジオはあなたにとってどんな意味を持ちましたか?」

「世界でも有数の教師のもとで勉強できる場所だった。しかもタダで！　しかも前にやられたことのないことをやる場所だった。クリフト、ブランド、キム・スタンリー、ジェラルディン・ページ！　新しいことが進行していた。単にオープンだとか今風だとかじゃなくて、自分のどこかとってもナマの部分を衝いてくるから時どき正視するのがつらいこともあったくらいだ」

『真夜中のカーボーイ』のラッツオ像をどう創っていったのかを尋ねると、彼は言った。「まずあの外見をなんとか自分で作ろうとした。まず、あのルックスをね。それで街に出た。ぴったりの男を捜し歩いた。あの小説にはっきりと描かれている片足の不自由な男。小説では第四の壁がないみたいな、と書かれていた。なかなか見つからなかった。やがて、四十二丁目で一人の男を見つけた。彼からヒントを得た。彼は街角に立っていたが、ぼくは彼が足をひきずって歩きだすのを待っていた。そしたら信号が変わった。彼は真っ先に飛び出して渡った——足を引きずりながら。それがぼくのあの役になった！」

「ゲストの多くの方々は極めつきの瞬間や、極めつきのセリフを持っています」と私は言い、「あなたのそれは、ひとつは『真夜中のカーボーイ』でニューヨークの車道を渡るときがそれですが、タクシーとぶつかりそうになったのは偶然ですか？　それとも、あのショットを隠しカメラで盗み撮りしていたんですか?」

「そう。あのカメラは通りの向かいにあった。そして最後、十三回目か十四回目のテークのときに、うまくいってセリフと合った。信号がグリーンになる、通りを渡る、そこにあのクソ馬鹿が……」彼は言葉を切って、私に向かってにこりとした。「例の質問が来たときには、もう答えなくてすむね」

「そうですね」

「タクシーが向かって来た」と彼は話に戻った。「これ、マジ、本当に轢かれかかったんだよ。こう思ったのを憶えてる。〝このショットぶち壊しにしたら、この映画は絶対完成しない〟。だからタクシーに言いたかったのは、〝映画撮ってんだ、映画撮ってんだ！〟。でも頭はカーッとなってるから、何て言った？『俺が、歩いてんだろ！』」

いつもながら、ゲストが映画もしくは舞台上で見る像にどうやって迫っていくかを知ろうと、カードの一枚を読んだ。「ダスティンがかつて言ったことを聞いてください。私は書き写して横に赤い星を二つ記しています。〝演技においては、俳優は並みの罪以上のものを掘り起こそうとする。自分自身のより深い罪と向き合うのである〟」彼の顔を見て言った。「そのとおりですか？」

「そうだ、そうだ。演技は、いや、どんな芸術も、平常の暮らしの中では出来ないかもしれないことをやることだ。つまり、私たちは疵物だ。それが種の名前だ。われわれは疵、疵、疵、疵だらけだ。人間なんだから。ラジエーターに坐って熱いと思ったら飛び上って降りる。自分の体のどっか熱いところ、深い所でイヤなところに触ったら、意識的でなくても、それから飛び跳ねて降りる。自分たちのいやな面、自身の鬼は知りたくない」そう言って間をとり、遠くを見つめていたが、やおら静かに言った。「演技の仕事をするってことは、そうした鬼と握手することなんだ」

その夜、ずっと後になって、私は言った。「質問を『マラソン・マン』についてしたいのですが。今夜の客はみんな私のつぎの質問が分かってると思うのですが」笑い声が波のように起こって、私の見込みどおりなのがわかった。「この話を正しく修正する場があるとしたら、今夜のこの会でしょう。あなたとオリヴィエとの間の有名な話、彼が『お兄ちゃん、演技をやろうとした経験あるのかい？』と言ったというのは、実際はどうだったんでしょうか？」

「それはねえ、新聞マスコミってもんのいい例なんだ。だってその話を流した本人はこのぼくなんだから。《タイム》誌にぼくが話したのを、彼らが曲げて書いた。ぼくは離婚騒ぎの渦中にあって、とても苦しかった。そして、三日、四日は眠らなかった。そして考えた、どうだろう、眠らないでいたら。それは五十四丁目のスタジオに行く口実だったけど」そう学生たちに打ち明けてニコッと笑った。

「そしてロサンゼルスに戻ったとき、彼にうちあけて、彼もその真意を分かってくれた。ぼくは『仕事のためにこうしてるんだ』みたいなこと言ってね。そしたら彼が言った。『ねえ、きみ。演技してみたらどうかい?』」

「彼は撮影中とっても病気が重くなかったですか?」

「ひどい状態だった」

「もう死にかかっていたんでしょう?」

「そう。誰もが彼の病気のことを知っていた。ひどく痛みがあることも、痛み止めを飲んで仕事していることも。あれほどの巨人が——かつては『リア王』を、『リチャード三世』を、『ハムレット』を、全部頭に入っていてつぎつぎと日替わりで演じていた人だった!」

ダスティンの苦痛は話を続けていくにつれさらに明らかになった。「それが時には三つのセリフさえ覚えられなくなっていた。痛み止めのせいだ! それは本当に悲しかった。その役もやりたくなかったんだが、後で知ったけど、死ぬってわかっていたから子供たちにお金を遺してやりたかったんだとか」

ダスティンは懸命に涙をこらえて、言った。「撮影はきつくて、きつくて、きつくて、きつくて、きつくて……。そして映画が終わったら、ドアにノックの音がして、人生でも最大の瞬間が待っていた。ドアを開けたら、オリヴィエが立っていた、ダンボール箱を持って。シェークスピア全作品。その本の余白に彼のその芝居に対する思いが書き込んであった。彼は『ちょっとだけ時間をもらうよ』と言ったけど、三時間半話していった。俳優である以上に、彼は学者であり教師でもあった。それから食事にでかけた。このときのことはけっして忘れない。けっして、けっして、けっして、忘れない。オリヴィエと一つテーブルに坐っていた。もういつまた会えるかわからない。こんなに病が重いんだから。奥さんのジョーン・プローライトと子供二人も来ていた。それから、もう一人、UCLAに行こうとしてる子供も入ってきた。その子はオリヴィエの後ろに行って彼の頭のてっぺんにキスしたよ。おお!」ダスティンは、その夜自分の父親の思い出に泣いたのと同じように長い間激しくむせび泣いた。

ようやく、彼はこう言った。「そして彼の息子は坐り、ぼくたちは話をした。ぼくはオリヴィエに言った。『ぼくたちみんな、どうしてこういう仕事をしてるんだろうかと思うんですよ。それに対して答えがありますか？』」

その後に起きたことは、『アクターズ・スタジオ・インタビュー』を決定的に特徴づける瞬間の一つとなった。

「立ち上がっていいかな？」とダスティンが尋ねた。

「どうぞ」

ダスティンは私のそばまで歩いてくると、私の顔と顔がくっつくほどに接近して言った。「彼は立ち上がり、ぼくにのしかかるようにして、本当、こう言ったんだ――『どうしてか知りたいか？　答えはね、きみ』」ダスティンの声が急激に落ち、破裂音のような囁き声となって、学生たちに津波のように襲いかかった。「『俺を見て、俺を見て、俺を見て！　俺を見て！　俺を見て！　って思うから』」

第十七章

真実を追究する者を信じよ、見出した者を疑え。

――アンドレ・ジイド（ベルナール・ピボー著『読書の技巧』より引用）

番組誕生のその日以来、『アクターズ・スタジオ・インタビュー』のどの回にもベルナール・ピボーの「プルースト・アンケート」コーナーがある。それにはきわめて特別な理由がある。

私が初めてピボー氏と出会ったのは一九八〇年代、当時まだ新しかったチャンネル75、ニューヨーク市立大学のテレビ番組においてであった。あれこれチャンネルを回していたとき、番組のオープニングタイトルにランボー（仏詩人、一八五四～一八九一）の映像が出ていたのに気づいて戻してよく見ると、見慣れないシーンに出くわした。数人の人が半円形に陣取り、中心の、挟んだ栞が棘のように飛び出た夥しい本の山に囲まれたプロらしき人物と向かい合っている。

最初見たときは驚きの連続だった。第一に、ゲストたちがそれぞれ作家で、自作の本を持ち込んでいた。第二に、ゲスト全員ほかのゲストの作品をあらかじめ読んでおくことを義務付けられていた。そのため討論は自由活発で、だれることがなかった。第三に、ホストが有名なワイン愛好家で醸造者でもあることから、ゲストは上等なワインをすすりながら討議していた。第四に、放送時間の終わりにかけて、ホストは今まで聞いたこともない質問の数々を投げかけていた――例のロールシャッハテストの言語版のようなもので、ひと言の答えで一時間の質疑応答以上に答えた人間のことが視聴者に分かるのだった。

番組が終わったとき、私はマーロン・ブランドを最初に見たときのような経験をしたと思った――それが何だかわからないが、真新しくて、今まで馴染んできたもののどれよりもいい。初めての九十分で、私はその『アポストロフ』にぞっこん惚れ込んでしまった。後で知ったのだが、番組のホストであるベルナール・ピボーがその番組を終わりにするまで、金曜夜の開店時間を遅らせるレストランまであるという。

文学だけを論じるテレビの大ヒット・シリーズなどというのは、アメリカ人である私にはとても珍しく、字幕がないにも拘わらずすっかり虜になってしまった。私のようにフランス語をまずまず使いこなす程度の視聴者には、討論内容はときに重かったが、私ははまってしまい、何年も見続けて、ピボー氏の髪に白髪が増え、半月型の読書眼鏡がついには満月型の遠近両用に変わるまでになった。

その数年間、私はただ番組を楽しく見てじれったいほど少しずつ単語を憶え、文学を素晴らしく優しい環境のなかで学んでいたのだと思っていた。

だが、実際には、〝自身で宿題にはげみ、技巧をひと言で指摘すべく推敲する〟名人のインタビュー芸を学んでいたのである。だが、当時はまさか自分がいつの日か、遠い異国の他人の教えを応用してみることになるとは思ってもみなかった。

一九九〇年のある日、いつものように、依然として字幕もないのに私を釘づけにして離さない『アポストロフ』を見ていた――そして息を呑んだ。その回がシリーズの最終回であったのだ。本棚にたくさんの本をかたどった想像上のピボーの書斎というセットは、過去十五年間に出演したゲストたちであふれ、放送時間の多くがプルースト・アンケートに当てられていた。もうそのころにはその質問群がプルーストやピボーによって考案されたのではなく、二人の案をうまく融合したものだとわかっていた。それを一人の書家が、その答えをパステル色の壁に書き、見事な言葉の数々が披露されてから消えていくのだった。

やがて、一年後に、ニューヨーク市立大テレビを退屈しつつ見ていたとき、ランボーの画像が出た。そしてソニー・ロリンズ演奏の『夜は千の眼を持つ』が流れてきたのだが、それには新しいテロップが出た――『ブイヨ・ド・キュルチュール』。翻訳しづらい言葉だが、〝文化のスープ〟とか、〝細菌培養皿の培養寒天〟とかを意味する言葉だ。

ピボーが復帰したのだ。そしてこの私も。彼はテーマ分野を映画、演劇、音楽、美術など芸術全部に広げたのだったが、手法ややり方、的を射た切り口はまったく同じで、彼の前に置かれた資料は、いつもながらマーカーでびっしりと書きこまれていた。

一九九四年、ブラボー・ネットワークがわれわれのアクターズ・スタジオ・ドラマ・スクールの技芸ゼミをテレビ・シリーズにすると合意したとき、私はどう采配を振るうかがわかっていた――ピボーに習え、である。むろん、今日このときまでピボーの如く巧みにやれているわけではないが。

こういう恩には典拠に対する御礼が必要なものだ。初回のためのブルーカードを準備しながら、どういう形で表すべきか、ちゃんと考えがあった。どの回にも典拠を明らかにしたアンケート群をつけよう。二つ目の動機もあった。最後には裕福な視聴者が『アクターズ・スタジオ・インタビュー』を見てピボー・アンケートに背を押されて『ブイヨ・ド・キュルチュール』に字幕をつける予算をまかなってくれるかもしれない。そしたらアメリカ人もあの高度に知的なテレビ番組を愉しむことが出来るようになるだろう。

一九九七年、『アクターズ・スタジオ・インタビュー』がその年最高のトーク番組だとしてケーブルＡＣＥ賞を受賞した。その際、ステージ上で賞金を受け取ったあと、そんな名誉の見返りとしての義務を果たすべく二十分をプリントルームに、続いて記者室にと割いたが、両方の部屋で記者たちから質問を浴びせられた。最初の質問が、もちろん「あなたの好きな罵詈雑言は？」である。

瞬時に答えはわかっていた。「聞いてください。あなた方はメディア関係者だ。どうぞアメリカにいいことをしてやってください。一般の人々にベルナール・ピボーの番組に字幕をつける資金を呼びかけてください。そしたら、世界一のこの番組をみんなが見られるようになるんです」

翌日、ハリウッドの商業関係の新聞には、〝ケーブルACE賞受賞者、両親、伴侶、エージェントそして神に感謝〟とあり、〝リプトンはベルナール・ピボーの番組に字幕をつける資金を募っている〟と真面目に書いてくれた。

私のピボー・アンケートは、アメリカ人の感性に合わせて、少し仕立て直してある。彼の「あなたの好きなドラッグは？」は「何で元気になりますか？」にした。同じ意味だが、こうすれば文字通りの狭い答えを避けることになる。

フランスでは、ピボーは「神が存在するなら、あなたは死後彼に何と言ってほしいですか？」と尋ねるが、私はもう少し軽く明るく、「天国の入り口に着いたとき云々」と変えた。これは熟考したうえでのことで、フランスはカトリック国で神の頭が大文字さえつかず不可知論優勢がまかり通っているが、わが国の清教徒的伝統を容れていま少し穏やかな「もし天国が存在するなら……」としたのである。

この番組が世界中に流れていき、フランスの話題に取り上げられるようになると、ピボーはこれに気づいたか、私に借用されたのを怒っているかと憶測をめぐらした。だから、二〇〇〇年十二月二十一日付け、ピボー氏のテレビ局フランス2とある封筒入りの手書きの手紙を受け取ったとき、まずその懸念が頭をよぎった。

手書きの手紙はフランス語だった。ピボー氏は英語をあまり話さないからである。書き出しは「Cher ami-rateur」とあり、そのつぎに脚注の番号が1と振ってあった。その下にピボー氏はフランス語で「語呂合わせ、かなりまずいが、ふさわしい」と注釈を加えていた。フランス語のファンは admirateur だから、そこからdを取れば、amirateur になる。つまり、ピボーの造語は友人とファンとを合わせたものだったのだ。彼のレベルは高かった。見事な言葉遊びだと思った。しかも、ありがたかった。

彼の手紙は続いた。

かくも多くの機会にわたっての貴下の私にたいするご親切は、フランスのジャーナリストたちに妬まれるであろうと思うのですが、私は感動しつつ考えてしまいます。私は自分の演技を以って、アメリカ人俳優たちにとって一番精通した、一番鋭い批評家を騙しているのではないだろうかと。

彼は手紙を自ら私に届けないことを謝ったうえで、こう付け加えた。

またの機会にお会いしてお礼を言いましょう。そして、もしパリに近々おいでにならないのであれば、二〇〇一年六月に最後の放送をするときにいらしてはいかがでしょう？　その時は、貴下に私の賓客の一人になっていただき、二人で一緒に、貴下が世界的に有名だと保証してくださったこのアンケートに答えましょう。

必ず来てください。喜びと、感謝と、すでにある友情をこめて、

バルナール・ピボー

フランス2局の招待で、ケダカイと私は二〇〇一年六月二十七日水曜日にパリに到着した。ピボーの最後の放映まえ二日間の取材に対応するためだった。パリ中どこへ行っても、最後の放映は熱狂的な関心の的で、大声の挨拶や握手に車はたびたび急停止していた。

木曜夜、アン・ドルナートは自宅に私たち夫妻と私たちのフランスの家族や友人たちを招待してくれ

た。ピボー氏も招待したということだったが、彼は私とはカメラの前、自分のセットで初めて対面したいからと断わったらしい。

金曜の午後、私たち夫婦が名付け子とともにシャンゼリゼ通りを歩いていると、そのセヴリンが突然横に折れてキオスクに入って行ったかとおもうと、手に《ル・モンド》を持って笑顔で出てきた。その一面の一番上の右、通常は戦争、政治、災害などのトップニュースで占められるはずの紙面に二つの写真が出ており――一枚は私、もう一枚は本を繰っているピボー――見出しはもちろんブルーの字で、こうあった――〝リプトン、ピボーのファン〟。

その夜の会見について述べ、私の言葉を引用していた。〝今からもうアドレナリンが噴出するのが想像できます〟。記事は《ル・モンド》の読者たちを「ホリゾンズ・ポートレート」のコーナーに誘導するように書かれており、そこの見出し〝リプトン、ピボーの弟子〟の下には、三十センチほどの私の写真と飛行機を降りた直後に行なわれたインタビューの記事がページ一面を埋めていた。

というわけで、所はパリ、輝かしい六月の夜に、モルテマール一家に付き添われた私たち夫妻、われわれのフランス側局である〈パリ・プレミア〉のトマアス・ルノー、アクターズ・スタジオ・ドラマ・スクールの教授二名、エリザベス・ケンプとアンドレア・モノリカキスらはフランス2局に到着したのだった。同局のスタジオというスタジオはこの有線方式のプライベートな番組に向けて座席とスクリーンでいっぱいになっていた。私側のゲストたちはピボー氏の〝本棚の並んだ〟仕様のスタジオに案内され、私は待合室に案内されてそこで長い間、ほかのゲストたちがメーキャップ室に歩いていくのを横目で見つつ待っていた。

彼らが出てきてスタジオに行くのまで見ていたが、私には迎えが来ない。〝やっぱりなあ、話が巧すぎると思った〟と思いかかったとき、一人の若い女性が現われてメーク室に連れて行ってくれた。その後、ピボーの部屋――自宅で何度も何度も見てもう自分のリビングの一部のように感じていた――に連れて行ってくれた。

このくだりをあまりに大事に書きすぎていると思われるなら、それはこの夜が私にとってあまりに大事だったからである。へーグ通り二八〇番地が、ピガール街はなおさらのこと、ニューヨークから一世界分遠く離れた地だという感覚を払拭しきれてない私にとって、この瞬間はもう一つの惑星、もう一つ別の次元の話のように思われてならなかった。

今まで、何百回と眉一つ上げずにスタジオに入って行った私だ。だが、今回は質的に大違いだった。ドアを抜けてまばゆい明かりのなかに入って行ったとき、なぜ長い間自分に迎えが来なかったかが分かった。観客は着席し、ほかの賓客たちは例の半円形の形を作って坐り、みな黙して待っていた。唯一異様だったのはピボーの椅子だ——誰も坐っていない。本人はその椅子のまえ一メートルほどの所に立って、最後のゲストたちに囲まれ、私が入ってきたドアを見ている。わが人生もっとも超現実としか思えない時間のなかを、私は麻痺したように半円形のなかに進み出た。彼が手を差し伸べてくれていた。

そもそもテレビスタジオは照明過多な所であるが、このときは百のフラッシュが焚かれたか稲妻に打たれたようだった。半ば盲目のようになって、ピボーの向こうを見ると、彼の背後の壁には、カメラマンがずらりと並んで叫んでいる。「こっち！　こっち！　握手もう一度、もう一度！　こっち見て！」そんなことが数分間続いた。「こっち、こっち！　もう一度！　アドロアテ、シルブプレ！　ア・ゴーシェ！」

最後にはカメラマンが退出させられ、ピボーは半円形の端の席に私を案内してから自分の椅子に坐った。スピーカーから〝夜は千の眼を持つ〟という声が流れ、〝最後の授業〟は始まった。フランスのほとんどの人が見守るうちに。

ピボーは最後の回のゲストたちを新参者である私に向かって紹介した。ゲストたちは、彼の説明によると、ある特定の理由から何百人もの人々から選ばれたのだった。イザベル・ユペールとファブリス・

ルキーニは演劇・映画畑から。ジョルジュ・シャルパクは物理のノーベル賞受賞者、オルセナとジャン・ドルメッソン夫妻はフランスの文学と言語を仕切るアカデミー・フランセーズの代表、私の隣にはピボーがアニー・コーエン・ソラルを配してくれた。彼女はジャン・ポール・サルトルの評判の伝記の著者であり、合衆国のフランス大使館の前文化参事官である。

この文化的イベントのために、ピボーはネットワークを好きなだけ使っていいとされていた。『ブイヨ・ド・キュルチュール』はベルナール・ピボーが〝これで終わり〟と言ったときが終わりなのだった。

彼は私相手に気前よく時間を割いてくれ、彼のスタジオ内の大スクリーンに私の『アクターズ・スタジオ・インタビュー』の画像をたくさん映し出してくれた。本書で使いすぎている表現をもう一度使わせてもらえるなら、自宅のテレビで見続けていたセットに坐り、『ブイヨ・ド・キュルチュール』で私がシャロン・ストーン、ハリソン・フォード、ウーピー・ゴールドバーグ、ロビン・ウィリアムズらと話しているのを見るとは、まことに超現実であった。

番組を通して、ピボーが二十六年間のキャリアを映像を通して振り返りながら、『アクターズ・スタジオ・インタビュー』の出演スターたちが何かに驚いた瞬間のモンタージュに繰り返し戻った。この場でまたジュリア・ロバーツは「あら、母から聞いたの?」、サリー・フィールドは「わたしの日記読んだんでしょう?」と詰め寄っていたし、ジーナ・デーヴィスは私の「あなたの部屋の天井にはまだ足跡残ってますか?」に対して用心深く「ええ。何色だった?」と訊いて「やだあ! そこまで知られてんの!」と黄色い声をあげ、私が「紫です」と答えていた。スパイク・リーが「いったいどっから仕込んだ?」と言ったのでそっけなく「仕込んだんだ」と言ったら、スパイクは言った。「隠密がいるんだな」

一時間五十分たったあたりで、ウェイターたちがさーと入ってきてボトルのワインとグラスをゲストたちに配った。ゲストたちは驚きの声をあげて品よく振り返り、ワインの香りを嗅ぎ、味わったのだが、私はヨーロッパ初めての夜、ピエールのレストランでテイスティングの仕方を教わっておきながらうまく果たさなかった覚えがある。この夜、仲間の最後のゲストたちがヴォルネイ・コート・ド・ボーヌを嬉しげに味わい、お代わりとグラスを差し出しているのを横目に、この危なっかしいフランス語での出演、先に例のアンケートコーナーが控えていることも気がかりで、一滴も飲まなかった。このレア物のバーガンディワインの素晴らしさに座が盛り上がったときも、私はじっと方針を堅持してグラスに手をつけずにいたものだから、ノーベル賞受賞者から咎めるような目で見られた。

二十六年間、ピボーはアンケートに自ら答えてゲストたちと競り合うような真似をしないできた。そして私も七年間〝ピボー・アンケートにだけでも答えて〟との声を避けてきた。ピボーは手紙のなかで、私と一緒に答えようと書いてくれた。そして、いま番組の夜が終わりに近づいたとき、彼が言った。

「さて、これから私たちはアンケートに答えます」ピボーは前もって学者のジャン・ドルメッソンに質問をそれぞれ交互に読んでくれるように頼んであった。ドルメッソンは《ル・フィガロ》紙でピボーと共に働いていた時代に有名な決裂事件を起こしていたが、長年のうちにはほかのどのゲストより『アポストロフ』にも『ブイヨ・ド・キュルチュール』にも登場するようになっていた。

「どんな言葉が好きですか」とドルメッソンがフランス語で訊いた。

「名誉《オヌール》」

「私は」とピボーが答える。「aujourd'hui（昨日）アポストロフィーを真ん中に入れたやつね」と今しも別れる番組に挨拶を送った。

「嫌いな言葉は？」とドルメッソンが訊いた。これを私は翻訳して「一番好みでない言葉は？」としていた。フランス語版はもっと直截だった。

「辱め」と私はフランス語で答えた。「とりわけ子供に対しての」

ピボーも一言あった。「悪い言葉で表される悪い傾向。つまり、〝色欲〟。その言葉をゆっくりと最初と二番目のシラブルを分けるように発音した。皮肉にもこの色欲を否定する言葉は、初めのシラブルがフランス語のスラングでは身体の下半身、つまり女性の性器と、ユニセックスの人の背後を意味した。

「好きなドラッグは？」とドルメッソンが問う。

「言葉、言葉、言葉」と私。「でも、必ずしも自分の言葉でなくてもいい」

「ぼくの好きなドラッグは、新聞を読むこと——とりわけ《レキップ》を読むこと」《レキップ》は、フランスの一流スポーツ誌だが、ピボーはこの国でも最も発言力のあるサッカー・コメンテーターだった。

「あなたの好きなノイズは？」

「私が抱きしめると妻が漏らすかすかなため息——そして」

「一つだけ！」とピボーが口を出して私の二番目のチョイスを切った。現代生活のなかで最も軽んじられている特質、作家なら好きであろう言葉〝静寂〟を言いたかったのだが。

私版のアンケートでは、これに「あなたは何で燃えますか？」と「いちばん嫌いな音またはノイズは？」を入れている。一年後、ピボーの「最後の授業」にフランス語で答え、『ラリー・キング・ライブ』でも英語で初めて答えているが、私のいちばん嫌いな音は〝最近喜びの音として公共の場でまかり通っている大音響〟であった。

ピボーの「好きな音やノイズは？」に対する答えは「ぼくの場合単純だ。読書のときの本をめくるつつましい音。あるいは紙の上を走るつつましいペンの音」

「それじゃ二つになる！」とゲストたちが異議を唱えたが、ピボーは事実上それは一つの答えだと譲らなかった。私も反論しなかった。

「あなたのお気に入りの罵詈雑言は？」とドルメッソンが訊いた。

私はピボーに向かって「フランス語で一語、英語で一語でよろしいか？」

「よろしい」とピボー。

「フランス語で」と私は始めた。「しくじったときのダンサー共通の悪態は〝シット〟ですが、むろん、フランス語ではもっと語気が強い。〝メルダローズ！〟英語では」と続けて「私の好みの悪態は卑猥でも汚物がらみでもない。不敬な言葉〝ジーザス・クライスト！〟です」

ピボーの悪態語はもっとずっと表現豊かであった――かつ、翻訳不能だ。「おお、ピテ！　おおピテ！　おおピテ！　トウジュール・トロワ・フォア」つまり、「おお売女！　おお売女！　おお売女！　と決まって三回言う」

つぎの質問は、私が付け加えたもののために抜かしたものだが、「つぎの新札に印刷される男または女は？」とドルメッソンが尋ねた。

「それは簡単です」と私。「みなさん私の答えがもう分かっておられるでしょう。ベルナール・ピボーです」

観客席から拍手が起こって「ありがとう」とピボーが応じ、彼もそれに答えを出した。「私は、モリエールの『守銭奴』のミシェル・ブーケだな」

「けっしてやりたくない職業は？」が次の質問だった。

私の答えは即座で、単純かつ絶対だった。「死刑執行人」

ピボーの答えは「フランステレビの社長。もしくは公共チャンネルのディレクター」

私の方のアンケートにはその質問の肯定的な形のものを付け加えていた。質問したラリー・キングに対して、私は「プリンシパルのダンサー。ただし、条件付。永遠に若く怪我に見舞われないかぎり」

「最後に」とドルメッソンが言った。「もし神が存在するなら、あなたは死後彼に何といってもらいたいですか？」

「いいかい、ジム」と私は自分のことをフランス語の先生たちに教えられたとおり、二人称形式で神が呼びかけるように言った。「おまえは間違っている。私は存在しているのだ。だが、とにかくおまえは来てよいぞ。おお、ジム。『ブイヨ・ド・キュルチュール』は毎晩八時に始まるよ」

ピボーは拍手し、続いて湧いた観客の拍手に「おいおい、私の反応だろ！」と割って入った。彼は急に英語になり、「ハロー、ミスター・ピーボット！」と言ってすぐにフランス語に戻った。「なぜなら神はまずラテン語を、へブライ語を、アラビア語を話され、つぎにフランス語を話された。だが、いまや英語も話しておられるのは明らかだ。アロー・ミスター・ピーボット。アウ・ドウ・ユー・ドウ？」そう言って神の英語にフランス語で応じた。「あんまり元気じゃないんです」そしてまた英語に挑んで「アイ・アム・ソリー、マイ・ゴッド。アイ・ドント・スピーク・イングリッシュ」

神はフランス語で答えた。「ああ！　そうなのか。おまえは英語を話せないのだな。明らかにフランス語は話せるのだ。よし、けっこう。これから未来永劫、時間があるから英語を勉強しなさい。とてもよい教師を与えよう」ピボーは神になり切って片手を命じるように高く上げた。「さあ、行っておいで、サー・ウィリアム……」最後は英語でしめくくった。「……シェークスピアだよ、もちろん！」

その数分後、番組開始から二時間五十五分後に、その夜のために「ラ・デルニエール（最終回）」と描かれた巨大なドアが厳かに閉まって、二十六年の素晴らしい歳月は終わりを迎えた。

招待客がフランス2のスタジオのドアというドアから溢れ出て、レセプション用に建てられた巨大な吹き抜け空間に集まると、私はケダカイや同行した私のゲストたちと合流した。まず話しかけてきたのは〈パリ・プルミエ〉のトマス・ルノウで、熱心に訊いてくる。「ワインどうでしたか？」

「さあ」

「さあって、どういうことですか？」

「口をつけなかったから」

「口つけなかったって？……」親友の死を私が伝えたみたいな顔で私を見ると、叫ぶように言った。

「あれが何だったか分かってるんですか？」

「すみません」と私が肩をすくめると、トマスはいまにもピボーのスタジオに私の飲み残しのグラスを取り返しに行きたそうにした。

ピボーは私をカトリーヌ・タスカ文化大臣に紹介してくれた。彼女はその夜、客席にいたのだったが、二人は大階段を上がっていってスピーチをした。一年後、私を芸術文化勲章に叙する手紙にも彼女の署名があった。

私と私のゲストたちがフランス2から出てきたのは午前一時を過ぎていた。レセプションではふんだんに食べ物があったのだが、私はピボー氏に気をとられ、大臣やほかの賓客らに気を遣いでそのときになって初めて、十二時間も食べていないことに気がついた。一同の顔を見てもお開きにするのは惜しい。「誰か食事したい人？」の掛け声に一斉に賛同の声が上がったので、私の潜在的パリジャン散歩癖が目をさました。「車に乗って！」と叫んだ。「私についておいで」

「オ・ピエド・コション」と運転手に行き先を告げた。初めてパリに住んでいたとき、私は時どき当時の女友達と夕食をピエド・コションで取っていた。そこはアールヌーボーのレストランで、巨大で賑やかな市場であるパリ中央市場の真ん中にあった。パリ中央市場にはパリで翌日消費される生鮮食料が夜中にトラックで運び込まれて、フランスでもいちばん味にうるさいグルメや、トラック運転手、食肉業者、野菜業者らに提供されていた。午前一時でも、ピエド・コションのビュッフェバーには血のついたエプロンをした肉屋、オーヴァーオールを着たトラック業者、フォーマルな服のカップル、オペラや芝居を観たばかりという人たちが並び、そのレストランで出されるオニオンスープに舌鼓を打っていた。

放送後、レストランの前で車を止めたが、私はがっかりした。午前二時だというのにそのさわやかな夏の夜、室内の凝った装飾壁にまで人で埋まっていた。私たち同様、ピボーの最終回が終わるのを待っていた食事客がつめかけたのだろう。

車の窓から恨めしげに外を眺めていると、歩道に立っていた人影がさっと背筋を伸ばすなり車に駆け寄り、私の横のドアを開けて威勢よく言った。「いらっしゃいませ、リプトンさん！」

なんという間のよさか、彼はレストランの主人だった。私たちのグループをぞろぞろと従えて、主人はレストランに入っていき、その後は……一九九九年の《ル・モンド》紙の批評家の言葉ではないが、まさに〝マジックが始まった〟。客で込み合った室内をゆっくり歩いていくと、各テーブルの客たちは、横を通る私たちに向かって立ち上がって拍手をしてくれた。テーブルごとに起きた敬礼と拍手はレストラン中に漣のヌーベルバーグとなって伝わっていった。

私自身もデジャヴュの波に運ばれたような気がして、かつて女友達と私が気に入っていたテーブルの方に目をやった。一瞬、そのテーブルに就いていた若いカップルに見覚えがあると思ってはっとなったが、瞬きをすると、幻は消えた。

テラス席にやっと腰をおろし、グループは私の勧めどおりオニオンスープから始めた。チーズで覆われ、オーブンで焼かれ土器の器で出されたそれは、私が記憶していたとおりのうまさで、これでまたもう一つの環がカチッとはまった一瞬だった。

その輝かしい夜を思い出すべく、ピボーの書簡はわが家のリビングのテーブルの上に、『アクターズ・スタジオ・インタビュー』出演ゲストからの五十通ほどの手紙とともに、飾ってある。そのいちばん前列、バーブラ・ストライサンドの「いつの日か……東海岸に行くようなことがあったら……話しましょう」の手紙と並べて立ててある。その手紙はこれからもずっとテーブルの中央、いちばん前にあって、私の〝真の〟ステータスを思い起こさせてくれるはずだ。

「拝啓ジェイムズ・リプトン殿」とその手紙は始まっている。「貴下は私の大好きな人の一人です。そして『アクターズ・スタジオ・インタビュー』は私の大好きな番組です。私は芸術クラスであなたをテーマにレポートを書き、ロビン・ウィリアムズの回を流しました。レポートはAを取りました。あなたのお仕事に感謝しています。ここに切手を貼った返信用封筒と、サインをしていただきたくインデックスカードを同封します。手紙を書いたのは今度が初めてのことです（あなたのサイン入りの写真をEベイで見て買いたかったのですが、とっても高かったのです（三十ドル！）」

手紙のサインは〝ダン・ガーナー〟とあったので、彼には釘付け商品でないものはすべて、彼がつぎのことを思い出させてくれたことへの感謝をこめて送った。一つ、私にとっての最高の番組はまだ絶対的なAを取るまでには至ってない。二つ、Eベイで私の価値は三十ドルであって、それ以上ではない。こういうことが自分の人生を速やか、かつきちんと見定める助けになるのである。

二〇〇一年六月二十九日の出来事だけが、一九九六年に視聴率調査グループの人たちにお引き取り願ったことを生涯よかったと思っている理由ではない。彼女がアンケートを辞めろ、芸談をカットしろと言ったのを呑んでいたら、この番組はとうに消えていたろう。アンケートは私や視聴者に喜びをもたらし、二百人以上の人の心の窓を開け放ったのである。

こうした閃きには価値があると信じているが、この本を書き始めたとき、しかるべきときが来たら、それらを読者のみなさんとも分かち合いたいと思ってきた。いまがそのしかるべきときだと思う。

あなたの好きな言葉は？

愛、命、情熱がいちばんよく選ばれる言葉だった。以下は、私見だが、そのほかの目立った回答だ。

マイケル・ケイン：明日。
ジョージ・カーリン：スカイラーク（ひばり）。
フランシス・フォード・コッポラ：希望。エスペランザ。

ロバート・デ・ニーロ：洗練。
ジョニー・デップ：どうして？
アンジェリーナ・ジョリー：いま。
マイク・ニコルズ：太もも。
メグ・ライアン：正統。
ホーマー・シンプソン：マシュマロ。
ビリー・ボブ・ソーントン：マシュマロ。
クリストファー・ウォーケン：ランチ。
ロビン・ウィリアムズ：排出孔。

あなたのいちばん嫌いな言葉は？

「ノー」と「出来ない」が圧倒的で、「憎悪」が続いた。ほかに目立った答え。

ローレン・バコール：グッバイ。
ドリュー・バリモア：湿気。
マイケル・ケイン：昨日。
ジョージ・カーリン：ダンプトラック、灰皿缶、ミートローフ。
ジェニファー・コネリー：臓物。
ウィレム・デフォー：チョーク。
ロバート・デ・ニーロ：がさつ。
ジェイムズ・ガンドルフィーニ：なんであれ。

ビリー・ジョエル：鼻につんとくるのと、舌にぴりっとくるのとの和え物。
ジャンヌ・モロー：ＦＩＮ（終わり）。
マイク・ニコルズ：きみだけに言うけど、恥垢。
スティーヴン・ソンドハイム：セロリ
メリル・ストリープ：エッジィ（ぴりぴりしている状態）。
マーク・ウォールバーグ：〝マーキー・マーク〟って綽名かな？
クリスファー・ウォーケン：ベッドタイム。
ジェイムズ・バローズ：口蓋。

何で興奮しますか？

アントニオ・バンデラス：ぼくの妻。
ティム・アレン：マチネ。
ガブリエル・バーン：アーティストの超越と人の情熱。
フランシス・フォード・コッポラ：人生。ありとあらゆるもの！
ケヴィン・コスナー：一人でいること。
レイ・ロマーノ：ゴルフのうまい女性、しかも他の女性を好きな人。
マイケル・Ｊ・フォックス：恐れを知らぬ正直さ。
ヒュー・グラント：首。実際の。
ライザ・ミネリ：昔から脳というのは性感帯だと思ってきたわ。
メラニー・グリフィス：わたしの夫。

何でがっくりしますか？

クイーン・ラティファ：短時間のセックス。
リチャード・ギア：今日の新聞の一面。
トム・ハンクス：薄氷。踏んで歩くやつ。
アンソニー・ホプキンズ：映画学校の業界用語。
ロン・ハワード：なんであれ退屈だという観念。
ネイサン・レイン：ポリエステル。
バート・レイノルズ：評論家。映画に限らず、夕日の評論家とか、人生の愛の評論家とか。
メグ・ライアン：プレッツェルが濡れたとき。
ジョアン・ウッドワード：人が〝みたいな〟とか〝わかるだろ〟って言うとき。
レニー・ゼルウィガー：条件つきの親切。

好きな音もしくは雑音は？

ジェフ・ブリッジス：チェロ。
マシュー・ブローデリック：チェロとヴァイオリン。
ラッセル・クロウ：チェロ。
ジョン・ハート：チェロ。
エレン・バースティン：朝に小鳥の歌。夕べにラフマニノフ。
トム・クルーズ：AP‐51のエンジン。
ハリソン・フォード：プラット・アンド・ホイットニーのラジアルエンジン。
ジェイ・レノ：レース中のエンジン音。

マット・ディロン：チャーリー・パーカーのソロ。
サラ・ジェシカ・パーカー：カチン！
ローズアンヌ：ヒトラーがテーマだと分かってるときの〈ヒストリー・チャンネル〉の音楽。
エディ・マーフィー：静寂。何にも聞こえてないときの音が好き。
サルマ・ハエック：発見とキス。
ウィレム・デフォー：そのことでは本当のことは話せない。
ウーピー・ゴールドバーグ：教えない。
スーザン・サランドン：その話は出来ない。
ウィル・スミス：おい、よせよ、そんな話ここじゃ出来ないよ。
バーブラ・ストライサンド：オルガスムス。
ケヴィン・クライン：恍惚の苦しみにある女。

嫌いな音は？
メグ・ライアン：飛行機のエンジンがスピードを上げるときの音。
トム・クルーズ：Ｐ51に乗ってるとき、四万フィートの高みの静寂。
ビリー・クリスタル：自分が自分を抱いてるときの音。
ロバート・ダウニー・ジュニア：お決まりの着信音。
トム・ハンクス：空家の空虚。
ビリー・ジョエル：半音ずれた自分の歌声。

あなたの好きな罵詈雑言は？

さあて、いよいよ例のあのコーナーになったので……お好きな言葉を入れてみてください。この質問部分はとても人気のコーナーになって慎重に分析することになった。〝ファック〟が四十五例もあって圧倒的な一位となったのは意外ではないだろう。第二位は一位の半数にも満たずとても競争にならないが、ゲスト中二十名が〝シット〟を挙げて十九票だった〝マザーファッカー〟に僅差をつけた。表はそこから急激に下がって七名だけが〝コックサッカー〟を挙げた。

その後は、ゲストたちの罵詈雑言は各自の想像力の奔出であってどの言葉も四票以上になることはなかった。主だったものはゲストの言語的創造力を物語っていた。

いちばん驚き、かつ今に至るまで謎であるのは、男性ゲストと女性ゲストとの驚くほどの差である。歯に衣着せぬどころか、男たちはほとんどみんな女々しく、対する女たちはレニー・ブルースも真っ青なほど卑猥な言葉をぽんぽんと繰り出した。

この社会心理言語学的現象をいちばん効果的に絵解きすべく、回答者たちのいくつかの例を挙げてみる。

ポール・ニューマン：いや、あんまりたくさんあるからねえ、一つ取り出すのは公平じゃないと思うんだ。

メグ・ライアン：ファックミー！　始終言ってる。

ニール・サイモン：お気に入りの罵詈雑言なんてないな。

ホリー・ハンター：コックサッカー！（番組でこの言葉が始めて出てきたが、以後も出てきた）

クリストファー・ウォーケン：ダーン！

ジュリア・ロバーツ：ファック・イット・オール・トゥ・ヘル！

アンソニー・クイン：マザーの後に来る言葉。

サリー・フィールド：（前に記してあるが）マザーファッカー！
ウィレム・デフォー：昔は船乗りみたいにしゃべってたよ。
ジェニファー・ジェーソン・リー：うーん、そうねえ、ファック、ファックワッド、ファッキング、ファック、ファック、アッスホールかな。
ビリー・クリスタル：ダム！　これがぼくのお気に入りのミュージカル・コメディの悪態語。
ジーナ・デーヴィス：ファックって始終言ってる。それと〝サック・マイ・ディック〟。
マーティン・ショート：おお、プー！
バーナデット・ピーターズ：始終変えてるの。好きなのは〝クラップ〟。でも、それをいつも言い直して結局〝シット〟って言ってるみたいよ。それと、たまに〝ファック〟って言うわ。
ショーン・ペン：ユー・デンティスト！
エレン・バーキン：ユー・ファッキング・ディック・ワッド！
スティーヴン・スピルバーグ：ラッツ！
ドリュー・バリモア：（スティーヴンに名をつけてもらった関係）ファック！　よ、絶対。ファック、ファック、ファック！　ごめんなさい。
アレック・ボールドウィン：アッスバッグ。
ヘレン・ハント：ファックミー。
フランシス・フォード・コッポラ：好きな罵詈雑言なんてないが、もし女性のまえで口にしたら、一ドルあげることにしている。
キャメロン・ディアス：ファック、コックサッカー、マザーファッカー、ヤックディック！　いまのは先週ネパールで覚えた。
アントニオ・バンデラス：F言葉のスペイン語版。

メラニー・グリフィス：ファック。
ヴァル・キルマー：タックシーズ（税金の意）本当にはないの。
キャシー・ベイツ：コックサッカー！
ガブリエル・バーンズ：ボロックス。
グエニス・パルトロウ：ボールズ！
ジェイムズ・カーン：F言葉。
グレン・クローズ：恥だと思うけど、ファック。あんまり面白くないわね。
アラン・アルダ：ホース！
ジェニファー・コネリー：ファック・フェース！
ベニチオ・デル・トロ：ピス・ヘル！
メアリー・スチュアート・マスターソン：ファック。いろんなレベルで役立つわ。
マイケル・J・フォックス：シテ。
ウーピー・ゴールドバーグ：シット！
エド・ハリス：F言葉に決まってる。
テリ・ハッチャー：そうねえ、わたしって単純だから、ただのファックよ。ただのファック。これファック、あれ、ファック。これファック面白いセリフねえ、あんたファック、ファック、ただもうファック。だれかがわたしにファックって言っていいって許してくれたら、ひたすら言うわよ、ファック、ファック、ファック、ファック、ファック。楽しいもの。でもなかなか言えるような場がないのよ、わたしシングルマザーでしょ。そんな風に娘の前ではしゃべらないもの。
リチャード・ギア：悪態をつかないよ。
ジョディ・フォスター：マザーファッカー。

ジェレミー・アイアンズ：シーーームス・ヒーニー！
アンジェリカ・ヒューストン：シット！
ビリー・ジョエル：ブラディ。
リー・グラント：マザーファッカー！
トミー・リー・ジョーンズ：ソンサビッチズ！
ダイアン・レーン：ゴッダムマザーファッカーピースオブシット！
ジェイ・レノ：誰かを梅毒の坊主と呼ぶほうが四文字言葉で呼ぶより面白いと思うんだがね。
シャーリー・マクレーン：ファック！
マシュー・ブローデリック：パッツ、もしくはドゥーチェバッグ。
ライザ・ミネリ：マザーファッカーもしくはコックサッカー。
バート・レイノルズ：メルデ。
ベット・ミドラー：マザーファッカー。
マーティン・スコセッシ：いやあ、言えないよ。あんまりカトリックでさ。
ジェニファー・ロペズ：ファッキング・ホアー！
ビリー・ボブ・ソーントン：ソンオブアビッチ。
シャリーズ・セロン：マザーファッカー。
マーク・ウォールバーグ：ソンオブアビッチをフランス語で。
ジュリアン・ムーア：コックサッカーとマザーファッカーをごちゃまぜ。
ノーマン・ジュイソン：ソンオブァビッチ！
ジェシカ・ラング：コックサッカー！

この究極のタブーが破られるまでには十年かかった。二〇〇一年にブルース・ウィリスが「Cで始まる四文字言葉」とおそるおそる仄めかしたが、それ以上には踏み込まなかった。最後のバリアを壊したのは二人の女性で、それも番組収録の日が連続していた！　しかもこのお二人、それぞれ完璧なブリティッシュ訛りでおっしゃってくださった。

二〇〇三年十月十一日、ケイト・ブランシェットは「あなたの好きな罵詈雑言は？」に対して「アメリカではこの言葉を言うことすら出来ないようだけど、でもC・U・N・Tよ、これに勝るものはないわよ！」と答えた。

つまり、こうしてきちんと綴られたわけである。二日後、ナオミ・ワッツは同じ質問に対してぶっきらぼうに「カント」と答えた。

仮に、この十三年間で『アクターズ・スタジオ・インタビュー』が何も達成できなかったとしても、ここまでのところ見出されていなかった、対男性的に見て女性の方が口汚いということが分かったというだけでも貢献はあるというものだ。ということは、全員女性の軍隊というものを考えるべきだろうか、という質問も浮上する。

どんな職業についてみたいですか？

ビリー・クリスタル：ヤンキースのショート。二番。
ローレン・バコール：フレッド・アステアとタップダンスすること。
ピアース・ブロスナン：画家。
キャロル・バーネット：漫画家。
ニコラス・ケイジ：どうかすると牧師になりたいと思うことがある。
トム・クルーズ：ほかの職業はしたくない。

キャメロン・ディアス：動物学者か生物学者。わたしは俳優の身体のなかに閉じ込められた科学者なのよ。
アンディ・ガルシア：コンサート・ピアニスト。
トム・ハンクス：漫画家。
アンソニー・ホプキンス：作曲家になりたかった。
サラ・ジェシカ・パーカー：八百屋のオーナー。
バーナデット・ピーターズ：ほかには何にも出来ないわ。
ロビン・ウィリアムズ：神経科医もしくは理論物理学者。

どんな職業はやりたくないですか？

ビリー・クリスタル：ヤンキース、ショート、二番。あいつらでかいもん！
ドリュー・バリモア：なんでもやってみたいわ。
ケイト・ブランシェット：うじ虫の飼育。
ジョニー・デップ：アメリカ合衆国大統領。
ヒュー・グラント：もう二度とフルハム・フットボール・クラブで座席を掃除する係にはなりたくない。
サルマ・ハエック：ねえ、持ち運ぶオマル知ってる？　誰かが掃除しなきゃならないの。あれってあまりよくないわね。
フィリップ・シーモア・ホフマン：批評家。
ネイサン・レイン：ブース詰めの集金係。そのまえを通過するとき、考えないか？　こんな小さなブースで終わるなんて、どんな人生歩んできたんだろう？　って。
ポール・ニューマン：ホテルの玄関なんかで客を迎え入れる係。

メリル・ストリープ：神に感謝しているわ、毎日毎日コンピュータをまえに一日中坐っていなくてすんでありがたいと。
クリストファー・ウォーケン：ほとんどどれも。

最後に、もし天国が存在するとして、天国の入り口に着いたとき、神様に何と言ってほしいですか？

ジョージ・カーリン：さあて。何か愉しいことやろうじゃないか。
ビリー・クリスタル：オスカーにおまえがやったことは、あれどうやってやったのか？
クリント・イーストウッド：おまえの来るのを七十二人の生娘が待ってるよ。
レイ・ロマーノ：ガレージでのおまえの所業をちゃんと見てるが、歓迎してやるよ。
ハリソン・フォード：おまえは実物の方がずっと男前だ。
マイケル・J・フォックス：おまえの親父が後ろにいて、ビール片手にテレビを見てる。ホッケーの試合見てるんだ。
ジェイミー・フォックス：金曜には魚のフライ。土曜はソフトボール。日曜は教会だが、牧師は献金をねだらないよ。
ジェイムス・ガンドルフィーニ：しばらく私と替わってくれ。すぐに戻る。
ヒュー・グラント：素晴しい、ダーリン。
トム・ハンクス：来たとこに戻れ！
ダスティン・ホフマン：おかしいな、おまえ、ユダヤ人には見えないが。
アンソニー・ホプキンス：下で何やってたんだ？
エルトン・ジョン：お入り、大姐御！
ヒュー・ローリー：悪気はなかったんだ。

ジェニファー・ロペス：安心おし、ここにパパラッチはいないから。
イアン・マッケラン：ここではレインコートは要らない。おまえに会いたがっている天使も二人いるよ。
ポール・ニューマン：もう一つの場所、気に入らなかったのか？
メグ・ライアン：ドジだな、おまえとずっと一緒にいたじゃないか。
スーザン・サランドン：彼女に言ってほしいわ、さあ、パーティしようって。
シシー・スペイセク：スペイセクさん、あなたにライフワークになる役がある。
ジョン・トラボルタ：さあて、オリビア・ニュートンジョンとの共演はどうだった？
ロビン・ウィリアムズ：コンサートは五時に開始だ。モーツァルトとプレスリーだぞ。または、笑い声があると知るために神に語ってもらおう、「ユダヤ人が二人、バーに入ってきた……」
マット・デイモン：おまえが見、聞き、知った現実の苦しみのすべてに意味がある。裏に回りなさい、私がすべて話してあげよう。

十三年間「最後に、もし天国が存在するとして、天国の入り口に着いたとき、神様に何と言ってほしいですか？」の質問は「最後に」で始まるが、この言葉でゲスト、学生、視聴者、私のみんながその夜のゲストとの時間が間もなくお開きであることを知る。その瞬間にはある種の惜別の思いが湧くと確信しているが、それはもう二度とこの瞬間が来ないと分かっているからである。教室ゼミの際に、横から学生たちの顔を見ていてよく思う――いちばん内輪の人たち以外には近づけない、世界中の憧れであるアーティストたちと過ごした四、五時間は彼らにとって永久に忘れられない人生の一部となるだろう。必要なときには助言ともなるだろう。そうでなくても、〝ああ、そうだった、あのハンクスとの夕べは……〟と愉しい思い出となるだろう。
だから、ロバート・デ・ニーロのピボー・アンケートへの独創的な答えは、この旅の終わりの始まりを知らせてくれている。それに、私が円形の構成が好きであることを明かしてきたので、本書の終わりに当たって、ぐるり回ってディケンズの『デイヴィッド・コパーフィールド』の最初の言葉に戻るのも意外とは言えまい。本書の旅の出発点に、デイヴィッド・コパーフィールドの誓約の言葉があり、その言葉によってここまでの舞台を設定してきたのだが、私はその言葉に忠実であったと思いたい――「ぼくが人生のヒーローになれるか、それともその位置をだれかほかの人間にとって代わられるか、この本を読んでもらえばわかるはずである」いま一度、一八五〇年刊の『デイヴィッド・コパーフィールド』の序に戻ると、ディケンズはこう書いている。「読者諸君には関心がないかもしれないが、作家にとって、二年間の想像的な仕事が終わりペンを置くのがどんなに悲しいか。自分の一部を影の世界におき去りにし、自分の脳の創造物の一群が自分から永久に去ってしまうことがどんなに辛いか……」

本書の住人たちは、ミコーバーでもペゴティーでもないが、私もこれを書くのに二年かかった。ディケンズが〝自分の脳の創造物〟と暮らしてきたように、私も彼らと出来るだけ密接に、誠実に接して暮らしてきた。本書の主題はもともと私とは無関係に存在し、いま現在も存在している――端的明快に結論づけるなら、私の人生のヒーローたちである。

ゲストで一人だけ抜けている人がいる。よく人に訊かれるのが、「まだ招いていない人でいちばん招きたいゲストは？」である。私は答える――「アクターズ・スタジオ・ドラマ・スクールの卒業生が大きな実績を積み、舞台袖から出てきて私の隣の椅子に坐ってくれる時こそ、『アクターズ・スタジオ・インタビュー』史上最も輝かしい瞬間となるだろう」と。

第十八章

「この脳中に書き記しておこう、微笑して、
微笑をたたえながら、しかも悪党たりうると」

——『ハムレット』第一幕第五場

本書の執筆にとりかかったとき、現代生活と文学の基本的構成要素であろう緊張と葛藤に欠けるかもしれないという懸念があった。二年間という短い期間の間に、この問題は本書のヒーローたちではないある一人の人物によって解決してしまった。

二〇〇三年の秋、私は在職十年の終わりに近づいていた。アクターズ・スタジオ・ドラマ・スクールを立ち上げるという約束を果たし、当初一年のつもりだったものをなんと十倍もの歳月を送ってきていたので、いよいよ辞める時期だと思っていた。

当初より十倍も長く居座ってしまったのは、簡単にいうなら、この学校と学生たちに惚れ込んでしまったからである。大学の学部長としては異例ながら、私が統括していたのは二つの機関を結ぶ学校であった。つまり、〈ニュー・スクール・フォー・ソーシャル・リサーチ〉とアクターズ・スタジオで、前者の学部長であり、後者の副校長だった。だから、例年のことながら、大学に対する年間予算の提出に関しては、「どっち側に立ってますか？　大学ですか？　スタジオですか？」と詰め寄られるのだが、

私はいつでも「どちらでもない。学生側に立っている」と答えてきた。教育機関の場における十年で私が学んだいちばん重要なことは、仕事のどんな瞬間においても、学生たちこそが私の支持者であるということだった。

何十年かまえ、私は小さなアンティークの額入り石版を買ったが、それにふさわしい場所を自分の書斎の、デスクと向き合った壁に見つけた。折にふれてそれに目をやり、まったくの白紙状態だったそれを見ながら、何と書いたものかと考えた。そして、ある日、良心に照らせばけっして受けてはいけない誘惑的な申し出に「ノー」と答えた直後、私は不意に立ち上がり、石版に近づいて書いた。「この魂は売り物ではない」最初、魂のソウルと売り物のセイルという子音の韻を踏んだことで、なかなか巧い一文だと思ったが、すぐに気がついた――この一文をかつて《デトロイト・タイムズ》の編集室で学んだ教訓として黒板に書いたことがあったのだ、と。こんなことを書くと、私がさも実物以上に徳の高い人間のようだが、実際にそれは、これからのページで書こうとしているような岐路も含め、人生の多くの岐路で大変有効な指針となったのである。

最初の年に修士課程が大学の第七番目の分科になった際、私はどの学部長にも求められる標準的な五年在任のプログラムを受け入れた。最初の契約期間の終わりで、大学側は再度私に五年契約を申し入れてきた。両者にとって継続を慎重に考えることは重要だという原則に立ち、私は三年の契約を主張した。その八年目の終わりは、学校は私が着任当初から働きかけていた新しい場所への移転の最中であったため、もう一年延期することに同意した。そしてその時期が来たとき、最後のもう一年契約を受け入れた。そうすれば、スタジオを基に学校を創設した十年契約の、大学とスタジオ間の更新交渉を私が監視出来るからであった。

最後の年の間、後継者選びをさかんに催促したのは、新学部長の在任時期と私のそれが重なれば、私の助言が必要とされる場合に応じられると思ったからだ。三月一日、後継者がポストに着き、二〇〇四年五月四日、学期最後の役員会に続く晩餐会は、尋常でない、結果的には予言的な出来事のせいで特筆すべき会となった。大学の七学部長のうち四学部長、つまり古参教授陣の六割が同時に退職し、一日にしていなくなってしまったのである。しかも五番目の学部長も数カ月のうちに離職するとかで、五月四日に退職したディーン・バヌーの後継者はその三カ月後に離職するはずなのだった。

何かが進行中で、それもどんどん悪い方向に向かっていた。一九九九年は激しい変化の起きた年だった。〈ニュー・スクール・フォー・ソーシャル・リサーチ〉の学長として十七年間勤めたジョナサン・ファントンが大学を去ってマッカーサー財団の理事長に就任した。この財団は数ある特徴のなかでも〝天才奨学金〟で有名な財団だ。そして二〇〇一年一月に、前ネブラスカ州知事で上院議員のボブ・ケリーが彼の後継者となった。

ファントンは『アクターズ・スタジオ・インタビュー』が大学各部の入学者を増やしたことを認めていた。ケリーも八千四百万のアメリカ家庭と百二十五カ国に流れるテレビ・シリーズの強みを認めていた。〈ニュー・スクール・フォー・ソーシャル・リサーチ〉という名は、名前がその後〈ニュー・スクール大学〉と変わった後もオープニングショットに出ていたし、エンディングのクレジットにも大学のウェブサイトは出ていたので、どんな大学も及ばない露出度を誇っていたからである。

ボブ・ケリーの就任と私の退職との間の三年間に、私たちは学内、学外で一見親密な友情を育んでいった。この点では、私は学部長仲間ではユニークであったといえよう。ボブは、強い印象を与える政治能力とかなりのカリスマ性を具えた男だが、議会仲間では評価がまちまちであるのが有名で、そのためかあだ名は〝コズミック・ボブ〟（宇宙的ボブ）であった。学校でもすぐにまちまちな印象を与え、とりわけ、週ごとの学部長昼食会では彼に対する反感がどんどん強くなっていった。

二〇〇二年三月十一日、ボブ就任後一年で、彼と周囲の学者陣との緊張関係が《クロニクル・オブ・

ハイヤー・エデュケーション》に漏れた。その記事で、ボブが最初に引っ張ってきた教授の一人、政治・社会学の学部長ケネス・プリュウィットの辞職が伝えられていた。就任わずか一年以内の辞職は、ケリーの説明によると〝研究に専念したいから〟が理由となっていた。

〝大学院の学生たちは〟と記事は続けていた。〝プリュウィット教授が辞めるのは、大学院教授陣を大学経営者側が欺いたことへの抗議行動だと信じている〟。

《アメリカン・プロスペクト・オンライン》は見出しを〝ケリーの泥沼〟として、副見出しを〝前上院議員でニュー・スクールの新学長、伝説的な学校を無差別砲撃地帯に変える〟とした。記者のスコット・ストッセルは〝三月十五日金曜の午後、春休み前日、ニュー・スクール大学の学長ボブ・ケリーは例のスターもどきの一席をぶつべくティッシュマン講堂の舞台に立った〟と書き、激しくなる一方の騒動に触れた後でこう書いた。〝学生たちがケネス・プリュウィットの辞職理由をしつこく尋ねるのに対して、ケリーはついにこう言った。「じゃ、プリュウィットに直に訊いたらいいだろう。さあ答えて、ケン？」〟

この記事によると、プリュウィットは二度もケリーに「本当に答えていいんだね？」と念を押したそうである。

〝ケリーは「どうぞ」と言い〟とあり、記事はプリュウィットの言い分を載せているが、辞める理由は大学本部が学術的価値と金銭価値の優先順位を逆転させている、知的価値を市場価値に譲ってしまっているということだった。その具体例を尋ねる学生がいた。彼が苦しげに言ったところでは、学長は各部で授業料の払える学生数を増やすべく、学部長が呼び込んだ学生の数に比例してボーナスを増やすという言語道断の申し出をした。これは各学生に現金価値を付加することに等しく、プリュウィットの考え方からすれば各学部は学習よりも利潤追求を優先することなのだった。ケリーは舞台を横切ってマイクを奪うと、「プライベート・ボーナスがだれのアイデアか分かってるな？」と訊いた。「私だよ」とケリー。一同からあっと息を呑む音が上がった。大学の学長が学生の頭に$のサインが見えることを事実上、認めたのだった。そのうえで、ケリーはさらに言った。「いまはそれがまずいアイデアだったと認める。しかし、それが私のとんでもないアイデアの最初ではないよ。しかも、最後でもないからね」

ケリーは自分の言葉に忠実だった。最初の五年間で、彼は十二人以上の学部長と一人を除く古参役員全員を替え、事務長を三人入れ替えた。ニュー・スクール大学は目の回るような回転ドア状態となり、私の学部長としての最後の年には、十年前プロの学究者としては新参者でいぜん学習途上にあった身ながらニュー・スクール大学では誰よりも古参の学者兼管理職員となっていた。そのため、ときどき、自分をメンバーとして認めてくれるクラブに入りたいかどうかわからなくなったグルーチョ・マルクスの気分を味わった。

二〇〇四年五月四日、理事会晩餐会の席で、退職する学部長それぞれが敬意を表明されて記念品を贈られた。私の場合には、それに加えてある名誉が与えられたが、当時も今もとてもありがたいと思っている。私の番になったとき、ボブは理事会で大学最高の名誉である創立者勲章を私に授与することが投票で決まったと発表した。

そのときの文言を、けっして私の虚栄心からでなく、とはいえ『アクターズ・スタジオ・インタビュー』のゲストたち同様正直に言うならなおざりに出来ないのでここに付記して、後続のページへの舞台を設定したい。

学長のボブ・ケリーと理事会委員長のフィリップ・ロスの署名がある声明文の文言は以下のとおりである。

ジェイムズ・リプトンのニュー・スクール大学に対する貢献の重要さはどんなに誇張しても誇張しすぎることはない。まず演劇のＭＦＡプログラムを創始した学部長として、つぎに大学の第七学部創設につづくアクターズ・スタジオ・ドラマ・スクールの初代学部長として、そして一九九四年から現在にいたるまで、ブラボー・チャンネルの『アクターズ・スタジオ・インタビュー』の技芸セミナーの創始者、プロデューサー、ライター、調査員、司会者としての氏の貢献により本学の学生たちに訓練の場が提供され、本学は合衆国および世界の何百万の家庭に紹介された。

ジムの発想と実績は本大学の教育展望を変貌させた。舞台映画芸術へのニュー・スクールの歴史的造詣を体現して、彼は今日わが国でも例を見ない、一流にして最大のドラマ大学院を創立させるのに指導的な役割をになった。ポール・ニューマン、エレン・バースティン、アーサー・ペンらを含むアクターズ・スタジオのメンバーと協力して、彼はアクターズ・スタジオとニュー・スクールとのユニークな協力体制というヴィションを実行に移して新進の俳優、演出家、劇作家たちに最高水準の訓練を施してきた。新しい教育的実験がしばしば挫折する環境のなかにあって、ジムは学部長としてめざましい成功を成し遂げてきた。わずか十年の間に、彼は革新的な三年制プロフェッショナルＭＦＡ課程を作り、このプログラムを推し進めて一九九四年には五十九名だった学生数を一九九六年には二百名以上にまで増やし、以降入学者数を維持しながら質の向上に努め、エレン・バースティン、リー・グラント、ロミュラス・リニー、ロイド・リチャーズ等錚々たる顔ぶれを永年勤続の教授陣に有し、さらにはウェストベス・アーティストの地域社会内でのプログラムの場を確実なものとした。

この声明文の一節は、『アクターズ・スタジオ・インタビュー』の歴史についてもふれ、その記録は左のようにしめくくられている。

教師、俳優、演出家、舞台・テレビ・映画プロデューサー、劇作家、振付師、作詞家、映画脚本家、フィクション・ノンフィクション作家、騎手、パイロット、フランス共和国の芸術文化勲章の受勲者と、ジムの業績は桁はずれである。ニュー・スクールの初代学長アルヴィン・ジョンソンの由緒ある伝統を彷彿とさせるジムの開拓者魂に対し、学校の優越度と成功に深く傾倒した刺激的な指導者であったことに対し、学生たちを心から愛した献身的教育者であったことに対し、合衆国と海外諸国の芸術の発展に寄与したことに対し、アクターズ・ドラマ・スクールの名誉学部長として今後も大学に奉仕することに同意してくれたことに対し、理事会と本学関係者一同は永久に謝意を表明するものである。

厚かましくこの文言を載せたのは、本書を読んできた方なら、これが私の功績ではなく、〝われわれ〟つまり教授陣、大学本部、アクターズ・スタジオ・ドラマ・スクールの学生たちみんなで成し遂げたことへのニュー・スクールの表敬であるからだ。

しかも私がこれを挿入したのは、この文言――当時そのままに受け取り、いまでもわれわれが頭、心、筋肉、汗のすべてを動員してニュー・スクールのために作り上げたものに対する大学側の真摯な表現だと確信しているが、これに署名したボブ・ケリーは数週間後にわれわれの労力の成果を着々と解体し始めたからである。

理事会晩餐会後にあった皮肉な出来事の一つが、その翌日に受け取ったジョナサン・ファントンからの手紙である。一部を披露すると、

「今週貴殿のための晩餐会に出席できないことを非常に心苦しく思っております。私は貴殿のいまだかつてない大学への素晴らしき創造的業績に対してお祝いを述べたいのです。ニュー・スクールとアクターズ・スタジオとのパートナーシップを、学長在任十七年の期間中もっとも重要な二つ、もしくは三つの進歩発展の一つだと考えています。私の役割に対して貴殿は身に余る賛辞を寄せて下さったが、貴殿

こそが天才の名に相応しい人物であり、ビジョン、外交手腕、堅忍不抜、けっしてくじけない献身と質の高さとスタミナをもってこれを可能にしたのです。志の高さ、品格、公平、親切が本学を支えあう一コミュニティと成したことは、学生たちの部屋に入っていけば実感できます。その成果は貴殿の人となりの賜物であり、今後に長く残るものでしょう」

今一度、これが誰の実績かわきまえているので（けっして格好つけの謙遜で言っているのではない。アクターズ・スタジオ・ドラマ・スクールの煉瓦はその一つ一つにさまざまな指紋がついているのだ）、私はジョナサンの手紙を共同で成し遂げた成果への賛辞と解釈した。十年間、アクターズ・スタジオ・ドラマ・スクールは大学のなかでももっとも安定した学科であり、毎年の目標である八十人定員を達成しつつ、大学中でもいちばん低い、つまりいちばん好ましい選択率をとり、脱落率を六パーセント以下に保って各年度の予算を一パーセント以内の調整におさめ、各年度の企画による純利益の余剰金を確実に分配し、ドラマ・スクールとニュー・スクールの主張をアメリカと『アクターズ・スタジオ・インタビュー』の世界へと送り届けてきた。

だが、ジョナサンのニュー・スクール大学のアクターズ・スタジオ・ドラマ・スクールは「今後に残るものでしょう」との予言は間違っていた。学界からも外の世界からも、何度となく「いったいどうしてこういうことが起きたのか？」と訊かれた。その質問に答えられる人は、たぶん、ボブ・ケリーをおいてはいないだろう。そして彼がどう答えようと、その答えはケン・プリュウィット辞職の際の彼の答え〝研究に専念するため〟以上に信じられるものではないと分かっている。だが、いまここでかいつまんで、いくぶん偏見もあるだろうことを承知のうえで、いくつかの出来事を記し、（決定論者的スタンスをもって始めたのだから終わりもそうしようと思うが）ボブとその腹心たちがどうアクターズ・スタジオ・ドラマ・スクールを解体したかを追ってみる。

私の後任となった学部長の候補者は私が好感を持っていた人物だった。とはいえ、学界での慣習は後継者を名指ししてはいけないことになっていたため、距離をおいてその選択を見守っていた。私のすぐ後の後任者はスタジオのメンバーであり、本学でも長い間勤めていた人物だったが、着任後に学部長の管理面での仕事の多さに音をあげて三カ月で辞めてしまった。それはボブ・ケリーの責任ではないが、これでボブと彼に指名された事務長アージャン・アパデュライが新たな道をつけることになった。アパドュライはアクターズ・スタジオ・ドラマ・スクールとは関係が薄く、その歴史、理念、履修科目や教授陣に対してなじみがなかったために、すぐに〝スペシャル・アドバイザー〟なる人材を従えて現われた。この人物はスタジオのメンバーではないが、ボブの任命時の正式発表によれば、〝本学の新学部長を捜すまでの期間、最高の管理事務的効率と学問の厳正を保証する〟はずなのだった。

ボブの発表につづいてすぐに、さらに明確でやや不吉な覚書が事務長から学校に届いた。〝これはアクターズ・スタジオ・ドラマ・スクール委員団と私の事務室との間にある命令系統の当然ながらの混乱を払拭しようとするものです。ドラマチック・アーツの事務長補佐であるスペシャル・アドバイザーは、新学部長が任命されるまでスクールに関するあらゆる決定権を持つ（原文どおり）ものとする。この権限には人事、予算、履修科目、それらに関係する予算、会計上の問題も含まれる。

覚書は、学校に〝この報告、意思疎通を尊重していただきたい。そうすることで彼女を受け入れない、その判断を信用しない（原文どおり）というような無用な印象を与えることはないでしょう。この重要な過渡期にあたり、彼女はボブ・ケリーと私の一〇〇パーセントの信頼を得ており、私は彼女のアクターズ・スタジオ・ドラマ・スクールに対する役割を熱く応援するものであります〟。

ただの偶然か、意図的なものか、ここで事務長はくだんの二つの機関でかわされた最初の契約に対する無知をさらけ出してしまった。契約では、ニュー・スクールの主張により、ＭＦＡプログラムのディレクターはスタジオのメンバーでなければならないとされていた。この条件の目的はむろん、ニュー・スクールが求めるものを保証すること、つまり、アクターズ・スタジオによってＭＦＡドラマ・プログラムが作られ運営されることであった。

〝一〇〇パーセントの〟学長と事務長の保証によって、スペシャル・アドバイザーは役回りに期待された熱心さをもって几帳面にアクターズ・スタジオ・ドラマ・スクールの職員たちを入れ替えはじめた。同時にこの学校機関の記憶細胞をも。

たった一つの例外をのぞいて、本学の劇作科はスペシャル・アドバイザーによって解雇され、あるいは抗議して辞職した。アドバイザーへ宛てた辞職の手紙のなかで、ピューリツァー賞作家のリー・ブレッシングはこう書いた——〝最近のアクターズ・スタジオ・ドラマ・スクールの本部による決定は合理性（いや良識）を最優先にしたものとは思えません。同スクールの権威筋により伝えられることはもはや何一つ信用できません。だから戻る気もありません。いつの日かまたよき時代に会いましょう〟。

この学校の歴史始まって以来初めて、学部教授陣は崩れて戦闘キャンプになってしまった。大学内でもいちばん安定していた学部、教授室、運営本部、学生自治体が没価値状況に陥ってしまった。私の在任期間後に導入された教師たちの一団、つまり理事会決議に尊敬をもって挙げられているような経験を知らず、触れてもいない教師たちだけがスペシャル・アドバイザーに恩義を感じて忠実だった。第二のグループは最初の十年間にプログラムの作成や建設に参加していた。新しいグループの教師たちはアドバイザーのあからさまなヒイキに大胆になり、なかでも昇進や利益の享受を嗅ぎ取った何人かは創始メンバーである教師たちに対して攻撃を始めた。

二〇〇五年二月九日、アクターズ・スタジオ・ドラマ・スクールの百十二名の学生たちは大学に対して請願書を提出した。請願文にはこうあった。〝アクターズ・スタジオのメンバーではない事務長付きのスペシャル・アドバイザーはプログラムの創始者たちに相談せず、その支持を得ることなく変更してしまいました。これらの変更により、われわれ学生はアクターズ・スタジオの基本理念とトレーニングの重要な攻略法を失ってしまったのですが、この二つこそがわれわれみんなが当学校に入学した理由であったのです。アクターズ・スタジオ・ドラマ・スクールへの出席を選んだのも、それが卒業後のアクターズ・スタジオとの確たる関係を提供してくれるからです。この恩恵がいまや喪失の危機にさらされています。

この請願は大学本部に、われわれが手をこまねいてスタジオもしくはわれわれの関与、同意なしに変更するのを傍観してはいないということを認識してもらうためです。さらに、われわれはニュー・スクール・オブ・ドラマに来たのではなく、アクターズ・スタジオ・ドラマ・スクールに、同学校が誇るその真髄を信じるがゆえに来ているのだと分かってもらうためでもあります〟。

これに対してボブは学生たちと何回か会合を持った。学生側の主張により、この会合は、学生対大学の共同訴訟に使う目的でおおっぴらにテープ録音された。会合の一つで、学生はボブに尋ねた。「われわれみんながアクターズ・スタジオ・ドラマ・スクールを卒業するというのは保証されないんですね？」

「いやあ、まあ……きみたちはとても微妙な問題を持ち出したねえ」とボブは答え、「私たちが、実はあんまり考えてみなかったことなんだなあ。ここがアクターズ・スタジオ・ドラマ・スクールだと言ってしまったのは間違いだったんだ。そうじゃない。ここはニュー・スクール大学のドラマ・スクールなんだよ」

部屋中が怒りの声で騒然となった。それを抑えてボブが言った。「きみたちは好きなだけぼくと議論を交わしていいが、質問されたから、正直に答えたまでだ。私にウソをついて欲しいのなら、ウソをつくよ」

一人の学生が応じて「それじゃぼくたちのなくなった単位に出したお金はどうなるんですか？　今年は俳優少なくするんでしょう？　第一学年の学生から盗んだワークショップのためのリベートはどうなるんですか？　ぼくはあえて盗んだといいました。だってここは高いんです。十万ドル出してるんですよ。でも、いま現在この学校は十万ドルの学校とはいえません。エール・ドラマ・スクールがもし〈ニュー・ヘブン・ドラマ・スクール〉って名前になったら、今までと同じように志願者があると思いますか？　ありませんよ。だから、名前は大事なんです」

その後何日にもわたって、学生たちは怒り、憤り、スペシャル・アドバイザーの拠点である学内のウエストベスビルの前でデモ行動に入り、マスコミの注目するところとなったため、ついにボブ・ケリーが次の手を打った。二〇〇五年三月二日、全学に覚書を出し、〝スペシャル・アドバイザーから今後は事務局における職務だけに専念したい旨の要請があったので、事実上、彼女の本学における在任は終わるものとする〟。

しかし、アクターズ・スタジオ・ドラマ・スクールは相変わらず絶え間ない騒乱の渦のなかにあって、学生たちはケリーと会合を持ち、いぜんとして大学は志願者にアクターズ・スタジオ・ドラマ・スクールとして宣伝しているのかと詰め寄った。

その後間もなく、スタジオ側と交渉の席で、ボブはスタジオの代表者に対して、秋の応募学生に〝前向き〟な合格通知を出すことを許してほしいと申し出た。合格者には他のことに加えて、卒業時に〝スタジオ・オブザーバー〟と〝ワーキング・ファイナリスト〟のステータスを保証し約束するというもので、これはスタジオが持ち込んだ二つの目玉であったが、交渉が決裂すればこの二つもなくなってしまうのだった。

スタジオの代表者は契約が締結されたら、前向きな合格通知は出してよいと答えた。それまでは、欺瞞と看做されそうな事柄に連座する気はないと主張した。

ボブはスタジオの態度が彼への信頼をまったく欠いていると猛反駁した。これこそが新しいニュー・スクールという環境のなかで彼がいちばん声高に、学部長に、スタジオに、学生に、潜在的侵入者に対して口にしてきたテーマだった。スタジオは、その方針はケリー個人とはなんら関係なく、すべて新入生の学生たちの福利のためにあるものとし、両者が合意に至らないなら、本件は棚上げにしたいという希望を表明した。

実際には、この時点で両者の間には主だった学業面、財政面での争点がなかった。スペシャル・アドバイザー騒ぎと学生デモの流れを受けて、大学の調停人は元々の契約の目的と構成に戻っており、両方の弁護士たちとも最終の契約に署名するよう指令が出されるまでになっていた。双方とも、肝心なのはMFAプログラムであってニュー・スクールの一分科ではないと納得した上で、ボブはスタジオメンバーの二人の人物と面談して指導者代表になることを打診、新たな学部長探しを回避した。

ボブはつぎの週末までに感銘を受けた二人の候補者のうちの一人に決定すると発表した。その週の土曜に、《ニューヨーク・タイムズ》に〝ボブ・ケリー、ニューヨーク市長選出馬を考慮中〟という記事が出た。記事のなかで、ケリーは記者たちに語った。〝私を知ってるだろ。このくらいのいかれた真似はやるよ〟。ブルームバーグ支持の民主党の議事長職を受けていることを記者団に指摘されると、〝まさにそのとおり〟と昨夜言った、と《ニューヨーク・タイムズ》の記者は書いている。しかし、受けた直後に気が変わったとあり、ブルームバーグに市長選に出る気でいることや、委員会の頭になる気もないことを伝えてなかったのだが、〝もう今ではわかっているだろう〟と言った。

《ニューヨーク・タイムズ》の記事は結果的に前兆となるものをはらんでいた。〝ケリー氏、六十一歳、はニュー・スクールに二〇一一年まで在職を延期するという契約書に署名したばかりだが、必要とあれば破棄も出来る、と語った〟。

月曜日、ボブがプログラム責任者を選ぶと約束した日、スタジオ側弁護士はいくらニュー・スクール側弁護士に電話をかけても通じない、調停人のボブへの電話にも応答がないと知らせてきた。火曜朝、ボブはスタジオ側の調停チームであったエレン・バースティンとボブ・ワンケルに電話をかけてきて、彼はもう共同経営者は必要ない、自分自身の学校を創ると言った。

彼の〈ニュー・スクール・ユニヴァーシティ・コミュニティ〉への声明はこうあった。〝ご存知のとおり、当大学はここしばらくドラマ・プログラムに関してアクターズ・スタジオと交渉を重ねてきた。昨日、ドラマの修士課程の一環としてアクターズ・スタジオとの契約関係を続けていかない決定をした。当大学はドラマのMFAを〈ニュー・スクール・フォー・ドラマ〉として運営していく〟。

彼のアクターズ・スタジオ・ドラマ・スクール学生への声明は〝きみたちの教授陣はこの移行によって替わらない〟し、〝きみたちのカリキュラムもこの移行の結果変わることはない〟と約束していた。だが、両方とも深刻に変わった。

アクターズ・スタジオ・ドラマ・スクール教授陣の魂ともいえる人材が辞職してしまった。二〇〇五年秋に別の機関でスタジオ再出発となるのを、その後、細々と続いた交渉が事実上妨害してしまった。辞めた教師たちは手痛い経済的代償を支払った。年功序列と安定を主義のため失業の身に明け渡してしまったのだ。アンドレアス・マノリカキスの辞職の言葉が彼らの気持ちを代弁している。「私は一九八七年からアクターズ・スタジオのメンバーでした。私自身はこの学校の生え抜きです」そしてこう結んでいる。「良心に照らしても、アクターズ・スクール・ドラマ・スクールの破壊に加担したような人々とは一緒に仕事していくことができません。どんなに金を積まれても、地位を差し出されても、自分自身の故郷を裏切る真似は出来ません」。

スタジオに対して百八十度転換したことで、彼はお得意の分野に戻ってきた。四月二十一日、《ニューヨーク・ポスト》の見出しは〝ケリー、ニュー・スクールを引っ掻き回す〟とあり、〝ボブ・ケリーは選挙戦に出もせぬうちから退陣して市長候補になれずに挫折。現在学長を務めているニュー・スクール大学での同僚たちは彼のお天気屋ぶりに愛想が尽きているらしい。「やつは手に負えない」と大学理事会のあるメンバーは本紙に語った。二〇一一年までの契約更新をした後、民主党全国委員会の委員長候補に名乗りをあげ、ブルームバーグの民主党の参謀になりかかり、そしてニューヨーク市長に名乗りをあげる。そして、今、ニュー・スクールに留まることにしたというが、それもいつまでか？〟

さらに〝ケリーは尊敬されていた学部長のアンルイス・シャピロと理事のアン・アーレン・クランツを「封殺」し、ブラボーの長寿番組『アクターズ・スタジオ・インタビュー』のスターであるジェイムズ・リプトンとの提携を終わらせた〟と書き《ニューヨーク・ポスト》はニュー・スクール内の情報を引いている。〝「ケリーは自身の信用度がガタ落ちのときに、戦略上最大の手、アクターズ・スタジオのプラグを抜いた」と内部の関係者は憤っている〟。

翌日の《ニューヨーク・ポスト》はさらに追い討ちをかけ〝一流校アクターズ・スタジオの学生たちは昨日ニュー・スクールの学長ボブ・ケリーにアクティング・スクールと大学との関係についての回答を求めた。「ヘイ、ヘイ、BK、今日は何校殺したかい？」と囃したて、「さっさと市長選に出ていけ」と書いたプラカードを持ったおよそ五十名の学生たちは学校の前で抗議活動をし、このヴェトナム戦復員軍人で市長候補者もどきの率直な回答を要求した。「彼はたびたびスタンスを変えるんだ、先週市長選に出るって言ったみたいに。明確な答えが得られないです」と言うのは、ドラマ・スクール一年生のアダム・キー、二十二歳だ。「彼のやり方を見てると本当に胸がわるくなる」〟。

〝問題になっているのは、ドラマの大学院課程をいかに運営していくかである〟と記事は伝えている。〝ケリーが昨年由緒あるドラマスクールとの契約上の繋がりを切ってしまったからである。学生たちは、自分たちの学位にどっちの機関の名前がつくのかわからない、あるいはニュー・スクールでコースを取ってもそれが単位の総合に加算されるのかどうか分からないという。この振り分け方がオトリ商法の詐欺のような気がするとまでいう学生も何人かいた。だが、ニュー・スクール側は、プログラムは今までどおりに行なわれる、ただし名前が違うだけだ、と言った――〈ザ・ニュー・スクール・フォー・ドラマ〉である〟と。

二〇〇五年の最後の日、十二番街での十一年間の後、私は事務所の荷物を全部荷造りしてニュー・スクールを去った。同じく、アクターズ・スタジオ・ドラマ・スクールも去った。

その日、ニュー・スクールは何を失ったのだろう？　ボブ・ケリーはそうではないと言い張るが、まず第一にわれわれのカリキュラムだ。そして、アクターズ・スタジオ百年の集団としての経験を持つ教授陣、スタジオの歴史、その名声と知識。そして、アクターズ・スタジオの手取り足取りのユニークなトレーニング。これは新体制になって最初に被害にあった。俳優、作家、演出家たちの手取り足取りのユニークなトレーニング。これは新体制になって最初に被害にあった。フルに仕込んだレパートリー・シーズンは卒業生俳優たちを五つから六つの役柄に扮させてプロの世界と一般世間に披露するものだったし、作家や演出家たちの作品をできるだけ多くの機会――週五日を十二週から十五週にわたって発表した。そして、三年間にわたって毎週スタジオのセッションを見学する権利、在学中最多四十回『アクターズ・スタジオ・インタビュー』を見る権利を与えてきた。そして、彼らの卒業証書にアクターズ・スタジオの名前と、公認の保証。卒業生全員にさらに一年、ポスト大学院トレーニングを受けられる権利。そしてアクターズ・スタジオのメンバーとなる機会。つまり、卒業生が望む程度に応じて生涯技芸のトレーニングを続けられる機会であった。これらみんなが、無理解なうぬぼれ屋の祭壇の上で生贄となってしまった。

むろん、私がスタジオの貢献を過大評価しているということもあるだろう。しかし、しきりに思うのである――いったいどれほど壮大で優越した主義のもとにボブ・ケリーとその一派はその貢献を投げ捨ててしまったのだろう？　スタジオ全体が知らなかったどんな演劇芸術をボブ・ケリーとアージュン・アパデュライが知っていたのだろうか？　〝本大学の変貌した教育的展望〟と〝わが国で最も特異かつ突出した最大のドラマ・スクール〟のどの部分を彼らは理解しそこなったのだろう？　そのどこを、否定することにしたのだろうか？

アパデュライ氏のわれわれに対する観念はすぐに無関係になった。というのは、事務長としての彼の任期がアクターズ・スタジオ・ドラマ・スクールの存続を上回りはしなかったからである。もう一つ、人事のゴタゴタがあり、ピューリッツァー賞受賞者で《ニューヨーク・タイムズ》と《ニューヨーカー》の建築評論家であるポール・ゴールドバーガーをニュー・スクール・パーソンズ・スクール・オブ・デザインの学部長に指名した二年後に解任したかと思うと、アージュン・アパデュライの辞職が二〇〇六年一月三十日に発表された。

こうした事柄をつづりながら、私は二〇〇四年さまざまなことが起きていた時点で目に見えていなかった大きな皮肉に驚嘆している。一九九六年三月、スタジオと私はいまとなっては計り知れない〝ノー〟の言葉をブラボー・ネットワークと『アクターズ・スタジオ・インタビュー』に突きつけてその場を後にした。視聴率調査グループがシリーズから学生、学校、ニュー・スクール大学を排除するようにという命令を蹴ってのことだった。だがいま、あれから八年後、学長のボブ・ケリーがニュー・スクールから『アクターズ・スタジオ・インタビュー』を追い出し、『アクターズ・スタジオ・インタビュー』からニュー・スクールを追い出すという視聴率調査グループの目論見を果たしているではないか。

ボブ・ケリーの〈ニュー・スクール・フォー・ドラマ〉はおっかなびっくり、そのビジョンの優越性の標榜と実績とを微妙に量りにかけつつ歩んでいる。実績の証左としてあらゆる刊行物に〈ニュー・スクール・フォー・ドラマ〉に通っていたことがないということだ。

〝同窓生〟なる人たちが〈ニュー・スクール・フォー・ドラマ〉の同窓生たち〟と銘打って有名人を長々と列挙しているが、問題は、その同学校は、この文を書いている段階で、アクターズ・スタジオ・ドラマ・スクールに入学したことがなく、かつ一九九四年から二〇〇四年までの間にニュー・スクールが勇猛に追い出した教師によって訓練された卒業生を一人でいいから卒業させなければならないことになるではないか。

ニュー・スクール・フォー・ドラマがアクターズ・スタジオとの違いを懸命に謳いあげようとし、同時に皮肉なことにその存続を主張するあまり、連中は傲慢にも前エール・ドラマ・スクール学部長ロイド・リチャーズ氏への献辞を出版しているが、氏は、私と大学が同じだったし、氏のエールでの優れた業績に惚れ込んだ私がニューヨークに来るよう誘い、アクターズ・スタジオ・ドラマ・スクールに来てもらった人である。ロイド氏は私たちとともにニュー・スクールを去り、以後、きわめて穏やかな人であるのにボブ・ケリーとその継承者たちを〝夢の殺し屋《ドリーム・キラー》〟と手厳しく非難している。

本書の初めの方で、私は〝ただ真実を言う〟ことは避けて通れない質問に答えていることにはならないと書いた。当然の質問だ。一体だれの真実か——そして何の目的のためのものか？ である。だから、私は速やかに認めよう。十年の夢を終わりにした数々の出来事の本書は、簡潔な寸言で私もうなずかざるを得ないリチャーズ学部長の偏見で色がついているかもしれないと。

それでも、私の体験は酸味や苦味で変質してはいないと言っておこう。それは二つの理由による、第一に、アクターズ・スタジオが十年間で成し遂げたことはけっして消せないからである。その実績はニュー・スクール創立者メダルのなかに生きており、何よりも、われわれの卒業生のなかに生きている。そして第二に、ニュー・スクールは、意図してはいなかったとしても、スタジオを素晴らしく愉しい結果に押しやってくれたことでスタジオに計り知れない貢献をしてくれたのだ。この結果はこの旅の終わりとなってくれるとともに、新しい旅の始まりともなってくれるだろう。

後書き……そして前書き

始まりが大好きなことを本書の初めのページで表わした私である。終わりのページも新しい門出の喜びでしめくくってもなんら不思議ではないだろう。

ボブ・ケリーが自ら新しいドラマ・スクールを作るという記事が新聞に出た翌朝、私の留守番電話は緊急の電話、それもほとんどが大学関係からの電話でパンク状態になった。

その後二週間の間に、アクターズ・スタジオ・ドラマ・スクールを射止めたい真剣な求愛者が六組現われた。スタジオの委員会が結成され、エレン・バースティン、ボブ・ワンケル、アンドレアス・マノリカキス、デボラ・ディクソンが音頭取りとなり、私も元役員として参加した。そこに相談役としてわが人生と本書のヒーローであるジョセフ・ポリーノも参加してくれた。彼はニュー・スクール・フォー・ソーシャル・リサーチの副学長であるが、一九九四年にドラマ・スクールを作ったスタジオとの交渉で大学側を代表し、一九九八年大学を去るまで私とニュー・スクールの世話をやいてくれた人だから、ニュー・スクールのために自分が尽力して作った組織が当のニュー・スクールによって取り壊されるのを呆然と見守っていた。

二〇〇五年の夏から秋にかけて、何回かの会合を通して候補校が二つに絞られ、やがて一つに決まった。ニューヨーク市の目印ともいえる教育機関、創立百年を祝おうとしていたペース大学であった。同大学はニュー・スクールの二倍の学生を擁し、規模もずっと大きく、ロースクールからビジネススクール、フットボールのチームまであった。キャンパスはニューヨーク市とウェスチェスター郡にあり、市街地のキャンパスはアクターズ・スタジオの同僚ロバート・デ・ニーロのいるトライベッカ映画研究所の隣だった。9・11以降のロワー・マンハッタンの文化的ルネッサンスのなか、大学と私たちにとっての中心地であったし、今は『アクターズ・スタジオ・インタビュー』を仕込んでいる、収容人員七百四十名の、最高技術水準の劇場もあった。ペース大学はわが学校とその学生たちにまばゆいような新しい展望をさしだしてくれたのだ。

さらに重要なことは、同大学の学長デヴィッド・カプート、および事務長ジョセフ・モリアーレは私たちが離れた大学とは対照的な学究環境に導いてくれた。二〇〇六年の春から夏にかけて、教務課の副事務長ジョフリー・ブラケットの指揮の下、教室は私たちの学校向けにデザインされて作りかえられた。そしてMFA課程の課長アンドレアス・マノリカキスの号令のもと、アクターズ・スタジオ・ドラマ・スクールの教授陣は再集結して二〇〇四年までの十二年間学生たちに約束し与えてきた教科を取り戻し、生き返らせて教えることになった。学校は〝演劇芸術のすべての面を「プロセス」として先導的で中心的方法論と共通の言語をもって扱う〟ものだった。

アクターズ・スタジオ・ドラマ・スクールは生きており、その創始者たちが意図したとおり、完全な形で、進化し続けていた。ニュー・スクールが失ったものすべてがペース大学にしっかりとおさまった。そして、意義深くも、学校の創始者が舵取りに戻っていた。しかも私たちの学生たち、教授陣、運営本部を安全かつ上手にこの記念すべき十年間で運んだ船は帆を満帆に広げて航路に乗っていた。その学校としての記憶も完璧で、未来は実力と活気に満ちたものになるだろう。

二〇〇六年九月五日、スタジオの所長職を代表してエレン・バースティンとハーヴェイ・カイテル、スタジオの理事会の数名、いまやわれらが履修課程のおかれたダイソン芸術科学大学の学長ナイラ・ハーマン、ペース大学の指導陣、MFA課程の課長アンドレアス・マノリカキス、そしてその教授陣、本部職員らが新入生の演技、劇作、演出の修士課程の候補生たちを迎えた。

まずエレン、ハーヴェイ、アンドレアスが挨拶をし、その後、アクターズ・スタジオ・ドラマ・スクール創立者の学部長として新入生に挨拶をするように求められた。演壇に近づいた私はうっかり、集まった学生たちの顔にじっと見入ってしまった――どの顔もまったく新しくてなじみがないのに、表情は見覚えのあるおなじみのものだった――長い間合いをおいて、やっとこれまで十年間話し、本書でも語ってきた話を始めたが、今回は今までとは相当に違いがあった。

「もっとずっと意義深い機会にもっとずっと偉い人の言った言葉を借りるなら、今日私たちがここで言うことを世界はほとんど問題にもしないでしょう。しかし、アクターズ・スタジオにとってこれは非常に意義深い日なのです。スタジオは永久に本日二〇〇六年九月五日午前十時十二分、アクターズ・スタジオ六十年の歴史のなかで第十三番目のアカデミッククラス、この素晴らしきペース大学という新居での第一期生を迎えたことを記すことでしょう」

今までそうしてきたように、私は新入生に持論を披露した。「創造芸術に生きる人生は職業ではなく天職です。召命なのです。だれもがその召命に応えるだけの力と勇気と情熱の火を持っているわけではありません。本日、こうしてみなさんを迎えているということは、その力、勇気、情熱の火をあなた方の中に見たからに他ならないのですが、これに加えてもう一つ大事なものがあります。自身を投じる献身です。これは振付師で演出家でもあるパトリシア・バーチの回想録に要約されています。彼女がマーサ・グラハムのダンス学校に十六歳の少女として通っていた当時、ある日、ついにこの偉大な校長である芸術家が現われ、スタジオにさっと入ってくると固い椅子に坐った。背筋をぴんと伸ばし、普段は巨像のように闊歩する床に、引き締まった両足をしっかりと置き、冷静な目で学生たちを見据えた。

クラスが終わり、学生たちは先生に拍手をした。その後の、恐ろしいほどの静寂。グラハム先生の錐のような視線が、口を開け、固まってしまった学生たちの顔、顔、顔をまるで目のくらむばかりのスポットライトのように次から次へと動いていった。いつまで続くかとおもうほどの沈黙のあと、先生の唇が動いた。『あなた方のうちの一人はダンサーになる運命です』。パトリシアの話では、そのとき、学生全員が目をつぶって無言で熱烈な祈りの言葉を唱えていたそうです。〝お願い――お願い――お願いだから、それがわたしでありますように!〟。本日、あなた方もその祈りを唱えたのです。そして、あなた方を選んだということで、私たち教師もそれに応える誓いを立てたのです」

私は挨拶を過去十回言ってきたようにしめくくった。「本日はあなた方にとって、そして私たちにとっての転機です。転機を表わす〝危機《ウエイジー》〟とい中国の言葉は実際には二つの字を組み合わせたもので、一つは機会を表わし、もう一つは危険を意味し、二つが分離不可能なものとして出来ています。〝機会はあるのか?〟心からあることを祈ります。危険はあるか? 賭けは? もちろんあります。漢字が教えてくれているとおり、一つはもう一つなしではありえません。シェークスピアが『ヘンリー四世』第一部で書いているとおり、〝イラクサ、危険の中から、この花、安全を手に入れよう〟なのです。

私たちはあなた方が自分たちを、自分たちの未来を、私たちに委ねたことを強く認識しています。そしてたぶん今日あなた方も私たちが自分たちと、私たちが尊重する学園の過去・未来をあなた方に委ねることも実感したでしょう。

有名なイギリスの詩人クリストファー・ローグがこの関係を簡潔にまとめてくれています。

縁までおいで
落ちるかもしれない
縁までおいで
高すぎる!

縁までおいで！
そして彼らは来た
彼は押した
そして彼らは飛んだ

「ペース大学アクターズ・スタジオ・ドラマ・スクールの学生諸君、縁までおいで――そして飛べ」

カチッ。

訳者あとがき

かくも長き言葉の旅路をリプトン氏と歩んでこられた読者にとって、これ以上の能書きは蛇足であろうと思うけれど、「あとがき」には未読の方々をいざなう販促効果もあるらしい。というわけで、紙幅を少々いただくのをお許しください。

本書は原題 ***Inside Inside***（ダットン社刊、二〇〇七年）の意味するとおり、米国ケーブルテレビの名物番組『アクターズ・スタジオ・インタビュー』の内幕物であると共に、番組の創始者／司会者ジェイムズ・リプトンの〝インサイド〟つまり著者自身の自伝である。

と、断っておいて、訳者はその明確な事実がすぐには納得出来なかったことを告白する。というのも、原書のカバーが彼と表題の英字二行のほかは、分厚い本を取り巻くスターたちの顔ぶれがあまりに派手で、著者の写真に目が行かず、内容を番組の裏話だろうと決めつけて当のカバーを作業の邪魔だと外してしまった。

さらに言えば、一九九四年開始のこの番組を数回しか見ていなかった。しかし、その限られた視聴体験からでも、番組の勝因がスーパースターの人間的魅力と地味な大学教育の場とをプロ向け演技研鑽クラブである名門「アクターズ・スタジオ」の栄光と同士の絆でつないで一般人向けに発信していることにあるのは十分に理解できた。

本書には大きく分けて四つのテーマがある。

その一つが番組の由来と今日にいたるまでの影響。どう発案され、どんな経緯をへて世界百二十五カ国で放送されるにいたったか。著者の発想と実現までの行動力は、疑いもなく彼を〝ヒーロー〟たらしめるものだし、継続のための努力やテレビ局との駆け引きの過程もスリリングで面白い。

二つめは「アクターズ・スタジオ」そのものについての解説と考察。

大陸ロシアの演劇の改革者であり、近代演技論の先駆者コンスタンティン・スタニスラフスキーの演技システムは、アメリカでは分裂や論争をへてニューヨークの「アクターズ・スタジオ」という会員制の研鑽機関で大事に守られてきた。日本の俳優養成所とは全く違うプロによるプロ向けの演技研鑽の場である。この現実的かつ抽象的名門の存亡危機を、著者がどう英知を働かせて救ったか。それが本書のハイライトの一つである。

「アクターズ・スタジオ」の名はわが国でも演劇人の間でつとに有名だが、その実体を内側から知る人は少ないので、筆者が会員として誇りを込めて語る冒頭の二章は演劇人必読と言っても過言ではない。

この「スタジオ」の真価の実証として綴られているのが、三つめのテーマである本書の目玉――番組に出演した（大学に出講したというべきか）〝ヒーローたち〟の生成と技芸に関する考察である。

ざっと数えただけでも百六十名以上の映画・演劇人、音楽・芸能関係者との長時間のインタビューを通して、著者はとりわけ印象に残った面々の背景、芸術観、価値観、成功への軌跡を浮き彫りにし、パフォーミング・アーツの真髄に迫ろうとする。どの回の、どのゲストにも印象的な芸談や教訓はあっただろうから、この選別は難儀だったろう。そのためか、彼は〝崩壊家庭〟〝薬物・アルコール依存〟〝幼児虐待〟〝難病〟〝偏見〟〝同性愛〟といった社会問題がらみの篩を使って、それらに対応したヒーローたちの個人的なドラマを追う。そして、そのプロセスで赤裸になる人間味と〝ヴァルネラビリティ〟、傷つきやすい感性を強調し、さらに、それを乗り越えてトップに立った努力を讃えて読者の共感に訴え

的であろう。

ている。超一流の俳優たちが心奥からせり上ってくる感情に負けて号泣する姿は、千の言葉以上に感動

そして、四つめが第三章から第十一章半ばにわたる著者自身の成功の軌跡――自伝である。

後先になったが、著者は一九二六年九月二十六日、ミシガン州デトロイトに詩人ローレンス・リプトンの一人息子として生まれた。だが、ラディカルな自由人であった父は、彼が六歳のときに蒸発。以来、崩壊家庭のハンデをバネに、父とは別種の職業で成功することを夢見て勉学に励んだ。その先は『デヴィッド・コッパーフィールド』に自分を重ねた旅のメタファーで語られているので、大統領の就任祝賀会制作を依頼される栄誉にいたるまでの冒険と出世談を読んでいただければ、『アクターズ・スタジオ・インタビュー』という一種の奇跡の出来が納得していただけると思う。

彼が強靭な肉体でくぐってきたラジオ・テレビ・舞台・映画の現場経験なしには、あの番組をあそこまで堂々と仕切ることは出来なかったろう。また、生涯学生のように蓄えた学識なしには、名だたるベテラン芸術家たちとの深い交流は持ち得なかったろう。

彼が非凡な才人であることは、十指に余る職業ジャンルをすべて一流並みにこなしているのを見ても分かる。中でも彼が偉大なプロデューサーであることは、本書の結末に引用されたニュー・スクール大学学長による賛辞に過不足なく盛り込まれているので、ここでなおユリに金箔を施すような真似は慎むことにする。

著者の大好きな〝丸い環にして終わらせる〟結びに習うなら、訳者は校了まじかに例の派手な表紙カバーを取り出し、彼の大きな坐像を見たとたん、カチッときた――カバーにすべてが語られていたじゃないか。これはほかの誰でもない〝怪人二十面相〟ジェイムズ・リプトンのユニークな武勇伝であったのだ……。

本書は原文が五百ページに近い長尺であったため、現実的な配慮から、著者の了解のもとに主に自伝

部分を若干アブリッジさせていただいた。
最後に、厄介なアブリッジ作業や調査に進んで協力してくださった日本女子大学後輩の片山優理氏、詩文の訳を協力してくださった中村麻衣子氏、拙訳を見かねて懇切丁寧に直してくださった早川書房校閲部の関佳彦氏、辛抱強く適切な助言をくださった第一編集部部長の千田宏之氏に心からの感謝を捧げます。ありがとうございました。

二〇一〇年六月

写真クレジット（数字は写真の順）

1-8. Courtesy of the author.

9. Photograph from the set of *The Guiding Light* courtesy of Procter & Gamble Productions, Inc. Used with permission.

10-12. Courtesy of the author.

13. CLUE ® & © 2007 Hasbro, Inc. Used with permission.

14. Reprinted from *Natural History*, November 1971. Copyright © Natural History Magazine, Inc., 1971. Used with permission of *Natural History* magazine and the photographer Tasso Vendikos.

15. Lithograph courtesy of Paul Davis and the Paris Review. Used with permission.

16-30. Courtesy of the author.

31. Drawing of James Lipton © Al Hirschfield. Reproduced by arrangement with Hirschfield's exclusive representative, The Margo Feiden Galleries, Ltd., New York. www.alhirschfield.com.

32. Photographer unknown.

33-35. Photographs of Johnny Depp, Billy Crystal and Mike Myers © JLS photo. Used with permission.

36. Photograph of Angelina Jolie courtesy of Bravo/NBC Photo Bank. Used with permission.

37. *The Simpsons*™ and © 2002 Twentieth Century Fox Film Corporation. All Rights Reserved.

38-40. Photographs of the cast of *The Simpsons*, Jamie Foxx and Robin Williams © JLS photo. Used with permission.

41-43. Screen shots of Robin Williams, Charlize Theron and John Travolta courtesy of In the Moment Productions. Used with permission.

45. Photograph of Russell Crowe © JLS photo. Used with permission.

44,46,47. Photographs of Dave Chappelle, Dustin Hoffman and Chris Rock courtesy of Bravo/NBC Photo Bank. Used with permission.

48. Photograph of Tom Cruise © JLS photo. Used with permission.

アクターズ・スタジオ・インタビュー
名司会者が迫る映画人の素顔

2010年6月20日　初版印刷
2010年6月25日　初版発行
*
著　者　ジェイムズ・リプトン
訳　者　酒《さか》井《い》洋《よう》子《こ》
発行者　早　川　　浩
*
印刷所　中央精版印刷株式会社
製本所　中央精版印刷株式会社
*
発行所　株式会社　早川書房
東京都千代田区神田多町2−2
電話　03-3252-3111（大代表）
振替　00160-3-47799
http://www.hayakawa-online.co.jp
定価はカバーに表示してあります
ISBN978-4-15-209035-5　C0074
Printed and bound in Japan
乱丁・落丁本は小社制作部宛お送り下さい。
送料小社負担にてお取りかえいたします。